教育部人文社会科学研究规划项目成果(06JA820034)

# 民事诉讼立法体例及法典编纂比较研究

## Civil Legislation Comparative Study on the Structur and Codification

主　编　廖中洪
撰稿人　廖中洪
　　　　孔令章
　　　　汪佩建

中国检察出版社

图书在版编目（CIP）数据

民事诉讼立法体例及法典编纂比较研究/廖中洪主编. —北京：中国检察出版社，2009.12
ISBN 978-7-5102-0193-6

Ⅰ.①民… Ⅱ.①廖… Ⅲ.①民事诉讼法-立法-对比研究-世界 ②民事诉讼法-法典-编辑-对比研究-世界 Ⅳ.①D915.204

中国版本图书馆 CIP 数据核字（2009）第 200298 号

## 民事诉讼立法体例及法典编纂比较研究
### 廖中洪 主编

| | |
|---|---|
| 出版发行： | 中国检察出版社 |
| 社　　址： | 北京市石景山区鲁谷西路5号（100040） |
| 网　　址： | 中国检察出版社（www.zgjccbs.com） |
| 电子邮箱： | zgjccbs@vip.sina.com |
| 电　　话： | （010）68658769（编辑）　68650015（发行）　68636518（门市） |
| 经　　销： | 新华书店 |
| 印　　刷： | 保定市中画美凯印刷有限公司 |
| 开　　本： | A5 |
| 印　　张： | 19.5 印张 |
| 字　　数： | 539 千字 |
| 版　　次： | 2010年1月第一版　2010年1月第一次印刷 |
| 书　　号： | ISBN 978-7-5102-0193-6 |
| 定　　价： | 50.00 元 |

检察版图书，版权所有，侵权必究
如遇图书印装质量问题本社负责调换

# 前　言

"任何一种研究如果自己只着眼于在本国境内发生的现象,它就不配称为一种科学。"①

[德]康拉德·茨威格特、海因·克茨

英国学者梅因在其《古代法》一书中指出:"世界上最著名的一个法律学制度从一部'法典'(Code)开始,也随着它而结束。"②如果从历史发展的角度上看,应当说这句话未必完全真实地反映了法律制度发展的历史,但是,如果从法典与法律制度关系的角度上看,却应另当别论,可以说这句话不仅十分确切地表明了法典与法律制度之间的密切关系,而且十分清楚地说明了法典在整个法律制度中,以及对于法律制度所具有的重要性。

在我国民事诉讼程序法律制度的历史发展进程中,修改、完善现行《民事诉讼法》不仅是中国现代民事诉讼程序法律制度历史发展的必然要求,而且业已成为其中最为重要的一项任务。就《民事诉讼法》的修改与完善而言,基于解决民商事纠纷的现实需要,也鉴于中国近几十年来社会人文环境条件及其公民权利保障的历史性发展,可以说无论从哪一个角度上看,涉及的问题都是很多的,在有些纷繁复杂且内容众多的问题之中,中国《民事诉讼法》的立法体例及其有关法典编

---

① [德]康拉德·茨威格特、海因·克茨:"比较法的效用和目的",载《法学译丛》1982年第1期,第24页。
② [英]梅因著:《古代法》,沈景一译,商务印书馆1984年版,第1页。

纂的修改与完善,是一个被立法以及学界有所忽略,也研究较少的一个问题。然而,不容否认的是从法典与法律制度之间的关系,以及法典所规定的诉讼程序在解决纠纷中的作用来看,一部好的民事诉讼法典,不仅应当与整个民事诉讼程序法律制度体系相匹配,适应不断发展变化的社会对于公民权利救济的需要,以及充分满足社会对于解决纠纷的实际要求,而且要达到较好地解决纠纷以及实现对于公民权利救济的目的,从法典内在结构,即法典立法体例的角度上看,有关法典立法体例的确定不仅应当具备必要的科学性还应当具有较强的技术性。换言之,不仅法典的整个立法体例、内在结构,以及对于法典不同内容的归类、排列上应当严谨富有逻辑性、层次性与完备性,清晰、明了,而且有关法典的编纂也应当科学、合理,符合富有技术性地解决各种社会矛盾以及民商事纠纷的实际需要。

然而,《民事诉讼法》作为不同国家或者同一个国家在不同历史时期,以及不同社会形态条件下制定的有关解决民商事纠纷的重要程序法律,从历史唯物主义的角度上看,不仅有关法典的编纂以及有关程序法律的规定,就是法典的内在结构及其立法体例的确定,也都并非立法者可以随心所欲以及能够随心所欲的,可以说不论是在法典的编纂上,还是在《民事诉讼法》立法体例和内在结构的确定上,都较大程度地直接或者间接地受到来自于立法当时各种社会条件以及诸多社会因素的影响。换言之,任何国家《民事诉讼法》的立法体例、内在结构及其有关法典的编纂,都无不受制于特定社会的经济形态、政治制度、人文环境状况,以及历史传统、公民权利保障观念等诸多社会因素的影响,也无不与其所处的社会历史时期有关。马克思在其《政治经济学批判》的序言中指出:"人们在自己生活的社会生产中发生一定的、必然的、不以他们的意志为转移的关系,即同他们的物质生产力的一定发展阶段相适合的生产关系。这些生产关系的总和构成社会的经济结构,即有法律的和政治的上层建筑竖立其上并有一定的社会意识形态与之相适应的现实基础。物质生活的生产方式制约着整个社会生活、政治生活和精神生活的过程。不是人们的意识决定人们的存在,相反,是人们的社会存在决定人们的意识。"①按照马克思这一历史唯物主义的基本观点,显而易见,不仅任何法典的编纂以及立法体例和内在结构的确定,都无不与社会的经济体制、政治制度、人文环境、历史传统以及权利保障观念有关,而且,从立法技术、立法经验和有关立法规律认知历史发展的角度上看,任何法典的编纂以及立法技术,也都无不受制于一定的历史环境与条件,或者说是对于一定历史时期和一定历史条件下立法水平的反映,为此,从历史发展的角度而言,可以说在立法技术上任何法典的规定及其立法体例都是不尽完善的,因而也是需要随着社会的发展以及现实社会的需要进行修改与完善的。

中国现行的《民事诉讼法》,作为以前苏联《民事诉讼法》为蓝本,以及在我国计划经济向市场经济体制转型初期的特定历史背景条件下制定的法律,鉴于当时社会经济、政治和人文环境条件的影响,不仅在指导思想及其基本观念上,不可避免地带有与市场经济及其相应诉讼程序法制要求不相适应的诉讼理念,甚至以这些理念为法典编纂及其立法体例设置的基本指导思想。而且历史地看,由于前苏联《民事诉讼法》立法体例及其法典编纂方式的影响,以及民事诉讼立法理论研究水平的局限,在当时的社会环境和条件下,立法不可能在法典编纂、立法体例及其法典内在结构的排列、组合上,作出十分科学和合理的设置。而立法在法典编纂、立法体例及其内在结构设置上的粗陋、简单,及其结构性、技术性缺陷,不仅使得现行《民事诉讼法》难以适应解决纠纷的实际需要,而且从立法技术的角度上看,有关法典编纂、立法体例及其内在结构上的确定,也是不科学、缺乏理性和规范性的。

当前,在我国社会主义市场经济体制迅速发展的条件下,现行的社会经济形态与过去已有了截然不同的根本性变化。市场经济本质上作为一种商品经济形态,从商品经济发展所必需的平等、公正、意思自治等基本市场规则的角度,不仅向纠纷解决的诉讼程序机制提出了

---

① 马克思:"《政治经济学批判》序言",载《马克思恩格斯选集》第二卷(上),人民出版社1975年版,第82页。

不同于计划经济时代的要求,而且商品生产、流通、交易、产权转换等较计划经济时代更为复杂的社会经济活动所产生的多种纠纷类型、冲突形式,从有关处理程式、方式、规则和形式上,对于现行《民事诉讼法》的规定以及法典编纂方式乃至于立法体例和内在结构的科学性、合理性也提出了新的前所未有的要求。这些基于商品经济形态的特殊性而对于民事诉讼立法体例、内在结构所提出的新的前所未有的要求,不仅是现行《民事诉讼法》在立法体例、法律规定及其内在结构上所不具备的,从而使得现行《民事诉讼法》在解决纷繁复杂的社会纠纷方面捉襟见肘,难以应付,以及严重滞后于现行社会经济的发展以及解决纠纷的实际需要,而且现行《民事诉讼法》在法典编纂、立法体例设置上的缺陷,也凸显了这部法典本身内在结构上所存在的重大问题。因此,在当前市场经济飞速发展,社会权利观念日益增强,以及人们心智开放,利益和追求都多元化的现实社会条件下,完善我国《民事诉讼法》的立法体例以及修改内在结构中不合理的部分,建立科学的立法体例及其内在结构,不仅是现行社会条件下解决纷繁复杂的各种纠纷以及对于公民权利进行救济的需要,也是完善《民事诉讼法》本身,以及实现我国《民事诉讼法》立法体例及其内在结构现代化的客观需要。

  同时,随着我国加入世界贸易组织,承认和对于一系列国际公约,如《公民权利和政治权利公约》、《经济、社会、文化权利国际公约》等的加入,以及国际间民商事交流、交易的进一步增加,在现实的社会环境条件下,改革、完善我国《民事诉讼法》的立法体例及其内在结构,已经有了完全不同的时代和历史背景条件。而这种有关时代和背景条件的变化,改变的不仅是社会的经济、政治和人文环境条件,也包括对于世界绝大多数国家立法及其法典编纂普遍适用共同规则、标准和基本理念的认同。即今天有关我国《民事诉讼法》的改革与完善已不能不超越一定的地域、国界,站在更高的角度来审视和考虑现行立法体例、内在结构以及法律规定中的诸多问题。换言之,要实现我国《民事诉讼法》的现代化,不仅应当将我国有关《民事诉讼法》的改革、完善放到世界民事诉讼程序法律制度历史发展的大潮中去分析和思考,不是在闭门思过、自我封闭的条件下进行我们的改革,而且要促进我国《民事诉讼法》的现代化。在立法政策上、技术上实现与世界各国民事诉讼法的同步发展,就必须充分了解、知晓、研究以及掌握世界各国民事诉讼程序立法在法典编纂、立法体例和内在结构上的特征,以及某些具有共同性、普适性且为各国立法普遍认同的规律、规则、思想与立法方式和形式。而要实现这一目标,从学术研究的角度,采用比较研究的方法,研究其他国家有关民事诉讼法典编纂、立法体例、内在结构特征以及这些内容与其社会经济、政治、人文环境条件之间的联系与关系,从而把握其中某些具有规律性的东西,就具有了十分重要的意义。我们正是基于这一种思考,从学术研究的角度,采用历史考察和比较研究的方法,通过对于大陆法系与英美法系一些主要国家民事诉讼法典编纂、立法体例、内在结构及其历史发展趋势的研究,和这些问题与社会经济、政治、人文环境条件之间的关系与联系,来分析、研究以及把握世界各国民事诉讼程序立法在法典编纂、立法体例和确定内在结构中的某些规则、规律,以及具有共同性、普适性的方式、方法,及其当今世界各国《民事诉讼法》改革发展中的某些趋势或者倾向,以及其中所凝结的有关立法体例、内在结构、法典编纂中的经验和智慧,为促进我国《民事诉讼法》立法体例、内在结构上的完善,实现我国民事诉讼程序立法及其内在结构编纂上的现代化,提出我们的一些思考与建议,或者提供一些可资参考的思想与观点,以利于立法在有关内容的修改完善上,进行必要的判断、预测和考量。

# 目录

|  |  |
|---|---|
| 1 | 前言 |
| 1 | **第一部分 民事诉讼立法体例及法典编纂比较研究的价值考察** |
| 1 | 第一章 民事诉讼立法体例与法典编纂比较研究界说 |
| 1 | 一、民事诉讼立法体例与法典编纂 |
| 8 | 二、影响民事诉讼立法体例及其法典编纂的因素 |
| 11 | 第二章 民事诉讼立法体例及法典编纂比较研究的价值 |
| 12 | 一、有利于借鉴、吸收其他国家先进的立法经验与理论 |
| 13 | 二、有利于纠正学术研究以及民事诉讼立法中的一些误区 |
| 15 | 三、有利于为中国《民事诉讼法》的改革与完善提供充分的论证和理论依据 |
| 17 | **第二部分 法国民事诉讼立法体例的发展变化及法典编纂的技术与特征** |
| 17 | 第一章 法国民事诉讼法的历史与发展 |
| 17 | 一、法国1806年《民事诉讼法典》的制定 |
| 19 | 二、法国1806年《民事诉讼法典》的历史渊源 |
| 21 | 三、法国1806年《民事诉讼法典》的基本内容与特征 |
| 25 | 四、法国1806年《民事诉讼法典》立法体例上的问题 |
| 28 | 五、主导1806年法国《民事诉讼法典》的基本思想以及法典编纂的具体程序理论 |
| 37 | 第二章 法国《新民事诉讼法典》的立法体例及法典编纂技术与特征 |
| 37 | 一、法国民事诉讼法的发展 |
| 38 | 二、法国《新民事诉讼法典》的立法体例 |

— 1 —

| 55 | 三、法国《新民事诉讼法典》立法编纂的特征 |
| 75 | 四、法国《新民事诉讼法典》的编纂技术与风格 |
| 79 | **第三章 法国《新民事诉讼法典》的立法体例及其法典编纂问题研究** |
| 79 | 一、关于"大一统"的立法体例问题 |
| 82 | 二、关于证据制度的立法体例问题 |
| 86 | 三、关于强制执行的立法体例问题 |
| 88 | **第三部分 德国民事诉讼立法体例的发展变化及法典编纂的技术与特征** |
| 89 | **第一章 德国民事诉讼法的历史与发展** |
| 89 | 一、德国民事诉讼的历史 |
| 92 | 二、1877年德国《民事诉讼法典》(CPO)的产生 |
| 95 | 三、影响1877年德国《民事诉讼法典》的基本学说以及主导《民事诉讼法典》编纂的基本程序思想 |
| 101 | 四、德国《民事诉讼法典》的发展与演变 |
| 113 | **第二章 德国《民事诉讼法》的立法体例及法典编纂技术与特征** |
| 113 | 一、德国《民事诉讼法》的立法体例 |
| 152 | 二、德国《民事诉讼法典》的编纂特征 |
| 163 | 三、德国《民事诉讼法》的编纂技术与风格 |
| 170 | **第三章 德国《民事诉讼法》的立法体例及其法典编纂问题研究** |
| 170 | 一、关于诉讼证据的立法体例问题 |
| 174 | 二、关于再审的立法体例及再审的分类问题 |
| 176 | 三、关于诉讼、执行与仲裁程序混合编纂的立法体例问题 |
| 178 | **第四部分 日本民事诉讼立法体例的发展变化及法典编纂的技术与特征** |
| 179 | **第一章 日本民事诉讼法的历史与发展** |
| 179 | 一、日本民事诉讼的历史 |

| | | |
|---|---|---|
| 181 | | 二、1890年的日本《民事诉讼法》 |
| 183 | | 三、日本《民事诉讼法》的发展与演变 |
| 195 | | 四、影响日本《民事诉讼法》的基本学说以及主导《民事诉讼法典》编纂的基本程序思想 |
| 211 | 第二章 | 日本民事诉讼程序立法体例及法典编纂技术与特征 |
| 211 | | 一、日本民事诉讼程序立法体例 |
| 229 | | 二、日本《新民事诉讼法》的立法体例 |
| 240 | | 三、日本《新民事诉讼法》的编纂技术与风格 |
| 245 | 第三章 | 日本民事诉讼程序法律的立法体例及其法典编纂问题研究 |
| 245 | | 一、关于民事诉讼证据的立法体例问题 |
| 248 | | 二、关于小额诉讼特则的立法体例问题 |
| 253 | | 三、关于当事人照会制度的立法规定问题 |
| 256 | 第五部分 | 英国民事诉讼立法体例的发展变化及法典编纂的技术与特征 |
| 257 | 第一章 | 英国民事诉讼法的历史与发展 |
| 257 | | 一、英国民事诉讼的历史 |
| 266 | | 二、1999年英国《民事诉讼规则》的产生 |
| 269 | | 三、影响英国1999年《民事诉讼规则》的基本学说以及主导《规则》编纂的基本程序思想 |
| 278 | | 四、英国《民事诉讼规则》的发展与演变 |
| 283 | 第二章 | 英国《民事诉讼规则》的立法体例、编纂特征与风格 |
| 283 | | 一、英国《民事诉讼规则》的立法体例及其结构 |
| 314 | | 二、英国《民事诉讼规则》的立法体例特征 |
| 325 | | 三、英国《民事诉讼规则》的编纂风格 |
| 328 | 第三章 | 英国《民事诉讼规则》的立法体例及编纂技术的启示与借鉴 |
| 329 | | 一、立法前注重实证分析,颁布后关注实施反馈 |

| 332 | 二、通常程序与特别程序间之适当衡平 |
| 334 | 三、逻辑体系性与可操作性并重 |
| 338 | **第六部分 美国民事诉讼立法体例的发展变化及法典编纂的技术与特征** |
| 339 | 第一章 美国民事诉讼法的历史与发展 |
| 339 | 一、循旧与变迁：历史视野中的美国民事诉讼 |
| 365 | 二、改革与发展：联邦民事诉讼规则的法典化 |
| 376 | 三、美国《联邦民事诉讼规则》的发展与演变 |
| 389 | 第二章 美国《联邦民事诉讼规则》的立法体例、编纂特征与技术 |
| 389 | 一、美国民事诉讼立法的宏观考察 |
| 392 | 二、美国《联邦民事诉讼规则》立法体例的微观构造 |
| 413 | 三、美国《联邦民事诉讼规则》编纂体例上的特征 |
| 419 | 四、美国《联邦民事诉讼规则》编纂技术上的特征 |
| 425 | 第三章 关于借鉴美国《联邦民事诉讼规则》立法体例及其法典编纂的思考 |
| 428 | **第七部分 中国民事诉讼立法体例的历史发展与法典编纂中的问题** |
| 429 | 第一章 中国民事诉讼法的历史与发展 |
| 430 | 一、晚清修律与《大清民事诉讼律草案》 |
| 441 | 二、民国时期的《民事诉讼法》 |
| 450 | 三、新民主主义时期革命根据地的民事诉讼程序立法及其法律编纂 |
| 464 | 四、新中国成立以后到1991年的民事诉讼程序立法及其法典编纂 |
| 491 | 五、主导新中国《民事诉讼法》的基本思想以及影响法典编纂的主要程序观念 |

| | |
|---|---|
| 502 | 第二章　中国现行《民事诉讼法》的立法体例及法典编纂技术与特征 |
| 502 | 一、现行《民事诉讼法》的立法体例 |
| 506 | 二、现行《民事诉讼法》的编纂特征 |
| 539 | 三、现行《民事诉讼法》的编纂技术与风格 |
| 544 | 第八部分　现代民事诉讼立法体例及法典编纂的发展趋势与中国民事诉讼立法体例及法典编纂的立法完善 |
| 545 | 第一章　现代民事诉讼立法观念的发展趋势与中国立法观念的变革与完善 |
| 545 | 一、"大一统"的程序设置观念向程序设置的分类化与立法规定的个别化转变 |
| 549 | 二、"庭审中心主义"向"分段解纷主义"的转变 |
| 564 | 第二章　现代民事诉讼立法体例的发展趋势与中国民事诉讼立法体例的变革与完善 |
| 564 | 一、关于庭前程序的修改与完善 |
| 566 | 二、关于审级制度的修改与完善 |
| 584 | 三、关于非讼程序立法体例的修改与完善 |
| 598 | 四、关于执行程序立法体例的修改与完善 |
| 600 | 五、关于家事、人事诉讼程序立法体例的修改与完善 |
| 605 | 六、关于涉外诉讼程序立法体例的修改与完善 |
| 608 | 后记 |

# 第一部分 民事诉讼立法体例及法典编纂比较研究的价值考察

## 第一章 民事诉讼立法体例与法典编纂比较研究界说

### 一、民事诉讼立法体例与法典编纂

在民事诉讼程序立法历史发展的进程中，自1806年法国《民事诉讼法》，即世界上第一部独立且具有现代意义的《民事诉讼法》颁布以来，已有二百多年。在这二百多年的历史发展进程中，不仅大陆法系各国都先后制定以及颁布了各自独立的《民事诉讼法》，即便是以判例法为基本特征的英美法系各国，也相继制定和颁布了自己成文的民事诉讼法律。虽然从法典的结构及其编纂的角度上看，英美法系各国有关民事诉讼法律的规定与大陆法系存在较大的差异，但是，民事诉讼程序法律规范的成文化、法典化作为当今世界各国民事诉讼程序立法的趋势，已是不争的客观事实。不仅如此，在世界各国民事诉讼程序规范法典化的过程中，随着社会经济、政治、人文环境条件的历史发展和解决纠纷的现实需要，以及人们对于民事程序立法科学认识的不断深化，为了适应社会发展的需要，世界各国的民事诉讼立法不仅在程序制度的设置和具体内容的规定上，不断地在进行调整、改革，而且有关民事诉讼的立法体例、内在结构以及法典的编纂,也处于不断的改革、发展以及变化之中,呈现出十分活跃的态势。

面对世界各国民事诉讼立法的这种发展变化,中国《民事诉讼法》在应对社会需要所进行的修改、完善过程中,不仅应当重视对于具体程序制度的设置及其具体法律规定内容上的修改与完善,同时,在参考、借鉴以及归纳、总结其他国家有关民事诉讼立法体例、内在结构和法典编纂修改、完善经验、教训的基础上,对于中国民事诉讼的立法体例、内在结构和法典编纂中诸多问题给予应有的关注与重视,进而在比较研究的基础上,对于有关问题进行必要的改革与完善,从立法技术的角度上看,对于提高我国民事诉讼立法的整体水平,以及保证立法体例、内在结构及其法典编纂上的科学性、合理性,促进《民事诉讼法》的现代化都是十分必要的。

而要参考、借鉴以及归纳、总结其他国家有关民事诉讼立法体例、内在结构和法典编纂以及修改、完善的经验、教训,从而富有针对性地进行我们的改革,从学术研究的角度上讲,首先必须明确的是有关民事诉讼立法体例及其法典编纂的概念及其基本内容。

(一) 关于民事诉讼立法体例的界定

所谓民事诉讼立法体例,就其基本含义的角度而言,指的是立法有关整个民事诉讼程序法律所涉体系、内容、结构的编辑、安排、布局与规定。这种有关民事诉讼立法体系、内容、结构的编辑、安排与规定,不仅涉及立法有关各种程序制度和审级制度的设置,以及在法典编辑中对于不同程序制度的分类、排列、组合及其先后顺序的确定,还涉及法典的立法根据、适用范围、基本原则等相关规定。

由民事诉讼立法体例上述基本含义可见,民事诉讼立法体例在内容上主要涉及以下三大部分的内容。

1. 有关民事诉讼各种程序制度及其审级制度的设置及其规定

所谓有关民事诉讼各种程序制度及其审级制度的设置及其规定,主要指的是从立法体例的角度上看,立法应当在体例上设置和规定哪些诉讼程序制度及其相应的审级制度,以及怎样设置和规定这些程序制度和审级制度。而这一问题就世界各国民事诉讼程序立法的情况来看，不仅在认识上存在较大的差异，以及各自所依据的基本理论不同，而且有关划分程序制度的标准及其具体程序制度的设置和相应审级制度的规定，也存在较大的差异。

就程序制度划分的标准而言，目前主要存在两种划分标准：一种是根据程序制度的类型来划分程序；另一种是根据当事人诉讼请求的金额和诉讼的复杂程度来划分程序。以程序制度的类型为标准对程序进行划分，是大陆法系国家的通常做法。按照这种标准，程序制度主要被分为诉讼程序、执行程序、仲裁程序；国内诉讼程序、涉外诉讼程序；普通诉讼程序、特别诉讼程序。以当事人诉讼请求的金额和诉讼的复杂程度为标准来划分程序，是英美法系一些国家的做法，按照这种标准，程序制度被分为小额索赔审理程序、快捷审理程序、多轨审理程序。

在大陆法系国家的民事诉讼立法体例中，虽然程序划分的基本标准相同，但是，各国有关程序制度的设置却存在很大的差别。一些国家《民事诉讼法》在立法体例上，不仅包括了民事诉讼程序制度和民事执行制度，还包括了仲裁制度；而有的国家在《民事诉讼法》的立法体例上，其有关程序的设置仅限于通常诉讼程序的规定，不包括民事执行程序，也不包括仲裁程序。有的国家在有关《民事诉讼法》的程序设置上，除了设置和规定了通常诉讼程序之外，还设置和规定有独立于通常诉讼程序，以及与通常诉讼程序并列存在的家事诉讼程序、证书诉讼与票据诉讼程序；而有的国家却将一些传统上通常置于《民事诉讼法》中规定的公示催告程序、人事诉讼程序、民事执行程序、民事保全程序等放到《民事诉讼法》之外，作为不同于《民事诉讼法》的独立法律规范加以规定。同时，基于一些特殊的理念和程序设置思想，一些国家在通常设置的诉讼程序之外还独立设置有小额诉讼程序、非讼程序、专门的调停程序等程序制度。

在审级制度上，有的国家采用的是二审终审制，有的国家采用的是有限的三审终审制，有的采用的是多种审级制，即对于有的案件实行一审终审，有的案件实行三审终审。换言之，在有关审级制度的规定上，各国根据各自不同的诉讼实践，以及不同的审判需要，采用着不尽相同的审级制度，或者说国家不同所采用的审级制度也有所不同。

2. 有关不同程序制度的分类与归类

所谓有关不同程序制度的分类与归类，指的是立法在法典编纂上以及立法体例上，根据《民事诉讼法》所涉不同程序制度在性质、类型上具有的不同特点，对于各种程序制度所进行的归纳与分类。

在民事诉讼程序立法中，鉴于纠纷的性质、内容和复杂程度不同，为了富有针对性地解决纠纷，也为了提高诉讼效益和节省审判资源，针对纠纷的不同特点设置相应的程序制度，虽然在立法思想观念上已为世界各国民事诉讼程序立法所认同，是世界各国民事诉讼程序立法实践所共同遵守的一条规则。然而就具体的立法体例而言，不仅大陆法系与英美法系存在差别，就是大陆法系各国之间也存在差别。例如，大陆法系一些国家在立法体例上，既包括了诉讼程序也包括了非讼程序，即在立法体例上将诉讼程序与非讼程序共同置于《民事诉讼法》中，而有的国家则将诉讼程序与非讼程序分别开来，采用分别立法的体例，即《民事诉讼法》中只规定诉讼程序，非讼程序由独立于《民事诉讼法》的《非讼程序法》加以规定。有的国家将整个程序制度分为第一审程序、上诉程序、证书诉讼与票据诉讼程序、家庭事件程序、督促等程序等分别独立且并列的程序；有的将整个程序制度分为普通程序、商事法院之诉讼程序、劳资纠纷调解法庭之程序、农村租约对等法庭等独立和并列的程序；有的将整个程序分为第一审诉讼程序、上诉程序、再审程序、督促程序、公示催告程序等独立和并列的程序；有的国家将整个程序制度分为第一审法院的诉讼程序、行政法律关系案件的诉讼程序、特别程序、上诉程序、执行程序等分别独立且并列的程序。

在有关各种不同程序的归类上，有的国家将普通程序与简易程序归入第一审普通程序中，而有的国家的第一审程序仅限于第一审普通程序，不包括简易程序，即在立法体例上，这些国家的简易程序是独立于第一审普通程序的一种程序。有的国家将认定公民失踪、宣告公民死亡、认定公民无行为能力、认定无主财产等非讼类型的案件归入《民事诉讼法》的特别程序中加以规定，而大多数国家却将这类案件纳入独立的《非讼程序法》中加以规定。有的国家在民事诉讼立法体例上，将诉讼费用、诉讼担保和诉讼费用的救助与诉讼费用的预交等与当事人能力、共同诉讼人、诉讼参加人等内容共同置于当事人一章中混合加以规定，而有的国家在立法体例上，将诉讼费用、诉讼费用的担保、诉讼救助等内容设置为独立的一章单独规定。即在有关程序制度及其有关内容的归类上，国家不同具体程序制度及其有关内容的归类和规定也有所不同。

3. 与法典适用相关的其他规定

所谓与法典适用相关的其他规定，指的是与民事诉讼法律适用有关或者指导整个民事诉讼法律适用的一些内容，这些内容包括民事诉讼法的任务、立法的根据、立法的宗旨、民事诉讼法的基本原则、指导思想、适用范围、附则等。换言之，从民事诉讼立法体例及其法典编纂的角度上看，国家不同有关这部分的设置及其规定也不尽相同。例如，有的国家在民事诉讼立法上，对于民事诉讼法的任务、立法依据、立法宗旨等作有明确规定，而有的国家在民事诉讼立法上却不做明确规定；有的国家在有关民事诉讼法基本原则的确立、规定上，采用明示的方式，即在立法体例上以单一的、具体法条的方式来明确规定民事诉讼的基本原则；而有的国家对于民事诉讼的基本原则采用的却是默示的方式，即不采用具体的、单一的法条形式来明确规定民事诉讼法的基本原则，而是将民事诉讼法的基本原则融入整个法典的规定之中，通过若干法条的规定来体现民事诉讼法的基本原则及其精神。各国在这些内容规定上的不同，也充分体现了各自在立法体例上的差异。

（二）关于法典编纂的界定

所谓法典编纂，泛意而言，通常指的是立法对于已经颁布法律的汇集、编辑，以及对于有关新法典的制定和拟定。换言之，如果从法典编纂所涉及的内容、形式和目的角度上看，存在两种不同类型的法典编纂：一种是对于法典形成以前既存各种分散的、单一的法律规定进行汇编，并通过汇编形成统一的法典；另一种是基于特定的立法目的，在一定的立法思想、理论的指导下，从体系化、逻辑性角度出发，编辑、拟定和制定新的法典。这两种类型虽然通常都被称为法典编纂，① 但从所制定出的法典特征，以及立法目的、性质与意义的角度上看，却完全不同。

前一种法典编纂，就其基本目的而言，主要是对于过去已经颁布的法律及其规范性法律文件进行整理和梳理，即在对于某一法律部门或某一类法律所涉规范性法律文件进行加工、修改、补充的基础上，汇集与编纂出新的统一性法律文件。这种法典编纂的基本特点在于，通过重新审查某一法律部门中已经颁布的所有现行法律规范，以及对于已经颁布的所有规范性法律文件进行整理、修改、废止、补充和合并，从而编辑出一部统一的法典。在这种法典编纂中，要促使汇编以后的法典在内部结构上相互协调、统一，不仅需要整理、梳理已有的法律规定，加强不同规范以及规定间的协调，使之形成在一定规则指导下的具有内在联系性的统一体，而且一定程度上还需要添补空白，增加一定的新内容和新的法律规范，从而使汇编以后的法典适应社会实践的需要。换言之，这种法典编纂不仅就其实质而言，是对于过去已经颁布法律的体系化、系统化、协调化，而且这种法典编纂的意义在于，将某一法律部门中已经颁布的众多且零散的法律规范或单行法规集中起来，消除其相互间的矛盾冲突，使之在一个总的法律框架之下形成一个有机整体或一个统一的法律。即在这种类型的法典编纂之中，虽然其对于有关法律内容的汇编也需要一定程度上添补、增设一些新的必要的法律规范，以完善有关规定，以及协调各规范之间的关系，从而促成所汇集整个法律规定的统一性、逻辑性、协调性和完备性，然而就这种法典汇编的实质和整体个性特征而言，却属于对已有法律规范和规范性法律文件的

---

① 严格意义上讲，前者应当称为法律汇编，后者才是真正意义上的法典编纂。

汇集，而不是在有关法典编纂基本理论指导下制定出的新法典，其立法编纂的目的，也不是要因此代替过去调整同一类法律关系的规范，而是对于已经颁布的诸多分散、单一，以及相互矛盾、重复的法律规定及其内容进行必要的清理、整理，以及加工、修改、补充，使之更有利于实际的运用。

而后一种法典编纂的基本目的，却不是为了促进已经颁布各种法律规定之间的协调，以排除已经颁布各个法律规定之间的矛盾、冲突和相互之间所存在的紊乱现象，而是鉴于社会政治、经济和人文环境条件的发展，基于解决纠纷的实际需要，在有关基本指导思想及其法典编纂理论的指导下，根据法典编纂的基本原理，按照一定的规则和程序，重新制定的内部协调一致，且体系化、系统化和统一化的新法典。这种法典编纂，虽然就其编纂的某些内容而言，也是在对于过去已有法律规定、规范的继承或者发展基础上进行的，但是就这种法典编纂的实质和整体个性特征而言，不论在立法体例、内在结构还是其基本内容上，都不是对过去已经颁布法律的汇集，而是在原有法律规范的基础上根据社会发展的实际需要所制定出的新法典。换言之，立法之所以进行这种编纂法典，或者说这种法典编纂的基本目的，不是对于过去某一类单一、分散且众多的法律进行整理与梳理，而是要通过编纂具有系统性、统一性，以及内部协调一致的新法典，取代过去已经颁布调整某类法律关系的各种分散的、零散的，以及相互存在矛盾冲突或者重复的法律规范和规定。

由上可见，法典编纂作为立法上根据社会发展以及解决纠纷的实际需要，通过采用制定新的、统一法典的办法，对调整同一类型社会关系所作出的内部协调、逻辑有序、完整且系统的法律规定，与法律汇编是不同的。相对于法典汇编而言，采用这种方式所编纂出的法典，不仅在性质上具有统一性、系统性和权威性，而且其内在结构通常也具有内容完整、体系清晰、结构严密、逻辑有序的特征。

同时，从历史发展以及民事诉讼法的编纂、制定与国家、社会相互之间关系的角度上看，民事诉讼法不仅是一个历史的产物，即一定历史范畴条件下产生、出现的法律规范，为此，必然也必须随着社会的发展而发展，而且也是不同国家以及不同社会环境条件的产物。换言之，社会历史发展的时期不同，国家的经济、政治和人文环境条件不同，法典编纂以及由此决定的立法体例及其立法技术都有所不同。即从历史发展以及法典编纂与社会经济、政治和人文环境条件相互关系的角度上看，可以说不仅每一部民事诉讼法典的编纂及其立法体例的确定，都充分体现着一个国家解决民事纠纷的水准、诉讼程序法律意识以及所构建诉讼程序制度的完备程度，而且不论是法典编纂，以及由法典编纂所确定的立法体例，乃至于法典编纂技术，事实上都绝非立法者随心所欲的结果，都无不与社会的经济形态、政治体制，以及人文环境条件和同时代的理论思想有关，也无不受到这些客观的社会条件及其社会性因素的限制和影响。

## 二、影响民事诉讼立法体例及其法典编纂的因素

在现实的立法活动过程中，虽然从法典编纂的形式和编纂法典的过程来看，法典编纂似乎都是立法者自主进行的一种活动，或者说法典编纂中有关民事诉讼立法体例、结构的编纂和确定，是立法者有关立法意志的体现。然而，从法典与社会的政治、经济和社会人文环境条件关系的角度上看，可以说不仅任何法典都是基于社会的实际需要而产生，以及任何立法者都无不生活在特定的社会环境之中，也无不受到特定社会环境条件的影响，因而，其立法思想及其立法意志，作为对于客观社会存在的反映，并不是立法者与生俱来就固有的思想，也不是立法者按照所谓理性模式设计和制定的，而是在社会的经济、政治以及人文环境条件的影响下，基于解决纠纷的现实需要而制定与产生的，与特定社会的经济、政治、人文环境条件直接相关。换言之，从社会存在与立法者立法意识关系之间的角度上看，不仅立法者的任何立法思想及其立法意志，均来源于特定的社会环境条件，不可能超脱现实的社会环境与条件，以及受制于特定社会的经济、政治以及相应的人文环境条件，而且，实质

上立法者的立法思想及其相关的立法意志，也无不是现实社会的客观情况及其要求在立法者主观意识上的反映。

不仅如此，从历史发展以及世界各国对于民事诉讼立法科学认识的角度上看，各国有关法典编纂、立法体例的认识，作为一个历史的发展过程，即逐渐形成、逐渐深化、逐渐完善的过程，以及一种理性化的立法活动，总是以特定的理论学说为依托，即与特定的法律思想、立法理论直接相关，以及在特定的法律思想和立法理论指导下进行的，因此，法典的编纂以及相应立法体例的确定，与不同的理论学说及其特定的立法思想、立法理论也存在直接的联系与关系。

同时，法典编纂作为一种富有技术性的立法活动，与立法者对于有关立法技术的掌握与运用也存在直接的关系。所谓立法技术，指的是有关法典编纂、程序制度的设置，以及规范法律的技术。这种技术既涉及整个法律的内部结构和外部结构、立法的体例、各个部分之间的逻辑结构，也涉及有关法条文字的表达，以及法律概念、术语、语言、文体的表述形式等问题。同时，与立法者有关法律规范的创制、立法经验、对于立法规则、方法、立法技巧、技术的掌握等都存在直接的关系。可以说，民事诉讼法典不仅集中地体现了该国民事诉讼程序法律秩序的态式，也充分地体现了该国民事诉讼程序立法的技术和发展水平。

立法技术就其类型而言通常可以分为两类：一是有关立法观念、思想的表达技术；二是有关立法体例、结构、逻辑、概念、术语的表现技术。前一种类型的立法技术，由于注重与择重的是有关立法观念、思想的体现与表达，因而从立法技术的角度上看所涉及的通常是较为宏观的问题，它所要解决的是怎样通过技术性的方式与方法，以充分体现立法者的立法观念与基本立法思想。而后一种立法技术由于注重的是有关立法体例、结构、逻辑、概念、术语的表述技术，从立法技术的角度上看，它所涉及的通常是十分具体以及较为微观的问题，它所要解决的是怎样富有技术性地编纂法典，以促使法典在整个体例的设置上清楚、明了、规范、逻辑有序，以及有关法律规定的各项具体内容明确、准确、直观、易于理解，从而充分体现出法典编纂及其法典本身有关程序制度的设置以及相应规定所具有的科学性和合理性。

  由上述有关民事诉讼法典的编纂及其立法体例与社会经济、政治、立法理论、立法技术关系的角度上看，法典编纂及其由此所确定的立法体例，显然绝不是立法者可以想当然随意决定的，其立法观念、思想作为客观社会的反映，不仅受到客观社会环境条件的影响与制约，而且其有关立法的技术也是随着社会的发展而逐渐趋于成熟的。换言之，虽然法典编纂及其立法体例形式上是由立法者所决定的，但实质上由于立法者的立法观念、法律思想不仅是社会经济、政治以及人文环境条件的客观反映，而且也受到这些客观环境条件、社会因素的影响与制约。为此，对于各国民事诉讼立法体例及其法典编纂的比较研究，不能仅仅局限于对法典编纂及其立法体例本身的研究，还必须注意到各国的经济、政治以及人文环境条件与其法典编纂及其立法体例之间的关系及其联系。换言之，只有对于法典编纂及其立法体例与各国经济、政治以及人文环境条件之间的关系和联系进行深入的考察，才能深入理解不同的法典编纂及其不同立法体例的形成，从而发掘民事诉讼法典编纂及其立法体例设置中，具有共同性、科学性和合理性的规则与规律。

## 第二章 民事诉讼立法体例及法典编纂比较研究的价值

日本学者大木雅夫先生在其《比较法》一书中指出:"比较法是这样一种法学部门或方法:在最一般的意义上,它在各种法律秩序的精神与样式的联系上,揭示各法律秩序的形态学上特征以及它们相互间在类型上的亲缘性;作为其特殊性,比较法主要研究各种法律秩序中可比较的各种法律制度和解决问题的方法,以认识和完善法制为课题。"① 按照大木雅夫先生的这一观点,比较法及其采用比较方法进行的研究,由于主要针对和研究的是可比较的各种法律制度以及有关解决问题的方法,因而其研究价值不仅体现在有关法律制度的构建上,也体现在有关解决纠纷的实务运用上。

民事诉讼立法体例及其法典编纂的比较研究,作为从比较研究的视角、采用比较研究的方法,对于世界各国民事诉讼立法领域内有关立法体例及其法典编纂与其政治、经济、人文环境条件的关系,以及各国有关民事诉讼法典编纂、立法经验、技术的比较研究,即比较视野内有关民事诉讼程序法律制度、体系的构建,以及有关立法经验、技术、技巧的一项具体性研究,由于其主要针对以及择重研究的是法典编纂及其与法典编纂直接相连的立法体例问题,基本不涉及解决纠纷的实务运用,因而其研究的价值主要体现在有关民事诉讼程序法律制度及其立法体例构建的问题上。从中国民事诉讼立法及其理论研究的现实情况来看,这种研究的价值主要体现在以下几个方面。

---

① [日] 大木雅夫著:《比较法》,范愉译,法律出版社 2006 年版,第 66 页。

# 一、有利于借鉴、吸收其他国家先进的立法经验与理论

就世界各国《民事诉讼法》的编纂及其立法体例与各国社会经济、政治、人文环境条件的关系来看，《民事诉讼法》作为各国根据自身的社会情况及其解决纠纷的实际需要所制定的法律，虽然国情不同立法体例及其法典的编纂也存在差异，换言之，国家不同，有关的立法经验与遵循的基本理论也就必然有所不同。即并没有放之四海而皆准的立法规律与规则。但是从科学、合理以及富有效率解决纠纷的角度上看，要有效地解决纠纷，提高诉讼效率，不仅任何国家有关民事诉讼的法典编纂及其立法体例的确定，都必须遵循长期以来已为世界各国民事诉讼立法实践所充分证明的一些科学、合理的立法原则、规则与规律，而且其他一些国家在先于我国的立法实践中，已经积累了一些有益的立法经验以及建立了与其立法相适应的较为先进的立法理论，这些理论与经验，不仅是这些国家在民事诉讼程序立法中不断研究、探索的结晶，而且也是得到这些国家民事诉讼程序立法实践所证实的有益经验。从完善我国民事诉讼法典编纂及其立法体例的角度上看，这些经验及其理论都是我国的法典编纂及其有关立法体例的改革完善中，值得借鉴以及需要学习的。

我国在民事诉讼法典编纂及其立法体例的完善中，之所以应当借鉴、吸收世界其他国家有益的立法经验及其有关的立法理论，其理由有二：

首先，从解决纠纷的角度上看，我国的民事诉讼与其他国家的民事诉讼都面对着同样的问题。即虽然我国的民事诉讼法律制度与其他国家的民事诉讼法律制度建立的经济基础、政治制度和意识形态有所不同，但是民事诉讼法所面对的社会问题和需要解决的问题却是相同的。这种相同性不仅体现在诉讼案件的大量增加，以及司法资源的相对不足，也体现在社会人文环境条件的发展变化，即社会公众对于民事司法裁判民主、公正以及迅速的渴望与要求。换言

之，我国民事诉讼与世界其他国家所面临问题的一致性、共同性、相似性，是我国立法上借鉴以及吸收其他国家民事诉讼立法经验及其有关立法理论的基础。

其次，从民事诉讼程序立法应当科学、合理富有逻辑性的角度上看，世界其他一些国家先于我国民事诉讼程序立法的实践，在法典编纂、立法体例、立法技术乃至于有关法律概念、术语的表述技巧上，都积累了较为丰富的经验。按照西方学者的观点，在法律编纂中："有两点是急需的：一点是法律应当为那些从事法律工作的人们所容易理解和合理地为他们而编纂；另一点是法律应当尽可能对法律调整其生活的非专业人员有意义。"①换言之，任何国家的民事诉讼程序立法要有效地解决纠纷，不仅其内容和相应的程序制度的设置应当适应社会解决纠纷的现实需要，而且其整个法律规定还必须讲究体系的完整、逻辑的有序、概念的准确以及语言的严谨和精练，从而有利于司法人员掌握也便于社会公众理解。而就这一问题而言，世界其他一些国家在民事诉讼法典编纂及其立法体例中积累了不少的经验、思想、立法技术和立法技巧，这些都是值得我们的法典编纂及其立法体例学习与借鉴的。

鉴于上述两个方面的原因，借鉴、吸收世界其他国家有关民事诉讼法典编纂以及立法体例上立法经验及其理论思想，不仅成为了完善我国民事诉讼法典编纂及其立法体例的客观需要，也是进行这种比较研究的价值所在。

## 二、有利于纠正学术研究以及民事诉讼立法中的一些误区

所谓"误区"，指的是在我国民事诉讼立法理论研究及其立法活动中所存在的一些错误的思想观念和理论认识。诸如"大一统的立

---

① 麦考密克、魏因贝格尔著：《制度法论》，周叶谦译，中国政法大学出版社1994年版，第78页。

法体例",以及"益粗不益细的立法原则"等。这些问题虽然从其形成以及在我国民事诉讼程序立法中长期存在的角度上看,应当说其产生的原因是比较复杂的,可以说既有历史方面的原因,也有立法认识方面的原因,甚至与立法中某些个人意志以及立法机制也存在着某种程度上的联系。但是不论这些观念、认识和问题的产生以及存在是基于什么原因,从比较研究的视野以及比较世界各国民事诉讼程序立法及其有关理论思想与学说的角度上看,这些错误思想观念和理论认识的形成及其在我国民事诉讼程序立法中的长期存在,与我国民事诉讼程序立法过程中相对的封闭性、排他性以及较大程度上拒绝对于其他国家,特别是除前苏联以外众多市场经济国家有关法典编纂及其立法体例的经验、教训进行深入的分析、研究、借鉴与吸收,都有着一定程度上的联系。换言之,我国有关民事诉讼法典的编纂及其确定民事诉讼程序立法体例中,之所以会出现以及存在较多的认识问题,与我国民事诉讼程序立法长期以来仅仅或者主要研究某些特定国家的立法经验,几乎不考察、不分析、不研究其他国家,特别是大陆法系与英美法系大多数市场经济国家有关民事诉讼法典编纂以及立法体例的思想、原则,以及经验、教训,在一种较为封闭的条件下独自进行的法典编纂,以及制定有关的立法精神、原则和规则有着直接关系。

当今在我国全面开放、中西文明交融,以及一些民事司法救济标准已经国际化、法定化,和世界各国不论是大陆法系还是英美法系国家有关民事诉讼的程序立法都在不断地相互借鉴、吸收以及趋同化、类型化的现实条件下,如果我们今天的民事诉讼程序立法仍然按照过去的方式以及遵循传统的道路走下去,而不是将我国有关民事诉讼法典的编纂及其立法体例的改革、完善放到世界民事诉讼程序改革、发展的历史过程中去分析、思考,即站在目前民事诉讼程序立法改革发展应有的高度,并在对于民事诉讼程序立法中世界绝大多数国家普遍适用的规则、理念、标准基本认同的条件下,超越一定的地域、国界,站在新的高度来审视和考虑有关的法典编纂及其立法体例问题,不仅难以保证法典编纂及其所确定立法体例的科学性与合理性，也难以适应发展变化的现实需要。而采用比较研究的方法，通过对于不同国家有关立法思想、原则、规则的研究，不仅可以从比较中分析、研究各国有关民事诉讼法典编纂及其确定立法体例的思想、原则与经验、教训，也可以通过比较研究选择更为恰当以及更适合我国国情的立法思想与原则。从这一角度上看，比较研究不仅有利于打开视野、拓宽思想，了解、把握，以及借鉴、吸收世界其他国家有关民事诉讼法典编纂以及确定立法体例上的经验及其相应的理论思想，也有利于纠正以及克服我国有关民事诉讼法典编纂及其立法体例确定中的某些误区。

## 三、有利于为中国《民事诉讼法》的改革与完善提供充分的论证和理论依据

中国民事诉讼法典的编纂及其立法体例的改革与完善，作为中国社会历史发展进程中解决民事纠纷以及进行民事司法救济的客观需要，从世界民事诉讼程序立法历史发展趋势的角度上看，不仅需要我们扩展视野，吸收、借鉴现代世界各国有关民事诉讼法典编纂及其确定立法体例中的先进理念、经验，以及研究当今世界各国民事诉讼法典编纂以及立法体例及其诉讼体制建设的发展趋势、方向，而且要保证这种改革、完善的正确实施与进行，还需要有相应的理论支撑，即建立与之相应的一整套理论思想及其理论体系。换言之，如果没有正确、充分的理论支撑，不仅难以克服改革中的盲动，也难以保证这种改革的正确性。而要建立相适应的理论体系，从思路及其方式的角度上看，除了立足于我国社会的国情以及解决纠纷的现实需要，进行深入的调查研究，在分析、研究有关问题以及法典编纂与确定立法体例有关的规律、规则的基础上提出相应的理论思想以外，广为借鉴、吸收现代大陆法系以及英美法系各国有关法典编纂思想及其确定立法体例的观念、理论也是不能忽视的重要方面。虽然这种对于国外法典编纂思想以及立法体例理论的借鉴与吸收，并不是改革、完善我国民事诉讼法典编纂及其民事诉讼立法体例的

主导方面。因为，中国民事诉讼法典的编纂及其立法体例的改革与完善，作为中国民事诉讼程序法制内在的一种变革，并不是简单地套用西方一些国家的民事诉讼立法体例以及借鉴一些法典编纂的思想就可以解决得了的。但是，采用比较研究的方式对于国外有关法典编纂理论以及立法体例思想乃至于立法观念的学习、借鉴与吸收，毕竟可以较大程度上拓宽我们的研究视野，丰富我们的理论思想，从而为我国《民事诉讼法》的修改与完善提供更加充分的理论论证及其理论依据，以及促使我国民事诉讼法典的编纂以及在立法体例的确定上，更加完善，也更为理性。

# 第二部分　法国民事诉讼立法体例的发展变化及法典编纂的技术与特征

在世界民事诉讼程序立法历史发展的进程中，法国1806年制定的《民事诉讼法典》（Code de Procédure Civite），是世界上第一部资产阶级的民事诉讼法典，该法典不仅从立法上确立了审判独立、公开审判、当事人处分权主义、自由心证等现代民事诉讼的基本原则，而且开启了现代民事诉讼程序立法的先河，在世界民事诉讼程序立法史上所具有的重要地位及其对于世界各国民事诉讼程序立法的影响，都是无须赘言的。然而，基于当时社会的经济、政治条件，以及立法技术上的局限，就今天的角度上看，法国的民事诉讼程序立法无论是在立法体例还是法典的编纂技术上，还是存在不完备之处。因而，从比较借鉴的角度上看，其立法技术也是值得研究的。

## 第一章　法国民事诉讼法的历史与发展

### 一、法国1806年《民事诉讼法典》的制定

从民事诉讼制度和程序规则历史发展的角度上看，法国大革命以前的民事诉讼制度和程序规则不仅分散和混乱，而且呈现为多样化的特点。虽然法国自16世纪以来已经建立起了中央集权的君主专

制制度，以及颁布了大量的以国王敕令为核心的法律，但是在拿破仑执政以前，法国的法律却很不统一，据说16世纪时法国境内施行的法律有300种之多，其中约有60种适用于较大范围地区，其他都仅适用于一个城市或较小地区。① 对于这种状态，法国18世纪著名思想家伏尔泰曾经讽刺性地指出："每当驿站换马，法律亦随之改变。"②即在当时的法国，由于法律以及诉讼规则极不统一，对于在法国境内旅行、经商的人而言，变换法律的次数与改换所骑马匹的次数一样频繁。

　　1799年，拿破仑执政以后，法国结束了长达十年的社会动荡，进入社会和政局相对稳定时期。这种社会条件不仅为国家统一的诉讼规则和诉讼制度的制定提供了必要的社会条件，以及当时法国在权威主义的主导下，迫切需要从法律上统一全国的诉讼制度和诉讼规则，而且，在当时的社会条件下，统一民事诉讼法典的制定，业已成为恢复和重建国家司法秩序的重要内容。为此，为了恢复法国正常的社会秩序，否定传统的封建主义司法观念，确立资产阶级的法制思想、诉讼规范，以及保护资产阶级的利益，拿破仑在制定著名的法国《民法典》的同时，即着手了《民事诉讼法典》的编纂工作。1802年，拿破仑任命泰拉德（Treilhard，行政法院法官）、塞吉埃（Séguier，巴黎上诉法院院长）、贝泰厄奥（Berthereau，巴黎民事法庭庭长）、皮格阿于（Pigeau，巴黎的开业律师）、特里（Try）等5人组成法典起草委员会，负责《民事诉讼法典》的起草工作。整个《民事诉讼法典》的起草工作历经4年，在1806年获得通过，于1807年1月1日起在法国施行。

---

　　① 沈宗灵著：《比较法研究》，北京大学出版社1998年版，第95页。
　　② 转引自［日］大木雅夫著：《比较法》，范愉译，法律出版社1999年版，第157页。

## 二、法国1806年《民事诉讼法典》的历史渊源

法国1806年的《民事诉讼法典》虽然性质上是法国的第一部资产阶级的程序法典，但是，从法国民事诉讼制度历史发展和演进的角度上看，该法典的制定和产生并不是凭空出现，也绝非一蹴而就，其产生具有深厚的历史渊源和法律渊源。这种渊源虽然可以上溯到古罗马时期的诉讼制度、日耳曼诉讼制度和教会诉讼制度，但是，相对于法国1806年《民事诉讼法典》影响最大，以及最为直接的角度上看，却是法国大革命以前国王颁布的敕令。

法国历史上进入16世纪以后，随着教会法的衰落以及法国王权的强化，虽然在诉讼领域仍然较大程度上保留着教会诉讼制度的一些特征，诸如：言词与书面相结合、以公开审判取代秘密审判等。但是国王颁布的有关民事诉讼的敕令不仅逐渐取代了教会诉讼法的地位，而且国王的敕令也成为了当时最为重要的法律形式。在这些国王的敕令中，1539年的"维利—科特雷敕令"（Ordonnace de Villers‐Coterêts）、1566年的"穆兰敕令"（Ordonnance de Moulin）和1667年的国王大敕令（Grande Ordonnance de 1667），是其中最为重要的三个王令。

1539年的"维利—科特雷敕令"，不仅强制性地规定在诉讼中必须使用法语，以及将过去诉讼中一直使用的拉丁语改为了法语，而且敕令第16条还明确要求原告在传唤起诉状中载明争议的标的，以消除诉讼迟延和缩短诉讼期限。

1566年的"穆兰敕令"，则对诉讼证据制度作了重大改革，该敕令第54条有关"书面证据"优于"人证"与"调查"的规定，首次在法国民事诉讼中确立了"书证优先原则"，进而从立法规定上否定了法国民事诉讼中长期适用的"证人优先原则"。

1667年的国王大敕令，从诉讼法律渊源的角度上看，是诸多国王敕令中最为重要也最为主要的敕令。该敕令的制定从1665年9月27日开始，至1667年完毕。制定过程中，由于当时的国王路易十四

(Louis XIV)不仅亲自主持召开司法特别顾问委员会以起草该法令草案,而且在法令的起草过程中多次参加司法顾问会议,讨论草案的有关内容,即直接主持了该法令的制定。因此,在法国的法制史上该法令又被称为"路易法典"。

"路易法典"共有35章502条,在内容上除包括了法令的制定目的、法令的生效日期、法令适用的范围和起诉、抗辩、证据调查、回避、判决、执行、上诉等程序性规定外,还明确规定从该法令生效之日起,全面废止所有与该法令相抵触的法令、习惯、条例、诉讼样式和惯例。同时,该法令在编纂上也十分注重民事诉讼程序规则的完备性,和法条规定语言的简单、明了,以及整个法令体系结构和条文编排上的逻辑性。

对于该王令在法国民事诉讼历史发展演进中的作用和意义,法国学者给予了高度的评价。有学者认为:"1667年的大敕令实行了法典编纂,废止了全部与之相抵触的先前的规定,在整个王国境内统一了诉讼规则。1667年的国王敕令确保了民事诉讼程序的统一,并使之与刑事诉讼程序明显区别开来。"[①]

由于1667年的国王敕令本身所具有的上述特征,以及他在法国民事诉讼制度历史发展中的重要地位和作用,促使它不仅在1806年法国《民事诉讼法典》的制定过程中扮演了重要的角色。而且也历史地成为了1806年法国《民事诉讼法典》最为重要也最为直接的渊源。以至于在有关1667年国王大敕令与1806年法国《民事诉讼法典》之间相互关系的认识上,我国有学者认为:"1667年法国民事诉讼王令可以说是法国近代民事诉讼法的母体,著名的拿破仑民事诉讼法就是直接从1667年法国民事诉讼王令脱胎而来的。"[②]

---

[①] [法]让·文森、塞尔日·金沙尔著:《法国民事诉讼法要义》(上册),罗结珍译,中国法制出版社2001年版,第66页。

[②] 张卫平、陈刚编著:《法国民事诉讼法导论》,中国政法大学出版社1997年版,第7页。

## 三、法国 1806 年《民事诉讼法典》的基本内容与特征

（一）法国 1806 年《民事诉讼法典》的基本内容

在法国民事诉讼法学理论上，为了区别于 1976 年开始实行的《新民事诉讼法典》，习惯上将法国 1806 年的民事诉讼法典称为《民事诉讼法典》，或者旧《民事诉讼法典》。该法典包括上下两卷，共计 972 个条文。上卷"适用于一切法院的通则"，是有关基本审判制度和基本审判程序的规定，该部分共有 21 篇，这 21 篇分别是：第一篇，"序则"；第二篇，"诉权"；第三篇，"管辖"；第四篇，"起诉"；第五篇，"辩护理由"；第六篇，"和解"；第七篇，"提供证据"；第八篇，"共同诉讼"；第九篇，"参与诉讼"；第十篇，"自行回避、申请回避和移审"；第十一篇，"诉讼的附带事件"；第十二篇，"诉讼代理及诉讼助理"；第十三篇，"检察机关"；第十四篇，"审判"；第十五篇，"判决的执行"；第十六篇，"上诉途径"；第十七篇，"期间、执达书、通知书"；第十八篇，"费用及诉讼费"；第十九篇，"法院书记室"；第二十篇，"委托裁决"；第二十一篇，"最后规则"。下卷是有关各级法院以及各种特别法庭诉讼程序的具体规定，该卷共有 7 篇，其内容包括第一篇，"关于高级法院的特别规定"；第二篇，"关于初级法院的特别规定"；第三篇，"商务法庭特别规定"；第四篇，"裁决劳资纠纷法院的特别规定"；第五篇，"农村契约对等法庭的特别规定"；第六篇，"上诉法院的特别规定"；第七篇，"最高法院的诉讼程序"。①

（二）法国 1806 年《民事诉讼法典》的特征

法国 1806 年的《民事诉讼法典》，虽然形式上是在拿破仑的主持和推动下制定出来的法律，但是从历史发展的角度上看，实质上

---

① 请参见萧榕主编：《世界著名法典选编》（民法卷），中国法制出版社 1998 年版，第 441—503 页。

法国1806年《民事诉讼法典》不仅是法国资产阶级革命的产物,即取得革命胜利以后的资产阶级,从民事司法诉讼制度的角度寻求巩固革命成果的必要法律形式,而且也是革命胜利以后,资产阶级为了维护自身利益以及有利于自己进行民事司法救济的法律武器。为此,整个《民事诉讼法典》不仅在所涉民事诉讼法律规定上,较大程度地否定了封建诉讼法律中的等级特权,充分融入了正处于上升时期资产阶级的思想、意志和诉讼法制观念,而且,在"私权自治"、"契约自由"等观念的影响下,整个民事诉讼程序法律规范所体现出的倾向或者说其中最为明显的特征,就是"绝对的当事人主义"。这种"绝对的当事人主义",从法国整个民事诉讼程序进程的角度上看,是十分清晰,也是随处可见的。

首先,就民事诉讼的启动而言,按照法国1806年《民事诉讼法典》的规定,诉讼并不是通常由当事人直接向法院递交诉状而启动,而是先由原告直接向被告递交诉状,即在当事人之间进行,然后再由当事人委托法院来解决当事人之间的争议。具体而言,按照1806年法国《民事诉讼法典》第4条的规定,在治安法院,诉讼先由原告委托被告所在地治安法院的执达员向被告送达传唤状而开始。按照第7条的规定,也可以由原被告双方合意一致共同到治安法院出庭而启动。按照第52条、第62条的规定,在初审法院,诉讼一般由原告委托执达员向被告送达传唤状开始,原告与执达员之间的这种委托送达关系,在性质上属于民事上的委托与被委托关系,属于当事人个人的民事委托行为,因此,原告委托执达员向被告送达传唤状时,应当支付相应的费用。同时,原告在向被告送达传唤状以后,应当在法定的期限内向法院书记室递交传唤状副本,法院收到传唤状副本以后,案件自此开始由法院系属,诉讼得以启动。如果超过了法定的送达期限,传唤状将自动失效。同时,被告在收到原告的传唤状以后,必须在法定的15日以内委托律师,并由律师将答辩状送达原告,如果超出了法定的期限,原告可以直接申请法院对于争议进行缺席判决。

其次,就审前准备中法官的作用而言,1806年法国《民事诉讼

第二部分　法国民事诉讼立法体例的发展变化及法典编纂的技术与特征

法典》为了便于案件进入诉讼程序后适合审理，在开庭审理前专门规定了由当事人确定争点和交换证据的审前准备程序。按照该法典第 78 条、第 188—192 条的规定，审前准备程序的主要内容包括两个方面：第一，在当事人之间交换起诉状、答辩状、确定诉讼对象以及争点；第二，在当事人之间传递书证。由于法国民事诉讼中实行"书证优先主义"，因此，当事人在审前程序中相互传递书证被视为当事人收集证据的主要方式。

在审前准备程序中，虽然法官也可以要求双方律师对于他们没有提出的依据作出答复，以及对于解决讼争所涉及的事实或法律加以说明，甚至依据职权讯问当事人。但是，由于"旧法国民事诉讼法建立在自由主义诉讼观基础之上，奉行当事人处分原则，因此没有对法官如何指挥事前程序作出任何明确规定"，①"所以审前程序被视为'当事人领地'"。② 在审前准备阶段不仅法官并不主动地职权介入，而且，"法国学者认为，辩论程序与事前程序相分离的诉讼构造是以强调当事人对审原则和法院不主动依职权介入诉讼为前提的。"③ 换句话说，就 1806 年法国《民事诉讼法典》有关审前程序的规定以及当时法国学者的普遍认识而言，在 1806 年法国《民事诉讼法典》所规定的审前程序中，"法国准备程序法官的主要任务是监督程序的进行"。④为此，整个审前准备程序的进程中，不仅几乎完全是以当事人为主，而且也基本上是由当事人主导的。

再则，就法官对于案件的审理而言，按照法国 1806 年《民事诉讼法典》的规定，虽然在法庭审理中，法官可以依职权就案件所涉的事实问题直接向当事人发问，但是，由于"法国法向来把法官关

---

① 张卫平、陈刚编著：《法国民事诉讼法导论》，中国政法大学出版社 1997 年版，第 190 页。

② 何勤华主编：《法国法律发达史》，法律出版社 2001 年版，第 443 页。

③ 张卫平、陈刚编著：《法国民事诉讼法导论》，中国政法大学出版社 1997 年版，第 219 页。

④ 沈达明著：《比较民事诉讼法初论》（下册），中信出版社 1991 年版，第 114 页。

在当事人划定的诉讼框架内，不得传唤未经当事人指定的证人，不得索取当事人隐藏的书面材料。"① 因此，在开庭审理中，"法官既不能改变诉讼的主观框架（当事人、当事人的资格等），亦不能改变客观框架。"② 换言之，按照法国1806年《民事诉讼法典》的规定，法官在案件审理中，只能根据当事人的诉讼请求、提供的证人以及其他证据材料进行审理。即法官开庭审理案件所涉的诉讼标的、诉因、请求的内容、相关的法律事实，以及诉讼证据，均由当事人提供和决定。

最后，就判决所涉及的内容、范围和事项而言，按照法国1806年《民事诉讼法典》的规定，法官在判决中，"他既不得不包括，也不得超过当事人所请求的内容作出判决。"③ 即"法官应就所请求的一切作出裁判，并只能就所请求的一切作出裁判。"④ 换言之，对于法官作出的判决而言，不论是判决的内容、事项，还是判决所涉及的范围，实际上也都是由当事人决定的。

由上可见，按照法国1806年《民事诉讼法典》的规定，当事人在整个诉讼程序中都处于积极主动，乃至于主导的地位，法官几乎是完全处于一种消极和被动的地位，其当事人主义倾向和特征不仅

---

① 沈达明著：《比较民事诉讼法初论》（上册），中信出版社1991年版，第142页。

② 所谓"客观框架"，在法国民事诉讼理论上是指诉讼标的（object）和诉的原因（cause）。按照法国民事诉讼理论上的认识，原告诉讼的目的在于借助法院的审判行为来取得或者实现某项结果，诸如宣告某项法律行为无效，或者判令对方向其支付损害赔偿等。在这两项内容中，诉讼标的是根据诉因提出来的，诉因是诉讼的法律根据。诉讼标的与诉因不仅最终确定讼争的范围和框架，而且判决既判力的界限，以及诉讼系属都取决于讼争的标的与诉因。因此，对于庭审而言，客观框架是不能改变的。有关内容请参见沈达明著：《比较民事诉讼法初论》（下册），中信出版社1991年版，第117页。

③ 沈达明著：《比较民事诉讼法初论》（下册），中信出版社1991年版，第116页。

④ 沈达明著：《比较民事诉讼法初论》（下册），中信出版社1991年版，第117页。

十分的明显,而且,其特征相对于尔后法国的《新民事诉讼法典》而言,简直可以说是一种"绝对的当事人主义",或者"彻底的当事人主义"。

法国 1806 年《民事诉讼法典》,除贯穿了较为彻底的当事人主义以外,在法典规定的特征上还包括以下两个方面的内容:

第一,明确了检察官在民事诉讼中的地位,规定了国家检察机关在某些情况下参与民事诉讼的权利。即如果民事案件关系到国家安全、政府、国家土地、房产、人身安全,以及由于法院判决不公而引发的诉讼时,不仅法院必须报告检察官,而且检察官有权对诉讼进行干预。

第二,用较大的篇幅和较多的条文对于债权保护作出了规定。例如法典第 656—779 条,对于债务的清偿作了详细的规定;第 780—805 条,对于债权人要求法院拘留债务人的问题,以及具体的程序作出了规定。

## 四、法国 1806 年《民事诉讼法典》立法体例上的问题

法国 1806 年的《民事诉讼法典》,虽然是法国第一部统一的有关民事诉讼程序的立法,但是就当时法国有关民事诉讼程序规范的立法规定而言,不仅有不少涉及民事诉讼程序性的内容,在立法上不是规定在 1806 年法国《民事诉讼法典》中,而且法国 1806 年《民事诉讼法典》在立法体例上,与现代大陆法系大多数国家有关民事诉讼程序立法规定,也存在较大程度的差异。这种差异,从今天大陆法系大多数国家民事诉讼程序立法的情况和民事诉讼立法理论的角度上看,是值得研究的。

就有关民事诉讼程序性规范的立法规定而言,现代大陆法系各国通常都置于民事诉讼法中规定的程序内容,当时在法国的立法过程中却将其放到了实体法内,由法国《民法典》加以规定。换言之,立法在有关诉讼程序性内容的规定上,不仅立法理论上存在实体问

题与程序问题不分,在立法上存在实体法和程序法均对程序问题进行规定的情况,而且立法上还将大量的有关诉讼程序性规定,纳入了1804年法国《民法典》的有关规定中。例如:法国《民法典》第54条规定:"在一切情况下,民事法院认定有关身份的证书时,当事人得对判决提出上诉。"第248条规定:"对离婚的原因、后果及临时措施的辩论不公开进行。"第1780条第6款规定:"执行前数款可能引起的争议,如争执提交民事法院及上诉法院时,得以既决案件紧急审理。"①

在立法体例上,法国1806年的《民事诉讼法典》与现代大陆法系大多数国家有关民事诉讼程序立法规定的差别,主要表现在与诉讼证据制度有关内容的规定上。即1806年法国《民事诉讼法典》在有关诉讼证据制度的规定上,主要规定的是有关诉讼证据的提出以及提出证据的程序问题,而通常大陆法系各国都是规定在民事诉讼法中,或者均由民事诉讼法加以规定的有关证据制度的其他内容,诸如:书证、人证、推定、当事人的自认、宣誓等方面的大量内容,却都归入了实体法中,即规定在了1804年的《民法典》中。

例如:法国《民法典》第1335条规定:"如原本不复存在,抄本依下列情况为原本之证明:1. 公证书的大字抄本或最初抄本,与原本有同样证据力;按照法官的命令,由当事人在场或经传唤当事人而作成的抄本,或在当事人面前而且经双方同意作成的抄本,亦有同样的证据力。2. 作成原本的公证人、或继承其职务的人中的一人、或担任保管原本职务的公务官员,自交付大字抄本或最初抄本后,未经法官的命令、亦未经当事人的同意而根据原本所作的抄本,如已陈旧者,在原本遗失时亦有与原本同样的证据力。抄本已历时三十年以上者,应视为已陈旧。抄本历时不足三十年者,仅得作为书证的端绪。"第1347条规定:"如存在书证的端绪时,不适用前数条规定。诉讼被告和其所代表之人所立的证书,证实原告所主张的

---

① 马育民译:《法国民法典》,北京大学出版社1982年版,第7页、第45页、第322页。

事实者,称为书证的端绪。'对于当事人一方在亲自出庭、拒绝回答或未出庭时所作的声明,法官应视为相当于书证的端绪'。"第1351条规定:"既决案件的权利仅对于曾作为判决的对象,始得成立。起诉请求之物须为同一物件,诉讼必须基于同一原因,诉讼必须在同一的当事人间进行并由同一的原告向同一的被告以同一的资格提出。"第1352条第1款规定:"法律上的推定免除受其利益的当事人一方举证的责任。"第1356条规定:"裁判上的自认,为当事人或经当事人特别委任的代理人在法院所作的声明。裁判上的自认,对于作此自认的人,有完全的证据力。裁判上的自认,对于作此自认的人,不得分割。裁判上的自认,非经证明系因事实错误而作出者,不得撤回。裁判上的自认亦不得以法律为借口而撤回。"第1361条规定:"被请求宣誓一方如拒绝宣誓或不同意对方宣誓者,或原请求宣誓一方被对方反要求宣誓而拒绝宣誓者,其请求或抗辩均应予驳回。"第1367条规定:"法官对于诉讼请求或对此请求的抗辩,仅在下列两种情形,始得依职权命当事人宣誓:1.请求或抗辩未完全被证明者;2.请求或抗辩并非完全无证明者。不合上述条件者,法官应照准或完全驳回原告的请求。"①

历史地看,法国1806年《民事诉讼法典》之所以把诉讼证据制度中的主要内容放到民事实体法中,而民事诉讼法典只规定提出证据和有关证据的程序问题,不仅是因为"法国民法典的起草者机械地沿用法国大革命前法学者波底埃(Pothier)的排列式把证据列入合同法条文"。② 而且当时有关的立法理论也认为:"证据问题离开诉讼也会发生。对诉讼起决定性作用的证据的采纳问题涉及实体法,证据的提出问题则属于诉讼法。"同时"某项证据是否能被接受取决

---

① 马育民译:《法国民法典》,北京大学出版社1982年版,第255页、第258页、第259页、第260页、第261页。

② 沈达明著:《比较民事诉讼法初论》(上册),中信出版社1991年版,第302页。

于管辖该法律状态的实体法,提出证据的程序则受审判地法管辖。"①

由于法国 1806 年的《民事诉讼法典》在有关证据制度的规定中,仅对提出证据的程序问题作出了规定,而诉讼证据大量涉及的其他内容却交由实体法加以规定,而这种将诉讼证据制度中存在密切联系的证据内容分别规定在不同的实体法和程序法中的立法规定形式,就今天的观点来看,不仅在理论上和逻辑上存在严重的问题,而且这种立法规定形式也必然给司法审判实践带来很大的问题和造成很大的麻烦。

## 五、主导 1806 年法国《民事诉讼法典》的基本思想以及法典编纂的具体程序理论

(一)主导 1806 年法国《民事诉讼法典》的基本思想

历史地看,虽然法国民事诉讼法典是法国资产阶级革命和民族统一运动在民事诉讼领域内的产物,但是,这并不意味着任何资产阶级革命或者民族统一运动都必然导致一国统一民事诉讼法典的编纂和制定。例如,18—19 世纪的英国,虽然在 17 世纪时已经取得了资产阶级革命的胜利,其资本主义经济的发展和资产阶级的统治都远远超过欧洲大陆各国,且当时英国的议会立法,以及制定法的地位与数量也在迅速地提高和增多,但是英国并没有因此制定出统一的《民事诉讼法典》。同样,美国独立战争的胜利,以及 19 世纪南北战争的结束也没有导致全国统一民事诉讼法典的产生。虽然 19 世纪时美国纽约州的律师菲尔特(D. D. Field)曾经积极倡导和推动过民事诉讼法典的编纂与制定,但是,至今美国除仅有适用于联邦范围内的民事诉讼规则外,仍然没有类似于大陆法系国家统一适用于全国的《民事诉讼法典》。由此可见,影响和决定一国民事诉讼法典

---

① 沈达明著:《比较民事诉讼法初论》(上册),中信出版社 1991 年版,第 302 页。

制定与编纂的基本因素，除了政治、经济和社会的原因以外，还有其他诸多方面的因素。而在这些因素中，就影响和决定一国民事诉讼法典的编纂，以及不同法典的体例、结构、风格和特征的角度而言，主导法典编纂的基本观念、思想及其基本理论学说，不能不说是其中最为重要的因素。

而就各国有关民事诉讼的立法情况来看，任何国家有关民事诉讼的程序立法，都无不受制于特定的思想观念以及基本的理论学说，以及不论是有关民事诉讼基本原理的确定、程序制度的设置以及整个法典的编纂与制定，也都无不是以一定的理论为根据。因而，在民事诉讼法典的编纂与制定中，有关民事诉讼的基本观念和思想，不仅对法典的制定具有十分重要的意义，而且对法典的编纂也起着十分重要的作用。换言之，法典编纂的基本观念、思想不同，以及依据的基本理论学说不同，法典的体例、结构、风格和特征也就有所不同。不仅不同国家民事诉讼法典的制定和编纂必然以一定的基本思想为其指导，以一定的理论为根据，而且任何国家《民事诉讼法典》的制定以及编纂，也都无不是在一定的立法观念和思想的指导下，且以一定的理论学说为基础而制定或者编纂出来的。

由于无论是什么类型和性质国家民事诉讼法典的编纂，都必然以一定的思想为指导，以及以一定的理论学说为根据，这一现象作为各国法典制定与编纂中的必然规律，法国《民事诉讼法典》的制定与编纂当然也概莫能外。

法国1806年的《民事诉讼法典》作为法国大革命的产物，从主导法国民事诉讼程序立法和法典编纂基本观念、思想和理论的角度上看，自然不仅必然与主导和影响法国大革命的基本思想和理论学说直接相关，而且也必然以这些思想为指导，以及以这些理论学说为法典制定与编纂的依据。而法国大革命作为反对封建等级特权，追求自由、平等，且以理性、人权、正义和社会契约为旗帜的社会大革命，历史地看，不仅深受法国大革命以前以及革命期间启蒙思想家们的影响，而且也正是在这些启蒙思想家的思想和学说的影响下，且以这些思想为基本的理论武器而进行的。这些理论学说从基本观念的角度上看，就是所谓的"古典自然法学"。

"'古典自然法学派'（Classical Natural law）是整个近代资产阶级革命时期各种自然法哲学的总称。它并没有什么'共同宣言'，甚至不同代表人物的政治立场也针锋相对。但是，无论哪一位自然法哲学家都是从自然法理论的角度论证资产阶级革命的必要性及其结果的形式。正是由于这一共同特点，形成了西方法哲学史上第一个具有较完整意义的流派。"①这种学说认为："自然法的本质是正确的理性。"② 以及"'法是普遍的理性，是以事物的本性本身为基础的最高理性。法律，则是在实定的规则和个别的禁令中被还原的法，并且只能是这种东西。'因此，自然法被视为'作为成文的见证人或守护者，给予所有规则以生气，对规则加以说明和补充，并分别赋予其真正地位'的东西。"③这种以自由、平等、人权保障为基本特征的学说与思想，在当时法国的诸多法律文件中都得到了充分的体现与反映。例如，1789年的法国《人权宣言》不仅在其序言中郑重申明："组成国民议会的法国人民的代表们，认为不知人权，忽视人权或轻蔑人权是公众不幸和政府腐败的唯一原因，所以决定把自然的、不可剥夺的和神圣的人权阐明于庄严的宣言中，以便本宣言可以经常呈现在社会各个成员之前，使他们不断地想到他们的权利和义务；以便立法权的决议和行政权的决定因能随时和整个政治机构的目标两相比较，从而就更加受到他们的尊重；以便公民们今后以简单而无可争辩的原则为根据的那些要求能经常针对着宪法与全体幸福之维护。"④ 而且《人权宣言》的第一条明确规定："在权利面

---

① 张乃根著：《西方法哲学史纲》，中国政法大学出版社1993年版，第92页。

② 张乃根著：《西方法哲学史纲》，中国政法大学出版社1993年版，第63页。

③ [日]大木雅夫著：《比较法》，范愉译，法律出版社1999年版，第178页。

④ 姜士林、陈玮主编：《世界宪法大全》（上卷），中国广播电视出版社1989年1月版，第761页。

前，人们生来是而且始终是自由平等的。只有在公共利用上面才显出社会上的差别。"第二条规定："任何政治结合的目的都在于保存人的自然的和不可动摇的权利。这些权利就是自由、财产、安全和反抗压迫。"①

同时，由于"古典自然法学"的"理性主义"特征，也较大程度上促成了法国民事立法中理性主义至上的倾向。例如，1793年8月，法律委员会主席康巴塞雷斯（J. J. R. de Cambaceres, 1753—1824年）在向国民公会提出的一份由715条组成的民法典草案时，对于该草案，他声称："民事立法应该是结构十分简单的一座大厦，但因其匀称而显得富丽堂皇，因其简明而显得巨大，因并非建立在流沙般制度的基础上而显得更加牢固。它将在自然法的坚土和共和国的处女地上崛起。"但是国民大会否决了他的草案，其基本理由是该草案"过于复杂，而人们需要的是比较简明并具有哲理概念。"②

"古典自然法学"作为主导和影响法国大革命的基本理论思想和学说，不仅从政治上提出了天赋人权、主权在民、三权分离、社会契约论等一系列彰显资产阶级民主政治的观念、理论与思想，而且在法律上也系统地提出了诸如私权自治、契约自由、法律面前人人平等一系列表现资产阶级法制民主的观念和思想，这些具有社会进步意义的法制观念与思想，不仅历史地成为了引起和推动法国大革命的思想武器，而且，在法国大革命胜利以后，自然而然、顺理成章地也成为了民事诉讼法典编纂和制定中，最为基本的指导思想与理论依据。

（二）影响1806年法国《民事诉讼法典》编纂的诉讼程序理论

"古典自然法学"作为推动和影响法国大革命的理论学说，历史地看，除了从社会平等、反对封建专制、天赋人权、主权在民、三权分离等政治的，以及基本理念和指导思想的角度，主导与影响法

---

① 姜士林、陈玮主编：《世界宪法大全》（上卷），中国广播电视出版社1989年1月版，第761页。

② 转引自沈宗灵著：《比较法研究》，北京大学出版社1998年版，第96页。

国 1806 年《民事诉讼法典》的编纂与制定以外，从民事诉讼这一特定，且具有不同于一般政治领域，以及其他法学领域的专业角度上看，"古典自然法学"的一些基本理念与思想，在民事诉讼领域内还衍生出了一些指导民事诉讼程序立法所特有的理论和思想。例如，"古典自然法学"主张人生来就具有不可分割和不可剥夺的权利，这就是自由、财产神圣不可侵犯、契约自由；设置法律的目的是保障公民的这些权利，所以"古典自然法学"理论强调个人权利的绝对性，强调尊重个人的意志，反对国家对于个人的干涉。这些思想反映到民事实体法上，不仅形成了民事权利平等、私人财产神圣不可侵犯，以及意思自治、契约自由、过失责任等基本原则，而且也是这些法律原则得以成立的政治理论根据。而"古典自然法学"所主张的私权自治、契约自由、反对国家干预的思想，在民事诉讼领域中不仅充分地表现为绝对的当事人主义，以及历史性地成为了古典当事人主义的政治理论依据，而且在民事诉讼领域这些具有政治意义的思想、主张和理念，还内化为以下一些具体的指导和影响 1806 年法国《民事诉讼法典》编纂和制定的程序理论及其学说。

1. "讼争一成不变说"

所谓"讼争一成不变说"，又称为"讼争一成不变原则"（Lmmutabilité du litige）。其基本含义是指："诉讼程序一旦开始，程序的各个因素（当事人、标的、原因）及其框架不得改变。"[①] 换言之，当事人起诉以后，诉讼程序所涉及的各个因素，从诉讼开始直至判决以前不能改变。例如，不能以当事人以外的案外人代替当事人，不能变更原来的诉讼标的或者提出新的诉讼请求等。

这一原则及其理论，如果就其表象以及内容与当事人处分原则逻辑联系的角度上看，似乎是由当事人处分原则所派生出来的一项原则。即就当事人处分原则而言，当事人不仅有权决定诉讼标的、诉讼原因，也有权决定与诉讼相关的各种程序因素。换言之，按照

---

① 沈达明著：《比较民事诉讼法初论》（上册），中信出版社 1991 年版，第 144 页。

当事人处分原则，在民事诉讼中由当事人自主决定的诉讼要件及其程序因素，一旦确定就应当保持下去，直至诉讼的终结也不能被改变。

然而，对于这一原则的产生以及适用的理由，在法国民事诉讼的传统理论上也有观点认为："从处分原则出发同样可以得出相反的结论，即当事人保持在任何时候给予争讼新的内容与因素的权利。"① 所以，理论上也有学者认为："一成不变原则是从保护防御的权利出发的，保护防御的权利需要阻止当事人以提出新的请求去阻止或推迟程序的开展。"② 但是，不论学理上对于这一原则的产生及其适用理由的认识有何不同，在法国的民事诉讼中，"讼争一成不变原则"绝非仅仅适用于当事人的一项原则，也是适用于法官的一项基本原则。即"讼争一成不变原则同样适用于法官。法官的判决不得超过当事人的请求，亦不能不包括所有的请求。他不得改变诉讼当事人请求的标的和请求的原因。"③ 为此，在法国的司法诉讼实务中，由于这一原则及其理论思想的影响，"法国法向来把法官关在当事人划定的诉讼框架内，不得传唤未经当事人指定的证人，不得索取当事人隐藏的书面材料。"④ 即：不仅就这一原则的基本含义而言，充分表现了它与18世纪以来启蒙思想家们有关意思自治，限制国家干预等法制理念上的直接联系以及逻辑上的相互联系，而且，实质上这一原则就是启蒙思想家们基本法制理念和思想在民事诉讼领域内的具体表现，因而这一理论学说不仅历史地成为了指导和影响法国《民事诉讼法典》编纂和制定的诉讼理论学说，而且，事实

---

① 沈达明著：《比较民事诉讼法初论》（上册），中信出版社1991年版，第145页。

② 沈达明著：《比较民事诉讼法初论》（上册），中信出版社1991年版，第145页。

③ 沈达明著：《比较民事诉讼法初论》（上册），中信出版社1991年版，第145页。

④ 沈达明著：《比较民事诉讼法初论》（上册），中信出版社1991年版，第142页。

上也具体地、实质性地影响了法国1806年《民事诉讼法典》的编纂。

2. "程序合同说"

所谓"程序合同说",是指将民事诉讼中当事人之间的诉讼法律关系,视为合同关系的一种理论学说。按照这种理论学说的基本观点,不仅"起诉是原告提出的诉讼要约,对被告来说,应诉也是对诉讼要约的承诺。"① 而且,民事诉讼关系"与合同一样,一切由要约来确定。被告对要约作出承诺时当然会对要约作一些修改,但答辩的作用主要是对要约的承诺,把承诺固定下来阻止原告单方面地予以撤回。这种合同关系在放弃诉讼问题上表现最为明显,即被告一旦接受了挑战,原告的放弃诉讼必须经被告同意。"②

在法国传统的民事诉讼理论上,"正统的法国民事诉讼学理把程序作为合同,即使他们不用合同概念解释请求,但提到被告的答辩时就援用合同概念。"③"合同一旦成立,就不得凭一方当事人的意思改变,讼争同样不能未经双方当事人同意而改变。"④

对于"程序合同说",如果就其产生与形成而言,应当说这一学说并不完全是18世纪以后,在启蒙思想家的观念、思想与理论影响下产生的一种民事诉讼程序理论,从历史发展的角度上看,这种理论的产生有着更为悠久的历史渊源。按照法国现代民事诉讼学理的认识:"将诉讼关系看成是一种合同关系,这种观念源于罗马法。因为在罗马法中,向法院提起诉讼,争议系属(Litis Contestation)被看成是诉讼当事人之间的一种合同,其效果是使当事人受到'服从

---

① 沈达明著:《比较民事诉讼法初论》(上册),中信出版社1991年版,第112页。

② 沈达明著:《比较民事诉讼法初论》(上册),中信出版社1991年版,第112页。

③ 沈达明著:《比较民事诉讼法初论》(上册),中信出版社1991年版,第112页。

④ 沈达明著:《比较民事诉讼法初论》(上册),中信出版社1991年版,第112页。

诉讼进程'与'接受审判'之义务的约束。此外，正是因为有了这样的合同，使原告的原有权利'更新'为'取得法院判决的权利'。"①

这一学说虽然并不是在启蒙思想家及其"古典自然法学派"的直接影响下产生和形成的，但是，由于这种学说在内容上与启蒙思想家及其"古典自然法学派"所提倡的意思自治、契约自由等基本理念和法制原则相吻合，因而在1806年法国《民事诉讼法典》的制定与编纂中，其基本的理论观点及其思想不仅得到了现实性的利用，而且在进一步深化和改造的基础上，成为了影响与指导《民事诉讼法典》编纂与制定的一项基本的程序理论学说。

这种学说由于强调程序的合同性，认为程序及其诉讼的进行与合同一样，一切需要由当事人之间的约定来确定，因而不仅从立法指导思想上否定了程序应当具有的强制性，以及在《民事诉讼法典》有关规定中充分突出了当事人之间的合意对于程序的决定性主导作用，而且也促成和决定了《民事诉讼法典》绝对当事人主义的倾向和特点。

3."程序所有权说"

所谓"程序所有权说"，是指民事诉讼程序为当事人所有的一种学说。按照这种理论，"直到被告的承诺为止，程序属于原告的所有权，被告尚未取得使诉讼继续下去的权利，但诉讼合同一旦由于被告的承诺而告成立，程序的所有权就属于双方当事人。"②

这种由法国学者卡森乃（Garsonnet）与山沙勃吕（César-Bru）倡导的学说，作为曾经指导与影响1806年法国《民事诉讼法典》的编纂与制定的具体程序理论学说，其问题不仅在于民事诉讼程序作为由国家采用立法形式规定的，解决私权纠纷的一种法定的程式、

---

① ［法］让·文森、塞尔日·金沙尔著：《法国民事诉讼法要义》（上册），罗结珍译，中国法制出版社2001年版，第495页。

② 沈达明著：《比较民事诉讼法初论》（上册），中信出版社1991年版，第112页。

顺序和方式,性质上具有强制性,是国家公权力在解决私权纠纷中公正、民主的客观要求,绝不是为当事人所拥有的东西,而且历史地看,这一理论学说与思想也充分代表和反映了民事诉讼程序立法初期,实体法思想及其规则对于民事程序立法的影响。虽然这一思想及其理论,在法国现代民事诉讼理论上已经遭到较为严厉的批判,但是直到 20 世纪七八十年代,法国最高法院的判例还一定程度上仍然在沿用此项学说。①

---

① 相应资料请参见沈达明著:《比较民事诉讼法初论》(上册),中信出版社 1991 年版,第 112 页有关内容。

# 第二章 法国《新民事诉讼法典》的立法体例及法典编纂技术与特征

## 一、法国民事诉讼法的发展

法国1806年的《民事诉讼法典》，作为法国历史上第一部资产阶级的程序法典，虽然从立法的角度较为全面地贯穿了资产阶级的法制思想、诉讼观念和程序理念，确立了具有现代民主意义的诉讼原则，不仅有利于从司法上维护资产阶级的利益，也有利于保障民事纠纷解决司法过程的民主、公正。但是由于该《民事诉讼法典》是由法国旧制度时期的法官和律师起草的，起草者不仅对于法国旧制度时期的民事诉讼规则十分熟悉，而且深受其影响，因而被指责在《民事诉讼法典》的制定过程中很大程度上照搬了1667年的国王敕令。也由于1806年法国《民事诉讼法典》制定一百多年以后的时期中，法国社会无论在政治、经济还是诉讼纠纷的类型以及数量上，都发生了很大的变化，因而，1806年制定的《民事诉讼法典》在解决现实纠纷中的局限性日益显露，已经难以适应解决纠纷的现实需要。

1934年，法国成立了民事诉讼法典修改委员会，从1935—1944年，第一次对民事诉讼法典进行了改革。1935年的修改在审前程序中增设了指导法官，以改变民事诉讼中经常存在的由于当事人不积极整理争点而导致诉讼迟延的现象。第二次修改始于1958年，由于法国1958年宪法的特别授权，政府在1958年重组了法国的司法体系，当时修改民事诉讼法典的目的是为了与法国新宪法保持一致。第三次修改是1965年，这次修改取消了审前程序中的指导法官制度，增设了准备程序法官以加强法官的诉讼指挥权。1969年，法国政府设立了由当时法国的司法部长让·佛瓦耶主持的民事诉讼法改革委员会，全面负责民事诉讼法典的修改工作。该委员会包括了法官、议员、上院法律委员会的代表、律师、代诉士、执行官和法学教授等各种类性和各个层次的人员。工作历经11年，于1980年解散。在该委员会的努力下，并根据该委员会的建议，法国先后通过并颁布了4个法令。这4个法令分别是：1971年9月9日的第71—740号法令；1972年7月20日的第72—684号法令；1972年8月28日的第72—788号法令；1973年12月17日的第73—1122号法令。

1975年12月5日，法国颁布的第75—1123号法令，在对前4个法令的有关条文进行若干修改、增补以后，将其合并为一个统一的法律文件，并命名为《新民事诉讼法典》。该《新民事诉讼法典》于1976年1月1日开始在法国施行。①

1976年1月1日，开始在法国施行的《新民事诉讼法典》，最初只有981个条款，1976年以后，法国从立法上对《新民事诉讼法典》进行了补充和完善。如1979年11月7日，与向最高司法法院提出上诉有关的法令；1981年5月12日，与仲裁与特别程序有关的法令；1989年7月20日、1998年12月20日，与扩大法官权力加快司法诉讼程序进展有关的法令等。

经过多次修改，目前法国有关民事诉讼程序的法律规定包括三个部分：第一，《新民事诉讼法典》，这部分作为法国有关民事诉讼程序部分的主要规定，共有1507条文（包括一些被废止与保留空缺的条款）。第二，《司法组织法典》，这部分是有关法院制度、组织、权力运作与管辖权限的规定。第三，旧《民事诉讼法典》中有关动产、动产扣押与命令程序的规定。

## 二、法国《新民事诉讼法典》的立法体例

法国《新民事诉讼法典》共计1057个条文。立法在体例上以

---

① 《新民事诉讼法典》在法国阿尔萨斯—洛林地区三个省的施行日期，推迟到1977年1月1日。

第二部分　法国民事诉讼立法体例的发展变化及法典编纂的技术与特征

"卷"为标准,将整个《法典》分为了以下四大部分。

(一)"适用一切法院的通则"

"适用一切法院的通则",作为法国《新民事诉讼法典》第一部分的有关规定,在体例上涉及二十一编,包括"序则"、"诉权"、"管辖"、"起诉"、"防御方法"、"和解"、"调解"、"提出证据"、"多数当事人"、"诉讼参加"、"自行回避、申请回避与移送"、"诉讼附带事件"、"诉讼代理与诉讼助理"、"检察院"、"判决"、"判决的执行"、"上诉途径"、"期间,执达员与通知"、"诉讼费用与其他费用"、"法院书记室"、"司法委托"、"最后条款"等内容,这些内容共涉及749个条文。

这部分在内容上不仅是"所有的民事法院、商事法院或社会事务法院共同适用的具有一般意义的全部规定,不论它们是普通法还是专门法院。"① 即在立法体例上,这一部分内容不仅实际上构成了法国《新民事诉讼法典》的总则,而且相对于大陆法系其他国家民事诉讼法典有关总则的规定,这部分规定在立法体例上还具有下述两个十分显著的特点。

1.《新民事诉讼法典》在第一编的第一章中,用10节共计24个条文,对于"诉讼的指导原则"作出了明确的规定。而从立法体例的角度上看,这种在《新民事诉讼法典》开篇的章节中,采用大量的法条对诉讼基本指导原则作出明确规定的立法体例,除我国以及前苏联的民事诉讼法典以外,从世界其他各国民事诉讼程序立法体例的情况来看是十分罕见的。

在法国民事诉讼理论上,"诉讼指导原则"具体被归纳为三个方面的原则:一是"保障诉讼民主运作的原则";二是"有关当事人与法官各自作用的原则";三是"有关诉讼特征的原则"。② 这些方

---

① [法]让·文森、塞尔日·金沙尔著:《法国民事诉讼法要义》(上册),罗结珍译,中国法制出版社2001年版,第71—72页。

② [法]让·文森、塞尔日·金沙尔著:《法国民事诉讼法要义》(上册),罗结珍译,中国法制出版社2001年版,第552页。

面的原则具体地包括了"推进诉讼的原则"或者称之为"控告原则"、"主动原则"、"处分原则"、"对审原则"、"公开辩论原则"、"争议恒定原则"等诸多具体原则。

对于"诉讼的指导原则",法国不仅在立法体例上采用了独立的立法规定形式,而且就诉讼学理的角度而言,学者们还认为:"这些指导原则'在形式编排上处于优先地位,具有智慧负荷'。"[①] 以及"法国《民事诉讼法典》的特点是,它有一个标志着法典开篇并对整个法典产生有力影响的卷首规定,而法典的哲学绝大部分都体现在这样一个有关当事人与法官角色分配的'宪章'之中。"[②]

这里有必要说明的是,法国《新民事诉讼法典》有关"诉讼指导原则"的规定与我国现行《民事诉讼法》有关基本原则的规定,无论在内容上还是性质上,以及立法规定的特征上都是不同的。我国现行《民事诉讼法》有关基本原则的规定,不仅具有较强的意识形态特征,以及极具宣言的性质,而且十分的抽象、空洞,实践中难以操作适用。而法国《新民事诉讼法典》有关"诉讼指导原则"的规定,则是根据诉讼进程的发展而展开,以当事人与法官之间的关系为主导,针对诉讼中的主要问题而规定的指导原则,因而不仅具体、富有针对性,而且易于适用和实务操作。

而从立法思维的角度上看,法国《新民事诉讼法典》在立法上之所以作出这种立法体例,究其原由,除了理性主义的影响之外,与法国理论上以及立法上对于基本原则作用的认识显然存在直接的关系。按照法国学者的观点:"在法国,人们传统上对由诉讼关系的产生、诉讼进展、诉讼的可能扩张以及诉讼消灭所提出的一般问题给予的关注极为有限,以为只要对各项形式做出准确表述即已足够,但是,诉讼程序的各种形式实际上不过是一些框架,诉讼的'活的

---

① [法]让·文森、塞尔日·金沙尔著:《法国民事诉讼法要义》(上册),罗结珍译,中国法制出版社2001年版,第75页。

② [法]让·文森、塞尔日·金沙尔著:《法国民事诉讼法要义》(上册),罗结珍译,中国法制出版社2001年版,第548页。

现实'在这样的框架内按照直线过程或曲线过程展开。"① 因此,"如果不开展涉及法律一般原则的研究并以特有的动因机制来体现这种研究,我们便不可能真正理解诉讼。"② 换言之,"从理论方面考虑,我们所看到的诉讼,是受到特定的基本原则指导的诉讼。这些基本原则或者赋予诉讼程序以'控告式特征',或者相反,赋予其'纠问式特征'。"③

由于法国在民事诉讼理论上,十分看重基本原则对于整个程序法典以及诉讼实务操作的指导作用,为此,从程序立法的角度上看,在《新民事诉讼法典》的开篇章节中对于指导整个诉讼进程以及整个诉讼活动的基本原则作出规定,也就成为了其程序立法的一种必然。而法国民事诉讼立法上,对于诉讼指导基本原则的这种立法规定形式,从立法体例的角度上看,不仅有利于指导整个诉讼程序的进行,而且,也有利于规范、调整诉讼活动中法官与当事人之间的关系。

总而言之,法国《新民事诉讼法典》在其开篇章节中之所以对于"诉讼的指导原则"作明确的规定,显然是基于两个方面的原因:

首先从客观方面的角度上看,是统一法律适用的需要。由于法国《新民事诉讼法典》涉及四大部分,共 1507 个条文,不仅内容庞杂,而且涉及大审法院、初审法院、商事法院、劳资纠纷调解法庭、农村租约对等法庭、仲裁等,不同性质的法院及其不同类型程序的适用,客观上需要有一些基本原则性的规定去规范、统一与指导整个法典有关内容的适用。

其次,从主观方面的角度上看,是立法者确立与宣扬资产阶级

---

① [法] 让·文森、塞尔日·金沙尔著:《法国民事诉讼法要义》(上册),罗结珍译,中国法制出版社 2001 年版,第 545 页。
② [法] 让·文森、塞尔日·金沙尔著:《法国民事诉讼法要义》(上册),罗结珍译,中国法制出版社 2001 年版,第 546 页。
③ [法] 让·文森、塞尔日·金沙尔著:《法国民事诉讼法要义》(上册),罗结珍译,中国法制出版社 2001 年版,第 546 页。

民事诉讼法律思想、精神与原则的需要。由于任何一部法律都无不体现与表达着在社会占主导地位的思想、意识和观念,是社会占主导地位的思想、意识的反映。法国《新民事诉讼法典》作为法国资产阶级民事诉讼法律思想与观念的产物,必须也必然需要采用一些法条规定来明白无误地表达其思想与诉讼法律观念。同时法国人"自由、平等、博爱"的浪漫主义情怀,以及理性主义至上的立法思维特点,也从主观方面促成了这种立法体例及其立法方式的出现。

2.《新民事诉讼法典》在第二编中用4个条文对于"诉权"作出了明确的规定。而就世界各国民事诉讼程序立法体例及法典编纂的有关情况来看,这种在立法上通过设置专门条款的方式对诉权明确加以规定的立法体例,除法国《新民事诉讼法典》以外,可以说绝无仅有。

"诉权"作为民事诉讼法学中最为重要的基本问题,因其所具有的复杂性不仅在理论上被学界视为了民事诉讼理论中的"哥德巴赫猜想",以及就有关诉权的认识、学说和观点而言,形成了不尽相同的大量学说,诸如:"私法诉权说"、"公法诉权说"、"诉权否定说"、"宪法诉权说"、"多元诉权说"等,而且,从民事诉讼理论研究历史发展的角度上看,这些有关人们在不同的历史时期以及认识条件下形成的对于诉权本质的不同认识,虽然都不同程度地揭示了诉权的本质,具有一定程度上的合理性,然而,基于历史和认识上的局限性,也都免不了存在这样或那样以及不同程度的缺陷。而这些在不同的历史时期形成的,以及基于不同法律观念对于诉权本质的不同认识,以及这些认识相互之间所存在的较大差异,从立法技术的层面上看,要明确加以规定是十分困难的。也正是因为这一原因,从立法体例及法典编纂的角度上看,在世界各国的民事诉讼程序立法上,对于诉权作出明确规定的立法体例也是十分稀少的。

然而法国《新民事诉讼法典》在立法上,不但用4个法条对于诉权直接地做出了规定,而且还从立法上对诉权明确下了定义。按照法国《新民事诉讼法典》第30条的规定:"对于提出某项请求的人,诉权是指其对该项请求之实体的意见陈述能为法官所听取,以便法官裁判该请求是否有依据的权利。对于他方当事人，诉权是指辩论此项请求是否有依据的权利。"① 由此可见，从世界各国民事诉讼立法规定的情况来看，法国《新民事诉讼法典》有关诉权的这种规定，就立法体例的角度上看不仅十分稀少，也十分的独特。

而法国《新民事诉讼法典》在立法上对于诉权明确作出规定的这种独特的立法体例，不仅从立法规定上排除了理论上的一些无谓的争议，明确了对于当事人诉权保护的法定性，而且，从法律适用的角度上看，这种具体、明确的立法规定形式也有利于诉讼实践中对于当事人诉权的保护。

（二）"各种法院之特别规定"

"各种法院之特别规定"，作为法国《新民事诉讼法典》第二部分的有关规定，在体例上涉及八编，包括"大审法院之特别规定"、"初审法院之特别规定"、"商事法院之特别规定"、"劳资纠纷调解法庭的特别规定"、"农村租约对等法庭的特别规定"、"最高司法法院之特别规定"、"适用于最高司法法院撤消原判后受移送法院的特别规定"等内容，在条文上涉及从第750条到第1037条中的287个条文。

这部分内容作为法国民事诉讼立法上对于众多不同类型的诉讼程序，以及一审法院、上诉法院和最高司法法院所适用全部诉讼程序的具体规定，不仅在结构体系上，构成了法国《新民事诉讼法典》分则部分的主要内容，而且，从立法体例的角度上看，相对于其他国家的民事诉讼程序立法，也具有以下两个十分显著的特点。

1. 程序体系的建构不以普通程序为主

所谓"程序体系的建构不以普通程序为主"，是指法国立法上对于《新民事诉讼法典》整个诉讼程序体系的规定，在立法体例上采用的不是大陆法系各国通常适用的，以普通程序为主来设置和建构整个诉讼程序体系的方式，而对于各种不同的诉讼程序采用的是分

---

① 罗结珍译：《法国新民事诉讼法典》，中国法制出版社1999年版，第9页。

别设置、独立规定的立法方式。

  法国《新民事诉讼法典》在诉讼程序体系构建上的这一特征，就其《新民事诉讼法典》的具体规定而言是十分清楚的。例如，《新民事诉讼法典》第750—826条，在对于大审法院所适用的普通诉讼程序作出全面规定的同时，① 第827—852条对于初审法院、第853—878条对于商事法院、第R516－0—R518－2条对于劳资纠纷调解法庭、第880—898条对于农村租约对等法庭所适用的诉讼程序也都作了独立的详尽规定。而法国《新民事诉讼法典》在其立法体例上，何以作如此类型的规定，一位法国学者作了明确和直接说明，即"这种结构是放弃将大审法院所适用的程序作为典型程序来设计而产生的结果。"②

  对于民事诉讼法典中所涉及的各种不同类型以及特点的诉讼程序怎样进行设置和归类，以及在立法上采用什么样的体例，在大陆法系民事诉讼法典有关程序制度的设置中，基于法律规定以及立法体例设置应当简洁、明了，富有逻辑性的要求，通常大陆法系各国在有关民事诉讼程序立法上，对于诉讼中的各种程序的规定、设置和归类，大都采用的是以普通程序为主来进行设置和归类的立法体例。而之所以如此，这是因为就程序制度所涉及的内容而言，普通程序是民事诉讼各种程序制度中，最为典型，也最为全面地概括了诉讼程序所有内容的程序。其他的专门程序，除少数具有一些特殊性的程序规则以外，绝大多数，或者说或多或少都不过是对于普通程序规则的套用，即在程序适用的规则及其内容上与普通程序的相关内容并没有两样。因而，以普通程序为基础来建构整个民事诉讼程序体系是最恰当不过的了。

---

  ① 在法国的民事诉讼中，初审法院、商事法院、农村租赁对等法庭、社会保险事务法庭以及劳资纠纷仲裁法庭属于专门法院，而大审法院则相当于大陆法系各国的普通法院，其适用的程序也相当于一般的普通程序。

  ② ［法］让·文森、塞尔日·金沙尔著：《法国民事诉讼法要义》（上册），罗结珍译，中国法制出版社2001年版，第71页。

所谓以普通程序为主,是指在有关程序制度以及程序体系的构建中,以普通程序的立法规定作为其他程序制度规定和设置参照的基础,即在对普通程序的各项内容进行全面、详尽规定的基础上,对于各种具有特殊性的诉讼程序,只需对于该特殊程序在适用中具有特殊性的规则作出规定以外,凡是特殊程序中没有规定的程序事项或者规则,均按照普通程序的相应规定执行。而这种把普通程序作为典型程序,并以普通程序的立法规定为主来进行设置的立法体例,不仅可以避免程序体系立法中,对于不同程序制度的相同内容之间,在立法规定上的相互重复,而且就立法体例的角度上看,整个程序法律规定在体例和体系上也简洁、明了,富有逻辑性。

而法国《新民事诉讼法典》在程序体系的设置和建构上,却一反常态没有按照通常的规则和规律进行,究其原由,法国立法上之所以不以普通程序为主,而对于各种诉讼程序采用分别设置、独立规定的立法体例,除了立法指导思想上的原因以外,与法国《新民事诉讼法典》形成的历史过程也存在直接联系。

由于法国《新民事诉讼法典》的立法过程与大陆法系其他国家的立法形式与过程不同,《新民事诉讼法典》不仅在内容上,没有经过充分的理论研究以及深入的论证,而且《新民事诉讼法典》的制定在程序上,也不是在事先提出草案,并充分听取各种意见的基础上确立的,而是以法国政府在20世纪70年代初针对民事诉讼改革先后颁布的四个法令,即1971年9月9日的第71—740号法令、1972年7月20日的第72—684号法令、1972年8月28日的第72—788号法令、1973年12月17日的第73—1122号法令为基础,由1975年12月5日法国政府颁布的第75—1123号法令,对前4个法令进行若干修改、增补以后,合并为一个统一的法律文件,并命名为《新民事诉讼法典》的。换言之,《新民事诉讼法典》的制定及其内容,即是以1971—1975年法国民事诉讼程序改革过程中,所颁布的四个法律文件为基础编纂而成的。而这种以不同时期,以及前后不同内容的法令为基础所编纂而成的《新民事诉讼法典》,相对于那些在立法形式与过程中,事先提出草案,并经过充分的理论论证,以及吸纳各种意见基础上制定的《新民事诉讼法典》而言，不仅一定程度上缺乏应有的系统性、理论性和逻辑性，以及全盘上的考虑，而且在立法体系上也难以简洁、明了，以及全面、完备和富有逻辑性。

2. 诉讼程序的规定包括了争讼与非讼两种程序

所谓"诉讼程序的规定包括了争讼与非讼两种程序"，是指在程序立法的体例上，法国《新民事诉讼法典》对于争讼与非讼这两种程序，不是采用单独立法、分别设置的立法体例，而是采用将这两种程序混合规定在民事诉讼法典中的立法体例。

从法国《新民事诉讼法典》有关程序制度的规定来看，不仅争讼程序与非讼程序是混合规定在同一个《新民事诉讼法典》之中的，而且非讼程序的有关规定也散见在《新民事诉讼法典》不同的程序部分中。这些非讼性的程序规定包括：第一卷"适用所有法院的通则"部分中有关"非讼案件之特有规则"（第25—29条）的规定；第二卷"各种法院之特别规定"部分中的"非讼案件程序"（第797—800条）和"非讼案件之程序"（第950—953条）的规定；第三卷"某些案件的特别规定"部分中的大量规定。

而从立法体例以及有关程序立法理论的角度上看，由于所谓争讼程序，指的是解决争讼事件所适用的程序；所谓非讼程序，指的是解决非讼事件所适用的程序。而争讼事件，作为存在相互直接对立的双方当事人，并对诉讼所涉标的存在民事权益争议的民事事件，与所谓的非讼事件，即一般不存在直接对立的双方当事人，并且利害关系人在没有民事权益争议的情况下，请求法院确认某种事实是否存在，或法律关系发生、变更或消灭的民事事件不同。前一种事件是以双方当事人直接对抗、争执为特征的事件，后一种事件是以不存在双方当事人直接对抗和争执为特征的事件；前一种诉讼的目的在于要求法院解决民事权益争议，后一种诉讼的目的在于要求法院确认某种事实的存在或者法律关系的产生、变化。因而，这两种民事事件无论在形式、内容还是诉讼目的上都存在重大差别。

又由于争讼事件与非讼事件的上述差别，要科学、合理地解决纠纷，对于不同类型和性质的纠纷应当富有针对性地设置相应的程序制度和解决机制，就成为了程序立法中的一项基本规则和学术上广为认同的道理。即非讼案件与争讼案件在性质和类型上的差异，不仅客观上决定了两者在解决机制和程序制度设置体例上的不同，而且从解决纠纷机制类型化、特定化的角度上看，要富有针对性地解决纠纷，在民事诉讼程序立法上就需要富有针对性地设置相应的程序制度，即建立相应的程序解决机制。为此，从世界各国有关非讼程序的立法设置来看，基于非讼程序在当事人、诉讼的对抗性和需要解决事项的特殊性，以及经济、迅速上的考虑，各国在程序设置上不仅都无不遵循着职权探知主义、程序特定主义、不公开审理主义、国家干预主义等与争讼程序不同的一些基本原理，而且在程序的基本构造上也有别于争讼程序。即相对于争讼程序，非讼程序在管辖、起诉、受理、程序结构、审理制度、裁判方式、上诉等方面与争讼程序也都存在重大差别。

这一道理和原则和所具有的科学性、合理性不仅在理论上为大陆法系各国所普遍认同，而且大陆法系的大多数国家以及一些地区，在有关程序法律制度的立法体例上，对于解决非讼案件的程序度也大多都采用了单一和独立设置的立法形式，即在立法上大都独立地设置有单一的《非讼程序法》，以便于富有针对性地解决非讼案件及其非讼性纠纷。

例如：德国于1898年5月17日就制定了独立的《非讼事件法》，按照德国2004年12月22日修改、2004年12月29日施行的《非讼事件法》的规定，德国现行的《非讼事件法》总共有十一章，约200个条文。

日本也于1898年制定了《非讼案件程序法》，按照日本《非讼案件程序法》第一条的规定，除该法及其他法令另有规定的以外，凡是法院所管辖的非讼案件一律适用《非讼案件程序法》的规定，日本的《非讼案件程序法》在结构上分为三编，共210个条文。其中的第一编是有关总则的规定，第二编是关于民事非讼案件的规定，第三编是关于商事非讼案件的规定。在有关总则的规定中，除对于适用范围、管辖、代理、职权探知、程序非公开、通知检察官的义务等作出了规定以外，对于裁判方式、抗告、负担费用等问题也作出了规定。第二编的规定中对关于法人的案件；关于信托的案件；关于审判上代位的案件；关于保存、提存、保管及鉴定的案件，法人及夫妻财产契约登记等做了规定。第三编对关于公司及拍卖的案件；关于公司债的案件；关于公司清算的案件；委托商业登记等做出了规定。

我国台湾地区在1965年也制定和颁布了独立的"非讼事件法"。该法在结构上共分六章。第一章是有关总则的规定。该章对事件管辖；关系人；费用之征收及负担；申请及处理；裁定及抗告；司法事务官处理程序等作出了规定。第二章是关于民事非讼事件的规定。该章对法人之监督及维护事件；意思表示之公示送达事件；出版、拍卖及证书保存事件；信托事件等作出了规定。第三章是关于登记事件的规定。该章对于法人登记；夫妻财产制契约登记作出了规定。第四章是关于家事非讼事件的规定。该章对失踪人财产管理事件；婚姻及亲权事件；收养事件；监护事件；继承事件；亲属会议事件；罚则等作出了规定。第五章是关于商事非讼事件的规定。该章对公司事件；海事事件；票据事件等作出了规定。第六章是关于附则的规定。该章对实施细则的相关问题作出了规定。

由上述国家和地区有关民事非讼程序立法的情况来看，不仅大陆法系的国家大多对于非讼程序采取了单独立法的方式。而且之所以大多对于解决民事非讼案件的程序机制采用单独立法的方式，深层次地看，显然不仅仅是因为非讼案件本身的特殊性，也不仅仅是简单地基于对解决纠纷科学性、合理性上的考量，从有利于纠纷解决的角度上看，应当说还具有更为深刻的原因和理由。这种深层次的原因和理由，就是在解决非讼纠纷中所具有的实用性和有效性。即对于非讼案件这种具有特殊性的纠纷，之所以大陆法系各国大都采用单一法律规定的立法方式，从实用的角度上看最为主要的原因还在于，这种独立设置单一法律的方式和立法体例，具有较强的实用性，它符合解决非讼纠纷的实际需要。申言之，大陆法系各国在立法体例上之所以针对非讼案件的特点采用独立设置单一法律的体例和方式，不仅是因为在理论上具有颇为充分的根据，而且更重要的还在于解决纠纷的实际需要。

而法国《新民事诉讼法典》在程序立法上，将这两种无论是在程序设置的基理还是程序构造上都几乎完全不同的程序，混合规定于同一部法律之中，并交织加以规定的立法体例及其法律规定形式，不仅不符合程序立法的基本理论，在程序设置上和体例上是欠科学的，而且也易于造成立法规定上的混乱和体例上的逻辑错误。

（三）某些案件的特别规定

"某些案件的特别规定"，作为法国《新民事诉讼法典》第三大部分的内容，在体例上涉及四编，包括"人"、"财产"、"夫妻财产制、继承及赠与"、"债与契约"等内容，从法条规定的角度上看，包括从第1038到第1441条中的403个条文。

这一部分就整个法典体例结构的角度上看，属于法国《新民事诉讼法典》分则部分的内容，从其规定的具体内容来看，按照"章"的标题，以及法典规定的顺序，包括了"自然人的国籍"、"身份证书"、"民事登记簿"、"失踪"、"赡养义务与分担婚姻负担"、"离婚与分居"、"亲子关系与补助费"、"有关被遗弃儿童的申报"、"收养"、"亲权"、"未成年人的监护"、"对成年人的保护制度"、"所有权诉讼"、"交账与果实的清算"、"用益人经法院允许订立的租约"、"属于受监护的未成年人或受监护的成年人的不动产与商用营业资产的出售"、"在任何执行程序之外分配现金"、"夫妻双方的权利与财产制度"、"继承及赠与"、"指令程序"、"支付提议与提存"、"恢复被毁文书"、"文书与登记簿复印本的提交"、"有关订立某些工程合同的争议"等内容。这些内容如果与《新民事诉讼法典》前面两大部分的规定进行比较的话，不仅显得十分庞杂，而且就这部分法律规定的体例、结构和法条排列的顺序，从诉讼程序立法的角度上看也显得较为紊乱。

而法国《新民事诉讼法典》何以在《新民事诉讼法典》立法体例的第三大部分，作出这种与大多数国家民事诉讼程序立法不尽相同的体例以及内容呢？笔者认为有三个方面的原因：

1. 立法技术性方面的原因

法典作为立法上为规范或者解决某一个领域或者某一类社会纠纷而制定的系统的法律规则与规定，虽然应当规范的基本内容是明确与特定的，但是由于所要解决问题的复杂性，任何法典所要规范的内容都是十分庞杂的，为此，从立法规定及其体例应当科学、合理的角度上讲，任何法典在立法体例上都应当讲究一定的技术性，即对于法典所涉内容进行必要的归类、排序。换言之，基于立法规定的科学性和合理性，以及法律规范之间的逻辑性，对于法典规定中所涉不同类型和性质的问题富有针对性地进行必要的归类和排序，不仅是立法科学、合理、简单明了以及富有逻辑性的必然要求，也是程序立法中的一项基本规则和学术上广为认同的道理。为此，从立法技术性的角度上看，世界各国在民事诉讼程序立法上，都无不是在对相关程序问题首先进行归类的基础上进行。

而就法国《新民事诉讼法典》第三大部分所规定的内容来看，这些内容如果按照大陆法系民事诉讼立法通常的标准进行归类的话，大致上可以归为以下四类：

（1）属于争讼程序部分的内容。这部分主要指的是第三大部分中有关"所有权诉讼"的规定。

（2）属于非讼程序部分的内容。这部分包括第三大部分中关于"自然人的国籍"、"身份证书"、"民事登记簿"、"失踪"、"交账与果实的清算"、"用益人经法院允许订立的租约"、"属于受监护的未成年人或受监护的成年人的不动产与商用营业资产的出售"、"在任何执行程序之外分配现金"、"恢复被毁文书"、"文书与登记簿复印本的提交"、"有关订立某些工程合同的争议"等规定。

（3）属于家事程序部分的内容。这部分包括第三大部分中关于"赡养义务与分担婚姻负担"、"离婚与分居"、"亲子关系与补助费"、"有关被遗弃儿童的申报"、"收养"、"亲权"、"未成年人的监护"、"对成年人的保护制度"、"夫妻双方的权利与财产制度"、"继承及赠与"等规定。

(4) 属于督促程序部分的内容。这部分包括:"指令程序"、"支付提议与提存"等规定。

由于上述内容从技术性的角度上看,按照大陆法系民事诉讼立法的通常标准,都是可以分门别类地归入一定的程序部分。而法国《新民事诉讼法典》在立法上却没有对这些内容进行必要的归类,进而在归类的基础上进行排序,而是混合地规定在第三大部分之中,显然从立法技术性的角度上看是有问题的。

2. 《新民事诉讼法典》形成以及编纂方面的原因

所谓"《新民事诉讼法典》形成以及编纂方面的原因",指的是法国《新民事诉讼法典》在制定以及形成过程中,由于修改、补充、删减以及编辑方面所导致的原因。由于法国《新民事诉讼法典》的形成与大陆法系大多数国家的《民事诉讼法典》,以及我国《民事诉讼法》的制定及其形成的过程不同,即《新民事诉讼法典》不是在事先对已经十分完备的法典草案进行反复讨论、论证的基础上形成的一部法典,而是在长期的司法改革过程中,通过对政府不断颁布的有关民事诉讼的法律、法令进行编辑的基础上形成。这种在事先没有一个较为完备的法典草案,事后又不断根据政府所颁布的有关对《法典》的内容、体例进行修改、补充、删减的法律、法令编辑而成的法典,其立法形式决定了这种法典无论是在所涉的内容还是规定的结构体例上,都难以达到全面、规范,以及严密和富有逻辑性。

3. 法国《民法典》的影响

所谓"法国《民法典》的影响",是指法国《民法典》的立法体例对于法国《新民事诉讼法典》第三大部分的影响。换言之,如果把法国《新民事诉讼法典》第三大部分规定的内容以及有关内容在立法上的排列顺序和体系,与法国《民法典》的规定及其立法体例进行比较的话,可以清楚地看到两者的相近性和相似性。为此,有法国学者针对法国《新民事诉讼法典》第三大部分规定的内容以及立法体例指出:"其编排划分显然受到《民法典》的指导,遵循了

《民法典》的传统编排顺序。"①

然而,由于程序法与实体法的性质不同、法律规范的内容以及各自所要解决的问题不同,因而在民事诉讼程序立法的体例上,完全根据实体法的规定来确定程序法的立法体例,显然是不恰当的,这种立法不仅混淆了实体法与程序法作为两种不同法律,各自在立法体例上的特点,而且也易于导致程序立法体例上的混乱。因为,程序法与实体法毕竟是两种不同类型和性质的法律,在立法上具有不尽相同的要求、体例与特征。

(四)关于仲裁的规定

"关于仲裁的规定",作为法国《新民事诉讼法典》立法规定中的最后一个部分,在体例上涉及六编,包括"仲裁协议"、"仲裁审理"、"仲裁裁决"、"上诉途径"、"国际仲裁"、"对在外国作出的仲裁裁决或者国际仲裁裁决的承认、强制执行与提起上诉"等内容,在条文上包括了从第1442到第1507条中的65个条文。

这一部分作为法国《新民事诉讼法典》分则部分的内容,就其立法体例以及与大陆法系其他国家民事诉讼程序立法规定的情况来看,是存在很大差别的。其差别的主要点在于,就世界各国有关民事诉讼法律规定的内容而言,通常都不包括有关仲裁的规定。即在立法体例上,对于仲裁,大多数国家都是在民事诉讼程序法典之外,采用单一法律规定的形式以及独立设置的立法体例。而之所以如此,不仅是因为仲裁是当事人双方在没有国家强制力干预的条件下,自愿通过订立仲裁协议的方式以解决纠纷的活动,而且仲裁员的仲裁权力与法官的裁判权力不同,它不是来自公法上的权力以及源于国家的授权,而是由当事人双方授予的裁判权力。即仲裁虽然在类型上也是解决纠纷的一种方式,但是不仅在裁决权力的来源、裁决的方式、范围、内容等诸多方面与诉讼不同,而且这种解决纠纷的方式就其基本性质而言与诉讼也存在重大的差别。为此,在有关仲裁

---

① [法]让·文森、塞尔日·金沙尔著:《法国民事诉讼法要义》(上册),罗结珍译,中国法制出版社2001年版,第72页。

的立法体例与法律规定方式上,世界绝大多数国家都是在《民事诉讼法典》以外,采用分别设置、单独规定的立法体例及其法律规定形式。

而法国《新民事诉讼法典》为何要将仲裁的程序及其内容纳入法典立法体例之中,作为诉讼程序法律的一个部分来加以规定呢?笔者认为从立法的角度上看,存在历史传统与认识两个方面的原因。

1. 立法历史传统方面的原因

从法国民事诉讼程序立法历史传统的角度上看,在民事诉讼法典中对仲裁程序以及制度加以规定,首先是基于立法历史传统方面的原因。即这种规定形式并不是法国《新民事诉讼法典》所独有的立法体例,法国不仅早在1807年的《民事诉讼法典》(第1003—1028条)中对于仲裁与仲裁协议就作有较为详细的规定。而且在长期的司法实践中,还多次对于《新民事诉讼法典》中有关仲裁的程序以及有关问题进行过修改、完善。① 1980年5月14日按照关于仲裁并将编入《新民事诉讼法典》的第80—354号法令的命令,② 法国立法上不仅对于国内仲裁进行了全面的修改以及重新组织,而且这一法律所规定的有关仲裁的内容,根据1981年5月12日的第81—500号法律的命令,也全部归入了《新民事诉讼法典》。同时,1981年5月12日的第81—500号法律,对于国际仲裁也作出了规定。

由法国立法上有关仲裁制度规定的历史及其立法惯例可以看出,在《民事诉讼法典》中对仲裁制度加以规定,就法国民事诉讼程序立法的历史而言,不仅是一种传统,也是民事程序立法上的一种习惯或者惯例。

---

① 这些修改与完善包括1972年7月5日的第72—626号法律、1975年12月5日的第75—1122号法令、1980年5月14日的第80—354号法令,以及1981年5月12日的第81—500号法令。

② 请参见扬培云译,潘汉典校:"[法国]关于仲裁并编入新民事诉讼法典的1980年5月14日第80—354号命令",载《法学译丛》1982年第1期,第75—80页。

2. 立法理论认识方面的原因

从法国民事诉讼理论以及立法有关仲裁制度性质认识的角度上看,虽然在大陆法系各国民事诉讼理论上以及立法认识上,仲裁通常被视为一种民间解决纠纷的方式,但是法国民事诉讼理论以及立法在有关仲裁性质的认识中,却十分重视仲裁的"准司法性质",即不仅在法国诉讼理论上,仲裁被视为一种"准司法性质"的行为,而且在立法上也十分重视司法对于仲裁的干预。例如,按照法国《新民事诉讼法典》第 1444 条的规定:"如在发生争议以后,仲裁法庭之成立因一方当事人所为而遇到困难,或者在实施指定仲裁员之方式时遇到困难,由大审法院院长指定一名仲裁员或者指定各仲裁员。"第 1482 条规定:"仲裁裁决,可以向上诉法院提起上诉,但如当事人在仲裁协定中已经舍弃上诉,不在此限。"同时,"按照《新民事诉讼法典》第 593 条至第 603 条所规定的规则,对仲裁裁决可以提出再审申请;可以对仲裁裁决提出再审申请的情况及条件与对判决提出此种申请的情况与条件相同。"①

对于法国《新民事诉讼法典》之所以要在立法体例上把仲裁纳入其规定范围的原因,有法国学者作了很好的解释,按照他的认识:"这样做的好处是,强调了通过仲裁这一特别方式解决争议仍然必须服从民事诉讼程序的重大基本原则。"②

由于法国在民事诉讼理论上和立法认识上,十分看重仲裁的"准司法性"、法院在仲裁中的作用,以及司法对于仲裁的监督和仲裁与司法之间的联系,因而在某种认识倾向的主导下,从立法的角度上看,把仲裁纳入民事诉讼法典中并作为《新民事诉讼法典》的一个必要部分加以规定,不仅具有理论认识观念上的基础与根据,而且在立法上这种规定也是自然而然、顺理成章的。

---

① [法]让·文森、塞尔日·金沙尔著:《法国民事诉讼法要义》(上册),罗结珍译,中国法制出版社 2001 年版,第 1470—1471 页。
② [法]让·文森、塞尔日·金沙尔著:《法国民事诉讼法要义》(上册),罗结珍译,中国法制出版社 2001 年版,第 72 页。

从上述有关立法体例的情况来看,法国《新民事诉讼法典》在立法体例上是有其特点的,而这些特点的形成,从立法体例的角度上看既有历史方面的原因,也有立法观念和立法技术上的原因。换言之,法国民事诉讼立法体例的形成,既与立法者的意志有关,也与时代、立法技术以及立法者对于立法体例的认识有关,作为一种时代的产物,是受制于一定观念、立法背景条件和立法技术影响的。

## 三、法国《新民事诉讼法典》立法编纂的特征

法国《新民事诉讼法典》在立法体例上除了上述的一些特征以外,从《法典》编纂的角度上看,还具有下述一些特点。

(一)对于诉讼证据制度采用"二元分别设置"的立法体例

所谓"二元分别设置"的立法体例,是指法国立法上,在对民事诉讼证据及其内容按照一定标准进行分类的基础上,将不同的内容分别规定在实体法与程序法中的立法体例和法典编纂规定形式。

在民事诉讼过程中,证据作为当事人支持其主张,以及维护其权益的基本事实依据,对于当事人而言十分重要。在民事诉讼中,当事人要支持其主张以及维护自己的合法权益,就必须提供必要的证据,以证明自己享有的权利以及支持主张所依据的事实。同时,只有提供的证据具备了法定的要求和条件,能够证明案件事实的存在,其诉讼请求才可以得到支持,合法权益得到维护。反之,因证据不足、缺乏事实依据,则将承担不利的诉讼后果。而且,证据也是法院裁判案件的根据。即法官案件审理的重要内容就是查明事实,根据已经认定的事实,并按照法律的规定,作出正确的裁决。因而只有证据才能支持当事人的主张,证明案件的真实情况,也才能使法官对于事实作出准确的判断,正由于此,绝大多数案件争执的焦点其实就是证据问题,即证据在民事诉讼中不仅是最为基本的内容,而且具有十分重要的意义。

同时,证据作为法官裁判的事实依据,为了保证裁判的客观、公正、科学,以及司法民主,不仅必须具有法律规定的表现形式,

以及符合法定的条件和要求，而且诉讼过程中，当事人应当提供什么样的证据、怎样提供证据和交换证据，当事人举证、质证的方式、程式，以及法官在诉讼中应当怎样适用证据、判断证据，即法官对于证据的认定与判断应当遵守什么样的规则，都必须事先在立法上作出明确的规定，即证据及其运用不仅必须符合法定的形式和条件，而且这些有关证据的形式和条件的要求必须事先从立法上明确加以规定。为此，基于证据在民事诉讼中的重要性，以及裁判的公正性、科学性、民主性，对于诉讼证据制度所涉各种问题、适用规范加以规定，不仅成为了民事诉讼立法中十分重要的内容，而且，对于证据问题采用哪一种立法体例，以及对于证据制度的具体内容怎样加以规定，就民事诉讼立法体例的角度上看，各国基于历史以及现实上的诸多原因，是有一定差异的。法国《新民事诉讼法典》在有关证据制度的规定上就与众不同，极具特色，其有关诉讼证据制度的规定，在立法体例上不仅与我国《民事诉讼法》有关证据制度的规定迥然不同，而且，与大陆法系大多数国家《民事诉讼法》有关证据制度的规定也存在很大差异。其基本特点就在于"二元分别设置"的立法体例上。

按照法国传统证据制度的理论观点，民事诉讼证据制度的基本内容，以及从立法的角度上需要加以规定和解决的主要问题有四个：第一，举证负担（Charge de la preuve），即谁应当提出证据；第二，证据的标的（Object），即证据应该针对什么；第三，应当用哪些方式加以证明，即立法上应当采纳哪些证据方式（Admissibilite）；第四，每项证据方式应当怎样向法官提出（Administration），即提出证据的程序与方式。①

证据制度所涉上述四个方面的内容中，就法国《新民事诉讼法典》的具体规定来看，除第一个问题中的部分内容，即举证负担的部分内容，以及第四个问题中的内容，即提出证据的程序，以及交

---

① 相关内容请参见沈达明著：《比较民事诉讼法初论》（上册），中信出版社1991年版，第303页的有关论述。

换证据的程序等,是由法国《新民事诉讼法典》加以规定的以外,在立法体例及法典编纂上,其他方面的内容均是由法国《民法典》、法国《商法典》等民事实体法加以规定的。

在有关举证负担的规定上,法国《新民事诉讼法典》仅在第一章"诉讼的指导原则"第6条和第9条中,从较为抽象的以及原则性的角度对于举证责任作有规定,即:"诸当事人为支持其诉讼请求,有责任援引适于作为此种请求之依据的事实",以及"应当由每一当事人对其诉讼请求之胜局所必须要的事实依法证明之。"① 对于一些具体诉讼行为的举证负担,立法在体例及法典编纂上则将其放到法国《民法典》中加以规定。例如《法国民法典》第1302条第3款规定:"债务人对其所提出的意外事故,应负举证的责任。"第1315条规定:"凡请求履行债务者,应证明该债务的存在。反之,凡主张债务已经消灭者,应证明已清偿或使债务消灭的事实。"②

除了有关举证负担的内容以外,在立法体例及法典编纂上,法国的民事立法还将证据制度中,通常大陆法系国家都置于民事诉讼法典中规定的大量内容与规范,放到了民事实体法中,即由法国《民法典》加以规定。而就法国《民法典》有关民事诉讼证据制度方面的规定而言,具体涉及的有以下一些内容。

1. 书证

法国《民法典》对于书证的规定包括两个方面的内容:一是书证的有关问题;二是"书证优先原则"。

法国《民法典》用了24个条文,即《民法典》的第1317—1340条,对于书证、书证的种类、公证书成立的条件、公证书的证明力、公证书以及私证书的效力、瑕疵公证书以及私证书效力的补强等,都作了明确和较为详细的规定。

---

① 罗结珍译:《法国新民事诉讼法典》,中国法制出版社1999年版,第4—5页。

② 马育民译:《法国民法典》,北京大学出版社1982年版,第251页、第252页。

法国《民法典》第1317条规定："公证书，为有权作成证书的官员在证书作成场所，并按照规定的方式，所作成的证书。"第1319条规定："公证书在契约当事人双方及其继承人或权利继承人之间，应作为契约所包含的事项的确证。"第1320条规定："不论为公证书或私证书，即使其记载仅为说明的性质，只要此种说明与约定直接有关者，在当事人之间有证据力。如该说明与约定无关者，只能作为证据的端绪。"第1322条规定："如一方以私证书对他方主张权利而为该方所承认或经法律认为该人已承认时，对于在私证书上签名的人之间以及上述人的继承人及权利继承人之间，具有与公证书相同的证据力。"第1338条规定："对于法律允许提出请求宣告无效或取消之诉的债务，以证书确认或追认者，仅在如该证书重述债务之内容、取消之诉的理由以及据以提出取消之诉的缺点予以弥补的意思者，其证书始为有效。虽无确认或追认证书，但自该债务得以被有效确认或追认时起，债务的自愿履行，亦与确认或追认其债务相同。根据法律规定的方式与期限确认、追认或自愿履行债务时，应视为放弃对于此种证书原可提出的一切攻击和抗辩，但不得损害第三人的权利。"①

对于"书证优先原则"，法国《民法典》用了8个条文，即《民法典》的第1341—1348条进行了规定。这些法条不仅确立了法国民事诉讼证据制度中极具特色的"书证优先原则"，而且对于"书证优先原则"的具体适用，以及适用中的例外情形等问题都做有十分详尽的规定。

法国《民法典》第1341条规定："一切物件的金额或价值超过五十法郎者，即使为自愿的寄存，均须在公证人前作成书证，或双方签名作成私证书。证书作成后，当事人不得就与证书内容不同或超出证书所记载的事项以证人证明，亦不得就证书作成之时，以前或以后所声明的事项以证人证明，如物件的金额或价值不足五十法

---

① 马育民译：《法国民法典》，北京大学出版社1982年版，第253—257页。

郎者，亦同。"这就是法国民事诉讼中，有关"书证优先原则"的具体立法规定。除此之外，对于"书证优先原则"的具体适用，以及适用中的一些例外情形法国《民法典》也做了十分详尽的规定。

法国《民法典》第 1342 条规定："提出请求本金与利息的诉讼时，如本金与利息合计超过五十法郎者，亦适用前条的规定。"第 1343 条规定："提出请求超过五十法郎的诉讼者，以后虽减少其最初的要求数目时，亦不得以证人证明。"第 1344 条规定："即使诉讼所请求的金额不足五十法郎，如该数额为并无书证证明的一宗较大数额的余欠或一部分者，不得以证人证明。"第 1345 条规定："如当事人一方在同一诉讼中请求数宗债权，其合计数目超过五十法郎，且无书证为凭者，不得以证人证明，即使当事人提出其数宗债权的原因不同，而且在不同时间订立者，亦同；但其权利系因继承、赠与或其他方式自不同的人所获得者，不在此限。"第 1346 条规定："所有的请求，不问以何种理由，如非完全以书证证明者，应在同一诉讼中提出，该诉讼以后，其他请求如无书证证明者，概不受理。"第 1348 条规定："债权人在不可能取得债权的书面证明时，亦不适用前数条规定。此项例外适用于下列情况：1. 因准契约、侵权行为或准侵权行为而发生的债务；2. 在火灾、建筑物坍塌、骚乱或船只遇难时所作的必要寄存以及旅客留宿旅店时所作的寄存，此种情形应根据各人的身份及事实的情况而确定；3. 在不能预见的事故的情况下所订立的债务而不能作成证书者；4. 债权人因不可抗力而产生的意外事故而遗失其作为书证的证书者。"[①]

2. 推定

法国《民法典》除在有关失踪、血缘关系、婚生子女、饲养动物所造成的损害、建筑物造成的损害等内容中，对于具体的民事推定作有专门规定以外，还在第三编第六章的第三节，集中对于推定的种类、含义、适用、效力等问题作了详细规定。

---

① 马育民译：《法国民法典》，北京大学出版社 1982 年版，第 257—258 页。

法国《民法典》第1349条规定："推定，为法律或法官从已知的事实推论未知的事实所得出的结果。"第1350条规定："法律上的推定，为特别法所加于某些行为或某些事实的推定，此类行为或事实如下：1. 根据该行为的性质，法律推定为违反其规定而宣布无效的行为；2. 法院宣布因某种特定的情况而产生所有权或解除债务的情况；3. 法律对既决案件所规定的权利；4. 法律对于当事人一方的自认或宣誓所规定的效力。"第1352条规定："法律上的推定免除受其利益的当事人一方举证的责任。如基于法律上的推定，撤销某些契约或否定法律上的诉权时，任何证明不得受理此以推翻此种推定。但法律许可提出反证者，不在此限；后述关于宣誓及裁判上自任的规定，亦为例外。"第1353条规定："非法律上的推定由法官的学识及明智而决定，法官仅应作出认真、准确并且相符合的推定，且应仅在法律许可用人证的情况下作出推定，但在以欺诈为原因而提出取消证书之诉的情形，不在此限。"[①]

3. 自认

法国《民法典》用3个条文对于自认的种类、分类、效力，以及适用作了规定。

法国《民法典》1354条规定："对于当事人一方不利的自认，分为诉讼程序以外的自认或裁判上的自认。"第1355条规定："当事人一方在不许可用人证的诉讼中，主张他方曾在诉讼程序以外口头自认者，其主张无效。"第1356条规定："裁判上的自认，为当事人或经当事人特别委任的代理人在法院所作的声明。裁判上的自认，对于作此自认的人，有完全的证据力。裁判上的自认，对于作此自认的人，不得分割。裁判上的自认，非经证明系因事实错误而作出者，不得撤回。裁判上的自认亦不得以法律为借口而撤回。"[②]

---

① 马育民译：《法国民法典》，北京大学出版社1982年版，第259页。
② 马育民译：《法国民法典》，北京大学出版社1982年版，第260页。

4. 宣誓①

法国《民法典》把裁判上的宣誓分为两种：一种是"决讼宣誓"；另一种是"命令宣誓"。所谓"决讼宣誓"，是指"一方当事人要求另一方当事人进行的宣誓，以使诉讼之裁判系于此种宣誓。"所谓"命令宣誓"，是指"由法官依职权令当事人之一方进行的宣誓。"

法国《民法典》第1358—1365条，共计8个条文对于"决讼宣誓"的适用、宣誓的内容、拒绝宣誓的法律后果、宣誓的效力等问题，作出了具体的规定。

法国《民法典》第1358条规定："不论何种争议，均得要求进行宣誓。"第1359条规定："只有与受宣誓要求的人本人有关的事实，始得要求其进行决讼宣誓。"第1360条规定："无论诉讼阶段如何，即使请求或抗辩并无任何书证之端绪，亦得就此种请求或抗辩要求对方进行决讼宣誓。"第1361条规定："如受要求应进行宣誓的人拒绝宣誓，或者不同意原要求其进行宣誓的对方当事人也宣誓，或者受反要求宣誓的对方当事人拒绝宣誓，诉讼请求应予驳回，或者抗辩不予接受。"第1362条规定："如作为宣誓标的的事实并非与双方当事人有关，而纯粹与受要求进行宣誓的一方当事人个人有关时，不得向对方当事人反行提出宣誓要求。"第1365条规定："宣誓仅对要求宣誓的人及其继承人或权利继受人为有利或不利之证明。但是，连带债权人之一要求债务人进行的宣誓，仅就该债权人所占债权之部分解除债务人的债务。要求主债务人进行宣誓，亦解除保证人的义务。连带债务人中一人因债权人要求进行的宣誓，使其他共同债务人受益。保证人因债权人要求进行宣誓，使主债务人受益。前两种情形，仅在对债务要求宣誓，而不是对连带责任或保证责任之事实要求宣誓时，由一连带债务人或保证人所为之宣誓，始有利

---

① 法国民事诉讼中有关宣誓的程序，是由法国《新民事诉讼法典》规定在第四副编"裁判上的宣誓"中的，有关内容请参见罗结珍译：《法国新民事诉讼法典》，中国法制出版社1999年版，第64页的相关内容。

于其他共同债务人或者利于主债务人。"①

法国《民法典》有关"命令宣誓"的规定共有 4 个条文,第 1366 条规定:"为使诉讼裁判取决于宣誓,或者仅为确定判处的数额,法官得令一方当事人宣誓。"第 1367 条规定:"不符合以下条件时,法官不得依职权对诉讼请求或对此种请求提出的抗辩,令当事人宣誓:1. 请求或抗辩尚未完全得到证明者;2. 请求或抗辩并非完全无证据者。除此两种情况外,法官应当照准宣誓,或者径直驳回请求。"第 1368 条规定:"法官依职权令一方当事人宣誓时,受命宣誓的当事人不得反要求他方当事人也进行宣誓。"第 1369 条规定:"就请求之物的价值宣誓,仅在此种价值不能以其他方法确定时,法官始得令原告宣誓。在此场合,法官仍应确定一个数额,原告宣誓之数额在此限数内,始为可信。"②

由上述法国《民法典》关于证据制度的规定可见,法国对于民事证据制度的有关规定,不仅采用的是"二元分别设置"的立法体例,而且如果仔细分析还可以看出,法国这种"二元分别设置"的立法体例,在确定哪些内容应当纳入实体法规范,以及哪些内容应当纳入程序法规范加以规定中,是有其特定的归纳、分类标准的。这种标准就是通常证据理论上所谓的有关证据实体规范与证据程序规范的归类与划分标准。

所谓证据的实体规范,是指证据制度中能够直接决定诉讼的成败、胜负,以及直接涉及当事人实体利益的规范。包括举证责任、证据资格、证明力、证明标准、证据规则、推定、自认等。

所谓证据的程序规范,是指不能直接证实事实和决定诉讼的成败、胜负,以及直接涉及当事人实体利益,而仅仅涉及证据的提交和适用的方式、时间、顺序和程式的规范,包括证据的提交、证据的调查和收集、举证时限与证据交换、证据异议、证人作证、验证、

---

① 罗结珍译:《法国民法典》,中国法制出版社 1999 年版,第 326—327 页。

② 罗结珍译:《法国民法典》,中国法制出版社 1999 年版,第 327 页。

质证等。

这种以证据规范所涉内容是否能够直接证实案件事实和决定当事人的实体利益，以及诉讼成败为标准来确定民事诉讼证据规范的理论学说及其分类标准，不仅从理论上将证据规范分为了两种不尽相同的类型，而且这种分类及其分类的理论也历史地成为了法国民事立法上将证据制度中的大多数实体性规范放到《民法典》等实体法中，而将证据制度中的程序性规范则置于《新民事诉讼法典》中的理论依据，及其"二元分别设置"立法体例中，确定证据规范类型的基本标准。

（二）对于诉讼救济设置了十分特殊的审级制度

在大陆法系各国民事诉讼法典的编纂与立法体例中，基于民事案件所涉事实的复杂性，也由于作为裁判者的法官是人而不是神，裁判作为人的一种判断，难以绝对的完美，即就客观、公正的角度而言，法官的裁判必然存在一定程度的有限性。因此，基于司法裁判客观、公正的要求，各国在民事诉讼立法上都无不设置必要的诉讼救济机制，以保证当事人在不服原判决。或者原判决确有错误时能够在诉讼上得到必要的救济，即纠正错误，保证司法裁判的正确与公正。然而在诉讼救济机制的设置上，或者设置怎样的诉讼救济机制上，不同的国家在民事诉讼立法上却不尽相同。法国民事诉讼法典有关诉讼救济机制的设置与大陆法系各国就存在一定程度的差异。从立法体例的角度上看，这种差异主要体现在它的审级制度上。

所谓审级制度，通常是指由法律规定的有关审判机关的组织结构与审级体系，以及诉讼案件经过几级法院审理才告终结的制度。从立法的角度上看，审级制度的规定主要涉及两个方面的问题：第一，审判机关的组织结构与审级体系的设置；第二，立法有关案件终审层级的规定。这两个问题作为审级制度中的核心内容，因其设置和规定上的不同，不仅铸成了不同类型和性质的审级制度。而且也充分表现了一国诉讼救济机制的特点。同时，从民事诉讼立法的角度上看，审级制度作为一国诉讼救济机制的具体体现，及其诉讼救济机制的法律化和条文化，与该国的历史、文化和对于公正与效率基本价值目标的追求,以及立法上对于这两种基本价值追求重心的不同选择也存在直接的关系。

由于在司法审判中,法院的审级制度或者说不同审级法院的设置,是公正裁判的基本保障,因而,在各国有关审级制度的设置与构建中,首先涉及的都是有关司法审判机构的设置,以及组织结构、审判体系的问题。法国在审判机构的设置与审判组织和审判体系的确定上,与大陆法系绝大多数国家有关审判机关的规定和设置基本相同,即在审判组织上不仅设置有三个不同层级的审判机构,而且形成了不同层次的审判机制。

按照《法国法院组织法典》的规定,法国的民事审判机构分为三个层级:最高层级的法院是最高法院。"共和国内设一所最高法院。"① 第二个层级的法院是上诉法院。法国目前具有普通民事管辖权的上诉法院有33所,分布在法国本土以及海外领地。最低层级的法院包括适用普通法律的法院和处理专门案件的特别法院。所谓适用普通法律的法院,指的是大审法院。所谓处理专门案件的特别法院,指的是根据法律规定专门设置的审理法定特殊案件的民事司法审判组织。按照《法国法院组织法典》的规定,这些特别法院包括初审法院、便民法院、商事法院、劳资纠纷调解法庭、农村租约对等法院、社会保障法院、渔民劳资纠纷调解法庭。②

法国虽然在审判机构的设置和审判组织以及审判体系的确定上,与大陆法系绝大多数国家有关审判机构的设置与构建基本相同,即建立了三个独立且高低不同层次的审判机构,但是在有关民事诉讼案件需要经过几级法院的审理才告终结的规定上,却与大陆法系大多数国家审级制度的规定有所不同。这种不同主要表现在以下几个方面。

---

① 施鹏鹏译,金邦贵校:"法国法院组织法典",载陈刚主编:《比较民事诉讼法》(2004—2005年卷),第202页。

② 请参见施鹏鹏译,金邦贵校:"法国法院组织法典",载陈刚主编:《比较民事诉讼法》(2004—2005年卷),第202—230页。

## 第二部分　法国民事诉讼立法体例的发展变化及法典编纂的技术与特征

1. 立法上规定了两种不同的终审制度

所谓两种不同的终审制度，指的是在案件需要经过几级法院的审理才告终结的这一问题上，法国民事诉讼立法上设置有一审终审和二审终审，两种不同的终审制度。

在法国民事诉讼审级制度中，一审终审制只适用于初审法院、商事法院、社会保障法院、农村租约对等法院等特别法院审理的一定标的额以下的案件。按照法国 1998 年 12 月 28 日第 98—1231 号法令的规定，初审法院对于争议标的不超过 25000 法郎的动产债权诉讼有终审管辖权①；《商法典》第 639 条的规定（1988 年 3 月 4 日第 88—216 号法令），商法院对于争议标的价额不超过 13000 法郎的案件具有终审管辖权；② 法国《社会保险法典》条例第 142—25 条规定，社会保险事务法庭的终审管辖权在争议的价额上与初审法院相同，即对于不超过 25000 法郎的案件有终审管辖权。③ 法国《司法组织法典》第 443—1 条的规定，农村租约对等法庭对于 25000 法郎以内的争议享有一审终审权。④ 按照这些法典和法律的规定，各种特别法院所审理的上述标的额以下的案件，在审级上均采一审终审制。

法国民事诉讼二审终审制适用的对象是大审法院，以及各种特别法院审理的争议标的额超过上述法律规定的案件。按照法国《新民事诉讼法典》第 543 条关于"除另有规定外，对所有案件的一审判决，即使是非讼案件的一审判决，均可向上诉法院提出上诉"⑤

---

① 请参见［法］让·文森、塞尔日·金沙尔著：《法国民事诉讼法要义》（上册），罗结珍译，中国法制出版社 2001 年版，第 283 页。

② 请参见［法］让·文森、塞尔日·金沙尔著：《法国民事诉讼法要义》（上册），罗结珍译，中国法制出版社 2001 年版，第 353 页。

③ 请参见［法］让·文森、塞尔日·金沙尔著：《法国民事诉讼法要义》（上册），罗结珍译，中国法制出版社 2001 年版，第 378 页。

④ 请参见［法］让·文森、塞尔日·金沙尔著：《法国民事诉讼法要义》（上册），罗结珍译，中国法制出版社 2001 年版，第 381 页。

⑤ 罗结珍译：《法国新民事诉讼法典》，中国法制出版社 1999 年版，第 110 页。

的规定,大审法院以及特别法院审理的争议标的额超过上述法律规定的案件,均可上诉。即对于这些案件在审级上采用二审终审制。同时,根据《法国新民事诉讼法典》第561条有关"向上诉法院提出上诉,将所涉及的既决事由提交至上诉法院,使之在法律上与事实上重受审理裁判"①的规定,以及《法国法院组织法典》第211—1条关于"上诉法院对案件实体作出最终判决"②的规定,法国上诉法院的判决即为终审判决。在法国民事诉讼的审级制度中,没有诸如德国以及其他国家规定的三审终审制,在有关案件终审的审级上,只有一审与二审终审制。

2. 终审案件可向最高司法法院上诉

按照《法国法院组织法典》第111—2条关于"对司法系统内各法院所作出的终审判决而提起的撤销之诉由最高法院进行裁决"的规定,③ 以及《法国新民事诉讼法典》第604条有关"向最高司法法院提起上诉旨在请求最高法院对受到攻击的判决不符合法律规则进行审查"④ 的规定,在法国的民事诉讼制度中,无论是一审终审还是二审终审的案件,均可向最高司法法院上诉,即便是特殊法院审理的标的额低于13000法郎的案件,虽然实行一审终审,禁止当事人向上诉法院上诉,但是当事人仍然可以向最高司法法院上诉(上告)。同时,对于已经二审法院终审的判决,当事人也可以向最高司法法院提出上诉,并要求对之进行合法性审查。这也是法国民事诉讼救济制度上以及法国民事诉讼审级制度上的一大特点。

---

① 罗结珍译:《法国新民事诉讼法典》,中国法制出版社1999年版,第113页。

② 施鹏鹏译,金邦贵校:"法国法院组织法典",载陈刚主编:《比较民事诉讼法》(2004—2005年卷),第208页。

③ 施鹏鹏译,金邦贵校:"法国法院组织法典",载陈刚主编:《比较民事诉讼法》(2004—2005年卷),第202页。

④ 罗结珍译:《法国新民事诉讼法典》,中国法制出版社1999年版,第121页。

## 3. 对于生效裁判规定了多种救济方式

法国的民事上诉制度在立法规定上，存在着两种完全不同类型的上诉：一种是所谓的"普通上诉"（les voies de recours ordinaires）；另一种是所谓的"非常上诉"（les voies de recours extraordinaires）。按照《法国新民事诉讼法典》第527条的规定："普通上诉途径是指，向上诉法院提出上诉与对缺席判决提出异议；非常上诉途径是指，第三人提出取消裁判异议，再审之诉与向最高司法法院提出上诉。"①

按照上诉规定，普通上诉有两种类型：（1）向上诉法院提出上诉，即受一审不利判决的当事人向上诉法院提出的上诉；（2）对缺席判决提出异议，即受到缺席判决的当事人向上诉法院提出的上诉。非常上诉有三种类型：（1）第三人提出的取消裁判的异议之诉，即诉讼外的第三人因判决对其权益构成了危害，而向法院提出的撤销该生效判决的上诉。（2）再审之诉，即当事人以判决系一方当事人欺诈所致，或者遗漏了重要证据，以及存在伪证等理由，要求法院撤销已生效判决而提出的上诉。（3）向最高司法法院提出的上诉。即当事人向最高司法法院提出，要求对于已经生效的判决进行审查的上诉。

"普通上诉"与"非常上诉"不仅各自的具体内容不同，而且这两种上诉所产生的法律效果也不相同，其差别在于：普通上诉将引起和导致暂时中止判决生效的法律后果；非常上诉不中止该生效判决的执行。而"普通上诉"与"非常上诉"之所以产生如此不同的法律效果，其根本点在于，普通上诉针对的是尚未生效的判决，而非常上诉针对的是已经生效的判决。按照法国《新民事诉讼法典》第586条关于"第三人取消判决的异议，作为本诉讼请求，在30年期间均可提出；期间自判决之日起开始计算，法律另有规定时除外"

---

① 罗结珍译：《法国新民事诉讼法典》，中国法制出版社1999年版，第106页。

的规定,① 第593条关于"申请再审,旨在请求撤销已经发生既判力的判决,以期在法律上与事实上重新作出裁判"的规定,② 以及第605条关于"仅对终审判决,始得向最高司法法院提出上诉"的规定,③ 非常上诉三种救济方式针对的均是生效裁判的救济方式。换言之,法国《民事诉讼法典》在立法上,对于生效判决规定了与大陆法系其他国家不同的多种救济方式。

从法国《民事诉讼法典》立法体例的角度上看,法国不仅在民事上诉制度中对于生效判决规定了多种救济方式,而且这种规定形式也导致了法典在立法体例编排上的变化,即有关诉讼救济立法体例及其法典在这一问题上的排列体系、结构,与大陆法系大多数国家民事诉讼法有关这一问题立法体例上的排列都存在一定程度的差异。换言之,在法国民事诉讼救济制度上,由于"申请再审"属于非常上诉的一个种类,并非最终救济的一种程序,因而在立法体例上,对于有关再审的立法规定,法国《新民事诉讼法典》并未将其视为最终的救济方式,因而不同于其他国家立法中将其置于所有的救济程序之后的立法体例,而是将其置于了向最高司法法院提起上诉之前。这也是法国《新民事诉讼法典》在立法体例和法典结构上的一大特点。而法国《新民事诉讼法典》之所以采取这种立法体例,可以说不仅与其多种救济方式的立法形式有关,而且与其立法上对于最高司法法院职能的认识,以及相应的立法理论也存在直接的联系。

**4. 法国最高司法法院不是第三审法院**

在法国的民事诉讼中,虽然不论是一审终审的案件还是二审终

---

① 罗结珍译:《法国新民事诉讼法典》,中国法制出版社1999年版,第118页。

② 罗结珍译:《法国新民事诉讼法典》,中国法制出版社1999年版,第120页。

③ 罗结珍译:《法国新民事诉讼法典》,中国法制出版社1999年版,第121页。

审的案件，都可以向最高法院上诉，但是按照《法国法院组织法典》第111—2条的规定："最高法院不对案件进行实质审理。"① 即法国最高法院对于上诉案件的审理与其他国家不同，其区别在于"最高法院并不对案件事实问题进行重新审查，而仅是对案件的适用法律问题进行审查。最高法院仅根据不服原判决的上诉理由书（又称上告理由书，grief formulé）审查原判决适用法律是否正确，并据此作出驳回或撤销上诉的判决，或将本案交送与原审法院（被撤销判决之法院）同级的另一法院进行重新审理的裁定。因此，最高法院除特别情形外（对于第二次向最高法院提出的上诉，可以通过法院全体会议决定是否重审），原则上不对案件的全部事实问题及法律问题作出重新判决。在这个意义上，最高法院并非属于第三审级法院，而是旨在保障正确适用法律的监督机构。"② 换言之，在法国的民事上诉制度中，"最高法院通过撤销或维持原判决起着统一法律，创造判例的作用。"③

（三）对于强制执行规范采用"多头设置"的立法体例

所谓"多头设置"，是指对于民事诉讼强制执行的有关法律规范，立法在规定上不是以一个或者两个法律、法令加以规定，而是采用实体的和程序的多个法律或者法令分别加以规定的立法体例。这种"多头设置"强制执行法律规范的立法体例与法律规定形式，是法国民事立法及其《新民事诉讼法典》在有关强制执行立法体例上及法典编纂上的特别之处。

从目前大陆法系各国有关强制执行立法体例，以及有关法典编纂的情况来看，对于强制执行法律规范的规定，在法典编纂以及立

---

① 施鹏鹏译，金邦贵校："法国法院组织法典"，载陈刚主编：《比较民事诉讼法》（2004—2005年卷），第202页。

② 施鹏鹏译，金邦贵校："法国法院组织法典"，载陈刚主编：《比较民事诉讼法》（2004—2005年卷），第136页。

③ 沈达明著：《比较民事诉讼法初论》（上册），中信出版社1991年版，第119页。

法体例上，主要存在着三种情形以及相应的立法体例：第一，单独设置强制执行法。即在强制执行法律规定的编纂与立法体例上，独立地设置民事强制执行法典。如：奥地利、瑞典、冰岛、韩国、我国的台湾地区，即采用这种立法体例。第二，将强制执行规范及其法律规定包含在民事诉讼程序法典之中。即与民事诉讼程序法合编为一部法典。如：德国、意大利、西班牙等国即采用这种立法体例。第三，将强制执行规范与其他的专门法律规范合编为一部法典。如：瑞士1997年修改以后生效施行的《联邦债务执行与破产法》；日本将民事强制执行与拍卖混合在一起编纂制定《日本民事执行法》等。而法国有关民事强制执行的立法在编纂技术与立法体例上与通常的三种类型都不同。其不同之处就在于它采用的是"多头设置"的立法体例。这种"多头设置"的立法体例与大多数国家强制执行立法相比较，有下述两大特点。

1. 规定民事强制执行规范的法律在性质上既有实体法也有程序法

所谓既有实体法也有程序法，是指法国对于民事强制执行规范，采用的是民事实体法和民事诉讼程序法共同加以规定的立法体例和形式。而由实体法与程序法共同对于强制执行的法律规范加以规定，作为法国民事立法上有关强制执行立法以及强制执行法律规范编纂中的一个特别之处，不仅与大陆法系各国有关强制执行的立法体例存在很大差别，而且按照大陆法系通行的理论，民事强制执行规范就性质而言，与民事实体法律规范是不同的。实体法律规范是规定民事法律关系主体的实体权利和义务的法律，而民事强制执行规范与民事诉讼法律规范一样，是确保民事纠纷能够得到公正、迅速、有序解决的法律规范。虽然两者存在密切联系，即民事诉讼法律规范是民事执行的前提与基础，以及民事执行是民事诉讼法定结果的保证，以及两者存在一定程度的交叉，即诉讼中存在先于执行等特殊的执行，执行中也存在对于案外人执行异议的特殊审查、决断。然而民事强制执行作为保证权利人的权利得以实现，以及义务人履行义务的程式、方式和方法的规范，不仅在性质上属于程序性的法律规范,而且无论是从逻辑的角度,还是法理的角度而言,其有关法律规定在体例上都是应当纳入民事诉讼程序法律范畴。而法国在民事立法上却与各国的立体体例不同,对于民事强制执行规范采用了由实体法与程序法共同规定的立法形式。

就法国有关民事实体法律的规定来看,涉及民事强制执行法律规范的法律、法令有多部。这些法律和法令包括《法国民法典》、《法国商法典》、《法国劳动法典》、《税收总法典》、《税收征收手册》等法典、法律和规范性文件。

《法国民法典》第十九编"强制执行及债权人间的顺位"中的第1章"强制执行",用15个条文①对不动产强制执行财产的范围和类型、强制出卖对于当事人双方和第三人的效力、未成年人不动产的强制执行、数个位于不同区域不动产的执行、执行之诉等,都作有较为详细的规定。

《法国民法典》第2204条规定:"债权人得诉请强制执行债务人的下列财产:1.属于债务人的不动产及视为不动产的附属物;2.属于债务人的对不动产的用益权。"第2204条规定:"起诉及强制出卖,对于当事人双方及第三人均产生民事诉讼法所规定的效果。"第2206条规定:"未成年人的不动产,即使已解除亲权的未成年人的不动产或受监护的成年人的不动产,在法院拍卖其动产之前不得被变卖。"第2210条规定:"如要求强制出卖的数个不动产位于不同的区时,仅得陆续对其提出强制出卖的要求,但各不动产如为同一经营的一部分时,不在此限。如各不动产为同一经营的一部分时,应向其主要经营地法院请求,如无主要经营地,应依照征税底册向提供最大收入额的不动产所在地法院请求。"第2214条规定:"有执行证书的受让人,仅在将转让事实通知债务人后,始得诉请剥夺其所有权。"第2215条规定:"执行之诉得根据先决判决或确定判决进

---

① 该15个条文中的第2205条按照法国1976年12月31日第76—1286号法律的规定已经被废除;第2208条按照1985年12月23日第85—1372条法律第53条的规定也已经被废除。

行。先决判决的执行,即使上诉时,亦不停止;但拍卖只能在终审判决或判决具有既判力以后,始得进行。宣告缺席判决后,在债务人得提出异议的期间,不得提出执行之诉。"①

《法国商法典》在"司法重整与司法清算"的第三编,"司法清算"中,对于司法清算的判决、资产的变卖、债务的清偿等涉及强制执行的问题也都作有较为详细的规定。例如,"司法清算"中的第158条规定:"清算人在得到特派法官准许并听取债务人意见或对其进行依法传唤之后,可就与债权人集体有关的争议,甚至涉及不动产权利和股份的争议进行妥协与和解。妥协与和解的标的之价值尚未确定,或超过法庭终审权限的,此种妥协与和解应提交法庭认可。"第159条规定:"经特派法官认可的清算人,在清偿债务时,可取回债务人出资的财产或被留置的货物。未取回上述财产的,清算人应在宣告司法清算的判决作出后的6个月内,请求特派法官准许将其变卖;清算人应在变卖财产的15天之前将法官的许可通知债权人。持有质权的债权人,即使尚未被确认,可在变卖之前请求给予司法分配。其债权被全部或部分驳回的,债权人应向清算人返还财产或相当于该财产的价值,但其被确认的债权的金额除外。在清算人变卖财产的情况下,留置权自动转自变卖的价款之上。为保证留置权可能进行的登记,由清算人负责进行注销。"②

《法国劳动法典》中有关劳动报酬扣押的规定等,也都涉及有关强制执行的规定。

2. 规定民事强制执行规范的法律在数量上较多

所谓"数量上较多",指的是在法国民事立法上,涉及民事强制执行法律规范的法律较多,或者法国民事立法上采用多部法律对民事强制执行规范加以规定。

从法国有关法律关于民事强制执行内容的规定来看,主要涉

---

① 马育民译:《法国民法典》,北京大学出版社1982年版,第416—418页。

② 金邦贵译:《法国商法典》,中国法制出版社2000年版,第342页。

强制执行规范的法律如下：

第一，《法国民事执行程序法》。《法国民事执行程序法》是由1991年7月9日关于改革民事执行程序的第91—650号法律所确定的法律。该法律共计五章99条，在内容上包括了执行根据、执行法官、可以扣押的财产、负责执行的人员、执行行为、逾期罚款、关于强制执行措施的特别规定、有关保全措施的专门规定、其他过渡性规定等，有关强制执行的规定。①

第二，《法国民事执行程序法实施法令》。《法国民事执行程序法实施法令》是由1992年7月31日第92—755号法律所确定的法令。该法令有十三编，共计305条。在内容上包括执行法官、有关执行的一般规定、归属扣押、劳动报酬的扣押与转让、动产变卖扣押、有形动产的转移扣押与追还扣押、对陆路机动车辆的强制执行措施、股东权益和有价证券的扣押、驱逐措施、保全措施以及经法院裁判设置担保、对存放在保险柜的财产的扣押、现金的分配、其他过渡性规定等内容。②

第三，法国《民事诉讼法典》（1806年旧民事诉讼法典）。法国1806年制定的旧《民事诉讼法典》，虽然距今已二百多年，且几经修改，其中大部分的内容已经废止，但是该《法典》第五卷第十二编中有关不动产扣押的大量规定、第十三编中有关不动产扣押附带事件的规定，以及第十四编顺位清偿程序中的大量规定，仍然是关于民事强制执行的有效规定，一直以来都是法国有关民事执行的重要内容。③

第四，法国《新民事诉讼法典》。法国《新民事诉讼法典》有

---

① 请参见罗结珍译：《法国民事执行程序法》，中国法制出版社2002年版，第1—29页。

② 请参见罗结珍译：《法国民事执行程序法》，中国法制出版社2002年版，第30—110页。

③ 请参见罗结珍译：《法国民事执行程序法》，中国法制出版社2002年版，第111—148页。

关民事强制执行的内容,主要规定在第十五编"判决的执行中"。该编用了 27 个条文,对于既判力、执行的一般条件、宽限期、假执行等问题作出了规定。①

第五,法国《法院组织法典》。法国《法院组织法典》有关民事强制执行方面的内容,主要涉及的是第 311—12 条、第 311—12—1 条、第 311—12—2 条、第 311—13 条等,有关大审法院执行法官的设置、职权等的规定。②

第六,《法国民法典》。《法国民法典》有关民事执行的内容,主要涉及第十七编"质押"中的"动产质押、不动产质押",第十八编"优先权与抵押权",第十九编"强制执行及债权人间的顺位"中的有关内容。③

第七,《法国商法典》。《法国商法典》有关民事执行的内容,主要涉及"司法重整与司法清算"部分,第三编"司法清算"第一章中的"司法清算判决"、第二章"资产的变卖"、第三章"债务的清偿"中的有关内容。④

在上述这些不同的法律和法令的规定中,虽然都不同程度地涉及了有关强制执行,但是就各个法律所规定的内容来看,不同法律有关强制执行规定的性质和内容是有所不同的。《法国民事执行程序法》、《法国民事执行程序法实施法令》,主要是关于民事强制执行一般程序性和实施细则的规定;法国《民事诉讼法典》(1806 年旧民事诉讼法典),主要是关于不动产扣押和清偿程序的规定;法国《新民事诉讼法典》,主要是关于民事执行一般条件和一般执行程序

---

① 请参见罗结珍译:《法国民事执行程序法》,中国法制出版社 2002 年版,第 149—153 页。

② 请参见施鹏鹏译,金邦贵校:"法国法院组织法典",载陈刚主编:《比较民事诉讼法》(2004—2005 年卷),第 213—214 页。

③ 请参见马育民译:《法国民法典》,北京大学出版社 1982 年版,第 416—418 页。

④ 请参见金邦贵译:《法国商法典》,中国法制出版社 2000 年版,第 336—345 页。

的规定;法国《法院组织法典》,主要是有关大审法院执行法官的设置以及职责权限的规定;《法国民法典》有关民事强制执行的规定,主要涉及的是有关质押和不动产强制执行的有关规定;《法国商法典》有关强制执行的规定,主要涉及的是有关司法清算以及资产变卖的规定。

## 四、法国《新民事诉讼法典》的编纂技术与风格

(一) 法国《新民事诉讼法典》的编纂技术

所谓法典的编纂技术,主要指的是法典在结构、体例编纂上的科学性、合理性、层次性与逻辑性,以及法典在法律规定有关文字、语言表述上的简洁与准确。

由于《新民事诉讼法典》是有关当事人与法官在诉讼中的相互关系,以及所有诉讼参与人都应当共同遵守的诉讼法律规范和规则的综合性、全面性规定,这种规定要便于诉讼实务上的适用以及广大公众的理解和掌握,不仅其结构、体例应当规范、严谨、富有逻辑性,以及内容的规定应当准确、全面,而且其语言表述也应当简洁清楚、明白无误。即《新民事诉讼法典》的编纂要富有技术性,而不能仅仅是一些法律规范或者法律术语的堆积。同时,由此也可以看出,所谓《新民事诉讼法典》编纂上的技术性,就其内容而言,主要涉及的是两大方面的问题:一是结构、体例的设置是否科学、合理,以及严谨、富有逻辑性;二是文字、语言的表述是否简洁明了、准确无误。

法国《新民事诉讼法典》就其整个体例、结构的设置与编纂而言,由于采用的是现代民事诉讼法典编纂中通用的方式,即对于程序法律中具有共同性的问题与具体的个别性问题分别单独规定的立法体例。换言之,在立法体例中对于不同诉讼程序涉及的共同性问题与内容,以总则的形式加以规定,而在分则中针对不同诉讼类型中的特殊性问题具体进行规定。同时,在总则的体例中,首先对于整个诉讼都具有指导意义的"诉讼原则"作出规定,然后,再根据

诉讼程序的自然发展进程，对于不同种类的诉讼程序都共同涉及的"诉权"、"管辖"、"起诉"、"防御方法"、"和解"、"调解"、"诉讼代理人"、"判决"、"上诉"、"诉讼费用"等问题依次加以规定。在分则中则按照由普通程序到特殊程序的顺序，依次对于大审法院适用的程序、初审法院适用的程序、商事法院使用的程序、劳资纠纷法院适用的程序等逐一作出规定。这种立法方式，按照法国学者的观点："它很好地体现了'按照诉讼进展的先后顺序'适用各项程序规则的基础。"①

由于法国《新民事诉讼法典》在体例、结构的设置与编纂上，不仅对于一般问题与特殊问题做了区分，从而在立法体例上形成了抽象与具体、一般与特殊的体例结构，其法典规定具有总则指导分则或一般指导特殊，以及分则落实总则或特殊体现一般的功能，而且整个《法典》的立法规定在逻辑上以及体例上形成了层次分明、逻辑成序的二重体系结构，因而总体上而言，《新民事诉讼法典》对于整个体例、结构的编辑、排列是富有技术性的。

在文字、语言的使用上，不仅"新法典抛弃了一些陈旧的诉讼用语，改用一般诉讼当事人能够理解的现代语言。"② 而且，按照法国学者的观点："法典的制定者做了很大的努力，使'裁判法的语言'变的'年轻而有活力'，使之接近于'中等水平的受法院管辖的人'所使用并且能够理解的语言，但并没有因此而流于松散宽泛。因为法律语言的宽泛或不严密将损害法律思想的准确性。人们经常表达了希望法典的语言清晰明白的愿望，《新民事诉讼法典》的制定者满足了这种愿望，但他们一刻也没有放松使用准确的技术性术语：'实体上的辩护'、'诉讼不受理'、'程序上的抗辩'，等等就是这样

---

① ［法］让·文森、塞尔日·金沙尔著：《法国民事诉讼法要义》（上册），罗结珍译，中国法制出版社2001年版，第72页。

② 沈达明著：《比较民事诉讼法初论》（上册），中信出版社1991年版，第9页。

的例子。"① "法国《新民事诉讼法典》的起草以其技术准确,表述清晰,堪称现代法的最成功之作。法典的语言规范,并且为阅读提供了'钥匙'。"② 即《新民事诉讼法典》语言文字的使用不仅规范、明确易懂,而且简洁、准确,同时,在法典的规定中,为了避免对于法律问题理解上的歧义,《新民事诉讼法典》还使用了一定数量的法条对于一些问题的定义作了明确的规定。例如:第30条对于诉权定义的规定、第43条对于被告居住地的规定、第53条对于本诉的规定等。因此,可以说法国《新民事诉讼法典》在制定与编纂中,对于语言、文字的使用也是富有技术性的。

(二) 法国《新民事诉讼法典》的编纂风格

所谓《新民事诉讼法典》的编纂风格,指的是《新民事诉讼法典》编纂所体现出来的特色、倾向与个性特征。在现实的立法过程中,由于不同的法典不仅是在不同的社会经济条件、历史传统、人文环境,以及不同的立法思想主导下制定的,而且不同的法典在体例的编纂、结构的安排、内容的表现与法律规定语言文字的运用、表述上也各不相同,因而,不同的法典不仅具有各自不同的特色,也体现出不尽相同的风格。而就法国《新民事诉讼法典》编纂中的特征与倾向来看,其最大的特色,也最为突出的风格就是"理性主义至上"。

所谓"理性主义至上",包含着两层基本的含义:第一,《新民事诉讼法典》具有较浓的学理主义倾向;第二,《新民事诉讼法典》规定具有理性化的特征。这两个特征在法国《新民事诉讼法典》整个规定中的体现是十分明显的。对于法国《新民事诉讼法典》的这种编纂风格与特征,法国有学者认为:法国《新民事诉讼法典》"在使民事诉讼程序年轻化以及进行革新方面确实做了更大的努力。

---

① [法]让·文森、塞尔日·金沙尔著:《法国民事诉讼法要义》(上册),罗结珍译,中国法制出版社2001年版,第71页。

② [法]让·文森、塞尔日·金沙尔著:《法国民事诉讼法要义》(上册),罗结珍译,中国法制出版社2001年版,第71页。

通过这一法典的编纂,民事诉讼程序上吹过了一阵'学理力量'的清风。"① 不仅"毫无疑问,《新民事诉讼法典》的全部规定成为拿破仑时代以来民事诉讼程序立法与条例的最重要的丰碑。"② 而且"它结构严密、协调,因为它非常'理论化';它灵活,因为它不教条并且接近实际,其中有些规定极为出色,如果能够得到忠实的执行,必将引起民事诉讼程序与司法实践的进一步'年轻化'。"③

然而"理性主义至上"的风格,也使得法国《新民事诉讼法典》在编纂上表现出的过于概念化、理想化的特征受到了学理上的批判,对此,学理上有观点认为:"新法典起草委员会虽然有律师参加,但整个法典还是偏重于概念化,具有德国学理所说的'教授所写的法律'的特色。"④ 不仅如此,虽然"理性主义至上"的风格具有条理清楚、逻辑成序,以及看起来很美的表征,但是就实务运用的角度上看,却显得有些抽象,不利于实际操作。

---

① [法]让·文森、塞尔日·金沙尔著:《法国民事诉讼法要义》(上册),罗结珍译,中国法制出版社2001年版,第74页。

② [法]让·文森、塞尔日·金沙尔著:《法国民事诉讼法要义》(上册),罗结珍译,中国法制出版社2001年版,第77页。

③ [法]让·文森、塞尔日·金沙尔著:《法国民事诉讼法要义》(上册),罗结珍译,中国法制出版社2001年版,第77页。

④ 沈达明著:《比较民事诉讼法初论》(上册),中信出版社1991年版,第9页。

# 第三章 法国《新民事诉讼法典》的立法体例及其法典编纂问题研究

《新民事诉讼法典》的立法体例，作为立法者对于《新民事诉讼法典》所涉各项内容的编辑、排列，以及整个诉讼法律规范的体系、结构、形式、内容及其先后顺序的体系化、系统化和逻辑上的顺序化，不仅与立法者的主观意志和程序法律思想有关，而且也与立法当时的环境条件和立法者对于立法技术的认识存在直接的联系。换言之，《新民事诉讼法典》的立法体例及其有关《新民事诉讼法典》的编纂，虽然都无不充分地体现了立法者的主观意志。同时，从历史发展的角度上看，任何法典的编纂也都无不受制于一定时代的环境条件，以及人们对于立法技术认识深度的影响。所以，历史的就人们对于法典立法体例科学性及其法典编纂技术性认识的角度上看，任何法典的编纂都必然一定程度上存在这样或者那样的问题。法国《新民事诉讼法典》作为特定历史时代的产物，当然也概莫能外。为此，就法国《新民事诉讼法典》编纂与立法体例的科学性、合理性而言，笔者认为下述问题都是值得研究的。

## 一、关于"大一统"的立法体例问题

所谓"大一统"的立法体例。指的是在法典的编纂上，不论法典所涉问题的类型与特征，以及所要解决问题的特殊性、特定性与针对性，在法典编纂的内容和范围上采用综合性、全面性规定的立法体例形式。

法典作为立法上对于某一类法律规范的系统性规定，在立法体例的编纂上，首先涉及的必然是有关立法规定的内容与范围问题。即在有关法典内容与范围的编纂中，对于纠纷的解决机制以及程序制度的设置，是采用全面性、综合性的笼统的立法体例及其规定形式，还是在有关纠纷解决机制以及程序的设置上，采用富有针对性的仅就解决纠纷的某一类诉讼程序机制及其程序制度进行规定。这两种立法体例由于在程序法典设置的基本思路、方式和类型上不同，所编纂出的法典在立法体例上也就有所不同。前者作为"大一统"的立法体例和方式，在其法典的编纂与设置中，不仅包括了各种各样的程序以及纠纷解决机制，而且其法典的立法体例和法律规定形式往往十分的庞杂和臃肿，而后一种作为"分层"设置的立法体例，在《法典》的编纂上由于讲究程序制度设置的针对性与特定性，因而不仅程序机制及其程序制度的设置上富有针对性，而且就其立法体例而言也往往较为简洁、明了。

法国《新民事诉讼法典》的立法体例，由于在内容的编纂上不仅将"仲裁"与"诉讼"这两种完全不同的纠纷解决机制及其程序制度作为了《新民事诉讼法典》的基本内容，并将其纳入到了法典的基本内容之内，而且在诉讼程序制度的设置上，不论所要解决纠纷程序制度的特殊性，将解决争讼事件的程序与解决非讼事件的程序也混合规定在同一个法典里，因而这种立法体例就其类型与性质而言，显然不属于有针对性的、个别化的立法体例模式，而属于"大一统"的程序立法体例与模式。

"大一统"的程序立法体例与模式，由于缺乏程序设置上必要的针对性和特定性，更谈不上程序设置上的特定化和类型化，因而不论是从立法体例科学性、合理性的角度上看，还是从司法适用的角度上看，这种类型的民事诉讼程序立法体例都是有问题的。

由于民事诉讼程序制度及其立法体例的设置，是以发现真实推进诉讼进程和保障裁判公正、经济、迅速为目标，而要实现或接近这一目标，在立法上根据民事纠纷的不同特点和司法救济的需要，有针对性地设置不同的程序制度，以及从立法体例的角度，分门别类进行立法规定，就成为了世界各国民事诉讼程序立法的一个基本原则，这一原则作为一个质朴的道理，在逻辑上也是无须证明的"公理"。为此，就大陆法系各国民事诉讼程序立法历史发展进程来看,各国有关民事诉讼程序的立法体例,都无不是由综合的、笼统性的程序立法,逐渐向具体而富有针对性的立法体例发展、转变。而大陆法系民事诉讼立法体例的这种历史性演进与转变的事实,从客观上也说明了法国《新民事诉讼法典》这种立法体例的陈旧性及其问题。

大陆法系各国在民事诉讼程序立法体例上之所以产生这种历史性的变化与演进,历史地看,导致这种转变与演进的深层次的原因和理由,并不仅仅是因为理论上学者们所谓的科学性,更是因为这种立法体例在解决纠纷中所具有的实用性和有效性。即之所以大陆法系各国在立法体例上大都由综合性、笼统性立法转为具有针对性的单独立法方式,从实用的角度上看最为主要的原因还在于,这种单独立法的方式和立法体例具有较强的实用性,它符合解决纠纷的实际需要。换言之,大陆法系各国在立法体例上之所以针对不同纠纷的性质,采用单独立法的体例和方式,不仅是因为在理论上具有颇为充分的根据,而且更重要的还在于有利于解决纠纷的实际需要。

然而法国《新民事诉讼法典》为何在立法体例上要坚持采用这种综合性的、笼统的立法体例形式呢?笔者认为,这与法国对于民事诉讼程序的性质以及相应的理论观念存在密切关系。由于长期以来,法国民事诉讼理论上不仅一直认为"民事裁判在广义上是指,除宪法裁判、行政裁判以及刑事裁判之外的所有的商事裁判和社会裁判",[①] 而且认为"'civil'并不仅仅指'民法'(droit civil),'民事诉讼程序'也不仅仅是'民法的诉讼程序'。'civil'一词来源于'公民'(cidoyen),而公民要从事各种各样的活动,除了军事活动之外,如果这些活动导致了争议,公民就可能处于民事诉讼程序之中。这样说来,民事诉讼程序就是'公民在具有纯民法性质的冲突中的诉讼程序',但同时也是'公民在与其商事活动、社会活动或农村活动有联系的冲突中的诉讼程序,同时不要忘记公民的社会保障

---

① 施鹏鹏、李立宏:"法国民事裁判制度的现状与未来",载《比较民事诉讼法》(2003年卷),中国人民大学出版社2004年版,第133页。

法律。因此，民事诉讼程序是'民间社会'（société civile，公民社会）的诉讼程序。"①即法国民事诉讼理论上把民事诉讼程序视为了囊括一切民事纠纷解决机制的程序。因而，在民事诉讼的立法体例及法典编纂上，法国《新民事诉讼法典》不论纠纷解决机制的性质，也不论诉讼程序所要解决纠纷的类型，一律都作为民事诉讼法典的基本内容，并将其规定在《新民事诉讼法典》之中。

而就民事诉讼立法的角度上看，这种在一部法典之内或者说企图采用一部法典来全面规范所有解决纠纷程序的立法体例及法典编纂形式，及其立法方式的正确性和合理性是值得研究的。首先，就立法指导思想而言是不正确的，因为不同性质、不同类型的程序各自在解决纠纷方式、方法上的特殊性，客观上需要通过设立不同法律、法令的方式来进行规范。其次，从立法体例的角度上看也是不现实的，因为，没有哪一部法典在内容上可以包罗所有的民事纠纷解决程序。最后，基于不同纠纷解决机制的特殊性，有针对性的设置以及规定不同的法律、法典，不仅是民事诉讼程序立法发展的趋势，也是立法科学化、合理化的必然要求。从立法历史发展的角度上看，法律不仅是由诸法合体、刑民不分到刑民区分，而且也是由实体与程序不分到实体与程序相分，即针对法律、法典的特殊性，不断进行细化的分层设置是立法发展科学化、合理化的规则、规律，也是立法的发展趋势。作为一种趋势，不仅表现着人们对于立法科学认识的深化，也表现着现代立法发展的方向。

综上所述，法国《新民事诉讼法典》的编纂与立法体例，在这一问题上的科学性、合理性是值得研究的。

## 二、关于证据制度的立法体例问题

在法国《新民事诉讼法典》的立法体例中，传统的观点认为，

---

① ［法］让·文森、塞尔日·金沙尔著：《法国民事诉讼法要义》（上册），罗结珍译，中国法制出版社2001年版，第19页。

"证据的许可（adminssion des preuves）（决讼形式，forme décisoire，decisoria litis）问题触及法律的实质（权利的实质），而证据的提出（普通形式，forme ordinatoire，ordinatoria litis）则属于程序范围。"[①] 因而"在法国立法中，证据理论被归入《民法典》，而《民事诉讼法典》则仅仅是关注'提出证据的形式'（formes de l'administration de la preuve）。前者属于立法权限范围，后者仅仅属于条例的权限。此外，举证责任（la charge de la preuve）的确定，也是一项法律一般原则，对此作出具体安排也属于法律（loi）的范畴。"[②] 由此可见，法国《新民事诉讼法典》有关证据制度的立法体例及其规定，不仅与我国民事诉讼法有关证据制度的规定不同，而且与大陆法系其他国家民事诉讼法有关证据制度的立法规定也存在较大的差异。这种差异中最主要的一点就在于立法体例上，法国《新民事诉讼法典》对于证据制度采用的是"二元分别设置"立法体例。即在有关诉讼证据制度的立法规定上，采用实体法与程序法各自分别规定诉讼证据制度的立法体例。而这种以所谓的证据实体规范和证据程序规范为标准所进行的立法规定，不仅从理论上将证据规范分为了两种不尽相同的类型，而且这种分类也从立法体例上将证据制度中的大多数实体性规范从民事诉讼程序立法中排除，而作为了《民法典》以及其他民事实体法律规范的对象。

对于法国《新民事诉讼法典》这种有关证据制度立法体例的科学、合理以及正确性，我们认为是值得研究的。

首先，就这种对于证据问题的立法归类以及这种立法规定条件下的司法适用而言，这种立法规定形式及其立法体例，将证据法中本质上存在密切联系的内容，依据所谓的证据实体规范和证据程序规范标准，人为地分为了不同类型以及不同性质的内容，进而分别

---

[①] ［法］让·文森、塞尔日·金沙尔著：《法国民事诉讼法要义》（上册），罗结珍译，中国法制出版社2001年版，第906页。

[②] ［法］让·文森、塞尔日·金沙尔著：《法国民事诉讼法要义》（上册），罗结珍译，中国法制出版社2001年版，第906页。

纳入不同性质以及不同类型的法律之中，暂且不论其分类的标准是否正确以及科学，就这种立法方式及其立法体例的归类形式而言，都是极不科学与恰当的。因为，证据及其制度作为对于案件真实情况的证明以及有关证据内容的体系化、系统化规定，不仅是基于诉讼证明的需要而产生和确立的，而且就其基本性质而言也属于诉讼法范畴的内容。为此，将这种本质上属于诉讼法范畴的内容，人为地划分为实体与程序两种不同性质的东西，进而纳入不同的法律规范中加以规定，在立法规定形式以及立法体例上是不恰当的。

同时，从司法实务的角度上看，这种对于证据制度分散的、多头的立法规定形式也给案件审理中法律的适用增加了难度，"不但一般国民无法知道某一具体问题的法律规定到底如何，即使是法官和律师等专业人员在具体适用法律处理具体问题时，也不得不穿梭于实体法与程序法之间，这种规定使国民无法真正明确国家的法律规定，而降低了对于法律的认同感，同时还增加了法律适用的成本。"[①] 为此，对于这种立法归类形式及其立法体例的问题，法国民事诉讼理论上也有观点认为："可以肯定的是，无论从理论上还是实践上，两个法典之间这种相互交错的情形都是最值得批评的。"[②]

其次，就这种立法规定的方式而言，基于不同实体法律规范各自之间的独立性、特殊性和个别化特点，这种将大量的证据规范放到实体法中的某一部分加以规定的立法形式，不仅在内容上限制了对于证据法律规范的规定，而且在法律的适用上也限制了证据法律规范的适用范围。例如，就诉讼证据的中的书证、人证、推定、当事人自认、宣誓等内容的立法规定而言，在立法体例上，这些有关证据的种类和诸多问题的内容，法国立法上是规定在法国《民法典》第三篇第六章有关"债务及清偿的证明"之中的，按照这种立法体

---

① 张卫平主编：《外国民事诉讼证据制度研究》，清华大学出版社2003年版，第456页。

② ［法］让·文森、塞尔日·金沙尔著：《法国民事诉讼法要义》（上册），罗结珍译，中国法制出版社2001年版，第907页。

例及其立法规定形式,就这些有关证据种类和内容等诸多规定的法律适用范围而言,依理只能限定在立法有关"债务及清偿的证明"范围之内。因为这些有关证据内容的规定,在立法体例上不属于总则或者通则中具有普遍效力的规定,而是属于具体而特定的实体法律规范之内的规定,而这种局限于具体而特定实体法律规范之内的规定,不仅没有普遍的效力,也不能任意地在非"债务及清偿的证明"活动中适用。然而,如果就民事诉讼的情况来看,"书证"、"人证"、"推定"、"当事人自认"、"宣誓"等内容和问题,绝不仅仅是"债务及清偿的证明"中才涉及的问题。就民事诉讼而言,可以说这些证据问题涉及到民事诉讼的所有争议,或者说从民事诉讼的角度上看,任何民事诉讼或者民事权益争议都或多或少会涉及这些证据问题。因而在立法体例上,将这些具有普遍适用性的证据内容,限制性地规定在《民法典》有关"债务及清偿的证明"之中的立法规定形式,不仅在立法体例上人为地限制了有关证据内容的规定,而且也从法律规定的形式上,人为地限制了这些具有普遍适用效力证据内容的适用,因而,这种立法规定形式是有问题的。

最后,就民事证据问题的研究而言,这种立法体例也不利于对于民事证据核心问题的研究,以及民事诉讼证据理论的发展。因为,法国《新民事诉讼法典》这种把诉讼证据制度中诸多重要问题,如证明责任、证据的种类、证明对象、推定、当事人的自认等放到民事实体法律规范中加以规定的立法体例,不仅使得本属于诉讼理论研究的证明责任、证明标准、证明对象等重大问题,在诉讼法学界少有研究,而且在实体法学界基于学科的不同特点,对于这些被视为诉讼法学中的问题又没有人研究。因而,这种立法体例所导致和产生的问题远不止立法本身,还涉及了司法以及理论研究等方面。

基于上述原因,在实行证据裁判主义的现代世界各国,基于证据在民事诉讼中的重要意义,以及证据与诉讼程序的密切联系,在民事诉讼证据的立法体例上,不仅法国《新民事诉讼法典》有关证据制度的这种"二元分别设置"的立法体例及其法律规定形式,已经基本被抛弃,而且将证据制度的内容直接放到民事诉讼法典中加以规定,也成为了大陆法系国家民事诉讼证据立法的通例。

## 三、关于强制执行的立法体例问题

法国在民事强制执行法律的规定上,采用的既不是独立设置民事强制执行法典的体例,也不是将强制执行规范包含在民事诉讼程序法典之中的体例,更不是将强制执行规范与其他的专门法律规范合编为一部法典的立法体例,而是一种特殊的"多头设置、分散规定"的立法体例。这种"多头设置、分散规定"的立法体例与大陆法系大多数国家强制执行立法相比较,不仅在有关强制执行的法律规定中涉及多个法律、法令,而且从所涉及的有关法律规定来看,这些法律、法令中不仅有实体法,以及在实体法中涉及法律和行政规章等两种类型的法律规定,如:《法国民法典》、《法国商法典》、《法国劳动法典》、《税收总法典》、《税收征收手册》,而且也有程序法,以及在程序法中涉及法律和法令两种类型的规定,如:《法国民事诉讼法典》(1806年法典)、《法国新民事诉讼法典》(1976年法典)、《法国民事执行程序法》、《法国民事执行程序法实施法令》等。

法国强制执行立法上的这种立法体例及其法律规定形式,虽然就其形成而言,存在多方面的原因,也受到许多因素的影响。但是不论是基于什么样的原因及其理由,这种立法规定的方式及其立法体例的科学性、合理性,都是值得研究的。

第一,从法律应当便于适用以及易于为广大社会公众和当事人知晓的角度上看,这种"多头设置、分散规定"的立法体例,由于其有关强制执行法律规定的内容散见在多个不同类型以及不同性质的法律规范中,具有相当广的面,也涉及诸多不同类型的法律、法令和行政规定,因此,司法实务中作为专业法律工作者的法官、检察官、律师等尚且难以全面掌握,作为非法律专业工作者的一般社会公众和当事人就更加难以知晓和掌握了。为此,这种在内容及其体例上过于多头化、分散化的立法规定形式,无论是从司法适用的角度上看，还是从有利于广大公众和当事人知晓的角度上看，都是存在严重缺陷和问题的。

第二，从法律规定及其立法体例内部应当系统、统一的角度上看，这种"多头设置、分散规定"的立法体例，不仅对于强制执行体系本身而言，难以形成统一、协调且相互联系，具有内在逻辑性的强制执行法律体系，而且，从立法技术的角度上看，这种由不同立法主体所分别主持进行的有关不同性质的法律、法令以及行政规章之间的立法，也难以避免在有关强制执行规定上的矛盾。

# 第三部分　德国民事诉讼立法体例的发展变化及法典编纂的技术与特征

在大陆法系各国民事诉讼程序立法的历史发展进程中，德国民事诉讼法典可以说是一部最具影响力、最具代表性的法典。由于德国人思维严谨，富有逻辑性，加以德国历史、社会、经济以及法律思想等诸多方面的条件，不仅铸就了德国《民事诉讼法典》逻辑严谨、概念精确、规定细腻的特征，而且德国《民事诉讼法典》对于大陆法系各国的民事诉讼程序立法也产生了巨大的影响。例如，日本的《民事诉讼法典》和我国台湾地区的"民事诉讼法典"，都是以德国《民事诉讼法典》为蓝本制定的。

不仅如此，从民事诉讼立法体例的角度上看，德国民事诉讼法也颇具特色，大陆法系许多国家的民事诉讼法，无论是在框架、结构、体例，还是内容上，都或多或少地参考了德国民事诉讼法的立法体例以及借鉴了有关内容。因此，就立法体例的角度而言，德国民事诉讼法也充分代表了现代大陆法系国家民事诉讼程序立法的发展水平。

然而，追根溯源，现行《德意志联邦共和国民事诉讼法》的基本框架、结构及其体例，毕竟是一百多年前的产物，因而，今天就程序立法体例的科学性以及民事诉讼程序立法技术性的角度上看，德国民事诉讼法的立法体例以及有关法律规定的框架、结构，也是存在诸多值得研究和检讨的问题。

# 第一章 德国民事诉讼法的历史与发展

## 一、德国民事诉讼的历史

德国在历史上,从东法兰克王国萨克森公爵亨利一世创立德意志王国开始,至1871年德国统一之前,虽然名义上是统一的所谓德意志神圣罗马帝国(962—1806年),但是实际上却是由诸多具有主权邦国组成的一个松散形态的国家。在这之前,虽然德国也曾经有过法典汇编,例如,神圣罗马帝国皇帝查理五世时期制定的《加洛林纳刑法典》,但是由于德意志王国在政治上没有形成中央集权的国家体制,且各邦国之间的封建割据十分严重,因而不仅全国没有形成统一的国家法律体系,以及在司法审判上,皇帝只是名义上的最高司法裁判者,各个邦国都实质上拥有各自独立的司法审判权,而且在当时的德国境内,有关民事诉讼的法律规定以及各邦适用的民事诉讼程序,也十分的庞杂、混乱。

14、15世纪,德国出现了大规模的对于罗马教会法的继受,在继受过程中,帝国及其各个邦国,特别是萨克森王国,通过改造帝国法院诉讼和萨克森诉讼,逐渐形成了德意志"普通民事诉讼"。这种所谓的"普通民事诉讼",从德国民事诉讼历史发展的角度上看,不仅成为了德国民事诉讼的早期形态,一直适用到19世纪,而且相对于德国历史上更为久远的日耳曼民事诉讼而言,在司法体制与诉讼体制上还具有以下一些特征。

(一)设置了帝国最高法院

设置帝国最高法院是德国"普通民事诉讼"在司法体制上,与日耳曼民事诉讼等更为远久、古老民事诉讼形态相区别的一个主要特征。

1495年,神圣罗马帝国在对1415年设立的王室法院进行改造的基础上，在美因河畔的法兰克福（1693年迁至韦茨拉尔）设置了帝国最高法院，并设立了新的诉讼程序规则。在该法院设立之前，德国虽然也曾经设有帝国皇室法院（帝国皇室法院有权审理各地法院宣判的尚未生效的判决，具有上诉法院的功能），但是，由于帝国皇室法院不享有独立于国王的地位，以及没有常任法官和常设机构，其影响力和作用都十分有限。

1549年，帝国又设立了第二个最高法院，即帝国皇家咨询院。"该法院主要管辖在帝国最高法院败诉后的申诉，它的程序同样类似于皇家诉讼。"①

德意志帝国设置最高法院的目的，在于统一国家的法制和诉讼程序制度以及诉讼规则，为此，帝国最高法院在其运作过程中，不仅通过自身司法审判实践的方式直接影响了帝国其他法院的司法裁判，以及为帝国其他法院司法审判设立了新的模式和典范，而且新设置的帝国最高法院，还通过颁布大量的诉讼规则和帝国条例的方式，从统一诉讼程序规则与规范的角度在德意志帝国境内推动了"普通诉讼"形态在德国的施行。

（二）确立了以帝国最高法院为最高法院的审级制度

从审级制度的角度，确立了以帝国最高法院为最高法院的审级制度，是德国"普通民事诉讼"在诉讼体制上区别于日耳曼民事诉讼的一个主要特征。

在帝国法院设置以前，德意志帝国的诉讼程序中是没有现代意义上的审级制度的。有关案件的审级，以及不同法院的管辖呈现出十分混乱的局面。不仅王室法院与地方法院之间的管辖相互竞合，而且王室法院与教会法院、教会法院与地方法院之间的管辖也权限不清。当事人往往不知道什么样的案件应当向什么样的法院提起诉讼，以及什么样的诉讼判决可以得到相应的诉讼救济。由此不仅严重地影响到了当事人权利的救济，也导致了司法审判上的混乱。以

---

① 李大雪："德国民事诉讼法的历史嬗变"，载《西南政法大学学报》2005年第2期，第68页。

帝国最高法院为最高法院的审级制度确立以后，形成了帝国最高法院、王室法院和低级法院三个不同的审级。其中低级法院以王室法院为上诉法院；王室法院以帝国最高法院为上诉法院，从而明确了不同法院之间的审级关系，以及厘清了不同法院之间在案件审判上的权限，因而，促成了对于不同诉讼案件审判权限的规范，以及司法审判权限上的明晰化、民主化，从而促成了德国民事诉讼体制具有历史意义的一大进步。

（三）确立了法律专家参与司法审判的制度

从审判组织和裁判者的角度，确立了法律专家参与司法审判的制度，是德国"普通民事诉讼"在诉讼体制上区别于日耳曼民事诉讼的另一个主要特征。

就审判组织与裁判者而言，在德国早期的日耳曼诉讼中，不仅法官与裁判者是相互分离的，而且没有关于法律专家参与司法审判的制度性规定。"日耳曼时代的法官并非现代法院中审与判合一的判决者。法官由部族首长、国王或封建领主亲自担任，或由其派遣的官吏出任，只负责处理诉讼中的行政事务，行使'形式上的裁判指挥权'，例如主持诉讼审理、决定审理日期、执行判决事项等。判决者负责实际审判。法官采用质问的方式，提交判决提议，而由参与诉讼的自由民团体采用回答的方式，发现判决，即自由民团体才是真正的判决者。换言之，法官提出判决提议，而自由民团体作出生效判决。"[①]

在德国"普通民事诉讼"中，帝国法院不仅废除了日耳曼诉讼时期延续下来的法官与裁判者相互分离的制度，而且采用法律规定的形式，创设了法律专家参与司法审判的制度性规定。按照帝国最高法院组织法第1条的规定："帝国最高法院院长须有贵族身份，而判决者公设十六席，其中半数为获法学博士学位，其他半数中，必

---

[①] 廖中洪主编：《民事诉讼体制比较研究》，中国检察出版社2008年版，第29页。

须至少有骑士地位的贵族。"① 由此开创了任用法律专家担任审判法官,以及从事司法职业审判的制度。

(四) 帝国最高法院将罗马法确定为其裁判的基本依据

帝国最高法院将罗马法确定为裁判的基本依据,是在司法裁判依据上,德国"普通民事诉讼"区别于日耳曼民事诉讼的一大特征。

罗马法被确定为帝国最高法院的裁判根据以后,德国在司法审判与诉讼形态中实际上形成了两种不同的法律制度和体系:一种是法律专家在帝国最高法院审理案件时,按照罗马法进行裁判所适用的法律体系;另一种是地方低级法院审理案件时,非法律专家,诸如贵族、骑士按照日耳曼习惯法所适用的法律体系。

由上述特征可见,德国"普通诉讼"的形成,不仅在诉讼体制上,而且在诉讼形态以及程序规则上,都极大限度地促进了德国民事诉讼制度的发展,但是,历史地看,"普通诉讼"的形成,并没有从根本上统一德意志神圣罗马帝国境内的民事诉讼,也没有导致德国全国统一民事诉讼法典的出现。在19世纪前半叶,就德意志神圣罗马帝国境内的诉讼体制,以及适用诉讼程序的类型与性质而言,德国境内仍然存在着下述三种不同体制、形态以及不同类型的民事诉讼:

1. 南部德国、萨克森、北部德国、汉诺威、黑森和汉莎同盟城市等适用的"普通民事诉讼";
2. 德国东部普鲁士邦适用的普鲁士民事诉讼;
3. 德国西部莱茵河地区适用的法国民事诉讼。

## 二、1877年德国《民事诉讼法典》(CPO) 的产生

德意志神圣罗马帝国时期的"普通民事诉讼",虽然一定程度上促进了德国司法体制以及民事诉讼形态的发展,但是由于当时的德

---

① G. Frommhold, Deutsche Rechtsgeschichte, 1894, Berlin, S. 176. 转引自廖中洪:《民事诉讼体制比较研究》,中国检察出版社 2008 年版,第 43 页。

国尚未形成一个统一的国家,因而在法律规定上不可能产生或者出现全国统一的民事诉讼法典,以及统一的民事诉讼程序制度。不仅如此,在德意志帝国成立以前,德国领土上众多的邦国还先后自行颁布与制定了自己的民事诉讼法律。例如:普鲁士邦在1793年制定的民事诉讼法典、汉诺威和不伦瑞克在1850年制定的民事诉讼法典、奥尔登堡在1857年制定的民事诉讼法典、卢卑克在1862年制定的民事诉讼法典、巴登在1864年制定的民事诉讼法典、巴伐利亚在1869年制定的民事诉讼法典等。这些不同民事诉讼法律的制定,一方面进一步加剧了德国境内诉讼法律规定上的差异,以及诉讼程序适用上的混乱。另一方面这些诉讼法律规定上的差异和诉讼程序适用上的各行其是及其混乱,又从法律适用的角度激发了社会对于统一法律规定以及诉讼程序制度的要求。

同时,1789年的法国大革命,以及同年8月26日法国颁布的《人权宣言》和1807年1月1日生效实施的《法国民事诉讼法典》,对于德国社会有关国家政权体制和诉讼法律体制的建设也产生了巨大的影响。由此,从社会历史发展的角度上看,自19世纪中期开始,不仅从政权体制上建立一个统一、强有力的国家,以及从诉讼法律体制上统一全国的法律制度和建立统一的诉讼程序制度,成为了德国社会历史发展的必然趋势。而且,与这种社会发展趋势相适应,理论上也出现了有关统一德国法律规定以及统一德国境内整个诉讼程序制度的思想和学说。1815年,德国海德堡大学法学教授蒂鲍(A. F. J. Thibut,1772—1840年),经过多年的思考公开发表了《制定全德意志法典的必要性》的小册子,① 蒂鲍在该小册子中提出:由于德国目前的法律充满矛盾,不仅法官和行政官员无法通晓法律,以及这种法律残缺不全,致使百分之九十的法律问题必须由有关法典、教会法和罗马法加以决定,而且由此也只能致使德意志相互分裂,为此,应当制定一部适用于整个德国,且包括民、刑、

---

① 请参见沈宗灵著:《比较法研究》,北京大学出版社1998年版,第101页。

诉讼法在内的法典,并指出制定一部统一的法典是德意志独立、统一、复兴的基础。

换言之,就德国《民事诉讼法典》的制定而言,"无论如何,作为这种法典编纂的基础,与法国革命的立法理念相同,即'单一不可分的共和国'(La République une et indivisible)应拥有'单一不可分的法'(un droit un et indivisidle)这样的理念。"①

为了统一全国的司法审判和诉讼程序制度,1862年德意志联邦议会组建了负责起草"德意志联邦国家统一民事诉讼法"的专门委员会,该委员会以1850年《汉诺威民事诉讼法》为基础,于1866年向议会提交了《德意志联邦各国统一民事诉讼法》(《汉诺威草案》)。由于普奥战争的爆发,该草案没有能够正式成为法律。

1871年德意志帝国成立以后,根据帝国宪法有关法院的程序法属于帝国立法权限的规定,普鲁士的司法部长莱昂哈特②开始在司法部内部修订"北德草案",并于1871年夏天公布。该"稿"被称为德国民事诉讼法典的第一草案或者司法部草案。随后,以莱昂哈特为主席,且有南部各邦参加的新的法典制定委员会,在对于第一草案进行了较小修改的基础上,于1872年公布了第二草案。1874年经联邦参议院讨论后产生了第三草案。同年秋天该草案与《法院组织法》、《刑事诉讼法》、《破产法》等三个法典的草案一同提交帝国议会审议。德国议会成立了以米克尔为主席的特别司法委员会,对这四个法案进行审议。1876年审议结束,1876年12月21日,帝国议会审议通过了这四部法案。在德国历史上,这四部法案连同各自的实施法统一被称为《帝国司法法》。其中《民事诉讼法》于1877年1月30日公布,于1879年10月1日施行。这就是沿用至今的德

---

① [日]大木雅夫著:《比较法》,范愉译,法律出版社2006年12月版,第11页。

② 莱昂哈特是汉诺威草案的制定者,曾经担任汉诺威法律制定委员会的负责人和北德法律制定委员会的主席。

意志联邦共和国民事诉讼法。①

历史地看,德国之所以能够在1877年制定出统一的德国民事诉讼法典,以及这一法典能够在当时的德国议会获得几乎一致的通过,按照德国学者的观点,这与当时统一德国的意识,以及构建统一的诉讼法律制度存在直接的联系。即"其原因在于国家意志:所有的人都希望实现在帝国范围统一适用的司法领域内的国家立法;一个帝国、一个国家即一个统一的立法权:统一的诉讼和统一的法院组织。"②"为此,我们的先驱们当时几乎是不惜一切代价——甚至付出了政治信念和自己更好的专业知识的代价。"③

## 三、影响1877年德国《民事诉讼法典》的基本学说以及主导《民事诉讼法典》编纂的基本程序思想

(一)影响1877年德国《民事诉讼法典》的基本学说

德国学者卡尔·奥古斯特·贝特尔曼在一篇题目为"民事诉讼百年——自由主义法典的命运"的文章中指出:"每一部较大的立法——可以肯定的是《德国司法法》——都被特定的、有时相互补充有时相互冲突的原则、主导思想和主义所支撑。这些主义构成了特定的价值观念和模范,即思想和意识形态的基础。1877年《帝国

---

① 该部分参考、引用了李大雪:"德国民事诉讼法的历史嬗变",载《西南政法大学学报》2005年第2期,第70页的部分内容,特予说明。
② [德]米夏埃尔·施蒂尔纳编:《德国民事诉讼法学文萃》,赵秀举译,中国政法大学出版社2005年版,第49页。
③ [德]米夏埃尔·施蒂尔纳编:《德国民事诉讼法学文萃》,赵秀举译,中国政法大学出版社2005年版,第49页。

民事诉讼法》(CPO)① 明显就属于这种情况。"② 换言之,任何一部重要法典的产生,都无不与一定的思想和学说相联系,以及受到一定的思想和学说的影响。

从历史发展的角度上看,德国《民事诉讼法典》不仅制定于法国《民事诉讼法典》之后,而且由于法国与德国在地理位置,以及社会发展上的相互联系等诸多方面的关系,可以说是深受法国《民事诉讼法典》影响的。但是,由于两个国家在时代以及法典制定时社会环境条件上的不同,③ 德国《民事诉讼法典》不仅在基本内容、立法体例与法典编纂上与法国《民事诉讼法典》存在较大差异,而且就影响其法典制定的基本指导思想及其有关的理论学说而言,与法国《民事诉讼法典》也有所不同。

法国《民事诉讼法典》作为法国大革命的产物,从主导法国民事诉讼程序立法和法典编纂基本观念、思想和理论学说的角度上看,其最为基本的指导思想是所谓的"古典自然法学"。这种法学思想的产生,历史地看,不仅深受法国大革命以前以及革命期间启蒙思想家们的影响,以及与这些启蒙思想家的思想和学说存在直接的联系。而且这些理论学说从基本观念的角度上看,与反对封建等级特权,追求自由、平等,且以理性、人权、正义和社会契约为旗帜的法国大革命也是相一致的。换言之,《民事诉讼法典》作为任何社会从国家司法权力的角度,对于解决社会矛盾,平息民事纠纷最为有力的诉讼制度的基本规定,其制定与产生,不仅与一定的社会环境条件相联系,承载着相应的社会任务,以及与一国的发展存在无法割裂

---

① 在学术上和翻译上,为了区别 1877 年德国制定的《民事诉讼法典》与现行的德国《民事诉讼法典》,通常将德国 1877 年制定的《民事诉讼法典》,即 CPO 翻译成《帝国民事诉讼法》,而将现行的德国《民事诉讼法典》,即 ZPO 翻译成《德国民事诉讼法典》,以便相互区别。

② 米夏埃尔·施蒂尔纳编:《德国民事诉讼法学文萃》,赵秀举译,中国政法大学出版社 2005 年版,第 46 页。

③ 从时间上来看,德国 1877 年制定的《民事诉讼法典》相对于法国 1806 年制定的《民事诉讼法典》而言,晚了 71 年。

的关系，而且，必然受到当时社会占主导地位的基本法律观念、学说思想的影响和支配。按照德国学者的观点："不仅立法上而且理论上也以主义为导向，这常常受到责备——但是不正当。立法显著地影响了诉讼立法，至少对19世纪来说这是一个事实。这种影响也是正当的，因为这是由事务的本质所决定的。如果谁要是与有关主义和制度的思考相反，认为在诉讼法中仅仅涉及只应当根据实用性和实践性的标准来调整的技术性事务，那么，他就是对高度发达的文化国家的立法的真实性的、特别是心理上的条件存在错误的认识。"①

1877年德国《民事诉讼法典》作为1871年德国统一后的产物，是在德意志神圣罗马帝国长期缺乏统一中央集权的国家体制条件下，以致整个国家在诉讼体制、制度上极不统一，以及社会与民众急切盼望建立全国统一诉讼体制的社会条件下产生，其根本的立法目的"旨在实现德意志一个民族、一个国家、一个法律的理念。"② 这种社会环境条件不仅与法国《民事诉讼法典》制定时的社会环境条件存在较大的差异，以及两者各自承载着不尽相同的社会任务，而且也具有不尽相同的基本指导思想和立法目的。德国《民事诉讼法典》的产生，作为19世纪德国的国家统一，以及整个国家诉讼体制统一的标志，其制定的基本指导思想与德国的统一和主张统一诉讼体制的学说以及法学理论相一致，这就是所谓的实证主义法学。

实证主义法学，又称为实证法学或法学实证主义，它是对以实证主义哲学为思想基础的各种资产阶级法学派别的总称。实证主义法学与以法的抽象性和体系化为基础的理性主义法学不同，在实证主义法学看来，"法律是社会现实的一个组成因素，换句话说，法律作为一个被法律科学理解和解释的制度事实而存在。对法律的认识

---

① 米夏埃尔·施蒂尔纳编：《德国民事诉讼法学文萃》，赵秀举译，中国政法大学出版社2005年版，第46—47页。

② 刘楠："变法模式下的中国民法法典化——价值的、逻辑的、事实的考察"，载《中外法学》2001年第1期，第117页。

被认为是对一个社会现实的认识。""法律实证主义者并不认为有任何关于法律正确性的先验标准，这种标准不依赖人的意志和人类的制度而有效。它也不作行而上学的假定，从这种假定可以演绎出关于正确性的标准或使之合理化。法律实证主义者认为，没有实践认知这样的东西，即是说，他否认有以纯粹认知的方式得出公正法律原则的可能性：规范和价值观念只有根据人们对它们采取的态度才能证明它们是合理的。这意味着不能纯粹从认识上证明它们是合理的。"①

就其基本思想和观点而言，"法学实证主义包含两个层面的内容：一方面，法学是产生法的科学；另一方面，法学在实现产生法的使命时是自治的——它不依赖于自身之外的任何事物。"②

由于历史上1877年德国《民事诉讼法典》的制定，与德国巩固和发展中央集权国家体制的社会现实需要直接相关，即就1871年统一以后的德国而言，在巩固和发展中央集权国家体制的道路上，迫切需要统一国家的法律，以及统一全国各地不尽相同的诉讼制度，以巩固和发展中央集权的国家体制。而统一《民事诉讼法典》的制定，极其有利于国家统一诉讼程序制度的建立。换言之，诉讼体制上的不统一不仅必然导致国家政治上的混乱，而且也将危及统一国家体制的建立与发展。因而从程序立法上编纂统一的诉讼程序法典，就历史地成为了巩固和发展中央集权国家体制的重要内容。而实证主义法学有关从现实需要的角度来解释法律的思想与理论，不仅迎合了德国统一《民事诉讼法典》编纂的社会现实需要，而且其理论思想也自然而然地为法典的编纂提供了绝妙的理论根据，由此，从社会历史发展的角度上看，实证主义法学也历史地成为了主导和影响1877年德国《民事诉讼法典》制定的基本理论思想和学说。

---

① ［英］麦考密克、［奥］魏因贝格尔著：《制度法论》，周叶谦译，中国政法大学出版社1994年版，第141页。
② ［德］霍尔斯特·海因里希·雅科布斯著：《19世纪德国民法科学与立法》，王娜译，法律出版社2003年10月版，第5页。

（二）主导1877年德国《民事诉讼法典》编纂的基本程序思想

实证主义法学虽然是影响1877年德国《民事诉讼法典》制定的基本理论学说，但是，历史地看，实证主义法学对于德国《民事诉讼法典》的影响，主要的还是从政治上，即巩固和发展德国中央集权国家体制现实需要的角度，以及统一国家的诉讼程序制度的角度上，影响着德国统一《民事诉讼法典》的制定。即从德国社会历史发展的需要、中央集权国家政权的建立和巩固，以及统一国家诉讼法律制度的角度对于德国《民事诉讼法典》的主导和影响。这种主导和影响作为一种宏观的、社会政治角度的影响，与具体主导和影响1877年德国《民事诉讼法典》的法典编纂，以及内在程序制度、程序规则构建的理论和思想是有所不同的，而就具体主导和影响德国《民事诉讼法典》编纂，以及程序制度设置的角度上看，其基本的理论和思想则是所谓的"自由主义"。

"自由主义"发源于17—18世纪的欧洲，"自由"一词源于拉丁文"liber"。蒂托·李维早在他的巨著《罗马史》中对于"自由"就进行过研究。马可·奥勒留在他的《沉思录》一书里也写道："一种主张在政治上应该有着同等权利和同等言论自由的思想，以及一种尊重大多数自由政治的政府。"①

作为一种理论学说，"自由主义"实际上是对于以"自由"为主要价值取向的一系列学术思想流派的总称。这种学说流派不仅强调个人的自由和权利，以及在个人与国家的关系上，主张规范国家权力的适用和限制国家权力的适用范围，以法律限制政府对权力的运用，而且认为政府存在的基本目的仅在于保护每一个公民的自由。即在这种理论学说看来，个人不仅在实体权利上享有对于财产和缔结合同的绝对权利，以及国家的活动和权力仅仅在于保障个人的这些权利，而且在发生纠纷时，国家也只能充当私人纠纷的裁决者，而不能干预个人的自由与权利。自由主义虽然也不否认国家的存在

---

① ［古罗马］马可·奥勒留著：《沉思录》，朱汝庆译，中国社会科学出版社1998版，第67页。

有其必要性，但是在这种思想学说看来，国家的存在只是为了维护和保障个人的自由及其权力，不仅如此，基于国家的权威性以及国家权力的强制性，以及可能造成对于个人自由及其权利的侵害，这种学说坚持把国家的存在仅仅视为旨在维持个人利益，以及社会共同生活而必须付出的代价。为了把这种代价控制在较小的程度上和范围内，自由主义极力主张限制国家的权力与职能。

"自由主义"理论学说的基本特征在于，这种理论学说是一种从极端个人主义及其个人权利的角度来思考国家权力的来源、性质和范围，以及确定个人权利与国家权力之间的界限。并以个人权利、利益的保护为思考、确定一切问题的出发点。在政府与个人权利的关系上，"自由主义"的核心思想是限定国家对于个人自由的干预，并主张对于国家权力的行使设定不得逾越的空间。即国家不仅具有保障个人权利行使的义务，而且在任何情况下都不得超越其职权范围，强制个人的意志，以及侵害个人的权利和利益。在个人与国家的关系上，"自由主义"有一句十分经典的名言——"管得最少的政府是最好的政府"。

18世纪末，面对法国大革命的迷狂与喧嚣，冷静的德国学者敏锐地认识到社会政治发展的一种新倾向，那就是在强调国家权力的同时，有可能忽视对于个人权利以及利益的保护，以至于在要求个人完全、彻底地服从国家权力的同时，致使个人沦为没有任何独立意志、自由和尊严，仅仅是完成国家任务的工具，从而助长国家权力对于个人权利的侵害。由此，为了防止国家对于个人的独立意志，以及权利的侵害，保护个人的自由、尊严与权利，就成为了主导和影响德国民事诉讼程序立法及其法典编纂中最为基本的理论和思想。当时德国自由主义的思想家洪堡，为此曾经出版了被誉为"德国自由主义大宪章"的《国家的作用》一书，他在书中指出，他所要研究的是："整个国家机构设置的工作目的，以及它的作用有何限制。"在他的书中，对于个人权利的保护不仅是设置国家权力机构的目的，也是有关限制国家权力的根据。

对于1877年德国《民事诉讼法典》中的"自由主义"倾向，

以及"自由主义"对于《德国民事诉讼法典》制定和编纂上的主导及其影响,德国有学者指出:"1877年《德国民事诉讼法》的(自由主义的)立法者无疑是单方面地从个体利益的角度来观察诉讼的。在他们看来,诉讼是'私事',根据瓦赫的经典的论述,诉讼是由'国家对争议案件不享有利益这一基本原则'决定的。"①

我国学者也认为:"最初制定的德国民事诉讼法,基本上是以个人主义、自由主义为立法的指导思想的。当时的立法者认为,民事诉讼是具有平等地位、平等能力、完全对等的双方当事人(原告与被告)各自保护自己利益而进行的一系列攻击防御行为,国家(其代表就是法院和法官)只是站在中间人(第三人)的地位作出裁判而已。在这种思想指导下制定的民事诉讼法必然以当事人进行主义为根本原则,一切诉讼程序任由当事人以自己的自由意志去决定,国家尽量尊重当事人的意志,只在十分必要的情况下才加以干涉。这就是自由资本主义时期的法律。"②

## 四、德国《民事诉讼法典》的发展与演变

德国《民事诉讼法典》从1877年制定以来,距今已有130多年的历史,在这130多年中,德国不仅经历了帝国时期、第一次世界大战后的共和时期、第二次世界大战后的占领时期、两德分离时期和两德合并以后的联邦共和国时期。而且社会的经济、政治以及社会纠纷的类型、数量,乃至于民事诉讼法学理论和社会公众对于民事司法救济的要求也发生了很大的变化。在发展变化的这130多年中,随着社会的发展以及社会公众对于民事司法救济要求的提高,

---

① 米夏埃尔·施蒂尔纳编:《德国民事诉讼法学文萃》,赵秀举译,中国政法大学出版社2005年版,第32页。

② 谢怀栻译:《德意志联邦共和国民事诉讼法》,中国法制出版社2001年版,译者前言部分,第4页。

德国《民事诉讼法典》已做了 100 多次的修改,① 换言之,德国《民事诉讼法典》的发展历史实际上也是其修改、完善的历史。在这修改、发展与完善的 100 多年中,德国《民事诉讼法典》不仅由最初颁布时的 872 个条文增加到目前的 1000 多个条文,而且就德国《民事诉讼法典》100 多次修改发展的情况来看,与德国社会的政治、经济、国家体制,实体法律的制定与颁布,以及法律观念的发展变化都存在直接的关系。

(一)德国《民事诉讼法典》修改的主要情况

1. 1898 年的修改

1898 年德国《民事诉讼法典》修改的主要原因,是因为 1896 年和 1897 年德国《民法典》和德国《商法典》的颁布。

由于 1877 年德国《民事诉讼法典》制定时,德国《民法典》和德国的《商法典》尚未制定,德国境内的一些民、商事制度,如不动产等也尚未得到统一,因而,其《民事诉讼法典》无法对于这些问题作出相应的规定,然而在《民法典》和《商法典》颁布以后,德国《民事诉讼法典》作为民事权利救济中最为主要,以及最为有力的司法保障方式,就不能不进行相应的调整与完善。

这次修改新增加了 176 个法条,将德国《民事诉讼法典》的法条由原有的 872 条增加到了 1048 条。

2. 1924 年的修改

这一次主要涉及的是对过去长期以来一直采用的纯粹自由主义

---

① 据统计,德国 1877 年《民事诉讼法典》颁布以后至 1999 年 12 月 17 日,共修改了 95 次(参见谢怀栻译:《德意志联邦共和国民事诉讼法》,中国法制出版社 2001 年版,译者前言部分,第 3 页)。1999 年 12 月 17 日以后,又于 2000 年、2001 年、2002 年、2003 年、2004 年、2005 年、2006 年中,多次针对律师执业的范围、法院调解的强制性前置程序、欧洲货币的变化,新颁布的《欧洲共同体证据调查执行法》、《欧盟诉讼费用救助指令》、当事人的法定听审权,以及为了在法院系统全面实现电子文件的管理等内容和问题,对于《民事诉讼法典》进行了修改和完善,为此,德国《民事诉讼法典》从 1877 颁布至今,就被修改的次数而言,已经达到了 100 多次。

指导思想和诉讼原则的修改。具体而言,这一次修改的基本内容包括:(1)限制了当事人对于诉讼程序的控制权,增强了法官的诉讼指挥权;(2)引入了集中审理原则;(3)在州法院采用了独任审判制;(4)在初级法院采用了调解制;(5)在上诉程序中要求上诉须附理由等。同时,在民事审判机构的组成上,将州高等法院审判庭的组成人员,由原来的5人减为3人;帝国法院审判庭的审判人员,由原来的7人减为5人。

3. 1933年的修改

1933年的修改与奥地利《民事诉讼法典》的影响有着直接的联系。这次修改规定了当事人的真实义务,为了遏制诉讼迟延还设置了相应的措施。

当事人的真实义务包括两大部分:一是完整陈述的义务;二是真实陈述的义务。即当事人应当全面真实地陈述案件事实,不允许当事人主张自己明知不真实或者不能确信的事实,同时,诉讼中,当其一方在知道以及明确对方的陈述是真实的情况下,不允许该方当事人反驳对方的主张。"对于某种事实,只有在它既非当事人自己的行为,又非当事人自己所亲自感知的对象时,才准许说'不知'。"①

4. 1950年的修改

第二次世界大战结束以后,根据《波茨坦协议》,美国、英国、法国和苏联分别对德国进行了占领。1949年,美国、英国、法国在其占领区内成立了德意志联邦共和国,即"西德"。苏联在其占领区内成立了德意志民主共和国,即"东德"。由此到1990年德国重新统一为止,基于国家的类型、社会的性质,以及意识形态上的不同,"西德"与"东德"分别适用的是两种几乎完全不同的《民事诉讼法》。

1950年,由于美、英、法三国在各自占领区内分别实施的是不

---

① 谢怀栻译:《德意志联邦共和国民事诉讼法》,中国法制出版社2001年版,第36页。

尽相同的法律和诉讼程序，由此，不仅导致了"西德"境内不同占领区之间在各自适用的法律和诉讼程序上存在较大的差异，而且"西德"境内的法律与诉讼程序也呈现出了极不统一，以及较为混乱的状态。为此，德意志联邦共和国成立之后，于1950年9月12日制定了《关于在法院组织、民事司法、刑事诉讼和诉讼费用各方面重建统一法制的法律》（又称为《法律统一法》）。并在此基础上重新颁布了《民事诉讼法典》。该《民事诉讼法典》作为对纳粹时期所制定或者修改的法律、诉讼程序制度进行审查和修改的基础上制订的一个文本，其法典的整个体例、结构和基本内容，与1877年以来《民事诉讼法典》的结构、体例与内容基本相同。换言之，这个文本的《民事诉讼法典》仍然是基于德国社会统一诉讼法制的需要，对1877年德国《民事诉讼法典》的继承和发展。

然而"东德"适用的《民事诉讼法典》却有所不同。德意志民主共和国成立以后，在对原德国《民事诉讼法典》加以修改以后，于1949年1月1日公布了德意志民主共和国《民事诉讼法》。由于这次颁布的《民事诉讼法》仅仅是在对1933年10月旧德国《民事诉讼法》进行一定修改的基础上颁布的，为此，有德国学者认为："德意志民主共和国在1975年以前基本上沿用了1877年颁布的旧《民诉法典》。"①

1951年年底开始，在意识形态的影响下，传统的诉讼观念受到批判，按照当时"东德"学者的观点："民事审判当时是按照任意原则的基本精神进行的。这当中就有这么一个意思：诉讼当事人在诉讼程序中占有主导地位，法院只根据形式真实原则审查实际情况。因此，尽管宣布公民在法律和法院面前人人平等，但是诉讼法却保障经济实力较强的当事人处于优势地位。"② 为此，"东德"在其有

---

① ［德］霍斯特·克利纳等著：《德意志民主共和国民事诉讼》，刘家辉译，西南政法学院诉讼法教研室印，校内用书，译者前言，第1页。

② ［德］霍斯特·克利纳等著：《德意志民主共和国民事诉讼》，刘家辉译，西南政法学院诉讼法教研室印，校内用书，译者前言，第2页。

关的法律规定及其司法的指导原则中，对于法官在诉讼活动中的要求不仅与西德有了较大的变化，即不是要求法官在诉讼中保持中立，而是要求法官在诉讼中更大程度地介入案件。而且对于其整个司法制度与《民事诉讼法》也进行了较大程度上的改造。

1952年10月2日颁布的《德意志民主共和国法院组织法》，不仅规定民事司法审判必须为保护宪法、保护社会主义的公有制和为国家的计划经济服务，以及司法审判应当具有对于社会公众的教育功能，而且取消了区法院、省法院和第二审法院，代之以县法院和州法院。县法院作为第一审法院有权审理几乎全部的民事案件和家庭案件。而且废除了独任制实行合议制，以及确立了第一审的所有案件都必须有人民陪审员参加的审判原则。同时，按照《德意志民主共和国法院组织法》的规定，"东德"在其司法体制中设置了独立的"国家合同法院"，将通常世界各国的社会法院或者普通法院管辖的民事纠纷，根据纠纷主体的不同性质进行了区分。凡是"社会主义企业、社会主义的合作社、国家机关和社会团体间的一切财产争议"均由"国家合同法院"审理，即对于这类案件，社会法院或者普通法院不再享有管辖权。

1952年10月15日部长会议颁布的《关于移送非诉讼程序》的决议规定，某些案件以后不再归法院管辖，而是划归国家公证处以及县委员会和州委员会的主管科处管辖。

1971年举行的德国统一社会党第八次代表大会上，提出了制定《民法典》的任务，由于实体法与诉讼法之间存在着无法分割的联系，因此《民事诉讼法典》的制定也同时进行。1975年6月19日通过了新的《民法典》和《民事诉讼法典》，两者都于1976年1月1日起生效执行。新的《民事诉讼法典》全称为《民事案件、家庭案件和劳动案件诉讼法》。按照当时"东德"学者的观点："新的《民诉法典》汇集了二十五年以来在科学和实践活动中积累起来的知识和经验，并且在不少地方借鉴了苏联和其他社会主义国家的科学和实践。这是一部以发达社会主义社会的社会经济关系为基础的法律，它反映了工人阶级及其同盟者对于组织民事、家事和劳动诉讼的观点。"①

在"东德"的民事司法审判活动中，新的《民事诉讼法典》虽然是最为重要，也是最为权威的民事诉讼法规，但是除了这部法典以外，当时的"东德"还颁布有若干单行的法律、法规和决议。如1975年12月10日的《审判费条例》；1975年12月18日，部长会议颁布的《关于土地和建筑物案件执行问题的决议》、《关于一般执行（通过法院书记员）问题的决议》、《关于仲裁程序的决议》；1976年5月27日，部长会议颁布的《关于海商民事诉讼程序的决议》、《关于海损清算程序的决议》等。

由上可见，在德国分裂时期，当时"东德"，即德意志民主共和国所适用的民事诉讼法与"西德"，即德意志联邦共和国所适用的民事诉讼法，是存在很大的差别的。其差别不仅体现在两部法律在法典编纂的体系、结构、基本内容及其基本指导思想上，而且在各自民事诉讼法律的规定中，有关法院的地位、任务的规定也不相同。按照德意志民主共和国《民事诉讼法》第二条的规定："在德意志民主共和国的民事诉讼中，法院的地位决定于如下各项任务：捍卫社会主义的国家秩序，保护公民的合法权益，促进公民社会生活中社会主义关系的发展。"为此，在德意志民主共和国的民事诉讼中，"法院承担特殊的责任。法院作为工人和农民的权力机关，应当对于发达社会主义社会的形成作出贡献。法院不应当抱任何中立和超然立场，而应当贯彻党性原则，因为法院要始终不渝地实现社会主义法制。这就要求法院不仅在适用法律的时候，而且在落实案情的时候，都应当对于审理的案件采取积极态度。"②

1990年两德重新统一以后，按照《统一条约》附件1的规定，原德意志民主共和国的《民事诉讼法典》废止，统一后的全德境内

---

① ［德］霍斯特·克利纳等著：《德意志民主共和国民事诉讼》，刘家辉译，西南政法学院诉讼法教研室印，校内用书，译者前言，第13页。

② ［德］霍斯特·克利纳等著：《德意志民主共和国民事诉讼》，刘家辉译，西南政法学院诉讼法教研室印，校内用书，译者前言，第15页。

全部适用德意志联邦共和国的《民事诉讼法典》。

5. 1955 年的修改

1955 年成立的修改民事诉讼法委员会，于 1961 年提出了长达 536 页的报告，报告对于德国《民事诉讼法典》提出了许多修改建议，其中特别强调了民事诉讼应当加快进度与审理的集中。

6. 1976 年的修改

1976 年的修改很大程度上受到了"斯图加特模式"的影响。所谓"斯图加特审判模式"（Stuttgater Modell），指的是德国 20 世纪 70 年代，由德国斯图加特地方法院的 Rolf Bender 审判长所创设置的一种审判模式。这种审判模式以德国学者韦因可夫（Weinkauff）和波埃（Bauer）两人的论著为其理论基础。前者的论文题目为：《为什么以及如何进行司法改革》，后者的论文题目为：《走向言词辩论的集中》。"斯图加特式诉讼"在德国曾经被联邦德国的 800 个民庭中的 50—80 个试用过。

斯图加特审判模式有以下特点：

（1）将诉讼程序分为两个阶段

这两个阶段分别是书面准备阶段和主辩论阶段。所谓的书面准备，指的是为言词辩论所进行的准备。所谓的主辩论，指的是集中辩论。其目的是为了使裁决在一次言词辩论中就可以作出。

其具体的操作程序是：在书面准备的第一阶段，由原告向被告送达起诉状，被告收到起诉状以后，聘请律师，聘请的律师应在原告的起诉状送达后的 15 天内通知法院，被告将以被告的名义应诉，并提出答辩。如果在 15 天内没有通知法院，法院就会推定被告不会应诉，在这种情况下法院将作出不应诉判决。

如果被告的律师通知法院被告将应诉，那么被告及其律师就应当在 15 天内向法院提交答辩状，被告及其律师提交答辩状以后，原告对于被告的答辩状也有 15 天的答辩期。这个阶段基本上是在当事人与律师之间进行的。

书面准备的第二个阶段是在法官的监督下进行。当其原告将对于被告答辩状的答辩书提交法院以后，全部的案卷材料都将交给负责审理的主审法官。同时,法院还将指定一名汇报法官。主审法官应当对于案件的材料进行仔细研究,以便决定诉讼应当怎样进行审理,为主言词辩论作好准备。汇报法官应当对于案件的材料进行整理,然后法院召开由法官组成的讨论预备会。在会上由汇报法官汇报案件情况,并提出意见,由全体法官进行讨论。讨论结束以后,由法官作出证据调查的裁定。这种所谓的证据调查,是由律师与当事人一道出庭,并在同时传换证人出庭的条件下进行。在法庭调查以后,如果需要在正式的主辩论以前还可以举行"中间听审"。所谓的"中间听审"实际上是主辩论以前的预备审理。这种审理必须是在主辩论以前的一个星期以内进行。

法院在主辩论的前几天,要再一次开会查阅案卷材料,考虑和讨论预备会议以来出现的新情况,并决定主辩论日和主辩论日的具体工作。诸如向当事人、证人、鉴定人提出一些什么问题,以及提问的顺序等。

主辩论首先由当事人陈述开始,然后才是证人作证。在主辩论中,核心的内容是听取当事人的陈述,证人的作证只是一个补充和印证。当其主辩论完结以后,法官退庭进行临时讨论,临时讨论的目的是拟订一个具有充分理由的判决草案,判决草案拟订以后,由法官向当事人宣布。判决草案宣布以后,当事人退庭进行讨论。讨论以后由当事人对于法官的判决草案提出他们的观点和看法。如果当事人能够接受,就形成正式的判决,如果当事人不能接受,法庭审理就直接过渡到证据调查阶段。在经过对于案件所涉证据的情况进行再查实以后,法官又退庭对于证据调查的情况再进行讨论,并作出结束审理的最终判决草案。

当其最终判决草案向当事人及其律师宣布以后,由当事人的律师作最终发言,在德国的斯图加特审判模式中,律师的最终发言往往被称为对于判决草案的小上诉。律师发言完毕,就结束审理。结束审理后,法官往往根据律师们的最后发言对判决草案进行修改,正式的判决一般是在一个星期以后正式宣布。在这个期间内主审法官通常还要进行必要的斟酌和考虑。

(2) 在审判方式上实行法官的"心证公开"

所谓"心证",按照我国台湾学者邱联恭先生的观点:"狭义言之,系指法官在事实认定时所得确信之程度、状况;广义言之,系指法官就系争事件所得或所形成之印象、认识、判断或评价。此种意义的心证,依民事审判所具下述特征观之,系可能包含法官的法律上见解在内,而非仅指将其法律上认识、判断或评价予以完全除外者。"① 这就是所谓的"心证"。即法官内心对于案件事实,以及对于应当适用什么样的法律规范的认识和思考。

所谓的"心证公开","系指法官将其在诉讼审理中(自其研阅起诉状之时起)所形成上诉意义的心证。于法庭上或程序进行中,向当事人或利害关系人开示、披沥,使其有所知悉、认识或理解一事。而可能包含法律上见解之表明在内。"② 由我国台湾学者有关"心证"及其"心证公开"基本含义的认识可见,所谓的"心证公开"实际上就是以法官对于案件事实、证据以及有关法律见解的认识,向当事人和利害关系人公开披露为特征的制度。

在"斯图加特审判模式"的影响下,1976年德国颁布了《简化和加快诉讼程序的法律》(又称为《简易化修正法》)。该法对于德国《民事诉讼法典》中除强制执行以外的150多个条文进行了修改。就其修改的内容来看,涉及七大方面:(1)推行供诉讼当事人以合意援用的书面诉讼程序;(2)简化督促程序;(3)在被告不及时提出防御方法时,作出以书面材料为依据的不应诉判决;(4)扩大法官作出调查证据裁定的权力,尤其是在言词辩论期日之前提取证言的权力;(5)在法院指定的期间内,不提出请求的依据或不提出防

---

① 邱联恭:"心证公开论——着重于阐述心证公开之目的与方法",载《民事诉讼法之研究》(七),台湾三民书局有限公司1998年10月版,第207页。

② 邱联恭:"心证公开论——着重于阐述心证公开之目的与方法",载《民事诉讼法之研究》(七),台湾三民书局有限公司1998年10月版,第209页。

御方法的当事人不得再次提出；（6）缩短上诉期，以及缩短提出上诉理由的期间；（7）对于明显无根据的上诉，确定了法院有驳回的权力。①

7. 2001年的修改

2001年7月27日，德国通过了《德国民事诉讼改革法》，该法于2002年1月1日生效。在德国民事诉讼历史上，由于制定和颁布《德国民事诉讼改革法》的基本目的，是促使民事诉讼程序更加贴近普通民众，和司法审判更加透明和富有效率，同时，《德国民事诉讼改革法》基于德国社会发展的需要，不仅对于德国民事诉讼程序中的诸多重要方面进行了必要的修改和重构，以及所涉及和修改的条文达到100多条，而且其改革还涉及《德国民事诉讼法施行法》、《德国法院组织法》、《德国劳动法院法》、《德国法院诉讼费用法》、《德国联邦律师费用法》等法律的修改与完善，因而2001年的修改被视为德国民事诉讼历史上最为重要的一次改革。

这次改革就其基本的内容而言，重点涉及以下六个方面："（1）强化一审功能；（2）导入和解辩论制，使诉讼和解思想制度化；（3）强化法官的指示义务和释明义务；（4）减少提起上诉受诉讼标的额制约的限制；（5）重构控诉审（第一次上诉审）使其成为检查和消除错误的工具；（6）在州法院实行基本型独任法官制；等等。"②

除上述有关修改以外，根据2003年11月4日，《欧洲共同体证据调查执行法》，有关欧盟范围内证据调查和送达方面进行司法协助的规定，德国对于《民事诉讼法典》进行了补充、完善，新设置了第11编，专门规定了欧盟送达条例和执行条例的内容，将欧盟的两个条例：《关于送达民商事案件中诉讼和非讼文书的条例》、《关于

---

① 相关内容请参见沈达明著：《比较民事诉讼法初论》，中信出版社1991年版，第60页。

② 周翠编译："2002年《德国民事诉讼法》修订理由书"，载陈刚主编：《比较民事诉讼法》，中国人民大学出版社2004年版，第156页。

成员国法院在证据调查方面合作的条例》，纳入新增加的第 11 编中，成为了第 1067 条至第 1075 条的内容；2003 年 1 月 27 日，根据欧盟《关于诉讼费用救助的指令》，对《民事诉讼法典》进行了补充和完善，在《民事诉讼法典》中新增加了第 1076 条至 1078 条；2004 年 8 月 24 日，《第一次司法现代化法》对于《民事诉讼改革法》中的不足之处进行了完善；2004 年 12 月 9 日，根据《关于侵犯法定听审请求权之法律救济的法律》的规定，对于《民事诉讼改革法》进一步进行的补充和完善；2006 年 12 月 31 日施行的《第二次司法现代化法》，又从提高诉讼效率、加快诉讼进程的角度，针对诉讼中鉴定证据的期限、法院对于诉讼鉴定人的诉讼告知、督促程序的广泛采用等方面和内容，对于德国《民事诉讼法典》进行了修改与完善。

(二) 德国《民事诉讼法典》的发展变化情况

从德国《民事诉讼法典》历史发展演变的路径与轨迹可以看出，130 多年来，在时代的发展变迁中，德国《民事诉讼法典》不仅一直处于不断的改革、发展中，而且为了适应社会发展的需要，以及国家控制与当事人权利保障之间的相对平衡，除在其基本的体例、结构上没有多大的变化以外，在法典的基本指导思想上，以及具体程序制度的规定上都有了很大的变化。可以说就德国《民事诉讼法典》现有规定的内容以及精神而言，与制定之初已相去甚远。

就《民事诉讼法典》的基本指导思想而言，由于"自由主义的民事诉讼作为（被假定的）平等主体之间的竞争规则虚构了当事人机会平等和武器平等，而没有关注这些实际上是否能够实现。当在这种法律制度中所表达的社会关系和经济关系依然存在，尤其是广大的无产阶层的多数人民在社会中还不具有重要地位的时候，这一点并不引人注意。相反，随着自由主义诉讼赖以生存的社会和经济条件的消失，这种情形就显得有问题了。"[①] 为此，随着社会的发展，在现代国家干预理论指导下，主导德国《民事诉讼法典》的基

---

① [德] 米夏埃尔·施蒂尔纳编：《德国民事诉讼法学文萃》，赵秀举译，中国政法大学出版社 2005 年版，第 86 页。

本思想，由最初的自由主义、个人主义，即基本上完全由当事人主导和控制的诉讼的思想，逐渐向国家（法院）干预，强化法官对于诉讼的指挥权，以及弱化自由主义的方向发展。民事诉讼不再单纯地被视为当事人之间的私事，民事诉讼法也不再仅仅被视为保证当事人相互对抗、斗争的规则。国家适当干预的思想逐渐替代了传统的自由主义观念与思想。

就《民事诉讼法典》有关程序制度和具体内容的规定而言，由于随着社会经济的发展，以及案件数量的大量增加，长期以来简化民事诉讼程序、加快民事诉讼的进程，以及减轻法院的负担，一直是德国民事诉讼面临的重大问题，因而简化民事诉讼程序和加快民事诉讼的进程，以及充分利用现有的司法资源，从而减轻法院负担，就成为了德国《民事诉讼法典》发展完善的主要内容。从德国《民事诉讼法典》历史发展的角度上看，可以说就具体程序制度以及程序规则的改革路径与内容而言，简化诉讼程序以及加快诉讼进程一直是130多年来德国《民事诉讼法典》的基本内容。

就《法典》的基本的体例、结构和法条数量而言，按照2003年11月4日颁布的《欧盟证据调查执行法》，德国《民事诉讼法典》将《法典》由原来的10编扩大到11编，条文增加到1075条，按照2004年11月3日施行的《欧盟诉讼费用救助指令》，德国《民事诉讼法典》的法条又增加至1078条。

# 第二章 德国《民事诉讼法》的立法体例及法典编纂技术与特征

## 一、德国《民事诉讼法》的立法体例

以2004年11月30日施行的《欧盟诉讼费用救助指令》,对于德国《民事诉讼法》的修改为截止日期,德国现行《民事诉讼法》在立法体例及其结构上,以"编"为标准将整个法典的内容分为了11个部分,即11编,共计1078个条文。其立法体例与这11编的具体内容如下。

(一)"总则"

"总则"是德国《民事诉讼法》的第一个部分,也是该法典第一编的有关规定,该编在内容上涉及3章,这3章分别是:"法院"、"当事人"、"诉讼程序"。这3章共计252个条文。

德国《民事诉讼法》在"总则"这一编的编纂与立法体例上,采用了与绝大多数国家民事诉讼法典基本相同的编纂体例及其结构形式,即首先,对于民事审判的主体——法院及其管辖范围作出了规定。按照德国《法院组织法》第13条所确定的,民事诉讼属于民事法院的原则,所有的民事诉讼案件都由民事法院管辖。其次,对于作为诉讼主体的当事人作出了规定。最后,对于整个民事诉讼程序中涉及的一些根本性问题,如诉讼中的言词主义、当事人的真实义务、法官的阐明义务,以及一些共同性的问题,如送达、传唤、期日、诉讼程序的中断与中止等作出了规定。

德国《民事诉讼法》在第一篇的立法体例及其法典编纂的结构和内容的排列顺序上,之所以将法院及其管辖的规定置于法典之首,是因为在德国民事诉讼理论看来:"管辖权意味着履行特定任务的权利和义务。对某诉讼有管辖权的法院也即有资格实施和裁判该诉讼。"① 以及"在客观意义上,司法机构的管辖,尤其是法院的管辖是指法院的业务范围。相应地,如果司法机构超越了自己的业务范围而侵入另一司法机构的业务范围,就构成管辖错误。在主观意义上,从法院的立场上来看,管辖是处理某一案件(民事法律争议)的权利和义务。从当事人的立场来看,它则是指当事人服从于法院的这种活动。"② 为此,"不仅是法官应对每一个诉讼进行审查是否他对该诉讼有管辖权,而且寻求保护的人也应当对此进行审查,因为如果他向无管辖权的法院求助的话可能会遭受不利。如果诉因所求助的法院无管辖权而必须被驳回,则原告作为败诉当事人应承担诉讼费用。"③ 基于这些理由以及学术上的认识,法院及其管辖范围自然而然的,也符合情理的被置于了整个法典规定内容之首。

而德国《民事诉讼法》之所以在结构及其内容的编纂上,将"当事人"及其有关问题的规定置于法院及其管辖之后,是因为在德国民事诉讼理论上看来,不仅"民事诉讼的开始取决于原告的自愿决定。是否应进行对席的辩论依照被告的行为而定:他可以否认针对他而被提起的请求权或者不对诉进行防御。原告可以收回诉并因而结束程序;他可以舍弃他所主张的请求权。当事人双方可以通过缔结和解或者通过共同声明'诉讼在主诉终结'的方式无须判决就结束诉讼。最后,当事人的申请为法院确定了裁判的范围。"以及"具体的诉讼怎样运行和裁判主要取决于当事人",④"当事人角色在诉讼中具有当然的巨大意义",而且"程序需要一系列当事人行为,

---

① [德]汉斯—约阿希姆·穆泽拉克著:《德国民事诉讼法基础教程》,周翠译,中国政法大学出版社 2005 年版,第 17 页。

② [德]罗森贝克、施瓦布、戈特瓦尔德著:《德国民事诉讼法》,李大雪译,中国法制出版社 2007 年版,第 175 页。

③ [德]汉斯—约阿希姆·穆泽拉克著:《德国民事诉讼法基础教程》,周翠译,中国政法大学出版社 2005 年版,第 17 页。

④ [德]汉斯—约阿希姆·穆泽拉克著:《德国民事诉讼法基础教程》,周翠译,中国政法大学出版社 2005 年版,第 94 页。

没有他们，程序就无从实现。"① 为此，在法典编纂的结构和内容的排列顺序上，德国民事诉讼程序立法从民事诉讼所涉问题的重要性以及各种问题相互间逻辑关系的角度，将"当事人"及其相关问题的规定，排列在了法院及其管辖问题之后。

德国《民事诉讼法》有关"第一编"的立法规定，在体例上除了上述情况及其特征以外，从其立法规定内容的角度上看，"第一编"在立法规定的体例、内容上与其他各国民事诉讼程序立法还存在以下两点差异：

1. 没有关于任务、适用范围等专门性的法条规定

德国《民事诉讼法》"第一编"，就其立法规定的内容而言，最为显著的特点之一在于立法在有关该"编"内容的规定中，与大陆法系一些国家民事诉讼程序立法在法典的"第一编"，即开篇的首要部分或者说显要位置，对于法典的基本任务、适用范围采用专门法条以特定的方式作出明确规定的立法形式不同，即没有以专门以及独立法条的方式对于德国《民事诉讼法典》的任务、适用范围等问题作出明确的规定。而大陆法系一些国家的民事诉讼程序立法中，在《民事诉讼法典》的第一编，以专门法条形式对于法典的任务、适用范围作出专门的规定，不仅被视为了一种惯例，而且也被视为一种合乎逻辑的立法规则。

德国《民事诉讼法》在体例上没有对于《民事诉讼法典》的任务、适用范围作出明确规定，不等于在德国的法律规范上就没有相应规定，只不过在立法体例上，对于《民事诉讼法》的任务及其适用范围的内容，德国不是规定在《民事诉讼法典》之中的，而是将其规定到了其他有关法律之中。例如，对于《民事诉讼法典》的适用范围，德国在立法体例上就是将其置于《法院组织法》中加以规定的。按照德国《法院组织法》以及其他一些法律的规定，在德国的民事诉讼中，不受德国法院审判的包括：

---

① ［德］奥特马·尧厄尼希著：《民事诉讼法》，周翠译，法律出版社2003年版，第81页。

(1) 外国的国家、国家元首、军队；
(2) 国际组织；
(3) 外交使团的成员及其随从；
(4) 领事及其随从等。

在这些人员及其组织中，根据德国《法院组织法》第 20 条关于根据国际法的一般规则存在豁免或者基于国家间协议其他的法律规定享有豁免的人员不受德国法院审判的规定，以及 1972 年 5 月 16 日《欧洲国家豁免协定》和其他规定，在第一项有关外国的国家、国家元首、军队的豁免中，还包括外国国家元首的陪同、作为外国政府谈判代表团的成员和外交会议的与会人员、代表外国国家行为的机构、组织等。

在第二项有关国际组织的豁免中，在联合国的框架范围内，包括了联合国及其特别组织的官员、其他公务员和成员国的代表，以及联合国秘书长、副秘书长、特别组织的负责人的配偶和未成年子女；在欧盟的框架内包括了成员国的代表、顾问、鉴定人、顾问机构的成员；欧盟委员会的成员、欧盟的官员、欧洲法院的成员以及其他欧洲组织和机构成员的职务行为。

在第三项有关外交使团的成员及其随从的豁免中，根据德国《法院组织法》第 18 条，以及 1961 年《关于外交关系的维也纳公约》的规定，包括了在德国的外交使团的成员、成员的家属和私人家庭雇工。

在第四项有关领事及其随从的豁免中，按照德国《法院组织法》第 19 条、1963 年 4 月《关于领事关系的维也纳公约》的规定，包括有领事官员、非职业领事官员、行政或者技术部门的公务员。在这些人员中不包括其家属和家庭的私人雇工。

从上可见，在德国的民事诉讼程序立法中，对于《民事诉讼法典》的适用范围并非没有规定，只不过德国在立法体例上采用的是与一些国家完全不同的立法体例。即不是按照通常的方式，以及人们普遍认为的——民事诉讼法的适用范围应当规定在《民事诉讼法》中的逻辑思维规则，而将其规定到了一般被视为具有司法制度性质的《法院组织法》以及其他法律、法规中。

2. 没有抽象性的有关《民事诉讼法典》基本原则的规定

在《民事诉讼法》的卷首即"第一编"中，没有专门设置法律条文对整个法典具有普遍指导意义和规制意义的基本原则作出专门的规定，是德国《民事诉讼法》"第一编"在立法体例及其内容规定上的另一大特征。

大陆法系各国的民事诉讼程序立法中，在法典的卷首采用特定的法条以及专门规定的形式，对于整个法典所涉的基本问题以基本原则的形式进行较为宏观以及较为抽象的原则性规定，是不少国家民事诉讼程序立法在体例与方式上的特征重要特征之一。例如，法国《民事诉讼法典》、我国的《民事诉讼法》，以及日本的《民事诉讼法》等，都有关于基本原则的规定。在这些规定中，虽然国家不同，有关基本原则立法规定所涉及的内容，以及所涉法条的数量也有所不同，但是，大多数国家在民事诉讼程序立法上，通常都会在法典的"第一编"中，对于贯穿于民事诉讼始终，且对于整个民事诉讼进程都具有普遍指导意义以及作为根本规制意义的基本原则作出明确规定。而德国《民事诉讼法典》在其立法体例中，却没有采用这种为大多数国家所适用的立法体例及其法律规定形式。即立法在体例上不对法典基本原则进行规定的条件下，开门见山，直接就法典的内容进行规定。

这里有必要说明的是，德国《民事诉讼法典》虽然在立法体例及其内容的规定上没有采用特定的法条形式对于基本原则进行专门规定，但是，并不等于在德国民事诉讼中就没有具有普遍指导意义及其规制意义的基本原则。换言之，在德国民事诉讼中是存在具有普遍指导意义以及根本性规制意义的基本原则的，只不过在立法体例及其法律规定的表述方式上，德国民事诉讼程序立法采用的不是明示性的专门法条规定的方式与形式，而是采用将基本原则的精神贯穿于整个《民事诉讼法典》内容规定之中的默示形式与方式。

按照德国民事诉讼的学理观点："民事诉讼的外在进程和法院以及双方当事人在该进程中的行为，通过一系列的法律原则确定，这些原则被称为程序原则。"① 这些原则不仅是指导民事诉讼的基本原则，而且这些原则大多是宪法性原则在民事诉讼程序中的体现。即"其重要程度从总是应被人注意的宪法原则延展到仅在特定程序种类中适用的程序主义。"②

在德国民事诉讼学理上，按照普遍认同的观点，德国民事诉讼法中至少存在以下多项贯穿于整个民事诉讼的基本原则。

（1）处分原则

所谓处分原则，是指民事诉讼何时开始、有何限度、持续到何时等方面，由当事人主导的原则。

按照德国民事诉讼的理论观点："德国民事诉讼在很大程度上受处分原则支配，这意味着，当事人拥有处分诉讼标的的自由。"③"处分原则的内容是当事人的一系列权利：双方当事人对诉讼的整体进行处分的权利、通过原告的积极主动而启动程序的权利、确定诉讼标的权利以及以申请向前推动诉讼以及提前——也就是说不经判决——结束诉讼等权利。"④

由于处分原则不仅是民事诉讼中的一项基本原则，且贯穿于民事诉讼的始终，因此，在德国民事诉讼中："民事诉讼只依申请才开始、双方当事人的申请对法院应裁判的内容具有决定意义，并且双方当事人不经主诉中的判决也可通过诉之撤回、通过终结声明或者通过诉讼和解而结束诉讼。最后，双方当事人可通过舍弃和通过认诺不经法院对争议材料进行审查而引致实体裁判。双方当事人在符合法律规定的情况下让直接上级法院对不利裁判进行审查的权利，

---

① ［德］汉斯—约阿希姆·穆泽拉克著：《德国民事诉讼法基础教程》，周翠译，中国政法大学出版社 2005 年版，第 60 页。

② ［德］汉斯—约阿希姆·穆泽拉克著：《德国民事诉讼法基础教程》，周翠译，中国政法大学出版社 2005 年版，第 60 页。

③ ［德］罗森贝克、施瓦布、戈特瓦尔德著：《德国民事诉讼法》，李大雪译，中国法制出版社 2007 年版，第 522 页。

④ ［德］汉斯—约阿希姆·穆泽拉克著：《德国民事诉讼法基础教程》，周翠译，中国政法大学出版社 2005 年版，第 63 页。

也是处分主义的后果。"①

按照德国民事诉讼理论上的认识,德国《民事诉讼法典》中的第269条、第306条、第307条、第308条、第330条、第331条、第515条、第516条、第536条、第559条、第565条等条文均体现了处分原则的基本内容。

(2)提出原则(又称为辩论主义)

所谓提出原则(辩论主义),是指法院裁判的事实依据只能由当事人提出,以及当事人没有在诉讼中提出的事实并经过辩论,不能作为法院裁判事实基础的原则。在德国民事诉讼中,"人们将法院收集材料称为调查原则或者纠问原则,将当事人收集材料称为辩论原则或者提出原则。"②

德国民事诉讼中的辩论原则或者提出原则,主要包括两个方面的基本内容:"1. 法院只允许将其裁判建立在当事人提供的事实基础上。也即不存在法院方面自动的对事实情况的阐明"。"2. 对那些已提出的事实应由法院收集证据,取决于当事人的行为。只有对方当事人对作出主张的当事人进行争辩的事实才有证明需求。无争辩的事实或者自认的事实不需要任何证据,他们原则上被法院当做真实处理。即只允许法院在当事人双方确定的界限内审查事实的真实性。"③

按照德国民事诉讼的学理观点:"原则上,辩论原则或提出原则适用于每一个程序,并不受真实义务的影响。该原则的含义,正如可以从第616条、第617条(也参见第293条第2句)的反面推知一样,是仅由当事人将争议材料引入诉讼,仅由当事人决定诉讼材

---

① [德]汉斯—约阿希姆·穆泽拉克著:《德国民事诉讼法基础教程》,周翠译,中国政法大学出版社2005年版,第63页。

② [德]罗森贝克、施瓦布、戈特瓦尔德著:《德国民事诉讼法》,李大雪译,中国法制出版社2007年版,第524页。

③ [德]奥特马·尧厄尼希著:《民事诉讼法》,周翠译,法律出版社2003年版,第125页。

料认定的必要性并对其进行确认；当事人没有提出的事实法院不可以予以考虑，除非该事实是显而易见的。"① 由此可见，"辩论主义"或者"提出原则"是贯穿于德国民事诉讼中的一项基本原则。

(3) 法定听审请求权原则

所谓法定听审请求权原则，是指每一个人，不论其出身、国籍、宗教、性别，以及是自然人还是法人，都享有使用诉讼形式以及要求法院通过司法审理对其权利予以保护的原则。

在德国民事诉讼中，法定听审请求权并不是由《民事诉讼法典》所明确规定的一个原则，而是学理上根据德国《基本法》第103条规定所推导出的一项程序原则。按照德国民事诉讼学理观点："根据《基本法》第103条第1款，每个人在法庭面前都有法定听审权。联邦宪法法院不仅将这一原则视为具体程序法律中有关法定听审之规范的宪法依据，而且，《基本法》第103条第1款位于普通的程序法之上。法定听审因而必须从《基本法》第103条第1款的意义上进行解释。如果普通法中没有规定法定听审或者没有进行足够的规定，《基本法》第103条第1款就直接介入。因此，联邦宪法法院从《基本法》第103条中直接推导出了听审义务。第103条适用于所有的程序类型，因而对民事诉讼也有效。"②

为此，在德国民事诉讼中，"最重要的程序原则并且作为每个法治国家程序规则中不可或缺的组成部分的是法定听审权——也就是法院的审问权。"③ 同时，"法定听审请求权作为程序法上的基本原则具有宪法上的地位，并且法院有义务使得当事人能够在诉讼中以

---

① [德] 罗森贝克、施瓦布、戈特瓦尔德著：《德国民事诉讼法》，李大雪译，中国法制出版社2007年版，第527页。

② [德] 罗森贝克、施瓦布、戈特瓦尔德著：《德国民事诉讼法》，李大雪译，中国法制出版社2007年版，第569—570页。

③ [德] 奥特马·尧厄尼希著：《民事诉讼法》，周翠译，法律出版社2003年版，第159页。

充分的和恰如其分的方式陈述他们所持有的看法。"①

在德国民事诉讼中,法定听审请求权的内容具体体现在四个方面:(1)获得程序通知的权利;(2)提出事实主张和提供相应证据的权利;(3)知悉对方当事人有关事实与法律问题的陈述、主张、观点,以及对于这些事实、主张及其陈述发表意见进行争辩的权利;(4)知悉和听取法庭所调查或者被法院直接考虑的事实和证据的权利。即根据法定听审权原则的精神,应当"给予当事人提起申请、主张事实和对之提供证据以及如此及时地获知对方当事人的陈述以至于能对之表态的权利。如果法院调查某项事实,则必须将之通知双方当事人并且听审他们。也必须能从法院所作出的裁判中看出:法官已经知道程序参与人的陈述并且已经与他们进行过探讨。"②

同时,如果法院拒绝当事人的法定听审,不仅意味着程序瑕疵,也构成程序错误。按照德国《民事诉讼改革法》第511条第2款第1项和第2项的规定,当事人有权据此向德国联邦宪法法院提起宪法抗告。

(4)当事人真实义务原则(禁止谎言原则)

所谓当事人真实义务原则又称为禁止谎言原则,是指当事人在陈述有关案件的事实时,必须客观真实,不允许陈述中故意虚构事实的原则。

在德国民事诉讼理论上,按照通行的观点:"当事人义务并不是民事诉讼的异物。这里如同私人法律交往一样,不赞同不诚实的行为。为权利而战不允许不择手段。"③ 同时,"不允许当事人一方为加重对方负担而主张自己明知不真实或者不确信的事实;不允许他

---

① [德]汉斯—约阿希姆·穆泽拉克著:《德国民事诉讼法基础教程》,周翠译,中国政法大学出版社2005年版,第61页。

② [德]汉斯—约阿希姆·穆泽拉克著:《德国民事诉讼法基础教程》,周翠译,中国政法大学出版社2005年版,第61页。

③ [德]奥特马·尧厄尼希著:《民事诉讼法》,周翠译,法律出版社2003年版,第140页。

辩驳对方当事人的主张，如果他知道或者确信其是正确的。"① 即当事人对于事实的陈述必须坚持真相，不允许在诉讼中有意识地作不真实的事实陈述。

德国民事诉讼中当事人真实义务原则的基本内容，具体表现在德国《民事诉讼法典》第138条的规定中。按照第138条的规定，当事人真实义务原则的基本内容包括四个方面："（1）当事人应就事实状况为完全而真实的陈述。（2）当事人对于对方当事人所主张的事实，应为陈述。（3）没有明显争执的事实，如果从当事人的其他陈述中不能看出有争执时，即视为已经自认的事实。（4）对于某种事实，只有在它既非当事人自己的行为，又非当事人自己所亲自感知的对象时，才准许说'不知'。"②

（5）言词辩论原则

所谓言词辩论原则，是指除了法律明确规定以外，法院只能在双方当事人言词辩论的基础上进行裁判的原则。

德国民事诉讼中的言词辩论，在概念与含义上存在狭义与广义上的两种言词辩论。所谓狭义的言词辩论，指的是当事人在诉讼中或者法庭上提出申请、陈述事实，对于案件所涉事实和法律关系等有关问题提出主张以及争辩。在德国民事诉讼中，这种意义上的言词辩论不必然也不必须是双方当事人的行为。在法院已经宣告了诉讼期日以及传唤了双方当事人以后，即使仅有一方当事人对于案件所涉事实以及法律争议问题进行陈述和辩论，也是言词辩论，而且属于合法条件下的言词辩论。所谓广义上的言词辩论，指的是在法院的主持下，当事人双方在法庭上对于案件所涉事实的陈述、调查、分析与论证。

在德国民事诉讼中，"法院原则上只允许基于言词辩论作出裁

---

① ［德］奥特马·尧厄尼希著：《民事诉讼法》，周翠译，法律出版社2003年版，第141页。

② 谢怀栻译：《德意志联邦共和国民事诉讼法》，中国法制出版社2001年版，第36页。

判,并且言词辩论的标的必须是作为法院裁判的基础的东西,但对之适用一系列有利于书面主义的例外。"① 即在德国民事诉讼中,除抗告程序、督促程序、公示催告程序和假扣押程序不必须进行言词辩论以外,其他的诉讼程序都必须经过言词辩论,并且在言词辩论的基础上才能进行裁判。换言之,对于民事案件而言,不仅非经言词辩论原则上不允许进行裁判,而且只有经过了言词辩论的资料才能作为法院裁判的根据。

(6) 直接审理原则

所谓直接审理原则,是指裁判法官必须亲自进行庭审有关证据的调查,以及听取当事人之间有关案件事实辩论的原则。

按照德国民事诉讼理论上的观点:"审理当事人和证据调查应当直接在(完整组成的)审判法庭前进行,亦即没有审判中间人介入其间。只有亲历了整个程序,亲自听取了当事人的陈述和参与了证据调查的人,才最能够恰当地裁判法律争议。"② 即"程序的直接原则意味着:整个诉讼的辩论必须在同一个法院前举行并且这个法院也应当作出裁判。"③

在德国民事诉讼中,直接审理原则具体体现在审理的直接性、证据调查的直接性和裁判主体的直接性三个方面,这三个方面的具体内容是:(1) 当事人之间的言词辩论必须在审判法庭前进行,即"当事人应在为判决的法院就诉讼案件进行言词辩论";④ (2) 有关案件事实的证据调查也应当在审判法庭前进行,即"调查证据,由受诉法院为之。只有本法有规定时,才能把调查证据委托给受诉法

---

① [德] 汉斯—约阿希姆·穆泽拉克著:《德国民事诉讼法基础教程》,周翠译,中国政法大学出版社2005年版,第66页。

② [德] 罗森贝克、施瓦布、戈特瓦尔德著:《德国民事诉讼法》,李大雪译,中国法制出版社2007年版,第563页。

③ [德] 汉斯—约阿希姆·穆泽拉克著:《德国民事诉讼法基础教程》,周翠译,中国政法大学出版社2005年版,第67页。

④ 谢怀栻译:《德意志联邦共和国民事诉讼法》,中国法制出版社2001年版,第33页。

院的成员或委托给法院";① (3) 对于案件的判决,应当由主持和参与了对判决具有重要意义言词辩论的法官作出,即"判决,只能由曾经参与为判决基础的言词辩论的法官作出"。②

(7) 审判公开原则

所谓审判公开原则,指的是对于民事案件的审理,除法定情形外允许社会公众旁听的原则。

按照德国民事诉讼的理论观点:"程序的公开性应当加强人民对判决的信任,对关起门来的程序怀有古老的天然的偏见;在公众的眼睛和耳朵前进行的事情更容易获得信任。实际上一定的程序控制——例如法官怎样对待当事人和证人、是否公正地领导了辩论——只有通过公开才能达到。"③换言之,在德国民事诉讼中,"公开原则服务于法官活动透明化的目的,并且成为对独立和中立的司法信任的基础。"④

(二)"第一审程序"

"第一审程序"是德国《民事诉讼法典》的第二大部分,在立法体例上是该法典第二编的有关规定。该"编"在内容上包括有两章,这两章的内容分别是:"州法院诉讼程序"和"初级法院的程序"。该"编"的两章一共涉及 220 个条文。

就该部分规定的内容来看,该"编"作为德国民事诉讼程序立法上,对于州法院和初级法院第一审民事诉讼的步骤、顺序、方式和方法等基本程序的规定,其内容不仅涉及第一审民事诉讼的起诉方式、诉状应当表明的要点、诉之种类、诉之变更与撤回、诉状的

---

① 谢怀栻译:《德意志联邦共和国民事诉讼法》,中国法制出版社 2001 年版,第 87 页。

② 谢怀栻译:《德意志联邦共和国民事诉讼法》,中国法制出版社 2001 年版,第 75 页。

③ [德] 奥特马·尧厄尼希著:《民事诉讼法》,周翠译,法律出版社 2003 年版,第 146 页。

④ [德] 汉斯—约阿希姆·穆泽拉克著:《德国民事诉讼法基础教程》,周翠译,中国政法大学出版社 2005 年版,第 68 页。

送达、当事人攻击和防御的方式与方法、自由心证、审判上的自认、判决的形式与期日、判决书的内容、独任法官前的程序，而且对于证据调查的一般规定以及诉讼中所涉及的各种证据手段等内容，也都作了十分详尽的规定。

从立法体例和有关内容的规定上来看，德国立法在对该"编"内容的规定，以及有关内容的排列顺序上，与其他各国民事诉讼程序立法在体例与内容上存在以下两点差异：

1. 以州法院的诉讼程序为民事第一审中的基本程序

所谓以州法院的诉讼程序为民事第一审中的基本程序，指的是德国在民事诉讼第一审程序的立法规定中，不仅立法在有关第一审程序规定的内容上，对于州法院民事诉讼第一审程序作了最为全面、详尽的规定，而且在司法审判过程中，凡是其他级别法院的第一审程序涉及《民事诉讼法典》没有明确规定的程序内容的，均应当按照立法关于州法院第一审程序的有关规定执行。对此德国《民事诉讼法典》第495条作有明确的规定，按照该条的规定："初级法院里的诉讼程序，除第一编的总则、以下各条的特别规定，以及由于初级法院的编制，有不同的规定外，适用关于州法院的诉讼程序的规定。"[①]

由于德国不仅从民事诉讼程序立法上，对于州法院的第一审程序作了全面、详尽的规定，而且在不同级别和不同类型法院有关第一审程序规则的适用上，还从立法上明确规定了在其他法院有关第一审案件的审理中，凡是立法没有关于第一审程序具体规定的，均应当按照有关州法院第一审程序的立法规定执行，因而，就第一审程序的立法规定而言，显然，在德国民事诉讼第一审的程序规定中，有关州法院第一审程序的规定是整个《民事诉讼法典》第一审程序中最为基本的程序性规定。

在民事诉讼的程序立法上，虽然各国的民事诉讼都存在不同类

---

① 谢怀栻译：《德意志联邦共和国民事诉讼法》，中国法制出版社2001年版，第114页。

型和不同级别的法院,以及从民事第一审程序的使用上来看,都存在着作为不同类型以及不同级别法院所适用的第一审程序。但是不论是什么级别以及类型的法院,基于同类审级所适用程序上的相似性,也基于立法规定应当简单、明了,无须重复的技术性要求,各国在有关第一审程序的立法规定上,大都采用了以一种基本程序规定为主,以其他有关第一审程序的规定为辅的立法技术与体例。换言之,各国在对于不同级别、不同类型法院所适用的第一审程序立法规定中,按照法律规定应当简单、明了的技术性要求,以及法律规定适用中的自然逻辑规则,均遵循的是以某一级别法院所适用的第一审程序为主,即在对于该第一审程序进行全面、详尽规定的条件下,根据其他法院第一审程序所具有的不同特征,在立法规定上对其适用的第一审程序仅作富有针对性,而不是全面、详尽的规定。而这些法院在其第一审程序的诉讼活动中,如果诉讼涉及没有具体规定的程序内容的,依法按照或者参照基本程序中的相关规定执行。

在大陆法系民事诉讼程序立法的历史发展中,德国《民事诉讼法典》不仅是大陆法系最早的民事诉讼程序法典之一,而且在有关第一审程序的立法中,上述以一种基本程序规定为主,以其他有关第一审程序的规定为辅的立法技术与体例,也是德国在民事诉讼程序立法中首先使用的,因此,可以说德国人是这种有关第一审程序立法技术的发明者。然而,德国虽然在有关第一审程序的立法体例中首先使用了这种简单、明了具有逻辑性的立法技术,但是就有关第一审程序立法规定中,应当以哪一级别法院的第一审程序作为整个《民事诉讼法典》第一审程序中的基本程序,从而进行详尽、全面的规定而言,德国民事诉讼立法与现代大陆法系各国的立法思想和立法体例又是有所不同的。其主要差异在于,就现行大陆法系各国在有关这一问题的立法体例或者立法的逻辑思路而言,各国民事诉讼程序立法在有关不同级别法院第一审程序的立法体例,及其内容的规定中,大多是按照法院级别的高低,把适用面最广的普通法院的第一审程序,作为法典整个第一审程序中的基本程序进行详尽而全面的规定。即在不同级别、不同种类法院第一审程序的规定中,

## 第三部分 德国民事诉讼立法体例的发展变化及法典编纂的技术与特征

大都采用的是以普通诉讼的最低级别法院的第一审程序为主，而其他级别或者类型法院的特别规定为辅的原则进行立法规定。换言之，在有关第一审程序的立法体例上，均是把基层法院第一审程序作为整个法典不同级别法院所适用的各种第一审程序中最为基本的骨干性的程序，从而进行全面、详尽的规定，而其他层级法院所适用的有关第一审程序的规定，则仅仅针对第一审程序适用的特点进行规定。而之所以大多数国家都是按照这种立法思路以及规则进行，其基本原因不仅是因为在各国民事诉讼中，基层法院的第一审程序是适用面最广，使用频率最高，也最为常见的一种程序，有必要做详尽而全面的规定，而且也是因为从审级的角度上看，普通法院的第一审程序作为解决民事纠纷的第一个程序，从裁判公正以及权利保障的角度上看，第一审程序的规定是否全面、详尽，较大程度上决定了对于当事人诉讼权利的保障程度及其裁判的公正程度。同时从逻辑上看，这一阶段诉讼程序规定的全面、详尽与否，也较大程度上决定了后序程序规定的简繁程度，是后序不同审级规定简洁、明了的基础。为此，大多数大陆法系国家都把普通基层法院的第一审程序作为了整个法典第一审程序中的基本程序或者基础程序，并从立法的角度进行全面、详尽的规定，而其他级别的法院所适用的第一审程序，则是针对适用的不同特点进行特别规定。而德国民事诉讼程序立法在这一问题上，采用的却不是以普通基层法院的第一审程序为基本程序的立法体例，而是以州法院的第一审程序为基本程序的立法体例。

由于在德国的普通法院体系中，就法院的体系而言，存在四个不同级别的法院，由低到高它们依次分别是初级法院、州法院、州高等法院和联邦最高法院。即在这四级法院中，最为基层的法院是初级法院，州法院不是最为基层的法院，在级别上是高于初级法院的法院。因此，德国民事诉讼立法有关这一问题的立法体例是有别于大陆法系大多数国家立法体例的。

然而，从德国第一审普通程序的使用频率以及受理案件数量的情况来看，不仅"初级法院程序从数量上看比州法院的程序更经常发生。"① 而且初级法院受理案件的数量也是最多的,换言之,德国法院的级别划分以及程序使用频率与大陆法系各国的情况基本并无较大差异,而德国民事诉讼立法在第一审程序的立法上为何将州法院的第一审程序作为基本程序,进而全面、详尽地加以规定呢?通常认为有两点理由:第一,德国民事诉讼理论和立法在有关程序类型的理解上,仅仅将州法院的程序视为正常的第一审程序,而初级法院使用的程序则被视为第一审程序中的一种特殊情况,因而立法上没有独立以及全面规定的必要;② 第二,初级法院审理的案件不仅金额小,以及不需要律师代理,而且按照德国《法院组织法》第22条第1款、第4款的规定,初级法院一律采用独任制审理案件。"即使初级法院由多个法官组成,在民事案件中初级法院的法官总是进行独任审理。"③ 这就是说,由于初级法院审理案件的金额小,不需要律师代理,且审判组织形式较为单一,因而从程序设置与规定的角度上看,无法进行全面以及详尽的规定。为此,不仅德国民事诉讼程序立法将州法院的第一审程序作为了法典第一审程序中的基本程序,并进行全面、详尽的规定,而且初级法院第一审程序中立法没有规定的均应当参照州法院有关第一审程序的规定执行。

2. 把有关诉讼证据的调查以及各种证据手段等内容均规定在州法院的第一审程序中

把有关诉讼证据的调查以及各种证据手段均规定在州法院的第一审程序中,也是德国《民事诉讼法典》第二编在立法体例及其内容规定中,与其他一些国家在有关立法体例及其规定中存在的差异之一。

---

① [德]奥特马·尧厄尼希著:《民事诉讼法》,周翠译,法律出版社2003年版,第353页。

② 相关内容与观点请参见[德]奥特马·尧厄尼希著:《民事诉讼法》,周翠译,法律出版社2003年版,第353页。

③ [德]罗森贝克、施瓦布、戈特瓦尔德著:《德国民事诉讼法》,李大雪译,中国法制出版社2007年版,第117页。

### 第三部分 德国民事诉讼立法体例的发展变化及法典编纂的技术与特征

按照德国《民事诉讼法典》第二编第一章第五节、第六节、第七节、第八节、第九节、第十节、第十一节、第十二节的有关立法规定,不仅"证据调查的一般规定",以及"宣誓与具结"、"独立的证据程序"等具有普遍适用内容的有关证据规定,都被置于了第二编有关第一审程序的内容之中,而且在各种诉讼程序,以及不同诉讼审级中都可能涉及的"勘验"、"人证"、"鉴定"、"书证"、"讯问证人"等证据手段,也被置于了第一审普通程序的规定之中。而德国的这种立法体例及其思想与现代民事诉讼的立法思想及大陆法系大多数国家的有关立法体例都有所不同。

按照在大陆法系一些国家民事诉讼程序立法的思路及其立法逻辑:证据问题作为诉讼中最为重要的基本问题,其重要性及其重要程度在于,任何诉讼都不同程度地涉及证据问题,以及证据问题贯穿于诉讼活动的始终。可以说诉讼的任何问题以及在诉讼的任何阶段都不同程度地涉及证据问题。由于,证据作为民事诉讼中最为重要的内容,不仅是在第一审程序中才涉及的问题,在诉讼的任何阶段、任何审级及其程序中,都不同程度以及不同角度地涉及程序问题。即就民事诉讼的实际情况而言,无论是什么审级,以及什么诉讼程序都绝对不可能完全排除有关证据问题法律规定的适用,因此,如果就证据的重要性以及广泛的适用性而言,绝不仅仅限于第一审程序中,可以说证据问题贯穿于整个民事诉讼的全过程。

由于证据问题是民事诉讼中的基本问题,且贯穿于民事诉讼的各个阶段及其所有的诉讼程序中,因而就立法思维及其逻辑的角度上讲,在立法体例上理应将其纳入对于整个《民事诉讼法典》的内容都具有指导意义的"总则"规定中,而不应当将其限制在第一审普通程序规定的范围以内。因为,从立法体例的角度以及法律规定的逻辑上讲,立法有关第一审程序规定中的内容,仅适用于第一审诉讼程序,而不能适用于其他程序或者诉讼阶段,而实际上有关证据调查以及各种证据方法法律规定及其规范的运用绝不仅仅局限于第一审程序之中,因而,从立法逻辑以及立法体例的角度上看,证据调查、证据手段以及与证据问题相关的其他问题,理应纳入对于整个《民事诉讼法典》具有普遍指导意义的"总则"规定之中，而不是将这些规定局限在有关第一审程序的规定中。

（三）"上诉"

"上诉"是德国《民事诉讼法》规定中第三编的一个部分，也是该法典"第三编"的有关规定，该"编"在内容上包括三章，这三章分别是："控诉"、"上告"、"抗告"。这三章共计65个条文。

该"编"是德国民事诉讼立法上对于上诉审的有关规定。对于"上诉"，德国民事诉讼程序立法将其分为了三种不同的类型和形式，即控诉、上告和抗告。在这一"编"的立法规定中，德国民事诉讼法不仅对于这三种上诉的类型和形式作了严格区分，而且分别对于这三种不同类型上诉的条件、期间、当事人之间的攻击与防御、裁判等也都作了十分详尽的规定。换言之，就该"编"的规定而言，不仅涉及德国民事诉讼上诉审的三种不同类型，也涉及这三种不同类型上诉的具体条件、程序与步骤。

在德国民事诉讼中，"控诉"指的是当事人对于初级法院和州法院的一审终局裁判不服，而向州高等法院提起的上诉。按照德国民事诉讼理论上的认识："控诉是一种上诉手段，控诉人通过该上诉手段申请控诉法院：完全或者部分撤销被声明不服的判决以及对诉讼进行相应新辩论和裁判。"[①]

传统的德国民事诉讼中，"控诉"就类型而言属于完全的事实审，"即在该审级中可以对诉讼进行全面的重新辩论。"[②] 但是，德国《民事诉讼改革法》颁布以后，按照德国民事诉讼理论上的观点："控诉程序应被理解为一审程序的继续。这意味着——如同在一审中继续的言词辩论一样——具有拘束力的诉讼状况将会继续存在（例如，法院内的自认），并且一审法院确认的事实应当作为控诉法院辩

---

① ［德］汉斯—约阿希姆·穆泽拉克著：《德国民事诉讼法基础教程》，周翠译，中国政法大学出版社2005年版，第298页。

② ［德］汉斯—约阿希姆·穆泽拉克著：《德国民事诉讼法基础教程》，周翠译，中国政法大学出版社2005年版，第298页。

论和裁判的基础。"① 换言之,"现在的控诉法院的职能被限制在检查错误与纠正错误上。与之相应,控诉法院原则上受一审判决的事实审查的拘束,并且只要没有具体论据用以质疑对裁判具有显著意义的[事实]确认的正确性或完整性,则不许可对事实进行审查。'新事实',也就是说在一审中没有陈述的事实主张,只在第531条第2款规定的界限内才合法。"②

在德国民事诉讼中,"上告"指的是当事人对于州高等法院在控诉审中所作出的终局判决不服,而向上一级法院提起的上诉。按照德国《法院组织法》第133条、《民事诉讼实施法》第7条、《法院组织法实施法》第8条的规定,除针对巴伐利亚高级法院裁判提起的上告以外,一般情况下受理上告的法院都只能是联邦最高法院。

按照德国民事诉讼理论上的认识:"上告虽然还是当事人为了自己的利益而提出的和继续追求的上诉手段,但上告审的进入却通常为了公共利益而受到限制。任何上告都只有在控诉法院或者上告法院因案件具有超出了个案意义而许可的情况下才是合法的。"③ 以及"上告在《民事诉讼改革法》对其重塑后只专属服务于澄清原则性问题、法律研修和保证统一判决的目的。仅这三种理由可使上告合法并以此开启通向上告法院的大门。"④ "上告的作用是:在控诉审级的言词辩论结束时刻产生的事实材料基础上,对被声明不服的判决进行法律方面的审查。"⑤ 因此,就德国民事诉讼上告审的性质而

---

① [德] 汉斯—约阿希姆·穆泽拉克著:《德国民事诉讼法基础教程》,周翠译,中国政法大学出版社2005年版,第304页。

② [德] 汉斯—约阿希姆·穆泽拉克著:《德国民事诉讼法基础教程》,周翠译,中国政法大学出版社2005年版,第298页。

③ [德] 罗森贝克、施瓦布、戈特瓦尔德著:《德国民事诉讼法》,李大雪译,中国法制出版社2007年版,第527页。

④ [德] 奥特马·尧厄尼希著:《民事诉讼法》,周翠译,法律出版社2003年版,第382页。

⑤ [德] 汉斯—约阿希姆·穆泽拉克著:《德国民事诉讼法基础教程》,周翠译,中国政法大学出版社2005年版,第308页。

言,属于典型的法律审,即只审法律不审事实问题。换言之,"上告的依据只能是,裁判违反了联邦法律或者其适用范围超出了某个州高等法院辖区的规定。"① 或者说,"上告要正当,被声明不服的判决就必须以违反法律为基础,上告法院对于事实认定不能进行重新审理。"② 这里所谓的违反法律在内容和范围上,既包括对于程序法律规定的违反,也包括对于涉及裁判实体法律的违反。

在德国民事诉讼中,"抗告"指的是当事人对于附属裁判、裁定或者决定不服,而向上一级法院提起的上诉。德国民事诉讼中的抗告"和控诉一样,抗告也导致对事实问题和法律问题的重新审查,不过它是一种(仿照普通的简易程序的)更为简单的、不强制性要求言词辩论的程序。"③

《民事诉讼改革法》颁布以前,德国民事诉讼存在多种类型的抗告,如,第一抗告、其他抗告;简单抗告、即时抗告;受期限拘束的抗告和法律抗告等。2002年《民事诉讼改革法》以后只存在即时抗告与法律抗告两种类型。即时抗告指的是当事人对于初级法院和州法院包括其独任法官和审判长的一审裁判提起的上诉。在即时抗告中,抗告人可以向作出不服声明裁判的原法院提出,也可以向抗告法院,即作出不服声明的直接上一级法院提出。法律抗告指的是当事人针对诉讼中具有原则性的法律问题,向联邦最高法院提起的上诉。该种类型的抗告是《民事诉讼改革法》颁布以后正式引入的一种抗告,这种抗告正式确立以后,不仅取代了传统上的"再抗告",而且按照德国民事诉讼理论观点,之所以进行这种改革:"它的目的在于使附属裁判领域中具有原则性重要意义的问题也有同等

---

① [德]汉斯—约阿希姆·穆泽拉克著:《德国民事诉讼法基础教程》,周翠译,中国政法大学出版社2005年版,第1097页。

② [德]汉斯—约阿希姆·穆泽拉克著:《德国民事诉讼法基础教程》,周翠译,中国政法大学出版社2005年版,第1094页。

③ [德]罗森贝克、施瓦布、戈特瓦尔德著:《德国民事诉讼法》,李大雪译,中国法制出版社2007年版,第1123页。

的机会得到最高法院的澄清,因而它和上告一样,应当对法律发展和保障法律统一作出贡献。"① 因此,法律抗告只审理违反联邦法律或者对于法律以及保障司法的统一具有原则意义的案件。而所谓案件具有原则意义,通常指的是:"一个案件提出了具有裁判意义的、需要澄清并且可以澄清的法律问题,而且该法律问题在众多的案件中都可能提出。"②

在大陆法系国家民事诉讼程序立法中,从有关上诉立法体例及其上诉立法思想历史发展的角度上看,德国《民事诉讼法典》该"编"有关"上诉"的立法规定,不仅开创了民事上诉分类设置的立法思想,而且从上诉审法律政治意义的角度,根据审级设置既应当服务当事人又应当满足国家法律统一的目的,在对上诉审的内容、形式进行科学区分的条件下,创建了以上诉审理的内容为标准,对民事诉讼上诉程序进行分类编纂的立法体例。换言之,从现代民事诉讼有关上诉立法体例及其立法思想历史发展、演变的过程来看,大陆法系最早产生的法国《民事诉讼法典》在有关上诉审的程序立法中,不仅没有关于德国民事立法上的这种思想,也没有这种科学、严谨,以及富有逻辑的立法分类及其立法体例。这种从上诉审法律政治意义的角度,根据审级设置应当服务当事人又应当满足国家法律统一的双重目的,科学地区分上诉审理的内容,并对民事诉讼上诉程序进行分类以及不同编排的立法体例,是德国民事诉讼立法首创,并由此而延续下来。

(四)"再审"

"再审"是德国《民事诉讼法》的第四个部分,也是该法典第四编的有关规定,该"编"在立法体例上没有分章,总共涉及14个条文。

---

① [德] 罗森贝克、施瓦布、戈特瓦尔德著:《德国民事诉讼法》,李大雪译,中国法制出版社2007年版,第1136页。
② [德] 罗森贝克、施瓦布、戈特瓦尔德著:《德国民事诉讼法》,李大雪译,中国法制出版社2007年版,第1138页。

德国民事诉讼中的再审,在性质上是对已经发生既判力的裁判提请重新审理的一种程序。德国学者认为:"如果再审之诉是合法的并且正当的,就要对原来的法律争议('本案')进行重新审理和裁判,只要它涉及不服理由。因此,诉讼目的是追溯性地撤销以前的判决并对法律争议进行重新裁判。"①从立法的角度上看,德国之所以在立法上设置这种程序,其目的是为了"创设一种途径以消除已发生既判力的有重大瑕疵或在严重瑕疵下产生的判决。否则的话,当事人的公正感和他们对司法的信赖会严重受伤害。"②

按照德国《民事诉讼法典》第 578 条的规定,德国民事诉讼中的再审包括两种不同的类型:一是无效之诉(有的称为取消之诉)的再审;二是回复原状之诉的再审。

所谓无效之诉的再审,按照德国《民事诉讼法典》第 579 条的规定,指的是符合下列情形提起的再审:1. 为判决的法院不是依法律组成的;2. 依法不得执行法官职务的法官参与裁判,但主张此种回避原因而提出回避申请或上诉,未经准许的除外;3. 法官因有偏颇之虞应行回避,并且回避申请已经宣告有理由,而该法官仍参与裁判;4. 当事人一方在诉讼中未经合法代理,但当事人对于诉讼进行已明示或默示地承认的除外。③

所谓的回复原状之诉的再审,按照德国《民事诉讼法典》第 580 条的规定,指的是符合下列情形提起的再审:1. 对方当事人宣誓作证,判决即以其证言为基础,而该当事人关于此项证言犯有故意或过失违反宣誓义务的罪行;2. 作为判决基础的证书是伪造或变造的;3. 判决系以证言或鉴定为基础,而证人或鉴定人犯有违反其

---

① [德] 罗森贝克、施瓦布、戈特瓦尔德著:《德国民事诉讼法》,李大雪译,中国法制出版社 2007 年版,第 1207 页。

② [德] 奥特马·尧厄尼希著:《民事诉讼法》,周翠译,法律出版社 2003 年版,第 398 页。

③ 请参见谢怀栻译:《德意志联邦共和国民事诉讼法》,中国法制出版社 2001 年版,第 137—138 页。

真实义务的罪行；4. 当事人的代理人或对方当事人或其代理人犯有与诉讼事件有关的罪行，而判决是基于这种行为作出的；5. 参与判决的法官犯有与诉讼事件有关的、不利于当事人的违反其职务上义务的罪行；6. 判决是以某一普通法院或原特别法院或某一行政法院的判决为基础时，而这些判决已由另一确定判决所撤销；7. 当事人发现以前就同一事件所作的确定判决，或者发现另一种证书，或者自己能使用这种判决或证书，这种判决和证书可以使自己得到有利的裁判。①

在德国民事诉讼之中，如果两种诉讼由同一当事人或者不同的当事人提起，即对某一判决在既提起了无效之诉又提起了回复原状之诉的情形下，按照德国《民事诉讼法典》第578条第2款的规定，无效之诉应当在回复原状之诉之前进行审理，而回复原状之诉在无效之诉确定性终结前中止。

同时，按照德国《民事诉讼法典》有关再审的其他规定，无效之诉的再审与回复原状之诉的再审，除了两者提起的法定事由存在区别，即无效之诉的再审，主要是对因违反程序事项而进行的再审；而回复原状之诉的再审，则是针对判决基础错误而进行的再审以外，两种再审适用的程序与以前主诉的程序相同，即不管前主诉适用的是什么样的程序，再审也适用什么样的程序，而且，"在再审程序中，当事人地位、共同诉讼的必要性和证明责任的分配都与主诉适用相同的规则。"②

（五）"证书诉讼与票据诉讼"

"证书诉讼与票据诉讼"是德国《民事诉讼法》所规定的第四大部分，在立法体例上是该《法典》第四编的有关规定。该"编"在内容上没有分章，总共涉及13个法律条文。

---

① 请参见谢怀栻译：《德意志联邦共和国民事诉讼法》，中国法制出版社2001年版，第138页。

② ［德］罗森贝克、施瓦布、戈特瓦尔德著：《德国民事诉讼法》，李大雪译，中国法制出版社2007年版，第1207页。

从立法体例的角度上看,"证书诉讼与票据诉讼"属于德国民事诉讼中的特殊诉讼程序。所谓特殊诉讼程序,在德国民事诉讼立法上,指的是根据当事人诉讼请求的不同类型、特征,以及诉讼所涉法律关系、案件性质上的特殊性,富有针对性设立的不同于普通程序(通常程序)的一类程序。换言之,从诉讼程序的构造、内容和立法体例的角度上看,德国民事诉讼法中的特殊程序不仅在程序的规则、内容上,有别于普通程序(通常程序),而且从程序类型的角度而言,也是不同于普通程序(通常程序)的一类程序。

在德国民事诉讼立法体例上,这种程序具体包括德国《民事诉讼法典》第四编至第十编中,除第八编"强制执行"以外的所有程序性规定。具体而言包括第五编"证书诉讼与票据诉讼"、第六编"家庭事件程序"、第七编"督促程序"、第九编"公示催告程序"、第十编"仲裁程序"。

同时,"证书诉讼与票据诉讼"在类型上还属于"略式诉讼"程序。所谓的"略式诉讼"程序,指的是在诉讼中,法官对于案件事实不必按照通常诉讼程序的规则进行充分调查,只要按照原告的申请以及提出的理由,就可以作出简易、迅速裁判的诉讼程序。

其中的证书程序,按照德国《民事诉讼法典》第592条关于:"以支付一定金额或支付一定数量的他种代替物或有价证券为标的请求,如果作为请求理由的全部必要事实可以用证书证明时,可以通过证书诉讼主张之规定。"① "证书诉讼仅仅适用于要求支付一定金额或者支付一定数量的种类物,尤其是有价证券的诉讼,以及可以主张这种给付请求权的责任诉讼。"② 这里所谓的"请求"也包括基于抵押权、土地债务、定期土地债务,以及船舶抵押权而生的请求。换言之,除了这些请求以外,证书诉讼作为一种特殊类型的诉讼程

---

① 谢怀栻译:《德意志联邦共和国民事诉讼法》,中国法制出版社2001年版,第141页。

② [德]罗森贝克、施瓦布、戈特瓦尔德著:《德国民事诉讼法》,李大雪译,中国法制出版社2007年版,第1233页。

序，不适用于因其他种类请求权提起的诉讼。诸如，因要求免除债务的请求或者因要求返还财物的请求等提起的诉讼。

同时，由于德国民事诉讼程序立法上，设置"该程序的目的在于：在有限的实体审查基础上，因而比普通程序更快捷地为债权人创造执行名义。"① 即"证书诉讼的目的是让债权人在简易程序中迅速获得可执行的名义"，② 因而在程序制度的设置上，证书诉讼程序也存在一些不同于通常诉讼程序制度的规定。例如，按照德国《民事诉讼法典》第593条第1款的规定：证书诉讼的起诉，必须在诉状内表明以证书诉讼的方式起诉；按照第595条第1款、第2款、第3款的规定：证书诉讼中不许提起反诉；诉讼中排除证书以外的其他证据方法；诉讼中只许以证书和申请讯问当事人为证据方法；证书诉讼中必须提交证书等。

而票据诉讼根据德国《民事诉讼法典》第602条的规定，是"基于《票据法》中的票据而提出请求（票据诉讼）者"所适用的特别程序性规定，是"适用于票据，包括外国票据或者支票中产生的针对承兑人、出票人、背书人或者担保人的请求权"的诉讼。而"不适用于并非仅仅从票据中产生、而是票据之外的事实产生的请求权，如承兑人向出票人提起的抵偿之诉或者生值之诉以及返还票据得利之诉。"③

（六）"家庭事件程序"

"家庭事件程序"是德国《民事诉讼法》规定中第六编的一个部分，也是该法典"第六编"的有关规定，该"编"在内容上包括六章，这六章分别是："婚姻事件程序的一般规定"、"其他家庭事件

---

① ［德］奥特马·尧厄尼希著：《民事诉讼法》，周翠译，法律出版社2003年版，第446页。

② ［德］罗森贝克、施瓦布、戈特瓦尔德著：《德国民事诉讼法》，李大雪译，中国法制出版社2007年版，第1232页。

③ ［德］罗森贝克、施瓦布、戈特瓦尔德著：《德国民事诉讼法》，李大雪译，中国法制出版社2007年版，第1240页。

程序的一般规定"、"离婚与离婚后事件的程序"、"撤销婚姻与确认婚姻存在与否的程序"、"亲子事件程序"、"抚养的程序"。这六章共计 48 个条文。

从德国民事诉讼程序立法规定及其立法体例的角度上看,"家庭事件程序"是比较特殊的一类程序。其特殊性主要体现在以下三个方面:

1. 家事案件的审理机构具有特殊性

所谓家事案件的审理机构具有特殊性,指的是在德国民事诉讼中,负责审理家事案件的机构不是通常的法院,而是专门设立的家事法院。按照德国《法院组织法》第 23b 条第 1 款第 1 句的规定,在德国民事诉讼中,家事案件的审理由专门的家庭法院负责。而家事法院从德国民事司法审判组织体系上看,与一般案件的审理机构或者说审判组织是不一样的,它是在初级法院内专门设置的一个特别的审判机构。即家事案件的审理专属于法律特别规定的审判组织。

2. 家事案件的管辖具有特殊性

所谓家事法院的管辖具有特殊性,指的是就管辖的角度而言,鉴于家事案件的特殊性,立法上对于家事案件的管辖作有不同于一般案件管辖的专门规定,例如,按照德国《民事诉讼法》第 606 条第 1 款的规定:"离婚之诉、撤销婚姻之诉、确认当事人之间婚姻存在与否的诉讼以及同居之诉(婚姻事件),均专属于夫妻共同居所地所属的家庭法院管辖。在诉讼系属发生时,在国内无共同居所,而配偶一方与他们共同的未成年子女同居一地时,专属于其居所地所属的家庭法院管辖。"①

《民事诉讼法》第 606 条第 1 款规定:"(1)就下列婚姻事件,德国法院有管辖权:①配偶的一方是德国人或者在结婚时是德国人;②配偶双方在德国国内有共同的居所的;③配偶的一方是无国籍人而在德国国内有居所的;④配偶的一方在德国国内有居所,但将作

---

① 谢怀栻译:《德意志联邦共和国民事诉讼法》,中国法制出版社 2001 年版,第 145 页。

出的判决显然不会为配偶一方所属的国家所承认时除外。"①

《民事诉讼法》第621条规定:"涉及下列事项的家庭事件,专属于家庭法院管辖:①关于父母对于子女的照护权,依《民法典》的规定应由家庭法院管辖的;②关于与子女来往的规定,依《民法典》的规定应由家庭法院管辖的;③把处于父母照护权之下的子女交付出去;④关于因亲属关系而发生的法定抚养义务;⑤关于因婚姻而生的法定抚养义务;⑥关于照护子女的补助;⑦关于在夫妻住宅和家庭用具方面的法律关系……"②

由上可见,对于家事案件,德国立法上规定了不同于一般案件的特殊管辖,而这些基于家事案件的特殊性所作出的管辖规定,在内容上与德国《民事诉讼法》"总则"中有关管辖的一般规定是有所不同的。即对于家事案件应当适用立法专门在家事案件诉讼一编中所作出的有关管辖的专门规定。

3. 家事案件的审理程序具有特殊性

所谓家事案件的审理程序具有特殊性,指的是鉴于家事案件的诉讼标的以及诉讼的结果具有公益性,以及所涉法律关系所具有的社会性,德国立法上在有关家事诉讼程序制度的设置及其程序性规定中,作出了不同于一般通常诉讼程序制度的特别规定。这些特殊程序性规定的主要内容如下:

(1) 诉讼中处分原则受到限制

所谓诉讼中处分原则受到限制,指的是在家事案件的诉讼中"法院受当事人行为拘束的所有规定,以及迫使法院即使违背自己的确信也视事实已被确认或作出裁判的所有规定,不可适用。"③按照

---

① 谢怀栻译:《德意志联邦共和国民事诉讼法》,中国法制出版社2001年版,第145—146页。

② 谢怀栻译:《德意志联邦共和国民事诉讼法》,中国法制出版社2001年版,第154页。

③ [德]奥特马·尧厄尼希著:《民事诉讼法》,周翠译,法律出版社2003年版,第457页。

德国《民事诉讼法》第617条的规定,在家事案件的诉讼中,"关于认诺的效力的规定,关于对事实和证书的真伪不作陈述或拒绝陈述的后果的规定,关于当事人舍弃对方当事人或证人和鉴定人的宣誓的规定,以及关于审判上自白的效力的规定,均不适用。"①

(2) 诉讼中辩论原则受到限制

所谓诉讼中辩论原则受到限制,指的是在家事案件的诉讼中,不适用通常程序中的辩论原则。例如,按照德国《民事诉讼法》第616条的规定:"(1) 法院可以依职权命令调查证据,并且在审讯配偶双方后,也可以依职权考虑双方未提出的事实。(2) 在离婚之诉、撤销婚姻之诉或同居之诉,法院在考虑未提出的事实时,如要求解除婚姻关系或拒绝同居的一方有异议时,就只能考虑适合于维持婚姻关系的事实。"②

(3) 原则上实行不公开审理

按照德国《法院组织法》第170条的规定,家事案件原则上实行不公开审理。

(4) 实行律师强制代理

按照德国《民事诉讼法》第78条的规定,在家事案件的诉讼中,当事人和参加人都必须由初级法院或者州法院许可的律师代理。即对于有关家事案件的诉讼实行律师强制代理。

从德国《民事诉讼法》历史发展沿革和演变的角度上看,"家庭事件程序"这一编可以说在立法体例上是变化最大也最为频繁的一个部分。在1877年颁布的德国《民事诉讼法》中,该编的标题是"婚姻事件与禁治产事件",体例上分为两章:一是"婚姻事件的诉讼程序";二是"禁治产事件诉讼程序"。1898年将其修改为"婚姻事件、确定亲子间的法律关系与禁治产事件",分为三章,这三章分

---

① 谢怀栻译:《德意志联邦共和国民事诉讼法》,中国法制出版社2001年版,第149页。

② 谢怀栻译:《德意志联邦共和国民事诉讼法》,中国法制出版社2001年版,第148页。

别是:"婚姻事件的诉讼程序"、"确定亲子间的法律关系的诉讼程序"、"禁治产事件的诉讼程序"。1950年重新颁布时,将其修改为"家庭事件、亲子事件、抚养事件、禁治产事件",分为四章,这四章分别是:"家庭事件的程序"、"亲子事件程序"、"抚养未成年人的程序"、"禁治产事件的程序"。以后,随着德国《第一次婚姻改革法》、《子女关系改革法》、《子女抚养法》、《生活伴侣法》、《防止暴力法》以及其他一些相关法律、法令的颁布,德国民事诉讼程序立法依据这些规定在对于这一部分进行修改、完善的基础上,逐步发展到了目前的立法体例。

(七)"督促程序"

"督促程序"是德国《民事诉讼法》中第七编的一个部分,也是该法典第七编的有关规定,该编在立法体例上没有分章。总共涉及16个条文。

从民事诉讼程序制度类型的角度上看,"督促程序"与"证书诉讼与票据诉讼"程序一样,同属于德国民事诉讼中的特殊诉讼程序,也是德国民事诉讼程序立法上为了达到迅速、简便地解决纠纷而专门设立的一种"略式诉讼程序"。

在大陆法系民事诉讼程序设置的历史发展沿革中,"督促程序"不仅是由德国《民事诉讼法》首先创设的,是德国民事诉讼在程序立法上的一项创举,而且就德国民事程序立法的发展来看,"督促程序"的设置与德国民事诉讼程序立法有关分层设置程序的指导思想还存在直接的关系。所谓分层设置程序的思想,指的是基于解决纠纷应当简便、快捷、迅速、易行的需要,有针对性地将普通程序中在当事人请求权的性质、请求内容上具有特殊性的案件,从通常程序中独立出来单独设置,并分别加以规定的思想。

督促程序虽然是由德国民事诉讼立法上首创的,但是,就德国督促程序的适用范围以及有关程序性规定而言,在德国民事诉讼程序立法有一个发展、演变过程。1877年德国《民事诉讼法》有关督促程序适用范围的规定比较宽泛,按照当时的规定,以支付一定的金额或一定的其他代替物,或给付一定数量的有价证券为标的的请求,都可以适用督促程序。1898年修改时,在上述规定之外又将抵押权、土地债务、定期土地债务的请求,视为以支付一定金额为标的的请求,即进一步扩大了督促程序适用的范围。1976年修改时则对督促程序的范围作了限制,将督促程序的适用范围限制在以支付一定金额的本国货币为标的的请求范围以内。1998年的修改在货币的内容中增加了"欧元"。

按照现行德国《民事诉讼法》第688条关于"(1)以支付一定金额的欧元或德国马克为标的请求,可以依申请人的申请,发出督促决定。(2)下列情形不得依督促程序办理:①债权人的请求中,按照《消费者信贷法》确定有效的或自始有效的年息超过依合同约定适用的德国联邦银行贴现率的12%的;②提出的请求是以尚未履行的对待给付为条件的;③督促程序的送达要以公式方式时。(3)督促决定须在外国送达时,以1988年5月30日的《实施承认与强制执行的法律》有规定的为限,才能按督促程序办理"的规定,现行德国民事诉讼中的督促程序,不仅只能对于以支付一定欧元为标的请求权提出,以及请求权不能以尚未履行的对待给付为条件,督促程序不能以公告方式送达,而且督促程序在国外送达时,仅限于欧盟国家、欧洲自由贸易联盟国家和以色列。

在德国的民事诉讼中,督促程序不是以起诉,而是以向法院递交请求发出督促决定申请的方式提起;督促程序不论请求标的额数量的大小,都由申请人普通审判籍所在的初级法院专属管辖;同时,按照德国《司法辅助官法》第20条第1项的规定,督促程序不仅由司法辅助官员办理,是否发出督促决定,也是由司法辅助官来裁定。在督促程序中,如果申请相对人提出了抗辩或者对于申请提出了异议,则督促程序转为普通程序。

(八)"强制执行"

"强制执行"是德国《民事诉讼法》第八编的一个部分,也是该法典第八编的有关规定。该编在立法体例上分为五章,这五章分别是:"通则"、"对金钱债权的强制执行"、"关于物之交付与作为不作为的强制执行"、"代宣誓的保证与拘留"、"假扣押与假处分"。

## 第三部分  德国民事诉讼立法体例的发展变化及法典编纂的技术与特征

这五章共计 320 个条文。

在德国《民事诉讼法》的规定上，"强制执行"这一部分是一个十分特殊的部分，也是一个颇具特色的部分。其有关规定的特殊性和特色之处主要表现在以下一些方面：

1. 从《法典》立法体例的角度来看，德国《民事诉讼法》有关"强制执行"的规定，与法国《新民事诉讼法典》以及奥地利《民事诉讼法》有关强制执行规定的立法体例完全不同。

"法国目前实行的民事执行程序法不仅与民事诉讼程序的一般规定分离开来，而且还分散在不同的法律文件中，其渊源也就具有多层次特征，既有立法渊源，也有行政法规渊源，以及判例和学说渊源。"① "具体来说，法国现行的民事执行程序，特别是强制执行程序的规定主要见于 1991 年 7 月 9 日第 91—650 号关于改革民事执行程序的法律，1992 年 7 月 31 日第 92—755 号有关该法律的实施法令，旧《民事诉讼法典》第 673 条至第 779 条有关不动产扣押以及竞卖和价款分配的规定，《新民事诉讼法典》有关执行判决的一般规定，特别是其中的第 500 条至第 526 条。前两项是单行法律、法规，后两项则是成文法典。"② 这就是说，法国对于民事强制执行采用的是分散立法的体例，即把有关强制执行的法律规范及其程序分别规定在不同的法律、法规和法典中的立法体例。作为法国民事诉讼主要程序法典的《新民事诉讼法典》，仅在第一卷第十五编关于"判决的执行"中，对于民事执行作了三章规定，即"执行的一般条件"、"宽限期"、"假执行"，涉及的法条只有 27 个，而其他有关执行的大量内容都分散规定在《法国民事执行程序法》、《法国民事执行程序法实施法》、法国旧《民事诉讼法典》、法国《民法典》中。而奥地利对于民事执行问题，采用的却是另一种立法体例，即把有

---

① 罗结珍译：《法国民事执行程序法》，中国法制出版社 2002 年版，"译者导言"第 2 页。

② 罗结珍译：《法国民事执行程序法》，中国法制出版社 2002 年版，"译者导言"第 2 页。

关民事强制执行的内容从《民事诉讼法》中分离出来，以独立的《强制执行法》形式单独加以规定的立法体例。

德国《民事诉讼法》在有关"强制执行"的立法问题上，不仅与法国《新民事诉讼法典》有关强制执行的立法体例不同，与奥地利《民事诉讼法》有关强制执行的立法体例也不相同，其特别之处在于，它采用的是将民事强制执行程序的主要规范与一般的诉讼程序规范共同置于同一个民事诉讼法典中，混合加以规定的立法体例。

2. 从《法典》立法指导思想的角度上看，德国有关民事执行程序的立法，采用的是"大民诉"或者"广义民事诉讼程序"的立法思想。

在有关民事诉讼程序的传统理论中，对于民事诉讼程序立法的范围、内容历来存在着所谓"大民诉"、"小民诉"以及"广义民事诉讼程序"和"狭义民事诉讼程序"的不同观点和理论学说。"大民诉"或者"广义民事诉讼程序"学说认为：民事诉讼法作为保护私权的程序法，不仅包括诉讼程序也包括执行程序，诉讼程序是确定私权的程序，执行程序是实现已经确定私权的程序，两者相互联系不可分，即都应当作为民事诉讼法当然的立法内容和范畴。而所谓的"小民诉"、"狭义民事诉讼程序"学说和思想却认为：民事诉讼程序与民事执行程序不仅是两种不同类型以及不同性质的程序，而且两种程序所使用的法律规范、程序法理都不尽相同，为此，民事诉讼在立法内容和范围上，应当仅限于有关民事诉讼程序性规定，对于民事执行程序应当根据其特点将它从民事诉讼程序法中独立出来，进行单独的民事执行立法。对于这两种不同的立法指导思想，德国不仅在民事诉讼立法上采用的是"大民诉"或者"广义民事诉讼程序"的思想，而且德国民事诉讼理论界也普遍认为："仅仅通过法院裁判宣布某个相应义务存在，这还没有满足原告的请求权。如果被告没有自愿给付，则国家为实现权利保护必须继续给予原告帮助。这样一来民事诉讼还未通过发生既判力的裁判而结束，而是确认原告权利的审判程序必须由执行程序继续和补充，以帮助原告获得理所应当的满足。"以及"强制执行程序是民事诉讼的一部分；因为被告没有自愿履行判决确认的他的义务,并且因为禁止原告自力救济,所以必须实施这一程序。"① 而奥地利民事诉讼立法上,对于民事执行问题采用的却是"小民诉"或者"狭义民事诉讼程序"的立法指导思想。

3. 从《民事诉讼法典》有关"强制执行"这一编的立法体例来看,相对于《民事诉讼法典》其他部分的规定,该编在立法体例上也颇具不同之处。其立法体例上最为明显的不同之处在于,该编在立法体例上对整个民事执行程序具有指导意义,且适用于整个民事执行程序的"通则"规定。

由前述有关德国《民事诉讼法》立法体例的研究可以看出,由于德国《民事诉讼法》在第一编,即第一个大的部分对于整个《民事诉讼法典》具有指导意义的内容,即《总则》作出了明确规定,为此,从立法体例上以及立法逻辑的角度上看,随后的各个具体部分以及针对不同程序和内容作出的具体规定,就无须也没有必要再做具有普遍适用意义上的规定。换言之,在立法体例及其立法逻辑上,《民事诉讼法典》采用"总则"的规定形式,对于整个《民事诉讼法典》具有指导意义的基本问题作出规定以后,不仅从逻辑的角度上看,"总则"的规定自然适用于《民事诉讼法典》其他的规定,而且从立法规定应当简明的角度上讲,《民事诉讼法典》在有关具体程序的规定中就不应当再作具有普遍指导意义的规定。这一思路、逻辑以及立法体例,在德国《民事诉讼法》对于其他部分的规定中都是遵循的。但是,对于"强制执行"这一编却不然,德国民事诉讼立法不仅对于强制执行的具体内容作了规定,而且在具体的强制执行规定之前,对于整个强制执行应当遵循的前提条件、各种执行方法所涉及的共同基本问题,也作了具有普遍指导意义的"通则"性规定,而德国民事诉讼上之所以作出这种"通则"性的规定,从立法体例的角度上看不仅有其特殊性,而且从强制执行立法

---

① [德] 汉斯—约阿希姆·穆泽拉克著:《德国民事诉讼法基础教程》,周翠译,中国政法大学出版社 2005 年版,第 351 页。

规定的角度上看，这种规定形式本身也反映了强制执行问题与一般的诉讼问题在适用的程序、规则上的实质性差异。即德国立法上针对诉讼程序所作出的共同的具有普遍指导和规范意义的"总则"性规定，并不完全适用于民事强制执行的情况。按照德国民事诉讼学理观点："虽然执行程序被理解为民事诉讼的一部分，但对之仅仅适用审判程序适用的部分程序原则，并且这些原则还是修正过了的。"① 为此，立法在有关民事执行程序的规定中，鉴于民事执行程序的多样性，以及面对不同的执行方式、方法和执行对象所具有的共同性、普遍性问题，有必要富有针对性地作出具有指导性、规范性的共同规定。换言之，德国民事诉讼程序立法之所以作出这种特殊的立法体例，并非德国民事诉讼立法上的什么独创，实在是这种传统立法模式的需要。同时，这种立法方式及其立法体例也表明，不论何种类型的立法体例，原则上都必须也不得不与其基本立法模式相适应，以及符合基本立法模式的实际需要。

在德国《民事诉讼法》"强制执行"这一编的规定中，从立法体例以及规定内容的角度上看，第一章"通则"是关于民事执行中的共同性、基本问题的规定，其内容涉及有关强制执行的名义、根据、执行担保、对外国判决的执行、执行方式、执行费用、对于强制执行的救济等。例如，按照"通则"第704条的规定："（1）强制执行，根据确定的终局判决或宣告假执行的终局判决而实施。（2）对婚姻事件和亲子事件的判决，不得宣告假执行。"第709条规定："对其他的判决，在提供一定数额的担保后，宣告假执行。如果是维持缺席判决的判决，应该宣告在提供担保后，才对缺席判决继续执行。"第722条规定："（1）根据外国法院的判决的强制执行，须以执行判决宣告准许执行后，始可实施。（2）请求发给执行判决之诉由债务人普通审判籍所在地的初级法院或州法院管辖，无普通审判籍时，由依第23条可以向债务人起诉的初级法院或州法院

---

① [德] 汉斯—约阿希姆·穆泽拉克著：《德国民事诉讼法基础教程》，周翠译，中国政法大学出版社2005年版，第352页。

管辖。"

第二章是有关对金钱债权强制执行的规定。按照德国民事执行理论上关于"在强制执行中必须按照作为执行原因的债权种类和按照被执行标的的种类进行分类"[①] 的观点,该章在体例上分为四节:第一节,对动产的强制执行;第二节,对不动产的强制执行;第三节,分配程序;第四节,对公法上法人的强制执行。

第三章是关于物之交付与作为不作为的强制执行,该章对于民事执行中有关"特定动产的交付"、"代替物的交付"、"土地与船舶的交付"、"第三人保管的物的交付",以及"可以替代的作为"、"不可代替的作为"等问题作了规定。

第四章是"代宣誓的保证与拘留",该章对于执行中代宣誓保证的接受人、接受代宣誓保证的程序、拘留命令、拘留的执行、拘留期间等问题作了规定。

第五章是关于"假扣押与假处分"的规定,按照德国民事执行的理论观点,在强制执行中之所以要规定"假扣押与假处分",是因为"如果债权人为了实现其针对债务人的请求权需要一个判决作为执行名义,则在经常是持续时间较长的诉讼过程中可能发生损害请求权的实现或者甚至使之破灭的危险。例如,债务人可能在此期间已经隐藏了执行客体或者贵重财产,以至于原告尽管获得了有利于自己的判决但最后仍然落空。为了避免这样的不利和为了保证权利的实现,法律提供了假扣押与假处分这两种手段,通过他们达到了临时权利保护的目的。假扣押保全金钱债权或者可转化为金钱债权的债权的实现,而假处分保护了其他请求权的实现。"[②]

在有关该章的立法规定中,德国立法上对于假扣押请求权、物的假扣押的理由、人的假扣押的理由、假扣押法院、假扣押申请、

---

[①] [德]汉斯—约阿希姆·穆泽拉克著:《德国民事诉讼法基础教程》,周翠译,中国政法大学出版社 2005 年版,第 365 页。

[②] [德]汉斯—约阿希姆·穆泽拉克著:《德国民事诉讼法基础教程》,周翠译,中国政法大学出版社 2005 年版,第 427 页。

对假扣押申请的裁判、假处分的内容、提供担保后的撤销等内容都作了详尽的规定。例如,按照该章第916条的规定:"(1) 为了保全根据金钱债权或根据可以换成金钱债权的请求权对动产或不动产的强制执行,可以实行假扣押。(2) 请求权虽附有条件或附有期限,仍得实行假扣押,但附有条件的请求权,因条件成就的可能性甚微,而无现在的财产价额的,不在此限。"

(九)"公示催告程序"

"公示催告程序"是德国《民事诉讼法》第九的一个部分,也是该法典第九编的有关规定。该编在内容上没有分章,共涉及62个条文。

在德国民事诉讼理论上,公示催告被视为一种并非严格意义上的诉讼行为,即严格意义上讲,公示催告程序并不属于民事诉讼程序制度的范围。只是基于公示催告与当事人私权的确认存在十分密切的关系,才将其纳入民事诉讼程序制度的范围,并在民事诉讼法上加以规定。为此,在德国民事诉讼学理上,公示催告程序又被称为形式上的民事诉讼程序。

按照德国《法院组织法》第23条第2b项的规定,德国民事诉讼中的公示催告程序由初级法院管辖,对于除权判决的撤销之诉由州法院管辖。在初级法院中,公示催告程序由司法助理员裁判。公示催告只能依申请而作出,申请采用书面形式或者向法院书记科提出并作成记录。公示催告必须进行公告,"公示催告通过张贴在法院公告栏或者在联邦公报登载一次的方式进行公开告知,根据司法助理员的命令,也可以多次登载或者在其他报刊登载。"① "公示催告的期间必须是在联邦公报第一次登载之日与公示催告期日之间。该期间为最少六周。"②

---

① [德]罗森贝克、施瓦布、戈特瓦尔德著:《德国民事诉讼法》,李大雪译,中国法制出版社2007年版,第1353页。

② [德]罗森贝克、施瓦布、戈特瓦尔德著:《德国民事诉讼法》,李大雪译,中国法制出版社2007年版,第1353页。

## 第三部分　德国民事诉讼立法体例的发展变化及法典编纂的技术与特征

### （十）"仲裁程序"

"仲裁程序"是德国《民事诉讼法》第十的一个部分，也是该法典第十编的有关规定，该编在内容上涉及十章的内容，这十章分别是："通则"、"仲裁协议"、"仲裁庭的组成"、"仲裁庭的管辖"、"仲裁程序的进行"、"仲裁裁决与仲裁程序的终结"、"对仲裁裁决的法律救济"、"承认与执行仲裁裁决的要件"、"法院的程序"、"合同外的仲裁庭"。这十章共计 42 个条文。

在立法体例及其规定的内容上，"仲裁程序"也是德国《民事诉讼法》中一个颇具特点的部分，其特殊性主要体现在以下两个方面：

1. 从大陆法系民事诉讼程序立法历史发展的角度上看，德国有关仲裁程序的立法是对法国民事诉讼立法体例的继承。

所谓对法国民事诉讼立法体例的继承，指的是德国有关仲裁程序的立法，基本上沿袭了 1806 年法国《民事诉讼法典》有关仲裁程序的立法体例。这种沿袭性的立法不仅表现在德国《民事诉讼法》与法国《民事诉讼法典》一样，均把仲裁作为民事诉讼法的一个当然组成部分并规定在《民事诉讼法》中，以及在法典有关仲裁内容的编排顺序上同样被置于了法典的最后一个部分，而且两部法典对于仲裁程序有关内容的规定也大体相同。

德国《民事诉讼法》作为大陆法系民事诉讼法典中晚于法国《民事诉讼法典》颁布的法律，基于德国与法国两国之间在政治、经济之间的联系以及地缘上的关系，从历史发展的角度上看，应当说是受到法国《民事诉讼法典》及其立法体例影响的。但是，基于特殊的社会环境以及主导立法思想上的差异，德国《民事诉讼法》并未全面模仿或者说沿袭法国《民事诉讼法典》的立法体例，这在德国《民事诉讼法》有关总则、上诉审、非讼程序的立法规定等诸多方面都可以十分清楚地看到。但是，在有关仲裁程序的立法规定上却不然，不仅两个法典的立法规定十分相似，而且其立法体例也基本相同。而德国民事诉讼立法之所以在有关仲裁程序的立法规定上，作出与法国《民事诉讼法典》十分相似的立法体例，历史地看应当说不仅与德国当时的立法指导思想以及当时的立法技术有关,而且很大程度与德国民事诉讼理论上对于仲裁的性质以及价值的认识存在密切关系。按照德国民事诉讼理论上通行的观点:"德国法完全承认仲裁庭的自治,并且认为仲裁程序是与国家法院程序原则上等值的法律保护。"① 按照这种理论认识,既然仲裁程序与国家法院的诉讼程序原则上都是具有同等价值的法律保护方式,在立法体例上将仲裁纳入《民事诉讼法》的范畴,以及将有关仲裁的程序规定在《民事诉讼法》中,当然也就在情理之中,自然而然且符合逻辑的事了。

2. 从德国《民事诉讼法》本身的立法体例上看,仲裁程序在整个法典规定中是一个自成体系的部分。

所谓自成体系,指的是从立法体例的角度上看,德国《民事诉讼法》有关"仲裁程序"的立法规定与法典其他部分的规定存在较大差异。差异的基本点在于:"仲裁程序"作为法典有关具体程序制度的规定,虽然在体例上属于分则部分,但是不仅本身是独立的,且不必遵循法典有关"总则"对于各个分则部分的指导性规定。

从民事诉讼立法体例的角度上看,当今大陆法系任何国家民事诉讼立法在体例上,都无不存在总则与分则之分。在这种总则与分则分别规定的立法体例中,不仅总则、分则规定的内容各不相同,即总则是对于民事诉讼中具有共同性、普遍性问题的规定,分则是对于具体的程序制度性问题的规定,而且在两者的关系上,总则的规定对于分则具有指导意义,分则应当服从总则有关共同性、原则性规定。即就法典总则与分则的关系而言,不仅互为条件、相互联系,也相互贯通,存在一个指导与遵从,且协调一致的一体化关系。然而德国《民事诉讼法》有关"仲裁程序"的规定却与这一通行的立法体例规则迥然不同,其差异不仅表现在与德国《民事诉讼法》有关总则的规定基本没有关系,换言之,仲裁程序不适用总则有关

---

① [德] 罗森贝克、施瓦布、戈特瓦尔德著:《德国民事诉讼法》,李大雪译,中国法制出版社 2007 年版,第 1420 页。

## 第三部分 德国民事诉讼立法体例的发展变化及法典编纂的技术与特征

普遍性、共同性的规定。而且德国民事诉讼立法有关"仲裁程序"的一系列规定本身,诸如,对于"通则",即对于整个仲裁程序具有共同性、普遍性指导意义的规定,对于"仲裁协议",即有关仲裁基本根据的规定,对于"仲裁庭的组成",即有关特殊性质的仲裁机构的规定,对于"仲裁管辖",即仲裁适用范围的规定,对于"仲裁程序的进行",即仲裁实用程序的规定,以及"仲裁裁决与仲裁程序的终结"、"对仲裁裁决的法律救济"等规定,使得立法有关"仲裁程序"的规定成为了有别于《法典》其他部分的一个独立的程序,即德国整个《民事诉讼法》中一个相对独立的部分。其独立性不仅表现在,立法上有独立适用于仲裁程序的通则性规定,以及针对仲裁的特点专门作出的有关仲裁的管辖、仲裁法庭、仲裁程序的规定,而且还有独立的程序救济方式等规定。因而,如果从德国《民事诉讼法》的立法体例上看,"仲裁程序"在整个法典规定中不仅自成体系,而且也是一个较为封闭的部分。

在"仲裁程序"所规定的内容中,第一章"通则",是对于整个仲裁程序具有共同性、普遍性问题的规定,涉及"适用范围"、"法院活动的范围"、"责问权的丧失"、"当事人所在不明时书面文书的接受"等内容的规定。第二章"仲裁协议",按照德国《民事诉讼法》第1029条的规定:"仲裁协议是双方当事人愿意将他们之间现已发生的或将来发生的属于合同或非合同的一定的法律关系的全部的或个别的争议提交仲裁庭裁判的协议",是对于仲裁根据的规定,涉及"仲裁适格"、"仲裁协议的形式"、"仲裁协议与在法院起诉"、"仲裁协议与法院的暂时措施"等问题的规定。第三章"仲裁庭的组成",按照德国民事诉讼理论观点:"《民事诉讼法》第10编意义上的仲裁庭是由一个或者几个仲裁员组成的私人仲裁庭,它是当事人通过个人自治处分将民法上民事法律纠纷的裁判转移给它、代替国家法院的机构。"[①] 是对于仲裁组织的规定,涉及"仲裁庭的

---

① [德]罗森贝克、施瓦布、戈特瓦尔德著:《德国民事诉讼法》,李大雪译,中国法制出版社2007年版,第1359页。

构成"、"仲裁员的指定"、"仲裁员的回避"、"要求回避的程序"等内容的规定。第四章"仲裁庭的管辖",涉及"仲裁庭决定自身的管辖权的权力"、"暂时保护权利的措施"等内容的规定。第五章"仲裁程序的进行",涉及"程序的一般规定"、"仲裁程序的地点"、"仲裁程序的开始"、"仲裁语言"、"申请书与答辩书"等内容的规定。第六章"仲裁裁决与仲裁程序的终结",涉及"法律适用"、"由仲裁员集体作出裁决"、"和解"、"仲裁裁决的形式与内容"、"仲裁裁决的效力"等内容的规定。第七章"对仲裁裁决的法律救济",涉及有关"撤销申请"的规定。第八章"承认与执行仲裁裁决的要件",涉及"内国仲裁裁决"、"外国仲裁裁决"的规定。第九章"法院的程序",涉及"管辖"、"一般规定"、"对仲裁裁决宣告执行时的特别规定"、"上诉"等内容的规定。第十章"合同外的仲裁",该章是对于按照法律允许的方式以临终的处分行为或者合同以外的其他处分行为组织的仲裁庭,准用法律有关"仲裁程序"的规定。

(十一) 欧盟的司法协助

欧盟的司法协助,作为德国《民事诉讼法》的第11编,是德国立法上根据欧盟颁布的有关法律、法令而新增加的一个部分。2004年1月1日以前,德国《民事诉讼法》在立法体例和内容上仅有10编,1066个条文。2003年11月4日,《欧盟证据调查执行法》颁布,德国《民事诉讼法》将该"法"证据调查与送达方面有关司法协助的内容纳入了法典规定的范围,《民事诉讼法典》在内容和立法体例上增加到11编,共计1075个条文。2004年11月30日《欧盟诉讼费用救助指令》颁布,德国《民事诉讼法》又将有关内容纳入法典规定,从而法律的条文数量增加到1078个。

## 二、德国《民事诉讼法典》的编纂特征

1877年的德国《民事诉讼法》,作为法国《民事诉讼法典》颁布70多年以后制定的法典,虽然不可避免地受到了1806年法国

《民事诉讼法典》的影响,但是如果就德国《民事诉讼法典》的编纂特征、技术与风格而言,两个法典却存在较大差异的。历史地看,这种差异的产生不仅与德国人的文化传统、逻辑思维观念,以及立法技术存在直接的联系,而且与19世纪德国有关统一法典制定的历史性大论战,以及历史法学派的学术思想存在直接的关系。

历史法学派是19世纪在德国兴起的一个与17、18世纪古典自然法学派相对应的派别,其创始人是德国格丁根大学的法学教授G.胡果(1764—1844年)。G.胡果在其主要著作《作为实在法、特别是私法的哲学的自然法教科书》中阐述了有关该派的一些基本观点。该学派的主要代表人物是19世纪德国著名法学家弗里德里希·卡尔·冯·萨维尼(F. C. von Savigny,1779—1861年),萨维尼曾是柏林大学的教授,于1842年起任普鲁士政府的法律大臣。

历史法学派的影响始于1814年,当时法国已经制定出了《民法典》,而德国不仅作为一个国家还处于四分五裂之中,而且其国内的法律也十分的繁杂、混乱,没有一部全国统一的法律。为此,德国的一些学者主张比照法国的模式制定统一的国家法律。当时这一派中最著名的代表人物——蒂鲍写了一篇题为《制定全德意志法典的必要性》的小册子,① 提出应当在罗马法和《法国民法典》的基础上,对日尔曼各邦的法律和习惯进行编纂,制定统一的德国法典,并认为制定一部统一的法典是德意志独立、统一、复兴的基础。针对蒂鲍的文章,萨维尼随即写了一篇题为《论立法和法理学在当代的使命》的论战性小册子,提出了反对的观点。在他看来:"古典自然法学派的理性主义立法观点是一种不切实际的幻想;法律像语言、风俗、政制等一样,体现民族意识或民族精神;习惯法是法律的主要渊源;当前德国法学家也缺乏对历史精神的理解,因而'没有能

---

① 请参见沈宗灵著:《比较法研究》,北京大学出版社1998年版,第101页。

力制定出一部优良的法典'。"①

　　历史法学派与古典自然法学派强调人的理性，提倡社会革新，重视成文法，要求制定国家普遍适用的统一法典不同，历史法学派强调民族精神，重视习惯法，主张继承历史传统，反对在社会条件尚不成熟的条件下制定普遍适用的统一法典。

　　对于历史法学派，新中国成立以来在传统学术理论观点以及有关的学术研究中，不仅将其视为了封建贵族利益的代表，以及19世纪初历史复古主义的反动思潮，②而且在过去的学术研究中，可以说绝大多数的观点和有关历史法学派的研究都是从政治上，以及所谓社会历史发展的角度对其进行的批判，而从立法技术的角度，即这一学派在立法技术方面对于《德国民法典》、德国《民事诉讼法》影响的研究却十分稀少。然而，就任何一种学派以及不同学派对于成文法典影响的角度而言，如果从历史的、客观的以及全面的角度上看，都应当包括政治与技术两个方面。也就是说，"学者们在研究《德国民法典》与历史学派之间的关系时，区分法的政治因素与技术因素是实质性的内容。所以如果没有在研究阐释中表明这种区分，就会成为一个缺陷。"③ 换言之，对于任何一种学派及其思想对成文法典影响的研究，都应当包括政治与技术两个方面。而如果从立法技术的角度研究历史法学派以及历史法学派对于德国《民事诉讼法典》的影响，特别弗里德里希·卡尔·冯·萨维尼的小册子——《论立法与法学的当代使命》，我们不仅会深深地感受到这种学派的观点及其思想中所显露出的浓郁民族情怀与气息，及其立法应当立足于本国社会实际的学术思想与观念，而且可以十分明显地看出，

---

　　① "Of the Vocation of Out Age for Legislation and Jurisprudence", English transl. A. Hayward（1831）. 转引自沈宗灵著：《比较法研究》，北京大学出版社1998年版，第101页。

　　② 请参见沈宗灵：“略论历史法学派”，载《法学研究》1980年第3期。

　　③ [德] 霍尔斯特·海因里希·雅科布斯著：《19世纪德国民法科学与立法》，王娜译，法律出版社2003年版，德文第一版序。

历史法学派及其思想观念对于德国《民事诉讼法典》在立法技术以及法典编纂方面的影响。

由于历史法学派不仅认为法律是民族精神的体现，是民族意识的表达，是以一定的民族生活为基础的，而且是一定区域内人类进化和发展的产物。因而，法律及其法典不仅应当充分体现民族的精神，而且应当在语言、风格、编纂体例上体现出民族的特性。即对于法典而言，不能仅仅注意到法典的内容、适用及其对于德国统一化本身所具有的意义，而忽视了法典存在的社会、经济、历史条件及其民族特性。因为，法律并不是法学家们人为凭空创造的东西，而是一个民族从古至今通过耕作生产、日常生活、文化、民族思维习惯逐渐编织形成的规则。这些规则的形式不论是口头的还是书面的，都无不随着民族的成长而发展，以及深深地浸透着民族的精神与特性。即这些经由法学家之手而汇集成的法律与法典，不仅不能离开其所仰仗滋养的社会环境和条件，而且应当充分的体现以这种环境和社会条件为基础的民族精神与特征。

简言之，在历史法学派看来，法律是民族自然形成之法而不是自然理性之法，即法不是理性和普适的，而仅仅是一种社会存在，是民族意识、特性的具体体现。同时，由于不同的国家有着自己不同的历史、传统、文化，因而也应当具有不尽相同特性的法律。为此，历史法学派主张法典作为法学家所编纂出来的法律，不仅不能照搬他国的法律，而且只能是在对于本国传统、语言、风俗、政制以及社会生活规则承继、梳理的基础上进行编纂，即法典必须体现民族的精神与特性。

历史地看，历史法学派的这些思想与观念的影响，不仅从时间上大大地推迟了德国《民法典》的制定，[①] 而且也深深地影响到了德国《民事诉讼法典》的编纂，从而致使德国《民事诉讼法典》的

---

[①] 德国有关是否制定全德统一法典问题的争论虽然肇始于19世纪初，但是，在历史法学派的影响之下，德国统一《民法典》一直推迟到1900年才正式生效实施，相对于1804年的法国《民法典》晚了96年，近一个世纪。

制定，无论是在编纂的体例、结构，还是语言、文字的表述上都充分体现出了德国法与众不同的特征，而相对于法国《民事诉讼法典》而言，德国《民事诉讼法典》在立法体例及法典编纂上，存在以下一些十分明显的特征。

（一）开创了分别设置诉讼程序与非讼程序的立法体例

在大陆法系民事诉讼程序立法的历史发展过程中，有关非讼程序的立法体例存在一个发展、变化的过程。最早颁布的法国《民事诉讼法典》对于非讼程序采用的是与诉讼程序混合编排共同置于《民事诉讼法典》中的立法体例。1877年德国《民事诉讼法》制定时将诉讼程序与非讼程序分别开来各自单独设置，不仅改变了法国《民事诉讼法典》以来的立法体例，以及在法典的编纂上形成了诉讼程序与非讼程序各自分别单独设置的立法体例，而且从大陆法系民事诉讼程序立法体例历史发展的角度上看，这种将诉讼程序与非讼程序分别设置的立法体例也是德国民事诉讼程序立法的首创。而历史地看，德国民事诉讼立法在有关非讼程序的立法体例上，之所以一改法国《民事诉讼法典》以来诉讼程序与非讼程序混合立法的体例，以及将非讼程序从《民事诉讼法》中独立出来单独规定，与德国民事诉讼理论上对于诉讼程序与非讼程序的认识存在直接联系。

在德国民事诉讼理论上，按照传统的观点，民事诉讼程序指的仅仅是有关诉讼的审判程序、执行程序以及临时性法律保护程序。审判程序指的是确认起诉状主张或者否定其权利以及法律关系存在与不存在的程序，这种程序通常是普通程序，但是也包括特别程序。诸如，证书诉讼、票据诉讼、婚姻诉讼等。执行程序是旨在使被确认的请求权通过强制执行事实上得以实现的程序。临时性法律保护程序指的是通过假扣押或者假处分对受到威胁的权利或者法律关系进行暂时保全的程序。① 而"属于非讼事务的，除了明确分派的案件外，还有法院转交给非讼事务的事务，以及那些依程序规则应当

---

① 请参见［德］罗森贝克、施瓦布、戈特瓦尔德著：《德国民事诉讼法》，李大雪译，中国法制出版社2007年版，第5页"民事司法的任务"。

## 第三部分　德国民事诉讼立法体例的发展变化及法典编纂的技术与特征

由非讼裁判权处理的事件，比如属于监护法庭、遗产法庭、登记法庭或者土地登记部门处理范围内的事务，就排除了属于民事诉讼的可能。"① 换言之，在德国民事诉讼理论上，按照德国学者通行的观点，不仅诉讼程序与非讼程序是完全不同的两种程序，而且"民事诉讼法是指民法法院和其他民事司法机构在履行他们的任务时（非讼事务裁判权例外）所应注意和应使用的法律规范的总称。"② 即非讼事务及其有关的裁判问题不仅不应当包括在诉讼程序法之中，而且从立法体例的角度上看对于非讼程序还应当进行单独的立法。

由于在德国的民事诉讼理论以及立法看来，非讼案件和非讼程序与通常的争讼案件和诉讼程序是完全不相同的两类案件与程序，即争讼案件是存在对立的双方当事人，且对民事权益的实体事项存在争执的案件，而非讼案件不存在对立的双方当事人，以及实体权益争议。即一个涉及民事权益争议；另一个不涉及民事权益争议。同时前者的诉讼目的在于请求法院解决争议，后者的诉讼目的却是请求法院确认某项事实或某项权利。在这两种案件及其审理程序中，由于法院适用审判权力的前提条件不同，裁判所要达到的目标和追求的实际社会效果不同，不仅两种程序设置的价值取向不同，而且，程序设置的基本原理和法理也有所不同。而在民事诉讼程序的设置上，发现真实，推进诉讼进程和保障裁判公正、经济、迅速不仅是任何诉讼程序设置的目标，也是指导程序制度设置的基本原则。要实现或接近这一目标，在立法体例上就不能不遵循这一原则，即根据民事纠纷的不同特点和司法救济的需要，有针对性地设置不同类型的程序制度。换言之，根据诉讼程序设置的基本目标及其原则，德国在民事诉讼程序立法上，一改法国《民事诉讼法典》有关诉讼与非讼程序混合编排的立法体例，首创性地在《民事诉讼法》以外

---

① ［德］奥特马·尧厄尼希著：《民事诉讼法》，周翠译，法律出版社2003年版，第20页。

② ［德］汉斯—约阿希姆·穆泽拉克著：《德国民事诉讼法基础教程》，周翠译，中国政法大学出版社2005年版，"第一版前言（1991年）"。

单独设置了独立的《非讼事件法》。

德国的《非讼事件法》制定于1898年5月17日。历史上,德国《非讼事件法》的制定本来只是为了具体的实现和落实德国《民法典》、《商法典》的相关规定,但是立法机关借此机会将其他帝国法律授予法院处理的非讼事件也纳入其中,不仅由此结束了长期以来德国各邦根据不同的规定处理非讼事件的混乱局面,而且形成了德国境内统一规范和处理非讼事件的法律。一百多年以来,虽然《非讼事件法》中的一些内容,随着德国社会的发展从《非讼事件法》中独立出去形成为了一些单行法规,如1937年颁布的《身份法》、1940年颁布的《关于登记船只和造船厂的权利的法律》、1976年制定的《收养法》等,但是绝大部分内容不仅随着德国社会解决非讼纠纷的需要,不断地被修改和补充,而且在解决非讼纠纷以及社会生活中的作用也越来越重要。

按照德国2004年12月22日修改、2004年12月29日施行的《非讼事件法》的规定,德国现行的《非讼事件法》总共有11章,约200个条文。这11章依次是:

第1章,"总则"。按照"总则"第1条关于帝国法律赋予法院处理的非讼事件,如无其他规定,适用该法总则的规定。"总则"的规定在内容上包括:"适用范围"、"司法协助"、"有治外法权的德国人和士兵的审判籍"、"法官的回避"、"法庭语言、法警、评议和表决"、"翻译"、"依职权调查"、"证据调查"、"外国裁判的承认"、"罚款;直接强制"等内容。

第2章,"监护、家事、照管及安置案件"。该章包括"一般规定"、"监护案件和家庭案件"、"照管案件"、"安置案件"几大部分。该章由于1990年德国《照管法》的施行而致使其内容增加很大。其"一般规定"的内容涉及:"事务管辖"、"法院的通知义务"。

其"监护案件和家庭案件"涉及:"祖国管辖与居住地管辖的竞合"、"监护的地域管辖"、"子女出生前的监护与保佐"、"依法律监护的临时管辖"、"对胎儿的保佐"、"配偶事务的管辖"、"户籍官员的举报义务"、"调解"、"补偿增益"、"收养关系的废除"、"欧洲裁判的可执行宣告之管辖"等诸多内容。

其"照管案件"涉及:"管辖"、"移交"、"程序能力"、"选定保佐人"、"听取受害人意见"、"鉴定"、"裁判的内容"、"照管人的义务,选任证书"、"照管人选定的审查"、"暂时命令"、"抗告"等诸多内容。

其"安置案件"涉及:"安置措施"、"程序能力"、"选定保佐人"、"听取受害人意见"、"鉴定"、"裁判的内容"、"裁判的告知"、"暂时命令"、"安置的撤销与延长"、"执行中止"、"申请法院裁判"、"抗告"、"裁判的通知"等内容。

第3章,"代子女收养"。该章原是《非讼事件法》中有关代子女收养程序的特别规定,1976年7月2日,德国《收养法》颁布以后,该章予以废除。

第4章,"身份"。该章的主要内容在1937年德国《身份法》颁布以后,已经基本废除,目前仅剩"公证员的申请权"1个条文。

第5章,"遗产和分割案件"。该章的规定涉及:"事务管辖"、"地域管辖"、"遗产担保的管辖"、"遗产法院的通知义务"、"遗产保佐"、"遗产管理"、"盘点期间"、"继承人的代宣誓担保"、"强制交出遗嘱"、"特留份请求权或者继承赔偿请求权的延期清偿"、"遗产分割、申请权"、"分割计划"、"强制执行"等内容。

第6章,"船舶抵押法"。该章的原有内容因德国1940年《关于登记船只和造船厂的权利的法律》的颁布而废除。

第7章,"商事案件"。该章的规定涉及:"事务管辖"、"官厅的通知义务"、"商业与其他行业机构的协作"、"登记的形式:告知"、"处以罚款"、"异议"、"对异议的裁判"、"即时抗告"、"商号的注销"、"有限责任公司的解散"、"初级法院的其他管辖"等内容。

第8章,"社团案件、伙伴案件和夫妻财产登记簿"。该章包括:"社团登记簿;涉及外国社团时的通知义务"、"成员大会的召集"、"驳回申报;剥夺权利能力"、"伙伴登记簿"、"夫妻共同财产登记簿"、"关于社团登记簿和夫妻共同财产登记簿的证明"等内容。

第9章,"代替宣誓的保证、调查和保管物品、质物变卖"。该章涉及:"代宣誓担保"、"通过鉴定人认定"、"保管人"、"质物变卖"等内容。

第10章,"法院和公文书"。该章的内容在德国1969年《出具证明法》颁布以后被废除。

第11章,"附则"。该章涉及:"施行"、"州法的保留"、"依职权进行遗产分割"、"夫妻共同财产的分割"、"州法所允许的机构之程序"、"初级法院对裁判的变更"、"州法的补充规定和实施细则"等内容。

(二)建立了以《民事诉讼法》为主,其他有关法律、法令为辅的民事诉讼法律体系

以《民事诉讼法》为主,其他有关法律、法令为辅,也是德国民事诉讼立法体例上的特征之一。即德国在民事诉讼程序立法上,除了对于诉讼程序与非讼程序采用分别独立设置的立法体例以外,立法还在《民事诉讼法》之外,规定和独立设置了大量的与民事诉讼有关的法律与法令,从而形成了以《民事诉讼法》为主,以其他有关法律、法令为辅的民事诉讼法律体系。

从德国有关规定来看,除了《民事诉讼法》以外,立法上颁布的与民事诉讼有关的法律与法令主要包括:《法院组织法》(1877年1月27日)、《法院组织法实施法》(1877年1月27日)、《民事诉讼实施法》(1877年1月30日)、《关于强制拍卖和强制管理的法律》(1897年3月24日)、《法院组织实施法》(1957年)、《诉讼费用法》(1975年12月15日)、《律师报酬法》(1957年7月26日)、《关于证人和鉴定人损失》(1969年10月1日)、《德国法官法》(1972年4月19日)、《司法法》(1969年1月5日)、《司法适应法》(1992年6月26日)、《关于债务人名簿的法令》(1994年12月15日)、《司法助理员法》(1969年11月5日)、《支付不能程序法》(1994年10月5日)等法律与法令。

(三)继承了法国法将诉讼、执行与仲裁程序混合编纂于《民事诉讼法》中的立法体例

所谓继承了法国法将诉讼、执行与仲裁程序混合编纂于《民事

诉讼法》中的立法体例,指的是德国在民事诉讼程序立法上,除非讼程序以外,在民事审判程序、民事执行程序以及仲裁程序的编纂上,基本上是按照法国《民事诉讼法典》的立法体例,将这三大部分混合编纂、共同设置于《民事诉讼法》之中的。

在大陆法系民事诉讼程序立法体例的历史发展中,诉讼、执行与仲裁混合编纂的立法体例并不是德国民事诉讼程序立法上的首创,1806年的法国《民事诉讼法典》采用的就是这种混合编纂的立法体例。换言之,从民事诉讼程序立法历史发展的角度上看,德国《民事诉讼法》的这种立法体例,不过是对法国《民事诉讼法典》立法体例的继承。不过德国对于法国这种立法体例上的继承,因两国法律体系上的差异也存在不同,例如,在强制执行的有关立法规定上,虽然法国与德国的民事诉讼法都对于强制执行作出了规定,但是法国采用的是分散规定的立法体例,即将有关强制执行的内容分别规定在不同历史时期颁布的不同法律规范中,现行法国民事执行的规定,仅有一小部分是规定在法国《民事诉讼法典》中,而德国有关民事执行的内容却主要是规定在德国《民事诉讼法》中。

而德国民事诉讼程序立法在这一问题上,何以要模仿和继承法官《民事诉讼法典》的立法体例和编纂结构呢?仔细考察和深入研究不难看出,除了法国民事诉讼程序的影响外,应当说与德国民事诉讼理论上对于诉讼程序、执行程序和仲裁程序性质、内容以及民事诉讼法的任务等问题的认识存在内在的联系。换言之,由于在德国民事诉讼理论上看来:"民事诉讼是解决'民事法律纠纷'的法院程序(《法院组织法》第13条)。与此相适应,民事诉讼法则在于规范国家民事法院的法律进程,并规定调解机构和仲裁法庭等非国家程序的法律框架。"[①] 以及"总的来说,仲裁程序比国家法院更快作出最终裁判,因为它没有审级。由于同样的原因,仲裁程序更加低廉。此外,仲裁还可以选择在相关领域具有专门知识的仲裁员:

---

[①] [德]罗森贝克、施瓦布、戈特瓦尔德著:《德国民事诉讼法》,李大雪译,中国法制出版社2007年版,第1页。

专业法律人员、特定商业领域的商人、艺术家等。仲裁程序的另一个优点在于不公开审理。"① 还有"仅仅通过法院裁判宣布某个相应义务存在，这还没有满足原告的请求权。如果被告没有自愿给付，则国家为实现权利保护必须继续给予原告帮助。这样一来民事诉讼还未通过发生既判力的裁判而结束，而是确认原告权利的审判程序必须由执行程序继续和补充，以帮助原告获得理所应当的满足。"②在这些理论思想、观念的主导下，把强制执行以及仲裁作为《民事诉讼法》的一个部分，并纳入民事诉讼程序立法中，似乎不仅具有理论上的根据，而且也是合乎理性的立法方式。

（四）建立了不同于法国民事上诉分类的立法体例

在民事诉讼立法中，为了纠正裁判错误以及保障整个国家法律适用上的统一，设定不同的审级制度从而对当事人进行法律上的救济，不仅是现代民事诉讼程序立法与传统诉讼程序规定的主要区别之一，也是1806年法国《民事诉讼法典》所开创的现代民事诉讼立法的显著特点之一。但是在有关上诉程序的立法体例中，对于上诉审怎样进行规定，以及采用什么样的立法体例，各国的有关立法并不相同。

法国在立法体例上把上诉分为两种方式与类型：一是普通上诉；二是非常上诉。按照法国《新民事诉讼法典》第527条关于"上诉途径"的规定："普通上诉途径是指，向上诉法院提出上诉与对缺席判决提出异议；非常上诉途径是指，第三人提出取消裁判异议，再审之诉与向最高司法法院提出上诉。"③ 而德国《民事诉讼法》在立法体例上却将上诉分为：控诉、上告、抗告。按照德国《民事诉

---

① ［德］罗森贝克、施瓦布、戈特瓦尔德著：《德国民事诉讼法》，李大雪译，中国法制出版社2007年版，第1360页。

② ［德］汉斯—约阿希姆·穆泽拉克著：《德国民事诉讼法基础教程》，周翠译，中国政法大学出版社2005年版，第351页。

③ 谢怀栻译：《德意志联邦共和国民事诉讼法》，中国法制出版社1999年版，第106页。

法》第511条关于"对于第一审所作的终局判决,可以提起控诉"的规定,德国民事诉讼中的控诉,指的是当事人对于一审(初级法院或者州法院)的终局裁判不服而提起的上诉。按照德国《民事诉讼法》第545条关于"(1)对于高级州法院在控诉审中所为的终局判决,依以下的规定,提起上告"的规定,德国民事诉讼中的上告,指的是当事人对于控诉法院的终局判决不服提起的上诉。按照德国《民事诉讼法》第567条关于"(1)在本法中有特别规定的情况下,或者对于不经言词辩论而驳回有关程序的申请的裁判,可以以抗告的方式提起上诉"的规定,德国民事诉讼中的抗告,通常指的是对于裁定不服,特殊条件下也包括对判决不服而提起的上诉。由德国有关上诉的立法规定可见,不仅其有关上诉的规定与法国不同,而且两种立法体例也存在较大差异。

## 三、德国《民事诉讼法》的编纂技术与风格

(一)德国《民事诉讼法》的编纂技术

在大陆法系民事诉讼程序立法的历史发展进程中,德国《民事诉讼法》虽然是后于法国《民事诉讼法典》颁布的一部法典,但是,就其对于大陆法系其他国家民事诉讼立法的影响而言,却大大超过了法国《民事诉讼法典》。这不仅在于日本第一部民事诉讼法,即1890年的日本民事诉讼法是以德国《民事诉讼法》为蓝本制定的,旧中国1921年公布的《民事诉讼条例》也基本上是以德国《民事诉讼法》为蓝本制定的。而且,如果就我国现行《民事诉讼法》与前《苏俄民事诉讼法典》的联系,前《苏俄民事诉讼法典》对于沙俄时期民事诉讼法一定程度的继承性,以及德国《民事诉讼法》对于沙俄时期民事诉讼法影响的角度上看,可以说我国现行《民事诉讼法》也较大程度受到德国《民事诉讼法》的影响。而德国《民事诉讼法》何以在大陆法系各国的民事诉讼程序立法中有这样大的影响力?客观地看,应当说很大程度上与其法典的编纂技术存在直接的联系。换言之,其他国家的民事诉讼程序立法之所以要模仿德

国《民事诉讼法》的立法体例，且以其为制定本国《民事诉讼法》的蓝本，显然与德国《民事诉讼法》立法体例的科学性与技术性存在直接的关系。即从逻辑与道理的角度上看，只有在编纂上富有技术性，即逻辑严谨、概念准确、立法体例科学且符合通行的立法思维规律的法典，才可能为其他国家所认同与接受，其立法体例才可能对其他国家的立法产生影响，也才有可能为其他国家的立法所仿效。而从大陆法系不少国家的民事诉讼程序立法，无论是在框架、结构、形式，还是内容上或多或少都借鉴或参考了德国《民事诉讼法》的体例和内容的角度上看，德国《民事诉讼法》显然不仅代表了现代大陆法系国家民事诉讼立法的发展水平，以及一定意义上看是大陆法系国家民事诉讼程序立法的典范，而且其民事诉讼程序立法体例及法典编纂也是颇具技术性的。

而德国《民事诉讼法》编纂上的技术性，从其法典的规定来看不仅表现在有关立法体例上，也体现在有关具体程序制度的设置及其规定上。

在立法体例上，德国《民事诉讼法》从总则到第一审程序、上诉程序、再审程序、特别程序（包括证书诉讼与票据诉讼、家庭事件程序、督促程序等），再到强制执行程序、公示催告程序、仲裁程序的一系列规定，不仅充分反映了诉讼的自然发展顺序，以及诉讼从开始到终结的整个过程及其诉讼程序之间的内在逻辑联系，从而凸显了其立法规定所具有的体系化、系统化特征，而且法典在有关"总则"与具体程序制度的规定中，由于继承和采用了现代民事诉讼法典编纂通用的"二重分别立法"的体例。即在程序立法中，对于具有共同性的问题与具体的程序性问题分别单独规定，以具有普遍适用性和共同性的"总则"规定来指导、规范具体程序制度的运用，以具体程序制度的规定来具体体现与贯彻"总则"规定的立法体例，从而使得德国《民事诉讼法》在整个体例、结构的设置与编纂上，不仅形成了抽象与具体，一般与特殊，以及总则指导分则，分则落实总则的体系特征，而且整个立法规定在逻辑上以及体例上所形成的这种层次分明、逻辑成序的"二重体系结构"本身，又十分明显地反映了德国《民事诉讼法》编纂上的技术性。

　　在有关具体程序制度的设置及其规定中,德国《民事诉讼法》的技术性也同样十分的明显。以德国与法国有关上诉审的立法体例及其法律规定为例,法国《民事诉讼法典》将上诉分为两种类型:一是普通上诉;二是非常上诉。按照法国《新民事诉讼法典》有关规定,普通上诉包括:向上诉法院提出的上诉;对缺席判决提出的异议。非常上诉包括:第三人提出的取消裁判异议之诉;再审之诉;向最高司法法院提出的上诉。① 在这几种上诉类型中,按照法国民事诉讼学理上的观点,向上诉法院提出的上诉"是一方当事人自认为受到了判决的损害,据以将诉讼及原判决一并提交上一级法院,请求其'改判'或'撤销'原判的普通上诉途径"。② 对于缺席判决提出的异议:"是为缺席人设置的一种请求'撤回'原判决的普通救济途径,依其效果,案件重新返回第一次作出裁判的法院。"这种上诉"与向上诉法院提出上诉不同,缺席判决异议是一种请求原审法院'撤回原判决'的途径。这意味着诉讼要回到对案件已经第一次作出审理裁判的法院,而不是像向上诉法院提出上诉那样,要往高一级的法院进行诉讼。向上诉法院提出上诉则是一种请求对原判决进行'改判'的上诉途径。"③ 第三人提出的取消裁判异议之诉是"当第三人因其作为局外人的判决所产生的效果而受到损害时,或者仅仅是受到损害威胁时,为之设置的一种非常上诉途径。"④法国《民事诉讼法典》第 582 条第 1 款规定:"第三人提出取消判决的异议是指,攻击判决的第三人为其本人利益,请求撤销判决或请为改

---

　　① 请参见谢怀栻译:《德意志联邦共和国民事诉讼法》,中国法制出版社 1999 年版,第 106 页。

　　② [法] 让·文森、塞尔日·金沙尔著:《法国民事诉讼法要义》(下册),罗结珍译,中国法制出版社 2001 年版,第 1180 页。

　　③ [法] 让·文森、塞尔日·金沙尔著:《法国民事诉讼法要义》(下册),罗结珍译,中国法制出版社 2001 年版,第 1170 页。

　　④ [法] 让·文森、塞尔日·金沙尔著:《法国民事诉讼法要义》(下册),罗结珍译,中国法制出版社 2001 年版,第 1282 页。

判之。"① 再审之诉，按照法国《民事诉讼法典》第 593 条关于"申请再审，旨在请求撤销已经发生既判力的判决，以期在法律上与事实上重新作出裁判"的规定，这种诉讼只能针对已经发生法律效力的判决提起。而向最高司法法院提出的上诉，按照法国《民事诉讼法典》第 604 条关于"向最高司法法院提起上诉旨在请求最高法院对受到攻击的判决不符合法律规则进行审查"的规定，"向最高司法法院提起上诉既不是一种请求原审法院'取消原判决'的途径，因为，经最高司法法院撤销原判决之后，案件并不回到原审法院；也不是一种请求'上级法院对原判决径自改判的途径'，因为，最高司法法院并不对案件重新进行全面复审。"②

而德国《民事诉讼法》在立法体例上把上诉分为：控诉、上告、抗告。按照德国《民事诉讼法》第 511 条关于"对于第一审所作的终局判决，可以提起控诉"的规定，德国民事诉讼中的控诉，指的是当事人对于一审（初级法院或者州法院）的终局裁判不服而提起的上诉。按照德国《民事诉讼法》第 545 条关于"（1）对于高级州法院在控诉审中所为的终局判决，依以下的规定，提起上告"的规定，德国民事诉讼中的上告，指的是当事人对于控诉法院的终局判决不服提起的上诉。按照德国《民事诉讼法》第 567 条关于"（1）在本法中有特别规定的情况下，或者对于不经言词辩论而驳回有关程序的申请的裁判，可以以抗告的方式提起上诉"的规定，德国民事诉讼中的抗告，通常指的是对于裁定不服，特殊条件下也包括对于判决不服而提起的上诉。

由以上法国与德国有关上诉的立法规定可见，不仅两个法典有关上诉立法规定的内容不同，以及两种规定所体现的立法体例存在较大差异，而且两个法典在上诉的范围、确定的标准以及立法思路

---

① 罗结珍译：《法国新民事诉讼法典》，中国法制出版社 1999 年版，第 117 页。

② [法] 让·文森、塞尔日·金沙尔著：《法国民事诉讼法要义》（下册），罗结珍译，中国法制出版社 2001 年版，第 1305 页。

### 第三部分　德国民事诉讼立法体例的发展变化及法典编纂的技术与特征

上也不尽相同。

德国《民事诉讼法》所规定的上诉制度，从立法体例的角度上看，不仅层次分明、内容明了，以及科学、合理具有逻辑性，而且，其确定上诉类型以及上诉分类的标准也十分的清楚。这就是"事实"和"法律"两个方面。所谓"事实"按照《布莱克法律词典》的解释，是指已经实际产生、出现且与案件当事人双方之间的争议存在密切联系的行为、事件和存在的环境状态。① 所谓"法律"则是指由国家制定并赋予强制力的行为规则，以及解决和调整民事争执的规则。② 前者具有真实性和现实性，其存在和发展与特定的案件存在密切的关系。后者作为国家制定并赋予强制力的行为规则，不仅具有规范性和法定性，而且从适用的角度上看，在一国范围内具有统一性与一致性。德国民事诉讼立法上根据这两者在实质含义上的差别，不仅将上诉分为了控诉、上告、抗告三种不同的类型与形式，而且其分类的标准也十分清楚、明了。

不仅如此，德国民事诉讼立法在设置上诉制度的基本目的上，也不局限于单纯的对于个案真实的追求，还兼有在保证裁判正确的基础上，统一法律实施的目标和任务。即按照德国民事诉讼通行的理论观点："上诉手段的构建不仅服务于个别当事人的利益，而且服务于整个司法利益。"③ 换言之，根据上诉审的是事实还是法律以及事实与法律为标准，对上诉进行类型划分，从追求真实同时兼顾统一法律实施的角度对于民事上诉作出立法规定，是德国民事上诉分类及其立法体例的基本特征。

而法国《民事诉讼法典》有关上诉的规定，却层次不明、内容庞杂，标准混乱不甚科学、合理。法国《民事诉讼法典》所规定的上诉，从既判力的角度上看，既包括对于尚未发生法律效力判决的

---

① BLACK'S LAW DICTIONARY, West Publishing Co. 1979, pp. 531–532.
② BLACK'S LAW DICTIONARY, West Publishing Co. 1979, pp. 795–796.
③ [德] 奥特马·尧厄尼希著：《民事诉讼法》，周翠译，法律出版社2003年版，第364页。

上诉,即向上级法院提起的上诉,也包括对于已经发生法律效力判决的上诉,即再审之诉;从上诉主体的角度上看,既包括案件当事人本人提起的上诉,也包括案外第三人提出的取消裁判异议之诉;从上诉的形式来看,既包括因缺席判决提出异议的上诉,也包括向最高司法法院提出的上诉,这些类型不同且数量众多的上诉类型,不仅使得法国民事上诉的有关规定显得庞杂、紊乱,而且从立法体例的角度上看,其立法有关上诉类型标准的确定也显得较为混乱,不甚科学、合理。

由两个法典有关上诉制度的规定及其立法体例可见,德国《民事诉讼法》有关"上诉"的立法体例及其内容规定,不仅层次分明、内容明了、标准清楚,而且这种由德国民事诉讼立法创设的立法体例,也是极具技术性的立法体例。同时,从大陆法系民事诉讼有关上诉立法体例及其立法思想历史发展、演变的过程来看,德国《民事诉讼法》这种以上诉审理的内容为标准,对民事上诉程序进行分类编排,以及逐级设置审级目标的思想及其立法体例不仅科学、严谨,以及富有逻辑,而且也正是由于德国《民事诉讼法》有关上诉程序的立法规定科学、严谨,富有技术性,才可能被尔后大陆法系诸多国家民事诉讼程序立法所仿效与借鉴。同理,先于德国《民事诉讼法》颁布的法国《民事诉讼法典》有关上诉的立法体例,之所以不为其他国家所模仿与借鉴,显然与法国《民事诉讼法典》上诉立法体例中的问题,特别是立法技术上的问题存在直接联系。

当然,历史地看,法国《民事诉讼法典》有关上诉的立法规定及其立法体例的形成,受到历史传统、立法技术以及诸多社会因素的影响,因而不可以纯理性的角度来认定这一问题,但是,如果仅仅就上诉规定的形式、内容以及立法体例的技术性、科学性而言,显然法国的规定相对于德国的有关规定,不仅显得层次不清、内容庞杂、设置标准混乱,而且在立法体例上也是缺乏技术性的。

(二)德国《民事诉讼法》的编纂风格

法典的编纂风格,作为有关法典立法体例、语言表述、结构排列、逻辑顺序等基本特点、倾向与个性特征的综合性表现,不仅与现实立法过程中不同的社会条件、历史传统、人文环境,以及不同的立法主导思想存在直接关系,而且从不同的国家以及不同法典的角度上看,与不同民族的思维传统与语言表述习惯也存在直接联系。从这一角度出发,如果就德国《民事诉讼法》与法国《民事诉讼法典》的编纂风格进行比较的话,德国《民事诉讼法》相对于法国法"理性主义至上"的特征与倾向来看,其风格上最为显著的特点就在于:严谨、缜密、务实。

所谓严谨,指的是德国《民事诉讼法》有关法律规定,不仅简练,而且十分准确,不生歧义。所谓缜密,指的是德国《民事诉讼法》有关诉讼程序的规定不仅细腻、仔细,而且严格、全面。所谓务实,指的是德国《民事诉讼法》在立法体例以及整个立法规定上,不仅偏重于具体而特定的规定,而且少有以及基本上不作抽象的以及形式化的规定。例如,德国《民事诉讼法》在"总则"有关内容的规定及其立法体例上,就没有设置抽象性的基本原则的规定,整个法典基本上都是从实务操作的角度,针对具体程序问题所作出的规定,而这种立法体例及其立法规定本身,不仅充分地体现出了德国人在民事诉讼程序立法中的务实主义倾向,而且也充分表现出了德国《民事诉讼法》的务实主义风格与特征。为此,对于德国《民事诉讼法》,我们可以说,它不仅是德国民事诉讼程序法学理论学说、思想的汇纂,及其德国社会经济、历史、文化观念的产物,以及它的科学化、系统化、严谨、缜密、务实的风格与法国《民事诉讼法典》的理性主义、抽象性和非技术化等特征形成了鲜明的对照,而且其高超的立法技术,即体系完整严密、表述精确一致、适度概括和详细规定相结合的立法体例,也是长期以来,德国《民事诉讼法》对于大陆法系各国民事诉讼程序立法一直存在影响力的基本原因。

# 第三章 德国《民事诉讼法》的立法体例及其法典编纂问题研究

在大陆法系各国的民事诉讼程序立法中,德国《民事诉讼法》虽然因其概念准确、层次分明、逻辑严谨、规定细腻,而成为了最具影响力,以及最具代表性的一部法典。但是历史地、发展地看,它毕竟是一部产生于一百多年前的《民事诉讼法》,因而,今天从现代民事诉讼程序立法指导思想、观念和立法技术的角度上看,德国《民事诉讼法》无论是在框架、结构以及一些具体规定上,还是立法体例的科学性和技术性上,都存在诸多值得研究和检讨的问题。

## 一、关于诉讼证据的立法体例问题

所谓诉讼证据的立法体例问题,指的是从民事诉讼有关证据问题的立法在体例上应当科学、合理,以及在编章结构的安排上应该恰当的角度上看,德国《民事诉讼法》将诉讼证据有关内容的规定置于"第二编"具有分则性质的"第一审程序"中,而不是置于"第一编"有关"总则"规定中所存在的问题。换言之,德国《民事诉讼法》将有关诉讼证据的所有内容规定在"第一审程序"中,而不是规定在法典"总则"中的立法体例是有问题的。

在现代民事诉讼程序立法中,由于证据问题是诉讼中最为重要的基本问题,其重要性及其重要程度,不仅在于任何诉讼都不同程度地涉及证据问题,以及证据问题贯穿于诉讼活动的始终,而且可以说诉讼的任何问题以及在诉讼的任何阶段都不同程度地涉及证据问题。换言之,证据作为民事诉讼中最为重要的内容,不仅仅是在"第一审程序"中才涉及的问题,可以说在诉讼的任何阶段、任何审级及其程序中,都不同程度以及不同角度地涉及证据问题。即就民

## 第三部分 德国民事诉讼立法体例的发展变化及法典编纂的技术与特征

事诉讼的实际情况而言，无论是什么审级，以及什么诉讼程序都绝对不可能完全排除证据问题，因此，如果就证据的重要性以及广泛的适用性而言，绝不仅仅是在"第一审程序"中才涉及证据问题，以及诉讼中的证据问题绝非仅限于第一审诉讼程序之中。可以说证据问题贯穿于民事诉讼的整个过程，因而对于这种贯穿于民事诉讼始终且属于重大问题的立法规定，按照通行的立法思路及其立法逻辑规则，在立法体例及其法典的编章结构安排中，理应将其纳入"总则"的范围之内，即在立法体例上将其置于"总则"的有关规定之中，而不应当将其置于具有分则性质的"第一审程序"中。因为，在立法上不仅立法体例、编章结构的安排应当符合法典"总则"与"分则"之间的逻辑关系，而且法典"总则"与"分则"的规定具有不尽相同的性质、适用范围与适用效力。"第一审程序"规定中的内容，作为立法对于特定的第一审程序的具体规定，在适用范围与适用效力上仅适用于第一审诉讼程序，而不能适用于其他诉讼程序或者诉讼阶段。换言之，由于民事诉讼法的"总则"与"分则"各自具有不同的适用范围及其适用效力，因而，如果把民事诉讼中有关证据问题的内容完全限定在第一审程序中，那么，作为"分则"具体内容的证据规定，就只能适用于第一审程序，而不可以在第一审程序之外的其他诉讼程序以及诉讼阶段中适用。然而，从民事诉讼的实际情况来看，证据问题以及有关证据规则的运用问题，诸如：证据调查原则、各种证据手段、方法的运用规则等，绝不仅仅局限于第一审程序之中，可以说在二审、三审、再审，以及证书诉讼与票据诉讼、家庭事件程序、小额诉讼程序中都不同程度地涉及这些证据问题及其相应证据规则的运用问题。因而，从立法逻辑、立法规则以及立法体例的角度上看，证据调查的原则、证据手段的运用以及与证据相关的其他问题，理应归入对于整个法典的各种具体程序制度以及各个诉讼阶段都具有普遍指导意义，以及普遍适用效力的"总则"规定之中。

然而，德国《民事诉讼法》在有关证据问题的立法体例上，为何要采取与大多数国家民事诉讼程序立法不尽相同的立法方式与立法体例,即将证据调查、证据手段以及与证据相关的其他问题,规定以及局限在州法院的第一审程序之中呢?学术上有观点认为,这与德国民事诉讼立法上有关上诉审的规定存在直接联系。即在德国民事诉讼中只有第一审是"事实审",其他审级中均不涉及事实问题,按照德国民事诉讼理论上的观点:"该审作为唯一的事实审,应当详尽地阐述诉讼资料并且终结性地作出判断。"①换言之,由于在德国民事诉讼中只有第一审是"事实审",而通常也只有"事实审"才涉及证据及其运用问题,因而,从德国民事诉讼程序立法的思路以及立法体例上看,在逻辑上似乎不仅没有必要在立法体例上将有关证据的调查、证据手段及其他有关证据问题的内容置于《民事诉讼法典》的"总则"之中,也没有必要在《民事诉讼法典》的其他内容中对证据问题进行规定。因为,其他的诉讼程序及其诉讼阶段基本不涉及证据问题。

我们认为,不仅这种解释是难以使人信服的,而且这种立法思维方式及其立法逻辑的科学性、正确性也是值得商榷的。首先,就德国民事上诉所规定的三种方式而言,虽然上告、控告一般不涉及事实以及证据问题,但是就德国《民事诉讼法》第519条有关当事人在控诉理由书中应当"分别列举声明不服的理由(控诉理由),以及当事人认为控诉有理由所根据的新事实、证据方法和证据抗辩"②的规定来看,德国民事诉讼在有关控告的传统法律规定中,是不排除"事实审"的,即在传统的控诉审中是涉及事实以及证据问题的。虽然近几十年来,德国在民事诉讼立法上不断地对控诉审进行改革,特别是德国《民事诉讼改革法》对于控告程序的改革,但是,按照德国民事诉讼理论上有关"控诉法院原则上受一审判决的事实审查的拘束,并且,只要没有具体论据用以质疑裁判具有显

---

① [德]罗森贝克、施瓦布、戈特瓦尔德著:《德国民事诉讼法》,李大雪译,中国法制出版社2007年版,第758页。

② 谢怀栻译:《德意志联邦共和国民事诉讼法》,中国法制出版社2001年版,第4页。

著意义的[事实]确认的正确性或完整性则不许可对事实进行审查。'新事实',也就是说在一审中没有陈述的事实主张,只有在第531条第2款规定的界限内才合法"① 的观点来看,德国最新立法在有关控诉审程序的修改中,仅仅是限制了事实审查的适用范围,并没有完全排除控诉审中的事实审查问题,而在控诉审中一旦涉及审查事实问题,必然涉及相应的证据问题以及证据的实用规则问题。换言之,就现行德国民事上诉的三种方式而言:"不同的上诉手段审查的范围不同,在控诉——虽然存在一定的限制——除了审查法律适用的正确性外还审查裁判的事实基础,而对于上告而言仅仅限制在审查法律适用上。"②即现行立法规定不仅在控诉审中并没有完全排除,也不可能完全、绝对地排除事实的审查问题以及证据的适用问题。其次,从诉讼实务的角度上看,稍有实务经验的人都知道,虽然诉讼的程序、阶段不同,审理的重心及其基本内容有所不同,但是,不仅任何诉讼程序及其诉讼阶段都不可能绝对地排除事实及证据问题,而且从审理具体案件的角度上看,在具体的诉讼中哪些是证据问题,哪些是法律问题,很多情况下是难以区分,以及难以说得清楚的。最后,从德国《民事诉讼法》历史发展的角度上看,不仅德国《民事诉讼法》最初颁布的很长一段时间内,控诉审在性质上被确定为完全的事实审,即在该审中可以对事实及其证据重新进行审查,而且即便是按照《民事诉讼改革法》颁布以后,已经修改的规定来看,也难以完全排除对于事实及其证据的审查问题。因此从诉讼中证据问题并不仅仅局限于第一审程序中的情况来看,将有关证据的立法规定基本上限制在第一审程序中的这种立法体例,其科学性、合理性乃至技术性都是值得研究的。

---

① [德]汉斯—约阿希姆·穆泽拉克著:《德国民事诉讼法基础教程》,周翠译,中国政法大学出版社2005年版,第298页。
② [德]汉斯—约阿希姆·穆泽拉克著:《德国民事诉讼法基础教程》,周翠译,中国政法大学出版社2005年版,第293页。

## 二、关于再审的立法体例及再审的分类问题

所谓再审的立法体例及再审的分类问题,指的是德国民事诉讼立法上把再审分为"无效之诉"与"回复原状之诉"的这种立法体例及这种再审分类的问题。或者说从立法规定的角度上看这种分类是否科学、正确,以及是否必要与恰当的问题。

由于德国《民事诉讼法》在有关再审的规定及立法体例上,将再审分为了两种类型:一是所谓的"无效之诉";二是所谓的"回复原状之诉"。这两种再审之诉按照德国立法上的规定,在有关提起的法定情形、理由规定上有所不同。即"无效之诉"是德国立法上专门针对原判决违背诉讼程序而设立的一种再审之诉,"回复原状之诉"是德国立法上专门针对原判决基础存在错误,有损于当事人实体权利而确定的一种再审之诉,两种再审之诉的主要区别在于:"无效之诉基于最重要的违反程序的行为,而回复原状之诉则以事实错误,即判决基础的伪造为由。"[①] 有观点认为两种再审之诉所要解决的问题不同,"无效之诉"所要解决的是原诉裁判在程序上是否合法,而"回复原状之诉"所要解决的是原诉裁判的根据是否正确、恰当。然而如果从立法规定以及立法体例应当简单、明了、科学、合理的角度上看,德国立法上对于再审的这种分类以及立法体例的科学性、正确性都是值得研究的。

首先,就两种再审之诉的性质来看,两者在性质上都是对于已经发生既判力的裁判重新进行审理;其次,就这两种再审之诉的基本目的来看,两者都是企图通过对于原诉讼案件的重新审理来推翻已确定的判决;最后,就两种再审之诉适用的程序来看,按照德国《民事诉讼法》第585条"关于提起再审之诉以及起诉以后的程序,除本法有不同的规定外准用一般的规定"的规定,两者不仅起诉,

---

① [德]罗森贝克、施瓦布、戈特瓦尔德著:《德国民事诉讼法》,李大雪译,中国法制出版社2007年版,第1206页。

以及审理所适用的诉讼程序都相同，而且诉讼中所涉及的其他有关问题也一致。即"以前主诉的规则适用于再审程序。主诉是家庭案件的，也适用家庭案件规则。在再审程序中，当事人地位、共同诉讼的必要性和证明责任的分配都与主诉适用相同的规则"。①换言之，虽然两种再审之诉提起的原因不同，一个针对的是违反程序的再审，另一个针对的是裁判根据存在错误的再审，但是不论针对的内容有什么不同，两种再审的基本要素，即性质、目的和适用的程序以及当事人的诉讼地位、证明责任等基本问题都相一致。因而，从立法技术的角度上看，人为地把再审分为两种不同类型的立法体例，不仅从理论的角度上看没有多少依据，从实务的角度上看没有多大的实际价值和意义，而且从立法技术的角度上看，这种立法体例及其方式不仅过于"精细"，而且也十分的烦冗、累赘。

同时，从大陆法系各国有关再审制度立法规定的历史发展来看，由于德国《民事诉讼法》有关再审的分类过于"精细"且不实用也不科学，以至于不仅最初以德国《民事诉讼法》为蓝本的日本《民事诉讼法》，在尔后的修改中完全抛弃了德国的这种"二元分离"的立法体例，将两种再审之诉合而为一，采用了单一的"再审之诉"。而且，过去曾经深受德国《民事诉讼法》影响的我国台湾地区"民事诉讼法"，业已改变了过去模仿德国再审的这种立法体例，采用了当前大陆法系各国通用的单一"再审之诉"的立法体例。由此可见，德国《民事诉讼法》有关再审之诉的立法体例不仅是有问题的，而且这种"二元分离"立法体例的科学性、合理性也是值得研究的。

---

① ［德］罗森贝克、施瓦布、戈特瓦尔德著：《德国民事诉讼法》，李大雪译，中国法制出版社2007年版，第1207页。

## 三、关于诉讼、执行与仲裁程序混合编纂的立法体例问题

所谓诉讼、执行与仲裁程序混合编纂的立法体例问题,指的是从立法体例的角度上看,德国民事诉讼立法将诉讼、执行与仲裁程序混合编纂共同置于《民事诉讼法》中所存在的问题。

从大陆法系民事诉讼程序立法历史发展的角度上看,应当说将诉讼、执行与仲裁程序混合编纂共同置于《民事诉讼法》中的立法体例,并不是德国《民事诉讼法》的首创,因为法国《民事诉讼法典》采用的就是这种立法体例及法典编纂方式。换言之,历史地看,德国《民事诉讼法》的这种立法体例及法典编纂方式不过是对法国立法体例及法典编纂形式的模仿或者借鉴。然而从立法体例应当科学、富有技术性的角度上看,不论这种立法体例及其法典编纂方式是源于法国,还是德国自主的立法方式,从现代民事诉讼法典编纂的理念、思想和理论的角度上看,这种立法体例及法典编纂方式的科学性和技术性都是值得研究的,其理由如下:

首先,从立法体例的角度上看,德国的这种立法体例及法典编纂形式在类型上属于"大一统"的立法体例与类型。所谓"大一统"的立法体例,指的是在法典的编纂上,不论法典的性质与类型,也不论法典所涉及问题的特征,以及所要解决问题的特殊性与特定性,对于法典的内容采用综合性的、全面的立法规定形式。即将不同性质和类型的内容纳入同一法律规范,并规定在同一个法典中的立法体例及法典编纂方式。德国《民事诉讼法》将诉讼程序、执行程序以及仲裁程序这些在性质以及类型上并不相同的内容全部归入民事诉讼法中的立法体例,显然不属于具有针对性、个别化的立法体例及其类型,而属于"大一统"的程序立法体例与模式。而这种立法体例及法典编纂方式,由于没有考虑到,或者说根本就不考虑所规定《民事诉讼法典》的性质和特征,从而将诉讼程序、执行程序以及仲裁程序这些在性质以及类型上不尽相同的内容全部纳入同

一个法典中的立法体例,不仅致使《民事诉讼法》所规定的内容十分的庞杂、臃肿,不符合程序立法应当具有针对性,以及个别化的要求。而且从立法理念的角度上看,指导这种立法的思想观念,与现代民事诉讼程序立法应当针对不同的内容独立设置相应法律规范,以及单独编纂富有特定性、专门性法律的立法趋势,及其立法理念也是相违背的。

其次,从法典编纂的立法技术,即法典各个部分的内容应当具有内在关联性、逻辑性的角度上看,这种立法体例及法典编纂方式也是有问题的。因为,不同类型的法律问题不仅具有自身的特点,以及立法中应当针对不同的问题适用不尽相同的原则和法理,从而作出不同类型的规定。而德国立法上将执行与仲裁这些与诉讼不尽相同的问题以及缺乏内在联系的内容纳入同一个法典的立法体例之中,不仅使得《民事诉讼法典》在有关各个问题的规定上难以建立起必要的逻辑联系,而且在立法体例上也形成了诉讼程序与强制执行程序以及仲裁程序各自为阵,独立成章的立法体例特征。为此,从法典内在各个部分的规定应当具有关联性、逻辑性的角度上看,这种在立法以及法典编纂中,将一些与法典的基本特征缺乏内在逻辑联系的内容纳入法典规定中的立法体例及法典编纂方式,显然是不科学的也是缺乏技术性的。

最后,从大陆法系民事诉讼程序立法历史发展的角度上看,随着民事诉讼程序理论的发展,以及民事诉讼程序立法技术的日趋成熟,现代大陆法系各国有关民事诉讼程序的立法,无论是体例上还是有关法典的编纂上,均已由传统的"大一统"的立法体例与方式逐渐转为根据具体问题的特征、类型,富有针对性地分别设置的立法体例与法典编纂方式。为此,可以说德国《民事诉讼法》这种"大一统"的立法体例不仅不科学,缺乏技术性,而且也不符合现代民事诉讼程序立法的发展趋势。

# 第四部分 日本民事诉讼立法体例的发展变化及法典编纂的技术与特征

在大陆法系各国民事诉讼程序立法的进程中，从历史发展的角度看，相对于法国、德国而言，日本《民事诉讼法》算不得有什么悠久的历史。这不仅是因为在时间上，日本《民事诉讼法》颁布于法国、德国之后，而且，在法典的立法体例上，最初的日本《民事诉讼法》也基本上是在移植德国《民事诉讼法》立法体例的基础上制定的。然而，如果从立法体例的发展变化以及法典编纂技术与特征的角度上看，日本《民事诉讼法》却是极富特色的。这种特色不仅体现在日本《民事诉讼法》在立法体例及法典编纂上，博采众长，一定程度上融合了大陆法系与英美法系的优点，而且其立法体例及法典编纂发展的历史，也充分体现了日本民事诉讼程序立法上兼容并包、极富开放性的特征。

同时，从立法应当富有技术性、科学性的角度上看，日本现行《民事诉讼法》的立法体例及法典编纂，根据所要解决实体争议的不同性质、类型，采用分别设置不尽相同民事诉讼程序的基本指导思想，以及富有针对性、特定性地采用分层设置不同民事诉讼程序的立法体例，不仅在立法指导思想上与大陆法系传统的"大一统"民事诉讼程序立法的指导思想有了很大不同，以及与传统大陆法系民事诉讼程序立法中的综合性、混合式立法体例及法典编纂模式有了较大差异，而且，从民事诉讼程序立法应当科学、合理的角度上看，应当说日本的现行民事程序立法也代表了大陆法系民事诉讼程序立法体例及法典编纂的历史发展方向与趋势。因而,日本《民事诉讼法》的立法体例及法典编纂的技术与特征是值得深入研究的。

# 第一章 日本民事诉讼法的历史与发展

## 一、日本民事诉讼的历史

在人类社会的发展上,日本的历史起步较晚,据有关考证,直到公元1世纪日本才开始进入文明社会,公元2世纪末,日本的九州地区出现了具有部落联盟性质的奴隶制国家,公元4世纪,在日本的本州兴起了一个称为大和国的奴隶制国家。大和国通过不断的战争扩张,征服和兼并了其他的部落,最终于公元5世纪统一了日本。

早期的日本与其他国家一样,除了公元603年为了维护统治秩序制定了所谓的《冠位十二阶》,以及公元604年为了确立以天皇为核心的政治统治体制的权威性而制定了《宪法十七条》以外,其法律基本上都是以不成文的命令和习惯为表现形式的氏族法。从诉讼及其解决纠纷的角度上看,氏族法不仅与宗教的观念存在直接联系以及十分的残酷,而且大多是采用占卜、水审、火审、决斗等形式与活动进行。

公元646年,大和国发生宫廷政变,随后开始了日本历史上称为"大化革新"的政治法律制度改革。这场改革不仅全面促进了向中国的学习,而且这种向中国的学习也从两个方面,即政治法律思想和法典编纂上影响和促进了日本政治法律制度的发展。在这两个方面中,所谓政治法律思想的影响,主要指的是中国儒家、佛教政治法律思想对于日本的影响。换言之,在日本政治法律制度的发展进程中,中国儒家以及佛教法律思想曾经对于日本的政治体制以及法律制度产生过十分重大的影响。例如,日本推古朝时期制定的

《冠位十二阶》，即日本历史上按照中国儒家的德、仁、礼、信、义、智的顺序，将冠位分为的十二个位阶。① 所谓法典编纂上的影响，主要指的是在法典编纂上中国隋唐时期的律、令、格、式等法典编纂形式对于日本法律编纂的影响。即"大化革新"以后，日本在法典的编纂上，通过学习中国隋唐时期的法律制度，并采用律、令、格、式等中国隋唐时期的法典编纂形式，逐步构建起了日本自己的法律体系。换言之，日本在这一个时期的法律编纂中，其主要的法律以及法律的编纂形式，无不是以中国隋唐时期的法律为样本，并按照中国隋唐时期法律的编纂形式制定与编纂。

例如，日本这一时期的主要法律——《大宝律令》，在体例上有"律"7卷，其内容包括了名例、卫禁、职制、户婚、厩库、贼盗、斗讼；有令11卷，其内容包括了官位、神社、选任、户、田、禄、军防、公式、营缮、关市等内容。该法典就内容而言，不仅诸法合体、刑民不分，以及具有条文完备、结构严谨的特征，而且在法典的编纂体例以及法典的整个风格上与中国唐朝时期的《永徽律》也十分相近。显而易见，日本的《大宝律令》是以《永徽律》为蓝本制定的。为此，从法律制度历史发展进程的角度上看，日本近代以前的法律不仅深受中国传统封建法律体制的影响，而且，按照通行的学术观点，从法系，即具有不同特色的区域性法律体系的角度上看，日本近代以前的法律也属于传统中华法系的一个部分。

由于日本封建社会时期的政治法律制度深受中国封建政治法律制度的影响，因而其司法组织形式与诉讼制度与中国封建时期的司法组织形式与诉讼制度也十分的相似。其表现不仅在于没有独立的民事审判机构，司法机关与行政机关之间没有明确区别，以及一般行政官吏兼任司法审判官员，而且法院在管辖上也分为对一般人享有管辖权的普通法院与对官吏与僧尼享有管辖权的特别法院。从司法审判的角度上看，天皇不仅是司法审判权力的根源，而且天皇处

---

① 参见段文波："日本民事诉讼体制发展简史"，载陈刚主编：《比较民事诉讼法》（第六卷），中国法制出版社2007年版，第226页。

于司法审判的最高地位,享有最终的司法裁判权。

在这一时期,审判大致上分为两类:一是断狱;二是诉讼。前者主要指的是刑事诉讼;后者主要指的是民事诉讼。在其民事审判中:"有关官吏的民事案件由其所属的司审理,庶民的民事案件由地方官吏审理,地方的第二审为国司,京都的第二审由刑部省审理,太政官则是作为第三审的终审法院。民事诉讼的原告人称为诉人,被告称为前人,诉讼向被告所在地提出,诉讼的提起限于每年的10月1日至次年的3月30日的农闲期间,也重视'五听'但不许拷问,特别重视'书证',可以上诉,不经所规定的法院而直接向其上级法院起诉的称为'越诉',提起者与受理者均要被处以刑罚。"[①]

1868年,日本爆发了"明治维新"运动,这场以建立天皇为核心的中央集权制国家的运动,作为日本历史上的一场资产阶级革命,虽然是一场不彻底的资产阶级革命,但是却大大地促进了日本由封建社会向资本主义社会的转变。为了实现其"富国强兵、殖产兴业、文明开化"的目的,"明治维新"以后,日本不仅在政治、经济、军事方面进行了一系列改革,而且在法律制度上也进行了大刀阔斧的改革,而日本从这一时期开始的有关法律制度上的改革,不仅导致了日本的整个法律制度以及法律体制由传统的中华法系向现代的西方法律体系、法律制度上的转变,而且也促进了日本整个法律体制乃至民事诉讼程序法律编纂上的历史性革命。

## 二、1890年的日本《民事诉讼法》

"明治维新"以后,日本即开始了现代民事诉讼程序法典的编纂工作。最初有关民事诉讼法典的编纂计划始于1876年。1884年(明治17年)日本设置了诉讼法编纂局,由当时担任日本政府法律顾问的德国人铁肖(Techow)担任顾问,负责民事诉讼法典的起草工作。

---

① 何勤华等著:《日本法律发达史》,上海人民出版社1999年版,第14页。

1885年完成《民事诉讼法典》草案的编纂工作以后,经过多次的修改与完善,该法典于1890年4月21日,以第29号法律的形式正式颁布,1891年1月1日起实行。

1890年的《民事诉讼法》,作为日本历史上颁布最早的民事诉讼程序法,在日本民事诉讼学界,学者们习惯地将其称为首部《民事诉讼法》或者"旧旧"《民事诉讼法》。① 这部《民事诉讼法》在立法体例上,共有八编、11章,总计805条。这八编分别是:第一编"总则"、第二编"第一审诉讼程序"、第三编"上诉"、第四编"再审"、第五编"督促程序"、第六编"假扣押及假处分"、第七编"公示催告程序"、第八编"仲裁程序"。在内容上,该法的第一编"总则"包括:第一章"法院"、第二章"当事人"、第三章"诉讼费用"、第四章"诉讼程序"。第二编"第一审诉讼程序"包括:第一章"起诉"、第二章"辩论及其准备"、第三章"证据"、第四章"关于简易法院诉讼程序的特则"。第三编"上诉"包括:第一章"控诉"、第二章"上告"、第三章"抗告"。第四编"再审"包括10个法条的规定。第五编"督促程序"包括:"有关督促程序"的规定、"关于票据诉讼及支票诉讼的特则"的规定、"判决的确定及执行停止"的规定。第六编"假扣押及假处分"包括22个法条的规定。第七编"公示催告程序"包括22个法条的规定。第八编"仲裁程序"包括有关仲裁的20个法条的规定。② 该法典除对于婚姻、家事、亲子、抚养、禁治产事件等内容,单独以《关于婚姻事件、收养事件及禁治产事件的诉讼规则》和《非讼事件程序法》的形式对

---

① 请参见[日]中村英郎著:《新民事诉讼法》,陈刚等译,法律出版社2001年版,第4页。

② 相关内容请参见萧榕主编、扬逢春副主编:《世界著名法典选编》(民法卷),第521—558页。

于这些问题和内容独立加以规定以外，① 从其立法体例及其基本内容的规定来看与德国1877年《民事诉讼法》基本相同。换言之，日本1890年《民事诉讼法》不仅是以德国1877年《民事诉讼法》为蓝本制定的，以及在整个法典的立法体例上与德国1877年《民事诉讼法》基本相同，而且法典编纂的技术与特征与德国1877年的《民事诉讼法》也十分的相似。

由于1890年的《民事诉讼法》是日本在仿照德国1877年《民事诉讼法》基础上制定的，这种几乎全面模仿外国《民事诉讼法》所制定出的法律，没有切实地考虑到日本社会的实际状况，以及解决民商事纠纷的需要，不仅程序烦琐，过于当事人主义的特征也难以在日本实行，而且，从历史发展的角度上看，由于日本社会本身也处于不断的发展、变化中，《民事诉讼法》作为解决民商事纠纷的主要法律，要适应社会解决纠纷的需要，就必须根据发展的社会对于解决民商事纠纷的实际要求，以及民事诉讼观念的发展、变化进行修改与完善。为此，日本至1890年《民事诉讼法》颁布以后，就不断地在对《民事诉讼法》进行修改与完善，经过多次对《民事诉讼法》的修改与完善，现行日本《民事诉讼法》不论在内容、立法体例，还是法典的编纂技术与特征上与最早制定的《民事诉讼法》已经发生了很大的变化。

## 三、日本《民事诉讼法》的发展与演变

日本1890年《民事诉讼法》颁布以后，其社会的发展经历了第

---

① 日本1890年的《民事诉讼法》，在立法体例及其内容的规定上，没有将有关婚姻、家事、亲子、抚养、禁治产事件等内容纳入《法典》的规定之中，而是以《关于婚姻事件、收养事件及禁治产事件的诉讼规则》和《非讼事件程序法》等独立的立法规定形式加以规定的。这是日本1890年《民事诉讼法》与德国1877年《民事诉讼法》在立法体例及其内容规定上最为主要的区别。1898年，日本在对这两个法律进行修改的基础上，将两个法律合在一起，更名为与《民事诉讼法》并存的《人事诉讼程序法》。

一次世界大战时期、第二次世界大战时期,以及第二次世界大战后的美国军事占领时期,100多年来,不仅整个社会的经济状况、政治体制、民商事纠纷的类型都已经发生了重大的变化,而且,随着社会的发展,日本国民对于民事司法救济的要求,以及民事诉讼理论思想、法学观念,乃至民事诉讼程序立法和法典编纂的技术也都发生了很大的变化。在这发展变化的100多年中,根据发展变化的社会实际状况以及不断增强的国民需求对《民事诉讼法》进行修改,不仅成为了日本《民事诉讼法》发展与演变的基本走向,而且这种对于民事诉讼程序立法的不断修改,也历史地促进了日本《民事诉讼法》在有关内容、立法体例以及法典编纂技术上的不断完善。

日本《民事诉讼法》的修改

1. 1926年的修改

1926年的修改,是日本民事程序立法过程中对于1890年《民事诉讼法》的第一次大规模的修改,历史地看导致这场修改的主要原因有两个:一是1890年《民事诉讼法》本身存在的严重缺陷。由于1890年制定的《民事诉讼法》是在几乎全面模仿德国1877年《民事诉讼法》基础上制定的,这种在全面模仿基础上制定的法律制度,由于没有充分考虑到从日本解决纠纷的现实需要,照搬过来的诸多规定与日本社会解决纠纷的实际情况不相适应,难以被社会和当事人接受,无论在使用还是促进纠纷的解决上都很困难,尤其是当事人主义的引进,常常造成诉讼迟延。二是"受1895年奥地利民事诉讼法和1924年德国修改民事诉讼法加强职权主义的影响"。① 按照日本著名学者三月章教授的观点:"1926年的修改,主要是考虑到原法(称为旧民事诉讼法)的规定往往导致诉讼迟延,故尝试参照当时被渲染为欧洲最新的民事诉讼法——奥地利法后所作的独立性

---

① 白绿铉编译:《日本新民事诉讼法》,中国法制出版社2000年版,第8页。

改革。"①

1926年（大正15年）日本制定出了修改后的民事诉讼法，该《民事诉讼法》于1929年（昭和4年）10月1日正式实行，对于修改后的这部《民事诉讼法》，日本民事诉讼学界习惯上称为旧《民事诉讼法》。

1926年的旧《民事诉讼法》，不仅在内容上对于1890年的《民事诉讼法》第一编至第五编有关审判程序的规定进行了较大程度上的修改，而且相对于1890年《民事诉讼法》浓厚的当事人主义倾向而言，这次修改增强了职权主义的色彩，加强了法院指挥诉讼程序方面的权限。"例如，移送的扩大化和职权化，准备程序制度的新设、延误时机的攻击防御方法的驳回等。其中依职权调查证据的规定、新设的准备程序前置主义、选定当事人（或独立当事人）参加诉讼等是在其他国家没有先例的。"② 同时，为了避免诉讼迟延，还一定程度上引进了职权探知主义，采用了当事人相互询问的方式等。

日本这次对《民事诉讼法》的修改，应该说在诉讼程序的设计上，不仅一定程度上考虑到了日本当时社会的特点以及解决纠纷的需要，而且把当事人对诉讼实体内容有权处分的当事人主义与法院对诉讼程序有权指挥的职权进行主义较好地融合在一起，从而形成了适合日本作为一个亚洲国家特有的诉讼模式。

当然，历史地看，日本这一次对《民事诉讼法》的修改也存在一定的问题。按照一些日本学者的观点："其中，部分内容有所改进，但也有部分内容具有缺陷或改革过了头（例如，该次修改时废除的证书诉讼，后又于1964年以票据诉讼的形式恢复，这是改过了

---

① ［日］三月章著：《日本民事诉讼法》，汪一凡译，五南图书出版有限公司1974年版，第25页。

② 乔欣、郭纪元著：《外国民事诉讼法》，人民法院出版社、中国社会科学出版社2002年版，第237页。

头又作更正的典型一例)。"①

2. 第二次世界大战期间至 1990 年以前有关《民事诉讼法》的修改

第二次世界大战期间，日本为了战争的需要，曾经于 1942 年（昭和 17 年）制定过战时民事特别法。该法对于民事诉讼程序以及民事审级制度进行了一定程度的简化与省略，但是战争结束以后有关规定随即被废止。为此，从日本民事诉讼程序立法的历史发展来看，第二次世界大战时期，日本并没有随着日本战时情况的发展与变化，对《民事诉讼法》作类似于宪法、法院组织法、刑法、刑事诉讼法等法律的重大修改与调整。换言之，基本上保持了原有的诉讼体制及其法律规定。

第二次世界大战结束以后，按照《波茨坦公告》的规定，同盟国的军队进驻日本，而由于进驻日本的同盟国军队中，主要是美国的军队，且由美国远东军的总司令道格拉斯·麦克阿瑟担任盟军总司令，因此，第二次世界大战以后的日本实际上处于美国的控制与影响之下。美国通过对日本的全面控制，不仅促使日本从政治体制、政治制度上进行全面改革，建立了现代西方的政治制度和政治体制，以及在法律制度上废除了第二次世界大战时期的法西斯立法，起草与颁布了具有现代政治民主意义的日本《宪法》、《国会法》、《内阁法》、《选举法》，在司法制度方面制定了《法院法》、《检察厅法》和《律师法》等一系列法律。而且，美国在日本战后政治体制改革以及法律制度改革中的主导作用，实际上又强化了现代西方国家的政治理念以及英美法系的法律思想对于日本的影响。换言之，第二次世界大战后美国对于日本的占领，不仅从国家的政治制度上以及司法制度及其司法体制上促进了日本向现代西方政治制度、法律制度的转变，而且其英美法系的法律思想、诉讼观念也对于战后日本民事诉讼法律制度的改革产生了巨大的影响。在这种特殊的历史背

---

① [日]三月章著：《日本民事诉讼法》，汪一凡译，五南图书出版有限公司 1974 年版，第 25 页。

景条件以及英美法系法律思想和诉讼观念的影响下，第二次世界大战后的日本对于民事诉讼及其法律规定进行了一系列改革。

1948年（昭和23年），在英美法系当事人主义诉讼法律思想及其观念的影响下，为了在民事诉讼中实行所谓彻底的"辩论主义"，日本在民事诉讼程序立法上，废止了原有的法院依职权调查收集证据的制度；在证人的询问上引入了英美法系庭审中的交叉询问制度；设置了判决变更制度；为了制裁胡乱上诉的行为设置了金钱交付命令等制度。

1954年（昭和29年），针对最高法院诉讼迟延，以及积案过多的情况，日本对于民事诉讼的上告制度进行了改革。同时，在这次改革中，根据日本社会的现实需要，对于1926年《民事诉讼法》修改中曾经予以废除的汇票诉讼程序在进行一定修改的基础上，重新以"票据、支票诉讼程序"的形式加以规定。

1971年（昭和46年），在有关民事诉讼费用的问题上，日本废除了从1890年以来在民事诉讼中一直适用的《民事诉讼费用法》，另行制定了《有关民事诉讼费用的法律》、《诉讼费用临时措施法》。

1979年（昭和54年），日本在民事程序立法上将旧《民事诉讼法》第六编有关"强制执行的规定"与明治31年颁布的《拍卖法》合而为一，制定了独立的《民事执行法》，该法于1980年10月1日起开始施行。

1989年（平成元年），日本将《民事诉讼法》第六编中有关假扣押及假执行的有关规定分离出来，在对这部分的内容进行一定修改的基础上，将其制定为独立的《民事保全法》，并于1991年1月1日起施行。

3. 1996年的修改

第二次世界大战以后，日本经过上述对《民事诉讼法》的若干次修改，虽然《民事诉讼法》的有关规定，无论在内容上还是立法体例上已经有了很大的变化，但是从日本社会的发展以及国民对于民事司法救济需求的角度上看，不仅有的规定还十分陈旧，与社会的发展与国民的要求不相适应，而且，"日本的诉讼迟延现象甚为严重,法院通过裁判解决纠纷的机能受到较大的制约,加之旧民事诉讼法的条文采用掺杂片假名的文言体写成,也使普通人大伤脑筋。"① 为此,日本的法务省成立了以三月章先生为首,由学者、法官和律师组成的民事诉讼法审议委员会,自 1990 年开始,对《民事诉讼法》的修改进行了全面讨论和反复论证,经过 5 年多的研究与修改,提出了有关《民事诉讼法》的修改草案。经过国会的审议修改,1996 年 6 月 26 日正式公布了修改以后的民事诉讼法,该法在日本民事诉讼程序立法发展历史上被称为日本《新民事诉讼法》,于 1998 年 1 月 1 日起在日本施行。

日本《新民事诉讼法》的修改主要体现在以下五个方面:

(1) 增加了"争点和证据整理程序"的新规定。为了完善庭审功能、提高庭审效率,改松散审理为集中审理,日本《新民事诉讼法》在立法规定上,除将原来的证据随时提出主义改为适时提出主义以外,从《法典》的立法体例上,原《法典》第二编"第一审诉讼程序"的第二章"辩论及其准备",增设为三节:第一节"口头辩论"、第二节"准备书状"、第三节"争点和证据整理程序"。在新设的第三节"争点和证据整理程序"中,增置了三种专门的程序:"准备性口头辩论程序"、"辩论准备程序"和"书面准备程序"。

(2) 扩大了证据收集的方式以及设置了相应的证据收集程序。为了集中审理的需要日本《新民事诉讼法》在有关证据的收集上,首先,仿效美国的质问制度设立了当事人可以直接从对方获取证据、情报的照会制度。按照其法律规定:"在诉讼系属中,当事人为了准备主张或证明所必要的事项,可以向对方当事人提出书面照会,要求其在指定的适当期间内,以书面作出回答。"其次,在原有证据收集制度规定的基础上,扩大了文书提出义务的范围。日本《新民事诉讼法》第 220 条,在原有关提出文书义务的规定中,增设了第四款,该条除了在法律上明确规定文书提出是一般义务以外,还明确

---

① [日]中村英郎著:《新民事诉讼法》,陈刚等译,法律出版社 2001 年版,第 5 页。

规定了受法律保护的仅限于有拒绝义务的、基于职务原因的、纯粹个人使用的三种情况。

(3) 改革了最高法院的上诉制度。鉴于最高法院在统一司法、解释宪法等任务及其职责上的特殊性,对于当事人向最高法院提出上告的理由,作出了限制性规定。

(4) 增设了小额诉讼程序。为了迅速地解决小额民事纠纷,最大限度地减少诉讼成本,便于当事人诉讼,日本《新民事诉讼法》在立法体例上新增加了第六编"关于小额诉讼的特则"的规定,按照有关小额诉讼特则的规定:"对于以诉讼标的额为30万日元以下的支付金钱请求为标的的诉讼,在简易法院可以请求依据小额诉讼审理及裁判。"即对于标的额在30万日元以下的案件,专门设置了较简易诉讼程序更为便利的小额诉讼程序,由简易裁判所一次开庭一次判决。

(5) 在交叉询问中增强了法官的诉讼指挥权。对于诉讼庭审中的交叉询问,审判长可以职权变更询问的顺序。

**4. 1999年以后的修改**

1999年7月,日本开始了战后的第三次司法制度改革。在这种历史背景下,日本1999年以后对于《民事诉讼法》的修改,不仅与第三次司法制度改革的历史背景条件存在直接联系,而且与日本社会的发展,以及国民对于民事司法救济不断增长的需求也存在密切的关系。

1999年6月9日,日本战后在两次司法改革的基础上,开始了第三次司法改革。为了保证第三次司法改革的顺利进行,日本颁布了《司法制度改革审议会设置法》,按照该法的有关规定,专门设置了"司法制度改革审议会"。"司法制度改革审议会"作为司法改革的常设咨询机构,其任务是负责收集和整理各界对于改革的意见,组织讨论、拟定,以及向内阁提出司法改革的具体方案。2001年6月12日,"司法制度改革审议会"向日本内阁提交了《司法制度改革审议会意见书——支撑21世纪日本的司法制度》(以下简称"意见书")。该"意见书"不仅阐述了司法在21世纪日本社会中的重要作用,而且对于日本《民事诉讼法》修改以及对于民事司法制度改革产生了重大的影响。

"意见书"在有关"民事司法制度改革"内容的阐释中,不仅提出了"为了实现对国民来说更加便于利用、容易理解、值得信任的司法,应当在扩充国民接近司法的途径的同时,构筑能够进行更加公正、恰当且迅速的审理,有效地解决案件的制度"的目标,① 而且对于民事司法改革从九个方面提出了具体的改革任务。这九个方面分别是:"民事审判的充实化、迅速化"、"强化需要专门知识的案件的对应"、"强化知识产权纠纷案件的综合对应"、"强化劳动纠纷案件的综合对应"、"充实家庭法院、简易法院的功能"、"强化民事执行制度——确保权利实现的实效性"、"扩充接近法院的途径"、"审判外纠纷解决手段的扩充、活性化"、"强化司法对行政的审查功能。"

该"意见书"颁布以后,日本分别于2001年以法律第96号、第139号、第153号,2003年以法律第108号、第128号,2004年以法律第152号的方式,对《民事诉讼法》进行了修改,这几次的修改主要涉及以下几个方面的内容。

(1) 增设了"计划审理"制度。所谓"计划审理",是指法官在听取当事人双方意见后,对于案件所涉及的争点以及证据整理进行到何时、相互询问的时间、口头辩论后作出判决的时间等作出计划,诉讼按照预先制定好的审理计划逐步展开,直至最后作出判决的审理制度。该项制度在原日本《民事诉讼法》中是没有的。2003年日本在对《民事诉讼法》的修改中,在《民事诉讼法》的第二编"第一审诉讼程序"中,新增加了"审理计划"一章,用两个法条对于审理计划制度作了具体规定,按照修改后的《民事诉讼法》的规定,不仅"法院及当事人为了实现公正、迅速的审理,应有计划

---

① 肖承海、毕英达译:"司法制度改革审议会意见书——支撑21世纪日本的司法制度",载樊崇义主编:《诉讼法学研究》(第四卷),中国检察出版社2003年版,第426页。

地进行诉讼",而且"为实现公正、迅速的审理,法院认为案件的待审事项繁杂、易错或于其他必要情形下,应当与双方当事人协议确定审理计划。"①

(2)增设了诉讼之前的证据收集制度。修改以后的日本《民事诉讼法》为了保证起诉前当事人能够更有效、完整地收集证据,促进民事诉讼的迅速进行,以及对于将要进行的民事诉讼进行必要的预测,在起诉讼之前新增设了以下有关证据收集的制度:

一是"起诉前的预告通知制度"。所谓"起诉前的预告通知制度",指的是欲提起诉讼的一方,采用起诉预告通知书的形式,通知被诉一方的制度。修改后的日本《民事诉讼法》第132条之2规定:"一、欲提起诉讼的人以书面方式向应作为被告的人作出起诉的预告通知时,作出预告通知的人为明确准备主张或证明的相关必要事项,限于预告通知之日起四个月内,可于诉前确定适当期间、书面照会被预告通知人。但有下列各项规定任一情形时不在此限:(一)照会事项符合第一百六十三条各项规定任一情形时;(二)就对方当事人或第三人私生活中的秘密事项进行照会,对方当事人或第三人有因为作出回答影响社会生活之虞时;(三)照会事项关于对方当事人或第三人的营业秘密时。二、第三人同意对方当事人回答前款第二项规定的第三人私生活中的秘密或同款第三项规定的第三人的营业秘密时,照会不受上述规定约束。三、预告通知的书状应记载将要提起的诉讼请求要旨及纠纷的要点。四、基于已经作出的预告通知和重复作出的预告通知,不能进行第一款的照会。"②

由上述规定可见,起诉前的预告通知制度,通过起诉前诉讼一方给被诉一方的预告通知,不仅可以促进双方当事人之间的交涉,也一定程度上可以使被诉一方了解有关诉讼一方的基本主张,以及

---

① 转引自段文波译:"日本民事诉讼法",载陈刚主编:《比较民事诉讼法》(第六卷),中国法制出版社2007年版,第318页。

② 参见段文波译:"日本民事诉讼法",载陈刚主编:《比较民事诉讼法》(第六卷),中国法制出版社2007年版,第312页。

有关诉讼的信息、情报,从而为诉讼进行必要的准备。

二是"起诉前当事人之间的照会制度"。当事人之间的照会制度是1996年日本修改《民事诉讼法》时已经设置了的一项制度。但是按照1996《民事诉讼法》第133条有关"在诉讼系属之中,当事人为了准备主张或证明所必须要的事项,可以向对方当事人提出书面照会,要求其在指定的适当期间内,以书面作出回答"的规定,1996年修改《民事诉讼法》时规定的当事人之间的照会制度,是对于诉讼系属以后当事人照会的规定,与2003年《民事诉讼法》对当事人照会制度的规定是不同的。2003年《民事诉讼法》的规定是对于起诉前当事人照会的规定。按照修改后的《民事诉讼法》第132条之3规定:"针对预告通知书状所记载的前条第三款的请求要旨及纠纷要点,被预告通知的人以记载答辩要旨的书状回答预告通知人时,为明确准备主张或证明的相关必要事项,限于预告通知日起四个月内,可于诉前确定适当期间、书面照会预告通知人。"① 换言之,2003年所新增设的当事人照会制度与1996年所规定的照会制度所适用的时间阶段是不同的。是两种不同的照会制度。2003年修改后新增设的照会制度,指的是提起诉讼之前,一方当事人基于诉讼准备的需要,在没有法院的参与下,直接照会对方当事人,并要求其在一定的期限内对于所要求的事项予以答复的制度。

当事人之间的诉前照会制度,通过当事人相互之间有关案件主张及其证明相关事项的照会,不仅有利于各方从对方收集以及获取有关诉讼的资料、情报,从而有利于当事人之间的诉前准备,也有利于保证诉讼顺利和迅速地进行。

三是"起诉前的申请证据收集命令制度"。所谓"起诉前的申请证据收集命令制度",是指在符合法律规定的条件下,当事人在提起诉讼之前,可以依法申请法院发布收集证据的决定或者命令的制度。按照1990年以后修改的《民事诉讼法》第132条之4的规定:

---

① 参见段文波译:"日本民事诉讼法",载陈刚主编:《比较民事诉讼法》(第六卷),中国法制出版社2007年版,第312—313页。

"应预告通知人或依前条第一款作出回答的被预告通知人的申请,法院认为申请人不能自行收集该预告通知之诉中为证明所要明确的证据时,在听取预告通知或答辩的对方当事人的意见后,可于诉前作出下列证据收集的处分。但法院认为有证据收集所用时间过多或致受嘱托人承受不当负担等其他不适当的事由时不在此限。"[1] 按照该法条的规定,法院根据当事人的申请在诉前可以作出下述几种收集证据的命令或者决定:

第一,文书交付命令。所谓文书交付命令,指的是法院责令文书的所有者、保管者或者持有者,交付有关文书的命令。

第二,委托调查命令。所谓委托调查命令,指的是法院责令有关行政机关、社会团体或者交易所等机构、组织协助当事人调查有关事项的命令。

第三,专家陈述意见命令。所谓专家陈述意见命令,指的是责令具有专门知识经验的人基于专门的知识经验,陈述有关意见的命令。

第四,执行官调查命令,所谓执行官调查命令,指的是法院责令执行官调查与诉讼有关的物的形状、占有情况的命令。

"起诉前的申请证据收集命令制度",作为法律明确规定的、当事人提起诉讼以前,在符合法定条件的情况下,申请法院作出证据收集命令或者决定的制度,是日本现行《民事诉讼法》中,对于当事人而言,在提起诉讼以前最为有力的一种证据收集制度。

由于上述三种制度,都是日本1999年以后修改《民事诉讼法》时,新增设的有关当事人提起诉讼以前的制度性规定。同时,从日本修改《民事诉讼法》设置上述三种制度的基本目的来看,在于通过这些制度的设置,即诉前起诉方对于被诉方的预告通知,以及起诉前当事人相互之间的照会和诉前申请法院发布证据收集命令,来促使了当事人之间在诉前的相互交涉,以及从立法上授予了当事人

---

[1] 参见段文波译:"日本民事诉讼法",载陈刚主编:《比较民事诉讼法》(第六卷),中国法制出版社2007年版,第313页。

通过照会的方式和申请法院发布证据收集命令的方式,在诉前了解以及从对方或者第三人处获取与案件相关的情况、信息、资料,明了案件的争点,以及掌握有关案件涉及的基本事实和有关证据,从而更加公正、恰当、迅速、有效地解决纠纷。因而这三种制度在类型上,都属于日本1999年以后在《民事诉讼法》修改过程中所新增设的诉前证据收集制度。

(3) 增设了专门委员制度。在日本的民事诉讼中,经过多次的修改,虽然对于一般形态的诉讼而言,诉讼的周期已经大大的缩短,但是对于一些大规模的诉讼,以及情况复杂的医疗纠纷诉讼、建筑行业方面的诉讼、专利纠纷诉讼、证券交易诉讼、名誉侵权赔偿诉讼等,涉及需要专门知识类型的案件而言,审理的期限仍然较长,民众反应强烈的情况并没有得到根本的改变。为此,鉴于现代型诉讼的特殊性,日本2003年修改后的《民事诉讼法》,在第一编第五章"诉讼程序"的第一节"诉讼的审理等"之后,新增加了"专门委员"一节。

所谓的专门委员,指的是对于特殊诉讼所涉及的专门问题而言,具有专门知识的人员。由于在一些特殊类型的诉讼或者特别的案件中,涉及一些十分复杂以及专业的知识问题,不仅法院在审理和裁判中,需要了解有关的专门问题和掌握有关的专业知识,就是当事人也需要知晓有关的专门性知识,以利于整理争点,预测诉讼。为此日本不仅在修改后的《民事诉讼法》中增设了专门委员制度,而且从民事诉讼程序立法上,对于专门委员有关诉讼活动的参与作出了明确规定。按照日本《民事诉讼法》第92条之2的规定:"一、争点、证据整理或就推进诉讼程序的相关必要事项进行协议时,为明确诉讼关系或诉讼程序顺利进行,法院认为确有必要听取专门委员就专门知识提供的说明时,可在听取当事人意见后,裁定其参与诉讼程序。专门委员应以口头方式在裁判长确定的书面、口头辩论或辩论准备程序的期日中提供说明。二、证据调查时,为明确诉讼关系或证据调查的结果,法院认为确有必要听取专门委员就专门知识提供的说明时,可在听取当事人意见后,裁定其在证据调查期日内参与诉讼程序,专门委员在证人、当事人或鉴定人询问期日内提供说明时,裁判长征得当事人同意后可允许专门委员就明确诉讼关系或证据调查结果的必要事项直接询问证人、当事人本人或鉴定人。三、法院尝试和解时,认为有必要令专门委员就知识提供说明时,在征得当事人同意后,可裁定专门委员在当事人双方均可到场的和解期日内参与诉讼程序。"[1]

## 四、影响日本《民事诉讼法》的基本学说以及主导《民事诉讼法典》编纂的基本程序思想

（一）影响日本《民事诉讼法》的基本学说与思想

由日本社会历史发展、演变的进程可以看出,日本在其近、现代的发展过程中,不仅自身的政治、经济以及整个社会环境始终处于不断的变革、发展之中,而且在不同的历史时期还分别受到了来自各种不同外在力量的控制和影响。在其社会内生的变革因素作用以及外来因素的影响下,从亚洲各国民事诉讼现代法制历史发展的角度上看,日本不仅是亚洲第一个基于社会内生的变革而主动采用移植的方式,自主导入现代西方民事诉讼法律制度的国家,而且在日本民事诉讼法律制度变革、发展的历史进程中,基于日本社会发展的历史以及日本不同历史时期社会发展上的特殊性,主导以及影响不同时期《民事诉讼法》的制定、修改,以及法典编纂的基本学说和思想也有所不同。这些不同的学说和思想,不仅从不同的角度影响和改变着日本《民事诉讼法》的内容、特征及其发展方向,而且也较大程度上促进了日本民事诉讼法律制度发展、演变的历史进程。

在日本《民事诉讼法》历史发展进程中,最初主导和影响日本《民事诉讼法》制定的学说和思想,是"个人主义、自由主义"的

---

[1] 参见段文波译:"日本民事诉讼法",载陈刚主编:《比较民事诉讼法》(第六卷),中国法制出版社2007年版,第302页。

学说与思想。"个人主义、自由主义"作为一种理论学说和思想，主要指的是以个人及其自由为基本价值取向的学说和思想。这种学说和思想不仅极力强调个人的自由和权利，以及在个人与国家的关系上，主张规范国家权力的适用和限制国家权力的适用范围，以法律限制政府对权力的运用，而且认为政府存在的基本目的仅在于保护每一个公民的自由。

"个人主义、自由主义"就其基本主张而言，虽然并不否认国家存在的必要性，但是在这种思想学说看来，国家的存在只是为了维护和保障个人的自由及其权利，不仅如此，基于国家的权威性以及国家权力的强制性，以及可能造成的对于个人自由及其权利的侵害，这种学说坚持把国家的存在仅仅视为旨在维持个人利益以及社会共同生活而必须付出的代价。为了把这种代价控制在较小的程度上和范围内，"个人主义、自由主义"极力主张限制国家的权力与职能，包括国家在纠纷解决过程中的权力及其对于纠纷双方权利的过分干预。即在这种理论学说看来，个人不仅在实体权利上享有对财产和缔结合同的绝对权利，以及国家的活动和权力仅仅在于保障个人的这些权利，而且在发生纠纷以及进行诉讼活动时，国家也只能充当私人纠纷的裁决者，而不能干预个人的自由与权利。

由于"个人主义、自由主义"的理论思想及其学说，是一种从极端个人主义及其个人权利的角度来思考国家权力的来源、性质和范围，以及确定个人权利与国家权力之间的界限。并以个人权利、利益的保护为思考、确定一切问题的出发点。在政府与个人权利的关系上，"个人主义、自由主义"的核心思想是限定国家对于个人自由的干预，并主张对于国家权力的行使设定不得逾越的空间。即国家不仅具有保障个人权利行使的义务，而且在任何情况下都不得超越其职权范围强制个人的意志，以及侵害个人的权利和利益。因而在"个人主义、自由主义"思想与学说的主导下，民事诉讼不仅被视为当事人之间各自为了保护自身的利益而进行的一系列攻击与防御行为，整个诉讼程序均由当事人按照自己的意志决定，以及当事人在传唤、期日的确定以及程序的进行等方面掌握有主动权，而且在解决纠纷的过程中，代表国家的法院和法官，只能消极地站在中立的立场，从第三人的角度作出裁判。

以这种学说与思想为主导的《民事诉讼法》，从民事诉讼类型划分的角度上看，其最为显著的特征就是"绝对的当事人进行主义"。所谓"绝对的当事人进行主义"，指的是诉讼程序的进行由当事人按照自己的意志自由决定，整个诉讼进程的主动权几乎完全操控在当事人手里的民事诉讼类型。而德国1877年颁布的《民事诉讼法》，不仅"基本上是以个人主义自由主义为立法的指导思想"，[1] 而且由于"德国民事诉讼法在最初实行绝对的当事人进行主义，整个诉讼过程的主动权操在当事人手中"。[2] 因而在类型上属于"绝对当事人进行主义"的《民事诉讼法》。

日本最早颁布的《民事诉讼法》，即1890年《民事诉讼法》，由于是在当时作为日本政府法律顾问的德国人肖铁（Techow）的帮助下，以德国1877年《民事诉讼法》为蓝本，且对于翻译的1877年德国《民事诉讼法》的文本，仅仅进行了较为简单的修改基础上制定的。按照日本学者的观点，除了有关人事诉讼的规定、当事人恒定主义和律师强制代理有所不同外，"这种法典体系纯属德国民事诉讼法的翻版。"[3] 换言之，可以说两部法典无论在编纂体例还是立法规定上都基本相同。而德国1877年的《民事诉讼法》作为德国资产阶级革命胜利后的产物，不仅充分体现了当时正处于上升时期资产阶级的观念与思想，而且也是在"个人主义、自由主义"学说与思想的主导下制定的。因而"个人主义、自由主义"思想与学说，自然而然地成为了主导以及影响日本1890年《民事诉讼法》的基本

---

[1] 谢怀栻译：《德意志联邦共和国民事诉讼法》，中国法制出版社2001年版，译者前言部分，第4页。

[2] 谢怀栻译：《德意志联邦共和国民事诉讼法》，中国法制出版社2001年版，译者前言部分，第5页。

[3] 请参见［日］三月章著：《日本民事诉讼法》，汪一凡译，五南图书出版有限公司1974年版，第24页。

学说与思想。

对于日本1890年《民事诉讼法》"个人主义、自由主义"倾向，日本著名学者三月章指出："就日本诉讼制度的楷模——大陆法系的民事诉讼制度来分析，现在的民事诉讼制度是法国革命的产物。该制度首先在法国成型，然后又于19世纪后半叶在德国重整，后又被日本所继受。民事诉讼制度的骨架，形成于自由主义思潮盛行的时代。当初，在整个程序之中都充分强调当事人支配的要素（直接继受德国民诉法的日本旧民诉法同样具有这种性质）。"①

而历史的看，日本之所以以德国1877年《民事诉讼法》以及"个人主义、自由主义"的学说与思想为其制定1890年《民事诉讼法》的蓝本，除了其他一些原因，如：同属大陆法系的国家，以及德国《民事诉讼法》在编纂体例、结构、文字的表述上具有缜密、严谨、富有逻辑性的特征以外，最主要的恐怕还是因为1868年日本"明治维新"以后，主导日本社会发展的新兴资产阶级与主导德国《民事诉讼法》制定的德国资产阶级，不仅在政治意识上、思想观念上，以及基本法律认识上具有同一性，以及对于"个人主义、自由主义"学说、思想观念的认识具有一致性。而且这种共同的政治意识倾向、一致的法律思想观念，以及社会政治目标追求上的同一，必然历史且合乎逻辑地促使后于德国资产阶级发展的日本，在最初构建自己的民事诉讼法律制度及其民事诉讼法律体系中，不仅自觉地选择德国的民事诉讼模式，以及引入与套用德国《民事诉讼法》的编纂体例，而且自然地接受主导和影响其法典编纂的基本指导思想。

然而随着资本主义社会的发展，特别是自由资本主义进入垄断资本主义以后，不仅政治、经济以及社会矛盾不断激化，而且在民事诉讼领域内的民商事案件急速增加，在这种条件下"随着自由主义的价值体系在高度发展的工业社会中发生动摇，危机也就开始了，

---

① ［日］三月章著：《日本民事诉讼法》，汪一凡译，五南图书出版有限公司1974年版，第177页。

第四部分　日本民事诉讼立法体例的发展变化及法典编纂的技术与特征

而且自由主义制度在社会现实中的不足之处表现得越明显,这一危机也就变得越严重。"① "人们不再抽象地(因此只是为有产和受过教育的基层)要求自由了;必须在具体的生活条件下为所有的公民实现自由。但是如果将国家限制在只为社会生活提供法律框架却不允许关注其内容,那么这样的假设是无法实现的。法律所创设的单纯的形式上的平等不仅没有根除不正义、不自由、不人道和不平等,相反却在一定条件下增加了这些现象。如果需要实现人类自由和社会正义,如果应当存在更多的自由和社会正义以及更少的不人道和不平等,那么,就不允许国家只是观望社会冲突,相反它必须积极地干预经济制度和社会制度,以便针对强者来保护弱者,根据更美好的生活模式来塑造我们的制度以至于所有的社会阶层都会将其视为是正当的。"②

在这种社会条件下,西方社会不得不从社会发展与整个社会稳定的角度,对于自由资本主义时期的一些基本社会政策进行调整,而在西方社会对于基本的社会政策进行调整的这种大变革的历史背景条件下,主导民事诉讼的"个人主义、自由主义"学说、思想观念的问题也日益显露,不仅"个人主义、自由主义"学说和思想观念受到批判,按照德国学者的观点:"自由主义的民事诉讼作为(被假定的)平等主体之间的竞争规则虚构了当事人机会平等和武器平等,而没有关注这些实际上是否能够实现。当在这种法律制度中所表达的社会关系和经济关系依然存在尤其是广大的无产阶级的多数人民在社会中还不具有重要地位的时候,这一点并不引人注意。相反,随着自由主义诉讼赖以生存的社会和经济条件的消失,这种情

---

① 米夏埃尔·施蒂尔纳编:《德国民事诉讼法学文萃》,赵秀举译,中国政法大学出版社 2005 年版,第 86—87 页。

② 米夏埃尔·施蒂尔纳编:《德国民事诉讼法学文萃》,赵秀举译,中国政法大学出版社 2005 年版,第 86—88 页。

形就显得有问题了。"① 而且在学术上以及立法上,对于德国1877年《民事诉讼法》中的"个人主义、自由主义"倾向也提出了反省。一些德国学者认为:"1877年《德国民事诉讼法》的(自由主义的)立法者无疑是单方面地从个体利益的角度来观察诉讼的。在他们看来,诉讼是'私事',根据瓦赫的经典论述,诉讼是由'国家对于争议案件不享有利益这一基本原则'决定的。'自由放任(Laissez Faire Laissez Aller)的观念'使得诉讼看起来像是在法院面前进行自由的力量角逐的当事人的斗争规则,它为那些熟练的、聪明的、狡猾的当事人提供了最好的机会。"②

在西方对于整个社会的基本政策进行重大调整、变革,以及诉讼法学领域内对于"个人主义、自由主义"进行反思的条件下,自德国1877年《民事诉讼法》颁布后,以"绝对的当事人进行主义"为基本特征的民事诉讼法不断地受到质疑。其中以奥地利学者弗郎茨·克莱因(Franz klein)为代表的一批学者,对于自由主义诉讼模式进行的批判尤为激烈。按照德国学者的观点:"克莱因反对孤立的观察诉讼——以至于'诉讼当事人似乎是毫无社会关系的独立存在似的'强调诉讼作为'普遍现象'、作为'国家的福利设施'的'社会意义'。"③ 在弗郎茨·克莱因的倡导、影响下,奥地利1895年制定的《民事诉讼法》就其基本指导思想而言,与德国1877年的《民事诉讼法》出现了较大的区别,其基本表现在于:"人们开始抛弃了自由主义的诉讼观点。"④

奥地利1895年通过,并于1989年1月1日生效的《民事诉讼

---

① 米夏埃尔·施蒂尔纳编:《德国民事诉讼法学文萃》,赵秀举译,中国政法大学出版社2005年版,第86页。

② 米夏埃尔·施蒂尔纳编:《德国民事诉讼法学文萃》,赵秀举译,中国政法大学出版社2005年版,第32页。

③ 米夏埃尔·施蒂尔纳编:《德国民事诉讼法学文萃》,赵秀举译,中国政法大学出版社2005年版,第33页。

④ 米夏埃尔·施蒂尔纳编:《德国民事诉讼法学文萃》,赵秀举译,中国政法大学出版社2005年版,第32—33页。

法》，不仅在基本指导思想上，抛弃了"个人主义、自由主义"的诉讼观念、学说与思想，而且其《民事诉讼法》的规定与德国1877年《民事诉讼法》也存在较大差异。按照德国学者的观点："在这部法律中根本就不存在辩论主义，取而代之的是强有力的法官诉讼指挥义务和确定了当事人陈述期限的集中审理主义。法官一方面有权驳回迟延的陈述，另一方面甚至可以在言词辩论之前作出其认为是必要的措施，为此可以施以处罚。对于没有律师代理的不精通法律的当事人，法官有义务向其说明所要实施的诉讼行为；法律不应当仅仅为警觉的人而是应当为所有的人（包括社会弱者）服务。对于上诉程序适用严格的更新禁止，禁止提起新的请求和抗辩，但要求补偿控诉程序费用的请求和抗辩除外。辩论期日的确定、延期和改期并不是由当事人控制而是依职权进行。"[1]

由于1895年的奥地利《民事诉讼法》在总的制度设计与指导思想上，抛弃了德国民事诉讼中"个人主义、自由主义"指导下的"绝对的当事人进行主义"，强调法官的诉讼指挥权，即一定程度上法官对诉讼进程的控制，不仅国家在民事诉讼领域内的地位与作用得到加强，而且在法官的主动干预与指挥下，民事诉讼程序的进展加快，诉讼迟延问题得到较大程度上的遏制。

德国一方面在奥地利1895年《民事诉讼法》所谓"社会民事诉讼"观念的影响下，另一方面也是基于德国1877年《民事诉讼法》"绝对的当事人进行主义"在司法实践中产生的严重诉讼迟延问题，于1924年不得不对于1877年颁布的德国《民事诉讼法》进行修改，这次的修改不仅促成了德国《民事诉讼法》在有关内容规定上的变化，而且也一定程度上改变了1877年以来德国《民事诉讼法》在基本指导思想上所存在的浓郁"个人主义、自由主义"倾向，而出现了所谓"协同主义"的民事诉讼观念。

在1895年奥地利《民事诉讼法》，以及德国1924年修改《民事

---

[1] 米夏埃尔·施蒂尔纳编：《德国民事诉讼法学文萃》，赵秀举译，中国政法大学出版社2005年版，第32页。

诉讼法》加强法官诉讼指挥权以遏制诉讼迟延的影响下，日本于1926年对《民事诉讼法》也进行了大规模的修改。按照日本著名学者三月章的说法："1926年的修改，主要是考虑到原法（称为旧民事诉讼法）的规定往往导致诉讼迟延，故尝试参照当时被渲染为欧洲最新的民事诉讼法——奥地利法后所作的独立性改革。"①

日本这次对于《民事诉讼法》的修改，不仅在其基本指导思想上抛弃了原来的"个人主义、自由主义"思想与观念以及"绝对当事人进行主义"的诉讼模式，引进了职权探知主义，加强了法院指挥诉讼程序方面的权限，增强了法官对于诉讼的指挥权，从而把当事人对诉讼实体内容有权处分的当事人主义与法院对诉讼程序有权指挥的职权进行主义融合在一起，形成了日本特有的诉讼模式。而且，从程序设置的角度上看，为了避免诉讼迟延、促进诉讼程序的进行，还在程序制度的设置方面作了一定程度上的调整与修改，具体表现在：移送方面的职权化、扩大化、法官对于证据的职权调查、准备程序的前置、法官对于延误时机攻击与防御方法的驳回等。

第二次世界大战以后，随着美国对日本的军事占领，英美法系特别是美国的民事诉讼制度、观念及其思想与学说，对日本的民事诉讼产生了重大的影响。虽然就日本《民事诉讼法》基本体系和有关程序制度的设置与规定上看，并没有根本性的变化，但是从主导和影响日本《民事诉讼法》学说和思想历史发展进程的角度上看，在有关诉讼程序的运行、进展等方面却发生了较大的变化。在指导民事诉讼程序运作、进行的思想、观念上，日本改变了1926年修改《民事诉讼法》以来的职权探知主义，而采用了英美法系通常所适用的"当事人进行主义"。例如在具体的程序设置及其有关规定上，不仅废除了法官的职权调查制度，以及在庭审中采用了交叉询问制度，而且引入了变更判决制度以及对于违宪问题的特别上诉制度等。不仅如此，英美法系有关当事人进行主义的思想、观念，及其程序制

---

① ［日］三月章著：《日本民事诉讼法》，汪一凡译，五南图书出版有限公司1974年版，第25页。

度设置,在尔后日本民事诉讼程序制度及其相关内容的设置与修改中,一直影响着日本《民事诉讼法》有关程序制度的修改与设置。

20世纪90年代以来,在日本社会政治、经济的发展过程中,以及日本国民对于司法救济需求不断增长等深层次社会因素的影响下,[①] 日本又分别于1990年、1999年掀起了大规模的司法改革,日本在20世纪末和21世纪初进行的司法改革,不仅从社会历史发展的角度,推进了日本社会的法制民主化、现代化进程,而且由于在日本民事诉讼司法实践中,仍然存在严重的诉讼迟延,以及知识产权纠纷、医疗纠纷、建筑纠纷、金融纠纷等所谓现代型纠纷审理期限过长的问题,因而日本的这场大规模司法改革,也引发了从第二次世界大战以来有关《民事诉讼法》基本指导思想上的变更与修正。

按照2001年6月12日,司法制度改革审议会向日本内阁提交的《司法制度改革审议会意见书——支撑21世纪日本的司法制度》中,"关于诉讼案件,要使利用者得到正确、迅速且有效的救济,就要充实审理内容,实现将现在的审理期间缩短大致一半的目标。"[②] "为了谋求审判的充实化、迅速化,从充实争点整理和完善有助于争点整理的证据开示的观点出发,创设新的准备程序,使证据开示规则明确化,同时使公审的连日开庭原则化"[③] 等有关民事司法改革目标的阐释,以及1996年以来,日本以1999年法律第151号、2001年法律第96号、第139号、第153号,2003年法律第108号、第128号,2004年法律第152号的形式,对于《民事诉讼法》有关内

---

① 请参见王云海:"日本司法改革的深层",载《环球法律评论》2002年春季号,第115—121页。

② 肖承海、毕英达译:"司法制度改革审议会意见书——支撑21世纪日本的司法制度",载樊崇义主编:《诉讼法学研究》(第四卷),中国检察出版社2003年版,第426页。

③ 肖承海、毕英达译:"司法制度改革审议会意见书——支撑21世纪日本的司法制度",载樊崇义主编:《诉讼法学研究》(第四卷),中国检察出版社2003年版,第427页。

容的修改、补充和完善的情况来看,在有关《民事诉讼法》基本指导思想上,日本不仅已经抛弃了传统的"当事人进行主义",而且,为了实现提高诉讼效益、缩短诉讼时间、促进诉讼进程的改革目的,在诉讼程序的进展上强调法官的诉讼指挥权,即一定程度上增强法官对诉讼进程的主动干预与指挥,以遏制诉讼迟延,已经成为主导日本当前《民事诉讼法》修改、完善的基本指导思想。

由上可见,历史地从主导和影响日本《民事诉讼法》制定学说、思想发展变化的角度上看,一百多年来,影响与主导日本《民事诉讼法》,以及决定法官与当事人在诉讼程序进行中各自权利与权限划分的基本指导思想,并不是一成不变的,其基本的指导思想不仅走过了一条从最初绝对的"当事人进行主义"到"职权探知主义",然后由"职权探知主义"到"当事人进行主义",再由"当事人进行主义"到"职权探知主义",以及增强法官诉讼指挥、控制权的发展道路。而且日本《民事诉讼法》作为以1877年德国《民事诉讼法》为蓝本制定的,且受到1895年奥地利制定《民事诉讼法》指导思想,和1924年德国修改《民事诉讼法》指导思想的影响,以及战后英美法系,特别是美国法影响的民事诉讼程序法律,不仅就其民事诉讼程序制度而言,已不再是纯粹的大陆法系模式,即兼有两大法系各自的一些特点,而且主导其《民事诉讼法》修改完善的基本学说及其法典编纂的基本程序思想,也不再仅仅局限于大陆法系的一些观念与思想。由于融入了两大法系有关民事诉讼程序立法的一些学说与程序设置的思想,所以具有了所谓"杂交优势"的特征。

(二) 主导《民事诉讼法典》编纂的基本程序思想

在亚洲各国现代民事诉讼程序制度的历史发展进程中,日本虽然是亚洲各国中最先自主引入西方民事诉讼程序法律制度的国家,以及亚洲各国中现代民事诉讼法律制度构建最为先进、程序设置最为完备的国家,但是基于东方的文化传统,以及本国社会人文环境与西方社会的差异,不仅对于民事诉讼法律制度的基本特征有其独到和深刻的认识,而且其主导《民事诉讼法典》编纂的基本程序思想、理念与西方大陆法系各国也是有所不同的。

## 第四部分 日本民事诉讼立法体例的发展变化及法典编纂的技术与特征

就民事诉讼程序法律的基本特征而言，日本学者认为："民事诉讼法系规定诉讼程序的法律，属于程序法范围，与规定判决内容的民法、商法等实体法相比较，在各个方面均反映出不同的性质。第一，程序法是预先确定的可以适用大量事件的法律，故对每一件具体的事件而言，很少产生特殊处理的余地。在程序法范围内，往往自然而然地令人感到严格的法律不可逃避的特性。第二，诉讼制度规定的对象是历史的产物，敏感地反映出时代的思潮，并随之而变迁、进化。与此相应，对诉讼制度进行理论考察也必须严格地顺应时代。同时，这类考察不仅需要充分重视历史的观点，尚应充分着眼于国外有关的研究和调查，并借此来审查自己的制度。第三，程序是一种有机体，每一具体的规定都与整体程序的机能相联系，只有透过对整体结构的理解，才能确定每一种具体规定的意义。反之，如果未能对各具体规定的意义作出充分准确的认识，则同样不能明确地掌握整体的结构（这就是程序法的环状构造）。在这一层意义上，程序法与实体法规定纯属孤立的对象罗列的性质大相径庭。"①

由上述观点可见，在日本学者看来，民事诉讼程序法律不仅严格区别于民事实体法律，以及诉讼程序制度作为历史的产物，有关诉讼程序制度的设置随着时代的发展在不断地变化，而且程序作为一种有机体、一种环状性构造，各种程序之间是存在密切联系的。

从主导《民事诉讼法典》编纂基本程序思想与理念的角度上看，主导日本近现代以来《民事诉讼法典》编纂的基本程序思想、理念，与西方大陆法系各国有关《民事诉讼法典》编纂的传统指导思想是存在较大差异的。这种差异最为主要的表现就在于：日本在近现代《民事诉讼法典》的编纂中，基本上是以"审判程序与其他诉讼程序分别设置、独立规定的思想"为其法典编纂的基本程序思想与理念的。而以"审判程序与其他诉讼程序分别设置、独立规定的思想"为主导《民事诉讼法典》编纂的基本思想，不仅与西方大陆法系各

---

① ［日］三月章著：《日本民事诉讼法》，汪一凡译，五南图书出版有限公司1974年版，第26页。

国有关《民事诉讼法典》编纂的传统指导思想存在较大差异,而且从构建以及支撑这种思想及其观念基本学说的角度上看,它是以"狭义民事诉讼程序制度说"为根据,以及在"狭义民事诉讼程序制度学说"的基础上建立起来的一种有关法典编纂的程序法律思想。

所谓"狭义民事诉讼程序制度说",指的是从民事诉讼程序种类角度,根据不同民事诉讼程序所具有的不同特征,和不同诉讼程序制度所要解决纠纷的不同特点,以及各种诉讼程序制度在适用诉讼法理上的不同,对民事诉讼程序制度进行分类与划分的一种学说。按照这种学说的主张及其标准,民事诉讼法从诉讼程序制度的角度被分为了广义上的民事诉讼法与狭义上的民事诉讼法。所谓狭义上的民事诉讼法,指的仅仅是规定与民事审判相关的各种程序制度的法律;而所谓广义上的民事诉讼法,指的则是规定所有与民事诉讼相关程序制度的法律。

在日本民事诉讼理论上,著名学者三月章教授在针对日本"民事诉讼法学的课题与现状"这一问题时曾经指出:"民事诉讼法学的目的在于把握民事程序法整体意义上的体系结构。因此,在日本,就应当回顾民事诉讼制度过去的历史性制约,直截了当地剖析现在存在的问题,指明将来发展的努力方向的方法,以建立尽可能完善的制度为其终极的目标。所以仅将视野集中于当前狭义上的民事诉讼制度上,并仅对诉讼制度进行概念论上的精雕细琢是不够的。理想的做法是应当将视野扩展至非讼事件、调解及仲裁的领域,并进一步将视线投往民事执行、民事保全、破产、契约、和解、公司重整等其他更广泛的民事诉讼程序法的领域,将判决程序定位于广泛意义上的程序法的整体结构和体系之中,从而考察其固有的问题。"[①] 由三月章教授的这番话可以看出,在日本民事诉讼理论上,狭义的民事诉讼程序制度说不仅是传统的民事诉讼程序理论学说,也一直是日本民事诉讼理论学说中占主导地位的理论思想与学说。

---

[①] [日] 三月章著:《日本民事诉讼法》,汪一凡译,五南图书出版有限公司1974年版,第26—27页。

就主导《民事诉讼法典》编纂的基本指导思想而言,以这种学说为依据所确立的"审判程序与其他诉讼程序分别设置、独立规定的指导思想",与西方大陆法系各国有关《民事诉讼法典》编纂指导思想的差异是十分明显的。

从《民事诉讼法典》编纂指导思想、理念历史发展的角度上看,在大陆法系《民事诉讼法典》的编纂进程中,不论是法国《民事诉讼法》还是德国《民事诉讼法》,可以说,不仅在立法体例以及《民事诉讼法典》有关程序制度的设置与规定上,基本采用的都是"大一统"的立法体例以及民事诉讼程序设置模式,而且主导其《民事诉讼法典》程序设置与编纂的基本思想,也是所谓"大一统"的程序设置理念与法典编纂思想。

所谓"大一统"的程序设置理念与法典编纂思想,指的是在民事诉讼的立法过程,及其程序设置与法典编纂中,不论各种民事诉讼程序所要解决纠纷的不同特点,也不论《民事诉讼法》在程序设置以及法典编纂上是否相互协调、和谐、科学与合理,一律将各种不同的程序制度全部纳入《民事诉讼法》中,并统一规定在一个《民事诉讼法》中的程序设置理念与法典编纂思想。按照这种程序设置理念与法典编纂思想,在《民事诉讼法》的立法体例及其法典的编纂上,不论各种程序所要解决纠纷的特点与性质有多大不同,也不论各种诉讼程序在适用的诉讼法理上存在多大的差异,以及各种诉讼程序之间是否存在必然的内在联系,都应当全部纳入以及编纂在同一个《民事诉讼法》中。在这种法典编纂思想的指导下,大陆法系各国《民事诉讼法》的立法体例及其法典编纂,基本上都是采用的这种"大一统"的、综合性的法典编纂方式及其立法体例。以德国《民事诉讼法》为例,德国《民事诉讼法》在诉讼程序的设置与及其法典的编纂上,不仅包括了从一审、二审到三审,以及再审的所有审判程序,而且还包括了证书诉讼与票据诉讼程序、家庭事件程序、督促程序、强制执行程序、公示催告程序、仲裁程序等诸多程序制度。

日本《民事诉讼法》虽然最初是以德国 1877 年《民事诉讼法》

为蓝本制定的,但是就有关民事诉讼程序制度的立法设置及其法典编纂的指导思想而言,随着日本民事诉讼程序法学理论研究的不断深入,却出现了与德国《民事诉讼法典》指导思想几乎完全不同的看法与观点。以三月章教授对于日本《民事诉讼法》有关程序制度的立法体例及其法典编纂的评价为例,按照三月章教授的观点:"规定民事诉讼程序的是民事诉讼法(1890年法律第29号)。但该法典的前部分(第一编至第五编第二项)均为民事诉讼程序的规定。在1979年民事执行法(法律第4号)制定之前,有关强制执行、公示催告程序以及仲裁程序也都分别由民事诉讼法的第六、第七及第八编予以规定。这种法典体系纯属德国民事诉讼法的翻版。"[①]"将第六编以后的内容都纳入民事诉讼法,这在法典体系上并没有必然性。"[②] 同时,针对日本《民事诉讼法》在程序制度的设置及其法典编纂上的有关问题,三月章教授还指出:"可以预见,将来民事诉讼法典的体系结构仍将有所调整。与此有关的还有,目前,民事诉讼法中依然保留着原法规定的公示催告程序和仲裁程序,如此类规定仍然如目前的形态般继续留在该法典中,则问题将日趋严重。因为,公示催告程序和仲裁程序的规定必须力求不断地现代化,所以,同民事执行法和民事保全法般,从民事诉讼法典中分离出来,而制定成单独的法典的做法比较妥当。而且,从法典的体系结构角度分析,最后也应将公示催告程序及仲裁程序从民事诉讼法中分离出去。"[③]

由上可见,日本在有关法典的编纂与程序制度设置的指导思想上,不仅与德国有关《民事诉讼法典》编纂的基本指导思想不同,以及在法典编纂上主张审判程序与其他诉讼程序的分别设置、独立

---

① [日]三月章著:《日本民事诉讼法》,汪一凡译,五南图书出版有限公司1974年版,第24页。

② [日]三月章著:《日本民事诉讼法》,汪一凡译,五南图书出版有限公司1974年版,第24页。

③ [日]三月章著:《日本民事诉讼法》,汪一凡译,五南图书出版有限公司1974年版,第24—25页。

规定，而且在这种法典编纂思想的指导下，日本《民事诉讼法》以及日本有关民事诉讼整个法律规范体系，在立法结构以及有关民事诉讼程序制度的规定上，与西方大陆法系的有关立法体例及其立法结构也出现了较大的区别。这种区别不仅表现在日本的现行《民事诉讼法》在立法体例及其法典的编纂上采用的是狭义民事诉讼的立法体例及其编纂模式，即《民事诉讼法》在有关诉讼程序制度的规定上，主要涉及的是关于审判程序的规定以外，还在于以"审判程序与其他诉讼程序的分别设置、独立规定"为指导，日本在民事诉讼立法上，将西方大陆法系国家通常纳入《民事诉讼法》中加以规定的人事诉讼程序、家事诉讼程序、非讼案件程序、调解程序、保全程序、强制执行等程序，从传统《民事诉讼法》中分离出来，单独地设置为独立于《民事诉讼法》的法律、法规。例如：日本于1898年颁布的《人事诉讼程序法》、1898年颁布的《非讼案件程序法》、1947年颁布的《家事审判法》、1951年颁布的《民事调停法》、1979年颁布的《民事执行法》以及1989年颁布的《民事保全法》等。

历史地看，大陆法系传统的程序编纂思想及其指导下的立法体例及法典编纂方式，虽然，鉴于当时立法技术及其程序编纂学理研究上的局限，有其必然性、合理性，但是，如果就民事诉讼程序设置及其法典编纂的科学性、合理性而言，却是有问题的。因为民事诉讼程序的设置及其法典的编纂，以发现真实推进诉讼进程和保障裁判公正、经济、迅速为目标，要实现或接近这一目标，在立法体例上和法典的编纂上，根据民事纠纷的不同特点和司法救济的需要，以及适用诉讼法理上的差异，有针对性地设置不同的程序制度，并采用分别立法的法典编纂模式，不仅有利于不同程序法律规范的适用，有利于不同类型纠纷的解决，也有利于特定民事诉讼法律规范的编纂，以及法律规范编纂上的科学、合理。即在民事诉讼程序制度及其法典的编纂上，传统的"大一统"民事诉讼程序立法方式，将所有的民事诉讼程序制度笼统地规定在一个法典之中，不仅十分的庞杂，互不协调，且法典的编纂也缺乏技术性。而日本有关法典编纂中审判程序与其他诉讼程序的分别设置、独立规定的指导思想，不仅根据解决纠纷的特定需要采用分别规定独立立法的方式，有针对性地设置不同的程序法律，从而构建起了各自独立且富有针对性的民事诉讼法律、法规体系，而且有关诉讼程序制度的设置、规定以及有关法典的编纂也富有技术性，符合现代《民事诉讼法典》编纂的要求。

# 第二章　日本民事诉讼程序立法体例及法典编纂技术与特征

## 一、日本民事诉讼程序立法体例

由于日本在民事诉讼程序立法的历史进程中，以"狭义民事诉讼程序制度说"为根据，以"审判程序与其他诉讼程序分别设置、独立规定的思想"为民事诉讼程序立法及法典编纂的基本指导思想，而这种程序立法指导思想与西方大陆法系各国有关民事诉讼程序立法及法典编纂传统指导思想上的不同，不仅促成了日本现代民事诉讼程序立法体例上的特殊性，也导致了日本整个民事诉讼程序立法体例，与法国、德国等多数大陆法系国家在民事诉讼程序立法体例上的差异性。这种差异性从立法规定的内容、方式、形式的角度上看，主要表现在：大陆法系各国的民事诉讼程序立法，在"大一统"的程序设置理念与法典编纂思想的指导下，基本上采用的都是综合性、单一法典式的立法体例。即在民事诉讼程序制度的立法规定上，大陆法系各国基本采用的都是单一《民事诉讼法典》的立法方式与形式，对于与民事诉讼有关的各种程序制度进行综合性、全面性规定的。在这种规定形式中，虽然有的大陆法系国家在采用综合性、单一法典式的立法体例对民事诉讼程序进行全面规定的同时，也存在对于某一特定诉讼程序，采用独立于综合性《民事诉讼法典》的立法规定形式和立法规定方式。但是这种个别的单一性规定，相对于整个民事诉讼程序制度的规定而言，它仅仅是个别的、单独的规定，绝大多数诉讼程序制度仍旧是由综合性《民事诉讼法典》加以规定的，所以即便是在综合性的《民事诉讼法典》以外，独立地存在一定数量有关某种特殊民事诉讼程序制度的专门规定，就类型与基本特征而言，仍然属于综合性、单一法典式的立法体例。

而日本的民事诉讼程序立法体例却有所不同,即它对于民事诉讼程序制度的规定,不是采用综合性、单一法典式的立法体例。换言之,日本在民事诉讼程序立法体例上,不是将所有与民事诉讼有关的程序都笼统地规定在一个《民事诉讼法典》中,而是在"审判程序"与其他"诉讼程序"分别设置、独立规定的指导思想下,根据审判程序与其他诉讼程序在类型与性质上的不同,采用分别规定、独立设置的立法体例进行规定。在这一思想指导下,日本现行的民事诉讼程序立法在体例上,形成了自己独有的以日本《新民事诉讼法》(有关审判程序的法律)为主,以《非讼案件程序法》、《人事诉讼程序法》、《家事审判法》、《民事调停法》、《民事执行法》、《民事保全法》和《关于公示催告程序和仲裁程序的法律》等为辅,相互联系、互相协调的民事诉讼程序法律体系。

日本的这种立法体例,与大陆法系大多数国家民事诉讼程序立法体例的主要差异在于:日本在程序立法上,将传统的大陆法系民事诉讼程序立法笼统规定在《民事诉讼法》中,且与审判程序不同的各种程序制度从《民事诉讼法》中分离出来,独立地设置为了不同于《民事诉讼法》的专门法律规定。日本这种特殊类型的民事诉讼程序立法体例,从其整个结构、体系的角度上看,主要包括了以下一些与解决民事纠纷有关的程序制度设置,以及由立法独立规定的单一诉讼程序法律与法规。

(一)日本《新民事诉讼法》

《新民事诉讼法》是日本现行民事诉讼程序法律体系中最为主要的诉讼程序法律。自1890年颁布《民事诉讼法》以来,一百多年间,基于解决纠纷的实际需要,也基于民事诉讼程序立法指导思想上的发展、变化,日本多次对这部法律进行过修改,多次修改以后的现行《新民事诉讼法》与1890年颁布的《民事诉讼法》,不仅在各自规定的内容上已存在较大的差异,而且就《新民事诉讼法》的内容而言,已经由过去综合性、全面性对于民事诉讼程序制度的规定,演变成了以规定审判程序为基本内容的法律。对于《新民事诉讼法》的立法体例以及相关问题,将在后面的内容中进行详细论述。

## （二）日本《非讼案件程序法》

日本《非讼案件程序法》，是日本于1898年颁布的一部法律。这部法律不仅是日本在"审判程序"与其他"诉讼程序"分别设置、独立规定的指导思想下，根据审判程序与其他诉讼程序在类型与性质上的不同，在1890年《民事诉讼法》以外独立制定的一部法律，而且从日本民事程序立法历史发展的角度上看，这部法律的独立制定，与德国民事程序立法上诉讼程序与非讼程序分别立法体例的影响，以及与日本民事程序理论本身对于诉讼程序与非讼程序在适用法理、程序机制上存在较大差异的理论认识存在直接的关系。

在日本民事程序理论上，虽然长期以来，对于"诉讼事件"与"非讼事件"有关问题的认识一直存在争论，但是从程序的角度，就诉讼程序与非讼程序两种程序的区别而言，理论认识上却是比较统一的。按照日本民事诉讼理论观点，不仅"非讼事件程序是指法院主动介入私人法律关系，以防止事后发生纠纷的程序"，[①] 而且，非讼事件程序与诉讼事件程序还存在较大的差异。两种程序的差异表现在："非讼事件处理程序的特征为：不采用判决的形式终结程序，而是选用裁定此一简略形式。对不服裁定的，也只能采用抗告这种简易方式救济。对抗告的限制要比第二审上诉和第三审上诉严格得多，一般只就一审裁定的轻重接受抗告。可见，非讼与诉讼在全部审级中都不相同。而且，非讼中的公开主义、言词审理主义色彩较淡，较易采用书面审理主义。在非讼程序的各个阶段，当事人主义各要素均教薄弱。在非讼开始及进行中，职权主义比较突出。在证据方面，非讼与诉讼也不尽相同，故并不要求严格的证明程序，而经常采取自由的证明。可见，非讼将职权主义视为不可欠缺的原则。"[②] 而"无论作为诉讼事件基础的纠纷属于何种性质，单就诉讼

---

[①] ［日］中村英郎著：《新民事诉讼法》，陈刚等译，法律出版社2001年版，第13页。

[②] ［日］三月章著：《日本民事诉讼法》，汪一凡译，五南图书出版有限公司1974年版，第21页。

这一行为而言，在针对当事人提出的诉讼标的由司法机关运用公权力加以判断，并据此解决纠纷等结构方面，均有其共同性。其主要原则是采用最为慎重的裁判形式——判决未终结其程序，并且还进一步设立有不服判决的第二审上诉、第三审上诉制度。无论诉讼程序复杂抑或简单，在任何阶段，民事诉讼均采用公开主义原则，与此原则相联系的则为广泛采用的言词审理主义。另外，在诉讼争议的主要事实都要求严格的证明（证据方法的限定和证据调查方式的法律规定）方面也大致上相同。从起诉直至其终结，常包括各个阶段，在所有的诉讼阶段中均贯彻处分权主义和辩论主义原则。"①

由于日本理论上对于诉讼程序与非讼程序差异的认识比较统一，以及对于在诉讼程序之外独立设置非讼程序的认识上也十分一致，因而自1898年《非讼案件程序法》颁布一百多年以来，随着社会的发展，虽然日本对于《非讼案件程序法》进行过多次修改，且删除了一些内容和条款，但是该法及其主要内容一直沿用至今。

日本现行《非讼案件程序法》在体例上包括四大部分，这四大部分分别是：第一编"总则"、第二编"民事非讼案件"、第三编"商事非讼案件"、"附则"。该法典共计210个条文，各个部分的基本内容如下：

1. 第一编"总则"

"总则"部分是关于《非讼案件程序法》基本问题的规定，这部分的规定对于具体非讼案件程序的审理、程序的进行、裁判、抗告等，都具有指导和规范的意义。

"总则"部分没有分章，总共有33个条文。其内容包括了该法的适用范围、管辖、代理、职权探之主义、程序非公开性、检察官参与诉讼、裁判、抗告、费用负担、费用债权人的强制执行等内容。

这一编在内容上对于非讼程序适用中，不同于诉讼程序的诸多原则作出了明确规定。例如，按照该法第11条的规定："法院以职

---

① ［日］三月章著：《日本民事诉讼法》，汪一凡译，五南图书出版有限公司1974年版，第20页。

权探知事实,并认为必要时调查证据。"第 13 条:"审问非公开进行。但法院认为适当的人,可以允许旁听。"第 15 条规定:"第一款　检察官对案件陈述意见,并参与审问。第二款　应向检察官通知案件及审问期日。"第 17 条:"第一款　裁判以裁定作出。第二款　法官在裁判原本上面签名盖章;在申请书或笔录上签名盖章,可以代替原本。第三款　书记官在裁判正本及副本上签名盖章,并在正本上加盖法院的印章。第四款　本条前两款的签名盖章,可以以记名盖章代替。"

2. 第二编"民事非讼案件"

该部分是《非讼案件程序法》有关处理民事非讼案件时,适用非讼程序制度的规定。在立法体例及其内容上,原法典规定有 9 章,除第 2 章第 38 条至第 71 条、第 6 章、第 7 章、第 8 章第 90 条至 116 条等,随着社会的发展已经被废除以外,还保留有第 1 章"关于法人的案件"、第 3 章"关于信托的案件"、第 4 章"关于审判上代位的案件"、第 5 章"关于保存、提存、保管及鉴定的案件"、第 9 章"法人及夫妻财产契约登记"。

第 1 章"关于法人的案件"规定,包括 4 个条文,涉及"补办捐助行为的管辖"、"选任临时理事和特别代理人、法人清算及解散的管辖"、"选任法人监事人"、"清算人"、"清算人、监事的报酬"等规定。第 3 章"关于信托的案件"规定,涉及一个条文,该条文之二至该条文之七,对于信托案件的管辖法院、法院的监督、改任或辞去信托管理人、选任或改任前条管理人的裁判、监事等作出了规定。第 4 章"关于审判上代位的案件"规定,包括 8 个条文,涉及"申请审判上代位"、"管理法院"、"申请代位要记载的事项"、"代位申请的许可"、"告知裁判"、"及时抗告"、"抗告费用负担"、等内容。第 5 章"关于保存、提存、保管及鉴定的案件"规定,包括 7 个条文,涉及"指定保存分割共有物证书的人"、"指定提存所"、"选任提存物保管人"、"改任或选任提存物保管人"、"提存拍卖价款"、"质物充作偿还之许可"等内容。第 9 章"法人及夫妻财产契约登记"规定,包括 8 个条文,涉及"法人登记的管辖登记所"、

"夫妻财产契约登记的管辖登记所"、"备置登记簿"、"设立登记"、"解散登记"、"撤销设立许可及根据解散命令解散登记申请要附的文书"、"关于夫妻财产契约的登记申请"、"法人及外国法人登记"、"关于夫妻财产契约的登记"等内容。

3. 第三编"商事非讼案件"

该部分是《非讼案件程序法》有关处理商事非讼案件时，适用非讼程序制度的规定。该部分总共包括 5 章，这 5 章分别是：第 1 章"关于公司及拍卖的案件"、第 2 章"关于公司债的案件"、第 3 章"关于公司整顿的案件"、第 4 章"关于公司清算的案件"、第 5 章"委托商业登记"。

这 5 章对于解决有关商事非讼事件的管辖、程序的进行、抗告等问题作出了具体的规定。

4. 附则

该部分包括 5 个条文，这 5 个条文对于"罚款案件的管辖"、"罚款裁判的程序"、"罚款裁判的执行"、"简易程序"、"过渡规定"、"有关外国人的非讼案件程序"、"施行日期"等问题作出了规定。

（三）日本《人事诉讼程序法》

日本的《人事诉讼程序法》，也是日本于 1898 年颁布的一部独立于日本《民事诉讼法》的法律，这部法律的制定不仅与日本"审判程序与其他诉讼程序分别设置、独立规定的思想"有关，而且从决定日本民事程序立法社会基础的角度上看，这部法律的独立制定，与日本作为一个东亚国家，且深受东方传统文化的影响还存在着直接联系。

在日本民事诉讼程序立法发展史上，从独立于《民事诉讼法》各个法律颁布的时间来看，在日本整个民事程序法律体系中，《人事诉讼程序法》是日本最早颁布的独立于《民事诉讼法》的两部法律之一。在这两部法律中，另一部《非讼案件程序法》，虽然也是于 1898 年颁布的独立于《民事诉讼法》的法律，但是，从这部法律制定时模仿、套用的蓝本——德国 1877 年《民事诉讼法》的立法体例情况来看，1877年德国《民事诉讼法》在立法体例上，已经采用了诉讼程序与非讼程序分别规定的立法体例。换言之，由于这种分别立法、独立规定的立法体例并非日本首创，在其模仿、套用的德国1877年《民事诉讼法》中已经存在，为此，就日本这种立法体例性质而言，不过仅仅是一种模仿而已，从民事诉讼程序立法体例的角度上看，并没什么独创性。但是《人事诉讼程序法》却有所不同，三月章教授曾经指出："德国民事诉讼法第六编的所谓人事诉讼规定，在日本则相对独立，形成名为人事诉讼程序法的独立法律，此点与德国不同。"① 由于1877年德国《民事诉讼法》在立法体例以及法典编纂上，将有关人事诉讼的内容作为《民事诉讼法》的一个部分，并纳入法典规定在《民事诉讼法》中，因而，日本《民事诉讼法》在其立法体例及法典编纂上，将这一部分内容从《民事诉讼法》中分离出来，独立规定为一部法律的立法形式，从立法体例及法典编纂的角度上看，不仅具有了民事程序立法体例上的独创性，也成就了大陆法系民事诉讼程序立法上的一种特殊的立法体例，即具有了立法体例及法典编纂上的不同意义和性质。

而日本之所以在1898年《民事诉讼法》制定之初，就将婚姻、收养和亲子关系等，以身份关系为诉讼标的的民事诉讼，从以财产关系为诉讼标的的一般民事诉讼中分离出来单独立法，与日本作为一个亚洲国家，其立法深受东方传统文化的影响存在直接联系。换言之，从法律与社会文化之间的关系来看，传统东方文化的影响不仅是主导日本这种有别于西方大陆法系特殊立法体例的社会根据，而且东方传统文化也是促成日本民事诉讼程序立法与西方大陆法系国家传统立法差异的根本原因。按照日本民事诉讼理论上的观点："婚姻、亲子等身份关系是社会构成的基础，而且直接关系到公序良俗，因此，对于身份关系的事件，不能适用以财产事件为对象的普通民事诉讼程序，而必须设置特别的诉讼程序。该程序必须允许检

---

① ［日］三月章著：《日本民事诉讼法》，汪一凡译，五南图书出版有限公司1974年版，第2页。

察官在某些场合出席口头辩论，法院也可以依职权收集当事人未提出的事实资料，并依职权对事件进行处理。"①

日本《人事诉讼程序法》在立法体例上包括三章，共计33个条文。这三章分别是：第一章"关于婚姻案件及收养案件的程序"、第二章"关于亲子关系案件的程序"、第三章"其他规则"。这三章的基本内容如下：

1. 第一章"关于婚姻案件及收养案件的程序"

"关于婚姻案件及收养案件的程序"，是日本民事诉讼中审理与婚姻、收养有关的案件，或者审理以婚姻、收养等身份关系为诉讼标的的民事争议所适用的诉讼程序。在实际的民事诉讼活动中"对于这些事件的审理判决，必须首先适用《人事诉讼程序法》，对于该法没有特别规定的事项，才可以遵从民事诉讼法的相关规定。"②

该章总共有26个条文，在内容上不仅对于有关婚姻、亲子等身份关系案件的审理程序作出了不同于一般民事诉讼程序的规定，而且其有关程序性规定还充分体现出了审理婚姻、亲子等身份关系案件的诉讼程序，与审理一般财产争议案件诉讼程序在适用诉讼法理上的差异。例如，按照日本《人事诉讼程序法》第5条有关"检察官列席审判"的规定："第一款 检察官应列席婚姻案件的辩论并发表意见。第二款 检察官可列席受命法官或者受托法官审问并发表意见。第三款 向检察官通知案件及期日，如检察官列席时应在笔录里记载其姓名及申诉。"第6条有关"检察官的主张和证明"的规定："为了维持婚姻，检察官即使不作为当事人也可以提出事实和证据方法。"第10条有关"不适用辩论主义"的规定："民事诉讼法第一百五十七条、第一百五十九条第一款，第二百二十四条及第二百四十条等条款规定，不适用于婚姻案件。民事诉讼法第二百六十

---

① ［日］中村英郎著：《新民事诉讼法》，陈刚等译，法律出版社2001年版，第16页。
② ［日］中村英郎著：《新民事诉讼法》，陈刚等译，法律出版社2001年版，第16页。

六条及第二百六十七条关于请求的承认规定，亦同。关于审判上自认的法则，不适用于婚姻案件。"第 14 条有关"职权探知"的规定："为了维持婚姻，法院依职权可以进行调查证据，并对当事人所未提出的事实加以考虑，但对于调查的事实及证据的结果，应询问当事人。"

2. 第二章"关于亲子关系案件的程序"

"关于亲子关系案件的程序"，总共包括 6 个条文，涉及亲子关系案件的管辖、禁治产人否认嫡出之诉、丈夫死亡后嫡出否认之诉、确认父亲之诉的当事人、检察官主张和证明、职权探之主义、准用规定等内容。

3. 第三章"其他规则"

"其他规则"仅有 1 个条文，是有关"通知利害关系人"的规定。按照该条的规定："法院认为适当时，根据最高法院规则规定，对于在父亲死亡之后提起认知子女诉讼时的其他作为继承人的子女及其他因诉讼的结果而受损失的人通知诉讼系属情况。但是，该通知以诉讼记录判明其姓名及其住所或居所的为限。"

（四）日本《家事审判法》

在日本的民事诉讼程序法律体系中，最初的一段时间，以至于较长的一段时间内都是没有《家事审判法》的。《家事审判法》的出现，不仅与日本民事诉讼程序立法指导思想从大陆法系"大一统"的传统程序设置理念与法典编纂思想，向"审判程序与其他诉讼程序分别设置、独立规定"指导思想的转变有关，而且也与日本民事诉讼程序法学理论上，对于家事事件性质的认识存在直接的关系。即随着民事诉讼程序法学理论研究的不断深入，不仅日本法学理论上逐渐认识到家事事件一类的案件，虽然也涉及有关的民事权益争议，但是由于这些争议是发生在家庭成员之间的，"与普通财产事件相比，涉及人事争议和其他涉及家庭的普通事件具有特殊的性质，而且其中多数是不适合在公开的法庭上进行争议的。"① 也就是说，这些事件虽然就其类型而言，也属于具有争议性质的民事事件，但是，由于这些争议是发生在家庭成员之间的，具有不同于一般财产权益争议事件的特殊性，为此，基于这些事件所具有的公益性、社会性，以及从维护社会秩序的角度考虑，在审判上应当富有针对性的适用不同的诉讼法理，而且按照日本近代以来，逐渐发展起来的"审判程序与其他诉讼程序分别设置、独立规定"的指导思想，为了便于这些纠纷的解决，还应当从立法上富有针对性地独立设置诉讼程序制度。换言之，在这种理论认识逐渐深化，以及程序立法指导思想发展、变化的条件下，日本于1947年12月6日，即距1890年第一部《民事诉讼法》颁布半个世纪以后，以第152号法律的形式颁布了这一部专门用于家事审判的法律。

日本的《家事审判法》在体例与内容上包括四大部分，这四大部分分别是：第一章"总则"、第二章"审判"、第三章"调停"、第四章"罚则"。这四大部分共计31个条文，其主要内容如下：

1. 第一章"总则"

"总则"是《家事审判法》对于家事审判中一些共同的、基本的原则性问题的规定。该章原有8个条文，其中的第5、第6条已被删除，其内容包括："宗旨"、"家事法官"、"审判、调停的机关"、"排斥、回避"、"准用非讼案件程序"、"最高法院规则"等内容。

2. 第二章"审判"

"审判"是《家事审判法》有关家事案件审判程序的规定，该部分共有9个条文，其规定的主要内容包括："审判事项"、"参与员"、"职权调停"、"利害关系人参加"、"审判的效力"、"即时抗告"、"审判的执行力"、"委托户籍登记"、"审判前的保全处分"、"审判前遗产换价"、"命令履行义务"、"财产管理人的权利义务"等内容。

---

① [日] 中村英郎著：《新民事诉讼法》，陈刚等译，法律出版社2001年版，第15页。

3. 第三章"调停"

"调停"是《家事审判法》有关调停家事案件的程序性规定。该部分共计10个条文,其内容涉及:"调停案件的范围"、"调停前置主义"、"受诉法院的职权调停"、"利害关系人参加"、"达成调停及其效力"、"调停委员会的组成"、"家事调停委员的职务"、"相当于协议的审判"、"替代调停的审判"、"申请异议"、"确保履行调停所规定的义务"、"调停未达成时处置"等内容。

4. 第四章"罚则"

"罚则"是《家事审判法》对于家事审判活动中不出庭、不服从命令、泄露他人秘密等行为的处罚规定,其内容包括:"不出庭的罚款"、"不服从履行命令的制裁"、"执行罚款的审判"、"泄露评议秘密罪"、"泄露他人秘密罪"等内容。

(五)日本《民事调停法》

按照日本学者的观点:"调解程序,是指经设置于法院里的调解委员会的斡旋、调停,使当事人达成解决纠纷合意的程序。"① 即从民事诉讼程序法律的角度上看,日本的《民事调停法》就性质与类型而言,并不属于民事诉讼程序法律。但是,由于日本的《民事调停法》是关于当事人向日本的简易法院或者地方法院提出调停申请,并在法官参与的调停委员会的调停下解决民事纠纷活动的有关法律规定,因而,不仅在理论上,"可以说,调解制度的完备为日本民事司法制度的一大特征",② 而且在司法实务中,"从统计数据上看,采用民事调解和家事调解的事件数几乎与民事诉讼事件的总数相等。"③ 即调停在解决日本的民事纠纷中具有举足轻重的意义与十分

---

① [日]中村英郎著:《新民事诉讼法》,陈刚等译,法律出版社2001年版,第14页。

② [日]三月章著:《日本民事诉讼法》,汪一凡译,五南图书出版有限公司1974年版,第8页。

③ [日]三月章著:《日本民事诉讼法》,汪一凡译,五南图书出版有限公司1974年版,第8页。

重要的作用。为此，在日本的民事程序理论上以及民事程序法律体系中，《民事调停法》也被视为其中十分重要的一部法律。

日本现行的《民事调停法》是1951年以第222号法律的形式颁布的。虽然从该法颁布的时间上来看，相对于其他独立设置的民事程序法律并不久远，但是，有关调停制度的法律规定却可以追溯到很早。日本最初有关调停的法律颁布于20世纪20年代，是作为解决日益严重社会问题的一种方式提出来的，从日本有关调停制度历史发展的角度上看，日本历史上曾经颁布过大量有关调停制度的法律。例如：1922年以法律第41号颁布的《租地租屋调解法》、1924年以法律第18号颁布的《雇工调解法》、1926年以法律第42号颁布的《商事调解法》、1926年以法律第57号颁布的《劳动争议调解法》、1932年以法律第26号颁布的《金钱债务临时调解法》、1939年以法律第11号颁布的《人事调解法》、1939年以第32号颁布的有关矿业法中的修改部分等。日本历史上这些有关调解的法律不仅数量众多，而且十分的庞杂。战后随着社会的发展，劳动争议调解法被劳动关系调整法所吸收；人事调解法则因家事审判法的制定而被废止，在这种情形下，日本民事程序立法上将各种不同的调解法律统一合并起来，从而制定了有关调解方面的统一法律——《民事调停法》。

日本的《民事调停法》在体例及其内容上包括四大部分，共计37个条文。这四大部分分别是：第一章"通则"、第二章"特则"、第三章"罚则"、第四部分"附则"。这几部分的基本内容如下。

1. 第一章"通则"

"通则"是日本《民事调停法》对于民事调解涉及的基本性、共同性问题的规定。该章总共有23个条文，包括制定该法的宗旨、调停案件的范围、管辖、调停机关、调停委员会的组成、调停前的措施、不进行调停的情况、替代调停的决定、申请异议、即使抗告等内容的规定。

2. 第二章"特则"

"特则"是日本《民事调停法》对于几种具体调停的专门规定。

在体例上包括六节，共 10 条。这六节所涉及的具体内容是：（1）宅地建筑物调停；（2）农事调停；（3）商事调停；（4）矿害调停；（5）交通调停；（6）公害调停。

3. 第三章"罚则"

"罚则"是日本《民事调停法》对于违反调停规则的行为所制定的一些处罚规则。按照该部分第 34 条有关规定："当案件关系人受到法院或者调停委员会传唤后无正当理由不出庭时，法院处以 3000 日元以下的罚款。"第 37 条规定："民事调解委员会或者曾任民事调解委员会的人，无正当理由泄露在其职务处理过程中所得知的他人的秘密时，处以 6 个月以下的徒刑或 1 万日元以下罚金。"

4. 第四部分"附则"（略）

（六）日本《民事执行法》

日本《民事执行法》，是日本在 1979 年以第 4 号法律的形式颁布，并于 1980 年 10 月 1 日开始施行的。就其颁布与实行的时间而言，相对于日本民事程序体系中的其他法律似乎较短，但是就日本有关强制执行的立法规定而言，实际上已十分的久远。从日本有关民事执行立法历史发展的角度上看，日本在最早颁布的《民事诉讼法》，即 1890 年《民事诉讼法》中对于强制执行就已经作了规定。只不过最初的规定无论是在立法体例还是内容上，与现行的规定都有所不同。

由于日本 1890 年《民事诉讼法》是以德国 1877 年《民事诉讼法》为蓝本制定的，而德国《民事诉讼法》在"大一统"的程序设置理念与法典编纂思想的指导下，采用的是综合性、单一法典式的立法体例。即在民事程序的设置上，不分类型与性质，将民事执行程序、审判程序、仲裁程序和其他民事诉讼程序全部笼统地规定在《民事诉讼法》一个法典之中。因而日本最初有关民事强制执行的规定，在立法体例上与德国《民事诉讼法》是一样的，也是与其他民事诉讼程序一同规定在《民事诉讼法》之中的。然而，随着社会的发展，日本民事诉讼程序立法指导思想的变化，以及日本民事执行的现实需要，日本在修改旧《民事诉讼法》第六编"强制执行程序"的基础上,将修改后的内容与《拍卖法》中规定的担保实行程序的有关内容合在一起,制定出了独立的《民事执行法》。按照日本学者的观点,日本在民事执行上所作的这种独特的立法体例,"其结果使得法典上出现了两种不同的民事执行概念,其一是狭义的强制执行,其二为包括拍卖法规定的属于担保物权实行的拍卖和商法及其他法律规定的作为价格转换的拍卖[两种拍卖合在一起统称任意拍卖]在内的上位性民事执行。"① 换言之,日本目前的《民事执行法》在类型与性质上,属于广义上的《民事执行法》。

日本的现行《民事执行法》在体例上包括五大部分。这五大部分分别是:第一章"总则"、第二章"强制执行"、第三章"作为实行担保权的拍卖"、第四章"罚则"、第五部分"附则"。该法典一共198个条文。这五大部分的基本内容如下:

1. 第一章"总则"

"总则"是日本《民事执行法》对于整个民事执行中一些基本问题的规定。该部分一共有21个条文,涉及民事执行立法的宗旨、执行机关、执行法院、审问、见证人、执行的条件、执行抗告、执行异议、代理人、提供担保、送达的特则、请求官厅等机关协助、专属管辖、最高法院规则等内容。

2. 第二章"强制执行"

"强制执行"是日本《民事执行法》对于具体执行行为的规定。该章在体例上包括三节,这三节分别是:第一节"总则"、第二节"对于以金钱为目的的债权强制执行"、第三节"对于不以金钱支付为目的的请求权强制执行"。

第一节"总则"在内容上包括:债务名义(执行名义)、能进行强制执行的人的范围、对于外国法院判决的执行作出执行判决、强制执行的实施、付与执行签证、重复付与执行签证、请求异议之诉、在终局判决中执行停止的裁判、第三人异议之诉、强制执行停

---

① [日]三月章著:《日本民事诉讼法》,汪一凡译,五南图书出版有限公司1974年版,第24页。

止、撤销执行处分、执行费用负担等内容。第二节"对于以支付金钱为目的的债权强制执行",在内容上包括:第一款"对于不动产的强制执行"、第二款"对于船舶强制执行"、第三款"对于动产强制执行"、第四款"对于债权及其他财产权强制执行"等内容。第三节"对于不以金钱支付为目的的请求权强制执行"在内容上包括:交付不动产等强制执行、交付动产的强制执行、交付第三人占有标的物的强制执行、作为或不作为的强制执行、意思表示的拟制等内容。

3. 第三章"作为实行担保权的拍卖"

"作为实行担保权的拍卖",涉及15个条文。这些条文包括"不动产拍卖的要件"、"对于开始决定的执行异议"、"停止不动产拍卖程序"、"交付价款而取得不动产的效力"、"基于加价拍卖的不动产拍卖的申请"、"准用不动产强制拍卖的规定"、"船舶拍卖"、"动产拍卖的要件"、"对于动产扣押的执行异议"、"准用动产执行规定"等等内容。

4. 第四章"罚则"

"罚则"涉及3个条文,是《民事执行法》对于违反执行法院的执行行为,如无正当理由,在执行法院传唤受讯问期日不出庭,拒绝陈述或者做虚伪陈述等行为的处罚规定。

5. 第五部分"附则"(略)

(七)日本《民事保全法》

日本《民事保全法》,是日本1989年以法律第91号的形式颁布,并于1991年开始实行的。按照日本学者的说法:"该法将民事诉讼法原第六编中的[假扣押和假处分]的指令程序规定及民事执行法原第三章的[假扣押和假处分的执行]的程序规定合而为一,构成单独的法典。"① 换句话说,该法是随着日本民事司法实践的发展及其司法实务的需要,以及在"审判程序与其他诉讼程序分别设置、独立规定"的思想指导下,日本从立法上将原《民事诉讼法》

---

① [日]三月章著:《日本民事诉讼法》,汪一凡译,五南图书出版有限公司1974年版,第24页。

中不同于审判程序的假扣押和假处分独立出来,并与《民事执行法》中的有关内容相合并的基础上,独立制定的一部的法律。

日本《民事保全法》在体例上包括五大部分,共计 66 个条文。这五大部分分别是:第一章"总则"、第二章"关于保全命令的程序"、第三章"关于保全执行的程序"、第四章"假处分的效力"、第五部分"附则"。这五大部分的主要内容如下:

1. 第一章"总则"

"总则"是对民事保全中的一些具有共同性、原则性问题的规定。该部分共涉及 8 个条文,这 8 个条文的主要内容包括:"宗旨"、"民事保全的机关及执行法院"、"任意的口头辩论"、"提供担保"、"阅览案件记录"、"专属管辖"、"最高法院规则"等。

2. 第二章"关于保全命令的程序"

"关于保全命令的程序"在体例上包括五节,这五节及其所规定的内容如下。

第一节"总则",该节原有 3 个条文,其中的两条已经被删除。保留的 1 条是有关"阐明处分的特则"。该条规定:"法院认为有必要明了当事人对于争执的事实关系的主张时,在口头辩论或审问的期日,可以使为当事人处理事务或辅助的而且是法院认为合适的人进行陈述。"

第二节"保全命令",该节包括三款,第一款"通则",该款的内容主要包括:"管辖法院"、"申请和释明"、"保全命令的担保"、"审判长的权限"、"裁定的理由"、"送达"、"撤回保全命令的申请"、"对驳回的裁判提出即时抗告"等。第二款"假扣押命令",该款的内容包括:"假扣押命令的必要性"、"假扣押命令的对象"、"解除假扣押的金额"。第三款"假处分命令",该款包括:"假处分命令的必要性"、"假处分的方法"、"解除假处分的金额"等。

第三节"保全异议",该节原有 11 个条文,目前除一个条文已经被删除外还有 10 个条文。这些条文主要的内容有:"保全异议的申请"、"停止保全执行的裁判"、"保全异议的审理"、"对于保全异议申请作出裁定"、"恢复原状的裁判"、"撤销保全命令裁定的效力"、"撤回保全异议的申请"等。

第四节"撤销保全",该节有四个条文,其内容包括:"不提起本案之诉而撤销保全"、"因变更情况而保全"、"根据特殊情况而撤销保全"、"准用保全异议的规定"。

第五节"保全抗告",该节有两个条文,其内容包括:"保全抗告"、"停止撤销保全命令裁定效力的裁判"。

3. 第三章"关于保全执行的程序"

"关于保全执行的程序"在体例上包括三节,这三节及其内容如下。第一节"总则",该节有4个条文,其主要内容包括:"保全执行的要件"、"因不提供追加担保而撤销保全执行"、"第三人之诉的管辖法院特则"、"准用民事执行法"。第二节"假扣押的执行",该节有5个条文,其主要内容包括:"对于不动产的假扣押执行"、"对于船舶假扣押的执行"、"对于动产假扣押的执行"、"对于债权及其他财产权的执行"、"提存解除假扣押的金额而撤销假扣押执行"。第三节"假处分的执行",该节有6个条文,其主要内容包括:"假处分的执行"、"为保全不动产登记请求权而作出的禁止处分的假处分执行"、"为保全有关不动产权利以外的权利的登记或登录请求权而作出的禁止处分的假处分执行"、"因提存解除假处分的金额而撤销执行假处分"。

4. 第四章"假处分的效力"

"假处分的效力"这一部分没有分节,总共规定了8个条文,这8个条文所涉及的主要内容包括:"为保全不动产登记请求权而作出的禁止处分的假处分效力"、"注销登记的通知"、"更正假处分命令"、"禁止占有转移的假处分的效力"、"对于付与执行签证异议申请的理由"、"为保全撤销欺诈行为而作出的假处分中解除金额权利的行使"。

5. 第五部分"附则"

"附则"仅一个条文,是对于实施期日的规定。

(八)《关于公示催告程序和仲裁程序的法律》

从日本民事诉讼程序立法体例发展变化的角度上看,由于日本在最初的民事诉讼程序立法中，是以德国民诉法为蓝本，且基本模仿德国1877年《民事诉讼法》立法体例的基础上制定的，在这种模仿与套用的过程中，以及大陆法系"大一统"传统程序设置理念与法典编纂思想的指导下，几乎所有与民事诉讼有关的程序都是规定在一个《民事诉讼法》中的，当然公示催告程序和仲裁程序也不例外。但是随着社会的发展，日本民事司法审判实践的需要，以及日本民事诉讼程序立法指导思想的发展、变化，日本分别于1979年、1989年和1996年，将原《民事诉讼法》中的民事执行部分、假扣押和假处分部分，以及第一编至第五编的审判程序部分从《民事诉讼法》中分离出来，制定为了各自独立的《民事执行法》、《民事保全法》和《新民事诉讼法》，原《民事诉讼法》在内容上，就只剩下有关公示催告程序和仲裁程序的规定。换言之，从日本民事诉讼程序法律体系的角度上看，原《民事诉讼法》中有关公示催告程序和仲裁程序的规定，实际上已经成为一部独立的法律。

日本《关于公示催告程序和仲裁程序的法律》，在立法体例上总共包括三编，这三编分别是：第一编"总则"、第七编"公示催告程序"、第八编"仲裁程序"。这三编共计33个条文。其主要内容如下：

1. 第一编"总则"

"总则"在内容上只有一个条文，即关于准用关于民事诉讼法的规定，按照该规定："关于公示催告程序和仲裁程序，除另有规定外，以不违反其性质为限，准用关于民事诉讼法律规定。"

2. 第七编"公示催告程序"

有关"公示催告程序"的规定包括22个条文，在内容上主要涉及："公示催告的适用范围及其管辖"、"公示催告的申请"、"公告的方式"、"公示催告期间"、"除权判决前的申报"、"除权判决"、"提出异议申报的情况"、"除权判决的公告"、"对于除权判决不服之诉"、"提出诉讼期间"等内容。

3. 第八编"仲裁程序"

有关"仲裁程序"的规定包括19个条文，在内容上主要涉及：

"仲裁协议"、"仲裁员选定权"、"仲裁选定方法"、"选定通知的效力"、"仲裁员的回避"、"仲裁协议的失效"、"仲裁裁决程序"、"询问证人及鉴定人"、"管辖法院的协助"、"仲裁裁决"、"仲裁裁决的效力"、"撤销仲裁裁决的诉讼"、"根据仲裁裁决强制执行"等内容。

由上述有关日本民事诉讼程序立法体例的规定来看，日本的民事诉讼程序立法不仅与大陆法系传统的民事诉讼程序立法在指导思想、体例，以及立法规定的方式、方法上均有所不同，而且，这种以对不同诉讼程序特殊性的深入认识为基础的立法方式，以及由此所构建起来的诉讼程序法律制度体系，从人类社会有关立法规定的体例，以及法律规定形式历史发展路径、走向的宏观角度上看，日本在诉讼程序立法上根据所要解决纠纷的不同特点，在对于不同程序制度的特殊性进行深入研究的基础上，采用分别设置不同程序制度的立法思路及其立法方式、方法，不仅符合立法由远古的诸法合体、刑民不分的粗犷型，向现代的刑民分离、分类设置的精细型发展、演变的历史路径与趋势，而且，从程序立法的微观角度上看，这种在细化基础上对于民事诉讼程序的分别设置，和分层构建民事诉讼程序制度的立法方式，以及由这种立法方式所确立的诉讼程序法律制度，显然，有利于诉讼程序制度的具体运用，以及富有针对性的解决纠纷，是符合纠纷解决的个别化与特殊性要求的。

## 二、日本《新民事诉讼法》的立法体例

日本《新民事诉讼法》是日本民事诉讼程序法律体系中，以审判程序为基本立法内容而规定的最为重要也最为主要的法律，以日本 2004 年法律第 152 号对于《新民事诉讼法》的修改为截止日期，日本《新民事诉讼法》在立法体例及其法典的编章结构上，以"编"为标准将整个法典的内容分为了 9 个部分，这 9 个部分分别是：第一编"总则"、第二编"第一审诉讼程序"、第三编"上诉"、第四编"再审"、第五编"票据及支票诉讼的特则"、第六编"小额

诉讼的特则"、第七编"督促程序"、第八编"执行停止"、"附则"。法典的正文部分共计 400 个条文。其立法体例与这 9 个部分的具体内容如下。

(一) 第一编"总则"

"总则"是日本《新民事诉讼法》的第一个部分，也是该法典第一编的有关规定，从法典编纂体例的角度上看，该编不仅居于整个法典之首，而且在内容上，也是日本民事程序立法对于整个民事诉讼程序过程中具有共同性、基本性问题的专门规定，其效力及于尔后法典规定的所有内容。

该编在内容上包括了 6 章，这 6 章分别是：第一章"通则"、第二章"法院"、第三章"当事人"、第四章"诉讼费用"、第五章"诉讼程序"、第六章"起诉前证据收集的处分等"。这 6 章共计 132 个条文，其主要内容如下：

1. 第一章"通则"

该章共有 3 个条文。一是有关立法宗旨的规定，二是有关法院与当事人的职责与义务的规定，三是有关最高法院规则的规定。

从日本民事诉讼程序立法历史发展的角度上看，在立法体例上，最初颁布的《民事诉讼法》是没有关于"通则"的规定的。1890 年《民事诉讼法》第一编第一章是关于法院的规定，没有所谓"通则"的规定。现行法典有关"通则"的规定，是日本在修改旧《民事诉讼法》的基础上，于 1996 年颁布的《新民事诉讼法》中增设的一章。

该章的特别之处不仅仅体现在立法体例及其法典编纂上，更重要的还体现在有关内容的规定上，这就是该章在大陆法系各国民事诉讼程序立法中，第一次将民事实体法中的"诚实信用"原则纳入了民事诉讼程序立法的范畴，并将其作为民事诉讼过程中当事人都应当遵守的基本行为准则加以规定。按照"通则"第二条的规定："当事人进行民事诉讼，应以诚实信用为之。"而这种将实体法中的基本原则纳入程序法中加以规定的立法体例及其方式，可以说无论在立法体例、立法规定的内容、立法方式上，都开创了大陆法系民事诉讼程序立法的先河。

2. 第二章 "法院"

该章在体例上分为两节，共有 24 个条文。第一节是有关 "管辖"的规定。该节主要规定的内容包括："普通审判籍管辖"、"财产权上的诉讼管辖"、"专利权诉讼的管辖"、"合并请求的管辖"、"指定管辖法院"、"管辖合意"、"应诉管辖"、"管辖错误的处置"、"简易法院的自行裁量移送"、"简易法院的必要移送"、"即时抗告"等内容。第二节是有关 "法院职员的排斥及回避"的规定。该节的主要内容包括："法官的排斥"、"法官的回避"、"对排斥或回避的裁判"、"停止诉讼程序"、"准用于法院书记官"等内容。

上述规定从内容的角度上看，与德国《民事诉讼法》的有关规定没有实质性的区别。由于德国《民事诉讼法》在立法体例及其法典编纂上，将这部分内容分为四节，而不是日本《新民事诉讼法》规定的两节。即第一节 "法院的事物管辖与价额规定"、第二节 "审判籍"、第三节 "关于法院管辖的合意"、第四节 "法院职员的依法回避和申请回避"。因而相对于德国《民事诉讼法》而言，日本有关这部分的规定，仅仅是在立法体例及其法典编纂的形式上有所不同而已。

3. 第三章 "当事人"

该章在体例上分为四节，共有 33 个条文。第一节是有关 "当事人能力及诉讼能力"的规定，该节主要涉及："原则"、"非法人社团等的当事人能力"、"选定当事人"、"未成年人和禁治产人的诉讼能力"、"外国人诉讼能力的特则"、"欠缺诉讼能力等的处置"、"特别代理人"等内容；第二节是有关 "共同诉讼"的规定，该节主要涉及："共同诉讼的要件"、"共同诉讼人的地位"、"必要共同诉讼"、"同时进行审判的共同诉讼申请"等内容；第三节是有关 "诉讼参加"的规定，该节涉及："辅助参加"、"对辅助参加的异议"、"辅助参加人的诉讼行为"、"独立当事人参加"、"推出诉讼"、"义务承继人的承担诉讼"、"共同诉讼参加"、"诉讼告知"等内容；第四节是有关 "诉讼代理人及辅佐人"的规定，该节主要涉及："诉讼代理人的资格"、"诉讼代理权的范围"、"各自代理"、"当事人更正"、"诉讼代理权不消灭"、"准用法定代理的规定"、"辅佐人"等内容。

上述规定无论是在基本内容上还是立法体例上，与德国《民事诉讼法》的有关规定都不尽相同。在立法体例上，德国《民事诉讼法》有关当事人一章的规定包括七节。这七节分别是"当事人能力、诉讼能力"、"共同诉讼"、"第三人参加诉讼"、"诉讼代理人与辅佐人"、"诉讼费用"、"担保"、"诉讼费用的救助与诉讼费用的预交"。从这七节的规定可见，德国民事诉讼法有关当事人一章的规定，不仅涉及当事人及其相应问题，还涉及诉讼费用、担保和诉讼费用的救助与预交等问题。而诉讼费用、担保和诉讼费用的救助与预交，虽然与当事人有联系，但是就这些问题的性质、类型而言，与当事人本身还是存在重大区别，因而，德国在民事诉讼立法上将这些内容全部纳入当事人一章中，并作为当事人一章的基本内容加以规定，从立法体例及其法典编纂的角度上看显然是不科学的，缺乏逻辑性，也欠恰当。

4. 第四章"诉讼费用"

该章在体例上分为三节，共有26个条文。第一节是有关"诉讼费用负担"的规定，该节主要涉及："负担诉讼费用的原则"、"诉讼迟延时诉讼费用负担"、"部分败诉时的诉讼费用负担"、"共同诉讼时的诉讼费用负担"、"辅助参加时的诉讼费用负担"、"对诉讼费用负担的裁判"、"和解时诉讼费用负担"、"和解时确定费用金额的程序"等内容；第二节是有关"诉讼费用担保"的规定，该节主要涉及："提供担保命令"、"提供担保的方法"、"被告对担保物的权利"、"不提供担保的效果"、"撤销担保"、"更换担保"等内容；第三节是有关"诉讼救助"的规定，该节主要涉及："给予救助"、"救助的效力"、"撤销救助裁定"、"即时抗告"等内容。

该章作为日本民事诉讼程序立法，在分析、总结和改革德国《民事诉讼法》第一编第二章"当事人"有关规定弊端的基础上，将有关诉讼费用的问题与有关当事人的基本内容区分开来，独立规定的一章。无论在立法体例还是法典编纂的形式上,都较之德国的有关立法体例和法典编纂方式更为科学、合理,也更具有逻辑性。

5. 第五章"诉讼程序"

该章在体例上分为六节,共有46个条文。第一节是有关"诉讼的审理"的规定,该节主要涉及:"口头辩论的必要性"、"受命法官实施的询问"、"尝试和解"、"丧失诉讼程序的异议权"等内容;第二节是有关"专门委员"的规定,该节规定是1996年日本《新民事诉讼法》公布以后,日本在对民事诉讼法的不断修改过程中新增加的内容,该节涉及:"专门委员的参与"、"专门委员以通话方式参与程序"、"撤销专门委员参与程序的裁定"、"指定、任免专门委员等"、"专门委员的除斥、忌避"、"受命法官等的权限"等内容;第三节是有关"期日及期间"的规定,该节主要涉及:"期日的指定及变更"、"告知期日"、"计算期日"、"延长、缩短及附加期间"、"诉讼行为恢复原状"等内容;第四节是有关"送达"的规定,该节主要涉及:"依职权送达为原则"、"实施送达的机关"、"法院书记官的送达"、"交付送达的原则"、"向无诉讼能力人送达"、"补充送达及留置送达"、"向国外送达"、"公示送达的要件"、"公示送达的方式"等内容;第五节是有关"裁判"的规定,该节主要涉及:"既判力的范围"、"既判力的主体范围"、"判决的确定时间"、"外国法院确定判决的效力"、"裁定及命令的告知"、"准用判决的规定"、"助理法官的权限"等内容;第六节是有关"诉讼程序的中断及中止"的规定,该节主要涉及:"诉讼程序的中断和继受"、"对方当事人申请继受"、"依职权命令继续进行"、"因法院无法执行职务而中止"、"因当事人事故而中止"、"中断及中止的效力"等内容。

6. 第六章"起诉前证据收集的处分等"

第六章"起诉前证据收集的处分等",是日本2003年在修改民事诉讼法中,根据日本民事司法改革的需要,为实现审理的充实化和迅速化,以及增加、充实、完善当事人在起诉前早期的收集证据手段而新设置的一章。从学理的角度上看:"为能在早期制定审理计划,尽早收集和提供证据材料及相关情报,对于当事人与法院共同协议且预测诉讼每一阶段的任务和大体的时间安排极为重要。如果证据材料和案件情报不充分的话,对审理终期的预测以及在此基础上有计划地指挥诉讼和实施诉讼行为,将是难以想象的。"① 为此,日本在《新民事诉讼法》中,增设了这一章内容。

该章在体例上不仅没有分节,而且就其立法规定的方式而言,为了保持整个法典原有的基本体例结构,编纂上采用了通过扩展条文款项,即在不增加整个法典原法条数量的基础上,以扩展一个条文款项的方式来进行编纂,以及规定和增设新内容的。按照日本《新民事诉讼法》第 132 条之 2 至 132 条之 9 的规定,该节在内容上涉及:"起诉前照会"、"诉前证据收集的处分"、"证据收集处分的管辖法院"、"证据收集处分的程序"、"案卷记录的阅览"、"声明不服的禁止"、"就证据收集处分作出裁判的相关费用负担"等。

(二) 第二编 "第一审诉讼程序"

"第一审诉讼程序"是日本《新民事诉讼法》的第二个部分,也是该法典第二编的有关规定,从法典编纂体例的角度上看,该编在体例上包括 8 章,这 8 章分别是:第一章 "起诉"、第二章 "审理计划"、第三章 "口头辩论及其准备"、第四章 "证据"、第五章 "判决"、第六章 "不经裁判而终了诉讼"、第七章 "大规模诉讼的特则"、第八章 "简易法院诉讼程序的特则"。这 8 章共有 148 条,其主要内容如下:

1. 第一章 "起诉"

该章在立法体例上没有分节,共有 15 个条文,在内容上主要涉及:"起诉的方式"、"确认文书真伪之诉"、"将来给付之诉"、"禁止重复起诉"、"诉的变更"、"追加选定人的请求"、"中间确认之诉"、"反诉"、"失效中断效力的发生时间"等。

---

① 唐力:"有序与效率:日本民事诉讼'计划审理制度'介评",载《法学评论》2005 年第 5 期,第 137 页。

2. 第二章"审理计划"

该章是日本根据《司法制度改革最终报告》的建议,在2003年修改民事诉讼法时新增设的内容。该章的立法体例及其法律条文的编纂,采用的也是通过扩展条文款项的方式来加以规定的。按照日本《新民事诉讼法》第147条之2和第147条之3的规定,该章包括两方面的内容:一是有关"有计划地进行诉讼"的规定;二是有关"审理计划"的规定。按照这两条的规定,不仅"法院及当事人为了实现公正、迅速的审理,应有计划地进行诉讼",而且"为了实现公正、迅速的审理,法院认为案件的待审事项繁杂、易错或于其他必要情形下,应与双方当事人协议确定审理计划"。

3. 第三章"口头辩论及其准备"

"口头辩论及其准备"在立法体例上分为了3节。这3节分别是:第一节"口头辩论";第二节"准备书状";第三节"争点及证据的整理程序"。第一节主要规定的内容有:"审判长的诉讼指挥权"、"阐明权"、"对于诉讼指挥的异议"、"释明处分"、"口头辩论的合并"、"对欠缺辩论能力人的处理办法"、"攻击防御方法的提出时间"、"拟制自认"、"口头辩论调查"等。第二节主要规定的内容有:"准备书状"、"准备书状的提出时间"、"当事人照会"等。第三节将内容分为了3款,这3款分别是:第一款"预备性口头辩论"、第二款"辩论准备程序"、第三款"书面准备程序"。

4. 第四章"证据"

"证据"这一章在体例上包括7节,这7节分别是:第一节"总则"、第二节"证人询问"、第三节"当事人询问"、第四节"鉴定"、第五节"书证"、第六节"勘验"、第七节"证据保全"。在这7节中,第一节是对于有关证据的一些共同性、基本性问题的规定,该节规定的主要内容涉及:"免证事实"、"证据申请"、"无须证据调查的情形"、"集中证据调查"、"在国外调查证据"、"法院外的证据调查"、"委托调查"、"疏明"、"罚款裁判的执行"等。第二节作为对于证人询问的规定,主要涉及:"证人义务"、"公务员的询问"、"拘传"、"对不出庭处以罚款"、"受命法官询问证人"、"证言拒绝权"、"对拒绝证言的制裁"、"宣誓"、"询问的顺序"、"禁止书面证言"、"以收发影像等方式通话询问"、"提交书面证言代替询问"、"受命法官等人的权限"等。第三节作为对于当事人询问的规定,主要涉及:"询问当事人本人"、"不出庭的效力"、"对虚伪陈述的罚款"、"询问法定代理人"等。第四节的规定主要涉及:"鉴定义务"、"指定鉴定人"、"回避"、"鉴定人的陈述方式"、"询问鉴定人"、"以收发影像的通话方式陈述"、"受命法官等人的权限"、"鉴定证人"、"委托鉴定"等。第五节的规定主要涉及:"文书提出义务"、"申请文书提出命令"、"使文书特定的程序"、"文书提出命令"、"当事人不服从文书提出命令时的法律后果"、"文书的留存"、"文书制作"、"通过核对笔记证明"等。第六节的规定主要涉及:"提出勘验的标的"、"勘验时的鉴定"。第七节的规定主要涉及:"证据保全"、"管辖法院"、"职权证据保全"、"不得声明不服"、"受命法官进行证据调查"、"证据保全的费用"等。

5. 第五章"判决"

"判决"这一章在立法体例上没有分节,其规定主要涉及:"终局判决"、"中间判决"、"判决事项"、"自由心证主义"、"认定损害额"、"直接主义"、"判决生效"、"判决书"、"判决书的送达"、"变更判决"、"更正判决的裁定"、"判决的遗漏"、"假执行宣告"、"假执行宣告的失效及恢复原状"等。

6. 第六章"不经裁判而终了诉讼"

"不经裁判而终了诉讼"这一章在立法体例上也没有分节,其规定主要涉及:"撤诉"、"撤诉的法律后果"、"拟制撤诉"、"书面同意和解条款"、"法院制定的和解条款"、"放弃或认诺请求"等内容。

7. 第七章"大规模诉讼的特则"

"大规模诉讼的特则",是日本民事诉讼立法上对于当事人人数众多,且需要询问的证人或当事人本人显著众多诉讼的专门规定。该章仅有三个条文:其中的第 268 条是关于"受命法官询问证人"的规定;第 269 条是关于"合议庭的构成"的规定;第 269 条之 2

是关于"专利案件中合议庭的构成"的规定。

8. 第八章"简易法院诉讼程序的特则"

"简易法院诉讼程序的特则",是日本民事诉讼立法上,针对简易法院所专门规定的诉讼程序。该章在立法体例上没有分节,其规定主要涉及:"程序的特色"、"口头起诉"、"起诉时应明确的事项"、"随时出庭起诉"、"基于反诉而移送"、"诉前和解"、"代替和解的裁定"、"省略准备书状"、"拟制继续进行期日的陈述"、"提出文书代替询问"、"司法委员"等。

(三)第三编"上诉"

"上诉"是日本《新民事诉讼法》的第三个部分。该部分在立法体例上分为3章,共计57个条文。这三章分别是:第一章"控诉"、第二章"上告"、第三章"抗告"。这三章的基本内容如下:

1. 第一章"控诉"

按照日本学者的观点,"控诉是指对简易裁判所或地方裁判所所作的第一审终局判决,为了谋求更有利的判决,向上一级裁判所所作的不服申述。"[①] 该章在立法体例上没有分节,共有30个条文。其规定主要涉及:"可以提起控诉的判决"、"对负担诉讼费用的裁判提起控诉的限制"、"由控诉法院判断的裁判"、"放弃控诉权"、"提起控诉的方式"、"送达控诉状"、"不经口头辩论驳回控诉"、"撤回控诉"、"附带控诉"、"对一审判决的假执行宣告"、"对假执行的裁判声明不服"、"口头辩论的范围"、"一审诉讼行为的效力"、"反诉"、"驳回控诉"、"对滥用控诉权的制裁"、"撤销及变更一审判决的范围"、"撤销不适当的一审判决"、"发回重审"、"以一审违反管辖为由移送"、"控诉判决中的假执行宣告"、"与专利权相关的控诉案件中合议庭的组成"等。

2. 第二章"上告"

按照日本学者的观点,"上告,是指对第二审法院未确定(未生

---

① [日]中村英郎著:《新民事诉讼法》,陈刚等译,法律出版社2001年版,第264页。

效）的终局判决（高等法院为一审法院或飞跃上告的第一审判决），以违背法令为由，为谋求撤销原判决而向上告法院提起的不服申述。也就是说，上告仅以法律上的论点进行不服申述，以构成控诉审判决基础的事实为基准，就法律适用是否正确（恰当）进行裁判（以法律上的论点为限而进行的复审）。"① 该章在立法体例上没有分节，共有 17 个条文。其规定主要涉及："上告法院"、"上告理由"、"提起上告的方式"、"记载上告理由"、"原审法院驳回上告"、"上告法院驳回上告"、"上告受理申请"、"调查的范围"、"受原审判决确认事实的拘束"、"职权调查事项的适用例外"、"宣告假执行"、"向最高法院移送"、"撤销原判发回重审"、"撤销原审判决后自判"、"特别上告"等内容。

3. 第三章"抗告"

在日本学理上，"抗告，是指当事人或诉讼利害关系人为了自身利益，向上级法院要求撤销或变更下级法院的决定或裁判长的命令而进行不服申述。"立法上之所设置这种制度，"其目的除了就决定、命令设立简易不服申述程序外，同时，据此还可以防止控诉及上告审的审理复杂化。"② 该章在立法体例上没有分节，一共有 10 个条文，其规定主要涉及："可以抗告的裁判"、"对受命法官作出的裁判声明不服"、"再抗告"、"准用控诉或上告的规定"、"及时抗告期间"、"原审法院更正"、"停止执行原审裁判"、"特别抗告"、"许可抗告"等内容。

（四）第四编"再审"

"再审"是日本《新民事诉讼法》中的一个部分，也是该法典中的第四编。按照日本学理上的观点，"终局判决一旦确定，若还能进行争议的话，将不能维持法的和平。但是，若其判决存有重大瑕

---

① ［日］中村英郎著：《新民事诉讼法》，陈刚等译，法律出版社 2001 年版，第 273 页。

② ［日］中村英郎著：《新民事诉讼法》，陈刚等译，法律出版社 2001 年版，第 279 页。

疵,还承认其既判力并依国家司法权加以保护的话,这必是违背正义之举。为了兼顾诉讼上法的和平的维持与实体正义的实现这两种不同的要求,诉讼法特别规定了基于一定的原因,对已经确定生效的判决可进行不服申述,称之为'再审'。"或者说,"再审,指对已作出确定(生效)终局判决的案件,依当事人的申请,要求作出判决的法院就其判决是否正确进行审查的程序。"①

"再审"在立法体例上没有分章,共计12个条文。其规定主要涉及:"再审事由"、"管辖法院"、"再审的诉讼程序"、"再审期间"、"再审诉状的记载事项"、"变更再审的理由"、"驳回再审之诉"、"裁定开始再审"、"即时抗告"、"本案的审理与裁判"、"对裁定或命令的再审"等内容。

(五)第五编"票据及支票诉讼的特则"

"票据及支票诉讼的特则"是日本《新民事诉讼法》中的一个部分,也是该法典中的第五编。按照日本民事诉讼学理上的观点,"票据诉讼及支票诉讼是就票据、支票金钱债权,以简易迅速地确定债务名义为目的的略式诉讼程序。"②

"票据及支票诉讼的特则"在立法体例上没有分章,一共有18个条文,这些法条主要涉及:"票据诉讼的要件"、"禁止反诉"、"证据调查的限制"、"转入普通程序"、"口头辩论的终结"、"禁止控诉"、"声明异议"、"放弃声明异议权"、"撤回异议"、"异议后的判决"、"发回重审"、"由起诉前的和解程序转入票据诉讼"、"由督促程序转入票据诉讼"、"支票诉讼"等内容。

(六)第六编"小额诉讼的特则"

"小额诉讼的特则"是日本民事诉讼立法上,为快速解决日常生活中所发生的小额金钱支付请求事件所特别设置的一个程序。该编

---

① [日]中村英郎著:《新民事诉讼法》,陈刚等译,法律出版社2001年版,第283页。

② [日]中村英郎著:《新民事诉讼法》,陈刚等译,法律出版社2001年版,第296页。

在立法体例上没有分章，一共有14个条文，这些条文主要涉及："小额诉讼的要件"、"禁止反诉"、"一次期日审理原则"、"证据调查的限制"、"询问证人"、"转入普通程序"、"宣判"、"判决缓期支付"、"宣告假执行"、"禁止控诉"、"异议"、"对异议后的审理及裁判"、"对异议后的判决声明不服"、"罚款"等内容。

（七）第七编"督促程序"

在日本民事诉讼中，"督促程序，指依简易法院书记官所签发的支付督促，在督促债务人自觉履行债务的同时，为了简易地进行强制执行，向债权人授予债务名义为目的的程序。"① 该编在立法体例上没有分章，一共有16个条文。这16个条文主要涉及："督促支付的要件"、"申请督促支付"、"准用起诉的规定"、"驳回申请"、"发布督促支付"、"送达督促支付"、"更正督促支付"、"假执行宣告前的督促异议"、"假执行宣告"、"督促支付因过期而失效"、"假执行宣告后的督促异议"、"驳回督促异议"、"依督促异议申请转入普通程序"、"督促支付的效力"、"电子信息处理系统处理督促程序的特则"等内容。

（八）第八编"执行停止"

"执行停止"是日本《新民事诉讼法》第八的一个部分。该部分一共有3个条文，这3个条文分别是有关"停止执行的裁判"、"原审法院的裁判"、"提供担保"内容的规定。

（九）"附则"（略）

## 三、日本《新民事诉讼法》的编纂技术与风格

（一）日本《新民事诉讼法》的编纂技术

日本《新民事诉讼法》作为大陆法系中，继法国、德国民事诉讼法典之后的一部重要民事诉讼法，其有关法典编纂的技术，不仅

---

① ［日］中村英郎著：《新民事诉讼法》，陈刚等译，法律出版社2001年版，第304页。

继承了法国、德国民事诉讼法典以来的基本立法模式及其立法技术，而且在法典自身不断的修改与立法完善过程中，其法典的某些规定较之于德国、法国的相应规定而言，无论是从体例、结构，还是编纂的逻辑性、层次性上看，都更具有合理性与科学性，即更富有技术性。

从继承大陆法系传统法典编纂技术的角度上看，日本《新民事诉讼法》基本沿用了自法国、德国以来的"二重分别立法"的立法技术，在有关法典体例、结构的编纂上，将整个内容分为了总则与分则两个大部分，对于诉讼程序适用中具有共同性的问题与具体的程序性问题，采用分别规定的立法体例与技术，不仅在"总则"中对于具有普适性和共同性的问题进行了规定，并通过"总则"的规定来指导、规范具体程序制度的运用，而且在分则中对于具体程序制度的规定也充分注意到了对于总则具有普适性和共同性规定的体现与贯彻，从而使得日本《新民事诉讼法》在整个体例、结构的编纂上，形成了抽象与具体、一般与特殊，以及总则指导分则、分则落实总则的逻辑体系。日本在立法技术上通过对于大陆法系传统"二重分别立法"技术的继承，以及由此在法典编纂上形成的"二重体系结构"体例本身，也较为明显地表现出了日本《新民事诉讼法》在立法体例与结构上，层次分明，逻辑成序的特征。

从自身立法技术性发展的角度上看，其有关民事诉讼法某些内容、体例的编纂较德国《民事诉讼法》不仅更具有逻辑性，也更为合理与科学。例如，在"总则"有关规定的编纂上，德国《民事诉讼法》"总则"第二章有关"当事人"的规定，在内容上包括了七节，这七节分别是：第一节"当事人能力 诉讼能力"、第二节"共同诉讼人"、第三节"第三人参加诉讼"、第四节"诉讼代理人与辅佐人"、第五节"诉讼费用"、第六节"担保"、第七节"诉讼费用的救助与诉讼费用的预交"，而日本《新民事诉讼法》有关"当事人"一章的规定却只有四节，这四节分别是：第一节"当事人能力及诉讼能力"、第二节"共同诉讼"、第三节"诉讼参加"、第四节"诉讼代理人及辅佐人"。即在立法体例及其法典内容的编纂上，日本《新民事诉讼法》鉴于德国《民事诉讼法》第二章"当事人"规定中的后三节,即第五节"诉讼费用"、第六节"担保"、第七节"诉讼费用的救助与诉讼费用的预交"等内容,与该章前四节有关内容上的差异,以及与章标题的不同,将这三节内容从德国《民事诉讼法》"当事人"一章中独立出来,在立法体例及其法典内容的编纂上,以"诉讼费用"为题,独立的规定为了不同于"当事人"的一章。

从法典编纂的角度上看,不仅日本《新民事诉讼法》在这部分的立法体例及有关内容的编纂上,与德国这部分的立法体例和法典编纂的内容有所不同,而且从法典内容编纂逻辑性、技术性与科学性的角度上看,德国《民事诉讼法》在有关"当事人"这一章内容的编纂上,也是有问题的。因为这一章在标题上是关于当事人的规定,而该章第五节、第六节、第七节所规定的是有关"诉讼费用"、"担保"、"诉讼费用的救助与诉讼费用的预交"的内容。这些内容虽然从诉讼的角度上讲与当事人也存在密切的联系,但是就其问题以及规定内容的本质而言,显然与作为诉讼主体的当事人本身是有区别的,因而,从法典编纂逻辑性的角度上看,不仅德国《民事诉讼法》在法典编纂上将这些内容编纂到"当事人"一章中是有问题的,而且从法典编纂的逻辑性与技术性的角度上看,也是不恰当、不科学的。而日本立法在有关这部分内容的编纂上,则明显较德国《民事诉讼法》更为科学、合理,也更具有技术性。

(二)日本《新民事诉讼法》的编纂风格

从社会历史发展以及各种社会因素对于一国法典编纂风格影响的角度上看,基于历史的原因,日本的民事诉讼法虽然在第二次世界大战以后,深受美国民事诉讼观念、法律制度的影响,但是如果就日本《新民事诉讼法》的编纂风格而言,可以说基本体现的仍然是德国《民事诉讼法》以来的编纂风格。按照三月章教授的说法:"大陆型,特别是德国型的诉讼骨架至今仍明确地遗留在日本的民事诉讼法中。"①

不过基于历史、社会环境条件、文化,以及社会需要的不同,日本《新民事诉讼法》的这种编纂风格与德国《民事诉讼法》的编纂风格并非完全同一,换言之,是存在一定差异的。即从比较德国《民事诉讼法》与日本《新民事诉讼法》编纂风格的角度上看,日本《新民事诉讼法》在编纂风格上,虽然整体上具有德国《民事诉讼法》严谨、缜密、务实的风格特征,同时,又作有一定程度上的抽象性、概括性规定。

所谓严谨、缜密、务实的风格,指的是日本《新民事诉讼法》在有关整个诉讼程序制度体系的设置和程序法律的规定上,不仅严格、审慎、全面,且逻辑成序、层次分明,以及《新民事诉讼法》在有关法律规定的用语上简练、准确、明了,不生歧义,而且整个立法及其有关程序制度的规定,都偏重于具体而特定的程序性内容,即立法基本上是从实务操作的层面,针对具体程序问题适用中的方式、方法、顺序、规则角度所作出的规定,其规定不仅与具体程序的运用以及诉讼实务操作直接相关,以及有关规定的内容与形式十分具体、特定,而且在规定的内容、性质及其类型上,少有或者基本没有从宏观角度作出的具有抽象性、概括性的一类指导性规定。

所谓一定程度的抽象性、概括性规定,主要指的是日本《新民事诉讼法》第一章"通则"中的有关规定。而这一章中的所有规定,如果从日本民事诉讼程序立法历史发展的角度上看,不仅日本最初颁布的民事诉讼法,即1890年的民事诉讼法在立法体例以及内容上是没有关于这一章内容规定的,而且日本民事诉讼法在随后的很长一段历史时期内,以及不断的修改与调整过程中,也是没有关于这部分内容以及立法规定类型与形式的。换言之,这一章的立法规定形式以及内容的出现,从日本民事诉讼程序立法历史发展的角度上看,完全是《新民事诉讼法》在立法体例以及立法规定内容上

---

① [日] 三月章著:《日本民事诉讼法》,汪一凡译,五南图书出版有限公司1974年版,第25页。

的创新。

按照日本《新民事诉讼法》第一章"通则"的规定，该章在立法体例及其内容上包括三个法条。第一条"宗旨"规定："关于民事诉讼的程序，除其他法律另有规定外，应依本法之规定。"第二条"法院的职责与当事人的义务"规定："法院应为民事诉讼公正并迅速地进行而努力；当事人进行民事诉讼，应以诚实信用为之。"第三条"最高法院规则"规定："对于民事诉讼程序有关的必要事项，除本法规定者外，由最高法院规则规定之。"

由上述三个法条规定的内容来看，第一条与第三条作为日本立法上对于诉讼过程中，有关民事诉讼程序以及最高法院规则适用的排他性专门规定，由于适用于整个民事诉讼程序，而不论具体案件的个别性、特殊性，因而就其规定的类型及其形式来看与该法典的其他规定不同，虽然不抽象，但是在法律规定的类型上显然属于宏观的概括性规定。而第二条作为立法上对于法院基本审判职责以及当事人基本诉讼义务的有关规定，由于针对的是任何一级法院以及任何一个诉讼当事人，以及适用于民事诉讼的整个过程，即具有指导整个民事诉讼的性质和效力，因而就其规定的类型与形式来看，显然也属于立法从宏观角度作出的概括性规定。同时，这一条规定将实体法中的诚实信用原则纳入民事诉讼程序法律的范畴以后，从民事诉讼的角度上看，所谓的"诚实信用"原则应当包含哪些内容，以及从"诚实信用"原则的角度上看，当事人应当具体遵守哪些诉讼义务，立法在该条规定的内容上没有做具体、明确的解释和规定，从而又使得该条规定表现出了较大程度上的抽象性。因而就日本《新民事诉讼法》第一章"通则"的规定来看，无论是该章规定的内容还是立法规定的类型及其形式，相对于其他规定而言，不仅有所不同，即属于具有抽象性、概括性，以及指导性的一类规定。而且这种规定类型与形式也表现出了日本《新民事诉讼法》与德国《民事诉讼法》在立法体例及其法典编纂风格上的不同及其差异。

# 第三章 日本民事诉讼程序法律的立法体例及其法典编纂问题研究

日本的民事诉讼程序立法体例及其有关法典的编纂，虽然在一百多年以来的历史发展进程中，受各种不同的社会因素、法学思想的影响，不断地改革、发展从而演变形成了不仅在有关程序设置的指导思想以及确立的立法体例上不同于法国、德国的民事诉讼程序立法体例和思想，而且就其《新民事诉讼法》编纂的某些内容和体例而言，还一定程度上优于法国、德国民事诉讼法相应内容的规定和立法体例，但是，如果从民事诉讼法典编纂科学性的角度上看，其法典编纂的某些方面、某些立法体例，以及某些规定的逻辑性、合理性，乃至于科学性都是值得进一步探讨的。

## 一、关于民事诉讼证据的立法体例问题

在民事诉讼中，由于证据是证明案件事实的根据，任何案件的裁判都必须以证据证明的案件事实为依据，因此证据不仅在诉讼裁判上具有十分重要的作用与意义，而且从民事诉讼立法体例及其法典编纂的角度上看，在民事诉讼程序立法中怎样对于诉讼证据及其有关证据的诸多问题进行规定，以及确定怎样的证据立法体例，直接涉及诉讼审判中有关证据规则的实务运用，因而，也是一个十分重要的问题。对于这一问题，大陆法系的民事诉讼程序立法在有关证据立法体例及其法典的编纂上，主要存在两种不同的立法体例及法典编纂方式：一种是将民事诉讼证据的内容置于总则中加以规定；另一种是将民事诉讼证据的内容置于分则的第一审诉讼程序中加以规定。德国、日本、韩国等国家的民事诉讼法对于证据问题采用的就是这种立法体例。而前者之所以将证据的内容置于总则中加以规

定，考察其立法的指导思想，应当说主要是基于两个方面的原因：一是考虑到诉讼证据具有较广的适用面。即从民事诉讼证据适用的角度上看，可以说任何诉讼阶段都涉及证据问题，以及诉讼中的任何问题都一定程度上与证据问题相连或者相关。二是总则与分则之间自然存在的总则指导分则，以及分则的内容应当自然适用总则有关规定的逻辑关系。换言之，在诉讼程序立法中，鉴于诉讼证据适用面广的特征，立法及其法典编纂不可能也不适宜在诉讼的每一个阶段以及有关的问题中，都对证据逐一、全面进行规定的情形，同时，考虑到立法及其法典的编纂应当遵从尽可能精练、简洁与明了的立法原则，从而对于诉讼证据的规定所采用的立法体例及其法典编纂方式。

后者之所以将证据问题放到分则的第一审诉讼程序中加以规定，考察其立法指导思想应当说基本原因在于：在这些国家的民事诉讼审级制度中，第一审都是"事实审"，既审事实，又适用法律，第二审通常采用的则是"续审制"，而在这些国家的"续审制"中，二审程序是"以初审言词辩论终结时的诉讼状态为前提，主要只审法律一般不再审事实，承接第一审继续进行的审理类型。"① 换言之，在这些国家民事诉讼的审级制度中，由于上诉审几乎不再审事实，只审法律的适用问题，因而从逻辑上讲，除一审程序以外，第二、第三审程序中都不涉及证据问题，为此，按照立法及其法典的编纂应当尽可能精练、简洁与明了的基本原则，没有必要在法典的其他部分规定证据问题。申言之，由于在这些国家看来，在诉讼中，以及不同的审级制度中，只有第一审诉讼程序中才涉及事实的证明问题，从而也才需要对于证明案件事实的证据及其适用规则加以规定，除此之外，没有必要在其他的诉讼程序中或者法典的其他部分对于证据进行规定。

对于上述有关证据问题的后一种立法方式、理由及其立法体例

---

① 廖中洪：《中国民事诉讼程序制度研究》，中国检察出版社2004年版，第143页。

的科学性及其合理性，我们认为是值得研究的。首先，从民事诉讼实务的实际情况来看，我们认为很难说只有第一审程序中才涉及证据的适用问题。换言之，不能说只有第一审程序中才涉及诉讼证据的适用问题，证据作为证明案件事实的基本依据，在任何诉讼程序中以及任何诉讼阶段都不同程度地涉及，即便是再审程序中也难以完全否认证据的适用问题，可以说证据问题不仅贯穿于诉讼活动的始终，而且涉及诉讼的方方面面。因而，从程序立法的角度上看，将其局限在第一审程序中是不恰当的。其次，从程序立法体例和法典编纂逻辑性、合理性和科学性的角度上讲，对于这种贯穿于民事诉讼始终且属于重大问题的立法规定，在立法体例及其法典的编纂中，理应将其纳入"总则"的范围之内，即在立法体例上将其置于"总则"的有关规定之中，而不应当将其置于具有分则性质的"第一审程序"中。这不仅是因为，将其置于"总则"中符合法典"总则"与"分则"之间的逻辑关系，而且法典"总则"与"分则"的规定具有不尽相同的性质、适用范围与适用效力。按照大陆法系通行的立法逻辑规则以及普遍认同的程序法理，第一审程序规定中的内容，作为立法对于特定的第一审程序的具体规定，在适用范围与适用效力上仅适用于第一审诉讼程序，而不能适用于其他诉讼程序或者诉讼阶段。换言之，由于民事诉讼法的"总则"与"分则"各自具有不同的适用范围及其适用效力，因而，如果把民事诉讼中有关证据问题的内容完全限定在第一审程序中，那么，按照通行的诉讼法理，作为"分则"具体内容的证据规定，就只能适用于第一审程序，而不可以在第一审程序之外的其他诉讼程序以及诉讼阶段中适用。然而，从民事诉讼的实际情况来看，日本有关证据问题以及有关证据规则的规定中，诸如：证据调查的原则、无须调查事实的范围、各种证据手段和方法的运用规则、法官的释明等问题，绝不仅仅局限于第一审程序之中，可以说在日本的上诉审、再审，以及关于票据诉讼及支票据诉讼、小额诉讼的特则、督促程序中都不同程度地涉及这些证据问题及其相应证据规则的运用问题。因而，从立法逻辑、立法规则以及立法体例的角度上看，日本民事诉讼程序立法上，将诉讼证据问题完全置于"分则"第一审程序之内的法典编纂方式，不仅从立法体例及其法典编纂的角度上看是存在重大缺陷的，而且这种立法思维方式及其立法的逻辑性、科学性和合理性也是值得商榷的。

## 二、关于小额诉讼特则的立法体例问题

小额诉讼程序，是民事诉讼中为了案件审理的简便、迅速和经济，立法上针对请求小额金钱或者其他替代物或有价证券的诉讼所规定的一种十分特殊的诉讼程序。

从民事诉讼程序制度历史发展的角度上看，这种程序制度是20世纪六七十年代以来，世界各国在解决众多的民事纠纷中，新近发展起来的一种程序制度。这种程序制度不仅相对于传统的一般诉讼程序，即便是相对于传统诉讼程序中的简易程序而言，无论在程序制度的基本特征上，还是有关立法指导思想及其所适用的诉讼法理上，都存在较大的差别。

从世界各国包括日本《新民事诉讼法》有关小额诉讼程序的规定来看，小额诉讼程序具有以下一些共同性的较为特殊的规则。

（一）起诉方面

1. 当事人可以言词或书状提起诉讼。为了增进小额诉讼起诉的简迅性，书状通常采用表格化的诉状形式。

2. 起诉状可以不表明诉讼标的，仅表明请求之原因和事实即可。在普通程序中，起诉应于书状中表明诉讼标的，然而小额诉讼由于是当事人自为诉讼，如果要求原告在起诉时即表明诉讼标的及其法律关系，过于苛刻，可能限制当事人诉讼，所以各国有关小额诉讼提起的规定中，大多规定原告起诉时仅表明请求的原因和事实即可。

3. 起诉可以在夜间、星期日或者其他休息日进行。

4. 起诉的次数在一定时间和同一法院受到限制。不少国家为了确保小额诉讼程序使用的广泛性，即广大社会公众都可以使用这种程序，而不被一些人独占使用。所以在小额诉讼程序的利用上，对

原告的起诉次数作有专门限制。例如，日本《新民事诉讼法》第368条第一款规定："简易法院中诉讼标的额在六十万日元以下的金钱支付请求诉讼可以请求依小额诉讼程序审理裁判。但是在同一简易法院同一年中提出请求的次数超过最高法院规则规定次数时除外。"不仅如此，在提起诉讼时，就必须向法院申报在该年度内依据小额诉讼请求审理及裁判过的次数。这在美国许多州的小额诉讼程序中，以及其他一些国家也有类似规定。

（二）审理方面

1. 审理可以在夜间或星期日，以及其他休息日期内进行。在普通程序和简易程序的审理中，除不得已的情况以外，均不可以于夜间或星期日，以及其他休息日进行。而小额诉讼由于涉及金额小，在工作日开庭不仅将给当事人的工作造成不便，而且当事人由此付出的时间成本与其诉讼标的额之间不相等，也易于造成诉讼不经济。同时夜间、星期日或其他休息日开庭可以保证当事人不因工作而耽误出庭。为此，不少国家的小额诉讼程序都规定可以在夜间、星期日，以及其他休息日开庭审理。

2. 限制、禁止律师代理。由于小额诉讼处理的都是产生于普通市民日常生活中的小纠纷，不仅诉讼标的金额较小，而且为了保证每一个公民都不因为高额的律师费用而无法使用自己的小额诉讼权利，各国在有关小额诉讼程序的规定中都作有限制，甚至禁止律师代理的规定。

3. 简化审理程序。小额诉讼程序的简化包括以下方面的内容：

（1）原则上当事人双方可以不提出准备书状。在普通程序中为了保证审理的正常进行，防止诉讼突袭，当事人双方都应于审理前根据其主张提出诉状、答辩状和其他相应的书面材料，并相互送达。而小额诉讼程序中为审理程序的简化，当事人双方都可以不事先提出书状和其他材料。在法院通知开庭之日，自行到庭进行直接的言词辩论。

（2）当事人可以直接自行携同证人和携带物证出庭诉讼。在普通诉讼中当事人一般需要事先向法院声明证据，然后由法院确定日期后,再由法院命当事人或第三人提出证据和通知证人出庭。而小额诉讼程序为了便捷,在程序上无须事先向法院声明证据,可以直接自行携带证据和携同证人出庭诉讼。

(3)证据调查一般仅限于能即时调查的证据。这种所谓能即时调查的证据,原则上限于书证和出庭证人,以及当事人本人的陈述。

(4)询问证人的方式简化、灵活。包括证人无须宣誓便可以进行询问;询问的顺序不采用交叉询问的方式;询问以法官认为适当的顺序进行;法院可以采用认为适当的方式,如使用通信设备对证人进行询问。

(5)以一次期日内审结为原则。即小额诉讼除特别情况以外,应当在最初进行口头辩论的期日内终结审理。

(6)禁止或限制反诉。不少国家和地区在有关小额诉讼程序中明确规定禁止或限制反诉。例如日本《新民事诉讼法》第369条的规定,我国台湾地区"民事诉讼法"第436条之15的规定,以及美国一些州的有关规定。

4. 调解与审判一体化

由于适用小额诉讼程序审理的案件都是金额低,案情简单的案件。所以各国有关小额诉讼程序的设置中,其审判方式上大都调、审合一,实行调解与审判的一体化。即法官在审理中,既审理也调解,不仅审理中有调解,而且在调解基础上进行审理。实行调解与审判的一体化,以迅速促进纠纷的解决。

5. 审理按常识化的方式运作

由于小额诉讼请求程序所追寻的理想是不需法律技巧的简易和效率。所以各国有关小额诉讼程序的审理基本上是按照常识化的方式运作。例如,起诉状可以手写,也可以采用法院印制的表格;被告可以书面、也可以口头进行答辩;当事人可以非正规地对纠纷加以陈述;审理中法官一般不使用晦涩难懂的专业术语,而是使用一般语言等。在美国这种程序的常识化运作方式最为明显。不仅"这种诉讼程序没有证据开示阶段,诉讼参与人被传来作证,并将有关书证带到法庭。审理由法官主持,而不经陪审团,并通过非正规的谈话进行，法官一方面审理，一方面寻求调解。"①

（三）判决方面

小额诉讼程序在判决方面的特殊性涉及以下几个方面：

1. 判决书原则上应当在口头辩论终结以后立即宣布。

2. 判决的宣布可以不基于判决书的原本进行，以口头形式宣告判决的主文。这种情况下，法院可以不制作判决书，由书记官将当事人、判决主文、请求及理由要点记载于判决宣告的口头辩论期日的报告书中即可。

3. 判决书的制作可以采用表格化的形式。

4. 可以作自动清偿减轻判决和迟延清偿加重判决。所谓自动清偿减轻判决，是指为鼓励小额诉讼中的被告自动履行债务，以免原告和法院强制执行而多费周折和增加费用、成本。在审理中已确定原告诉讼有理时，经过征得原告同意，判决被告如于一定期限内自动清偿若干数额债务时，免除其余部分给付义务的判决。所谓延迟清偿加重判决，是指法官在征得原、被告同意的条件下，判决被告分期给付或缓期清偿债务时，为促使被告自觉履行债务，以及防止被告到期不履行情况的出现，在判决内规定被告逾期不履行时应加重给付原告金额的判决。这种裁判加重部分的上限一般不得超过判决确定的原给付金额或价额的一定比例。

（四）救济方面

由于各国立法设置小额诉讼程序的基本目的，在于降低诉讼成本和提高诉讼效率，以便更为迅速、简捷地解决纠纷，同时又由于小额诉讼所涉及的纠纷本身大多是诉讼标的金额较小，案件事实清楚、简单的案件。所以为了与这种程序设置的立法目标相一致，充分贯彻小额诉讼程序的简速性和效率性，各国在有关小额诉讼救济程序的规定上，都是以限制救济为原则。

所谓限制救济，是指小额诉讼程序的救济相对于普通程序所规

---

① ［日］小岛武司著：《诉讼制度改革的法理与实证》，陈刚等译，法律出版社2001年版，第173—174页。

定的救济无论在审级上还是条件上都作有更为严格的限制。例如，日本《新民事诉讼法》第377条规定："对于小额诉讼的终局判决，不得提起控诉。"只可以向作出判决的法院提出异议申请。如果异议准许，诉讼将恢复到口头辩论终结前的程度，依照通常程序进行审理和裁判。我国台湾地区的民事诉讼法规定，对于小额诉讼程序第一审裁判声明不服者，除了可以原判决违背法令为由提起上诉或抗告以外，基于其他理由的不可以提起上诉或抗告。对于第二审裁判均不可以上诉或抗告于第三审。不仅如此，在第二审程序中，当事人不可以进行诉之变更、追加和提起反诉，也不可以提出新的攻击和防御方法。

（五）其他相关方面

除了上述几个方面的规定以外，从世界各国有关小额诉讼程序的规定来看，与其适用相关的特别规定还包括以下几项内容。

1. 被告与原告享有同等程序选择权。在司法审判实践中，小额诉讼程序的启动往往是由原告在考虑各种程序的利弊得失以后，单方提起诉讼启动小额程序的。被告则是由原告的起诉而被迫进入这种程序的，就程序的启动而言被告没有选择权。而小额诉讼程序虽然简便快捷，但是缺乏通常程序的慎重、严谨和规范。为此，考虑到被告救济的需要，从当事人诉讼权利对等原则的角度出发，不少国家在有关规定中也赋予了被告相应的程序选择权。即被告可在原告以小额诉讼请求提起诉讼以后，自口头辩论期日起至辩论结束，申请转轨于一般诉讼程序。即使被告不申请程序转轨，如果欠缺小额诉讼要件、原告未申报利用小额诉讼的次数、或者法院认为适用小额诉讼程序不当的，均可以依职权责令转轨于普通程序。

2. 实行独任法官裁判与临时替代法官裁判相结合的审判制度。在小额诉讼程序的有关规定中，各国都无一例外地规定了独任法官裁判制。同时，有不少的国家还规定了临时替代法官参与裁判的制度。例如美国加州各地夜间开庭的小额法庭就大多由替代法官主持审理。这些替代法官由热心公共事务并具有五年以上实务经验的优秀律师轮流担任。"临时法官开庭时不穿法衣，法庭气氛较为轻松当事人可以选择由正式法官或临时法官审理,如选择由正式法官审理,因当日案件较多,往往须要改期,当事人为了节省时间,多愿意由临时法官审理,当事人为此决定后须要签署一份同意书,事后即不得再请求改由正式法官审理。"①

3. 实行调停前置主义。所谓调停前置主义,是指小额诉讼正式审理前,必须事先经过由独任法官或替代法官,以及其他司法辅助人员主持的调停,调停不成时,才进行审理。在美国一些州的小额法庭,由调停解决的小额诉讼案件,可以达到40%。②

由上述有关小额诉讼程序制度的特征以及贯穿于小额诉讼程序的法理来看,小额诉讼程序不仅在诉讼程序的设置上,乃至于设置程序的机理以及所适用的基本诉讼法理与传统的诉讼程序制度,都是存在较大差别的。为此,基于民事诉讼程序法律编纂科学性上的考虑,也是基于程序法律适用角度上的考虑,世界各国在有关民事诉讼程序制度的设置及其立法体例上,大都将小额诉讼程序单独设置为一个独立的法律。而日本在立法体例及法典编纂上却将有关"小额诉讼的特则"规定在《新民事诉讼法》的体例之中,即第五编"票据及支票诉讼的特则"之后、第七编"督促程序"之前,不仅与世界各国有关小额诉讼程序规定的体例不同,而且这种立法体例及法典编纂的逻辑性、合理性以及科学性都是值得研究的。

## 三、关于当事人照会制度的立法规定问题

日本民事诉讼中的当事人照会制度,是指在诉讼前或者诉讼中,一方当事人对于其主张或者立证准备所必要的事项,在法院不参与的情况下,直接照会对方当事人并要求其在合理的期限内对相关事

---

① 史锡恩:"简易诉讼程序之研究",载《民事诉讼法之研讨》(三);台湾三民书局1993年版,第468页。

② [日]小岛武司著:《诉讼制度改革的法理与实证》,陈刚等译,法律出版社2001年版,第128页。

项予以答复的制度。日本《新民事诉讼法》中的当事人照会包括两种类型：一种是第一百三十二条之二、之三规定的"起诉前照会"，另一种是第一百六十三条规定的"当事人照会"，即诉讼中的当事人照会。

当事人照会制度作为日本《新民事诉讼法》所规定的一项制度，是日本《新民事诉讼法》在借鉴、参考美国证据开示制度的某些方式、方法的基础上，所创设的一种制度。按照日本学界的观点，这种制度在日本民事诉讼中的确立不仅使得"当事人双方可以通过照会的形式，向对方了解与案件相关的情报，以促进主张及立证的迅速性和充实性。"① 而且"当事人通过照会可以早期提出诉讼主张及证据方法，并早期进行争点整理以及进行证据的集中调查，法院可以早期作出判决，促成案件审理的迅速化。同时，促进当事人双方和解也被认为是当事人照会制度能够发挥作用之所在。"② 由此可见，从这项制度功能的角度上看，当事人照会制度不仅在当事人之间的证据收集、争点整理方面具有十分重要的意义，对于当事人之间的和解或者案件的迅速审理也具有重要的促进作用。但是如果从法典编纂的科学性以及立法规定完备性的角度上看，日本有关当事人照会制度的立法规定又是存在严重缺陷的。这种缺陷具体表现在，日本有关当事人照会的立法规定，没有对于当事人违反照会的情形规定必要的制裁处罚性措施。即日本有关当事人照会制度的立法规定，仅仅是对于当事人照会的权利、方式、回答期限、有权拒绝回答的情形等作出了规定，对于违反法律规定，拒绝回答的当事人却没有规定必要的制裁处罚措施。而从诉讼程序法典编纂技术性、科

---

① 东京律师协会民事诉讼问题特别委员会编著：《当事者照会的理论与实务》，青林书院 2001 年版，第 8 页，转引自唐力："有序与效率：日本民事诉讼'计划审理制度'介评"，载《法学评论》2005 年第 5 期，第 138 页。

② 东京律师协会民事诉讼问题特别委员会编著：《当事者照会的理论与实务》，青林书院 2001 年版，第 8 页，转引自唐力："有序与效率：日本民事诉讼'计划审理制度'介评"，载《法学评论》2005 年第 5 期，第 138 页。

学性、完备性的角度上讲，程序法作为保证诉讼程序有序进行的法律，任何一项完备的诉讼程序法律规范或者制度，不仅应当对于该规范或者制度的适用条件、程序、方式、方法，以及例外情形作出规定，而且对于违反该法律规定的行为必须设置必要的制裁处罚措施。换言之，诉讼程序法律规范和制度的规定，不仅应当明确、准确，不生歧义，而且，由于法的规范的逻辑结构是由行为模式和相应的法的后果两个要素共同构成的，因而其法律规范及其制度性的逻辑结构还应当具有完整性。所谓完整性，指的是如果一项诉讼法律规范或者制度仅仅规定了相应的适用条件、程序、方式与方法，而对于违反法律的行为没有设置必要的制裁处罚措施，不仅这项规定从法典编纂的角度上看是不完善的，因为它缺少了法律规范必要的处罚性，因而从一项制度的设定及其法律规范的逻辑结构上看是不完整的，而且从诉讼实务的角度上看，也是没有实际意义的，因为，没有相应的强制性规定，就无法保证该项制度及其法律规范的执行，其立法规定本身不仅形同虚设，而且也没有实际意义。

为此，日本在有关当事人照会制度的规定上，由于没有规定违反当事人照会行为的制裁处罚措施，因而不仅从诉讼实务的角度看，要使这种方式成为当事人自主直接进行证据发现的一种有效方法，实际上是不可能的，而且从法律的编纂及其立法规定逻辑性的角度上看是不完善的，这种法律编纂的方式和形式也是有问题的。

# 第五部分　英国民事诉讼立法体例的发展变化及法典编纂的技术与特征

作为普通法系历史源头和主要代表的英国，在世界性民事司法改革浪潮的推动下，于世纪之交——1999年4月26日颁布施行了《民事诉讼规则》（下文简称《新规则》）。《新规则》一经出台，即引起两大法系学者及司法实务界的共同关注，这倒不仅仅是因为历来推崇判例法的英国突然颁布成文法典，更为重要的原因是《新规则》改革了传统的诉讼模式，确立了全新的民事诉讼理念，可谓是英国民事诉讼制度发展的新起点。

在判例法与制定法并行的英国，《新规则》几乎囊括了所有重要的民事诉讼程序规则，可当之无愧地称为"英国民事诉讼的法典"。然而，《新规则》虽然是英国民事诉讼制度的法典化，但该法典与大陆法系的概念明确、体系完善、结构完整、条理清晰、逻辑严谨为特征的法典，即近代大陆法系国家传统意义上的法典仍然存在较大的差别，或者说显著不同。其实法典本身亦存在着发展演化的历程，是一个历史范畴，如果我们拿上述法典的标准"去考察《十二表法》、《狄奥多西法典》，甚至是《法学阶梯》、《学说汇纂》也未必得出这些东西就属于今天的法典这样的结论，因为它们同样不具备或不完全具备上述我们所列举的关于近代大陆法法典的特征。"[①] 因

---

① 李红海著：《普通法的历史解读：从梅兰特开始》，清华大学出版社2003年版，第259—260页。

而，我们不应该以大陆法系法典的判断标准去衡量、认识英美法系的法典。况且，异质之间未必不可同构，倘若结合得妥当且恰到好处，如木柄与钢刀、钻石与金戒，同样可以相得益彰、相互辉映。事实证明，20世纪以来，两大法系之间的交流不断加强，相互借鉴、相互汲取的程度及深度不断扩大、深化，呈现出日益相互靠拢、相互融合的趋势。在这种背景下，我们没有理由仅仅局限于大陆法系的法典思维模式中，而应该研究、借鉴、吸收包括《英国民事诉讼规则》在内的普通法系民事诉讼法典的编纂及其立法体例。毋庸置疑，通过对于不同法系法典编纂及其立法体例的比较研究和借鉴，我们可以借此获得某种启迪，进而以一种新的视角、思维审视以及完善我国的民事诉讼法典的编纂及其立法体例。

英国《民事诉讼规则》不仅在内容上对以往传统的民事诉讼制度作了重大改革，而且在法典的编纂技术、立法体例方面更是独具特色、别具一格，在修改、完善我国民事诉讼法的过程中，值得研究与借鉴。当然，在英国民事诉讼法的渊源方面判例法依然重要，而且在《新规则》之外还存在着繁杂的单行法。但是，作为民事司法改革成果的载体，《新规则》内容完备，几乎包括了所有民事诉讼程序规则，基本上可以通过它窥视英国民事诉讼制度的全貌。因此，以《新规则》作为分析对象，是我们比较研究英国民事诉讼立法体例及法典编纂技术与特征的主要方式与方法。

# 第一章 英国民事诉讼法的历史与发展

## 一、英国民事诉讼的历史

法律的发展是历史演进的过程，尤其是在历来崇尚传统、坚守习惯，以保守著称的英国，法律制度的演进更是具有历史延续性。德国著名比较法学家 K. 茨威格特曾指出，"同所有其他现存法律体系相比,英国法更强调探究它的历史源流。"① 英国的民事诉讼法的历史延续性以及对古老传统的坚守,在世界民事诉讼法律发展史上都是极为罕见的。现行的民事诉讼制度几乎都可以寻觅到其遥远的历史根源,因此研究英国民事诉讼法必须"追根溯源",回顾、考察其历史。不懂得英国法的历史,"将很难理解今天普通法的特殊风格、技术表现形式和概念划分。"② 贝克(J. H. Baker)也曾指出:"英格兰法只有通过其历史才能理解。也就是说,关于英格兰法的学识无法通过对法律文本的解释而获得,只能通过对其发展的历史性理解才能领悟。"③英国民事诉讼法史绵延千余年,在大的阶段上,主要经历了古代法时期、普通法时期、衡平法时期以及19世纪的司法改革时期。

(一)古代法时期的英国民事诉讼

英伦三岛原来的土著居民为居尔特系的普林敦人。罗马人于公元前55年征服普林敦人,公元407年撤回欧洲大陆,对英国进行了长达四个半世纪的统治。在此期间,罗马人的统治主要集中在少数大城市及近郊地区,罗马法的影响相当微弱。之后,自公元5世纪中叶起,北欧地区的盎格鲁、撒克逊、朱特人等日耳曼部落陆续入侵不列颠,征服土著居民普林敦人,先后建立了数个部落国家。盎格鲁撒克逊人属于日耳曼部落集团,一直沿袭原始部落的习惯法,在入侵英国后与当地的习惯法相互融合。在此过程中,日耳曼民族独具特色的司法组织、神明裁判等诉讼制度,对英国古代法时期的诉讼制度产生了重大的影响。11世纪初,丹麦人入侵英格兰,1016年,丹麦人克努特战胜盎格鲁撒克逊人并登上王位。1018年,克努

---

① [德] K. 茨威格特、H. 克茨著:《比较法总论》,潘汉典等译,法律出版社2003年版,第272页。

② [德] K. 茨威格特、H. 克茨著:《比较法总论》,潘汉典等译,法律出版社2003年版,第273页。

③ [日] 大木雅夫著:《比较法》,范愉译,法律出版社1999年版,第116页。

特在约克大主教沃尔夫斯坦的协助下,制定了《克努特法典》。该法典将北欧习惯法和盎格鲁撒克逊习惯法的部分内容结合在一起,推动了盎格鲁撒克逊法的发展。虽然半个世纪后盎格鲁撒克逊人复辟成功,但丹麦人仍然在英国法律发展史上涂下浓重的一笔。纵观该时期英国法及其民事诉讼制度,古代法时期的英国民事诉讼具有如下特征:

1. 建立了较为完整的中央及地方司法体系

盎格鲁撒克逊时期英国建立了以贤人会议为中央司法机构,以村镇法院、百户区法院及郡法院为地方司法机构,包括封建领主法院和庄园法院等封建司法机构在内的一整套相对完善的司法体系。贤人会议作为中央司法机构,由国王召集和主持,以贵族为组成人员,具有审理涉及国王和贵族的重大案件的职能,而且对贵族案件具有专属审判权。以地方单位——村镇、百户区和郡为基础,英国建立了相应的村镇法院、百户区法院及郡法院,"建立在地方行政区划分基础上的这三类法院其私法管辖范围带有明显的地域性特征,在审理案件时主要适用地方法。"[①] 封建领主法院及庄园法院,主要负责审理领地上领主与封臣之间的纠纷以及领地上农奴之间的土地等纠纷。值得注意的是,"各级法院没有高低之分,各个法院的判决均为终审判决。"[②]

2. 实行神明裁判与宣誓断讼法并存的审判方法

处于原始愚昧阶段的初民,由于认识能力有限,普遍采用宗教色彩浓厚的神明裁判制度。古代英国受日耳曼民族习惯影响,同样存在着包括火审、水审等神明裁判制度。当出现纠纷时,水神和火神是他们求助的主要神灵,"由火裁判的那些人蒙着眼或光着脚通过烧红的犁头,或用手传送燃烧的铁,如果他们烧伤的伤口很好地愈

---

① 毛玲著:《英国民事诉讼法的演进与发展》,中国政法大学出版社 2005 年版,第 38 页。

② 毛玲著:《英国民事诉讼法的演进与发展》,中国政法大学出版社 2005 年版,第 39 页。

合,那么就宣布无罪。水的神明裁判是用冷水或热水来进行。在冷水中,如果嫌疑者的身体埋在水面,而不符合水的自然过程,即就说明水不接受他,他就被判有罪。在热水中,如果把嫌疑者裸露的胳膊和腿放进滚烫的水中之后,能够不受伤地拿出来,那么就判决无罪。"① 由于神明裁判充满宗教神秘主义和迷信色彩,缺乏理性,随着人们认识水平的提高而被废除。

宣誓断讼是盎格鲁撒克逊时期又一种审判方法。当事人必须按照严格的方式向神宣誓,以证明自己的主张或抗辩是真实的,在宣誓中形式上出现错误或在陈述事实过程中出现异常现象的一方败诉。同时为了增强说服力,可以由当事人的亲友辅助宣誓,以证明其陈述的真实性。宣誓断讼的存在原因在于人们相信,如果对神作虚伪的陈述必触犯神怒而遭受惩罚,因而因恐惧神的惩罚而不得不真实陈述。宣誓裁判法在英国诉讼法历史上影响深远,直到1883年《民事诉讼程序法》颁布时才被废除。

(二) 普通法形成和发展时期的英国民事诉讼

1066年法国北部的诺曼人在威廉公爵的率领下,入侵英格兰并建立了诺曼王朝,结束了英格兰历史上长达近六百年的盎格鲁撒克逊时期。为了加强中央集权,已成为国王的威廉(即威廉一世1066—1087,William I)一方面没收盎格鲁撒克逊贵族的土地,重新进行分封,要求所有领主及其附庸都必须对国王宣誓,并交纳赋税及服兵役,建立了一个等级森严的中央集权制度。中央集权一方面为司法的集权奠定了坚实的基础,另一方面也需要司法的集权予以维护。司法集权的基础,就在于中央王室法院体系的建立。在此过程中,英格兰司法制度得到了重大发展,逐渐形成一套制度化、规范化与例行化的诉讼程序和审判方法。其中,对英国民事诉讼制度影响最大且独具特色的是巡回审判制度、令状制度以及陪审制度。

---

① [美]哈罗德·J.伯尔曼著:《法律与革命:西方法律传统的形成》,贺卫方等译,中国大百科全书出版社1996年版,第67页。

## 第五部分　英国民事诉讼立法体例的发展变化及法典编纂的技术与特征

1. 巡回审判制度及其对民事诉讼的影响

中央王室法院均固定设在伦敦的威斯敏斯特办公大厅,当事人若要向王室法院寻求救济,必须亲自到王室法院进行诉讼,案件也将在王室法院审理,这对当事人而言极为不便,所以法官到各地巡回审理当地案件的巡回审判制度便应运而生。同时巡回法官代表国王到地方审理案件,可以将国王的意志带到基层,"为王室势力向地方的渗透创造了机会",还为"王室法官了解地方习惯法提供了便利的途径。"① 英国的巡回审判包括总巡回审和特别委任巡回审。总巡回审由巡回官根据国王的派遣,代表国王行事王权,兼具行政和司法职能。总巡回审后期由于适用法律十分严厉,处罚相当残酷,以致不得人心,最后被特别委任巡回审取而代之。特别委任巡回审,由数名法官组成巡回法庭根据国王授权明确的书面委任状专职审理案件,不再具有行政职能。1166 年亨利二世颁布《克拉伦登法令》以及 1176 年通过的《北安普敦法令》详细规定了巡回法庭的设立、划分区域以及成员的组成。查理二世时期,巡回法庭被取消,被王座法院派出巡回法官的制度取而代之。

巡回审判制度对英国民事诉讼制度的发展影响重大,其中最重要的当属促使了陪审制的萌芽和发展。巡回法官到地方之后,由于对当地风俗习惯不甚了解,因此为了公正有效地审理案件,往往挑选当地的一些居民,向他们询问地方习惯和案件事实。这些被挑选出来的居民被称为"邻人调查团",即后来陪审团制度的雏形。

2. 陪审制度及其对民事诉讼的影响

陪审团制度的起源可以追溯到法兰克王国的加洛林王朝,并随着诺曼征服被移植到英格兰,但最终在英国以法律的形式确认下来并适用于司法领域得益于亨利二世。② 1164 年亨利二世颁布的《克

---

① [比利时] R. C. 范·卡内冈著:《英国普通法的诞生》,李红海译,中国政法大学出版社 2003 年版,译者序第 4 页。

② 参见毛玲著:《英国民事诉讼的演进与发展》,中国政法大学出版社 2005 年版,第 88—90 页。

拉伦登宪章》第9条，授权使用陪审调查团（即邻人调查团）确定某土地是由教会持有的特殊土地还是俗人保有的土地。1176年颁布的《小程序或土地占有程序法令》规定，土地占有纠纷可以直接向王室法院起诉。1179年颁布的《大程序法令》规定，在土地所有权案件中被告有权选择司法决斗或陪审团的裁判。由于陪审制较司法决斗而言具有明显的合理性，所以陪审制逐渐在涉及不动产的民事诉讼以及其他类型的民事诉讼中确立下来。但此时的陪审团还只是仅仅具有陈述自己所知道的案件事实的作用，相当于集体证人，并不具备现代意义上陪审团所具有的裁决案件事实问题的功能。"1215年，英国的贵族为了限制王权强迫约翰王签署了《大宪章》，其中包含了陪审团审判的制度和思想。但直到爱德华一世统治时期，陪审团这一思想才被宣布为英国普通法的一部分，陪审制也成为英国法律程序的一个组成部分。1400年，陪审团作为消极的和公正的事实决定者的现代特征业已完全形成。"①

陪审团制度对民事诉讼的重大影响，主要在于以一种理性的证据制度和审判方式代替了非理性的神明裁判制度，或者说陪审团制度"提供了一种全新的证据审查方式或者说是对事实的审查方式。这种审查方式不再将希望寄托在神的身上，而是更加相信人的理性和经验。"②

3. 令状制度及其对民事诉讼的影响

令状制度对普通法的形成与发展影响深远，诚如学者所说："没有令状制，没有广阔的司法领域，普通法是无法形成的，这正是令状制对普通法形成的意义所在。"③ 英格兰在盎格鲁撒克逊时期就已

---

① 毛玲著：《英国民事诉讼的演进与发展》，中国政法大学出版社2005年版，第95页。

② 李红海著：《普通法的历史解读：从梅特兰开始》，清华大学出版社2003年版，第129页。

③ 李红海："亨利二世改革与普通法"，载《中外法学》1996年第6期，第64页。

经出现了令状,但在亨利二世之前,只不过是王室的一种行政性命令,主要用来指令贵族和其他长官作出或停止某种行为。亨利二世对这种行政令状进行了司法化改革,令状不再直接命令相对人如何做,而是指令他们到王室法官面前解决纠纷,由法官而不是国王决定双方的权利义务。自此,令状由直接要求相对人为一定行为的"命令书"演变为启动诉讼程序的司法文书。起初,令状是针对个案签发的,因此差异很大。随着案件的日益增多,相似案件多次出现,不免导致令状的格式化。由于令状数量的日益增加,王室法院的管辖权也不断扩大,致使地方法院和封建法院的管辖权不断萎缩,损害了贵族们的利益。因此1258年在大贵族主持下制定的《牛津条例》规定,没有国王和议会的同意,法官不得签署新的令状。而现实中不断出现的新案件因无令状可适用而无法得到应有救济,引起广大民众的不满。于是1285年又颁布了《威斯敏斯特条例》(亦称威斯敏斯特第二条例)规定,大法官可以根据实际情况,对原有的令状加以改造后使用,如果仍不能满足新的需要,也可以创制新令状。但是令状发展到后期日益僵化,并且加剧了诉讼程序的复杂化,因此在19世纪的司法改革中被废除。

令状制度对普通法诉讼程序影响深远。由于令状是启动诉讼程序的前提,无令状则无救济,无救济则无权利,最后导致无令状则无救济,所以纠纷当事人异常重视令状。而每一类令状都确定了特定的诉讼形式和诉讼程序,对受理法院、被告传唤、答辩方式、审理方式、判决形式以及执行方式都规定的十分明确。申请不到正确合适的令状,合适的诉讼方式和程序也无法确定,实体权利也得不到有效的救济,所以说普通法对程序的关注远远超过对当事人实体权利的确定。难怪有学者说:"英国法学家的全部注意力在多少个世纪中都是放在诉讼程序上,而只是缓慢地转向法的实体规范。"[1] 令状制度虽后被废除,但它的影响却没有消失,诚如英国法律史家梅

---

[1] 钱弘道著:《英美法讲座》,清华大学出版社2004年版,第308页。

兰特所言:"我们已经埋葬了诉讼形式,但它们仍从坟墓中统治着我们。"①

(三) 衡平法产生发展时期的民事诉讼

1. 衡平法的形成与发展

13—14世纪英国资本主义兴起,并因此引起经济关系的剧烈变动,需要法律对新的社会和经济关系作出调整。另外,普通法发展到14世纪时已经丧失了往日的生机和活力,变得越来越僵化、保守、落后、不思进取,具体表现在形式僵化和程序僵化,实体内容保守无法适应社会经济发展,救济方法过于单一难以对当事人的人身或合法权益提供全面、彻底、有效的保障。普通法日益难以适应新的经济社会发展,是导致衡平法产生的直接原因。同时国王被认为是"公平正义之源",当事人在其正当利益得不到普通法有效保护时可以直接诉求国王,请求国王给予救济。起初国王直接审理这些诉求或交给其他机构解决,后来将这些日益增多的诉求均交由"国王良心守护人"的大法官审理,在此基础上衡平法院即大法官法院于15世纪末正式建立,成为一个独立的、与普通法法院并驾齐驱的机构。大法官作为"国王良心的守护者",不受令状制度或普通法的严格法律技术性和形式主义规则的约束,而是根据良知、正义观念审理案件。随着案件的日益增多,大法官在审判实践中也开始效仿普通法的模式,发展自己的一套规则和原则,形成了独立于普通法的一套复杂而特别的规则,即衡平法。自此,"具备了自己的实体法内容和程序规则并建立起专门执行机构的衡平法,从此走上了一条脱离普通法的独立发展道路。"②

2. 民事诉讼的特征

衡平法的形成与发展对民事诉讼的影响之一,是建立了独立于普通法法院的衡平法院。在两大法院体系并存的历史上,两大法院

---

① 转引自〔德〕K.茨威格特、H.克茨著:《比较法总论》,潘汉典等译,法律出版社2003年版,第297页。

② 程汉大主编:《英国法制史》,齐鲁出版社2001年版,第155页。

的法官为了争夺案件管辖权进行了长期的论战,最后衡平法院占据了上风,詹姆斯一世规定普通法和衡平法发生冲突时优先实施衡平法。但两大法院的冲突并没有因此终结,直到19世纪司法改革将普通法院和衡平法院合并时冲突才平息。

衡平法诉讼受罗马教会诉讼程序的影响,不采用陪审团,而由一个法官独任审判。法官在诉讼中拥有相当大的自由裁量权,对案件的实体问题和程序问题均有裁量权。较普通法而言,衡平法在程序上相当简便、快速和灵活。但自17世纪以后,衡平法也日渐繁杂,"其实施条件与所依照的诉讼程序在形式主义和细节方面丝毫不逊于普通法的诉讼程序与实施条件。"①

(四) 19世纪司法改革时期的民事诉讼

1. 19世纪司法改革的背景

17世纪英国爆发了资产阶级革命,通过1689年的《权利法案》以及1701年的《王位继承法》等系列法案确立了君主立宪制。但这次革命并不彻底,并未从根本上触及传统的司法组织,英国的法律制度仍保留了大量的封建残余,带有浓厚的封建色彩。一方面,普通法和衡平法两套体系并存,导致法庭体系混乱,管辖权纠缠不清;另一方面,诉讼程序烦琐僵化、审判效率低下、诉讼费用高昂。"与此同时,开始于18世纪后半期的工业革命使英国经济飞速发展,英国工业转向现代化,城市化进程也大大加速,急剧变化的经济形式与带有浓厚封建色彩的司法制度产生了剧烈的冲突。"②另外该时期自由主义的政治法律思想也得到充分发展,以边沁为代表的功利主义法学派提出法律应当遵循"最大多数人的最大幸福"的功利主义原则,并对传统的司法体制进行了尖锐的批判,以明确易行的成文法取代杂乱模糊的判例法,主张对传统司法制度进行全面、彻底的

---

① [法] 勒内·达维德著:《当代主要法律体系》,漆竹生译,上海译文出版社1984年版,第325页。

② 何勤华、李秀清主编:《外国法制史》,复旦大学出版社2002年版,第174—175页。

改革。至此,英国进行司法改革不仅时机已经成熟,而且刻不容缓。

2. 民事诉讼的改革

19 世纪的司法改革涉及范围广泛,具体到民事诉讼主要是建立了一套统一有序的现代司法体制和简洁、公正的程序规则。1813 年制定并于 1875 年颁布实施的《司法法》(Judicature Act)合并了普通法院和衡平法院,并逐渐建立了包括郡法院、高等法院、上诉法院、上议院在内的内部结构合理、权限清晰的四级三审的法院体制,奠定了现代司法组织的基础。

在诉讼程序规则上,1875 年的《司法法》彻底废除了令状制,高等法院的全部审判均由相同的"传唤令状"开始。《司法法》虽合并了普通法院和衡平法院,两者所适用的程序也被合并,但这两种程序并没有彻底融合,为了形成统一的诉讼程序,1883 年又出台了《最高法院规则》。该规则"统一并简化了原先处于分裂状态下的普通法和衡平法的诉讼程序,规定了合理的诉讼费用,明确了现代民事诉讼程序的基本规范。"[①]

## 二、1999 年英国《民事诉讼规则》的产生

英国 19 世纪的司法改革初步实现了民事诉讼的现代化,但进入 20 世纪后,极端的当事人主义诉讼模式以及传统法律文化的固有弊端,导致程序烦琐、诉讼迟延、费用高昂以及诉讼结果不确定等诸多问题,并且这些问题日益突出。为了改变这种状况,整个 20 世纪英国一直在不停地探索着民事诉讼制度的革新,其中不乏力度不菲的改革,但直至 90 年代初期,所有的改革都没有从根本上触及深层次的诉讼模式,至多只是应急性的修补。

为了全面审视英国民事诉讼制度以推动民事司法改革,1994 年 3 月 28 日英国司法大臣兼上议院议长迈凯·克拉希费思勋爵(Lord

---

① 毛玲著:《英国民事诉讼的演进与发展》,中国政法大学出版社 2005 年版,第 287 页。

## 第五部分 英国民事诉讼立法体例的发展变化及法典编纂的技术与特征

Chancellor, Lord Mackay of Clashfern)委任沃尔夫勋爵(Lord Woolf)对英格兰和威尔士的民事法庭现行的民事诉讼程序规则进行全面审查和反思。其目的有三:一是降低诉讼成本、消除诉讼拖延以促进社会公众对司法的接近;二是简化程序、规则和实现法律术语的现代化;三是消除最高法院和郡法院程序之间的不必要区别。沃尔夫勋爵在改革报告论证过程中"大约有900位法官、律师、法学教授等法律界人士为改革阐述了自己的观点,召开了7次全国性的会议,有12个研究机构参与了调研,接待了不计其数的来访者。"[①] 此外,为了参考借鉴其他国家司法改革的经验,沃尔夫勋爵考察了德国、法国、美国、加拿大、香港等国家与地区的相关制度,为其改革报告提供了大量的国外信息。

经过一年多的努力,1995年6月沃尔夫勋爵向司法大臣提交了题为《接近正义》的关于英格兰及威尔士的民事司法制度改革中期报告(《Access to Justice—Interim Report to the Lord Chancellor on the civil justice system in England and Wales》)。在中期报告中沃尔夫指出民事诉讼制度应该保障诉讼结果的公正、平等对待诉讼当事人、以合理的成本提供恰当的程序、实现案件的快速解决、确保程序的可理解性以及诉讼结果的可预期性等,同时指明现在诉讼程序繁杂、昂贵、迟延、不确定、破碎,经济实力不同的当事人之间难以实现平等以及对抗气氛过浓等弊端,并提出了124项改革建议。[②]

1995年6月,伍尔夫勋爵在提交了《接近正义》中期报告的同时,发表了《建议引进快捷审理程序》、《当事人众多的诉讼》、《医疗过失纠纷案件》、《住房纠纷》、《专家证据》以及《诉讼费用》等

---

[①] 齐树洁:"英国民事司法改革及其借鉴意义",载《河南省政法管理干部学院学报》2002年第4期,第33页。

[②] 参见 Access to Justice—Interim Report to the Lord Chancellor on the civil justice system in England and Wales (1995).

一系列专题论文。①

1996年7月,沃尔夫勋爵《接近正义》的正式报告(《Access to Justice —Final Report to the Lord Chancellor on the civil justice system in England and Wales》) 出台。此次报告在中期报告的基础上,对医疗过失、住房纠纷以及当事人众多的诉讼等大众集中关注的案件进行了详细而具体的规定。最为重要的是《民事诉讼规则草案》同时出版,其中建议制定一个统一适用于最高法院和郡法院的规则,以代替《最高法院规则》和《郡法院规则》。这一草案便是现行的《民事诉讼规则》的蓝本。

为了制定新民事诉讼规则,现行的最高法院规则委员会(the Supreme Court Rule Committee)和郡法院规则委员会(the County Court Rule Committee)合并成单一的民事诉讼规则委员会(Civil Procedure Rule Committee),共有成员12人,由沃尔夫勋爵负责。民事规则委员会起草的《民事诉讼法案》(Civil Procedure Bill)于1996年10月提交议会,并于1997年开始实施。与此同时,以副大法官理查德·斯科特(Richard Scott)为负责人的《诉讼指引》的起草工作组负责起草诉讼指引,人身伤害纠纷解决议定书起草工作组和医疗过失纠纷解决议定书起草工作组负责起草相应的诉前议定书。

在沃尔夫勋爵《接近正义》的报告出台不久,1996年未,司法大臣迈凯·克拉希费思勋爵任命杰斐·鲍曼(Jeffery Bowman)勋爵对上诉法院民事审判庭进行全面评审。杰斐·鲍曼勋爵于1997年9月提出了《对上诉法院(民事审判庭)的评审》的报告,该报告提出的许多有关上诉程序方面的建议被其后的《民事诉讼规则》吸收采纳。②

历经艰辛,英国《民事诉讼规则》终于在千呼万唤中于世纪之

---

① 参见徐昕著:《英国民事诉讼与民事司法改革》,中国政法大学出版社2002年版,第427页。

② 参见徐昕著:《英国民事诉讼与民事司法改革》,中国政法大学出版社2002年版,第367页。

交——1999年4月26日正式生效。自1994年3月28日任命沃尔夫勋爵对现行民事诉讼制度进行审思，1995年6月和1996年7月分别提出中期报告和最终报告及《民事诉讼规则草案》，经多次修改形成《民事诉讼法草案》，于1996年10月提交议会，1997年开始实施《民事诉讼法草案》，到1998年10月签署《民事诉讼规则草案》，再到1999年4月26日正式生效，新《民事诉讼规则》从酝酿到生效历经五年有余。但新规则的颁布生效绝非一日之功，"是英国八百余年法制史绵延发展进程中民事诉讼制度量变积聚到质变的飞跃，是19世纪初以来二百年中英国不断渐进推动司法改革的成果、转折和突破，也是近几十年以来英国全面反思民事司法制度、酝酿大变革所取得的划时代、跨世纪的成就，特别是自1994年以来英国将民事诉讼改革纳入法制建设议程、筹备制定统一的民事诉讼规则的硕果。"① 新规则的实施可谓是英国司法改革的里程碑，但绝不是终点，相反只是漫漫司法改革道路的新起点。

## 三、影响英国1999年《民事诉讼规则》的基本学说以及主导《规则》编纂的基本程序思想

（一）影响英国1999年《民事诉讼规则》的基本学说

比较英国《民事诉讼规则》与包括德国、法国在内的大陆法系国家的《民事诉讼法典》，我们不仅会直观地发现两者在内容、结构以及立法体例等方面存在较大的差异，而且在编纂技术与风格上也都存在着巨大差异。造成这种差异的原因虽然纷纭复杂，但是影响法典编纂的基本学说却无疑是其中最为重要的原因之一，因为任何一部法典的产生，都无不与一定的思想和学说相联系，以及受到一定的思想和学说的影响。

与主导大陆法系法典编纂的理性主义不同，英美法系在法典编

---

① 徐昕著：《英国民事诉讼与民事司法改革》，中国政法大学出版社2001年版，第421页。

纂过程中经验主义哲学倾向非常明显，可以说经验主义渗透在英美法系法典的每一个角落，诚如学者所言"事实上，英国法更是一种实践经验的产物，其中缺乏类似德国法哲学那样的抽象思想。"① 经验主义是与理性主义相对的一种认识论学说，认为知识起源于经验，经由感官获得的直接经验是唯一可靠的认识方法。英国经验主义哲学大师培根认为，知识是存在的反映，人类的一切知识皆起源于经验，认识的全部路程应当从感官原始知觉开始。他说："人们若非发狂，一切自然的知识都应当求之于感官。"② 英国经验主义认识论的集大成者洛克针对欧陆理性主义的"自然理性"和"天赋观念"，提出了著名的"白板（纸）说"，即"我们且设想心灵比如说是白纸，没有一切文字、不带任何观念；它何以装备上了这些东西呢？人的忙碌而广大无际的想象力几乎以无穷的样式在那张白纸上描绘了的庞大蓄积是从何处而来的？它从哪里获得全部的推理材料和知识？对此我用一语回答，从经验：我们的一切知识都在经验里扎着根基，知识归根结底由经验而来。"③ 经验主义者从经验出发去寻求知识，经验只不过是我们对过去发生事实的体验，而生活中的经验事实都是个别、散乱的，因此我们从经验中所获得的知识也是个别而散乱的，缺乏逻辑体系。经验主义者往往对理性主义者那种高度抽象化、逻辑严密、充满普遍必然性和绝对精确性的知识体系嗤之以鼻，认为只不过是理论家的闭门造车、凭空猜想而已。

英国作为近代经验主义认识论的发源地，孕育了诸如弗朗西斯·培根、托马斯·霍布斯、约翰·洛克、乔治·贝克莱、大卫·休谟等一大批经验主义哲学大师。更为重要的是经验主义已经内化

---

① 李红海著：《普通法的历史解读：从梅特兰开始》，清华大学出版社2003年版，作者自序第15页。

② 冒从虎、王勤田、张庆荣著：《欧洲哲学通史》（上卷），南开大学出版社2005年版，第331页。

③ ［英］罗素著：《西方哲学史》（下卷），马元德译，商务印书馆2005年版，第140页。

到英国普通民众的思维中,成为民族的特性。犹如严谨是德国人的象征、浪漫是法国人的特性、保守则是英国人的标签,而英国人保守的属性与他们的经验主义倾向密不可分,因为与面向未来的理性主义不同,经验主义是面向历史的。英国与欧洲大陆在认识论倾向上的经验主义与理性主义的区别,对英美法系和大陆法系之间的差异影响甚大,体现在法律渊源、法律发展等诸多方面。两大法系在与认识论密切相关的法律思维方式方面的异同,无疑也是经验主义与理性主义差别的产物。在法律思维模式上两大法系差别巨大,"在大陆上,就制度进行抽象思维;而在英美则进行具体的个案思维(Konkretes Fall – Deken),即就'权利与义务'关系的一种思维。前者,长期以来存在着体系完整无缺性的观念;而后者,则是从判决到判决进行摸索。前者有一种对科学体系的偏爱;而后者则对于一切简单的概括抱有深刻的怀疑。前者用概念进行推理活动,常常带着危险踽踽独行;而后者则进行形象化的直观,如此等等。"[①] 两大法系法律思维方面的差异,源于经验主义和理性主义在认识方法上的不同。理性主义者从先验的、原则性的大前提出发,经过演绎得出具体的结论,经验主义者则从个别的经验事实出发,经过归纳获得知识,而由这两种不同的认识方法所获得的知识在性质上是截然不同的,由理性演绎获得的知识是本质的、必然的、普遍的,经经验归纳获得的知识是现象的、个别的、或然的。

认为经验主义是影响英国1999年《民事诉讼规则》的基本学说,面临着一个不得不回答的问题——法典是理性的产物,经验主义与法典的编纂何关?不可否认,法典的编纂需要理性,绝对的经验主义很难演绎出一部宏大的法典。[②] 事实上,现实生活中没有绝对反对经验的极端理性主义者,也没有绝对怀疑理性的极端经验主

---

[①] [德] K. 茨威格特、H. 克茨著:《比较法总论》,潘汉典等译,法律出版社2003年版,第109页。

[②] 具体论述请参见封丽霞:"法典法、判例法抑或'混合法':一个认识论的立场",载《环球法律评论》2003年第3期。

义者。其实，人的一部分是理性，一部分是经验，犹如"人的一半是天使，一半是魔鬼"，人之间的差异不在于有没有理性或经验，而在于理性和经验所占的比重不同。任何将理性主义和经验主义绝对对立起来的观点，都不过是主观臆想，在理论上也许可以做到完美无缺，但都将背离事实生活。如果我们"考虑具体的哲学家，就会发现他们的观点并不像选择答案那样非此即彼截然不同，而是有许多交叉和共同的东西。比如，理性主义者一般并不否认经验是知识的一个来源，也不认为经验知识一概靠不住；经验主义者一般也都承认理性知识比经验知识更可靠，承认在一定范围内理性演绎的必然性。在这种情况下，如果要为两派哲学家的区分确定一个严格定性或定量的标准，是很困难的。"① 因此，与其将经验主义与理性主义极端地对立起来，不如说它们只是各描述了一种倾向。也就是说，相比较而言，理性主义者更强调和注重与理性相关的问题和方面，经验主义者更强调和注重与经验相关的问题和方面。英国人经验主义色彩浓厚，但绝不能因此得出英国人否认、拒绝理性的结论。况且，"法典化的理性主义原则并不排斥法典编纂过程中对经验主义的运用。相反，在整个法典化过程中，经验主义一直就应是居于主导地位的基本原则。"② 这样，也就不难解释经验主义何以能成为影响英国1999年《民事诉讼规则》的基本学说。

经验主义色彩浓厚的英国人，难免将他们的经验主义倾向带到法典编纂的过程中，因而1999年英国《民事诉讼规则》明显地带有经验主义的印记。例如，《新规则》在编写体例上，并没采用大陆法系那种层次清晰、结构严谨的总则、分则的模式；又如，在内容上《新规则》极少有大陆法系那种过于原则、过于抽象的规定，相反，而是对具体性的问题尽量作出详尽而细致的规定，避免原则化；再

---

① 周晓亮："西方近代认识论论纲：理性主义与经验主义"，载《哲学研究》2003年第10期，第49页。

② 封丽霞著：《法典编纂论：一个比较法的视角》，清华大学出版社2002年版，第425页。

如,《新规则》并不像大陆法系的民事诉讼法典那样注重自身的稳定性,而是根据司法实践的需要频繁地对于有关内容进行修正、补充,其修改频率是大陆法系国家难以想象的。

(二) 主导1999年英国《民事诉讼规则》编纂的基本程序思想

经验主义虽然对1999年英国《民事诉讼规则》影响甚大,但这种影响是自发的,与具体主导《新规则》编纂的基本程序思想显然不同,因为基本程序思想是立法者自觉追求的,以至于成为程序制度设计、具体规则构建追求的目标。从英国《民事诉讼规则》具体程序制度的角度看,具体主导其编纂的基本程序思想是接近正义(Access to Justice,又译接近司法)。

所谓接近正义,意大利著名法学家莫诺·卡佩莱蒂(Mauro Cappelletti)将其本质概括为"将权利转化为实际利益的手段"。美国斯坦福著名法学教授劳伦斯·M. 弗里德曼(Lawrence M. Friedman)进而指出,"简而言之,所谓'接近正义',首先是指程序(手段),而其目的在于实体('正义')。"①权利有应然和实然之分,唯有将权利从应然状态转化为实然状态,权利人的利益方能实现,无法实然化的应然权利,对权利人而言只能是"看上去很美"。而权利实然化的最大障碍莫过于对权利的无端侵害,侵害权利的行为不仅损害了权利人的正当利益,而且也腐蚀了正义。权利受到侵害必须有相应的救济手段,而司法是正义的最后一道防线,公民能否接近司法以接受法院的裁判,就不单是一种程序性权利,而是关系到实际利益能否实现。诚如学者所言,"在任何发达的法律制度中,人们所期盼的不再是一种形式上的权利,而是一种有效的权利,即所有的人皆可接近之权利。"② 保障公民接受司法裁判的权利已成为各国宪法规定的公民基本权利,1946年日本《宪法》第32条规定:"任何人

---

① [意] 莫诺·卡佩莱蒂编:《福利国家与接近正义》,刘俊祥等译,法律出版社2000年版,第223页。

② [意] 莫诺·卡佩莱蒂等著:《当事人基本程序保障权与未来的民事诉讼》,徐昕译,法律出版社2000年版,第50页。

皆享有不可剥夺的去法院接受裁判的权利。"1948年意大利《宪法》第24条规定："任何人为保护其权利和合法权益，皆有权向法院提起诉讼。"《德意志人民基本权利法》第103条第1款亦明文保障任何人有请求法院裁判的权利。《世界人权宣言》第10条也规定："人人完全平等地有权由一个独立而无偏倚的法庭进行公正和公开的审讯，以确定他的权利和义务并判定对他提出的任何刑事指控。"作为一项基本的宪法权利和人权，接近裁判权必须保障当事人接受公正裁判的权利，接受迅速裁判的权利，接受公平裁判的权利，接受公开裁判的权利。

诚如上文所言，如果公民接近正义的权利得不到充分的保障，"其本应享有的程序权利及实体权利将有名无实，公民作为法的主体地位不能得到保障，因此，自诉讼制度内及诉讼制度外两方面保障公民的诉讼权，使其能够接近法院，享用司法制度，就成为法治国家之法治建设不能不关注的重点。"① 为了推动公民接近正义，在莫诺·卡佩莱蒂的倡导下，一场波及世界的接近正义的运动，于20世纪70年代开始如火如荼地展开。这场接近正义的运动至目前为止已经历三波，其中第一波是通过创立具有实际效果的法律援助和法律咨询制度，为经济能力较低的当事人提供接近正义的途径和保障；紧接其后的第二波，即努力为少数民族、残疾人、妇女、老人、消费者、环境污染受害者等弱势群体提供一种利益，包括在涉及公益的领域以提供法律服务的方式帮助当事人提起集团诉讼；第三波是在继续前两波的基础上，提出关注整个纠纷处理机构，设计多元化的纠纷解决机制，包括设立小额诉讼程序，引进替代性纠纷解决机制等②。在这场运动的推动下，各国司法改革在程序方面主要集中在简化诉讼程序、降低诉讼成本、解决诉讼迟延、设计性纠纷解决

---

① 左卫民、朱桐辉："公民诉讼权：宪法与司法保障研究"，载《法学》2001年第4期，第7页。

② [意]莫诺·卡佩莱蒂编：《福利国家与接近正义》，刘俊祥等译，法律出版社2000年版，英文版序言第2—3页。

机制。为了实现接近正义的最终目标,各国司法改革者无不发挥聪明才智、各显神通。

在这场接近正义运动的大环境下制定的 1999 年英国《民事诉讼规则》,自然顺应了司法改革的世界潮流。"接近正义"的思想对《新规则》的影响远非其他国家的民事诉讼法典可比。因为英国《民事诉讼规则》整个法典都是围绕"接近正义"设计的,其他国家只不过是据此对民事诉讼法典进行修改或者制定相关的单行法规。事实上,沃尔夫勋爵的两次报告均以"接近正义"为标题就足以说明问题。英国之所以将"接近正义"作为主导《民事诉讼规则》编纂的基本程序思想,除了受司法改革的世界潮流影响外,也是由其所面临的严峻问题决定的。简而言之,英国民事诉讼所面临的严峻问题是程序复杂、成本高昂、诉讼迟延。虽然世界各国都面临着上述问题,但英国的问题尤为突出。

《新规则》颁布生效前,高等法院和郡法院均作为民事案件的一审法院,高等法院的管辖权没有限制,郡法院主要受理标的额不超过 3000 英镑的案件,并且以收回少额债权为目的。两大一审法院分别适用不同的诉讼程序,高等法院主要适用《最高法院规则》,郡法院主要适用《郡法院规则》。相同性质的案件,仅因为审理的法院所属系统不同就适用不同的程序,这不仅没有必要,而且造成了程序规则条文和内容的繁杂化,"这种繁杂化,使一般百姓根本无法理解,即使是专业人员也感到时有难以适从尴尬局面出现。"[1] 在具体程序上其繁杂表现为,"民事案件一旦进入法院,接踵而来的就是双方当事人大量的中间申请、法院针对这些申请作出的不同命令以及与此有关的听审,与案件有关的程序之烦琐往往超出人们事前的想象。"[2] 即使在郡法院审理的主要根据日常的理由,法律原则简单,问题也不复杂的简单案件,一旦开始,就会由于如下的原因而复杂

---

[1] 江伟、刘荣军:"英国民事诉讼制度改革的新动向",载《诉讼法论丛》第 1 卷,法律出版社 1998 年版,第 374 页。

[2] 齐树洁主编:《英国证据法》,厦门大学出版社 2002 年版,第 27 页。

化：彼此方的申请不同，对彼此方作出的命令不同，以及与此有关的听审不同，所有这些因素当然增加了诉讼支出。

诉讼程序的烦琐化致使英国的民事诉讼迟延问题严重。根据1997年的司法统计，在郡法院提起诉讼，从开始提起诉讼到登记庭审、从登记庭审到庭审以及从开始提起诉讼到庭审所需的平均时间，伦敦的法院分别为53、17、70周，其他法院分别为65、26、91周；高等法院的诉讼迟延问题更为严重，在高等法院王座法庭提起诉讼，从开始提起诉讼到登记庭审、从登记庭审到庭审以及从开始提起诉讼到庭审所需的平均时间，伦敦的法院分别为120周、41周、161周，其他地区的法院分别为154周、41周、195周。① 上诉程序的实施迟延同样相当严重，"1996年，从登记庭审到最快的70%案件的最终处理，平均时间是14个月，比最慢的30%的上诉案件花费的时间还要长得多。在1996年末，部分上诉案件的待审时间已经超过5年。"② 沃尔夫勋爵在报告中将诉讼迟延的原因归结为法院缺乏程序管理的极端的对抗式诉讼制度。由于诉讼程序完全控制在当事人及其律师手中，为了从经济上拖垮对方，当事人会千方百计地利用各种诉讼战术和战略拖延诉讼。另外，因为律师代理诉讼案件实行计时收费，为了增加经济收入，难免故意拖延诉讼。

诉讼费用高昂的问题在英国同样相当严峻。受沃尔夫勋爵获得司法救济工作小组的委托，Hazel Genn教授根据最高法院收费办公室提供的1995年至2000年在高等法院诉讼的胜诉方的诉讼费用清单抽取2184个案件，并将其分成医疗过失、人身伤害、职业过失、官方调停、合同违约、大法院、官法庭、王座法庭、商事以及破产、公司法院十类案件。其中医疗过失、人身伤害、职业过失、官方调

---

① ［英］阿德里安·A.S.朱克曼主编：《危机中的民事司法：民事诉讼程序的比较视角》，傅郁林等译，中国政法大学出版社2005年版，第135—136页。

② ［英］阿德里安·A.S.朱克曼主编：《危机中的民事司法：民事诉讼程序的比较视角》，傅郁林等译，中国政法大学出版社2005年版，第137页。

停案件的平均诉讼费用（仅指胜诉方所支付的诉讼费用，不包括败诉方支付的实施费用）分别为 29380、19382、32866、35844 英镑。如果我们假设胜诉方和败诉方所支付的诉讼费用大致相等，那么以上四类案件双方当事人所支付的实施费用就分别为 58760、38764、65732、71688 英镑。为了具体分析案件诉讼诉讼费用，Hazel Genn 教授统计了每类案件中诉讼费用与诉讼标的额的关系，其中标的额越小，诉讼费用与标的额的比例越大，一些案件的诉讼费用甚至大大超过了案件标的额。以医疗过失案件为例，案件标的额分为：≤12500 英镑（56 件），12500—25000 英镑（30 件），25000—50000 英镑（44 件），50000—100000 英镑（27 件），100000—250000 英镑（19 件），>250000 英镑（30 件）共六数段，各数段内案件的平均诉讼费用（仅指胜诉方支付的诉讼费用，不包括败诉方所支付的诉讼费用）为 10482、12464、15655、24982、35936、76011 英镑。[①] 高昂的诉讼费用成为众多当事人接近司法的拦路虎，正如英国学者所指出的："众所周知，法律服务费很高，而诉讼费则更高，其费用之高非普通人所能支付得起。除一小部分非常富有者之外，实际上一般只有公司、公共机构，以及那些十分有幸得到某些有集体利益关系的组织，如公会或某种自愿协会支持的人才能够进行起诉。"[②]

程序的繁杂让人难以理解，诉讼的迟延让人不敢诉讼，诉讼费的高昂让人无力诉讼，这三者无不阻碍了当事人接近正义。诚如学者所言："诉讼制度十分昂贵，除了那些标的额巨大的案件之外，成本高得令人无法接受。案件进行到审判和作出判决阶段所花费的时间通常以年来计算而非以月来计算。该制度十分复杂，这反过来导致诉讼成本和诉讼迟延的增加。所有这些因素导致诉讼对于大部分人而言是难以接近的……很明显，这一制度不能为英国的公民提供

---

[①] 以上数字来源于：Access to Justice—Final Report (1996)，Annex 3：Survey of Litigation Costs (Professor Hazel Genn)。

[②] ［英］P.S. 阿蒂亚著：《法律与现代社会》，范悦等译，辽宁教育出版社、牛津大学出版社 1998 年版，第 67 页。

他们所期待得到的东西——公平、经济与及时的接近司法。"① 至此，我们不难理解英国 1999 年《民事诉讼规则》为何以"接近正义"为法典编纂的基本程序思想。事实上，接近正义这一思想贯穿法典编纂的始终，最高目标的设立、多种审理机制的建立、法院的案件管理权、诉讼费用的改革等无不体现了"接近正义"这一终极目标，可以说整个法典就是围绕接近正义的程序思想编纂的。

## 四、英国《民事诉讼规则》的发展与演变

法典作为法律的最高表现形式，不可轻易变动，更不可朝令夕改。理性的人以法律为标准进行行为选择，并预知其行为的法律后果。倘若法典朝令夕改，人们不仅无法得知法律的具体内容，而且无法根据法律的规定进行行为选择。这样的法典将形同具文，且不说无法树立权威，连贯彻实施都成问题。然法典无法预知一切，亦不可能做到至善至美、无所不包，且现实社会变动不居，始终处于变化发展之中，所以说有的法典一经颁布就已经落后于现实。法典同样不能对社会生活的变迁漠不关心，相反，应该积极回应现实世界的变化，否则只能束缚社会之发展。当然法典的稳定性与法典的变动性是相互矛盾的，在处理这对矛盾时两大法系的侧重点是不同的，英美法系相对于大陆法系而言更强调法典的灵活性、变动性。

依 1997 年《民事诉讼法》（Civil Procedure Act 1997）设立的民事司法委员会，根据司法大臣的授权，作为审查民事司法制度之常设机构，就《民事诉讼规则》的进一步完善向司法大臣提出建议，对《民事诉讼规则》的更新发挥了重大作用。② 1999 年英国《民事

---

① ［英］阿德里安·A. S. 朱克曼主编：《危机中的民事司法：民事诉讼程序的比较视角》，傅郁林等译，中国政法大学出版社 2005 年版，第 158 页。

② 对民事司法委员会的评估参见 Review of the Civil Justice Council—Responding to the needs users（July2008），http：//www.justice.gov.uk/reviews/civil-justice-intro.htm。

## 第五部分　英国民事诉讼立法体例的发展变化及法典编纂的技术与特征

诉讼规则》在其正式生效实施之前就已经开始更新，自1998年10月签署《民事诉讼规则草案》之日至2006年12月19日已经历了43次更新。各次更新的公布日期分别为，1999年3月11日第一次更新；1999年4月1日第二次更新；1999年4月19日第三次更新；1999年5月26日第四次更新；1999年6月28日第五次更新；1999年7月29日第六次更新；1999年8月27日第七次更新；1999年10月27日第八次更新；1999年11月30日第九次更新；1999年12月17日第十次更新；2000年1月28日第十一次更新；2000年2月28日第十二次更新；2000年3月29日第十三次更新；2000年4月18日第十四次更新；2000年3月21日第十五次更新；2000年7月4日第十六次更新；2000年7月27日第十七次更新；2000年8月31日第十八次更新；2000年9月28日第十九次更新；2000年10月31日第二十次更新；2001年1月29日第二十一次更新；2001年3月12日第二十二次更新；2001年5月31日第二十三次更新；2001年9月7日第二十四次更新；2001年12月3日第二十五次更新；2002年1月28日第二十六次更新；2002年3月8日第二十七次更新；2002年6月21日第二十八次更新；2002年10月1日第二十九次更新；2003年2月10日第三十次更新；2003年3月24日第三十一次更新；2003年5月30日第三十二次更新；2003年9月24日第三十三次更新；2004年1月29日第三十四次更新；2004年5月28日第三十五次更新；2004年8月27日第三十六次更新；2004年12月17日第三十七次更新；2005年3月25日第三十八、三十九次更新；2005年9月29日第四十次更新；2006年4月1日第四十一次更新；2006年10月2日第四十二次更新；2006年12月19日第四十三次更新。[①]自1999年至2006年短短的七年多时间，英国《民事诉讼规则》经历了四十三次更新，其后至2008年10月又进行了四次更新，现已经是第47次更新了，其更新之频繁令人惊叹。以下将简要介绍部分

---

①　资料来源于英国司法部网站，http：//www.justice.gov.uk/civil/procrules_fin/update.htm。

更新的主要内容。

（一）1999年7月29日的第六次更新

此次更新修改了诉讼指引部分的第6章、第8章、第8（B）章、第21章、第23章、第44章、第49章以及破产程序，同时文书格式也有修改。但最重要的是已经完成了第三章——对未支付诉讼费用的制裁、转移事项（以及在威尔士向皇家办公室申请）两部分诉讼指引。

前一诉讼指引（对未支付诉讼费用的制裁）补充《民事诉讼规则》第3.7条。该诉讼指引共两条，第一条规定：如根据《规则》第3.7条之规定驳回诉讼的，法院应向被告送达驳回原告诉讼的通知书；第二条主要规定在根据《规则》第3.7条之规定驳回诉讼请求的，临时性禁令的停止生效的时间、禁令的继续生效以及例外规定。

后一诉讼指引（转移事项（以及在威尔士向皇家办公室申请））包括介绍、适用于所有诉讼程序的指令、适用于特定诉讼程序的指令、上诉共四节、二十条以及两条附录。

（二）2000年3月29日第十三次更新

此次更新修改了诉讼指引的第2B章、第5章、第16章、第40B章以及第49F章，并修改了部分文书格式，同时完成了诉讼指引中的第6B章——域外送达、第19B章——集团诉讼、第40D章——法院有关不动产的权力以及第52章——上诉，分别补充《民事诉讼规则》第6章第3节、第19章第3节、第40章以及52章。其中第52章——上诉诉讼指引包括有关上诉的一般规定、有关法定上诉和通过案件陈述方式上诉的一般规定以及有关特定上诉的规定共三节。

（三）2000年8月31日第十八次更新

此次更新对多章规则和诉讼指引进行了修改、补充，但最重要的是增加了建设和工程争端议定书、名誉权纠纷诉讼前议定书、第54章——司法审查及其诉讼指引。

司法审查之诉是指对法规或者与履行公共职能相关的裁决、作为或不作为等事项的合法性请求法院进行复审的诉讼。第54章共20

条,包括本章的范围和解释、诉状的格式及提交时间、法院的许可及权利以及案件的移送等。

(四) 2002年1月28日第二十六次更新

此次更新最重要的在于新增加了九章规则,即第58章——商事法院、第59章——商业法院、第60章——技术和建设法院、第61章——海事法院、第62章——仲裁诉讼、第70章——裁决执行的一般规定、第71章——获得判决书债务人信息的裁决、第72章——第三人承担债务的裁决、第73章——财务扣押令,中止执行命令及通知。此外,除了第61章外,新增加各章的诉讼指引同时公布。

商事法院、商业法院、技术和建设法院和海事法院属于专门性法院,主要审理一些特殊新案件,其诉讼程序与普通法院有所不同,第58、59、60、61章对上述专门性法院的审理程序作了特殊规定。仲裁诉讼同样是一种特殊的案件,其审理程序与一般案件有诸多区别,第62章对仲裁诉讼程序作了特别规定。

第70、71、72、73章对执行的对象、具体程序、方式、措施、特殊情况等作了明确规定,这标着这《民事诉讼规则》将执行程序纳入调整范围。

(五) 2004年5月28日第三十五次更新

此次更新增加了第65章及其诉讼指引,主要内容是与反社会及骚乱行为法相关的诉讼程序,与2003年《反社会行为法》(the Anti-Social Behaviour Act 2003)的大部分条款一同于2004年6月30日生效;修改了第56章(出租人与承租人诉讼)部分内容,原因是2003年(商业租赁)改革令修改了1954年《出租人与承租人法》(the Landlord and Tenant Act 1954)。第45章——固定诉讼费用增加一条,规定在交通事故纠纷案件中即使约定了律师实行风险代理收费仍然实行固定的胜诉费用制;第5章——法院文书新增一条款,规定检察总长依据1981年《最高法院法》(the Supreme Court Act 1981)第42条以及1996年《劳资裁判处法》(the Employment Tribunals Act 1996)第33条的规定,为了限制滥用诉讼有权查阅、复制法院文书中的任何文件;因为 1998 年《竞争法》(the Competition Act 1998)及相关法律的修改,有关依据《竞争法》申请令状的诉讼指引做了相应修改。

(六)2006 年 12 月 19 日第四十三次更新

此次更新在第五章增加了有关非当事人得知案情声明途径的规定,并对该条款的生效问题作了具体规定。本次更新通过撤销《郡法院规则》第 44 号令第 1—3 条,对 2006 年农业租赁规制改革法令(英格兰及威尔士)(the Regulatory Reform (Agricultural Tenancies) (England and Wales) Order 2006)的生效产生影响。

# 第二章 英国《民事诉讼规则》的立法体例、编纂特征与风格

## 一、英国《民事诉讼规则》的立法体例及其结构

以 2008 年 10 月第 47 次更新为准,英国《民事诉讼规则》在内容及结构上共分为大法官致词(Lord Chancellor's Foreword)、民事诉讼规则(Civil Procedure Rules)(下文亦简称《规则》)、诉讼指引(Practice Directions)、术语解释(Glossary)、附表(Schedules)、诉前议定书(Pre-Action Protocols)、诉讼文书格式(Court Forms)以及索引(Index)共八部分。英国新《民事诉讼规则》实际上是以《规则》为主体的一整套法律文件,与大陆法系国家的民事诉讼法典相比,无论在内容还是结构上均极为不同。在内容上,大陆法系国家的民事诉讼法典仅相当于英国《民事诉讼规则》中的《规则》部分,不存在诉讼指引、术语解释、附表等内容。由于英国《民事诉讼规则》与大陆法系国家的民事诉讼法典在内容及整体结构上的巨大差异,为了保证其结构上的完整性并且便于与大陆法系民事诉讼法典进行比较,下文先从整体结构上介绍英国《民事诉讼规则》,然后再重点分析相当于大陆法系法典的《规则》部分的立法体例。

(一)英国《民事诉讼规则》的整体结构

英国《民事诉讼规则》由一整套法律文件组成,共分为八部分,其内容及结构如下。

1. 大法官致词

大法官致词(Lord Chancellor's Foreword)是英国《民事诉讼规则》的第一部分,置于开篇之首。大法官致词实际上是英国大法官给《民事诉讼规则》所作的序言,其主要内容在于简述法典制定的有关背景及过程、简介法典的根本精神及特色、展望法典的发展趋

势等。截至今日，前后已有两位大法官为《民事诉讼规则》作过序言，第一份是大法官欧文勋爵（Lord Irvine of Lairg）所撰写，2003年欧文勋爵退休，其继任者福尔克纳勋爵（Lord Falconer of Thoroton）另作一篇序言，并代替前篇成为法典的新序言。

英国《民事诉讼规则》中的大法官致词与大陆法系法典中的序言部分相似，但又不完全相同。在大陆法系，"法典的序言是法典正文前的部分。它主要是说明法典的有关背景情况，阐明编纂法典的理由、目的和任务以及表述其他带有宣示性的内容。"① 法典序言的内容一般都属于非规范性的，不涉及具体的行为模式和法律后果。大法官致词也是说明法典的有关背景情况，阐明法典的根本精神及特色，不涉及具体的行为模式和法律后果，与大陆法系法典的序言相同。但大陆法系法典的序言是法典编纂人员集体撰写的，并不署名，而大法官致词是由大法官个人撰写且署个人姓名。此外大陆法系法典的序言相对稳定，一经颁布极少变动，而大法官致词相对不稳定，随着大法官的变动而变动，新任大法官可重新撰写致词代替其前任所作的致词。序言并不是法典不可或缺的组成部分，主要出现在宪法典等极具政治性和时代意义的规范性法律文件当中。大陆法系主要国家，无论是德国、法国还是日本、俄罗斯，其民事诉讼法典均无序言，英美法系的《美国联邦地区法院民事诉讼规则》同样不存在序言。英国《民事诉讼规则》之所以将大法官致词作为法典的组成部分并置于篇首，是由大法官在英国司法体制中的地位以及在司法改革和民事诉讼规则制定过程中的作用决定的。

英国大法官（Lord Chancellor）② 一职自公元605年设立，至今已存在了一千多年，经历了三次演进，即行政官员司法化、神职人

---

① 封丽霞著：《法典编纂论：一个比较法的视角》，清华大学出版社2002年版，第321页。

② "Lord Chancellor"，除译为"大法官"外，亦译为"司法大臣"、"法律大臣"等。

员世俗化、中立人员政治化。① 大法官在英国现代司法体制中职能复杂，"作为大法官部（Department of Lord Chancellor）的长官，同时还又兼任上议院（The House of Lords）的议长、内阁法律大臣（Lord Chancellor in Cabinet），负责任命上诉法院（The Supreme Court of Appeals）和高等法院（The High Court of Justice）的首席法官和全国的高级法官，管理全国的法院系统，参加上议院的辩论和投票，负责在女王（Queens）和议会（Parliament）之间传递情况和文件。"② 2003年6月12日英国首相布莱尔进行内阁改革，撤销大法官部，由新成立的宪法事务部（Department of Constitutional Affairs）履行大法官事务部所负责的大部分事项。2007年5月9日英国内阁再次进行改革，内政部一分为二，改为内政部和司法部。新成立的司法部取代宪法事务部，由原宪法事务部大臣福尔克纳勋爵任部长。2007年6月28日，杰克·斯特劳（Jack Straw）取代福尔克纳勋爵，被任命为大法官和司法部大臣。英国大法官集多种职能于一身，其中重要的一项就是负责民事司法改革，主持法院民事诉讼规则的制定。沃尔夫勋爵对英国民事诉讼程序规则的全面审查并在此基础上提出的两篇民事司法改革报告，是受时任大法官的委任，负责审查民事司法体制并提出建议的民事司法委员会（The Civil Justice Council）以及负责制定、修改民事诉讼程序规则的民事诉讼规则委员会（The Civil Procedure Rule Committee）也均由大法官领导，所以将大法官致词置于作为英国民事司法改革成果载体的《民事诉讼规则》篇首也是理所当然的。

2．"规则"

截至2008年第47次更新，"规则"部分共78章，是英国《民事诉讼规则》的主体部分，内容涉及民事诉讼的基本目标、当事人、

---

① 关于英国大法官的历史演进请参见胡健："衰亡还是重生：英国大法官的历史演进"，载《比较法研究》2005年第6期。

② 胡健："论英国大法官制度的历史流变"，载《广西政法管理干部学院学报》2005年第1期，第37页。

诉讼的提起、文书的格式及送达、审前程序、案件的管理、证据、诉讼费用、强制执行、司法审查、专门法院相关诉讼程序以及特定类型案件相关诉讼程序等。"规则"部分作为《民事诉讼规则》的主体部分，内容繁杂，在结构及体例上与大陆法系的民事诉讼法典相比相对比较散乱，不太严谨，逻辑性似乎也不很强，但并不能由此得出"规则"部分的立法体例毫无规律可循，下文将专门就此问题进行论述。

3. "诉讼指引"

"诉讼指引"（Practice Directions）作为英国《民事诉讼规则》的主要组成部分，其核心内容在于指导、明确"规则"在诉讼过程中的具体实施与运用，适用于高等法院衡平法庭与后座法庭的民事诉讼程序以及郡法院家事诉讼程序外的民事诉讼程序，同时相关的"诉讼指引"也适用于上诉法院民事审判庭的上诉程序。"诉讼指引"总体上分为两种，一种补充"规则"的具体章节并附于该章之后，另一种无"规则"的具体章节与之对应并被置于"附表"之后"诉前议定书"之前。通观第47次更新后的英国《民事诉讼规则》，"规则"部分共78章，除第1章、第9章、第11章、第13章、第38章、第50章以及第76章外，其余71章均有相应的诉讼指引补充并附于其后。"诉讼指引"以章为单位，各章分别附于其相对应的"规则"部分的某章之后，其编号以"规则"的章节为标准，例如"Practice Direction14"（简写为"PD14"）即为"规则"第14章（Part14）的诉讼指引。如果"规则"中的某一章有多章诉讼指引进行补充，则结合使用英文字母对各章"诉讼指引"进行标识，比如"规则"中的第7章（Part7）有五章诉讼指引对之补充，各章分别标为"Practice Direction7A"、"Practice Direction7B"、"Practice Direction7C"、"Practice Direction7D"、"Practice Direction7E"。无"规则"中具体章节对应的各部分诉讼指引被统称为"其他诉讼指引"（Other Practice Directions），共九部分，分别为"根据《欧共体条约》第81条及第82条提起的诉讼"、"破产程序"、"取消公司董事资格诉讼"、"威尔士民事法院审理案件中使用威尔士语"、"转移事项及在威尔士向皇家办公室申请"、① "根据《1998年竞争法》申请令状"、"民事救济程序"、"反歧视法相关的诉讼程序"以及"根据《2002年公司法》申请令状"。

"诉讼指引"的主要内容在于解释、细化"规则",增强其在具体司法实践中的可操作性。"规则"对民事诉讼程序的规则作出了完善的规定,但其规定相对概括、原则,在适用过程中就存在着理解和解释的问题,"诉讼指引"的最主要内容就在于解释、补充"规则",增强其可理解性及操作性。例如"规则"第16章第4条规定了诉状明细须载明:"(a)原告所依据事实的准确陈述。(b)原告主张利息的,应说明利息主张是基于合同条款、有关法规(有关法规是什么),还是基于其他依据(其他依据是什么);如诉讼请求系给付特定金额款项的,则须说明其所主张利息的利率、计息的起始日期、计息的期间、计息期间的利息总额以及计息期间以后发生利息的日利率。(c)如原告主张加重性损害赔偿或惩罚性损害赔偿的,应对此进行说明并载明其主张的理由。(d)如原告主张临时性损害赔偿,应对此进行说明并载明其主张的理由。"该条只抽象地规定了诉状明细的基本内容,原告所须陈述的事实依据究竟包括那些内容、特定类型的案件中诉讼明细有何特别之处均没做出规定。诉讼指引第16章(PD16)对诉讼明细的内容进行了补充,将之具体化、明确化,规定了人身损害赔偿诉讼、租购诉讼等特定类型案件诉讼明细须载明的具体事项,亦规定了如若原告希望依赖诉状明细支持其诉讼请求时必须列明的事项。比如诉讼指引规定人身损害赔偿损失中诉讼明细须载明:原告的出生日期及所受伤害的紧要细节;附录所主张的任何过去或将来之费用及损失的明细表;如若原告依赖诊断报告书,附录执业医生有关原告的人身伤害诊断报告书;在临时性损害赔偿诉讼中,须陈述的其他三项事项。

以"诉讼指引"补充、解释并附于"规则"之后的立法体例,

---

① "转移事项及在威尔士向皇家办公室申请"有英语和威尔士语两个版本。

无论与大陆法系的民事诉讼法典相比,还是与英美法系主要代表美国的《联邦地区法院民事诉讼规则》相比,无疑都是独具特色的。以"诉讼指引"解释补充"规则",增强其具体性、可操作性,对于保证法律专业人员以及非专业人员理解、运用程序规则具有相当重要的意义。诉讼程序规则本身的可理解性是公民接近司法的必要前提,因此以"诉讼指引"补充"规则"并附于其后的立法体例也是英国民事司法改革接近正义之指导思想的具体体现。

4. "附件"

"附件"是《民事诉讼规则》实施前高等法院和郡法院分别适用的《最高法院规则》(RSC)和《郡法院规则》(CCR)于《新规则》生效后并未失效的某些诉讼规则,这些"被保留下来的诉讼规则将作为'连锁规则'(Interlocking rules)被安排在《新规则》的附件中。"① 附件分为附件一(Schedule1 - RSC)和附件二(Schedule2 - CPR),分别为《最高法院规则》和《郡法院规则》仍具有法律效力的部分条款。附件中的条款并不是固定不变的,可能随着《新规则》的更新而变动,因为《新规则》的更新可能废除被保留在附件中的某些条款。截至《英国民事诉讼规则》第46次更新,附件一包括《最高法院规则》第17、45、46、47、52、54、64、79、109、113、115、116号令(Order)及第46、52、54、115号令的诉讼指引,附件二包括第1、16、22、24、25、26、27、28、29、33、34、39、44、49号令(Order)。值得注意的是,附件并未囊括上述各号令的所有条款,而是只将其中的部分条款收录其中,比如附件二中的第一号令(Schedule2 - CPR Order1)只包括《郡法院规则》第一号令的第六条(Rule6)。

英国《民事诉讼规则》实施前,高等法院和郡法院作为民事案件的一审法院在适用程序规则时,分别适用《最高法院规则(1965)》(RSC)和《郡法院规则(1981)》(CCR)以及与上述两

---

① 齐树洁、冷根源:"英国民事诉讼规则(1998)述评",载《法学家》2001年第2期,第113页。

规则配套的注释本《最高法院诉讼实务》（白皮书）和《郡法院诉讼实务》（绿皮书）。两种一审法院分别制定各自的诉讼程序规则，加剧了民事诉讼程序繁杂化，"这种繁杂化，使一般百姓根本无法理解，即使专业人员也感到时有难以适从的尴尬局面出现。"① 同样由于两种一审法院并存，并且适用不同的程序规则，造成了程序规则条文和内容的烦琐化，这种烦琐绝大部分是由于制定主体的不同而出现的不必要的重复与差异。"毫无疑问，我国法律程序的结构，包括低级司法机关和高级司法机关，导致了大量的不可避免的程序性浪费。"②高等法院与郡法院分别制定各自的程序规则致使诉讼程序不必要的复杂化遭到激烈的抨击，为了简化程序，沃尔夫勋爵在其两篇题名为"接近正义"的关于英格兰及威尔士民事司法改革的报告中，主张制定高等法院和郡法院共通适用的统一规则。作为英国民事司法改革成果的《民事诉讼规则》在统一高等法院和郡法院诉讼规则方面迈出了重要的一步。但其生效后，《高等法院规则》和《郡法院规则》并不完全失效，因为《新规则》只是将上述两种规则中普遍适用于一审程序的最重要的一些程序规则（亦称为核心规则）予以重新拟定，而核心规则以外的某些诉讼规则仍予以保留，这些被保留下来的诉讼规则就以附件的形式安排在《民事诉讼规则》中。《新规则》以附件的形式将那些被保留下来的诉讼规则收录其中，有利于使用者方便地加以查阅适用。但这种立法体例大陆法系一般不会使用，因为大陆法系国家"法典的编纂过程实际上就是一个同类法律文件系统化的立法过程，它将不同时期颁布的既存的某一类规范性法律文件进行提炼、合并和扬弃，删除过时的法律文件，统一互有抵触的法律规定……最后编纂成为从某些共同原则出发，内部统一、逻辑完整的法典。法典一经颁布施行，便代替了以前效

---

① 刘荣军著：《程序保障的理论视角》，法律出版社1999年版，第357页。

② ［英］阿德里安·A.S.朱克曼："英国民事诉讼的改革"，叶自强译，载梁慧星主编：《民商法论丛》（第6卷），法律出版社1997年版，第477页。

力层次混乱的关于调整同类问题的全部法律。"① 所以法典制定前的同类法律在法典生效后将被全部废除,根本不存在保留条款,也不会出现将其以附件的形式安排在新法典中的情况。与大陆法系法典及法典编纂不同,"在英美法系国家,一个法典的颁布,并不意味着该领域先前存在的法律失去效力,法官仍可适用先前的判例法或制定法。"② 由此,我们也不难理解《新规则》为何将《最高法院规则》和《郡法院规则》的部分条款以附件的形式收录其中。

5. "诉前议定书"

"诉前议定书"是根据沃尔夫勋爵司法改革的建议引入的调整、约束当事人诉前行为的一项制度。该制度起源于英国《民事诉讼规则》生效前的原告诉前告知惯例,即"原告在起诉前通常会向被告发出信件说明请求的具体内容,被告则有 14 天的准备时间。该期限一旦届满,原告即可提起诉讼。"③ 但由于期限过短,难以保障双方当事人在获得必要的纠纷信息基础上理性地进行协商与和解。为改变此种状况,《新规则》引进了更为完善的诉前议定书制度。第 47 次更新后英国《民事诉讼规则》中"诉前议定书"部分包括议定书诉讼指引(Practice Direction – Protocols)以及九类特定案件的诉前议定书。医疗过失案件诉前议定书与人身伤害案件诉前议定书自 1999 年 4 月 26 日和《新规则》共同正式生效,建筑和工程争端诉前议定书与侵害名誉权案件诉前议定书自 2000 年 10 月 2 日生效,专家责任案件诉前议定书自 2001 年 7 月 16 日生效,司法审查诉前议定书自 2002 年 3 月 4 日生效,医疗求偿案件诉前议定书与房屋失修案件诉前议定书自 2003 年 12 月 8 日生效,因拖欠租金请求恢复

---

① 封丽霞著:《法典编纂论:一个比较法的视角》,清华大学出版社 2002 年版,第 5 页。

② 高鸿钧:"英国法的主要特征:一个比较观察",载《比较法研究》1991 年第 4 期,第 16 页。

③ 齐树洁著:《英国民事诉讼规则》,厦门大学出版社 2003 年版,第 298 页。

占有案件诉前议定书自2006年10月2日生效。① 为了指导诉前议定书的具体运用并使得其他类型纠纷案件的当事人能够在诉前更加合理地行事，司法大臣办公厅于2003年4月1日发布了《诉前议定书诉讼指引》（Practice Direction – Protocol），要求不论诉讼争议的标的为何，当事人皆应该遵循诉前议定书制度的一般精神。由于诉前议定书在促进当事人诉前和解、避免诉讼方面取得了显著成效，英国民事司法改革者正致力于在《新规则》现有的条款以及有关诉前议定书的诉讼指引基础上发展新形式的诉前议定书，相信《新规则》还将逐渐增加其他特定纠纷类型的诉前议定书。

诉前议定书制度设计的目的在于促使当事人在起诉前能通过和解的方式将纠纷予以解决，从而避免诉讼、节约司法资源。然而，理性的决策是建立在占有相关必要的信息基础之上的，因为决策实际上就是决策者对决策所需要的信息进行选择、输入、加工和输出的过程，缺乏必要的信息，理性的决策根本无从谈起。纠纷双方是否愿意磋商并通过和解解决纠纷，实际上也是一种决策，如若希冀双方理性地协商解决纠纷，必须为其提供决策所必需的信息，即案件资料。即欲通过协商公平地解决纠纷，必须保障争议的双方能够获得对称且必要的案件信息，否则我们难以想象双方会达成或公平地达成和解协议。如此，我们也不难理解学者为何强调争议双方谈判前应该积极准备，以获得必要的案件事实——"除非是故意不做准备以便延迟谈判，否则一个在谈判前未做准备的律师通常面临严峻的不利环境，他会不断地为自己的无知道歉，而他的道歉经常会制造一种微妙的压力，使之在一些对手更了解的细节上让步。"②争议的双方当事人作为纠纷的主体，一般而言是案件资料最主要的占有者，但是纠纷之双方主体作为利益的对立者自然不愿积极主动地公布己方所掌握的案件信息，因为任何一方都无法确信在公开自己

---

① 参见 Practice Direction – Protocol，Rule5.1。
② ［美］戈尔德堡等著：《纠纷解决：谈判调解和其他机制》，蔡彦敏等译，中国政法大学出版社2005年版，第21页。

所掌握的案件资料后对方必然会同样公开其所掌握的资料,倘若对方拒绝公开,那么首先公开的一方极有可能陷入信息不对称的处境,进而导致在磋商和解过程中处于不利之地位。

诉前议定书的基本功能就在于打破争议双方之间的对抗局面,为他们提供一种信赖机制,进而增加几分合作色彩,促使双方当事人在诉前理性地沟通、充分地交换信息,从而在此基础上达成和解以解决纠纷。"诉前议定书"规定,原告起诉前必须向被告发出书面通知,在书面通知送达被告3个月后方可起诉。书面通知包括如下事项:具体的诉讼请求及充分而简洁的事实依据;原告起诉依据的主要书证复印件,如该证据不在原告手中,经确认在对方当事人手中,要求被告提供复印件;要求对方收到通知后及时以书面形式表示已经收到通知书并在合理期限内做出完整的回复;表明如若未在合理期限内收到完整的回复是否会发动起诉,或希望通过仲裁、调解等替代性纠纷解决方式加以解决;提请对方注意如果不遵守诉讼指引的规定,法院可对其进行制裁。被告在收到原告的通知书后21天内以书面形式告知其已收到通知书,并表明作出完整回复的具体时间。被告的回复可以承认原告的全部或部分请求,当然也可予以否认。如若否认原告的全部或者部分请求,回复应当:表明否认的详细理由并指出争议点;附上其依赖的主要书证复印件;附上原告要求其提供的书证的复印件或者解释没有提供的原因;要求原告提供被告没掌握的主要书证;陈述是否接受原告提出的采用仲裁、调解等替代性纠纷解决方式的建议。为了保障当事人能够遵守诉前议定书,法院将对违反有关规定的行为进行制裁。这样,通过诉前的案情交换,"当事人能更早地收集到更多的证据,而不必诉诸法庭证据开示命令,这使得在双方当事人公开享有信息基础上,追求替代性纠纷解决机制更早达成和解。"①

一般而言,民事诉讼始于原告的起诉,民事诉讼法并不将当事

---

① [英]阿德里安·A. S. 朱克曼主编:《危机中的民事司法:民事诉讼程序的比较视角》,傅郁林等译,中国政法大学出版社2005年版,第157页。

人起诉前的自主交涉行为纳入调整范围,法院亦不会将其审判权的触角伸展到当事人的诉前行为。然而,诉前议定书制度"并不仅仅是从一般意义上规范当事人的诉前行为,而是同时也将法官的职权扩张到当事人起诉之前,使法院在它的司法管辖权还未援用之前,在一定程度上就控制了与诉各方的行为,并可通过各种制裁约束当事人的诉前行为。"① 诉前议定书制度无疑突破了传统法院职权作用的时间范围,但是,其促进当事人之间诉前和解之功能毋庸置疑。如果我们将民事诉讼的目的定位于纠纷之解决,并将和解、调节、仲裁以及诉讼等视为纠纷解决整体过程中的一道工序,那么诉前议定书制度毫无疑问符合这种目的,并无不当。在纠纷解决机制日益多元化的几天,当事人之所以选择和解等替代性纠纷解决方式(ADR)除了民事司法制度自身存在弊端外,ADR自身固有的优势同样重要。正如学者指出的:"由于纠纷解决是一个过程,因此,当事人为了达到解决纠纷之目的是否选择替代性纠纷解决方式,除了出于成本效益、道德心理以及关系和利益等方面的考虑而采取回避诉讼的策略之外,还取决于替代性纠纷解决方式本身的功能和效果,也就是视其纠纷解决的能力、满意程度、社会效果、代价等方面能否达到较好的效果。"② 诉前和解属于诉讼外的和解,不同于诉讼和解,是"以相互让步的方式消除当事人争执或者不确定性的合同",③ 纯属私法行为。意思自治是私法行为的基本原则,是和解的本质属性,也是其具有其他纠纷解决方式所不具备之优势的内在根源。诉前议定书制度将诉前和解纳入诉讼法的调整范围并置于法院的监督、控制之下,无疑克服了和解本身的诸多弊端,但亦有可能

---

① 齐树洁主编:《英国民事司法改革》,北京大学出版社2004年版,第366页。

② 范愉著:《非诉讼纠纷解决机制研究》,中国人民大学出版社2000年版,第127页。

③ [德]迪特尔·梅迪库斯著:《德国债法总论》,杜景林、卢谌译,法律出版社2004年版,第218页。

同时消解其所独具的优势。所以是否应当将诉前和解纳入民事诉讼法和法院的调整、调控之下，以及通过何种方式、在多大范围内进行调整、调控都需要我们从理论和实证方面进行研究。大陆法系国家的民事诉讼法基本上不将纠纷主体间的诉前和解纳入调整范围，法院亦极少进行干预，英国《民事诉讼规则》已将诉前和解置于其调整范围，这种立法体例无论得当与否，都值得我们关注。

6. "诉讼文书格式"

"诉讼文书格式"是根据《新规则》在民事诉讼中当事人及法院等将使用的诉讼文书之示范本的集合。以第 47 次更新为截止日期，"诉讼文书格式"分为"通用文书格式"、"商事法庭文书格式"、"技术和建设法庭文书格式"、"海事法庭文书格式"、"仲裁程序文书格式"、"破产程序文书格式"以及"取消公司董事资格程序文书格式"共七个部分。其中，"通用文书格式"适用于一般诉讼程序，其余部分各自适用于其对应的特别法院或特别程序。为了便于查阅与使用，《新规则》还对每一诉讼文书格式进行了编号与命名，例如送达认收书（Acknowledgment of service）的编号为 N3。

将"诉讼文书范本"置于民事诉讼法典中的立法体例，大陆法系国家的民事诉讼法典未曾出现过，但在普通法系国家确属常见。例如，作为普通法系代表的美国，其主要的民事程序法《美国联邦地区法院民事诉讼规则》就将"诉讼文书格式"附录在第 11 章之后。两大法系在立法体例上之所以出现这种差别，根本原因在于立法思想的差异。普通法注重实用性，"是一种从司法实践中发展起来的法律体系，它从一开始就以纠纷的解决为出发点，缺乏对理论体系化的追求。"① 普通法对英美法系国家影响深远，其实用性的思想无疑将贯穿于这些国家的法典编纂过程中。"诉讼过程或者通过诉讼解决纠纷的过程主要表现为双方当事人和法院所从事的一系列诉讼

---

① 李红海著：《普通法的历史解读：从梅特兰开始》，清华大学出版社 2003 年版，第 197 页。

行为的累积"，① 而诉讼行为的实施大多都必须以诉讼文书为载体，例如原告起诉须提交起诉状，被告答辩须提交答辩状，法院进行判决须作出判决书，从这个意义上讲，诉讼程序的实际运行绝对离不开诉讼文书。诉讼文书对于诉讼程序的具体运行作用之大，难怪乎注重实用性的英国立法者将"诉讼文书格式"纳入《民事诉讼规则》之中。与普通法系相比，大陆法系立法者更重视法典的系统性、逻辑性和完整性，至于法典在实施中的具体技术问题，并不是他们关注的焦点。诉讼文书虽然重要，但对大陆法系立法者而言也只不过是诉讼程序运行中的技术性事项，所以一般不会将诉讼文书格式规定在民事诉讼法典中。

7."术语解释"

"术语表"是对于英国《民事诉讼规则》所使用的特定法律术语含义之解释的汇总，术语表依首个字母为序，分别对于二十七个法律术语的具体含义进行解释，例如"Affidavit"（宣誓陈述书）解释为"对证据的书面宣誓陈述"。

法律是语言的艺术，"一切法律规范都必须以作为'法律语句'的语句形式表达出来，可以说，语言之外不存在法。只有通过语言，才能表达、记载、解释和发展法……如果没有语言，法和法律工作者只能失语。"② 英国法律发展史上，拉丁语及法语被广泛使用，"至13世纪法律用语悉用拉丁文。继而法文居重要地位。直到现在，英国人的法律用语，仍可追溯到诺曼的根源。"③ 这些古老的法律术语，在坚守法律发展延续性的英国被大量保留下来，至今仍然在使用。"当然，每一种法律传统都有其特殊的概念术语，但与其他法律

---

① 田平安主编：《民事诉讼法原理》，厦门大学出版社2004年版，第136页。

② ［德］魏德士著：《法理学》，丁晓春、吴越译，法律出版社2005年版，第71页。

③ ［美］阿瑟·库恩著：《英美法原理》，陈朝璧译注，法律出版社2002年版，第5页。

传统相比,英国法中的概念术语更具有独特性、专业性,更不易为本国外行人士和其他法系的人们所理解。因为这些概念术语在英国一直是作为一种特殊行会成员即法律家们所使用的'行话'。"① 就语言风格来说,英国民事程序规则中存在着大量古老的、常人难以理解的法律术语。这些术语或者是几个世纪之前使用而现今已经被弃之不用的,或者是词义晦涩,无法准确表达出其所指代的意义。民事程序规则用语的晦涩难懂、诘屈聱牙,不仅老百姓无法理解,就连专业人员也往往不知所措。沃尔夫勋爵对此提出了批评,主张使用通俗易懂的语言以确保诉讼规则的可理解性,进而实现司法的可接近性。《新规则》删除了绝大多数古老而晦涩的术语,以通俗易懂的新术语取而代之,并将重要的新术语安排在"术语表"中进行解释,以便法院和诉讼当事人能够准确地理解与适用。

8. "索引"

由于内容过于繁杂、结构相对混乱,为了便于查阅,英国《民事诉讼规则》在结尾设置了索引。

此外,为了进一步明确《新规则》和《诉讼指引》的具体实施问题,自 2003 年 12 月 12 日至 2007 年 3 月 26 日,专利法院、技术和建设法院、高等法院大法官法庭、海事法院、商事法院、商业法院、高等法院后座法庭分别公布了各自的法院指南(Court Guides)。

(二)《新规则》的立法体例

如上文所述,英国《民事诉讼规则》实际上是由"大法官致词"、"民事诉讼规则"、"诉讼指引"、"附件"、"诉前议定书"、"诉讼文书格式"、"术语解释"以及"索引"等一整套法律文件所构成。对照英国《民事诉讼规则》与大陆法系主要国家的民事诉讼法典,我们发现,大陆法系国家的民事诉讼法典没有相应的内容与英国《民事诉讼规则》中《新规则》之外的各部分相对应。上文已就英国《民事诉讼规则》的整体结构进行了分析,下文将就作为其

---

① 高鸿钧:"英国法的主要特征:一个比较观察",载《比较法研究》1991 年第 4 期,第 29 页。

主体的《新规则》的立法体例进行具体分析。《新规则》在篇章结构上主要分为"章"(Part)、"条"(Rule)和"款"(Sub-rule),款下又分为项和目,例如,Rule 46.4 (3) (a) (ⅰ) 系指《新规则》的第46章第4条第3款第a项第ⅰ目。以2008年10月第47次更新为截止日期,《民事诉讼规则》共78章,其具体内容及立法体例如下。

1. 第1—6章:"总则性规定"

首先需要说明的是,《新规则》并不存在"总则",只是其前六章内容上与大陆法系民事诉讼法典的总则相似,为了便于分析与对比而将其统称为"总则性规定"。"法典的总则,即专门设定对整部法典具有统领性和全局性意义的基本制度和基本原则的法典组成部分。"①虽然各国民事诉讼法典的总则部分在具体内容上并不相同,比如《法国民事诉讼法典》、《日本民事诉讼法典》以及《中华人民共和国民事诉讼法》,均在法典的卷首以专门的条款规定了贯穿于民事诉讼始终并对整个民事诉讼进程具有普遍指导意义的基本原则,而《德国民事诉讼法典》的总则却没有规定民事诉讼的基本原则,但是英国《民事诉讼规则》前六章的内容均属于事关整个民事诉讼过程、具有统领地位的事项,无疑都是总则应该规定的内容。《新规则》前六章分别为:

(1) 第一章:最高目标(The Overriding Objective)

沃尔夫勋爵在终期报告中曾指出,欲公正地解决纠纷,法院和当事人必须理解程序规则和诉讼体制内在的基本精神,为此《民事诉讼规则》于开篇第1.1条明确规定了民事诉讼的最高目标:"本规则为新程序法典,其最高目标是确保法院公正地审理案件。公正地审理案件应切实做到:①保障当事人的地位平等。②节省诉讼费用。③采取与如下因素相适应的方式审理案件:(a) 案件金额;(b) 案件的重要性;(c) 争议事项的复杂程度;(d) 各方当事人的经济状

---

① 封丽霞著:《法典编纂论:一个比较法的视角》,清华大学出版社2002年版,第322页。

况。④保证高效、公平地处理案件。⑤适当地分配法院资源,并考虑其他案件资源的需要。"为了贯彻最高目标,《新规则》第1.2条、1.3条、1.4条随后分别规定了法院行使权力或者解释《新规则》时必须遵守最高目标、当事人有义务协助法院实现最高目标以及法院为推进最高目标的实现须履行案件管理的职责。最高目标具有指导《新规则》的具体运用,特别是指导法院进行案件管理和解释《新规则》的作用,这与大陆法系一些国家民事诉讼法典的基本原则相似。

《新规则》之所以开篇就规定最高目标,是由英国民事司法改革的背景及指导思想所决定的。英国民事司法改革是在程序烦琐、诉讼迟延、费用昂贵以及结果不确定的背景下进行的,改革的指导思想就是消除这些弊端以保障公民能够接近正义。接近正义要求:有限的司法资源必须在寻求或需要正义的人们中公正地分配;公正地分配司法资源必须考虑具体个别案件的特征;在效率与公正之间进行合理的衡平;法院应当对司法资源公平地分配承担责任。《新规则》作为司法改革的成果,以最高目标的形式将接近正义的要求法定化。换言之,最高目标是接近正义思想的具体体现,恰如学者所言:"《民事诉讼规则》关于基本目标的定位,反映了英国民事诉讼改革的基本价值取向——接近司法,这一基本目标贯穿于《民事诉讼规则》的始终,成为英国民事诉讼的基本目标。"①

(2) 第二章:规则的适用和解释

该章共十二条,内容涉及规则的适用范围、特定法律概念之解释、须加盖印章的法院文书、期间的一般规定等。根据《新规则》Rule2.1的规定,郡法院、高等法院以及上诉法院民事审判庭进行的所有诉讼程序均适用《新规则》,但下列诉讼程序除其他法规明确指定外均不适用《新规则》:破产程序、无争议或普通形式的遗嘱认证

---

① 徐昕著:《英国民事诉讼与民事司法改革》,中国政法大学出版社2002年版,第437页。

程序、高等法院行使捕获法庭（Prize Court）①职能所进行的诉讼程序、保护法庭（the Court of Protection）②所进行的诉讼程序、家事诉讼程序、收养诉讼程序以及高等法院审理选举申诉（Election petitions）③所进行的程序。上述类型诉讼程序分别适用《1986年破产法》第411条和412条、《1981年最高法院规则》第127条、《1984年捕获法庭法》第3条、《2005年精神健康法》第51条、《1984年婚姻和家事诉讼法》、《1976年收养法》第66条或《2002年儿童和收养法》第141条、《1983年人民代表法》第182条。

　　大陆法系国家一般认为，法典中的有关术语和名词的定义及说明、关于法典具体适用范围的规定等仅是法典的辅助性、补充性内容，因而将其安排在篇尾附则中。但从法典适用的具体过程来看，我们在援引法典解决案件时，首先应当明白该法典的具体适用范围，所以英美法系国家的法典从实用主义角度出发，一般在篇首就规定法典的适用问题。比如《美国联邦地区法院民事诉讼规则》第1章第1.1条规定："本规则是调整美国联邦地区法院审理的所有具有民事性质诉讼的诉讼程序，包括根据普通法、衡平法或海事法的案件，但符合本规则第81条规定的除外。"④《新规则》将"规则的适用和解释"置于"最高目标之后"作为第二章，无疑是受英美法系实用主义立法传统的影响，并且具有合理性。

　　（3）第三章：法院的案件管理权力

　　本章共11条，其中第7条包括Rule3.7、Rule3.7A、Rule3.7B

---

① "Price Court"，意为捕获法庭，系英国分配战利品的海军军事法庭。

② "the Court of Protection"，系保护法庭，是根据《1983年精神健康法》的规定在高等法院设立的管理精神病人的财产部门，由衡平分庭负责，对其判决可向上诉法院和上议员上诉。

③ "Election petitions"，意为选举申诉，系指当某下议院议员的当选因行贿或其他原因而被指控为无效时，要求对该议员的选举的合法性进行调查的申诉，该申诉由选举申诉法庭负责审理。

④ 白绿铉著：《美国民事诉讼法》，经济日报出版社1998年版，第183页。

三部分。根据本章规定，法院可基于当事人申请或职权自行作出与诉讼程序有关的指令，指令可要求当事人作出符合一定条件的诉讼行为，包括向法院支付一定金额的款项，同时还可以包括不遵守命令、不符合条件的法律后果；法院在案情声明未披露提起诉讼和进行答辩的充分理由、案情声明滥用法院诉讼程序或可能阻碍诉讼程序公正进行以及当事人未遵守《新规则》或法院命令时，有权撤销案情声明，并可做出责令原告向被告支付诉讼费用等其认为适当的有关法律后果的任何命令；法院对不支付特定诉讼费用的行为有权予以制裁；如果在诉讼过程中出现了违反程序的事项，若该事项并不导致相关诉讼程序的任何阶段无效，则法院可以作出纠正程序违法的指令。当然，法院对案件管理并不限于本章的规定，《新规则》其他条文也兼有关于法院对案件管理的规定。

大陆法系民事诉讼法典一般是将法院对程序的控制权分散地规定在相关的各章节中，专章规定法院案件管理权的立法体例并不常见。《新规则》之所以采用专章规定法院案件管理权的立法体例，很大程度上是受英国民事诉讼文化和民事诉讼基本模式变革的影响。作为普通法系历史源头的英国，盛行对抗制（adversary system）诉讼模式，在这种诉讼模式下，事实的发现、程序的推进完全依靠当事人，法院始终处于消极的地位，既不主动干预当事人的诉讼行为，也不主动进行程序的控制和引导，而是站在中立的立场上充当双方的公断人。对抗制诉讼模式虽然对于实现程序公正、保障当事人程序主体地位具有积极的意义，但是随着对抗制的发展，"人们意识到纯粹的当事人主义诉讼模式不可能自发地保障接近正义，却与诉讼延迟、费用高昂、诉讼结果的不确定等司法弊端脱不了干系。"① 沃尔夫勋爵在题为《接近正义》的两篇报告中，抨击了民事司法费用高昂、周期过长、程序复杂的现状，并指出这些弊端产生的根本原因在于现行诉讼制度所蕴涵的无节制的对抗制诉讼文化，"没有有效

---

① 张卫平著：《诉讼构架与程式：民事诉讼的法理分析》，清华大学出版社 2000 年版，第 67 页。

的司法控制,对抗制程序可能鼓励一种对抗式文化,以至于常常使诉讼退化为战场的氛围,而不是适用法律的场所。"为了推进民事司法改革,沃尔夫勋爵主张改革传统上极端的对抗模式和文化,强化法院对诉讼的司法干预,将对诉讼程序的控制权由当事人及其律师转移到法院。作为司法改革的成果,《新规则》将强化法院程序控制权的理念渗透到整个法典,并设专章规定法院的案件管理权。值得注意的是,《新规则》虽然规定了法院的案件管理权,但这不过是对抗制自身的改良和完善,绝不是废弃,当事人及其律师将在法院的管理下继续进行各种对抗性的诉讼法律行为,只不过双方应该把争议的焦点集中在关键性问题上,而不是无视时间和费用一味地对所有问题进行无益的争论。

(4)第四至第六章:文书及其送达

第四章为文书格式,仅有一条,主要规定了文书格式的变更。第五章为法院文书,共九条,分别为适用范围、文书的准备、采用机械方式签署文书、诉状格式的签署、向检察总长提供文书、向当事人提供文书、向非当事人提供文书、法院提供文书的一般规定、文书的提交与送达。根据 Rule5.4A、Rule5.4B、Rule5.4C、Rule5.4D 的规定,检察总长、当事人以及诉讼外第三人在支付规定费用等条件下均可查阅、复制一定的诉讼文书,比如任何诉讼外第三人在支付规定的费用后,可在法院工作时间查询、查阅以及复制已送达的诉状格式、公开作出或宣告的任何判决或命令、法院许可的其他任何文书。Rule5.5 条规定,《诉讼指引》可以就通过传真或者其他电子方式提交、送达诉讼文书作出具体的规定。第六章为文书的送达,具体分为送达的一般规则、诉状格式送达的特别规定、向域外送达的特别规定以及域外向英格兰及威尔士送达四节。在《文书的送达》的一章,《新规则》采取了在规定送达的一般规则后再特别规定诉状格式及涉外送达的立法体例。这种先规定一般事项再规定特殊情况的立法体例,无疑运用了从一般到特殊的立法技术。

诉讼文书及其送达贯穿于整个民事诉讼过程,属于共同性事项,所以大陆法系民事诉讼法典一般均将其规定在总则中。《新规则》没有总则,所以将诉讼文书及其送达与最高目标、规则的适用和解释、法院的案件管理权力等一般性事项一同规定在起诉、答辩等具体的诉讼程序事项之前。

2. 第7—25章:"审前程序"

英国民事诉讼程序,包括审前准备和开庭审理两个相互独立而又相互依赖的阶段。审前程序,是指从提起诉讼至开庭审理前的诉讼阶段,在此阶段进行的一切程序事项皆属审前程序。审前程序在整个民事诉讼过程中具有关键性作用,其目的在于:"清除无关事项,准许当事人获得信息,并且确定是否存在适于审判的争点,所有的内容都导向一个有效率的审判或在知情后作出和解。"① 第7章至第25章集中规定了审前程序,各章依次为如何提起诉讼——诉状格式、可选择诉讼程序、对诉状明细的回复、送达认收书、管辖权异议、缺席判决、撤销或变更缺席判决、自认、答辩和再答辩、案情声明、对案情声明的修正、进一步信息、当事人的追加和更换、反诉和其他追加之诉、未成年人和精神病人、事实声明、申请法院命令的一般规则、简易判决以及临时性救济。从立法规定的体例与内容上看,该部分具有如下特征:

(1)按照程序的进程编排具体事项

"审前程序的功能归结起来有三:一是为开庭审理做准备;二是无须开庭审理而径行处理案件;三是在开庭审理前做出中期或临时性救济。因此,审前程序相应可分为三大块:审前准备;审前处理;审前救济。"② 审前程序虽然可将其分为审前准备程序、审前处理程序与审前救济程序,但这仅仅是学理上的划分,《新规则》并没有将这种划分方法运用到审前程序的立法结构安排上,相反却以程序推进的进程为主要依据编排各项内容。这种根据所调整的诉讼行为或

---

① [美]史蒂文·苏本、玛格瑞特·伍著:《美国民事诉讼的真谛:从历史、文化、实务的视角》,蔡彦敏、徐卉译,法律出版社2002年版,第123页。

② 徐昕著:《英国民事诉讼与民事司法改革》,中国政法大学出版社2002年版,第129页。

第五部分　英国民事诉讼立法体例的发展变化及法典编纂的技术与特征

社会关系本身的发展进程来编排法典的具体内容，符合人们的认识习惯以及认知规律。然而，"一般而言，事务本身的发展遵循两种模式。第一是渐进式，即事务自身的发展有一个循序渐进的延伸过程；第二种是同步式，即事务的各个组成部分之间同步或平行发展，没有时间先后和程度深浅之分。"① 就民事诉讼而言，各程序事项在发展顺序上既存在渐进式关系，比如诉状格式的提起与送达认收书的签署之间，也存在同步式关系，比如自认与答辩一般均须在诉状明细送达之日起14日内作出。另外，有些事项仅发生在诉讼程序中的特定阶段，而有些事项却贯穿于整个诉讼过程。倘若仅以程序的进程为依据对法典进行布局，难免出现混乱、零散的局面。

（2）规定了管辖权异议与案件之移送，却无管辖的一般规定

任何国家的法院体制都是由众多审级不同、管辖权各异的法院组成，当事人应当向具有管辖权的法院提起诉讼，法院也仅对享有管辖权的案件进行审判。管辖是当事人起诉时必须首先确定的事项，也是法院行使审判权的基础，有管辖权者方可审判，所以大陆法系各国民事诉讼法典一般首先在总则中规定管辖事项。《新规则》第11章及第30章分别规定了管辖权异议与案件的移送。根据规定被告希望就审理法院提出管辖权异议，或主张法院不应行使管辖权的，可在答辩期间向该法院提出申请，要求其作出宣告其无管辖权或不应行使其可能拥有的管辖权之命令。郡法院之间、高等法院与郡法院之间、高等法院之间、高等法院各分庭之间等可以自动或根据申请互相移送案件。法院在决定是否签发移送令时，须考虑如下事项：诉讼请求金额；在其他法院进行审理是否更加方便或公平；是否有专门审理特定诉讼类型的法官；涉及的事实、法律问题、救济或程序是简单还是复杂，以及诉讼结果对社会公众的重要性等。无论管辖权异议还是案件的移送，均以管辖的一般规定，即确定各法院间管辖范围的规定为前提，倘若没有管辖的一般规定，管辖权异议与

---

① 封丽霞著：《法典编纂论：一个比较法的视角》，清华大学出版社2002年版，第327页。

案件的移送均无法进行。大陆法系主要国家的民事诉讼法典均是规定了各法院之间具体管辖范围之后再规定管辖权异议与案件的移送，然而《新规则》规定了管辖权异议与案件的移送却没有管辖的一般规定。

《新规则》之所以没有对各法院之间的管辖范围进行明确规定，主要是由英国司法体制决定的。较之大陆法系国家，通过历史传统之演化与实践经验之积累逐步建立起来的英国司法体制复杂烦琐，诚如学者所言："现行英国的司法组织体系最初是从中世纪的组织发展而来的，在几百年的发展历程中，虽进行了数次改革，和以前相比也更为简化、合理。尽管如此，它相对于其他西方国家的司法组织体系来说仍是最为复杂的。"① 英国司法体制的演进是渐进式的，各法院司法权限的设定与变更大多是依据法令或者惯例，所以英国各法院管辖权的规定散见在众多的法令中。将规定法院案件管辖范围的众多法令进行整理，进而制定统一规定法院司法权限的成文法绝非易事，况且《新规则》的立法目的在于解决费用昂贵、程序复杂以及诉讼迟延等问题，而不是编纂一部体系完整、内容完备的法典，管辖的一般规定虽属重要，却对《新规则》的立法目的影响不大，所以我们不难理解为何《新规则》规定了管辖权异议与案件的移送却没有管辖的一般规定。

（3）规定了诉讼辅佐人，却没有规定当事人的诉讼能力

当事人是民事诉讼的基本构成要素之一，没有当事人就没有民事诉讼。在大陆法系民事诉讼中，当事人理论包括当事人能力、诉讼能力以及当事人适格等一系列问题。然而，英国民事诉讼上并不存在像大陆法系那样深奥、抽象的一整套理论，相反它更关注具体问题的解决。当事人能力与诉讼能力是大陆法系当事人理论中的基本概念，当事人能力是指能够成为民事诉讼当事人的一般资格，诉讼能力是指诉讼当事人亲自实施或承受诉讼行为的能力，无当事人

---

① 常怡主编：《比较民事诉讼法》，中国政法大学出版社2002年版，第247页。

## 第五部分 英国民事诉讼立法体例的发展变化及法典编纂的技术与特征

能力者不能成为当事人，无诉讼能力者不能亲自实施诉讼行为。所以，大陆法系民事诉讼法典一般均明确规定当事人能力和诉讼能力，然而英国却没有关于此问题的专门规定，而是把注意力放在未成年人及精神病人如何参与诉讼的问题上。根据《新规则》第 21 章的规定，未成年人是指 18 周岁以下的人士；精神病人是指根据《1983 年精神健康法》之界定，因精神不健全而不能支配和管理自己事务的人士。精神病人进行诉讼时，须由诉讼辅佐人代表其行为；未成年人进行诉讼时，亦须由其诉讼辅佐人代表其行为，但法院准许未成年人独立进行诉讼行为时除外。另外，《新规则》还对诉讼辅佐人的产生、类型、地位、权限等具体问题做了详尽的规定。

《新规则》第 19 章规定了当事人的更换、追加与撤销。根据规定，如果原当事人的利害关系或法律责任已转移至新当事人，且法院认为更换当事人适当，有助于解决诉讼程序中的争议事项，法院可以责令原当事人更换为新当事人；如果追加当事人有助于解决诉讼程序中争议的全部事项，或者存在涉及原当事人和新当事人的争点，该争点与诉讼程序中争议事项相关联，而追加当事人有助于争议之解决，法院可以追加当事人；如果法院认为某人并非有关诉讼程序中的适格当事人，可责令该人停止作为诉讼当事人。然而，英美法系追求的司法图景是，"只要存在不正义的事态，就应该予以纠正。同时，作为纠正不正义状态的有效方法，即利用个人及其律师的利益动机来采取行动。"[①] 因此，与大陆法系当事人适格理论不同，凡与案件具有真正利害关系者均属于适格当事人，并且"英美法上的'真正利害关系'并不以实体法明文规定的权利根据为前提，而是指客观上存在的法律应予救济的某种权益，而且这里的'真正利害关系'仅仅是形式上的，亦即原告只需声称他的起诉是为了保

---

① ［日］谷口安平著：《程序的正义与诉讼》，王亚新、刘荣军译，中国政法大学出版社 2002 年版，第 257 页。

护他的合法权益即可。"① 由此可见，英美法系的适格当事人是一个相当开放的体系，这无疑有助于扩大司法解决纠纷的范围，并且有助于通过司法生成新权利。

（4）确立了多种诉讼审理程序

《新规则》第 27 章、第 28 章以及第 29 章分别规定了小额诉讼程序、快速审理程序以及多轨程序。根据《新规则》的规定，小额诉讼程序主要适用于标的额低于 5000 英镑的案件，程序简易、低廉，具有主张采用非正式方式解决纠纷、支持当事人本人参加诉讼、限制上诉等一系列特征；快速审理程序主要适用于标的额在 5000 至 10000 英镑的案件以及无诉讼请求金额的案件，其特征在于快，整个诉讼程序从做出案件分配指令到开庭审理之间的标准期限不得超过 30 个星期；多轨程序主要适用于重大复杂案件，程序相对完整、复杂。② 为了将案件分配到具体的诉讼程序轨道中，《新规则》第 26 章对案件分配的标准、具体程序作出了详尽的规定。

《新规则》确立多种诉讼审理程序是科学合理的，也符合司法改革的历史潮流。"程序公正与程序效率均为民事诉讼程序应当促成实现的价值，这两种价值可以和谐共存，但又经常处于深沉的张力之中。"③ 追求程序公正一般要求设置完备的程序、加大司法资源的投入，相反，程序效率的实现要求简化程序、节省司法资源。然而，司法资源是有限的，如何平衡程序公正与程序效率绝对是一个重大且必要的抉择。现代社会纠纷日益多样化，而且在不同类型的案件中当事人对公正与效率要求的侧重点并不相同，单一的诉讼程序显然不能满足当事人对公正和效率的多样化要求。比如，普通程序作

---

① 常怡主编：《比较民事诉讼法》，中国政法大学出版社 2002 年版，第 359 页。

② 关于三种诉讼程序的适用范围及具体内容，请参见沈达明、冀宗儒著：《1999 年英国〈民事诉讼规则〉诠释》，中国法制出版社 2005 年版，第 149—161 页。

③ 肖建国著：《民事诉讼价值论》，中国人民大学出版社 2000 年版，第 456 页。

为一种严格复杂、专业化程度较高的程序,"虽然有助于维护或形成程序或规则,却意味着高昂的诉讼成本、漫长的诉讼进程,意味着当事人接近司法的难度加大。"① 简易程序虽然可以降低诉讼成本、缩短诉讼周期,但在面对复杂疑难案件时却难以保障公正的实现。因此,根据案件的争议金额、复杂性及重要程度等因素设置繁简不同的诉讼程序,是满足当事人多样化需要的要求,也是合理配置有限的司法资源以实现司法制度收益最大化的需要。恰如学者所言,"现代社会的高度复杂化对纠纷解决机制的专业化提出了新的挑战,它要求我们在民事案件中作进一步的划分,按照其中各类案件的特点和需要,设置专门的诉讼制度加以处理"。② 正是基于这种需要,《新规则》保留并改造了原有的小额诉讼程序,并新设置快速审理程序与多轨程序,形成了三种审理机制并存的诉讼体制。多种审理程序并存的诉讼体制为衡平公正与效率提供了可能,然而,倘若案件无法分配到与之相对应的诉讼程序中,寄予该种体制的所有美好希冀都将无从实现。为此,《新规则》设专章规定了案件的分配,并将其纳入法院的案件管理范围。

3. 第31—35章:证据

证据作为民事诉讼的核心,是当事人保护自己合法权益的依据,也是法院判明案件事实进而作出裁决的基础,在查明案件事实、正确适用法律以保护当事人合法权益中发挥着关键性作用。诉讼过程中,当事人和法院的一切活动都是围绕着证据进行的。没有证据,当事人就无从说服法官作出有利于自己的判决;没有证据,法院就无法正确适用法律判断当事人之间的权利与义务的归属,也就无法作出正确的判决。鉴于证据在民事诉讼中的重要地位,各国民事诉讼法典或证据法均对证据问题专门作出规定。《新规则》第31章至

---

① 廖中洪主编:《民事诉讼法:诉讼程序篇》,厦门大学出版社2005年版,第47页。

② 章武生著:《民事简易程序研究》,中国人民大学出版社2002年版,第19页。

第35章集中规定了证据规则,各章分别为书证的开始和查阅、证据、有关证据的其他规则、笔录证言与证人出庭作证以及专家证人和技术陪审员。

英国证据法的起源可以追溯到中世纪,但是,在相当长的时期内,证据法的内容极其简单。"直至18世纪末期,证据学理几乎完全是一堆分散的、割裂的判例。注解者与法律人员认为证据法只是几条一般性的法律格言,可包含在一条单一的原则内,即'最佳证据原则'。据说在1794年的威力·哈士丁案件中,Edmund Burke 曾经说他知道有一只鹦鹉能在半小时的时间内学会证据法则并在5分钟的时间内予以重述。"① 然而,经过数个世纪的发展和演变,英国已经形成一套系统、复杂的证据规则。《新规则》虽然规定了证据问题,但仅是英国证据法众多渊源之一。英国证据法的渊源复杂众多,既有判例法,又有制定法,还有制定法文件和一些国际公约。英国是普通法系的源头,判例是其重要的法律渊源,证据法亦不例外,即使是绵延到19世纪和20世纪的司法改革,判例依旧是整个证据制度不可或缺的基础。自19世纪起,英国开始在判例的基础上不间断地对证据规则进行编纂,颁布了数量众多的关于证据的法律规定,使英国的证据制度从单一的判例法系统逐渐转变为判例法和制定法结合的系统。英国制定的成文证据法,大多是关于刑事证据的,民事领域的证据立法相对较少,最为重要的是1968年、1972年、1995年的三部《民事证据法》(Civil Evidence Act)。然而,"英国制定法的改革非常零碎,往往针对一个或者几个问题就制定一部证据法,或者在其他相关法律中规定证据法的内容,所以英国没有统一的证据法典。这与其他普通法系国家形成了鲜明对照,大多数普通法系国家都有统一的证据法典,如美国的《联邦证据规则》、加拿大的《证据法》、澳大利亚的《1995年证据法》和印度的《1872年证据法》等。"② 由一系列普通法规则和一系列制定法交织而成的英国证

---

① 沈达明著:《英美证据法》,中信出版社1996年版,第7页。
② 何家弘主编:《外国证据法》,法律出版社2003年版,第96页。

## 第五部分 英国民事诉讼立法体例的发展变化及法典编纂的技术与特征

据法,既无法增强证据法的统一性,亦难以提高证据法的明晰性。"综观证据法,仍有充分的理由认为,公平、一致、明确和可利用(accessibility)等目标的实现,并非来自与制定法相结合的普通法的发展,而只能依赖于法典化。"① 然而,《新规则》虽然用五章的篇幅规定证据问题,并逐步通过《诉讼指引》的过渡性条款,对原有的民事证据法进行了较大的修改,但并无意于证据法的法典化。

英国证据法在立法体例上除了法律渊源复杂众多且无统一法典的特征外,刑事证据法与民事证据法由统一走向分立是其另一重要特征。"在英美法系国家,刑事证据规则和民事证据规则的差别不大,因此英美法系的证据法一般不区分刑事证据法与民事证据法。除英国外,大多数国家的证据法共同规定在一部证据法典当中,既适用于刑事诉讼,也适用于民事诉讼。"②最初,英国民事证据规则和刑事证据规则也是共同发展的,但由于刑事证据与民事证据在证明责任、证明标准以及具体的证据规则方面存在着显著的差异,特别是1964年9月,司法大臣和内政大臣将刑事诉讼和民事诉讼中的证据法分别提交给法律改革委员会和刑事法律修订委员会,使得这种业已存在的差异日益明显,再加上证据法在民事诉讼和刑事诉讼中的发展愈加不平衡,原本统一的证据法逐步走向分立,形成了民事证据法与刑事证据法分别立法的体例。对于民事证据法与刑事证据法分别立法的现状,英国存在着不同的评价,反对者认为"是零碎改革的政策造成了这样一种不幸的后果,证据法本应该是一部高度完整的部门法。"③在我国,刑事证据与民事证据是分别立法还是统一立法,亦一直存在着争论,赞成分别立法者着重强调刑事证据

---

① Adrian Keane, The Morden Law of Evidence, Butterworths, 2000, p. 5. 转引自齐树洁主编:《英国民事司法改革》,北京大学出版社2004年版,第137页。

② 宋英辉、汤维建主编:《证据法学研究述评》,中国人民公安大学出版社2006年版,第129页。

③ 何家弘主编:《外国证据法》,法律出版社2003年版,第97页。

与民事证据之间的差异,赞成统一立法者更加注重刑事证据与民事证据之间的共性。时至今日,争论仍然存在,相信短期内亦很难达成共识,然而无论支持分别立法者还是赞成统一立法者,都承认刑事证据与民事证据之间既存在差异又存在共性,所以将来无论采用哪种立法体例都应将二者的统一性与差异性体现出来。①

4. 第36—42章:审理程序及其他

第36章至第42章分别为:和解要约以及向法院付款;关于向法院付款的其他规定、撤诉;关于审理程序的其他规定、判决和命令;临时性赔偿及律师的更换。《规则》虽然规定了审理程序,但其规定并不如审前程序那样详尽、具体、完备,许多庭审规则还是散见于众多判例法中。

5. 第43—48章:诉讼费用

降低诉讼成本,是英国民事司法改革的重要目标。作为司法改革成果的《民事诉讼规则》亦希望通过诉讼费用的改革,降低诉讼成本,减轻当事人诉累。为此,《新规则》第43章至第48章集中而详细地规定了诉讼费用,各章分别为诉讼费用规则的适用范围和术语界定、有关诉讼费用的一般规则、固定诉讼费用、快捷审理制的开庭审理费用、诉讼费用详细评定程序以及有关拖欠的规定、诉讼费用的特殊情形。

与大陆法系民事诉讼法典将诉讼费用规定在总则中不同,《新规则》将诉讼费用的相关规定安排在法院审理程序之后,因为《新规则》基本上是按照诉讼的进程编排具体事项,而法院一般在诉讼程序终结之日方对有关诉讼程序或者诉讼程序任何部分的诉讼费用进行详细评定。在有关诉讼费用的章节中,《新规则》于第43章首先对诉讼费用规则的适用范围进行了规定,并对"诉讼费用"、"诉讼费用法官"、"诉讼费用官员"、"资金"、"接受诉讼费用当事人"、"承担诉讼费用当事人"、"法律援助当事人"、"收费协议"、"固定

---

① 关于我国民事证据、刑事证据分别立法与统一立法之间的争论,请参见何家弘主编:《证据学论坛》(第八卷),中国检察出版社2004年版。

## 第五部分　英国民事诉讼立法体例的发展变化及法典编纂的技术与特征

诉讼费用"、"简易评定"、"详细评定"等一系列术语进行了明确界定。第44章规定了诉讼费用的一般规则，内容涉及法院对诉讼费用的自由裁量权、收费协议、评定诉讼费用的基础等。第45章及第46章规定了特定诉讼费用制及特定审理程序下的诉讼费用规则，其中第45章规定了固定诉讼费用，第46章规定了快速审理程序中的开庭审理费用。固定诉讼费用，是在法定情形下明确规定许可律师收取的定额费用，包括固定起诉费、判决登记费、其他固定诉讼费用，Rule45.1规定了其适用范围。快捷审理程序中的开庭审理费用，是指在适用快捷审理程序的案件中，当事人的辩护律师为开庭审理准备或出席开庭审理而产生的有关费用。在规定了诉讼费用的一般规则及特定程序下的诉讼费用规则后，第47章对诉讼费用详细评定程序及诉讼费用的拖欠进行了规定。第48章在最后规定了特定情形下的诉讼费用规则。

《新规则》关于诉讼费用的规定，在保障接近正义的权利与防止滥用该权利之间作出了合理的衡平，全面体现了诉讼费用制度的价值目标与发展方向。接近正义是现代法治国家人民享有的一项由宪法保障的最基本的权利，影响国民接近正义的基本因素有："诉讼的成本、解决争议所需要的时间以及司法制度发现事实真相和适用法律的正确程度"。[1] 其中，诉讼费用或曰诉讼成本对国民接近正义的影响尤为明显，诚如日本法学家棚濑孝雄所言："无论审判能够怎样完美地实现正义，如果付出的代价过于昂贵，则人们往往只能放弃通过审判来实现正义的希望。"[2]《新规则》设计了诸如固定诉讼费用制等措施以求降低诉讼费用，进而保障国民接近司法的权利。然而，任何权利都有被滥用即越界行使之危险。滥用接近司法权利一方面侵害对方当事人安宁、和平生活的权利，并给其带来不必要的

---

[1] ［英］阿德里安·A.S.朱克曼主编：《危机中的民事司法：民事诉讼程序的比较视角》，傅郁林等译，中国政法大学出版社2005年版，第48页。
[2] ［日］棚濑孝雄著：《纠纷的解决与审判制度》，王亚新译，中国政法大学出版2004年版，第267页。

人、财、物方面的减损，另一方面浪费了有限而紧张的国家司法资源，影响了其他人要求救济的权利。所以诉讼费用制度要成为保障接近司法之权利与防止滥用该权利之间的均衡器，不可偏废其一。"防止接近正义的权利被滥用与保障接近正义的权利同等重要，二者作为共生共存的对立统一体，在民事诉讼费用制度的发展历史上此消彼长，二者的矛盾运动推动着诉讼费用制度的发展。"①《新规则》的诉讼费用制度通过对滥用诉讼权的当事人在诉讼费用计收方面给予一定的经济制裁，促使当事人在诉前及诉中理性地评价自己的案件，慎重地进行诉讼行为。Rule44.3 条规定法院对一方当事人是否承担对方当事人的诉讼费用、承担的金额及支付时间具有自由裁量权。法院在决定就诉讼费用作出某种命令时，应考虑所有诉讼当事人的行为、一方当事人是否完全胜诉还是部分胜诉、引起法院关注的一方当事人提出向法院付款或可采纳的和解要约。其中，当事人的行为包括：在诉讼程序前及诉讼程序中所进行的行为，特别是当事人遵循相关诉前议定书的状况；当事人提出、坚持或抗辩特定主张或系争点是否合理；当事人对案件、特定主张或系争点，坚持主张或进行抗辩的方式；原告虽胜诉，但是否在全部或部分范围内夸大了诉讼请求。此外，Rule44.5 条规定法院在裁决诉讼费用金额时亦应考虑所有当事人的行为，包括诉讼前及诉讼中的行为，以及在诉讼前及诉讼中为尝试解决争议所作的努力等。将当事人诉前及诉中的行为作为法院裁决诉讼费用的考虑因素，促使当事人谨慎地评价案件、理性地实施诉讼行为，并鼓励双方当事人积极地通过和解解决纠纷。《新规则》关于诉讼费用的规定，在保障当事人接近正义的权利与防止其滥用该权利之间作出了适当的衡平，集中反映了诉讼制度的价值目标，全面体现了诉讼费用制度的发展方向。

6. 第 49—51 章：附则性规定

首先需要说明的是，《新规则》并不存在大陆法系法典式的附

---

① 廖永安等著：《诉讼费用研究：以当事人诉权保护为分析视角》，中国政法大学出版社 2006 年版，第 306 页。

则,仅因介绍的方便而将上述三章统称为"附则性规定"。大陆法系法典中的附则是在法典的整体结构中作为法典总则和分则辅助性内容而存在的一个组成部分,具有辅助、补充性的特征。通常来讲,法典附则的内容应包括以下几个方面:关于总则或分则中有关术语、名词的界定与说明;关于法典实施细则或配套法律的授权规定;关于法典的变通或补充性规定的授权规定;关于法典的生效日期的规定;关于法典的施行或废止问题的规定等。《新规则》并没有采用"总则—分则—附则"式的法典结构体系,但并不可就此得出其没有相应规定的结论。事实上,《新规则》的大多章节均在该章之开端,就对其适用范围及相关的术语、名词的界定进行规定。《新规则》第49章、第50章及第51章则分别规定了专门案件目录、附表的适用与过渡性安排,内容上与大陆法系法典的附则相似。与大陆法系法典将附则置于法典篇尾不同,《新规则》在结构体系上不存在附则,而是将三章附则性的规定置于一审程序规则之后。

7. 第52章:上诉

所谓上诉,是指在裁判未确定前,向上级法院提出的要求撤销或变更该裁判之不服申请。上诉制度具有纠正初审裁判之错误进而确实保障对当事人的救济与统一法院对法律的解释及适用进而确保法的安定性的双重目的。德国、日本等国家以上诉审的内容为标准将上诉严格区分为控诉、上告及抗告三种形式,并根据这种区分采用分别编撰的立法体例。与此不同,英国的上诉制度并不存在如此精细而富有逻辑的理论,因此《新规则》并不采用分别编纂的立法体例。《新规则》第52章在结构上分为关于上诉的一般规则、适用于上诉审法院的特殊规定、再次上诉与法定上诉四节。这种结构,遵从了从一般到特殊的规律,具有一定的合理性。

8. 第53—77章:特别程序及执行程序

第53章至第69章依次为名誉权诉讼、司法审查及法定审查、占有诉讼、不动产租赁诉讼及有关不动产的杂项规定、遗嘱检验及继承、商事法院、商业法院、技术和建设法院、海事诉讼、仲裁诉讼、专利及其他知识产权诉讼、遗产信托与慈善信托、与反社会及骚扰行为相关的程序、王权诉讼、与事务律师相关的程序、诉诸欧洲法院、法院任命涉诉财产管理人之权力。第76章为与《2005年预防恐怖主义法》相关的程序，第77章为与刑事司法相关的条款。以上各章规定的均是特殊案件或特别法院所适用的程序，即特别程序。将特别程序规定在普通程序之后，具有一定的合理性。

第70章至第75章依次为执行的一般规定、判决债务人提供信息的命令、扣押第三债务人财产令、财产扣押令以及停止交易令与停止交易通知、不同司法区域间判决的执行。沃尔夫勋爵对英格兰及威尔士民事程序规则的评审并未包括执行体制，但是执行是民事司法体制的重要组成部分，如果胜诉当事人无法实现判决书所确定的权利，民事司法改革的作用将大为削弱。基于这样的考虑，司法大臣办公厅从1998年开始推出一系列有关执行体制和执行程序的咨询报告。经过反复咨询与论证，《新规则》第26次更新增补了执行的一般规定、要求债务人出庭提供信息、扣押第三债务人财产令与财产扣押令、停止交易令和停止交易通知，分别规定在第70章至第73章，并于2002年3月25日开始实施。第29次更新增补了第74章对英格兰及威尔士以外其他地区裁判的执行，第75章交通债务的执行，并于2002年10月1日开始实施。

## 二、英国《民事诉讼规则》的立法体例特征

英国是普通法的发源地和繁衍生息的本土，具有深厚的判例法传统。英国人具有重经验、轻逻辑的民族精神，曾长期固守判例法的传统，认为判例法以通常的习惯为基础，是共同经验的反映和人类"完美理性"的自然表达，"只有判例规范是法的完全正常的规范"，[①] 而高度原则化、抽象化的法典法只不过是从子虚乌有的预先假定推导出来的结论，这种结论背离了社会生活中法律现象的原貌，

---

① ［法］勒内·达维德著：《当代主要法律体系》，漆竹生译，上海译文出版社1984年版，第395页。

## 第五部分 英国民事诉讼立法体例的发展变化及法典编纂的技术与特征

其真实可靠性难以令人信服,他们甚至认为法典犹如"刚愎无知之暴君。"① 当然,在英国法制发展史上并不乏为法典之编纂而摇旗呐喊者,除了培根及边沁之外,阿莫斯、波洛克、密尔和奥斯丁等法学家也支持普通法的法典化。不仅如此,甚至 Codification(法典编纂)一语本身,就是英国人边沁创造的。具有讽刺意义的是,当18、19世纪法国和德国等欧洲大陆国家纷纷掀起法典编纂运动时,边沁关于法典编纂的建议在英国却无人响应,反而被人们嗤之以鼻。然而,时过境迁,进入20世纪后情势已经发生了变化,制定法日益受到重视,雨后春笋般地颁布出来。如今,英国的制定法已经是卷帙浩繁,成为同判例法同等甚至更重要的法律渊源。诚如格尔达特(Geldart)所言:"古时,制定法只是作为法律的勘误和补遗,而现今人们可能希望立法者尽其所能地表现自己,如同一位法官那样修改现存法律规则或创制一项新规则。"②

制定法的地位及价值在英国日益受到认可与重视,甚至已经编纂了诸如《民事诉讼规则》等成文法典。我们在认识到这一点的同时,绝不可草率地将英国的制定法和法典与大陆法系的法典等量齐观。因为,"从根本上说,一国的法是以该国语言写就,可以说是该国地理、人种、宗教、经济结构、政治体制等多种条件的函数",③并且法典的编纂与民族主义紧密相连,"法典是民族理想与民族文化的一元性之体现,它以本国语文书写,并包含着民族性的法律制度和法律的概念。"④ 无论是民族精神气质,还是法律的历史起源与思维方式,又或者是具体的法律制度、术语、技术,英国与大陆法系

---

① 徐国栋著:《民法基本原则解释:成文法局限性之克服》,中国政法大学出版社1992年版,第139页。

② [法] 勒内·达维著:《英国法法国法:一种实质性比较》,潘华仿、高鸿钧、贺卫方译,清华大学出版社2002年版,第34页。

③ [日] 大木雅夫著:《比较法》,范愉译,法律出版社1999年版,第79页。

④ [日] 大木雅夫著:《比较法》,范愉译,法律出版社1999年版,第12页。

国家都存在着显而易见的差异。在民族精神气质上英国笃信经验、推崇传统，欧洲大陆国家崇尚理性、注重逻辑；在法律的历史渊源上，英国可以追溯到中世纪的普通法，大陆法系可以溯及到罗马法；在法律思维上，英国人偏爱于情景思维，欧洲大陆人倾心于抽象思维；等等。这些差异自然将直接或间接地投影到法典编纂中，形成英国法典不同于其他国家，特别是大陆法系国家的独特风格。事实上，英国《民事诉讼规则》作为一部民事诉讼法典，与大陆法系民事诉讼法典相比，不仅在具体制度上独树一帜，在法典的结构、立法体例、编纂技术与风格上，同样是别具一格。具体而言，相较于大陆法系国家民事诉讼法典，英国《民事诉讼规则》在立法体例以及编纂上，存在但不限于以下一些特征。

（一）判例法与制定法、单行法与法典法并行

以判例法作为主要法律渊源，是普通法系区别于大陆法系的主要标志。英国是普通法系的历史源头和主要代表，毫无疑问，判例法是其最重要的法律渊源。从实在法意义上讲，判例法是由一个个实际案件中的司法判决所确立的原则和规则集合的总称，是一种区别于制定法或其他形式法律的法律形式渊源。这意味着，判例法是建立在一系列的"先例"之上的，与"司法的先例原则"或者说"遵循先例"原则密不可分。遵循先例作为整个判例法制度的基本原则，其基本含义是，先例判决对法院之后处理同类案件具有约束力，法院有义务在处理类似案件中采用相同或相似的推理技巧，适用相同的法律原则，任何法院都不得无视上级法院或部分同级法院就同一法律问题已作出的权威性司法判决。法院一旦作出一项判决，其下级法院或某些同级法院在处理类似案件时，有义务遵循该先例。具体而言，上议院的判决对所有英国法院有拘束力；上诉法院的判决对所有下级法院有拘束力；高等法院的判决对所有下级法院有拘束力，但对其内部只有说服力；所有下级法院均受以上高级法院的约束。值得注意的是，先例判决中的"附带意见"（obtiter dicta）仅具有说服力而无约束力，只有法官对案件所涉及法律问题进行阐述所形成的"判决理由"（ratio decidendi）才具有拘束力。就英国民事

诉讼法而言，判例法亦是其最主要的法律渊源，"民事程序规则皆渐进地源于法院判例"。① 法院在审理案件时，可以适用其在长期司法实践中逐渐形成的程序原则，亦可援用先例原则，从判例中寻找程序规则。

除判例法外，制定法亦是英国民事诉讼法的主要法律渊源。在所有关于民事诉讼的制定法中，1999年4月26日正式生效的《民事诉讼规则》最为重要，内容完善、适用广泛，堪称英国的民事诉讼法典。此外，英国还存着大量专门规定或涉及民事诉讼程序的单行法，包括《1981年最高法院法》；《1984年郡法院法》；《1999年接近司法法》；《1990年法院和法律服务法》；《1998年人权法》；《1996年名誉权法》；《1980年诉讼时效法》；《1982年民事管辖和判决法》；《1968年民事证据法》；《1972年民事证据法》；《1995年民事证据法》；《1988年（苏格兰）民事证据法》；《1977年民事侵权（妨碍财物）法》；《1974年消费信用法》；《1988年住房法》；有关法院规则等。② 另外，1972年英国加入了欧盟，在审理涉及欧盟的案件时，须适用诸如《欧盟证据调查执行法》、《欧盟诉讼费用救助指令》等欧盟法。同时，英国还参加了《布鲁塞尔公约》、《关于民商事案件中诉讼或非诉讼文书的国外送达公约》、《卢加诺公约》等有关民事诉讼的公约。法院在审理民事案件时，应优先适用这些公约。

在判例法与制定法的关系方面，传统观点认为制定法是次要性的法律渊源，"只是给判例法构成的英国法主体提出一系列勘误表与补遗"，"只给原则带来一起纠正作用的东西与附加物；不应到法律里去寻找法的原则本身，而只是去找明确或纠正判例所提出的原则

---

① 徐昕著：《英国民事诉讼与民事司法改革》，中国政法大学出版社2002年版，第7页。

② 参见徐昕著：《英国民事诉讼与民事司法改革》，中国政法大学出版社2002年版，第8页。

的解决办法。"① 然而，近年来，英国的制定法数量不断增多，地位亦日益重要，不但效力高于判例法，而且可以推翻或补充判例法，还可以对判例法进行整理，进而转化为制定法。传统的观点正在静悄悄地修正，英美法系中，判例法与制定法同等重要，同为重要的法律渊源，相互补充、相互促进，共同推动法律的进化。其实，无论是判例法还是制定法，作为调节社会关系的手段，或作为社会控制的工具各有利弊。因而，两大法系在法律的形式方面正在彼此借鉴，呈现出不断相互融合的趋势。在英美法系日益重视制定法，并将其作为与判例法并列的法律渊源时，大陆法系亦越来越受判例法之影响，以前一直奉为圭臬的"司法判决不是法律渊源"已有很大松动，判例法作为法律渊源的地位已初露端倪。"当我们考虑到法国的一些法律著像在英国的法律著作一样参考和分析法院判决②的情况时，感到上述格言（司法判决不是法源）与实际非常不符。"③

耐人寻味的是，在大陆法系国家借鉴、移植判例法过程中，相较于实体法，程序法显得谨小慎微。因为，相对于具体妥当性而言，程序更注重安定性与统一性。从程序的安定性与统一性要求出发，"最为理想的方式是由程序法规明确且详尽地预先作出规定。而通过个案判决来决定案件处理方式之做法，容易导致从原有的纠纷中衍生出有关纠纷解决方式的纠纷，进而使解决纠纷之努力进一步引发新的纠纷。"④ 然而，并不可因此就否定判例在程序法中的价值。同实体法所面临的问题一样，程序法亦不可能就整个程序事项预先作出完美无缺的规范，况且程序理应灵活，抽象而原则性的法条实难做到这一点。将上述问题委诸法官根据具体案情自由裁量，不失为

---

① ［法］勒内·达维德著：《当代主要法律体系》，漆竹生译，上海译文出版社1984年版，第359页。

② 尤其是在某些部门法方面（侵权行为法、冲突法、行政法）。

③ ［法］勒内·达维著：《英国法法国法：一种实质性比较》，潘华仿、高鸿钧、贺卫方译，清华大学出版社2002年版，第29页。

④ ［日］新堂幸司著：《新民事诉讼法》，林剑锋译，法律出版社2008年版，第45页。

一条对策,但恐怕亦难免产生法官滥用自由裁量权等新问题。在解决这些问题时,"如果通过个案获的具体裁判,以一种与具体案件各种类型密切结合的形式来确定其内容,那么将获得为裁判现场易于使用的基准。"① 所以,在民事诉讼法中亦应重视、研究判例法,这对弥补滞后的法典,防止其僵硬化、腐朽化而言,绝对是必要的。"在瞬息万变且复杂的现代社会中,民事诉讼法只有不断通过判例法来持续地作出应对,才可以确立为一项获得人们信赖的、有价值的制度。"②

(二) 开放性的立法体系

法典实际上是立法者根据以往的经验,对人类将来某一领域的社会生活,预先设定的行为准则体系。然而,人类社会是变动不居、日新月异的,所以从某种意义上讲,法典一经制定即滞后于现实。法治社会,须依法而治,且是依良法而治。良法须尊重现实生活,因此法典欲实现良法的品性,必须及时进行修正与补充,以回应社会生活的变迁,否则将注定被无情地抛弃。英国《民事诉讼规则》虽然是其民事诉讼制度的法典化,但不像大陆法系传统意义上的民事诉讼法典那样偏重稳定性,而是坚持开放性立法,根据司法实践需要,不间断、不停息地对其进行修正和补充。自 1996 年 7 月,沃尔夫勋爵推出《民事诉讼规则草案》后,经过多次修改方形成《民事诉讼法草案》,于 1996 年 10 月向议会提出,1997 年开始实施《民事诉讼法案》,1998 年 10 月签署《民事诉讼规则草案》至 1999 年 4 月 26 日实施时,又经历了多次修改。为了确保根据司法实践之需要,不断及时对《新规则》进行修正、完善,专门设立了民事司法委员会,根据特别授权,作为审查民事司法制度之常设法定机构,就《民事诉讼规则》的进一步完善提出建议。从 1999 年 3 月 11 日

---

① [日] 新堂幸司著:《新民事诉讼法》,林剑锋译,法律出版社 2008 年版,第 46 页。
② [日] 新堂幸司著:《新民事诉讼法》,林剑锋译,法律出版社 2008 年版,第 46 页。

第一次更新算起,至 2008 年 11 月止,英国《民事诉讼规则》共进行了 48 次更新,其更新频率之高,令人诧异。

任何法律制度都必须包含实现稳定性与灵活性的要素和机制,失去稳定性,法律的权威难以树立,缺乏灵活性,难逃被抛弃的宿命。对此,克里夫·施米托夫曾一针见血地指出:"一方面,法律必须稳定,以便人们能够安排自己的事情,同时确知它们具有的法律效果。另一方面,法律必须使自己将适应它所服务的社会正在变化中的社会经济千变万化的情况,否则人们将无视法律,回避法律并且有朝一日违犯法律。"① 法典欲实现灵活性须及时修订,欲保持稳定性须拒绝变动,所以法律的稳定性与灵活性之间的衡平体现在法典上,便是其修订的频率。考察英国和大陆法系主要的民事诉讼法典,我们会发现,就修订频率而言,英国《民事诉讼规则》无疑令大陆法系民事诉讼法典难以望其项背。换言之,英国《民事诉讼规则》比大陆法系民事诉讼法典更重视法律的灵活性、适应性。以德国为例,德意志帝国 1877 年制定公布《民事诉讼法典》,1879 年 10 月 1 日施行,历经帝国时期、第一次世界大战后的共和时期、第二次世界大战后的占领时期、东西两德分裂时期及合并后的联邦共和国时期,迄今已百余年,但仍然沿用。据统计德国《民事诉讼法典》自 1877 年颁布,截至 1999 年 12 月 17 日,共经过 95 次修改。② 德国《民事诉讼法典》120 余年间修改了 95 次,而英国《民事诉讼规则》自 1999 年 3 月至 2008 年 10 月约 9 年的时间中已更新了 48 次,可见《新规则》的修改频率是德国等大陆法系国家民事诉讼法典难以比拟的。

英国《民事诉讼规则》何以呈现出开放性立法体系之特征呢?从根本上讲,是英国区别于大陆法系的独特法律传统和判例法思维

---

① [英]克里夫·施米托夫:"英国'依循先例'理论与实践的新发展:判例法应当具有拘束力吗?",载《法学译丛》1983 年第 3 期,第 7 页。

② 参见谢怀栻译:《德意志联邦共和国民事诉讼法》,中国法制出版社,译者前言部分,第 3 页。

模式之使然。英国作为普通法系的源头,一直以判例法作为主要法律渊源,可以说,整个普通法系就是在判例法的基础上发展起来的。判例法以遵循先例为基本原则,后诉法院的判决必须遵守先例判决所确立的法律规则,所以,单从表面上看,我们会得出判例法过于保守的结论。实则不然,判例法的保守性绝不应过分扩大,"否则就会无视它的矛盾着的另一面即灵活性或变革性,也就无法理解判例法作为英国法乃至普通法系其他国家法律的主体长期存在和发展的动力,以及它至今仍蕴涵着的蓬勃生机的缘由之所在。"① 事实上,判例法内涵着丰富而有效的变革机制,只是变革方式不同于大陆法系,以至于呈现出过于保守的假象。遵循先例的基本精神是以相似的方法处理相似的案件,而司法经验表明,任何两个案件的事实都不可能完全相同,因此,如何确定前后两个案件在事实上的异同及异同的程度,即"区别技术"至关重要。当先例所确定的法律规则过于僵化,难以符合现实要求时,法官便可以区别技术为基础,运用各种规避方法,排除先例的适用,进而实现法律的适应性。边沁在评论判例法时曾指出:"它(普通法)是一种蜡一样的规则,他们(法官和律师)可以随心所欲地捏揉,它是引诱人民上钩的圈套,是从人民身上剪毛的剪刀。"② 此评语虽然意在抨击判例法的弊端,但无疑也从侧面反映出了判例法的灵活性与适应性。诚然,维系先例的拘束力是判例法的至高原则,法官极少明目张胆地反抗遵循先例的原则,为了实现判例法的灵活性与适应性,法官只得走"曲线救国"的道路,在判例规则之可利用的狭小空间里,运用各种巧妙的区别技术与规避技巧,寻找背离先例的种种根据。因此,判例法的变革与发展是渐进的、隐蔽的、具体的和较小规模的。如梅因所

---

① 顾元:"论判例法的传统及其变革性机制:以20世纪西方两大法系的融合趋势为主要背景",载《法大评论》(2000年)第一卷第一辑,第379页。

② 参见高鸿钧:"英国法的主要特征:一个比较观察",载《比较法研究》1991年第4期,第14页。

说的"其实法律的文字并没有被改变,但其运用已经发生了变化",① 即通过不间断地持续性微调,通过积少成多、积小成大,最终达到法律进化的目的。与判例法"和风细雨"、"润物细无声"般的变革路径不同,大陆法系大多通过革命式的法典编纂及修订推动法律的进化,这种发展进路往往是"伤筋动骨"、"暴风骤雨"式的。大陆法系突发式、革命般的法律进化路径,决定了其法典不可频繁修改,因为必须顾及法律的稳定性。

近年来,英国虽然已认可和重视制定法,甚至开始编纂法典,然而,在长期盛行判例法的普通法系国度,法典难免受其影响。事实上,普通法系的民事诉讼法典"实际上是以判例法为基础并以新的判例不断修改而形成的",② 我们可以从法典的多处看到判例法的影子。英国《民事诉讼规则》作为普通法系的民事诉讼法典,继承了判例法"和风细雨"般的进化方式,坚持通过持续性微调的路径达到法律变革的目的,这一点可从其发展演化进程中得到证实。《新规则》自1999年3月至2008年10月共经历了48次更新,不可不谓频繁。由于1999年4月26日出台的《新规则》只是英国民事司法改革的阶段性成果,而司法改革是一个长期性的过程,需随着改革的推进与深化,将相应的新成果纳入法典之中。如果将主要体现民事司法改革新成果的新增章节排除在外,我们会发现《新规则》的历次修改基本上属于细枝末节式,极少触及法典的实质性内容,换言之,《新规则》的历次更新大多仅是自身的微调。这与上述判例法"和风细雨"般的进化路径相吻合,亦印证了《新规则》受判例法的影响,通过高频率的小规模修改实现法律灵活性的结论。当然,这也是英国《民事诉讼规则》呈现出开放性立法体系之特征的根源所在。

---

① [英]梅因著:《古代法》,沈景一译,商务印书馆1984年版,第16页。

② 白绿铉著:《美国民事诉讼法》,经济日报出版社1998年版,再版序言第7页。

## (三) 民事诉讼程序与行政诉讼程序不分

英国《民事诉讼规则》第54章"司法审查与法定审查"及其相应的诉讼指引,就司法审查的程序规则作出了明确的规定。根据Rule54.1条第2款第a项之规定,司法审查之诉,是对如下事项的合法性进行审查的诉讼——(ⅰ)法规;或者(ⅱ)与履行公共职能相关的裁决、作为或不作为。2003年3月,作为《新规则》的第31次修改,该章在原来关于司法审查之诉的程序规则之外,增加了第二部分(section Ⅱ)的内容,规定了权利人依据《2002年国籍、移民与庇护法》(Nationality, Immigration and Asylum Act, 2002)第101条第2款就英国移民上诉审裁处(Immigration Appeal Tribunal)的裁决向高等法院申请法定审查的程序规则。在英国,司法审查制度是指公民的个人利益或社会的公共利益受到或可能受到公共机构侵害时,由普通法院根据公民之申请,对公共机构作出裁决或行为的程序是否超越法定界限进行审查,并根据审查的结果向公民提供相应救济的一种司法制度。法定审查只是司法审查的一种特殊形式,指"法院按照制定法中规定的时间和理由审查行政机关和行政裁判所等公共机构的行为的效力,对于不合法的行为宣告无效或撤销而言。"① 就制度所承载的社会功能而言,英国的司法审查制度与大陆法系的行政诉讼制度相似。然而,英国不像法国、德国,设置了独立于普通法院的行政法院,公民的权利受到行政机关的侵害欲获得司法救济,只能向普通法院提出,并且,当制定法没有特别规定时,司法审查准用一般的民事诉讼规则,即英国不存在完整、独立的行政诉讼程序。换言之,英国民事诉讼程序与行政诉讼程序不分,"司法审查请求本身就是民事诉讼程序的一种形式。"②

行政诉讼从民事诉讼中分离出来,并形成自己独立的一套诉

---

① 王名扬著:《英国行政法》,中国政法大学出版社1987年版,第210页。

② [英] J. A. 乔罗威茨著:《民事诉讼程序研究》,吴泽勇译,中国政法大学出版社2008年版,第11页。

程序，起源于公法、私法的区分。将法律区分为公法与私法是大陆法系的传统，"所有民法法系在实体和程序中都划分私法和行政法（指公法），前者调整平等主体间的法律关系；后者调整所有类型和主体在公权力（public authority）的法律关系。"① 不可否认，大陆法系学者在公法、私法的划分标准上尚未完全达成共识，但对于行政法属于公法并无争议。由于行政案件属于公法的调控对象，性质上与民商事案件全然不同，因此，法院审理行政案件就不可适用民事诉讼程序，而应适用独立而完整的行政诉讼程序。另外，由于普通法院在资产阶级大革命前后扮演过反动角色，以至于产生信任危机，法国率先于普通法院之外设立了独立的行政法院，此后，大陆法系其他国家纷纷效仿，亦设立行政法院。行政案件专属于行政法院管辖，普通法院不受理行政案件，这亦为行政诉讼程序的形成与独立提供了有利条件。

与大陆法系不同，英国作为普通法系的源头并无划分公法、私法的传统，普通法是一个整体，既适用于公民个人又适用于政府，"如果有人建议在原则上普通法不适用于国家或公共机构，英国的法律家会感到震惊。他们脑中会立即闪出一种观念，即认为这是企图将这些机构置于法律之外和之上，违反了废除王室特权和全部官职人员的活动都必须遵守'法治'原则的光荣传统。"② 在英国司法实践中，行政法并不被视为一种特别的法律体系，行政机关与公民之间的法律关系与公民个人之间的法律关系原则上是一样的，应适用相同的法律。行政机关如果在执行职务的过程中超越权限，侵犯了公民的权利，其所承担的责任与普通公民超越自己权利范围以至侵害他人的权利无异。虽然，受大陆法系的影响以及行政机关职能的日益扩张，英国理论界不断有学者主张区分公法、私法，但是传统的影响是难以估量的，并且"在英国，由于实践比理论上的完善更

---

① 沈宗灵著：《比较法研究》，北京大学出版社1998年版，第253页。
② ［法］勒内·达维著：《英国法法国法：一种实质性比较》，潘华仿、高鸿钧、贺卫方译，清华大学出版社2002年版，第100页。

为重要,实际工作者的观点具有证明自己正确的影响也就不足为奇了,在英国法律中公法、私法之分是感觉不到的。"① 此外,英国普通法院历来备受尊重,具有崇高的权威,被视为保障人民权利的坚实壁垒,不存在法国普通法院曾经所面临的信任问题,因此,也不存在在普通法院之外设立行政法院的动因。所以,有学者指出:"(英国)没有一个单独处理行政部门不当行为的行政法庭和处理公民事务的普通法庭,只有同一个由相同的法官组成的法院系统既为权势一方服务,也为普通公民服务。"②

由于不存在区分公法、私法的传统,并且没有设立行政法院,英国没有发展出独立的行政诉讼程序,而是附属于民事诉讼程序,作为行政诉讼核心的司法审查被视为民事诉讼程序的特殊形式。"关于法院诉讼程序最重要的、压倒一切的分类是刑事诉讼程序和民事诉讼程序——不是刑事诉讼程序的,都是民事诉讼程序。"③ 当然,法院在审理当事人涉及王国政府或公共机构的案件时,确实需要适用不同于普通民事案件的某些特殊程序规则,但是这些特殊规则与公法、私法的区分无关,仅仅是普通法内部所形成的区分。所以,英国《民事诉讼规则》也只是将司法审查与其他特殊案件并列,共同在普通程序之后分别专章予以规定。

## 三、英国《民事诉讼规则》的编纂风格

法典的编纂风格,是其立法体例、编纂技术、语言文体、结构布局及逻辑顺序等基本特点、倾向与个性特征的综合性表现。受社

---

① "International Encyclopedia of Comparative Law", Vol. 2, ch. 2, p. 96. 转引自沈宗灵著:《比较法研究》,北京大学出版社1998年版,第189页。
② [比利时] R. C. 范·卡内冈著:《欧洲法:过去与未来——两千年来的统一性与多样性》,清华大学出版社2005年版,第52页。
③ [英] J. A. 乔罗威茨著:《民事诉讼程序研究》,吴泽勇译,中国政法大学出版社2008年版,第9—10页。

会条件、历史传统、思维习惯、语言表述等差异的影响,不同国家的法典呈现出不同的编纂风格,《法国民法典》文风简洁凝练、充满激情,《德国民法典》术语抽象晦涩、清晰明确。诚然,大陆法系各国的法典在编纂风格上也是各具千秋,但它们共同体现出体系完备、条理清晰、结构合理、逻辑严谨的特征,闪耀着理性主义的光芒。

大陆法系法典的编纂风格是理性主义的体现,然而英国《民事诉讼规则》却浸透着经验主义的气息。如上文所述,英国人对经验主义笃信不渝,甚至是深感自豪。逻辑是先验的,而非经验的,可以成为思想的指针,却难成行动的导航。思想可以是直线的,一条思路按照逻辑的指引可以环环相扣、步步推进,直达终点;而行动却只能是曲线的,生活之路并非一马平川,而是坎坷不平、百转千回,只有迂回辗转、曲里拐弯,方可抵达目的地。行动中的人为达目的,本能地选择障碍最少的路线,因为要避绕障碍,行动起来自然也就顾不上逻辑了。在经验主义盛行的语境下制定的英国《民事诉讼规则》,自然免不了受其影响。事实上,正是受经验主义思想的影响,相较于大陆法系民事诉讼法典,《新规则》不仅在体例上相对较为凌乱,其结构和逻辑也相对混乱,以至于有观点认为其与英美法系的其他法典一样,"不过是对先前制定法的汇编或对判例法的条文化。"[1] 当然,这种观点可能有失偏颇,但至少反映出普通法系法典的风格。

然而,需要说明的是,英国《民事诉讼规则》并非杂乱无章、毫无章法,其体例、结构、逻辑上的混乱只是相对的,即是相较于大陆法系法典而言。例如,《新规则》虽然在整体布局上没有分为总则、分则和附则,而是每章规定一特定主题,依次排开,但还是基本上遵循了总分的思路,首先将涉及普遍、共同性的事项集中安排在篇首,然后将具体性事项依据诉讼之进程逐个予以规定,最后将附则性事项编排在其后,当然,这也只是就总体而言。另外,《新规

---

[1] 高鸿钧:"英国法的主要特征:一个比较观察",载《比较法研究》1991年第4期,第16页。

则》有选择地采用了"相互参照援引"的立法技术,例如,在缺席判决、临时性救济等多种事项中,当事人可能需要向法院申请命令,为此《新规则》第23章专章规定了申请法院命令的一般规则,对申请的当事人、期间、限制条件、通知、法院的权力等内容作出了一般性的规定,其他各章不再分别对之一一规定,只需参照援引该章之规定。同时,为了促使读者注意需参照援引的条文,《新规则》设置了脚注、边注或者在条文中直接标注需援引的条款。但是,倘若援引的其他条款须修改方可适用,此时,《新规则》放弃使用"相互参照援引"技术,而是选择重新明文规定,以实现清晰、明确以及使用方便的目的,虽然这样增加了篇幅。在具体章节上,《新规则》每章均规定一个主题,并于章首设置了目录,以标识每条规则的主要内容,然后基本上按照程序的目的、适用的范围、建立的基础、具体的程序以及法院的权力依次编排。

此外,英国《民事诉讼规则》在语言上,一改过去古语连篇、晦涩难懂、诘屈聱牙之文风,而是力求平易朴实、通俗易懂。例如,以"disclosure of documents"取代"discovery",以"claimant"取代"plaintiff",以"statement of case"取代"pleading"等。同时,《新规则》亦改变了过去句式复杂、段落太长、意思层次过多的文体,尽量使用简单句,争取每段不超过两层意思。倘若意思层次过多,亦力求各层意思间的逻辑关系清晰明了。《新规则》简洁凝练、通俗明确的文风,不仅易于普通民众理解,也有益于当事人依程序规则进行民事诉讼。

# 第三章 英国《民事诉讼规则》的立法体例及编纂技术的启示与借鉴

我国现行《民事诉讼法》由第七届全国人民代表大会第四次会议于1991年4月9日通过,并于通过之日公布施行,2007年10月28日十届全国人大常委会进行了第一次修改。由于社会的变迁以及法典自身存在着缺陷,《民事诉讼法》的修改完善不可避免,而法典修订成功与否,很大程度上取决于该部法律的立法体例设计得是否科学合理,因为法典体例结构的科学设计,不仅是法典内容完善的切实体现,而且还可以成为一部法律制定、修改、完善的框架和指南。近年来,理论界亦日益关注《民事诉讼法》的立法体例问题,并对民事诉讼法是否需要专章明文规定基本原则、证据法是否应从民事诉讼法中分离出去、执行程序是否需单独立法等一系列立法体例方面的问题展开了讨论。[①]

问题的解决不仅依赖于方法或路径,而且解决问题的最大障碍是思维方式上的僵化,一旦打破旧的思维方式,旧的问题也往往随之消失。而旧的思维方式大多产生于某种偏见,如同坐井观天,这种偏见限制了我们寻找方法的视域。打破旧的思维方式,寻求解决

---

[①] 近年来,集中论述《民事诉讼法》立法体例的文章日益增多,主要代表性论文包括:廖中洪:"民事诉讼基本原则立法体例之比较研究",载《法学评论》2002年第6期;何文燕:"再论民事诉讼法典体例结构的调整",载《政法论丛》2005年第1期;汤维建、刘静:"论我国民事诉讼法典之纯化",载《法学论坛》2005年第3期;陈桂明、李仕春:"诉讼法典要不要规定基本原则:以现行《民事诉讼法》为分析对象",载《现代法学》2005年第6期;廖中洪:"制定单行《民事非诉程序法》的建议与思考",载《现代法学》2007年第3期;等等。至于附带性论述《民事诉讼法》立法体例的文章,更是不计其数。

第五部分 英国民事诉讼立法体例的发展变化及法典编纂的技术与特征

问题的路径,必须首先跳出井底。清末以降,我们逐渐跳出封建传统法制之井,借鉴、移植西方大陆法系先进的法律制度,逐步走向法治近代化的道路,并基本上沿着这条道路走到今天。无疑,与普通法系国家相比,我们与大陆法系其他国家在法律制度特别是法典编纂方面,存在着更多的共同点,大陆法系国家法典的编纂思想、技术、体例等更易于我们学习与借鉴。然而,这并不意味着普通法系的法典毫无借鉴之处,特别是在两大法系在法典编纂和立法体例上日益融合的今天,我们不仅需要跳出中国这口"井"去看其他大陆法系国家那片"天",更需要跳出大陆法系这口"井"去看普通法系的那片"天"。虽然,我们未必就可能借此直接获得"药方",但却可以获得某种启迪,以一种新的思维方式审视自己所面临的问题。就民事诉讼法而言,我们至少可以从英国《民事诉讼规则》的立法体例及编纂技术中获得以下启示与借鉴。

## 一、立法前注重实证分析,颁布后关注实施反馈

法律作为一种社会调控机制,必须关注、回应社会现实,立法作为创设法律的主要方式,必须立足于实际。唯有如此,法律才能扎根于现实,进而获得生命力、有效地实现法的功能。英国《民事诉讼规则》出台前,司法大臣迈凯·克拉希费思勋爵委任沃尔夫勋爵,对英格兰和威尔士的民事法庭现行的民事诉讼程序制度的运作进行全面的评审。沃尔夫勋爵在评审过程中,不仅咨询了众多律师、法官及法学教授等法律界人士,多次召开全国性会议,听取了大量相关社会团体与普通民众的意见,而且进行了全面的实证调查,获得了丰富且精确的数据。诉讼迟延,迟延到什么地步,费用昂贵,昂贵到什么程度,均有系统的调查统计数据予以说明、证实。全面的实证调查,为立法者准确把握民事诉讼制度的运行现状提供了基础,进而可以确保民事司法改革立足于实际。《民事诉讼规则》1999年4月26日的颁布实施,并不意味着英国民事司法改革的终结,相反仅仅是改革的开始。《新规则》实施后,其效果如何、是否已实现

预期的目标、出现了什么新问题等,都需要实时予以评审,并据此及时对其进行修改、补充、完善。1997《民事诉讼法》规定设立民事司法委员会,作为审查民事司法制度的常设机构,根据相应的授权,实时对《新规则》的运行状况进行评审,并就民事诉讼规则的修订提出立法建议。英国民事司法委员会针对《新规则》实施情况以及整个民事诉讼体制的实况,公布了诸如《结果显露——民事司法改革初期评估》(Emerging Findings—An early evaluation of the Civil Justice Reform)等众多评估报告,并根据《新规则》的实施反馈,提出了多项修订建议。

时下,世界各国民事司法改革不断推进,波澜起伏、汹涌澎湃,我国亦需要顺应民事诉讼改革之现代潮流,通过立法或修订法律的方式,革除民事诉讼制度的弊病。民事司法改革的有效推进,民事诉讼法的科学修订,首先需要全面评审现行民事诉讼制度,把握其运行的实况,透视其存在的弊病。然而,对于我们在民事司法过程中所面临的问题,"学者们多数是从理论的角度进行抽象的回答,缺乏实证性研究,没有相应的统计资料作为根据。"[1] 现行司法体制下,诉讼迟延、费用昂贵、精确度低,我们单凭直觉当然可以感知到,但是诉讼究竟迟延到什么地步?费用到底昂贵到什么程度?精确度最终低到什么水平?所有这些问题,单凭直觉我们难以回答,只有通过全面而深入地实证调查,形成系统且权威的数据资料,才能准确地把握。但是,对民事诉讼程序运作状况系统地实证分析,却是我们所欠缺的,诚如学者所言:"民事诉讼法学领域中绝大部分研究所据以立足的对我国民事诉讼程序在司法实践中运作状况的认识,可以说大都建立在一般观察或片段性的数据资料之上,较为系统的实证调查远未真正得到展开,法院内部进行的调研也因强调服

---

[1] 齐树洁主编:《民事司法改革研究》,厦门大学出版社2000年版,第356页。

从实际工作需要而存在许多局限。"① 因此,借鉴英国的经验,对现行民事诉讼程序的运行状况进行系统地实证分析,是我们推进民事司法改革,修改完善民事诉讼法的当务之急。

民事司法改革绝不是一劳永逸,而是一个持续不间断的过程。民事诉讼法典的颁布或者修订亦不意味着我们可以高枕无忧,新程序法规的实际运行状况如何,是否以及在何种程度上实现了预期目标,是否遇到了新问题等,即新法规的实施反馈,需要我们及时关注、把握,唯有如此,方可不断推进民事司法改革、完善民事诉讼法。然而,我们大多将注意力放在法律制定或修改前的阶段,至于新法实施后的反馈,往往关注过少,甚至是无人问津。例如,2007年10月28日《民事诉讼法》修改之前,关于修改民事诉讼法的讨论、研究铺天盖地,然而,新修订的《民事诉讼法》相关条款实施后的具体运行状况如何,尚未有系统全面的实证数据予以说明,因此我们也难以得出此次《民事诉讼法》修改效果如何的精确结论。我们有必要借鉴英国的经验,建立促进民事诉讼改革之常设机构,实时关注修订条款的实施反馈,借此检验《民事诉讼法》修改的效果,并就民事诉讼法的进一步修订与完善提供建议。建立常设机构,实时关注新法规的实施反馈,是民事诉讼改革生成一种自我革新机制的需要,正如学者所言:"……要促成民事诉讼改革生成一种自我革新的机制。首先要借鉴英国等国家,建立促进民事诉讼改革之常设机构,对民事诉讼制度的运作进行全面评审,就民事诉讼法的修订提出立法建议,并使这项工作经常化,在消除旧弊端之后仍继续关注司法实践与诉讼制度的全新矛盾。"②

---

① 王亚新等著:《法律程序运作的实证分析》,法律出版社 2005 年版,第 3 页。

② 徐昕著:《英国民事诉讼与民事司法改革》,中国政法大学出版社 2002 年版,第 443—444 页。

## 二、通常程序与特别程序间之适当衡平

法律具有普遍性,即其调整对象是一般的或抽象的,针对的是全体或某一类的人和事,而非具体的、特定的个别人和事。法律普遍性得以成立的哲学依据在于:"在任何事物中,具体中存在一般、殊相中存在共相,事物的一般性和共性是普遍存在的基础;其次指法律所设想的适用对象不是特定的个人及有关事件,而是一般的人和事件。"① 普遍性是现代法律的重要特征,具有促进效率、保障安全等价值。然而,法律的普遍性来自于对纷繁复杂的社会关系的高度抽象,在这一过程中,个别社会关系的特殊性被舍弃。抽象的水平愈高,适用的范围愈广、普遍性愈强,但是个别对象被舍弃的特殊性亦愈多。任何事物均因若干特殊性而获得规定,倘若个别对象被舍弃的特殊性过多,我们借此所获得的普遍性,最终还能在多大程度上表达、涵摄个别对象,就不无疑问了。作为部门法的民事诉讼法,亦存在统一性、普适性与调整对象的个体差异性之间的矛盾,通常程序与特别程序之间的冲突即其体现。通常程序与特别程序是相对而言的,通常程序是指适用于普通民事案件的程序,特别程序是指与普通程序相对应、适应于特定案件的程序。宣告公民死亡等非诉程序、破产程序、人事诉讼程序、小额诉讼程序等,相对而言都可归于特别程序的范畴。基于立法应当简单明了、无须重复的技术性考虑,以及顾及特定案件之独特性的要求,各国大多采用以一种适用于普通案件的通常程序为主,以其他适用于特定类型案件的特别程序为辅的立法技术与体例。其实,从某种意义上讲,每一类型的民事案件都是独一无二的,都需要设立相应特殊程序,但是需要并不等于必要,只有特定类型民事案件的个体差异性达到相应的程度,方有必要专门为其设立特别程序。案件的个体差异性需要达

---

① 徐国栋著:《民法基本原则解释:成文法局限性之克服》,中国政法大学出版社1992年版,第134—135页。

到什么程度方可设立特别程序,其实就是一个适当衡平通常程序与特别程序的问题。

由于历史上的长期盛行,令状制度对英国民事诉讼程序影响深远。令状的种类众多,每一类令状都仅适用于某种特定类型的案件,都对应着特定的特定诉讼形式和诉讼程序。以何种方式通知被告到庭、是否可以通过扣押财产迫使被告到庭、原告的陈述包括什么内容、被告的答辩可以有哪些种类、诉讼中可以颁发什么司法令状、判决如何执行等,每一类令状都有特定的规定。在令状制下,每一类型的案件都是特殊的,不存在普遍适用的通常程序。虽然,1875年的司法改革废除了令状制度及诉讼形式,并对诉讼程序进行了简化,然而,令状制度的影响并没因此而烟消云散。受令状制度的影响,英国民事诉讼程序散乱、零碎,缺乏一个普遍适用的统一程序。以起诉的方式为例,在20世纪90年代推行民事司法改革前,向高等法院和郡法院的起诉,分别以令状(writ)和传唤令(summon)的形式提起。"在令状程序(procedure by wit)中,书面诉答和相关文书的开示是必需的,而且证据———一般是口头证据———要在庭审中提出。而在传唤令程序(procedure by originating summons)中,正式的诉答不是必需的,必须有法院的命令才能进行开示,证据主要是以宣誓证词的书面形式提交。"[①] 此外,还存在着诸如开审令状、传唤令状、开审动议和呈请书等多种诉讼提起方式。针对民事诉讼程序零碎、散乱的状况,《新规则》在统一、简化诉讼程序以及消除不同程序之间不必要的差异方面,作出了积极的努力。例如《新规则》统一适用于高等法院和郡法院,改变了二者分别适用不同程序规则的状况。又如,《新规则》以诉状格式取代令状和传唤令状,统一了起诉的方式。当然,在积极统一诉讼程序的同时,《新规则》仍然保留了诸如名誉权诉讼、占有诉讼、不动产租赁诉讼、专利及其他知识产权诉讼、王权诉讼等大量的特别程序。并且,为了兼顾程

---

① [英] J. A. 乔罗威茨著:《民事诉讼程序研究》,吴泽勇译,中国政法大学出版社2008年版,第119页。

序公正与程序效率,以及满足当事人的多样化需求,《新规则》确立了小额诉讼程序、快速审理程序、多轨程序三种审理程序。总之,在通常程序与特别程序之间,《新规则》作出了谨慎而适当的平衡。

与英国所面临的情况不同,我国民事诉讼程序并不存在程序零散、缺乏统一程序的问题,相反,我们"……在民事诉讼程序构建的指导思想上,长期以来坚持'大一统'的程序设置思想,而且在立法体例上也十分的简陋和单一,缺乏程序设置上必要的针对性,更谈不上程序设置上的特定化和类型化。"① 随着社会的发展,纠纷亦日益复杂化,单一的诉讼程序愈加难以适应纠纷解决专业化的要求。如何对民事案件作出进一步的划分,按照其中各类案件的特点和需要设置专门的诉讼程序加以处理,就成为应对纠纷解决机制的专业化挑战的重大问题。"我国现行民事诉讼程序的类型,显然已经具有一定的规模,但是要紧跟时代的步伐,仍需根据案件审理的需要,创设新的程序。"② 在此背景下,设立小额诉讼程序、家事诉讼程序、非诉程序等特别程序的呼声不绝于耳。当然,针对各类案件的特点和需要设置专门的特别程序,本身是科学、合理的,但是我们同样需要避免走向程序零散化的极端,因为从性质上讲每一民事案件都是特殊的,如果设置过多的特别程序,通常程序极有可能被架空,难免出现程序零乱的结果。总而言之,我们既需要考虑程序的统一性,又需要关注程序的针对性,即在通常程序与特别程序之间作出适当的衡平。

## 三、逻辑体系性与可操作性并重

法典作为法律的最高表现形式,是由纷繁复杂的诸多内容构成。

---

① 廖中洪:"制定单行《民事非诉程序法》的建议与思考",载《现代法学》2007年第3期,第131页。

② 刘荣军著:《程序保障的理论视角》,法律出版社1999年版,第366页。

因此，如何安排法典的结构，使其成为层次分明、条理清晰、结构合理、内容完善、前后呼应、内部协调一致的有机组合和排列搭配，即实现法典的逻辑体系性，是法典编纂过程中必须解决的问题。法典的逻辑体系性，是其形式合理性的内在要求，而法律的形式合理性是其实质合理性的载体，只有实现法律的形式合理性方可实现其实质合理性。[1] 所以，法典的逻辑严谨、体系完善不仅关系到法律的形式合理性，而且影响到法律的实质理性。此外，"着重法律的逻辑性和体系性，法律规则明确，人民易于学习了解，法官易于操作、适用，可以保障裁判结果的统一性和公正性，……反之，不着重法律的逻辑性和体系性，则法律规则不明确，其内容难于理解、把握，其操作、适用复杂，难于保障裁判结果的统一性与公正性。"[2]

"法律的本质在于实行，法律不适于实行或失去实行的效力，则法律已经没有资格称为法律了；纵令予以撤废，亦不会发生任何影响。这个原则可适用于一切国法，不问其为公法，其为刑法，其为私法。"[3]作为法律的最高表现形式，法典必须适于实行，即具有可操作性。唯有如此，法典方可从书面走向行动进而获得生命，也唯有如此，方可实现其价值、发挥其功能。倘若法典本身缺乏可操作性，则将难于实行，其价值的实现、功能的发挥亦将无从谈起。法典的可操作性一方面要求其在内容上应关注于社会现实、立足于实际生活，另一方面要求其在形式上完善具体、应易于理解、方便适用。逻辑严谨以及体系完善，是从形式上保障法典具有可操作性的必备要件，但任何事情都有个"度"，超过这个"度"反而将适得其反，正如真理再向前迈一步就将变成谬误。过度强调法典的逻辑

---

[1] 关于法律的形式合理性与实质合理性，参见周世中著：《法的合理性研究》，山东人民出版社2004年版，第149—158页。

[2] 孙宪忠主编：《制定科学的民法典：中国民法典立法研讨会文集》，法律出版社2003年版，第6页。

[3] 王泽鉴著：《民法总则》（增订版），中国政法大学出版社2001年版，第6页。

性与体系性，亦将有损其可操作性。现实生活总是错综复杂、盘根错节，并不总是条理清晰、逻辑严密，甚至有时是反逻辑的，我们当然可以经过抽象、梳理、加工进而形成逻辑严谨、体系完善的理论，但抽象加工的层次愈高愈易发生曲解以至于失真。法典作为逻辑严谨的理论体系，亦是对生活的抽象与加工，并非生活的直接映照，过分追求逻辑体系性，极有可能致使其在内容上曲解甚至背离现实生活，以至于影响可操作性。此外，法典的逻辑体系性在形式上必须借助于专业的术语、抽象的概念、冗长的句式以及复杂的结构。这虽然可以强化其规定的准确性、清晰性与完整性，但同时亦容易造成法典难为人理解以至于缺乏可操作性。以《德国民法典》为例，无论在逻辑的严谨性上还是体系的完整性上，它都可以称得上典范，但对法律的门外汉甚至是外国的法律专家而言，在理解适用上却存在着不小的障碍。诚如学者所言，"它极端重视其规定的准确性、清晰性及完整性，但同时却要人忍受那常常令人望而生畏的官牍文体、复杂的句子结构及古法兰克语的迂腐拘泥，以至于法典若要避免条文互相参照适用就失去生动活跃和清楚易懂的表述。"①《德国民法典》极端强调其逻辑体系性，致使其操作的技术性要求过高，这是其难以像《法国民法典》那样在19、20世纪被其他国家广泛移植的重要原因。

法典的逻辑体系性是实现其可操作性的基本条件，但二者并非毫无冲突，过度强调逻辑体系性极可能有损可操作性，因此必须加以平衡，做到逻辑体系性与可操作性并重。英国长期盛行判例法，民事诉讼程序规范混乱分散，缺乏统一性与体系性，造成普通民众难以理解，增加适用法律的难度。针对这种弊端，英国《民事诉讼规则》在法典逻辑性与体系性方面作出了积极的努力，例如基本遵循"总—分"的法典编撰技术，先规定一般事项，然后规定具体事项，又如规定了审前程序、庭审程序、证据规则、诉讼费用、上诉

---

① ［德］K. 茨威格特、H. 克茨著：《比较法总论》，潘汉典等译，法律出版社2003年版，第220页。

规则等,内容相当完备。在强调逻辑体系性的同时,《新规则》并没有忽略法典的可操作性。条文详尽具体、用语简洁通俗、以"诉讼指引"补充及解释"规则"、将"诉讼文书格式"纳入法典、篇尾设置"索引"等,均从形式上有效地保障了法典的可操作性。

我国民事诉讼立法曾长期坚持"大一统"以及"宜粗不宜细"的思想,导致《民事诉讼法》粗陋、简单,致使最高人民法院频繁采用通知、批复、意见、规定等方式,对民事诉讼法从起诉到执行的各个阶段颁布大量的司法解释,可以说"整个诉讼程序制度的运作,必须依赖或借助于独具中国特色的司法解释来维持和支撑。"[①]以致"民事诉讼法已经被各种形式的司法解释所肢解、淹没,而变得支离破碎。"[②] 所以,完善我国《民事诉讼法》的逻辑体系成为关注的焦点,亦成为《民事诉讼法》修订的重要目标。在强调《民事诉讼法》逻辑体系性的同时,亦应积极关注其可操作性,特别是现阶段我国公民法律知识水平普遍不高并且律师资源相对稀缺的背景下,法律可为非专业人员理解运用尤为重要。法典欲实现可操作性,不仅需要重视内容,关注实生活、尊重社会规律,而且需要注重形式,从形式方面确保法典的可操作性。英国《民事诉讼规则》力求条文详尽具体、语言通俗易懂,设定诸多具体操作性条款,规定"诉讼文书格式",设置"索引",对如何从形式上实现我国《民事诉讼法》的可操作性提供了参考,值得研究与借鉴。

---

① 廖中洪著:《中国民事诉讼程序制度研究》,中国检察出版社 2004 年版,内容摘要第 2 页。

② 江伟、孙邦清:"略论民事诉讼法的修订",载《法学家》2004 年第 3 期,第 2 页。

# 第六部分　美国民事诉讼立法体例的发展变化及法典编纂的技术与特征

美国虽然不是普通法系的母国,但却是普通法系在当代的重要代表。美国的法律制度包括民事诉讼制度虽然渊源于英国,但却以特立独行著称,并且相当程度地超越了英国普通法的保守性。制度形成初期,作为当时主流文化传统的英国法和非主流文化传统的其他殖民者母国法与殖民地习惯相互影响,逐渐形成了适应北美大陆"土壤和气候"的独特的法律制度。美国法与欧洲特别是英国的法律制度有着千丝万缕的联系,但又不完全等同于欧洲乃至英国的法律制度。① 其中一个重要的方面就是,其所进行的诉讼程序法典化的运动和对作为其诉讼程序最大特色的对抗制模式进行的与时俱进式的改造。美国从 19 世纪中叶以来,其诉讼制度一直处于不断的变革之中,呈现出从判例法到法典法的演变轨迹。

在美国,民事诉讼法不仅是用来作为解决纠纷、平息争议的法律工具,更是用来作为实现政治理想的手段,这些政治理想包括法律面前人人平等、个人意思自治、从官僚主义政府及商业组织的罗网中解脱出来的自由、对个人及社会利益具有重要影响的事项的公开性。② 为了实现这些理想,美国民事诉讼程序在英国普通法和衡

---

① 汤维建著:《美国民事诉讼规则》,中国检察出版社 2003 年版,总序第 5—6 页。

② [美] 杰弗里·C.哈泽德、米歇尔·塔鲁伊著:《美国民事诉讼法导论》,张茂译,中国政法大学出版社 1999 年版,第 222—223 页。

平法的基础上创设了极具特色的程序制度,如陪审团的审判、广泛的开示权利、案件管理制度以及纠纷的一次性解决原则等。作为这些颇具特色制度表现形式的成文法典,以美国《联邦民事诉讼规则》为代表的民事诉讼法,无论在立法体例上还是在成文法典的编纂方式上都呈现出不同于大陆法系国家的特征。这些来自于域外的经验,为我国当下正在如火如荼进行的民事诉讼法的全面修改提供了全新的法典编纂视角。

# 第一章 美国民事诉讼法的历史与发展

## 一、循旧与变迁:历史视野中的美国民事诉讼

程序制度都是在历史发展中演变形成的,美国的程序制度也是如此。从1776年宣布独立至今,短暂的两百多年中,美国的民事诉讼从最初殖民时期对宗主国程序制度的简单仿效,逐渐地发展成为了实现自己的政治理想和贯彻根植于美国文化的社会性价值观的程序制度体系,其中既有普通法和衡平法的精神基因又有本地的习惯风俗和法律实践的精华。美国民事诉讼制度是美国的历史文化结出的珍贵而绚丽晶体,五彩缤纷的背后是层层积累,新的压在旧的上面,取代、变迁、改变但不断裂。因此,我们必须重新回到历史的复杂关系中分析美国民事诉讼制度,探索其演变的路径,理解其内在的相关性,才能准确地理解各种具体诉讼规则所蕴涵的程序理论和体现的普世性的诉讼价值。美国的民事诉讼制度由于历史渊源关系,从一开始就被打上了英国法的烙印,如果不考虑美国审判的英国起源,那么美国民事审判的历史将是不完整的。[①] 从1607年首批

---

① Ellen E. Sward: A History of the Civil Trial in the United States, in 51 U. Kan. L. Rev. 347.

英国人在弗吉尼亚州詹姆斯顿建立殖民地开始到 1938 年联邦民事诉讼规则颁行，其审判制度的发展大致可以划分为三个阶段：殖民时期的民事审判制度、从建国到 1938 年期间的民事审判制度和联邦民事诉讼规则颁行后的诉讼审判制度。其中 1848 年和 1938 年是具有重要意义的两个年头，1848 年纽约州《菲尔德法典》的颁行拉开了美国从 19 世纪上半叶开始的旨在简化诉讼程序制度改革的序幕。这是除路易斯安那州之外的美国领土内的第一部综合性的程序法典，在 19 世纪后半叶期间内，纽约菲尔德法典成为了其他许多州程序改革的范本。而 1938 年《联邦民事诉讼规则》的生效统一了美国联邦法院的民事诉讼程序，奠定了美国现代民事诉讼程序制度的基本框架，并且这些规则有力地推动了各州法院民事审判的统一。

（一）多元混合物：殖民时期的民事诉讼

美国法律文化具有多元性，这种多元性自殖民时期就表现出来。美洲大陆原来是古老的印第安人生息的地方，1492 年意大利航海家哥伦布发现美洲大陆后，西班牙、法国、荷兰以及英国殖民者先后登上美洲大陆并建立了殖民地。① 其中，从 1660 年起，英国先后在北美大陆通过驱逐其他殖民者，建立了被视为美国前身的 13 个殖民地。每一个文化群体都带来了自己的法律，并对殖民地的文化和习惯产生影响，因此，北美大陆殖民时期的法律制度具有多样性和统一性的特征。在整个殖民历史中，殖民地法律的构成包含了三个因素：一是殖民者所带来的某些活的英国法律传统；二是土生土长形成的某些规范和惯例；三是决定殖民主义者采纳的规范和惯例的思想因素（信仰）。② 在不同的殖民地，这三个因素主导的法律制度，呈现出不同的面貌，每个殖民地逐渐形成了自己独特的法律制度。但是，英国在北美大陆霸主地位的确立直接导致了北美地区法律对

---

① L. S. Stavrianos, A Global History: From Prehistory to the 21st Century, Peking University Press, 2004, p. 510.

② ［美］劳伦斯·M. 弗里德曼著：《美国法律史》，中国社会科学出版社 2007 年版，第 19 页。

## 第六部分　美国民事诉讼立法体例的发展变化及法典编纂的技术与特征

英国法的仿效，深刻地影响了美国法发展的路径，使得各殖民地的法律发展也呈现出大致相同的趋势。

### 1. 1700 年以前殖民早期的法院结构与纠纷解决

就殖民时期的民事审判而言，因为每一个殖民地都有他们自己独特的法院结构和程序规则，因此，没有一个简单的方法来完整地描述美国殖民时期的审判。实际上，殖民时期的主要特征是法律结构和政治体系处于持续不断的变化之中。不过，最终形成了最初美国的 13 个殖民地都有英国法律的血脉。

1700 年以前殖民早期，具有特色的是相当多的诉讼外的纠纷解决，包括邻里间的相互帮助以及来自社区团体或者教会的仲裁或调解，这种第三人公断的方式得到了很好的发展，广泛地被运用于北美殖民地。在 17 世纪的大部分时间，殖民地的法院结构仍是相对简单的，这些法院结构仿照了英国地方法院的模式而不是王室法院。早期的殖民地法院并没有相互分离的普通法院和衡平法院，而是由一个单一的法院遵循英国法院的方式处理所有的纠纷。早期殖民地法院系统的大量工作由治安法官承担，这些没有受过专业法律训练的人员承担行政职责和司法职责，分权并不明显。早期殖民地法院的诉讼程序也不大正规，主要依赖口头证据，经常邀请当地非专业人士对事实作出裁断。各殖民地的诉讼程序通常缺乏技术性，抗辩过程简单，所采用的诉讼模式往往是殖民地居民比较熟悉的英国地方法院的做法。①

### 2. 1700 年之后的殖民时期的法院与诉讼程序

大约从 1700 年后，殖民地居民人口的增长，殖民地内部以及殖民地与其他地域之间贸易的增加，逐渐地需要更为正式的、有更多的司法权介入的纠纷解决方式，加之受过系统的英国普通法程序训练的人数的不断增长，这些因素促使了北美殖民地的民事诉讼更加

---

① Julius Goebel, Jr., King's Law and Local Custom in Seventeenth Century New England, 31 COLUM. L. REV. 416, 437 (1931).

紧密地仿效其宗主国主要法院所使用的诉讼程序。① 但是在正式法律制度发展的同时，殖民地居民对英国程序规则的效仿，并没有对这些规则大规模地全盘照搬。尽管大多殖民地最终采行的制度是一种对英国普通法的诉答和审判制度的变形，但是由于殖民地未受过法律训练的法官的干预经常达不到英国律师所要求的程序精确性或者程序被无经验的美国律师所简化，因此发展出了许多与英国法律实践显著不同的地方。

殖民地的民事审判与英国普通法审判几乎完全相同的地方是在案件诉答阶段结束后，直接就是开庭审理阶段，中间没有任何的中断程序。但是作为普通法审判传统的陪审团制在不同的殖民地之间，在不同的时期内显示出了相当大的差异。殖民地对陪审团审判程序进行了多方面的探索，除了康涅狄格州规定在某些情况下，可以不遵循全体一致原则裁定外，许多殖民地曾有一段时期陪审团的人数不足12人，也许是因为这些殖民地没有足够的人口满足较多人的陪审团。②

3. 美国殖民时期法院与诉讼程序的演变特征

尽管有差异殖民地还是参照英国的法院体系建立了自己的法院结构，法院的结构逐渐由简单向复杂的演化，英国的模式、英国的术语以及英国的习惯或多或少地影响着每个殖民地。美国殖民地时期的法院系统主要由普通法院和特别法院两类法院组成，其中普通法院包括基层郡法院（County Court），兼有立法和行政职能；殖民地法院（一般也称为最高法院 Supreme Court），负责一些案件的初审和对不服郡法院判决的上诉审；英国政府枢密院（the Privy Council）是殖民地最高一级的法院，拥有复查殖民地法院所做判决的权力。殖民时期的美国司法体制的特点是，司法权受行政部门控制；法官

---

① [美] 杰弗里·C. 哈泽德、米歇尔·塔鲁伊著：《美国民事诉讼法导论》，张茂译，中国政法大学出版社1999年版，第3页。

② H. Richmond Fisher, The Seventh Amendment and the Common Law: No Magic in Numbers, 56 F. R. D. 507, 529-32 (1973).

第六部分 美国民事诉讼立法体例的发展变化及法典编纂的技术与特征

由行政和立法官员兼任且其专业素质普遍较低;确立了殖民地特有的司法审查程序并为以后美国的司法审查制度奠定了基础。①

从17世纪后期开始直到1820年左右,出现了从早期殖民地的结构松散、缺乏技巧的程序方式向对普通法的程序方式依赖增强的逐渐演变。②17世纪殖民地的诉讼程序直接而注重实效,法院的诉讼程序与18世纪的情况或者与英国王室法院相比还是很不严格,并经常采用调解和仲裁的方法。殖民地居民遵从了"原始的自然正义的理念",即"在没有规则约束的情况下,由陪审团或者一个普通民众分配正义。"18世纪,律师的法律实践、商业对良好规范的法律制度的需要、主权者的意志等因素,推动着各殖民地的诉讼程序从简易向复杂方面发展。早期的殖民者并没有将英格兰复杂的普通法院的程序规则一同带到美国,带来的只是它的一般原则,而殖民地居民也没有将英国的普通法笼统地变成美国的普通法。大体上讲,殖民地的诉讼程序粗陋且发展很不平衡,在发展过程中英国法成为他们效仿的模式,英国法律中有关陪审团、令状、传唤当事人、书面起诉和口头证据的原理同英国一样被运用于殖民地,尽管并不完全相同。准确地说,殖民地的司法程序是一种古怪的混合物。③但殖民地的诉讼程序无论如何也没有发展到英国普通法的复杂程度。

总之,美国作为一个移民国家,具有起源多重性、种族多元化、社会异质性的特征,在这样的社会背景下,殖民地时代的民事诉讼制度充满了多元化的色彩,既受到欧洲大陆法系法律文化的影响,又有对英国普通法法系的借鉴,同时又融合了当地的经验。宗主国政治文化的强势,使得殖民时代处于制度荒漠中的北美大陆的民事

---

① 蔡彦敏、洪浩著:《正当程序法律分析》,中国政法大学出版社2000年版,第7页。

② [美]史蒂文·苏本、玛格瑞特著:《美国民事诉讼的真谛:从历史、文化、实务的视角》,蔡彦敏、徐卉译,法律出版社2002年版,第59页。

③ [美]劳伦斯·M.弗里德曼著:《美国法律史》,中国社会科学出版社2007年版,第39页。

审判或多或少遵循着英国审判实践的轨道发展,尤其是普通法审判。美国殖民地居民根据他们所处的环境对英国法作为制度原型进行了改造。如在普通法审判中,案件的诉讼过程分为诉答和证明两个阶段,其所要求使用的诉答格式大体上与英国的诉答格式相同,但是殖民地通常对其所遵循的英国普通法诉答规则的限制较少。对普通法案件进行审判的主导方式是当事人把他们的案件提交给陪审团。事实上,众多的殖民者以及由他们所建立并发展起来的法院对陪审团制度表现出极大的信任,在美国,陪审团拥有那些在英格兰只有衡平法院的大法官或普通法院的法官才拥有的决定争点的权力。[①]而衡平法则表现为一个大杂烩,殖民地的正式法庭经常以各种不同的方式运作,适用源自英国衡平法的程序。[②]可以说,"由于诸多原因,殖民地的开发者们在一定程度上背离了英国模式,虽然这并没有影响该殖民地以及后来各州的法律制度仍属于普通法系的一个组成部分,但是诸多不同的地方所体现的思想值得我们留意。在17世纪美国法的起源阶段,就表现出美国的移民欢迎成文法的思想观点,为了反对法官专断,许多殖民地着手进行法的"编纂",如1634年的马萨诸塞和1682年的宾夕法尼亚就出现了编纂的简略法典。[③]

(二)承继与变革:建国到1938年前的民事诉讼

1776年签署独立宣言,宣布独立之后,各州的法律和司法制度迎来了发展的第一个黄金时期。在这个发展时期英国的法律制度和审判实践对各州保持着持续的影响。如密歇根州的韦恩郡的研究表明根据地方法规或者国会法令的条款,大部分地区对案件的审判适

---

① [美]史蒂文·苏本、玛格瑞特著:《美国民事诉讼的真谛:从历史、文化、实务的视角》,蔡彦敏、徐卉译,法律出版社2002年版,第58页。

② Ellen E. Sward: A History of the Civil Trial in the United States, in 51 U. Kan. L. Rev. 373 - 374.

③ 勒内·达维德著:《当代主要法律体系》,漆竹生译,五南图书出版公司1990年版,第411页。

## 第六部分　美国民事诉讼立法体例的发展变化及法典编纂的技术与特征

用着英国的惯例和诉讼程序。① 因此，尽管独立革命后各州司法机关实质上并不同于英国的司法机关，尤其没有规定相互分离的普通法法院和衡平法法院，但却广泛地遵循着英国普通法和衡平法诉讼程序，至少州法院的大体构架上是这样。无论是作为最初的13个殖民地之一的各州还是后来被批准加入联邦的各州情况也都如此。不过，美国独立后，共和国的理想和对自然法的崇尚，使得各殖民地对法典编纂表现出浓厚的兴趣，② 作为对普通法和衡平法程序本土化改造的努力，这个时期各州进行了效仿法国法的法典化运动，各州诉讼程序法典化尤其是纽约州的《菲尔德法典》对美国民事诉讼程序的变化产生了重要影响。

1. 美国独立后的法院改革运动

在特定的社会里，制定和适用法律发达的法律机构之存在尤为重要，而法院是法律程序中地位十分特殊的机构，法院是法律制度运转其上的支点。③ 1776 年签署独立宣言之后，许多州着手改革法院，这一改革活动持续到了19世纪，整体上讲具有下列特点：

(1) 联邦法院与州法院体系二元分立模式

1776年独立战争之后的共和国初期，1789年的美国宪法（第三条）和《联邦司法法》(the Federal Judicary Act) 的颁布为美国塑造了联邦法院和州法院体系并立的"二元分立"的法院组织模式。1789年美国宪法授权建立一套独立于州法院的联邦法院体系的主要目的有两个，一是更好地维护联邦政府的权益；二是更加中立地处理不同州的公民之间的案件。根据《联邦司法法》，联邦法院体系中自下而上包括联邦地区法院（District Court）、巡回法院（Circuit

---

① Elizabeth Gaspar Brown, Frontier Justice: Wayne County, 1796 – 1836, 16 AM. J. LEGAL HIST. 126, 133 (1972).

② 勒内·达维德著：《当代主要法律体系》，漆竹生译，五南图书出版公司1990年版，第412页。

③ ［美］施瓦茨著：《美国法律史》，王军等译，中国政法大学出版社1997年版，第8页。

Court）和联邦最高法院（U. S. Supreme Court）。在这种联邦法院体制的基础上，国会多次通过新的司法法，对联邦各级法院的设置和组成进行调整，逐步形成了现行的联邦法院体制。

每一州都有自身以本州宪法为基础的法院系统。最初13个州的法院系统是在联邦形成之前设立的。根据殖民时期英国政府的特许状或命令或条件而组成。1789年联邦宪法被批准后，各州对于司法组织结构的探索继续进行，重新设立了法院。有的州的司法组织体系被集中化，而有些州的司法组织则是更加分散和地方化。① 集中化的司法组织中设置了一个管辖权覆盖整个州的单一法院，这个法院的任何法官都能够听审州内的任何一个案件。分散的司法组织体系设置有各种地方审判法院，即郡法院，除了上诉功能，这些法院独立于州内的其他法院。不过就总体而言，美国州法院体系与联邦法院体系还是存在一定的相似性，即通常也是包含一个基层初审法院、一个中级上诉法院和一个最高法院。②

（2）联邦法院与州法院适用诉讼程序的统一与分离

在新的联邦法院系统中，国会没有创设独立的普通法法院和衡平法法院。与此相反，1789年《联邦司法法》，创设了统一的联邦司法体系，这个联邦法院听审每一个案件——普通法案件、衡平法案件和海商案件。国会没有为联邦法院制定独立于州法院的民事诉讼程序规则，只是在《联邦司法法》第34节规定，"除联邦宪法、条约或制定法另有要求或规定外，几个州的法律在联邦法院的普通法审判中得被视为案件的判决规范"。（亦被称为"判决规范法案"，美国法典第28编1652节）基于当时新政府的联邦性质，各州均有自己独立的程序规则，这些规则之间也非常相似。因此，作为一种便利的选择，1789年同时颁行了《程序法案》，规定"联邦法院对

---

① Roscoe Pound, Organization of Courts, Little, Brown & Co., 1940, at 118.

② ［美］布伦诺等著：《美国律师助理手册》，陈庚生译，中国政法大学出版社1992年版，第18页。

于普通法诉讼应当适用所在地州的普通法诉讼程序"。① 大多时候，这个法案被称为一致法案（the Conformity Act），一致法案试图确保联邦法院和州法院在同一个州内对于普通法诉讼适用相同的诉讼程序。② 然而，事实上，最初的一致法案要求联邦法院适用在联邦法案通过时既已存在的州的程序法，因此，实践中随着各州对自己程序规则修改，联邦和各州法院适用的诉讼程序就变得步调不一致起来。1872 年修订后的《一致法案》，国会要求联邦法院尽量适用与该州当时适用法律一致的程序法，从而保持联邦法院跟上——以动态的形式——当时现行的州程序法。③

如果上述关于普通法程序的适用在联邦法院和州法院更多地体现了法院与法院之间程序一致性追求的话，那么对于衡平诉讼更多的则是联邦法院与州法院适用程序的分离。在殖民时期由于都是效仿英国模式的，因此许多州适用着相似的程序，但是由于历史的原因，独立后的各州法院以各种不同的方式处理衡平案件。有的州如新泽西州设有独立的衡平法院，拥有衡平法官，适用以英国模式为基础的诉讼程序；有的州如宾夕法尼亚州，没有独立的衡平法院，衡平案件由普通法院处理，普通法被用来实施完全属于衡平法上的诉讼，④ 根本不存在独立的衡平诉讼程序。这样一来如果要求联邦法院像普通法诉讼一样与州法院的衡平诉讼程序保持统一，显然存在很大的困难。因此，1789 年《程序法案》要求联邦法院在衡平诉讼中，遵从衡平法院传统上使用的程序。并且联邦法院分别于 1822

---

① Process Act of 1789, Sept. 29, 1789, ch. 21, § 2, 1 Stat. 93.

② Wright & Arthur R. Miller, Federal Practice And Procedure § 1002 (3d ed. 2002), at p. 4.

③ [美] 苏本等著：《民事诉讼法——原理、实务与运作环境》，傅郁林等译，中国政法大学出版社 2004 年版，第 252 页。

④ 斯宾塞·R. 利弗伦特、沃尔特·H. 希契勒："宾夕法尼亚衡平法的历史"，载《迪金森法律评论》1933 年第 37 卷，第 156、166 页，转引自劳伦斯·M. 弗里德曼著：《美国法律史》，中国社会科学出版社 2007 年版，第 143 页。

年、1844年、1912年制定了《衡平法诉讼规则》供联邦法院适用。

可以说，在最初的联邦程序制度中，普通法与衡平法的区分得以维系，联邦法院的"普通法部分"适用联邦法院所在州的普通法程序，力求二者的统一，而对于"衡平法部分"则适用独立的不同于州法院的衡平法诉讼程序，二者又出现了分离。

(3) 权力分立与司法审查

殖民地时期的司法事务大体上从未从公共事务中分离出来过，立法、执法、审理案件和管理殖民地的权力的分权特征并不明显。除了基层和最高法院外，所有的法院也都具有混合的司法权：既审理案件又受理上诉案件。① 1789年联邦宪法包含了权力分立的概念以及政府间制衡的思想，这个思想影响到了联邦和各州的司法机构建设。首先，各州逐渐地将其司法终审权赋予其最高法院，各州最高院或联邦最高法院拥有复查初审法院工作的权力。其次，司法权与政府的其他权力区分开来。美国的权力分立概念要求，国家机构分别设立法机构、行政部门及司法部门，每一国家机构分支必须由不同的官员或官方机构管辖。② 联邦与州级法院作为政府的一个分支，通过裁决案件来解释和阐明法律，独立存在于立法机构和行政部门之外。最后，法院有权在任何一个民事案件中，判定某项立法因违反联邦或州宪法而不能实施。

2. 美国民事诉讼程序法对英国法的承继

与美国的实体法一样，建国后美国的民事诉讼程序也深受英国法的影响，美国各州基本继承了英国的民事诉讼程序。如"1776年马里兰州权利宣言（Maryland Declaration of Rights of 1776）规定，已为实践证明能适用于地方和其他情况的英国普通法和陪审团审判以

---

① ［美］劳伦斯·M.弗里德曼著：《美国法律史》，中国社会科学出版社2007年版，第22—26页。

② 最高人民法院司法改革小组编：《美英德法四国司法制度概况》，韩苏琳编译，人民法院出版社2002年版，第2页。

## 第六部分　美国民事诉讼立法体例的发展变化及法典编纂的技术与特征

及诸如此类的英国制定法,追溯自 1774 年 6 月 1 日被采纳。"① 理论上讲,美国民事诉讼程序在四个方面受到了英国法律的直接影响,这些制度所隐含的诉讼程序精神支配着美国未来民事诉讼程序的改革和发展,即普通法与衡平法的区分;普通法的令状制度;对案件事实的认定实行陪审团审判;当事人提出辩论的对抗制。② 英国的普通法与衡平法有着明显不同的视域与程序,但每一个都为美国构建一个可取的诉讼程序制度提供了丰富的资料。普通法具有令状、单一争点和陪审团等制度,依赖于程序式化——程序规则——以其限制、集中和可预见的效果;而衡平法则依赖于灵活性、广泛性、法官良知和自由裁量权。

(1) 普通法对美国民事诉讼程序的影响

普通法诉讼程序有三个显著的特征:令状制度或格式制度、单一争点诉辩及陪审团。这些影响了美国诉讼程序发展的制度形成于 13 至 16 世纪期间,每一个制度都代表了界定和集中争议的方法,使普通法合理化和组织体系化,并且以一种合乎程序的、一致的、可预测的方式适用规则。③ 令状是授权法院听审一个案件的,并指示司法执行员强制被告出庭的王室命令,后来大法官的助手按申请的内容不同而分门别类,不同种类的令状适用截然不同的解纷程序。每一类令状蕴涵着一个程序、救济和有证据支持的事件的范围,如管辖权、证明负担和执行的方法。每次当事人只能选择一个令状的要求限制了案件范围,令状制度也严格限制当事人的合并。④ 种类繁多的令状所包含的解决争议的不同程序即为诉讼形式。美国殖民

---

① [美] William L. Reynolds, Judicial Process, 法律出版社 2004 年英文影印版,第 10 页。

② [美] 杰弗里·C. 哈泽德、米歇尔·塔鲁伊著:《美国民事诉讼法导论》,张茂译,中国政法大学出版社 1999 年版,第 5 页。

③ Stephen N. Subrin, How Equity Conquered Common Law: The Federal Rules of Civil Procedure In Historical Perspective, 135 U. Pa. L. Rev. 916.

④ F. Maitland, Equity Also The Forms of Action at Common Law, Two Courses of Lectures 296 – 98 (A. Chaytor & W. Whittaker eds. 1920).

地居民建国后对令状制度的承继并没有发展到英国那样的复杂程度，但其对英国令状制度的借鉴促进了"诉讼中心主义"的形成，在美国诉讼中植入了"程序优先"原则和"程序正义"理念。令状制度和后来形成的诉讼格式使得实体权利的救济依附于诉讼形式。令状是大法官根据情势的需要逐渐发展起来的，王室法院启动诉讼必须以令状为前提，不同的令状和诉讼格式决定了不同的诉讼程序，实体权利的有无取决于以诉讼格式形式出现的救济方式。"在法院，诉讼占据着主导的地位以至于认为实体法最初只是隐藏在程序法的缝隙之中。"① 普通法中的陪审团制度的发展代表了朝向理智、限制和严谨的法律秩序的演化，是人类对纷争更加理性和具有可预测性解决的制度尝试，人类用此种方式取代了神明裁判的方式，形成了证据裁判的观念。实际上，在美国，当18世纪革命热情高涨的时候，陪审团才开始在审判中起到举足轻重的作用。其中两个重要的原因是：一是利用民事和刑事陪审团抵制来自英国的不得人心的法令，二是由于法院的大多数法律方面的工作是由未受法律训练的人作出的，因此，陪审团被看作与法院法官一样能胜任，也许效果比法官更好。② 建国后，人们又把有普通民众组成的陪审团看作是"控制法官自由裁量权以及抑制其可能的专断倾向的手段"。③ 此外，"单一争点"制度，是普通法最具特色的一套技术性诉辩制度。该制度要求当事人通过一些列的诉答状的交换，披露、展示他们之间的争议问题，即所谓的"争点"（issues），通过来回往复的诉答状的交换，逐渐缩小争点，直至单一争点的形成。这个单一的争点既可以是事实分歧也可以是法律的异议。该项诉答制度遵循的原则是"一

---

① Maine, Early Law and Custom (1889), p. 389, 转引自毛玲著：《英国民事诉讼的演进与发展》，中国政法大学出版社2005年版，第121页。
② Roscoe Pound, Organization of Courts 89 - 90 (Little, Brown & Co., 1979) (1940).
③ William E. Nelson, Americanization of the Common law: The Impact of Legal Change on Massachusetts Society, London: University of Georgia Press, 1975: 20 - 21.

## 第六部分　美国民事诉讼立法体例的发展变化及法典编纂的技术与特征

个争点即一个诉、一个诉即一个令状"。

普通法中的令状制度是力图以理性的实体法与程序法律制度取代神明裁判，单一争点诉辩制度则是将纠纷集中于一个限制性问题上，如果是一个法律问题，法官就可以更容易地对之作出决定，从而保证实体法的理性发展；如果是一个事实问题，则由陪审团对之作出决定。① 这些制度使得美国的诉讼程序中的法官较为容易地浓缩和集中案件，使得诉讼中当事人对程序获得一定程度的可预测性。因此，尽管令状制度和单一争点的诉辩制度从未发展到其在英格兰那样的复杂程度，但限制合并诉讼、坚持单一的诉讼形式、要求诉辩状准确详尽等普通法的规则都受到特别重视并继后为州法院所吸收。不过，过分技术化的普通法令状制度和单一争点诉答制度使得普通法诉讼程序变得僵化刻板和形式化，而且这些僵硬不变通的程序步骤阻碍了正当地适用实体法和法律对于现代情势的调整。为了获得唯一的一个单一争点，原告每次只能使用一种令状，这从根本上严重限制了多个诉讼请求的合并。为此，1848年以纽约州为代表，各州通过法典化试图来对布满规则的、过分倚重于法律职业者技巧的普通法诉讼程序进行改革。

（2）衡平法对美国民事诉讼程序的影响

衡平法属于英国法中重要的内容，虽然各殖民地对衡平法的态度很不一致，尤其在北方，人们对衡平法院极不信任。对他们而言，衡平法院代表着王室权力、不受控制的自由裁量权和极端的诉讼拖延与耗费，而且衡平法院审判为书面审而非陪审制，这一点也令殖民地人民难以接受。有的殖民地如马萨诸塞、宾夕法尼亚不设衡平法院，他们所采取的是以"普通法形式继受衡平法"的方式，由普通法法院适用衡平法来审理案件；有的殖民地南北卡罗莱纳、密西西比、马里兰、纽约、新泽西、特拉华等则设有专门的衡平法院来

---

① ［美］史蒂文·苏本、玛格瑞特著：《美国民事诉讼的真谛：从历史、文化、实务的视角》，蔡彦敏、徐卉译，法律出版社2002年版，第56页。

审理衡平法案件。① 但是，总体来看，衡平法自然正义的理念，适合了殖民地发展经济的客观需要，衡平法对美国民事诉讼程序产生了一些影响，并成为1938年联邦民事诉讼规则构建的精神实质。

衡平法诉讼程序具有三项重要的特征：一是在任何诉讼中不采用陪审团制度，而是由一个法官实行独任制审判。案件中的法律问题和事实问题均由法官决定，衡平法院法官可以强制被告宣誓回答原告起诉状中提出的质询，这一点成为后来形成 discovery 程序的前身。二是法官享有宽泛的自由裁量权。衡平法官根据道德或自然正义的精神审理案件，凭着自己的良心对当事人予以救济。为了一次性解决全部的争议，允许合并与诉讼有关联的争议和当事人，成为现代当事人合并制度和诉讼请求合并规则的雏形。三是衡平诉讼救济方式的对人性质，即法官通常以颁布"禁止令"和"强制履行令"，命令当事人为或不为某种行为。② 此外，19世纪早期美国衡平诉讼程序发展出了上诉审查程序，即第一审失利的当事人可以通过上诉在第二审法院得到审查。③

普通法、衡平法诉讼程序制度具有截然不同的特征，普通法诉讼程序依赖于程式化的严格程序规则，格式化的主张，而衡平法诉讼程序则具有程序的灵活性、争议的广泛性和法官裁量权的自由性特征。普通法诉讼程序蕴涵的法技术实际上是试图通过"诉因"等要件的框架，为民事争议的解决提供一种定义、焦点和时间限制，即通过形式化的途径包容民事争议；衡平法诉讼程序则是为高度开放的陈述提供了空间，力求完整地"叙事"，一次性解决"基于同一的交易或事件或连续的交易或事件，并且在该诉讼中具有共同的

---

① 李响、陆文婷著：《美国集团诉讼制度与文化》，武汉大学出版社2005年版，第236页。

② 毛玲著：《英国民事诉讼法的演进与发展》，中国政法大学出版社2005年版，第160页。

③ ［美］杰弗里·C.哈泽德、米歇尔·塔鲁伊著：《美国民事诉讼法导论》，张茂译，中国政法大学出版社1999年版，第16页。

法律或事实"的问题。普通法诉讼程序表现出来的"诉讼形式主义"的程序规则试图限制法官权力,而衡平法诉讼程序的宽泛"叙事"则是试图扩大法官自由裁量权。总之,美国民事诉讼中的形式主义与叙事之间的紧张关系的主题以及蕴涵其中的权力主题,像一面透镜折射出美国民事诉讼发展的内在张力。

3. 美国民事诉讼程序法第一次改革——州法典化与菲尔德法典

"美国民事诉讼法自19世纪中叶以来,一直处在实际的改革及改革的讨论之中。改革的直接动因是从英国移植过来的民事诉讼制度对国情的适应性,以及美国司法制度运作过程中产生的诸多积弊。"① 在19世纪结束之前,几乎所有的州至少在某种程度上都对其诉讼程序进行了改革。② 1848年开始的美国民事诉讼程序法的第一次改革是以法典化为主要特征,其思想渊源于弗朗西斯·培根和杰里米·边沁的法典化思想,认为"应当用容易为人们理解的法典形式安排法律的结构,编纂法典是重新建立整个法律制度和清除过分机械和专断的清规戒律的手段。"③ 这场改革运动的主旨在于简化诉讼程序制度,使得法律成为可以为普通智力理解的事项,简洁明了并符合逻辑。改革的手段是通过全面的成文法变革来实现,而不是通过司法判例的逐步更正。各州所进行的程序改革普遍对普通法上的纷繁复杂的诉答程序进行了重大的修改,通过制定法规范诉讼程序。这场改革所取得的诉讼程序的发展是创造性地使用了衡平法的工具,多方当事人合并诉讼具有更大的自由,通常情况下对司法救济方法的使用更加灵活。各州的改革对普通法与衡平法的融合产生了影响,至少影响到了他们各州自己的法院诉讼活动。拉开这场

---

① 汤维建著:《美国民事司法制度与民事诉讼程序》,中国法制出版社2001年版,第275页。
② [美]劳伦斯·M.弗里德曼著:《美国法律史》,中国社会科学出版社2007年版,第431页。
③ [美]施瓦茨著:《美国法律史》,王军等译,中国政法大学出版社1997年版,第83页。

民事诉讼改革运动序幕的是 1848 年纽约州通过的一项法案《简化和缩短法院的惯例文状和程序》,该法典是一部完善的、从表面看是全新的民事诉讼法典。由于该法典的主要倡导者是戴维·达德利·菲尔德(David Dudley Field),因此,该法典也被称为"菲尔德法典"。菲尔德法典对国内的许多州的民事诉讼程序改革产生了巨大的影响,被认为是普通法诉讼程序和联邦诉讼程序之间的过渡,① 是从普通法的诉讼程序到由 1938 年的联邦民事诉讼规则所导入的美国现代诉讼程序的道路上迈出的重要一步。

(1) 菲尔德《民事诉讼法典》的重要改革

1846 年纽约州宪法废除了普通法和衡平法之间的区别,"清除"了衡平法院,并创设了"对普通法和衡平法具有广泛管辖权"的法院。而菲尔德法典更进一步确立了统一适用于衡平法和普通法的一套诉讼程序。菲尔德法典是英美法系普通法历史上第一次以成文法形式制定的统一的成文法,其在民事诉讼制度和程序方面引起的重大变革主要有以下几个方面:②

第一,废弃了普通法诉讼程序与衡平法诉讼程序的区分,对普通法和衡平法案件的诉讼适用相同的统一的诉讼程序。

第二,废除了复杂的诉答方式,所有类型的案件适用统一的起诉形式和诉答程序。把繁多的诉答文状简化为起诉状(complaint)、答辩状(answer)、应答书(reply)和异议书(demurrer)。

第三,要求诉讼请求的陈述以及申请使用简明、直接的法律语言。起诉状要包括"构成诉因的事实陈述,语言表述要通俗易懂而又简洁,没有不必要的重复,并以一种能使具有通常理解力的人明

---

① Ellen E. Sward: A History of the Civil Trial in the United States, in 51 U. Kan. L. Rev. 383.

② 汤维建著:《美国民事司法制度与民事诉讼程序》,中国法制出版社 2001 年版,第 281—282 页;杰弗里·C. 哈泽德、米歇尔·塔鲁伊著:《美国民事诉讼法导论》,张茂译,中国政法大学出版社 1999 年版,第 62—63 页。

了其意图的方式陈述。"① 而且,法院可以不受限制地解释诉答并且不理会诉答过程中出现的非实质性错误,放宽了当事人补正诉告文状和增补与诉答状不一致的证据条件。

第四,扩展了普通法诉辩程序的合并诉讼制度,但诉讼请求和当事人合并的范围是有限的,即仅限于诉因属于同种类的案件以及"诉因……必须对诉讼的所有当事人有同等影响"的情况。② 在一项诉讼中,原则上可以提出因当事人双方的争议而陈述的所有诉讼请求,没有必要再利用一项诉讼获得普通法的损害赔偿救济,而利用另一项诉讼以获得诸如禁令一类的衡平救济。

第五,废除了当事人不能作证人的普通法规则。③ 当事人陈述被视为一种独立的证据形式。

第六,初步确立了有限的证据开示程序。法典废除了请求开示和询问证人的衡平诉讼文状,但规定可以请求查看和复印对方掌握或控制的"与诉讼的实质性问题或防御有关"的某个文件,并且规定了承认书面材料真实性的有限要求。④

第七,上诉程序改革。上诉程序在整个19世纪一直是非常技术化和复杂化,菲尔德法典提出了一个全新的制度,消除了所有麻烦的规则以及复审令与衡平法上诉的区别,并代之以一种"上诉"的单一复审形式。⑤

可以看出,1848年菲尔德《民事诉讼法典》新规则以诉讼请求的陈述为中心,请求的陈述记录在成为诉讼书状(pleadings)的文

---

① 1848 N. Y. LAWS ch. 379 §120.

② [美]史蒂文·苏本、玛格瑞特著:《美国民事诉讼的真谛:从历史、文化、实务的视角》,蔡彦敏、徐卉译,法律出版社2002年版,第62页。

③ 张茂著:《美国国际民事诉讼法》,中国政法大学出版社1999年版,第3页。

④ [美]苏本等著:《民事诉讼法——原理、实务与运作环境》,傅郁林等译,中国政法大学出版社2004年版,第248页。

⑤ Roscoe Pound: Appellate Procedure in Civil Cases, Little, Brown & Co., 1941, pp. 320.

件中。该法典的主要价值在于：它消除了普通法法院与衡平法法院的分别管辖，建立了各种民事案件都适用的统一诉讼程序，提出了统一的诉的概念，简化了抗辩文书交换手续，使抗辩文书的内容仅限于申述事实。① 诉讼请求法典制度被纽约州采用后，不但成为其他各州相仿的对象，而且对英国、印度、斯里兰卡以及许多其他运用普通法原则的国家立法都发生了影响。英国在1973年制定了《最高法院组织法》，结束了普通法和衡平法并存的二元状态。菲尔德法典对美国《联邦民事诉讼规则》的产生也起到了积极的推动作用。1938年通过的美国《联邦民事诉讼规则》在许多内容上都借鉴了菲尔德法典的有益因素。尽管这部法典遭受到了不同的命运，但法典的诉答状确实导致了"程序在整体上少了许多技术性"。② 但是法典是各州改革的产物，各州诉讼程序的法典化使得联邦法院陷入困境。联邦法院被要求对于普通法诉讼适用州的程序规则，而对于衡平法诉讼则适用联邦衡平规则。尽管各州诉讼程序总是有一些衡平法的血液流进普通法，但是法典所完成的融合是一个完全全新的东西。如果按照州法律没有普通和衡平诉讼，而只有民事诉讼，那么联邦法院在决定适用何种规则的时候必然会遭遇更多的困难。这些情形加宽了州和联邦审判之间的裂缝。

（2）菲尔德《民事诉讼法典》的基本特点

由于历史的原因，19世纪普通法思想的许多特征不但被各州坚持下来，而且得到了强化，菲尔德法典的内容更多地体现了普通法的传统。1848年的菲尔德法典虽然融合了普通法与衡平法，但普通法的精神仍然是其底色。

首先，"确定性""法官权力的限制"是菲尔德法典的核心。

菲尔德法典的出发点是设计一套规则适用于所有的案件，这必

---

① ［苏］B. K. 普钦斯基著：《美国民事诉讼法》，江伟、刘家辉译，法律出版社1983年版，第24页。

② ［美］劳伦斯·M. 弗里德曼著：《美国法律史》，中国社会科学出版社2007年版，第424—432页。

## 第六部分　美国民事诉讼立法体例的发展变化及法典编纂的技术与特征

然要求程序适用更多的灵活性。为了达到这个目的，立法者不得不更多地借助于衡平法的诉讼模式，因此，衡平法的诉讼惯例与菲尔德法典的程序选择具有一些显著的相似之处，如扩大了可在一次诉讼中合并的潜在当事人、诉因和防御的数量；规定了 discover 机制并许可法官给予原告任何与起诉状所形成的并包含在争点内的案件一致的救济等。但是菲尔德法典核心是普通法的理念，法典化的目的是使制定法中的权利能够迅速、经济和可预测地得以实现，把法律规则忠实的适用于每一个特定案件的事实。菲尔德法典构建的程序试图对诉讼行为人可行为与不可行为的范围作出明确规定。人们需要这个程序实现已经被实体法典所预设的权利。正如普通法一样，为了使权利能够得以实现，诉讼程序已经与权利结合了起来。菲尔德法典并没有完全抛弃形式主义，相反起草者们将普通法所具有的形式主义视为创造确定性，限制法官自由裁量的手段。这完全不同于历史上衡平法审判程序的核心即法官的自由裁量和处理案件方式的灵活性，甚至，衡平法审判中体现出来的这种自由裁量和机动性为菲尔德法典的起草者们所厌恶，他们相信"如果说法律是具有扩张性、弹性或机动性就等于说完全没有法律，没有据以遵循的规则，任何法官都不应当拥有裁判的权力，否则，诉讼当事人将受制于他的反复无常"。①

其次，从立法技术上来看，菲尔德法典的主体部分仍然是普通法，体现衡平程序特色的程序规定并没有完全被菲尔德法典所采纳。

正如普通法诉讼程序一样，菲尔德法典想要诉答程序能够表明每一方的立场以及缩小争议的范围，以此尽可能迅速地达到真实的控诉和真实的抗辩。菲尔德法典对普通法诉辩程序中合并诉讼的规定予以了一定程度的扩展，但这种合并仍然是有限制的。只有对诉讼的事项以及诉讼主张的救济具有利害关系的情形下才同意原告合

---

① D. D. FIELD, "Codification of the Law: Correspondence between the California Bar and Field, Nov. 28, 1870", reprinted in Speeches, Arguments, and Miscellaneous Papers of Davidd Dudley Fifield at 349, 354 (A. Sprague ed. 1884).

并，而且只有对争议具有利害关系而且主张不利于原告的情形下才允许被告合并。诉因只有在他们属于同种类案件时以及"诉因……必须对诉讼当事人有同等影响"的情况下才可以被合并。1847 年菲尔德详细地解释了为了使得普通法与衡平法的融合成为可能，它是如何使衡平审判更像普通法审判。他首先论述到"在两类案件中适用相似的方式指挥作证；取消了大法官法院中的主事官（master）与询问官（Examiner），这是衡平法制度中重要的组成部分……为了使其适应新的证言采纳模式，对衡平审判惯例的重大修改是必不可少的。"① 菲尔德尤其主张缩减衡平诉讼文状，消除诉辩之间以及主事法官报告与大法官裁决之间的拖延，取消诉辩的开示，取消书面的质询；查证所有的诉辩；任何可能的时候在公开的法庭上提交口头证言而不是像衡平程序惯例那样提交书面的证明文件。

最后，菲尔德法典下的审判程序更多地类似于普通法审判模式。菲尔德法典是以衡平法融人普通法的模式融合了普通法与衡平法。② 虽然衡平法中的一些方面在法典中有所体现，比如有限的开始程序，更自由的诉讼主张和当事人合并规则。但是菲尔德法典下的诉讼程序，仍像普通法一样，主要由诉答和审判两部分构成，几乎没有发生二者之间的程序。诉答的目的是限定审判的争点，审判的结构是普通法的陪审团审判的结构模式。法庭审理过程中，法官被描绘为像陪审团一样听审。审判大部分由言词证据构成，书证和必要情况下的宣誓证词是一个补充。交叉询问是审判的重要部分，法院控制审判并指示审判团，在公开的法庭上宣读证词。菲尔德法典取消了关于 discovery 的衡平法和作为衡平法一部分的质问书的内容。审前的对方当事人的笔录证言是在法官面前进行的，由法官对

---

① D. D. FIELD, What Shall Be Done with the Practice of the Courts? (Jan. 1, 1847), reprinted in Speeches, Arguments, and Miscellaneous Papers of Davidd Dudley Fifield at 226 – 27 (A. Sprague ed. 1884).

② Ellen E. Sward: A History of the Civil Trial in the United States, in 51 U. Kan. L. Rev. 388.

证据异议作出裁决。菲尔德法典下的民事诉讼程序是强制原告证明获得赔偿的事实并强制被告对这些事实予以承认或否认,从而形成一个由陪审团决定的集中于有限的事实的案件。

此外,陪审团的使用范围被扩大。无论任何时候,"只要诉讼中为了获得金钱赔偿或者特定的不动产交付或者个人财产权利的救济"存有事实争议,法典就规定有陪审团的审判。历史上的普通法诉讼也是如此。而且菲尔德法典也将陪审团审判扩展适用于一些衡平案件的审判。

4. 影响菲尔德《民事诉讼法典》的基本学说和主导各州法典编纂的基本程序思想

菲尔德程序改革运动是人们在社会经济秩序发生重大变化的时候所产生的一个情感信息反应,把技术性的法律改革作为表达社会不安的手段。菲尔德,如之前或之后的改革者一样,真正要表达的是法律,尤其是程序法,是一门科学,与政治无关。试图把法律置于"科学"的旗帜下,从而把政治从法律、把主观性从客观性、外行推理从法律职业推理分离出去,使得法律变得更非政治化。① 在整个 19 世纪下半叶,通过法典化运动寻求更高程度的概括性和综合性法律规则的倾向,是与法律形式主义联系在一起的。菲尔德民事诉讼法典可以说代表了美国民事诉讼程序法改革运动中的一块里程碑,是整个普通法进行法典化运动中的重要组成部分。菲尔德本人作为该法典的主要起草者,其个人的思想和信仰,对法典所蕴涵的思想观的具体化起到了重要的作用,因此该法典也表现出很浓的个人哲学色彩。"权利中心观"、"权利救济观"和"实用主义观"是塑造了 19 世纪中期到 20 世纪前半叶年间美国程序法的思想。② 在这

---

① [美]莫顿·J. 霍维茨著:《美国法的变迁(1780—1860)》,谢鸿飞译,中国政法大学出版社 2004 年版,第 387—390 页。

② Robert G. Bone, "Mapping the Boundaries of the Dispute: Conceptions of Ideal Lawsuit Structure from the Field Code to the Federal Rules", Vol. 89 Colum. L. Rev (1989), p. 4.

种背景下，菲尔德的《民事诉讼法典》是这三种基本观点合力的结果，其中"权利救济观"相对于其他两种观点在法典的形成中，具有支配性的影响。

（1）自然法的权利思想与民主化原则

戴维·达德利·菲尔德（David Dudley Field）出生于1805年，经历了美国从一个农业的、海上经济和文化向一个高度复杂、工业化的社会转变的过程，菲尔德热诚地信仰个人自由、权力的平等，信仰民主。菲尔德认为法律的目的是为了保护人们与生俱来的自然权利，正如《独立宣言》所称的"生命权、自由权和追求幸福的权利"。这些权利是不可剥夺的、是上帝与自然赋予的权利，是"不证自明的事实"。① 法典化程序的主要目的是维护并矫正"个人和人类得以存在的基本权利"。个人权利、州的权利、有限政府以及自由主义的经济是菲尔德信条的核心。菲尔德认为政府应当尽可能少地干涉个人自由，他力图限制权力机关的权力，特别是限制享有自由裁量权的法官的权力。"没有据以遵循的规则，任何法官都不应当拥有裁判的权力，否则，诉讼当事人将受制于他的反复无常。"这一句话经典地表述了菲尔德的思想。法院"必须以法律的本来面貌来适用法律，并且以所有恰当的、合适的方式来执行法律，而没有任何借口判断法律是正确的，还是错误的。"② 菲尔德法典强调"确定性"，法典的主要目标就是更容易地使独立的、详细表述的权利得以迅速、经济和可预测地实现。把法律规则忠实地适用于每一个特定案件的事实。对于菲尔德而言，最邪恶的是事情无序、混乱和反复无常，法官必须遵守和适用众所周知的规则。③ 同时，强调法律应当是可

---

① Stephen N. Subrin, "David Dudley Field and the Field Code: A Historical Analysis of an Earlier Procedural Vison", Law and History Review Fall 1988, Vol. 6, No. 2, p. 338.

② ［美］莫顿·J. 霍维茨著：《美国法的变迁（1780—1860）》，谢鸿飞译，中国政法大学出版社2004年版，第25页。

③ Stephen N. Subrin, How Equity Conquered Common Law: The Federal Rules of Civil Procedure In Historical Perspective, 135 U. Pa. L. Rev, p. 934.

以为普通智商理解的事项,而不应是玄妙的历史科学,程序法同样也应当明了、简洁,并符合逻辑为普通民众所认知,这种欧洲民法典中的民主化原则也构成了菲尔德法典改革思想的一部分。

(2) 形式正义的程序思想

菲尔德法典为了限制法官自由裁量权的范围,十分推崇普通法中的形式正义理念。第一,相信一个法律体系对所有可能产生的问题都能够包罗;第二,相信分权理论是一个法律体系固有的、必然的特征;① 第三,相信"真正的法律"由文本中的法律规则所构成;第四,相信法律具有高度的普遍性和抽象性,倾向于依据特定的事实模式概括出公式;第五,相信司法判决必须通过将其结果纳入相关规则中包含的一般概念的方式予以正当化;第六,相信确定性和可预见性是最高的法律理想。② 同时,菲尔德法典通过一致性、先例原则和服从规则等程序正义的要素建构起了对自由裁量权范围的限制。其中,一致性要求如果一个人将相同的规范性依据适用到类似的相关事实上,其必须作出相同的决定;遵循先例要求法院裁判长期的一致性,并对裁判的依据施加限制,在先例的事实模式和先例的规范理由模式下,决定的依据要么被限制在先前决定的事实条件上,要么被限制在得出先前决定的最佳规范上。先例原则的好处是决定的可预测性、决定活动的效率性、决定与目的的一贯性以及在特定情况下对合理信赖利益的保护;服从规则则要求根据事前宣布的规则来做决定。遵循先例和服从规则是传统的对抗式审判决定

---

① 根据这一信念,菲尔德认为所有的法律包括实体法与程序法,应当是民主选举的立法机关的产物。参见 [美] 史蒂文·苏本、玛格瑞特著:《美国民事诉讼的真谛:从历史、文化、实务的视角》,蔡彦敏、徐卉译,法律出版社2002年版,第60页。

② [英] P. S. 阿蒂亚、R. S. 萨默斯著:《英美法中的形式与实质——法律推理、法律理论和法律制度的比较研究》,金敏等译,中国政法大学出版社2005年版,第211—212页。

模式及该模式下的程序正义诸原则的核心。①

菲尔德法典通过对所有案件适用统一的程序规则，阻止了衡平法上对具体个案情况的调查，这事实上标志着衡平法作为独立法律标准的渊源最终完全被削弱，使得被抨击为"具有固有的任意性和政治性"的衡平法服从形式规则，这也体现了19世纪将法律作为一门科学这一正统运动的重要议题。

（3）权利救济的程序观念

19世纪后期，许多理论家认为所有"文明的"或"成熟的"社会的法律体系表现出同样的体系化的逻辑结构，这种逻辑结构都是基于一套能够派生出更多的具体原则和规则用以裁判具体案件的共同的基本原理，这种基本原理反映出来的法律理想最基本特征是"权利"的至上性，"权利"——或者一些人为了区别于诸如"救济权"的派生性权利的基本权利而称之为"原生性的"或者"先存性的"权利②——是法律制度大厦的基础材料，这些权利在逻辑和规范上先于法律制度的其他所有元素。也就是说，构成法律体系的原生性权利是民事法律所规定的当事人所享有的客观权利，它为当事人划定了自由行动的范围和为某种行为、不为某种行为的资格，是法律对社会生活资源的一种分配，属于"分配正义"的范畴。救济性权利是民事法律为了保护当事人的原生性权利，在当事人的原权利受损的情况下，赋予原权利人救济受损权利的权利。它是不当行为人的行为发生时法律对社会资源的再分配，属于"矫正的正义"范畴。因此，人们所享有的权利被划分为原生性权利和救济性权利两类，而这两类权利的关系是原生性权利受损是救济性权利产生的

---

① 迈克尔·D. 贝勒斯著：《程序正义：向个人的分配》，邓海平译，高等教育出版社2007年版，第87—137页。

② 原生性或先存性的权利是基本的实体法律权利，如财产权和契约权。救济权是在原生性权利受到侵害或有受到侵害的现实危险时的权利，如损害赔偿权，这些权利是基于原生性权利受到侵害后产生的。参见 T. Holland, The Elements of Jurisprudence 160 – 61 (10th ed. , Oxford 1906).

## 第六部分　美国民事诉讼立法体例的发展变化及法典编纂的技术与特征

前提。这种权利和救济之间的分离及关系，在当时的自然法理念下得以强化，更具有合理性。权利在原生性意义上是自然的，而救济只有在派生性意义上是自然的。

权利救济的这种二分法及关系对19世纪程序思想的影响是通过它与实体和程序这一重要的二分结构的衔接实现的。实体与程序二分法认为救济独立并从属于权利，与此同样的方式，程序区别并从属于实体法是其固有的特性。权利救济程序观按照权利优于救济，救济优于程序的等级层次来安排权利、救济和程序。在这个等级层次中每一个元素相对于优于它的元素而言都具有工具性的意义。程序是塑造救济目的的手段，反过来，救济是权利实现保护目的的手段。无论"实体法"被界定为仅包括原生性权利和相关的义务，还是如一些人主张的，也包含救济性权利，权利与救济的等级层次保证了界定实体与程序二分法的"程序"和"实体"之间工具性的关系。①

学者们认为权利—救济的正式结构和实体—程序二分法与特定的社会观和冲突的社会功能相符合。权利—救济二分法是与和谐社会与冲突社会的区分相对应的。实体法的原生性权利界定了一个均衡的理想的社会秩序，救济只是在平衡被破坏的时候发挥作用，救济只是为了回复先前的平衡状态。② 程序法，像救济法一样，是用来处理冲突状态的社会，因此，程序法也是区别于权利的实体法，进而言之，程序与实体的联系是一种工具性的。理想的程序制度的目标是：促进救济手段更能完美地适合于矫正被侵犯的权利，并因此恢复条件均衡的社会理想。

---

① Fiero, The Reformed Procedure—Its Advantages and Its Limitations, 53 Alb. L. J. (1896), pp. 327 – 28.

② 这种社会生活的均衡模式与经典的政治经济理论具有很大程度的一致性，这种均衡理论对于19世纪的思想产生了重大的影响，许多古典理论家认为自然秩序或者社会生活的和谐可以根据具有内在逻辑演绎性的抽象模型表达出来。参见 P. S. Atiyah, The Rise and Fall of Freedom of Contract, Oxford University Press, 1979, pp. 292 – 358。

权利救济观把程序视为正确实施实体法律的一个阶段，采用了程序工具主义的思想。程序工具主义把诉讼程序和实体法的自然权利理论紧紧联系起来，其理论基础是相信法律权利是一个理想的规定以及法律权利和法律救济固有的二分法。

因此，权利救济观不同于权利中心观有两个方面，一是权利救济观依据工具性而不是靠简单的演绎条件进行推理，二是决定诉讼结构的标准是救济的质量而不是权利或义务的单一性质。裁判的终极目标是使得救济与权利相配。如菲尔德民事诉讼法典中的"诉因"，是一项极具创造性的特色制度设计。诉讼中的每一个"诉因"都包含了一定的事实，"诉因"是对可以获得法庭救济的市民权利进行描述的一种方法。① 法典要求原告在其最初的起诉状中主张"构成一项诉因的事实"的目的就是要强制诉讼当事人准确地阐述权利被侵犯的事实，从而运用程序实施最佳的救济。又如菲尔德法典的合并规则规定，如果当事人的权利义务具有相关性，那么法院许可，并经常要求具有不同权利和义务的多方当事人参加诉讼。以这样一种方式，当事人联合诉讼的方式使得单一的救济在形式上比一件一件裁判引起的多重救济更简化。菲尔德并不想程序法脱离实体法，他认为权利的有效实现取决于周密建构的程序，程序的简化意味着权利能够并且必将得到一致性的、可预测的和正确的捍卫。②

尽管权利救济观在 19 世纪后期的程序思想中占有支配地位，但是它并没有独立地控制程序思想领域，即使在它发挥影响的顶峰时期，权利救济观也仅仅确定了一个大体的方向，在它的统治时期它与其他观点也存在交锋。权利中心观以一种对普通法形式主义残留

---

① State of New York First Report of the Commissioners on Practice and Pleadings, Code of Procedure (1848), at 87. 转引自 Stephen N. Subrin, "David Dudley Field and the Field Code: A Historical Analysis of an Earlier Procedural Vison", Law and History Review Fall 1988, Vol. 6, No. 2, p. 329。

② Stephen N. Subrin, "David Dudley Field and the Field Code: A Historical Analysis of an Earlier Procedural Vison", Law and History Review Fall 1988, Vol. 6, No. 2, p. 330。

的司法偏爱形式存在了一段时间,但也逐渐地衰弱下去了。实用主义观对权利救济的思想构成了一个强有力的挑战,实用主义观蓄势于20世纪初期,并最终成为了联邦规则改革的基础。实用主义观为程序构想了一个工具性的角色,但这个实用主义观并不认可作为权利救济路径本质的实体法目的的自然权利理论。实用主义下的程序分析的样式聚焦在了对实际的"真实世界"产生的结果,而不是去实现抽象的权利和义务。①

## 二、改革与发展:联邦民事诉讼规则的法典化

在各州民事诉讼法典化的基础上,1938年国会通过《联邦民事诉讼规则》(Federal Rules of Civil Procedure),该规则不仅统一了联邦初审法院的民事诉讼程序,改变了美国联邦法院沿用各州民事诉讼程序的状况,而且成为各州效仿的诉讼程序范本,② 有力地推动了各州的民事诉讼程序朝统一的方向发展。在此意义上,美国民事诉讼法学者把《联邦民事诉讼规则》视为美国民事诉讼历史上第二次改革,是美国民事诉讼朝向现代化发展道路上第二个重大的里程碑。

(一)1938年《联邦民事诉讼规则》的产生背景

1. 联邦法院适用程序法的混乱

正如前文所述,美国独立革命后的法院改革运动形成了联邦法院与州法院体系二元分立的模式。为了解决联邦法院系统与各州法

---

① Robert G. Bone, "Mapping the Boundaries of the Dispute: Conceptions of Ideal Lawsuit Structure from the Field Code to the Federal Rules", Vol. 89 Colum. L. Rev (1989), p.9.

② 在美国的五十个州中,不仅有二十六个州的民事诉讼均采用了实质上是以联邦民事诉讼规则的形式和内容为范本的民事诉讼规则,而且美国所有的州都受到联邦民事诉讼规则的影响。参见〔美〕史蒂文·苏本、玛格瑞特著:《美国民事诉讼的真谛:从历史、文化、实务的视角》,蔡彦敏、徐卉译,法律出版社2002年版,第71页。

院系统适用诉讼程序的问题,1789 年《联邦司法法》"判决规范法案"(the rules of decision)、《程序法案》以及 1872 年的《一致法案》(the Conformity Act)为联邦法院的诉讼程序设定的路径是与州的程序保持"尽可能接近"的一致性。但是,1848 年各州程序的法典化使得联邦法院陷入困境,导致联邦法院适用程序法上极大的不确定性。联邦法院被要求对于普通法诉讼适用州的程序规则,而对于衡平法诉讼则适用联邦衡平规则。尽管各州的程序改革总是有一些衡平法的血液流进普通法,但是法典所完成的融合是一个全新的东西。如果按照州法律没有普通和衡平诉讼,而只有民事诉讼,那么联邦法院在决定适用何种规则的时候既不明确,又不稳定,造成了司法上的混乱局面。

2. 社会经济与改革思想的交合

19 世纪末,法典诉讼程序和适用于联邦法院的诉讼程序受到严厉批评。尽管有 Field 法典,但律师们仍然继续重复普通法中的做法:主张单一的救济理论是原告在一份起诉状中可以依据的所有理论;法官们也进一步限制诉讼合并的规定。同期英国 1873 年和 1875 年颁布的司法改革法案由于意图削减当事人之间诉讼的多样性并废除不同诉讼的旧有形式,从而鼓励了美国的主张程序改革者。[①] 1906 年罗科斯庞德在 ABA 年会上以"公众对于司法管理不满的原因"为主题的历史性演讲重新点燃了人们对于程序改革的兴趣。1912 年以托马斯·谢尔顿为代表的美国律师协会,开始努力地说服国会通过一个授权法案,即授权联邦最高法院制定一部统一联邦规则。在这场历时三十多年的改革运动中,意图给予法官更多自由裁量权的保守派,期望法律、律师和法官帮助政府发挥更为积极作用的自由主义者,确实认为法典诉讼程序和一致法案有缺陷和低效的律师、法官和法学教授们,以及那些希望在罗斯福以构建"更为积极的政府"

---

[①] [美] 史蒂文·苏本、玛格瑞特著:《美国民事诉讼的真谛:从历史、文化、实务的视角》,蔡彦敏、徐卉译,法律出版社 2002 年版,第 63—64 页。

为特征的新政形成过程中成为关键人物而又有利可图的律师们,①组成了推动20世纪初联邦民事诉讼制度改革的力量。1934年美国国会授权美国最高法院制定统一适用于联邦地区法院第一审审理的程序规则。根据授权法案,联邦最高法院于1938年制定了《美国联邦地区法院民事诉讼规则》(简称《联邦民事诉讼规则》)。而1966年和1967年美国国会进一步扩大了美国联邦最高法院授权立法的权限,并于1967年制定了《联邦上诉审程序规则》,为联邦法院上诉审案件规定统一适用的程序。但比较特殊的是,1975年美国国会以法律的形式颁布《联邦证据规则》,而不是由联邦最高法院根据授权立法制定。总之,20世纪以《授权法案》、《联邦民事诉讼规则》为主要成果的民事诉讼改革运动,与19世纪中叶的菲尔德法典为主要标志的州法典化改革运动一样都是通过对保守、自由和专业的议程的融合,以及对先前程序的理性冲击才最终得以实现。

(二) 1938年《联邦民事诉讼规则》的重要制度革新

1938年联邦民事程序规则的颁布使得对民事诉讼程序的重大改革取得了成果,联邦法院诉讼程序的这次重大改革是从简化诉答状和合并普通法与衡平法开始的。联邦民事诉讼规则标志着审判向诉讼的转换:诉答程序完成后随之而来的简短审判成为了一个包括相当多审前活动的较长诉讼过程。1938年《联邦民事诉讼规则》的颁行使得原来美国民事诉讼程序由诉答程序和庭审证明构成的诉讼结构向诉答程序、审前程序和庭审程序构成的诉讼结构的转变。诉答和审判的重要性被弱化,诉答程序成为"告知"程序,其原来所具有的确定争点的功能为审前程序中的发现程序所承担。联邦规则生效后的71年间,已经被修正了许多次,而且有时候正是这些修正使得诉答、审前程序和开庭审判程序的结构转换成为可能。但是最初的联邦规则为程序结构的转变提供了理论的和结构的基础,也是1938年《联邦民事诉讼规则》的重要制度革新。

---

① [美]史蒂文·苏本、玛格瑞特著:《美国民事诉讼的真谛:从历史、文化、实务的视角》,蔡彦敏、徐卉译,法律出版社2002年版,第69页。

1. 衡平法与普通法的融合：衡平法的路径

联邦规则在普通法和衡平法的融合方面遵循了各州法典，规定民事诉讼只有"民事诉讼"一种形式，统一了民事诉讼方式，使诉答程序摆脱了传统的形式主义。不过，联邦规则对二者合并的方法与之前各州法典所采行的合并方法稍微有点不同。各州法典采用的融合方法是普通法的路径，把各种衡平的概念和程序融入普通法之中，而联邦规则则是遵从了衡平法的路径，把必需的普通法概念和程序并入到衡平法中。正如改革运动倡导者庞德所说，"正是普通法令状制度的形式主义和它的僵硬与不变通的程序步骤阻碍了正当地适用实体法和法律对于现代情势的调整"。① 因此，联邦诉讼程序改革是把衡平法作为程序的样本。如早期普通法的审判结构包括诉答和庭审证明两个重要的阶段，联邦规则对"诉答"和"庭审证明"进行了保留，但这种保留仅仅是就联邦规则对诉答和庭审证明做了规定的意义上而言，其所指的内容已被按照衡平法进行了改造。诉答仅包括起诉状和答辩状，用来规定各种诉答的条款大部分源自衡平法。联邦规则中的诉答制度设计的功能在于：首先是将案件与其他事件区别开来，使你能够将它适当地送入法院的程序，由适当的法庭进行审判；其次是作为判决拘束力的基础；② 第三是通知被告诉讼已经开始，对方起诉的内容是什么。诉答在诉讼过程中已不再是诉讼的一个十分重要的部分。又如，陪审团是普通法审判的典型特征，衡平法的审判是无陪审团的。由于宪法规定了民众接受陪审团审判的权利，因此，联邦规则对这种审判方式也进行了规定。但是联邦规则对陪审团审判方式适用的规定遵循了与传统不一致的路径。从1819年以来，传统对陪审团适用的规定是，联邦法院的当事人有权放弃接受陪审团审判的权利，但是放弃权利的当事人必须以

---

① Pound, The Etiquette of Justice, 3 PROC. NEB. ST. B. A. 231, 237 – 48 (1908).

② [美] 苏本等著：《民事诉讼法——原理、实务与运作环境》，傅郁林等译，中国政法大学出版社2004年版，第257页。

适当的方式明确声明,否则权利的放弃将是无效的。① 换言之,联邦法院是推定对案件审理适用陪审团审判,并且很难推翻这个推定。与此不同,在联邦规则中,不适用陪审团审判是推定,当事人为了获得陪审团审判,必须向对方当事人提出要求,而且构成权利放弃的当事人不能再要求陪审团审判。换言之,这个不适用陪审团的推定是源自衡平法的审判方法——无陪审员的审判。

2. 联邦诉讼规则架构:衡平诉讼程序的主导

1938年联邦民事诉讼规则的基础是1912年颁行的联邦衡平规则以及灵活的衡平法诉讼程序,联邦诉讼规则大部分内容都是按照衡平法实践形成的模式。首先,联邦规则采取衡平的方法使得诉讼请求和当事人合并更加自由。联邦规则第18条第1款允许当事人加入任何他们针对另一方当事人的诉讼主张,无论是普通法的还是衡平法的、相关的还是不相关的。联邦规则第20条第1款允许当事人合并,如果当事人寻求的救济"基于同一的交易或事件或连续的交易或事件,并且在该诉讼中产生的法律或事实问题对所有人是共同的"联邦规则允许第三人诉讼,反诉,交叉诉讼,相互诉讼、集团诉讼和介入诉讼等合并诉讼的形式。这些合并规则为一些现代复杂案件的审理创设了诉讼的空间。其次,宽泛的司法裁量权。衡平法源于国王为了实现正义而对裁量权的运用,1938年联邦规则建立了法院自由裁量权,这种宽泛的司法裁量权既包括"正义需要"时许可当事人修补诉状的权力、为"便利诉讼"命令分开审理的法官权力,又包括对"无根据"提起诉讼的人实施"适当惩戒"行为的权力以及对不遵守证据开示要求的当事人选择使用各种惩戒措施的权力等。法院拥有行使司法裁量权的广泛空间,而且这些裁量权的范围仍沿着联邦规则的设计方向不断扩大。再次,确立并完善了发现程序。发现程序源自衡平法诉讼开示文状的开示程序,之前的民事诉讼法典并未对此做出系统的规定,而1938年联邦民事诉讼规则则将其作

---

① Ellen E. Sward, The Decline of the Civil Jury. Carolina Academic Press, 2001. pp. 108 – 109.

为一个独立的诉讼手段,而且还对其进行了实质性的扩展。之前,衡平法和法典中的发现程序制度被限制在对一方当事人用来支持他自己案件主张证据的开示(包括对方的证言);① 但是,1938年联邦规则规定,一方当事人可以获得对于"任何问题"的书面证词,享有保密特权的除外。只要这一书面证词与未决诉讼所涉与诉讼标的相关,无论与诉讼主张相关还是与调查方的辩护相关,或者与其他任何当事人的主张或辩护相关。允许证据发现程序通过对一方当事人的笔录证言,书面质询以及书证或其他有形的物证、身体的或精神的测试和要求承认事实的方式进行。最后,1938年联邦规则也规定了许多衡平的诉讼手段。这些制度包括宽松的起诉规则、禁止令、破产管理,股东派生诉讼以及主事官制度等。总之,1938年联邦规则大量地借鉴了衡平法的内容,对于普通法的借鉴主要是宪法规定的陪审团审判。

3. 审判到诉讼的转换:审前程序的扩张

审前程序是从州法院实务借鉴得来的设置,最初的含义是仅指给陪审团审判设定的为讨论审判计划而进行的会面。1938年联邦规则颁行以前,审前程序几乎一直是被忽略的,也只有少量的证据发现程序,这些程序的使用仅限于有限的范围内并且不会花费很多的时间。而1938年联邦规则通过完善发现程序对审前程序进行了实质性的扩张,改变了传统以庭审为中心的诉讼结构。把在开庭审理之前当事人之间相互交换与诉讼有关的信息和证据作为一种权利予以规定。这样一来,在传统的诉答程序(pleading)与开庭审理(trial)之间第一次把当事人收集与诉讼有关信息和证据作为一个诉讼阶段确立下来。经过多年的改革修正,审前程序的内容主要包括审前会议(pretrial conference)、证据开示程序(discovery)、动议(motion)和即决裁判(summary adjudication)等。1938年联邦民事

---

① Millar, Robert Wyness. Civil Procedure of the Trial Court in Historical Perspective. New York: Published by the Law Center of New York University for the National Conference of Judicial Councils, 1952. p. 214.

诉讼规则确立的审前程序目的是澄清无关的争点,直至仅保留与法律诉因相关的真正有争执的事实争点被提交给审判。"审前"一词的含义不再是审判的前奏,相反,它被设定为一个无须审判而结束案件的途径。① 事实上,1938年联邦规则规定的审前程序常常是诉讼的核心。在联邦法院系统起诉的民事案件中,只有不足5%的案件进入审判。② 诉讼的重心由原来庭审程序向审前程序迁移,庭审的功能被弱化。尤其是联邦规则的证据发现程序的扩张使得审前程序的适用更加宽泛。一般的案件通常在发现程序之后通过和解、自愿撤销或者其他处置性动议得以解决。因此,许多美国的民事诉讼律师都称自己为"诉讼律师"(litigation),以取代"审判律师"(trial lawyer)一词。

(三) 影响美国《联邦民事诉讼规则》的基本学说以及主导《规则》编纂的基本程序思想

1. "统一"、"简洁"和"灵活":主导《联邦民事诉讼规则》编纂的基本程序思想

20世纪初联邦民事诉讼改革运动中,罗科斯·庞德与查尔斯·E. 克拉克两人的理论观点发挥了主导性的影响。法律界将克拉克和庞德视为程序改革的知识领袖,其他的改革倡导者经常援引他们的著作以支持他们对现存实践的批评和对未来改善的建议。可以说,克拉克和庞德形成了改革运动的公共话语以及改革运动建设的议程。克拉克和庞德的法理学观点为我们观察形成这场改革的理念开启了一扇窗口。1906年罗科斯·庞德在ABA年会上以"公众对于司法管理不满的原因"为主题的历史性演讲阐述了20世纪初民事诉讼改革,尤其在联邦法院系统层次上的诸多主题。罗科斯·庞德认为实

---

① Judith Resnik: Trial as Error, Jurisdiction as Inquiry: Transforming the Meaning of Article Ⅲ, 113 Harvard Law Review 924, 935 (February 2000). 转引自史蒂文·苏本、玛格瑞特著:《美国民事诉讼的真谛:从历史、文化、实务的视角》,蔡彦敏、徐卉译,法律出版社2002年版,第123页。

② Ellen E. Sward. The Decline of the Civil Jury. Carolina Academic Press, 2001. p. 13.

体和程序的普通法过分关注个体与私权，忽视了社区的重要性和个体保护对政府的需要，为了处理更广泛的社会问题，我们需要的是方法而不是私法诉讼。在庞德看来，律师们利用的程序性技术所凭借的"竞技程序"和"司法竞技理论"阻碍了正义的实现。程序规则不应该被设计有过多的技术性，法官应该被赋予更多的裁量权。克拉克在其著作中也表达了相似的观点，认为程序技术性阻碍了人们对事实真相的发现，也阻碍了实体法的实现。程序应该有助于实体，是实现目的的一种手段，是正义的"侍女而不是女主人"。① 诉讼程序不能仅仅被视为解决当事人之间争议的方法，更重要的是要强调其作为具有更广泛含义的社会控制工具的效果。② 克拉克认识到需要一个更为扩张的政府以便在社会中发挥更为积极的作用。20世纪初的民事诉讼程序改革朝着统一、简洁和灵活性的方向发展，诉讼规则被认为应当给予法官相当大的自由裁量权以实现正义，应当给予律师相当大的自由以组织案件，从而使案件的解决是建立在案件实体的基础上而非基于纯粹的诉讼技巧上。美国律师协会和赞成联邦规则授权法案的学者将强化司法的主题与现代化要求简洁、灵活、统一的联邦民事诉讼规则的理念结合起来以一种开放性结构的方式起草联邦规则，新规则给予了律师极大的活动空间并赋予了法官充分的自由裁量权。为了实现诉讼规则的灵活性与简洁性，用衡平法中广泛的叙事、广泛的合并、广泛的司法裁量权的模式在很大程度取代了普通法和法典法中更为严格的规则设计来限制和塑造实体法的模式。③ 可以说，联邦诉讼规则所体现的编纂思想完全不同于菲尔德法典，之前的法典法是一种以限制法官的自由裁量权并以一种约束法律变化的方式编纂法典，而新规则则是力图扩张法官

---

① Clark, The Handmaid of Justice, 23 WASH. U. L. Q. 297, 297 (1938).

② Clark, Fact Research in Law Administration, 1 MISS. L. J. 324, 324 (1929).

③ 史蒂文·苏本、玛格瑞特著：《美国民事诉讼的真谛：从历史、文化、实务的视角》，蔡彦敏、徐卉译，法律出版社2002年版，第71页。

的自由裁量权并允许法律和政府更为迅速地膨胀，在社会中发挥积极作用。

2. 实用主义程序观：影响美国《联邦民事诉讼规则》的基本学说

美国实用主义观蓄势于20世纪初期，并最终成为了1938年联邦民事诉讼规则法典化改革的基础。实用主义哲学的核心是强调法律的社会作用和效果。实用主义的根本纲领是：把确定信念作为出发点，把采取行动当作主要手段，把获得实际效果当作最高目的。实用主义的主要论点是：强调知识是控制现实的工具，现实是可以改变的；强调实际经验是最重要的，原则和推理是次要的；信仰和观念是否真实在于它们是否能带来实际效果；真理是思想的有成就的活动；理论只是对行为结果的假定总结，是一种工具，是否有价值取决于是否能使行动成功；人对现实的解释，完全取决于现实对他的利益有什么效果。实用主义哲学创始人詹姆斯认为，实用主义的方法，不过是一种确定方向的态度。"这个态度不是去看最先的事物、原则、范畴和假定，而是只去看最后的事物、收获、效果和事实。"[①] 实用主义的特点在于，把实证主义功利化，强调"生活"、"行动"和"效果"，它把"经验"和"实在"归结为"行动的效果"，把"知识"归结为"行动的工具"，把"真理"归结为"有用"、"效用"或"行动的成功"。实用主义的要义体现在皮尔士所表述的这一观点中：认识的任务，不是反映客观世界的本质和规律，而是认识行动的效果，从而为行动提供信念。

实用主义观为程序构想了一个工具性的角色，但这种实用主义观并不赞同作为"权利—救济"路径本质的实体法目的的自然权利理论。因而发生的程序分析样式聚焦在了实际的"真实世界"的结果，而不再是抽象的权利和义务，即根据符合社会生活事实的理想方式构想实体法，而不是根据抽象的权利结构，而且他们依靠专业

---

[①] 詹姆斯著：《实用主义》，陈羽纶、孙瑞禾译，商务印书馆1979年版，第31页。

经验和社区共同体生活经验获得法律与社会的一致。改革者通过评估实践的结果来分析程序问题,这种效果包括制度的和更宽泛的社会效果以及对诉讼当事人和律师的行为个体的效果。

这种实用主义的程序观支配着作为程序改革主要推动者克拉克和庞德的法理学观点进而影响到联邦诉讼规则的建构。如克拉克认为司法裁量权应该对预测性和确定性中的社会利益与动态的法律制度和个体化的正义实现路径体现的社会利益进行权衡轻重。① 克拉克不赞同基本权利的自然优先性,这意味着他也不赞同程序与实体之间天然的区别。不过,他的确相信,从分析的角度来看这种程序与实体的划分还是有用的,而且他一直坚持程序法与实体法之间的工具性关系。尽管"权利—救济"观把程序与由基本权利义务规定支配的理想救济紧密联系在一起。但是,克拉克的实用工具主义烙印把程序与精确的和富有效率的对争议的关键事实的裁判联系在一起。② 简言之,克拉克实体法并不是一套对基本权利义务的理想规定,而是一套界定法律关系,并就随时变动的现实而言总是保持稳定的规则和标准。他坚持司法决策理论,这一理论把对规则和先例的忠实遵守与对变化的公共政策问题的敏感性以及对具体案件的个别情节的敏感性结合在一起。而且他也认为程序法应该由工具性的理性准则决定。这个工具性的理性引导人们以尽可能"便利的、经济的和富有效率的"方式对关键事实作出准确的判断。③

克拉克和庞德为代表的20世纪初的实用主义程序思想与19世纪的权利救济程序思想观有着不同的特征,主要表现在两个方面:

(1) 实体与程序关系的社会—实体—程序的层级结构

19世纪末的法学家相信权利和救济之间的基本二分法,权利、

---

① Clark, The Function of Law in a Democratic Society, 9 U. Chi. L. Rev. 398 (1942).

② Clark, The Code Cause of Action, 33 Yale L. J. 826 – 31 (1924).

③ Robert G. Bone, Mapping the Boundaries of a Dispute: Conceptions of ideal Lawsuit Structure from the Field Code to the Federal Rules, 89 Columbia Law Review 89 (1989).

救济和程序的关系是一种权利—救济—程序的层级关系,程序是实现理想救济的手段,反过来,救济是保护植根于自然法理念中的法律权利的手段。而 20 世纪早期的改革者们不赞同权利—救济二分法,也不赞同支撑这种二分法的自然法的前提假设。就这些改革者们看来不存在赋予法律权利内容的一成不变的社会理念。相反,法律权利、义务、基本权利和大量的其他法律制度都是变动中的社会生活事实塑造形成的。① 实用主义观认为尽管实体法与程序法这两套规则共同发挥作用帮助法官作出与社会生活相符的裁判,但仍具有不同的制度机能。实体法是整个法律规范(如规则、标准和程序)的知识库,其与社会生活的内在逻辑紧密联系在一起,而程序是发现具体纠纷的事实和识明可适用于纠纷的实体法律规范的机制。20 世纪早期实用主义程序观下的实体与程序的关系呈现出社会—实体—程序的层级结构,在这个新的层级结构中,程序仅仅是实现把实体法适用于解决纠纷目的的一种手段。而实体法是正确地实现裁判与社会生活规范化逻辑相一致目的的一种手段。

(2)实用主义程序观下的司法裁量权

虽然 19 世纪末法典改革的支持者也倡导更宽泛的裁量权和更多的灵活性以矫正僵硬刻板的普通法程序,但是 19 世纪的法典支持者认为宽泛的自由裁量和更多的灵活性意味着使法官摆脱普通法的规则形式主义对"专断"的限制,以至于他们可以为具体案件设计出权利—救济—程序层级结构的逻辑蕴涵。而拥护实用主义路径的 20 世纪早期改革者们设想的灵活性和更为广泛的裁量权主要表现在两个方面:一是制定一般性的程序规则;二是将规则运用于特定的案件。事先制定的一般性程序规则有助于保证公正和准确的事实认定,而灵活性的需要使得一般规则可以即时修正以便反映实践中的现实情形,法院创制规则将会达到适当的平衡——法官的专业知识和经

---

① Robert G. Bone, Mapping the Boundaries of a Dispute: Conceptions of ideal Lawsuit Structure from the Field Code to the Federal Rules, 89 Columbia Law Review 97 (1989).

验使他们特别适合于创制程序规则的任务,并且他们可以比立法机构行动更快。① 司法裁量在改革者的实用主义路径中是发挥制度机能的关键。改革者们认为灵活性意味着使程序规则适应正确的实践经验,确保所有这样的程序规则富有效率地发挥他们的正常功能。司法自由裁量意味着审判法官的经验和专业知识的沟通,诸如效率和一致性的价值是裁量权的主要考量因素,而且强调程序规则对于诉讼包括当事人和律师的行为、贫富差距的效果、结果的准确性在内的实际影响。实用主义程序观下的联邦诉讼程序规则内含了一个平衡系统:在具体案件中,既承认发挥法官自由裁量权以利用法官专业知识经验的需要,同时也承认指导和限制裁判的普遍规则和形式的效用。这种司法裁量的观点对于理解通向20世纪早期理想诉讼结构的路径至关重要。致力于权利—救济观的法典理论家的最佳选择结果是在一个诉讼中配置理想的权利网络以便可以在一个简单的诉讼中对权利整体进行裁判并提供理想的救济。而实用主义的观点把诉讼结构与富有效率的审判管理联系起来,而不是与理想的救济联合起来。理想的诉讼单元仅仅是能够被最便利和最富有效率管理的当事人和诉讼请求的合并。②

## 三、美国《联邦民事诉讼规则》的发展与演变

1938年的美国《联邦民事诉讼规则》的颁布实施为联邦法院实现民事司法救济提供了统一适用的程序和规则。在70多年的历史中,随着社会的经济、政治、信息科技的发展而引发的实体法内容

---

① Clark, The Handmaid of Justice, 23 WASH. U. L. Q. 304 – 07 (1938); Pound, Some Principles of Procedural Reform (pts. 1 & 2) 4 Ill. L. Rev. 403 – 07 (1910).

② Robert G. Bone, Mapping the Boundaries of a Dispute: Conceptions of ideal Lawsuit Structure from the Field Code to the Federal Rules, 89 Columbia Law Review102 (1989).

第六部分　美国民事诉讼立法体例的发展变化及法典编纂的技术与特征

的修改、诉讼纠纷类型的变化、证明手段的更新以及人们诉讼观念的转变使得美国《联邦民事诉讼规则》自颁布以来经历了1948年、1961年、1962年、1966年、1970年、1980年、1983年、1985年、1987年、1988年、1991年及1993年、1995年、1997年、1998年、1999年、2001年、2002年、2003年、2005年等对这套规则的一些或大或小的增补或修改。尤其是美国国会1990年制定《民事司法改革法》（Civil Justice Reform Act（CJRA））① 包含了分配正义理念② 及比例原则的程序新哲学的发展。进入21世纪以来以"接近司法"及"司法正义"为主题的司法改革运动席卷全球，对判决正确性、诉讼时间、诉讼成本之间的博弈与衡平成为各国民事司法改革的核心问题，美国民事诉讼的重要发展与演变也贯彻了这一理念。

（一）美国《联邦民事诉讼规则》修改的主要情况

1. 1946年的修改。修正了第34条关于提出文书之请求无须法院许可的规定。

2. 1966年的修改。1960年美国联邦最高法院任命了一个民事诉讼规则咨询委员会对颁行了二十多年的《联邦民事诉讼规则》进行第一次全面的审查，并于1966年对《联邦民事诉讼规则》进行了修改。其主要内容包括：（1）集团诉讼的必要条件：当事人人数众多（"人数众多性"），诉讼中包含着共同的法律或事实问题（"共同性"），代表其他人的个人或团体的权利主张或者抗辩具有典型性（"典型性"）以及代表人能够被信赖来保护被代表人的利益（"代表性"）。（2）在修订第23条规则时，咨询委员会一度考虑废除1938

---

① 1990年12月1日由布什总统签名批准，属于1990年的《司法促进法》（Judicial Improvements Act）的一部分。该法旨在解决联邦民事诉讼当中不适当迟延和诉讼成本高昂的问题。

② 阿德里安·A.S. 朱克曼："危机中的司法正义：民事程序的比较维度"，载傅郁林主编：《危机中的民事司法》，中国政法大学出版社2005年版，第19页。

年规则中的集团诉讼的三类型①划分法而采用单一的标准,但最终委员会还是决定保留对集团诉讼进行类型划分,但是以不同的形式,根据其功能进行了重述。(3) 对三种类型的集团诉讼的进行作出了不同规定。如,对于前两类集团诉讼的确认情况,规定可以对集团成员进行通知,但明确要求对于第三类集团诉讼必须进行尽可能合理的通知;对于前两类集团诉讼,规定诉讼的结果约束所有的集团成员,而对于第三类集团诉讼,则规定集团成员可以退出集团从而不受诉讼结果的约束。(4) 明确赋予法院对于集团诉讼拥有广泛的管理权限。如对于集团诉讼资格的审查权,和解协议的批准权等。②

3.1970 年的修改。废除了第 34 条关于提出文书之请求须"相当理由"之限制;修正了第 26 条 c,适当限制了证据开示;修正了第 26 条 b、c,调整了费用负担。1970 年对《规则》进行修订时,修订者的主导思想仍是鼓励法院干预的最小化,然而却带来拖延诉讼、浪费时间和金钱的恶果。

4.1980 年的修改。20 世纪 80 年代之后美国的发现程序陆续向限制证据开示的范围、次数及修正对抗制的方向发展,以对付发现程序的滥用。1980 年修改了第 26 条第 6 款,设立了证据开示会议制度,并强制当事人出席,规定在法院参与下双方当事人要怀着极大的诚意制定证据开示的计划和日程。对违反开示命令和不出席开示会议的,将给予制裁。

5.1983 年的修改。在发现程序的滥用备受关注并且案件管理制度日渐得到支持的情况下,1983 年对《规则》进行了较大力度的改

---

① 1938 年《联邦民事诉讼规则》将集团诉讼分为三类,即"真正的"(包括那些拥有共同权利的人要求获得行使权利的案件)、"混合的"(涉及那些具有个人权利的人的集团,裁判会或可能会"影响在诉讼中涉及的特定财产")、"虚假的"(存在共同的对所寻求的若干权利产生影响的法律或事实问题和共同救济)。参见[美]史蒂文·苏本、玛格瑞特·伍著:《美国民事诉讼的真谛:从历史、文化、实务的视角》,蔡彦敏、徐卉译,法律出版社 2002 年版,第 189 页。

② 范愉编著:《集团诉讼问题研究》,北京大学出版社 2005 年版,第 157 页。

## 第六部分　美国民事诉讼立法体例的发展变化及法典编纂的技术与特征

革。主要有三个方面：第一，修改第 7 条、第 11 条和第 26 条第 7 款，强化律师在提出诉答文书、申请书以及发现要求、答复或异议等文书时的责任，如有违反要受到强制制裁。第二，全面修改第 16 条，通过积极确认和强化法官的职责，以达到对准备程序进行有效管理和帮助当事人达成和解的目的。这是本次改革采取的最重要的举措。第三，修改第 26 条第 2 款第 2 项，鼓励法官在认为发现不必要或不合理时对当事人利用发现方法的次数予以限制。1983 年的改革标志着法官在整个诉讼进程中管理职能的全面展开。①

6. 1993 年的修改。虽然进行了上述改革，批评仍在继续。许多法官、当事人、立法者和公众认为民事诉讼变得复杂、缓慢和昂贵，而其中发现程序被当作罪魁祸首。于是在 20 世纪 90 年代，对《规则》有更多的修正以减少在某些开示中的对抗制色彩。在 1993 修正案中，作为一个群体，法官在审前阶段变成了一个更重要的管理者。② 1993 年新规则主要修改包括：一是当事人应尽早，至少在当事人会议前 14 日就各自主张及和解可能性进行讨论，准备初期自主开示，为此须制定开示计划。如果无正当理由不参加会议，应承担因此产生的一切费用。二是当事人要求对方开示证据之前有义务主动向对方自主开示（disclosure）有关证据和信息，然后才有权利要求对方开示

---

① 常怡主编：《比较民事诉讼法》，中国政法大学出版社 2002 年版，第 513—514 页。

② 1993 年《联邦证据规则》修正案的指导思想与 1983 年《联邦证据规则》修正案的指导思想一脉相承。到了 2000 年这种修法导向发展到了极致，表现就是，证据开示的范围又回归到 1938 年以前大法官法院的限制性适用的层次上，证据开示事项必须与当事人的诉讼请求或者抗辩相关联。这种具有"革命性"的举措的出台，表明了规则制定者及他们背后的法律职业群体力克证据开示滥用的决心。参见韩波著：《民事证据开示制度研究》，中国人民大学出版社 2005 年版，第 166 页。

证据。这一修改实质性地改变了发现程序本身的机制。① 原则上须在当事人会议后 10 日内自主开示。当事人及律师须在开示文书上签名。强化违反开示义务之制裁。三是限制开示次数，未经法院许可，不得进行 10 次以上的开示，也不得重复录取同一证人的证言。未经许可，使用质问书不得超过 25 次，但当事人达成协议的除外。四是在开示通知书中明确指定录取证言的方法。

7. 2000 年的修改。2000 年 12 月起生效的《规则》修正案，所有的修改都集中在证据开示程序上，分别对强制性证据开示一般规则、披露的范围与限制、对开示程序中有关不履行或不协作行为的制裁等方面做了修正，进一步限制了证据开示的自由化。这体现了证据开示正在从对抗制模式下的律师管理的证据开示持续地向法院管理的证据开示和审前程序转化。② 具体修改内容为：第一，缩小初始披露义务范围。初始披露信息义务范围从先前的"与特定争执事实有关"缩减至"用以支持其请求或者抗辩"的文书和证人的信息。③ 这些信息包括在审前会议支持动议申请或者在开庭中所需使用的信息，以及在审理前需向对方当事人提供的证人、庭外证言、物证等证据信息。④ 当事人一方不再需要披露其不使用的有利或者

---

① 原来的发现程序之所以叫做 Discovery，其"发现"一词的含义是一方当事人向对方当事人索取证据和资料，是当事人的一项诉讼权利；对方当事人出示所要求的证据资料是一项诉讼义务。而这次修改则规定当事人向对方索取证据前有义务主动向对方出示与当事人请求有关的证据和信息，然后才有权利向对方索取所需要的资料。所以，在这次修改中为了把有义务出示的"出示"一词和有权利向对方索取的"发现"一词加以区别，分别使用 Discovery 和 disclosure 不同的词加以区别。参见白绿铉著：《美国民事诉讼法》，经济日报出版社 1998 年版，第 87 页。

② 齐树洁主编：《美国司法制度》，厦门大学出版社 2006 年版，第 417—418 页。

③ 参见《联邦民事诉讼规则》26（a）（1）（A）、（B）。

④ 参见《联邦民事诉讼规则》26（a）（3）。

## 第六部分 美国民事诉讼立法体例的发展变化及法典编纂的技术与特征

不利的信息,也不再受《规则》37条第3款第1项的程序制约或制裁。① 此外,由于现行的披露义务范围只限于当事人使用或者旨在使用的信息,因此不再要求当事人根据诉答中详细列举的主张或者答辩事项所有相关的信息都进行披露。第二,规定免于初始披露的特定案件范围。② 修正条款新规定了八种特定类型的程序案件可不受初始强制开示要求的约束。作此规定的目的在于这些类型的诉讼不需要或者不必要进行证据开示,或者初始披露程序对于案件的有效发展并无影响。第三,变更初始披露的时间。初始披露信息的时间延长至当事人会议程序③后的14日。这一修改为赋予当事人更为有序的机会执行披露义务,也给予法院充足的时间审查当事人会议报告。第四,修改审理前披露规则。向当事人送达起诉状之后的所有诉讼文件,都必须与送达证明书一起在送达后的合理期限内向法院提交,但是,《规则》26条(a)(1)和(2)项下的初始披露信息以及通过口头询问取得的庭外证言和质询书、提供文件的申请书、自认的申请书及其答辩和回答,只有法院命令提交或者为诉讼程序所用,才需要同时向法院提交。第五,修改证据披露的范围。对之

---

① 参见《联邦民事诉讼规则》37(c)(1):当事人无充分理由不按规则26条(a)或规则26条(e)(1)项规定予以出示时,除非这种不作为是无害的,否则则不允许将未出示的证人或信息在开庭审理、听审或申请中当作证据使用。作为该种处罚的补充或替代,法院根据申请并在给予听审的机会后,可以实施其他适当的制裁,除了要求支付因不作为而支出的合理费用外,包括律师费用,这些处罚还包括本条(b)(2)项的(A)、(B)、(C)所授权的任何行为,并且可包括向陪审团告知该当事人没有按规定进行出示。

② 《联邦民事诉讼规则》26(a)(1)(E)。该八种免于初始披露的特定案件为:(Ⅰ)审查行政记录的诉讼;(Ⅱ)人身保护令申请或刑事定罪或量刑判决的异议程序;(Ⅲ)在没有委托律师代理的情况下,个人以国家、州或者州政府机构的监管名义提起的诉讼;(Ⅳ)提起执行或撤销某项行政传票的诉讼;(Ⅴ)国家提起的旨在获取补偿给付的诉讼;(Ⅵ)国家提起的旨在收集某项国家担保的学生贷款的诉讼;(Ⅶ)附属于其他法院进行的程序;(Ⅷ)提起执行某项仲裁裁决的诉讼。

③ 《联邦民事诉讼规则》26(f):当事人会议;开示计划。

前界定的"与'系属诉讼标的'相关的任何信息"这样一个宽泛的披露范围进行了限制。修改后的披露范围包含了两方面的重要内容：① 首先，将由当事人控制的披露范围限定在用于支持"请求和抗辩"的事项上，而不再是以前的"系属诉讼标的"的关联要求；其次，同时赋予法官对与诉讼标的相关的事项在合理的基础上要求披露的决定命令权，以保证法院对开示程序的更为主动、有效控制，使其与案件实际诉讼情况相匹配。这样的规定实际上是为了使整个开示程序更加实际和灵活，而赋予法官更大的自由裁量权，扩大了司法行政官对开示程序中的问题解决以及法官对开示程序的管理权。第六，该修正条款也修改了关于不能采纳为证据的信息开示的规定。规定即使在庭审中不可采纳为证据的信息，只要其具备与请求和答辩的关联性，都具有披露的可能性；若其合理地有可能成为法庭上可采性的证据，则必须进行披露。这里的"关联性"是指与该规定的开示范围相关的信息，包括由法官根据合理理由决定的要求披露与诉讼标的相关的信息。第七，对庭外提取宣誓证词的期间进行限制。首先，修改后的条款明确了获取庭外宣誓证言的行为规范，删除了对证据的异议和限制性规定的内容，其目的在于有序地规范有关庭外宣誓证言的异议或者其他事项，以及规范法院所作的与庭外宣誓证言期间或其他事项相关的限制命令。② 其次，为了避免诉讼迟延和增加成本，新增任何庭外提取宣誓证词的时间限制在一天7个小时内的规定。③ 最后，法院有权对阻碍庭外提取证词的行为给予适当的制裁。④ 受制裁者包括了宣誓作证人、任何的当事人或者其他与庭外取证相关的人员。第八，对开示程序中有关不履行或不协作行为增加制裁规定。1993 年版本的联邦民事诉讼规则已规定排除未经开示程序披露的材料在后续程序中的使用，目的在于对开示

---

① 《联邦民事诉讼规则》26（b）（1）。
② 参见《联邦民事诉讼规则》30（d）（1）。
③ 参见《联邦民事诉讼规则》30（d）（2）。
④ 参见《联邦民事诉讼规则》30（d）（3）。

程序中不出示、虚假或误导性出示、拒绝自认等行为进行程序制裁。但当时没有对开示程序中不履行答复义务[①]的行为作出具体制裁规定，修改后的条款明确增加了违反上述答复义务的制裁措施，但这种制裁权力只有在当事人无充分理由不履行答复义务时才能行使。此外，若当事人一方在开示程序中的不作为或不协作并不会损害整个系争诉讼程序利益时，即使其无充分理由不履行此答复义务，也不会导致其证据失权，其证据资料仍可在法庭上提出并适用。

8. 2003年的修改。集团诉讼是美国民事司法制度中最具特色的制度之一，其被视为一种新型的权利救济手段以追求公益效果的最大限度的实现，并有效地扩大司法的社会功能和纠纷解决功能。2003年在1966年规定的基础上，美国国会对《民事诉讼规则》第23条又作出修改，主旨在于加强法院对集团诉讼的审查和管理。其修改的内容主要包括：第一，确认集团诉讼资格的时间要求。法院在集团诉讼提起后以命令形式对集团诉讼资格认证的时间要求，由"尽快"修改为"早期阶段"。[②] 允许法院变更或修改该认证或否定集团资格命令的时间点，由以前的"在对诉争实质问题作出决定之前"修改为"作出终局裁决之前"。[③] 这一修改避免对"诉争实质问题的决定"之时间点所可能产生的含糊。第二，规则对和解协议部分条款的修改，这一修改主要为了加强法院对拟订的集团诉讼和解协议的审查为目的。虽然和解是当事之间自愿有效解决集团诉讼纠纷的方式，但法院依职权对协议内容的审查和批准对于充分保障其他没有参加诉讼或者没有参与和解协议拟订过程的集团成员来说，具有实质正义要求之下的必要性，防止集团代表人怯懦或者被对方

---

[①] 参见《联邦民事诉讼规则》26（e）（2）："在开示过程中或书面文件中，如果当事人得知有关信息资料的答复不完全或不正确，并且增加或改正的信息不为他方当事人所知，当事人有义务及时修正其先前的质询书、提供所要求的文件以及要求自认的答复。"

[②] 参见《联邦民事诉讼规则》23（c）（1）。

[③] 参见《联邦民事诉讼规则》23（c）（1）（C）。

当事人收买而实施非正义的或者不公平的和解。在和解领域实行司法干预的规定在美国法上是独一无二的，因为它们与当事人有权在他们认为合适的时候和解、中止或者终结诉讼这样一个意思自治原则相左。第三，集团律师的审查和管理。修改之前，法院仅根据规则23条（a）(4)项①对集团代表人进行审查，对于集团律师的评核只能参照此条款进行。2003年的修改新增加了关于对集团律师的审查和管理的条款，② 明确规定了法院对集团律师的审查权力和程序，与上述规则23条（a）(4)项对集团代表人审查规定一起共同构成完整的司法审查程序。同时，该款还增加了法院对集团律师的委任权，要求法院在委任集团律师时，必须考虑律师的知识、经验、能力、资源、工作付出及其提供的和解与律师酬金方案等因素，以保证该律师能够公正而充分地代表集团成员的利益；在集团律师的委任程序方面，明确规定，如果有不止一个的合格者申请成为集团律师时，法院必须委任最好的代表集团成员利益的人，法院的集团律师委任命令中可以包含有关律师酬金和其他费用补偿方案的条款。此外，修改还对律师酬金问题进行了规范。新增加条款规定，任何要求得到律师酬金的人必须在法院规定的时间内以动议形式向法院提出，该动议还必须向所有的当事人送达，并以合理的方式向集团成员通知；集团成员或者被要求支付赔偿的当事人可以对上述动议申请提出异议；法院可以对上述动议申请举行听证，在对相关事实予以判定的基础上，对动议作出法律裁决，法院也可以将与律师酬金的数额相关的事项提交给特别专家或者审理法官予以裁断。③

9. 2005年电子证据开示的改革。随着电子计算机技术的发展和运用，在民事诉讼中经常涉及以计算机为媒介的信息作为证据，这些证据如何进行证据开示是无法回避的问题。自1999年秋天以来，

---

① 参见《联邦民事诉讼规则》23（a）(4)："代表当事人能公正和充分地维护集团成员的利益。"

② 参见《联邦民事诉讼规则》23（g）：集团律师。

③ 参见《联邦民事诉讼规则》23（h）：律师酬金。

联邦司法中心及司法委员会下属的"民事规则顾问委员会证据开示分会"(the Discovery Subcommittee of the Judicial Conference Advisory Committee on Civil Rules) 就如何修改《联邦民事诉讼规则》以便能适应计算机信息证据开示的要求进行了研究。2005年9月20日,美国司法委员会批准了咨询委员会提交的对电子信息开示规则的修改草案,联邦最高法院及美国国会审查后,此修正条款于2006年12月1日生效。

(二) 美国《联邦民事诉讼规则》重要制度的修改、发展评述

从美国《联邦民事诉讼规则》的历史发展演变的路径与轨迹可以看出,从80年代以来,美国最高法院对联邦民事诉讼规则先后进行了几次大的修改,基本上围绕着降低诉讼费用、减轻诉讼迟延以及保障民众接近裁判的路径展开。1983年《联邦民事诉讼规则》第11条的修正就是为了通过对律师施加强制制裁来防止对《联邦民事诉讼规则》的违反,从而加快诉讼进程。强调律师提出诉状、申请及其他文书的责任,要求律师提出的此类文书必须有事实和法律根据,并且主张不得以不正当的目的提出。[①] 为了增强其可操作性,于1993年对此条款进行了进一步的修正,明确给予提起非实质性(non-meritorious)诉讼的律师以制裁的标准。另一方面,为了纠正由于当事人滥用证据开示程序导致的诉讼严重迟延的弊端,《联邦民事诉讼规则》的修改还强化了法院对发现程序的监督和管理。试图通过积极确认审理法官的权威和加强审理法官的职责来达到对审前程序的有效管理。如1980年修改第26条第6款,制定了发现程序会议制度,规定在法院参与下双方当事人要制定发现程序的日程,以防止拖延诉讼;而1983年全面修改第16条审前会议制度,也是法院以会议形式或监督当事人利用发现程序的措施。上述修改的目的实际上在于:利用赋予法官控制诉讼审前阶段的广泛自由裁量权,

---

① Linda S. Mullenix, Discovery in Disarray: The Pervasive Myth of Pervasive Discovery Abuse and the Consequences for Unfounded Rulemaking, 46 Stan. L. Rev. 393 (1994).

以及对民事诉讼中诸多诉答和开示程序的不当运用行为实施制裁权力的开放性结构规则,来降低诉讼费用和减轻诉讼迟延。

如果我们从更广阔的视野下考虑美国民事诉讼的程序修改发展问题,我们可以发现,美国《联邦民事诉讼规则》为当事人的证据收集和发现提供了较多的方法和手段。这是与其正当程序的基本立法指导思想及传统的对抗诉讼体制密切相关的。隐含在立法中的程序正义理念和长期形成的对抗制诉讼体制从根本上决定了美国民事诉讼基本制度和程序的设计。美国联邦宪法所确立的正当程序权利是构筑美国联邦和各州民事诉讼制度的精髓。美国民事诉讼程序制度的设计以在充分保证当事人正当权利的基础上公正、高效和经济地解决纠纷为出发点和归宿。① 而对抗制则是美国联邦及各州民事诉讼程序所选择的共同的基本机制,其基本含义是:双方当事者在一种高度制度化的辩论过程中通过证据和主张的正面对决,能够最大限度地提供关于纠纷事实的信息,从而使处于中立和超然性地位的审判者有可能据此作出为社会和当事人都接受的决定来解决该纠纷。② 证据开示和强化法官职权完善了美国民事诉讼对抗制:证据开示是一方当事人从对方当事人或与案件有关的证人处获得诉讼信息或证据的程序,当事人之间在审前有权调查收集证据,可以说是对当事人主义下诉讼机制的完善;强化法官职权,就是加强法官对诉讼进程的管理和控制,这种变革是对当事人主义的发展和完善,有利于提高诉讼效率。按 FRCP 的规定,双方当事人在开庭审理前的证据开示程序里享有向对方当事人要求出示与案件有关联性的事实和信息的权利与手段。以对抗制诉讼原理为基础,证据开示程序运行体现了当事人进行的原则。法官只是在确定当事人向对方取得

---

① 蔡彦敏、洪浩著:《正当程序法律分析——当代美国民事诉讼制度研究》,中国政法大学出版社 2000 年版,第 2 页。
② [美] 兰兹曼著:《对抗性的诉讼程序:特征与优点》,转引自 [日] 谷口安平:《程序的正义与诉讼》,王亚新、刘荣军译,中国政法大学出版社 2002 年版,第 26 页。

## 第六部分　美国民事诉讼立法体例的发展变化及法典编纂的技术与特征

证据的范围、拒绝出示证据的保密特权、对当事人无正当理由而不回应对方提示证据的要求时给予制裁的情况下，应当事人的申请，根据 FRCP 的有关程序作出裁决。①

此外，美国民事诉讼程序规则的修改也体现了其司法理念的变化。美国的民事诉讼强调程序正义，程序正当性理念主导着司法实践，国家审判机关作为提供社会正义的社会公共产品，其终极目标是就当事人之间的纠纷追求判决过程的程序正当性和判决结果的正义性。规范法院审判和当事人诉讼行为的诉讼程序，必须提供足以保证法院作出的判决符合事实和法律，保证司法正义目标的实现。但美国在自由主义哲学思潮的影响下，完全依赖当事人控制诉讼程序的做法，使得有限的程序资源被当事人最大限度地消耗。诉讼的迟延、高昂的诉讼费用阻碍着人们对司法正义的接近。以"接近司法"及"司法正义"为主题的世界司法改革运动，使得美国民事诉讼的改革开始思考、接受异域的程序思想。从一个全新的角度考量判决的正确性、诉讼时间、诉讼成本之间的博弈与衡平。可以说，美国民事程序司法主导方向的发展代表着一种诉讼机制上的变化，它包括一种程序新哲学的发展。这种新哲学最明显体现在分配正义理念及比例原则。分配正义的司法哲学观反映了对司法正义和实质正义的抽象理性诉求，而比例原则则为分配正义理念的具体化和实现基准。两者在司法程序中的元素体现在多方面：1. 接受民事司法管理的资源是一定的，就像所有其他公共服务的资源一样，因此，这些资源必须在谋求司法正义的人们之间公正地分配；2. 对这些资源的公正分配必须考虑个案的特点，使个案获得不多于应当获得的法院时间和精力的合理份额，法院资源的分配以及时间和金钱上的投资都必须与该案的难度、复杂程度、价值、重要性大致相当；3. 时间和成本与资源分配的考虑有关，司法正义可能带来太高的代

---

① 许俊强著："美国民事诉讼制度的新发展——以《联邦民事诉讼规则》为中心"，载《司法改革论评》（第五辑），厦门大学出版社 2007 年版，第 254—255 页。

价,而对正义的迟延即为对正义的拒绝;4. 司法的责任。法院的责任范围超出了在个案中实现正义,法院对于民事司法管理在整体上,在制度的资源以及资源的公平和正当分配方面也负有责任。① 分配正义理念要求司法管理的有限资源应当在所有要求进入司法获得正义的人们之间进行公正和公平的分配,而不是仅仅分配给那些已进入法院的人。② 根据比例原则,用于解决给定法律争议的程序应当与该争议的价值、重要性和复杂性成比例。这两种新的司法改革理念的注入,使得司法改革的进行必须重新评估每个程序制度在判决正确性、诉讼的长短和诉讼成本之间达成的平衡,而不再一味地强调结果公正。这一司法理念的转变,主要表现为联邦诉讼规则对程序司法控制的加强,由纯粹的当事人对抗主义向法官对民事诉讼进程实施更有力控制的方向转变。由法官来指挥诉讼进程、控制诉讼进度和步调,以避免各种诉讼妨碍行为或策略的实施。如今管理型司法文化已在美国立足,甚至表现出偏离口头主义方向发展的明显趋向。③ 其主要表现在对证据开示程序的修正,例如规定证据的初始自动披露义务,④ 设置宣誓证词和质询书的次数等。⑤

---

① 阿德里安·A. S. 朱克曼:"危机中的司法/正义:民事程序的比较维度",载傅郁林主编:《危机中的民事司法》,中国政法大学出版社 2005 年版,第 16 页。

② 阿德里安·A. S. 朱克曼:"危机中的司法/正义:民事程序的比较维度",载傅郁林主编:《危机中的民事司法》,中国政法大学出版社 2005 年版,第 42 页。

③ 若法官没有预先对争议及其细节理解,就不可能实行司法控制,而这种事先的理解只能通过书面的资料获得。A. A. S. Zucherman, "English Civil Procedure: The Shift away from Party Control and Orality", ZZP (Zeitschrift fur Zivilprozessrecht) - International (1996). 转引自傅郁林主编:《危机中的民事司法》,中国政法大学出版社 2005 年版,第 42 页。

④ 《联邦民事诉讼规则》第 26 条 (d) (1)。

⑤ 《联邦民事诉讼规则》第 33 条 (a)。

第六部分　美国民事诉讼立法体例的发展变化及法典编纂的技术与特征

# 第二章　美国《联邦民事诉讼规则》的立法体例、编纂特征与技术

## 一、美国民事诉讼立法的宏观考察

(一) 美国民事司法功能的宽泛性

1789年美国宪法确立了权力分立和制衡原则以及联邦主义（联邦制），这两项基本原则构建了美国宪政主义社会政治体制的支柱，进而从宏观上对美国民事司法功能及其结构产生了深刻的影响。三权分立和制衡原则决定了立法权由国会行使，而司法权由最高法院及下级联邦法院独占，司法审查权成为其核心的内容。美国"民事诉讼及其程序"语境下"民事"一词的确切含义为"非刑事"，即指除美国联邦政府或州政府因某人触犯刑事法律而提起旨在追究其刑事责任的诉讼案件之外的所有案件。① 换言之，民事诉讼程序的适用范围比我国所理解的范围要广泛得多，不但包括民事、经济案件，而且还包括行政诉讼案件以及宪法诉讼案件。因此，美国联邦法院在三权分立结构中的特殊地位，使得适用民事诉讼程序法的审判不仅具有解决通常纠纷的功能而且还对社会、政治、经济等领域的发展提供指针的作用。正如托克维尔所说，美国法院组织体系和审判程序的某些技术细节是了解美国法院在分权体系中所起的政治作用的窗口。②

---

① ［美］史蒂文·苏本、玛格瑞特著：《美国民事诉讼的真谛：从历史、文化、实务的视角》，蔡彦敏、徐卉译，法律出版社2002年版，第1页。
② ［法］夏尔·阿列克西·德·托克维尔著：《论美国的民主》，董果良译，商务印书馆1988年版，第155页。

(二) 联邦最高法院在联邦民事诉讼程序规则制定中的主导性

在三权分立与制衡原则支撑的政治架构下,立法权由国会行使,司法机关的规范创制权,只有通过判例的方法行使,否则,就逾越了分权理论范围。《联邦民事诉讼规则》制定的过程中,一个主要的特色就是国会通过委任授权形式委托联邦最高法院主导进行。自美国建国之初起,国会就在一系列的法规中作出了法律上的委任,授权联邦法院制定地方诉讼程序规则,授权联邦最高法院为下级联邦法院制定指导性或全国性的程序规则。① 旨在复兴联邦立法权的长期运动,促使国会于 1934 年通过《授权法案》(enabling act),授权联邦最高法院在不改变当事人所享有的实体法权利前提下,可以制定适用于美国联邦法院、哥伦比亚特区法院的一套独立的民事诉讼程序规则。美国国会将制定民事诉讼程序规则的权力授予联邦最高法院行使,主要的考虑是民事诉讼规则具有高度的技术性和专业性,以及基于最高法院的大法官所受到的尊重和他们创制程序规则的专业才能。由联邦最高法院在总结全国法院经验的基础上制定该法,较立法机关制定具有优势。立法机关的立法过于政治化,因而难以制定出一套可以接受实践检验的统一、完整、先进、简洁和灵活的规则。② 1966 年和 1967 年美国国会扩大了美国最高法院授权立法的权限,授权联邦最高法院可以制定上诉审程序和证据规则。根据美国国会的授权立法,联邦最高法院组成了由律师、法官、法学教授等参加的"程序规则顾问委员会"以及由美国各巡回区资深法官组成的"司法委员会"起草、审议诉讼程序规则草案,并于 1937 年将草案提交国会讨论通过。可见,美国国会构建了一种复杂的程序规则制定体系,在这个体系中通过授权立法确立了联邦最高法院的主导地位。1967 年联邦最高法院制定《联邦上诉审程序规则》,规定

---

① Paul M. Bator Et al., Hart & Wechsler, the Federal Courts and The Federal System, 3rd ed. (New York: Foundation Press, Inc., 1988), pp. 749-59.

② [美] 史蒂文·苏本、玛格瑞特著:《美国民事诉讼的真谛:从历史、文化、实务的视角》,蔡彦敏、徐卉译,法律出版社 2002 年版,第 65—66 页。

了联邦上诉审法院审理案件的程序。比较特殊的是由于国会对《联邦证据规则》草案争论比较大，本来属于最高法院授权立法权限范围之内的事项，却由国会以法律的形式于1975年通过，但一般仍被视为美国最高法院的授权立法。①

（三）联邦和州法律体系的二元制

美国联邦主义国家体制决定了美国的立法权由联邦和州根据宪法分别行使，联邦法和50个州法各成体系。法院分为联邦法院系统和各州法院系统，两套法院系统互不隶属，独立行使权力。不仅每一个州都有独特的司法机关体制，而且每一个州都有独特的诉讼程序。从历史上看，1789年到1938年联邦诉讼程序主要遵照其所在地各州的诉讼程序，直到1938年联邦规则制定之后，联邦系统法院的程序规则似乎才得到统一。尽管1938年联邦诉讼规则对各州的诉讼程序规则产生了深刻的影响，有力地推动各州朝统一方向发展，但这种联邦和州法律体系的二元制并没有得到实质性的改变。因此，美国诉讼法从一定意义上说，并不是一个完整的结构，因为它对同一审级法院并没有规定统一的活动程序，对任何一类民事案件也没有规定相同的审判细则。② 此外，在各州内部也没有统一的民事案件审理程序，能够适用于同一审级的一切法院。基层法院同有权解决案情重大或诉讼价额较大案件的法院比较起来，工作方式更为简易，这种方式是由法令规定的，或者是在实践中形成的。审理家庭、继承和其他案件的专门法院有自己一套特殊的工作方法。最后，在审理特殊案件时，每个州的立法还作出了各种各样的、超出一般诉讼规则的例外规定。这种案件和例外规定，其数量之大达到惊人的程度。由于上述因素的影响，诉讼法大为膨胀，不仅造成研究和适

---

① 白绿铉著：《美国民事诉讼法》，经济日报出版社1998年版，第30页。
② [苏]普钦斯基著：《美国民事诉讼》，江伟、刘家辉译，法律出版社1983年版，第18页。

用上的困难，也导致一些规定上的自相矛盾。①

## 二、美国《联邦民事诉讼规则》立法体例的微观构造

（一）美国《联邦民事诉讼规则》的框架结构

美国《联邦民事诉讼规则》从整体上看可以分为两大部分，即规则（rules）部分和诉讼文书格式附录（appendix of forms）部分。规则部分构成了美国《联邦民事诉讼规则》的主体。美国联邦民事诉讼规则的"规则"部分共分为 11 章 86 条，其主要内容可分为四个方面：（1）从第 1 章至第 4 章（1—26）：规定诉讼开始，诉答书状和申请书的内容以及当事人和请求的合并；（2）第 5 章规定了发现程序（27—37）；（3）第 6 章至第 7 章，规定了开庭审理及判决（38—63）；（4）第 8 章至第 11 章（64—86），规定了临时扣押财产、书记官及其他有关事项。② 从各部分内容来看，美国《联邦民事诉讼规则》实际上仅是联邦地区法院第一审民事案件审理程序规则，其内容并没有包含上诉审程序规则、证据规则。实际上，这些内容美国分别作为独立的内容分别予以了立法，如 1967 年制定的《联邦上诉审程序规则》和 1975 年美国国会颁布的《联邦证据规则》分别规定了联邦上诉审法院审理案件的程序和适用于联邦司法系统的证据规则。而且与我国民事诉讼法相比，也没有独立的章节规定再审的审理程序，只是作为一条规则进行了简要的规范。《联邦民事诉讼规则》之所以呈现出这样的面貌，与其对诉讼"程序"这一概念术语的理解密切相关，有学者认为："诉讼程序就是争取法律保护和通过法院满足请求时应当遵守的规范总和。这个规范总和中

---

① [苏] 普钦斯基著：《美国民事诉讼》，江伟、刘家辉译，法律出版社 1983 年版，第 19 页。

② 白绿铉、卞建林译：《美国联邦民事诉讼规则·美国联邦证据规则》，中国法制出版社 1999 年版，第 4 页。

## 第六部分 美国民事诉讼立法体例的发展变化及法典编纂的技术与特征

不包括证据问题,但包罗民事诉讼的一切其他问题,它们是强制行使实体法规定的权利的手段。"① 同时,它们是立法机关或法院为调整法律争议而订立的规则。而另一个重要的原因是,美国联邦诉讼规则是以判例为基础并以新的判例不断修改而形成的,因而在其成文法律的立法中,并不讲究形式的合理性,也不注重体系的完备和内容的完整。②

诉讼文书格式附录部分是当事人在联邦法院系统进行诉讼所使用的诉讼文书格式的举例范本,这些格式范本是以向纽约南区联邦地区法院提起的诉讼作为假定前提。总共有 35 个格式范本,主要是各种诉答文书、申请书和判决。其中格式 1 是传唤状,格式 2 是管辖权主张,格式 3 至格式 30 是基于各种诉因的起诉状,格式 31 和格式 32 是关于陪审团裁决和法院判决的文书格式,格式 33 和格式 34 是关于上诉使用的格式,格式 35 是关于当事人计划会议的报告。这些附录部分中的格式与联邦民事诉讼规则有着密切的联系,是对规则 84 条的具体化,其目的就是帮助实现联邦规则所希望达到的简明扼要地陈述的目的。正如《联邦民事诉讼规则》的起草者查尔斯·克拉克所说的"这些格式样式的意图不是提供一个办公手册,我们的目的是提供规则的实例,希望用那些格式向人们生动地解释规则。"③

从《联邦民事诉讼规则》整体结构来看,与大陆法系国家的民事诉讼法典相比,内容繁杂,结构比较散乱,逻辑性也不强。其中明显的区别就是没有总则与分则的区分,并且将"诉讼文书范本"作为法典的一个组成部分作为附录附于法典之中。这种做法与英国

---

① [苏]普钦斯基著:《美国民事诉讼》,江伟、刘家辉译,法律出版社 1983 年版,第 15 页。

② 廖中洪:"民事诉讼基本原则立法体例之比较研究",载《法学评论》2002 年第 6 期,第 126—135 页。

③ [美]苏本等著:《民事诉讼法——原理、实务与运作环境》,傅郁林等译,中国政法大学出版社 2004 年版,第 257 页。

《民事诉讼规则》的立法结构有相通之处，其也将"诉讼文书格式"作为一个独立的部分以附录的形式编制在法典中，略有不同的是对每一诉讼文书格式进行了编号与命名。美国与德国等大陆法系主要国家的民事诉讼法典在立法结构上的差别，根本原因在于立法思想的差异。大陆法系国家是从理论概念推演出来的制度设计，每一条规则的背后都有源远流长的抽象理论作为支撑，系统化的逻辑特质是大陆法系诉讼法典的本质特征。而《美国民事诉讼法》法典虽然从形式上看，是一部成文化的民事诉讼法典，但是其是以具体个案事实组成的判例法为基础，是对传统的判例法的经验总结的集中表达。普通法和衡平法注重实用性的基因决定了民事诉讼法典编纂框架结构的设计。美国的民事诉讼法"是一种从司法实践中发展起来的法律体系，它从一开始就以纠纷的解决为出发点，缺乏对理论体系化的追求"。[①] 在美国立法者的眼中，诉讼过程或者通过诉讼解决纠纷的过程不过是双方当事人和法院所从事的一系列诉讼行为的累积。大陆法系主要国家立法者所推崇的法典结构的系统性、逻辑性和完整性并不是美国立法者所关注的焦点。其所关注的是如何使得当事人更容易理解诉讼规则，在特定的案件中如何更加规范地陈述自己的主张，使得受到侵害的权利得到完整的救济。

（二）美国《联邦民事诉讼规则》的程序结构

美国《联邦民事诉讼规则》改变了美国民事诉讼程序的整体结构模式，使得诉讼程序由诉答程序、庭审程序转变为由诉答程序、证据开示程序、审前会议等组成的审前程序和庭审程序。从体系内容来看，与诉答程序后面对接的程序不再是庭审，而是属于审前程序一部分的证据开示程序，相应地诉答程序整理争点的功能弱化了，由具有终局性的整理转化为只具有初步整理的功能。相应的证据开示程序从诉答程序承接了对争点的进一步整理功能，此时诉答程序对争点的整理只是为证据开示程序中围绕证据所进行的争点的整理

---

[①] 李红海著：《普通法的历史解读：从梅特兰开始》，清华大学出版社2003年版，第197页。

提供了一个概括的范围,证据开示程序对争点的整理具有了实质性的意义。诉答程序对争点的整理为证据开示程序提供了一种导入和制约的机制。

(三) 美国《联邦民事诉讼规则》的体系与内容

《联邦民事诉讼规则》(以下简称《规则》)以"章"(article)为基本单位组成。整个法典共 11 章,每一章规范一个基本的方面,下面细分为若干个规则(rule),规则下面有若干款、项。每一章下面的规则是以《联邦民事诉讼规则》为整体作连续的编号,共计 86 条。这十一章的立法体例及主要内容如下:

1. 规则的适用范围与诉讼形式的解释

该部分仅包含两条内容,第 1 条规定了《规则》的适用范围和目的,即本规则是调整美国联邦地区法院受理的所有具有民事性质的案件的诉讼程序,包括根据普通法、衡平法或海事法受理的案件,但本《规则》第 81 条规定除外。对本《规则》的解释和执行,应当以确保公正、迅速并经济地处理案件为目的;第 2 条对"诉讼形式"这一概念术语进行了解释,本规则所称的诉讼方式为单一的"民事诉讼"。

通常而言,法典中的有关术语和名词的定义、说明以及关于法典具体适用范围的规定等仅是法典的辅助性、补充性内容,因而习惯于将其安排在篇尾附则中。而《规则》却将该部分内容置于开篇的地位,其主要的原因并不是基于这两条规则是整部法典具有统领性和全局性的意义的基本制度和基本原则功能的考量,而是基于前文所述的联邦规则制定过程中的改革背景及指导思想所决定的。在《联邦民事诉讼规则》颁行之前,联邦法院被要求对于普通法诉讼适用州的程序规则,而对于衡平法诉讼则适用联邦衡平规则。也就是说,有两套完全不同的诉讼程序规则同时运行于联邦法院系统。而且,"诉讼形式"作为一个专有术语,其含义在美国民事诉讼中延续了上百年。诉讼形式(form of action),是与普通法令状制度结合在一起的产物,根据当事人所主张的事实类型而采用不同的诉讼方式和程序，如果当事人所采用的诉讼方式与其主张的事实不符就败诉。①纽约州法典法时期，诉讼方式尽管有所缩减，但还是有9种方式需要当事人选择，诉讼开始的诉答程序还是较为复杂。《规则》开篇明确地指出联邦法院系统的民事案件审理程序，已不存在衡平法与普通法的区分，除法律有特殊规定的外，均适用统一的审判程序规则，同时对"诉讼形式"作出术语概念的界定，其目的也是把各种诉讼形式简化为单一的民事诉讼的一种诉讼形式。"而且，当事人一经向法院递交起诉状，诉讼程序即为开始。这样，美国民事诉讼法便在保障当事人行使起诉权方面，迈进了一大步。"②此外，《规则》将确保公正、迅速并经济地处理案件作为对规则的解释和执行的目的，也体现了立法者对程序烦琐、诉讼迟延、费用昂贵以及结果不确定等问题讨论的改革背景。

2. 诉答程序

美国现行民事诉讼程序是由诉答程序、审理前程序和庭审程序三个阶段构成，诉答程序是双方当事人以交换诉状和答辩状的方法为诉讼开始以及确定诉讼争点的程序。诉答程序标志着民事诉讼程序的开端。诉答程序包括了原告的起诉和被告的答辩以及二者之间的交错过程和其他相关事宜。在立法体例上，该部分在内容上包括有两章，即第二章诉讼开始；传唤令状、诉答文书、申请书及命令的送达和第三章诉答文书和申请书两部分构成了美国民事诉讼中的诉答程序，共涉及13个条文（第3条到第15条）。

从条文内容来看，《美国联邦诉讼规则》关于诉答程序的规定包含了我国总则部分的期间、送达以及分则审判程序中的起诉、受理和审理前的准备等内容。就整个诉讼程序而言，美国诉答程序与大陆法系主要国家的诉答规则有着很大的差别：

（1）诉答文书的形式要求。美国的起诉状则要求必须使用简洁

---

① 白绿铉著：《美国民事诉讼法》，经济日报出版社1998年版，第48页。
② 汤维建著：《美国民事司法制度与民事诉讼程序》，中国法制出版社2001年版，第289页。

明了的语言,能够对被告加以通知即可。在美国民事诉讼程序中,起诉状所要求的必备要件是简明扼要地记载法院管辖权及其法律依据;记载请求人有资格提出请求,并简洁明了地说明其请求;记载当事人所请求的救济方法。可见,诉讼书状,仅仅提供一些与本案有关的具体情况,并不作出接受证据的提议。在德国民事诉讼中,虽然起诉状、答辩状以及其他诉讼文书也不拘形式,但它们必须指明各方当事人与法院,包括对诉讼请求的目标,请求理由的简要陈述或抗辩及要求,提议接受某项证据是必不可少的。与美国模式相比较,德国的诉讼书状可以被描绘为动议申请、起诉以及证据来源书面陈述的混合物。与德美两国相比较,中国诉答文书的形式要件不严格。起诉状中写明诉讼请求、事实与理由、证据和证据来源以及证人姓名和地址,在实务中,起诉状内容只要足以立案即可,并无律师签署或附上宣誓书等特别要求。①

(2)诉答方式。各国的诉答方式都体现为"起诉、答辩、反答辩……"的互动过程。但美国诉答程序的内容除了起诉状和答辩状这两种主要的诉答文书以外,诉答程序中还有各种各样的动议,连同对被告反诉的答辩、对相互诉讼的答辩、第三人起诉以及第三人答辩、对已有诉答文书予以修改(如增加当事人、诉讼请求或抗辩)等。② 德国法的诉答方式还使争点和攻击防御方法明朗化、集中化。中国的诉答方式只有起诉状和答辩状,答辩状甚至可以不提交。概言之,中国的诉答方式是静态的。③

(3)起诉状的送达。美国法院的管理工作主要由助理书记官完成。通常情况下,被告愿意通过填写"传票送达放弃书"放弃受送

---

① 江伟主编:《比较民事诉讼法国际研讨会论文集》,中国政法大学出版社2004年版,第294页。

② 汤维建著:《美国民事司法制度与民事诉讼程序》,中国法制出版社2001年版,第341—347页。

③ 江伟主编:《比较民事诉讼法国际研讨会论文集》,中国政法大学出版社2004年版,第293页。

达，以减少费用负担，获得更多的答辩时间（不放弃送达的答辩期为20天，而放弃送达的答辩期为60天）。如果被告要求送达，则原告在诉状提交后120天内必须完成送达。在美国，送达诉讼文书是原告的义务，而中国、德国则是法院的职权行为。但在具体送达方式上，德国的诉讼文书均由法院依职权通过邮寄送达。为简化诉讼程序，根据德国《民事诉讼法》第198条第1款规定，双方当事人都由律师代理时，书状的送达可以由为送达的律师把应交付的书状转交给另一方律师，此即律师向律师的送达。中国目前诉讼文书仍是以法院工作人员（法警、书记员甚至承审法官）直接送达为主，以邮寄、委托送达等为辅。

（4）答辩。美国的民事诉讼中，答辩权是被告所享有的重要诉讼权利。美国的答辩方式赋予了当事人更多的灵活性和自由选择，这主要表现在交叉请求、反诉的不同形式、各种动议等方面。被告在答辩状中提出抗辩的主要形式包括：否认、积极抗辩和反诉三种。美国《联邦民事诉讼规则》还允许选择性诉辩。[①] 美国的法院立案后，原告要将起诉状等材料送达给被告，向被告发出诉讼通知书和放弃送达请求书，通知对被告的诉讼已经开始，告知被告如果不在规定的期间内答辩，则根据原告起诉所请求的救济，对被告作出缺席判决。美国《联邦民事诉讼规则》第8条第4款还规定了不否认的效果，"对必须回答的诉答书中的事实主张，除关于损害赔偿金额的主张外，在应答诉答文书中如果没有加以否认，即视为自认。在不要求或不允许提出应答的诉答文书中的事实主张，应视为否认或主张无效。"这与中国《民事诉讼法》将提交答辩状作为被告的诉讼权利，被告不提交答辩状的，不影响法院的审理的规定颇有不同。

《美国民事诉讼规则》之所以以大量的篇幅对诉答程序予以周密

---

① 选择性诉辩是指当事人可以在同一个诉讼理由或抗辩中，或在数个诉讼理由或抗辩中提出两个或多个选择性的或假设性的诉讼请求或抗辩的陈述，而不用考虑其相互之间是否一致以及其是基于普通法还是衡平法抑或海商法。这种选择性诉辩赋予了当事人更多的自由度和灵活性。

的规定,其原因就在于诉答程序在美国民事诉讼中占有颇为重要的位置。与大陆法系国家的民事诉讼一经法院受理,就要经过法庭审理作出判决不同,在美国即使诉讼开始,是否经过法庭审理的关键在于,经过交换诉答文书在当事人之间对事实是否形成了"真正的争点",否则,即使诉讼已经开始,但因没有争点也会终了诉讼。因此,诉讼一开始就在当事人之间围绕争点而展开。① 美国现代诉答程序具有更为宽泛的功能:首先,在案件过程中引导当事人和法官。通过诉答程序给予对方当事人有关诉讼请求或抗辩的通知以使其可制作有效的证据开始请求和准备开庭。在诉答过程中全面展示原告对被告提出的诉讼请求,被告对原告提出的反请求以及被告针对共同被告提出的交叉请求、被告对第三人提出的请求等。无论原告被告均可采用选择性诉答,以便在同一个诉讼程序中解决所有的争议,实现完全的正义。其次,允许不予考虑不具有法律意义的主张。最后,诉答程序初步确定了即将进入证据开示程序争点的范围,为最后一次审前会议固定争点奠定基础。

需要注意的是,第三章第16条"审理前会议,日程,管理"是对审前会议制度的规定,该条规定虽然处于"诉答文书和申请书"之下,但该条的主要内容涉及的是争点的明确和简化,包括对审理前会议及目的;会议日程和计划;审理前会议上审议的事项范围;确定包括促使证据自认的方案在内的开庭审理计划的最后一次审理前会议的召开;规定此后诉讼活动的审理前命令的作出;没有遵守日程安排或审理前命令的制裁等6个条款。其主要目的在于:加快诉讼程序的进程;及早建立和继续对诉讼的控制,以免因缺乏管理而拖延诉讼;减少不必要的审判活动;通过更彻底的准备活动提高开庭审理的质量;促进和解等。② 第16条规定的目的和内容完全不同于"当事人彼此之间请求或主张的相互告知"的诉答程序。因此,

---

① 白绿铉著:《美国民事诉讼法》,经济日报出版社1998年版,第38页。
② 汤维建主编:《外国民事诉讼法学研究》,中国人民大学出版社2007年版,第18页。

从内容体系上讲其应属于审前程序的内容。①

但从程序的进程来看,审前会议在原告起诉后不久即行开始,为诉讼的进行作出日程和计划的命令,审前会议命令指定的诉讼日程安排将控制随后的诉讼进程,而且这种日程安排除非有充足的理由并经法院许可不得变更。审前会议延续到整个审判阶段,体现了法官在审前程序的管理角色,涉及各种各样重要法律问题的解决。审前会议可以在不同的诉讼阶段召开,为案件的定型梳理起着重要的作用,因此,在立法体例上来讲,将其安排在诉答程序之最后规定,就是鼓励当事人及早地进行诉讼计划和诉讼管理,防止案件被拖延并将制止不经济的审前活动。体现的理念是:早期的司法介入或控制能够帮助所有的程序参加人"尽可能清楚地了解纠纷,关注其核心内容,迅速发掘需要了解的信息,促进协商处理或者将事项及时地、整洁地交给一审法院。"② 同时这种体例安排也体现了审前会议在审前程序中承上启下、从争点的初步确定到证据开示程序进一步确定双方当事人之间实质性的事实争点之间纽带角色。只有根据诉答程序的具体情况才能够更有效率地排除无意义的请求或答辩,明确和简化争点,决定是否允许修改诉答文书,安排发现程序完成的期限,确定出示证据的次数和允许发现的范围等。在体系上将审前会议规定在诉答程序部分是符合程序递进延伸的自身发展过程,

---

① 有许多学者认为美国审前程序包括诉答程序、审前会议和证据开示三部分,但我们认为从严格意义上来讲,诉答程序并不属于审前程序,在《联邦民事诉讼规则》颁布之前,可以说一直以"诉答程序"作为审前准备的基本内容,但《联邦民事诉讼规则》大幅度地简化了诉答程序,其审前程序的功能基本上已经转化为"证据开示"程序。参见汤维建著:《美国民事司法制度与民事诉讼程序》,中国法制出版社2001年版,第414—415页;常怡主编:《民事诉讼法学》,中国法制出版社2008年版,第358—359页。

② Federal Rules of Civil Procedure Advisory Committee, "1983 Advisory Committee Notes" in Federal Rules of Civil Procedure. 转引自史蒂文·苏本、玛格瑞特著:《美国民事诉讼的真谛:从历史、文化、实务的视角》,蔡彦敏、徐卉译,法律出版社2002年版,第125页。

并不会给人以突兀的感觉。

3. 当事人

当事人是诉的构成要素之一，在整个民事诉讼规则中居于诉答程序之后，其内容主要是《规则》第 4 章的有关规定，该章包括 11 个条文。从具体内容来看，规则并没有对当事人的概念及内涵结构作出复杂分析，其关注的重点是当事人的合并。该部分内容分别规定了原告与被告的适格、诉讼请求与救济方法的合并、为公正审判而必要合并的人、当事人的许可合并、当事人的合并错误与不合并、互争权利诉讼和集团诉讼等内容。美国民事诉讼规则为法官设计了一个自由宽泛的合并空间。这种当事人合并诉讼程序力图使法院能最大化地满足特定争议的特殊需要。法院被赋予相当大的权力以便准许、拒绝或修改关于扩大其所处理诉讼的当事人数量的许可。[①] 当事人合并的一个重要考量因素就是在一个诉讼中解决全部争议的审判便利。

有关当事人的内容，在大陆法系国家的民事诉讼立法体例中，一般规定在总则部分，而美国联邦民事诉讼规则是将其置于诉答程序与证据开示程序之间。这种体例的安排实际上体现出美国民事诉讼当事人主义的特点，在美国民事诉讼中，不仅当事人确定双方当事人所争执的事实即争点和证据的诉讼的实体内容，而且由当事人负责运作诉讼。起诉后，原告可以通过撤回起诉而结束程序，当事人双方也可以通过诉讼和解不经审判而终止诉讼程序。而且当事人有权在开庭审理前调查和收集证据，采用庭外询问证人、要求对方当事人或第三人提供文书或物证等发现方法，即证据发现程序的运行由当事人进行，而不必经过法院的许可。可以说，具体的诉讼怎样运行和裁判主要取决于当事人，"程序需要一系列当事人行为，没

---

① [美] 杰克·H. 弗兰德泰尔等著：《民事诉讼法》（3 版），夏登峻等译，中国政法大学出版社 2003 年版，第 301 页。

有他们，程序就无从实现。"① 为此，在法典编纂的结构和内容的排列顺序上，当事人的内容排列在了证据开示程序之前。

4. 审前程序

审前程序是美国民事诉讼从审判实践中发展起来并最终由联邦诉讼规则确定下来的重要程序阶段，特别是20世纪70年代以来，美国将民事诉讼的重点逐渐从审理程序转至审前程序。从立法体例来看，该部分内容设置于开庭审理阶段之前，主要涉及第5章"庭外证言和发现程序"，以及第3章第16条，包括13个条文，即第16条"审理前会议，日程，管理"；第26条"规范发现程序的一般规定，出示义务"；第27条"诉讼之前和上诉系属期间的庭外证言"；第28条"参与作成庭外证言的人员"；第29条"关于发现程序的约定"；第30条"口头询问的庭外证言"；第31条"书面质问的庭外证言"；第32条"在法院的诉讼程序中庭外证言的使用"；第33条"对当事人的质问书"；第34条"提供文件和物件以及为调查或其他目的而进入房地产"；第35条"身体和精神状态的检查"；第36条"要求自认"；第37条"不出示或不协助发现，制裁"。

从内容来看，审前程序主要包括四个方面的内容：一是当事人交换证据和收集证据的权利和活动，即发现程序；二是法院对此过程的职权管理，即召开审前会议；三是双方当事人通过和解、仲裁等方法自我解决纠纷的程序和活动，即所谓诉讼外解决纠纷的程序；四是"庭审前的判决"。② "审前会议（pretrial conference）、证据开示程序（Discovery）、动议（motion）和即决裁判"构成了审前实务中的核心机制。③ 其中，证据开示程序是指双方当事人在审理之前

---

① ［德］奥特马·尧厄尼希著：《民事诉讼法》，周翠译，法律出版社2003年版，第81页。

② 汤维建著：《美国民事司法制度与民事诉讼程序》，中国法制出版社2001年版，第414页。

③ ［美］史蒂文·苏本、玛格瑞特著：《美国民事诉讼的真谛：从历史、文化、实务的视角》，蔡彦敏、徐卉译，法律出版社2002年版，第124页。

### 第六部分 美国民事诉讼立法体例的发展变化及法典编纂的技术与特征

向对方当事人提供并获取与案件有关的事实、文件或其他相关材料的方式和程序。证据开示程序作为一个独立的诉讼阶段,是美国民事诉讼区别于英国民事诉讼和大陆法系各国民事诉讼的主要标志,也是美国民事诉讼中最具特色的程序。审前程序各部分内容的展开都是以证据开示程序为依托,可以说,证据开示程序是审前程序的基石和实质。正是基于证据开示程序在实现审前程序功能中的重要地位,美国联邦诉讼规则对证据开示程序着墨最多,是以一个独立的章节来进行表述。虽然美国民事诉讼中的证据开示程序的许多内容都是技术性的规定,但是证据开示程序的运作与美国民事诉讼的对抗制、程序进行的当事人主义、集中审理等诉讼结构以及庞大的律师团体组成的法律职业的核心组织紧密联系在一起。美国民事诉讼程序已经处于深入探索证据开示程序的阶段,作为一个总的规则,人们一直试图通过修改联邦规则达到保护对抗制和确保当事人获得为评估和准备其案件所必要的信息之间的平衡。

总之,虽然审前程序在立法体例上,没有通过明确的表述以独立章节的形式将其所有内容集中规定,而是分散在"诉答文书和申请"、"庭外证言与发现程序"以及"判决"部分之下,但是,审前程序构成了联邦民事诉讼规则下的诉讼结构的一个重要部分,在美国民事诉讼中占据了一个案件诉讼生命周期的一部分或者全部。审前程序如果进行得比较成功,争点将会被澄清,而且无须审判,纠纷就会得到解决,诉讼归于结束。实际上,在美国民事诉讼实践中,几乎95%以上的案件在进入法庭审理之前的审前程序中,通过当事人之间的和解、自愿撤销或其他处置性动议得以解决。[1] 审前程序对于进入开庭审理的案件起到一个过滤的作用,清楚无关的事项,准许当事人获得信息,并且确定是否存在适合于审判的争点,所有的内容都导向一个有效率的审判或在知情后作出的和解。

---

[1] 乔欣、郭纪元著:《外国民事诉讼法》,人民法院出版社2002年版,第90页;史蒂文·苏本、玛格瑞特著:《美国民事诉讼的真谛:从历史、文化、实务的视角》,蔡彦敏、徐卉译,法律出版社2002年版,第123页。

5. 开庭审理

在美国集中审理诉讼结构模式下，开庭审理是民事诉讼全部过程所达到的最高点，也是决定案件结果的关键阶段，在美国，开庭审理实质上就是事实审理，是指双方当事人在作为事实认定者的法官或陪审团面前，提出事实主张和相应证据，由法官或陪审团作出事实认定，并在此基础上由法官适用法律作出裁判的程序。美国《联邦民事诉讼规则》有关"开庭审理的程序"规定在第6章第38条到第53条，该部分由17个条文组成，其具体内容包括：第38条"要求陪审团审判的权利"；第39条"陪审团审判或法院审判"；第40条"为开庭审理而分配案件"；41条"撤销诉讼"；第42条"合并，分开审理"；第43条"证言的取得"；第44条"官方记录证明""外国法的确定"；第45条"传票"；第46条"不需要提出异议"；第47条"选定陪审团成员"；第48条"陪审团成员人数——参与裁决"；第49条"特别裁决和质问书"；第50条"在陪审团审判的案件中作为法律问题、作出的判决；选择重新审理的申请；有条件的裁定"；第51条"对陪审团的指示；异议"；第52条"法院认定事实、部分认定事实的判决"；第53条"主事官"。

就该部分规定的内容来看，该章作为联邦地区法院第一审开庭审理的核心程序，当事人对案件审理方式的选择、案件审理日程的排期、诉之撤销、诉的合并与分离、要求出席法庭审理或听审的传票的制作与送达、陪审团审理案件的运作程序步骤、法官认定事实的方法和步骤等内容做了详尽的规定。比较有特色的是美国的庭审程序分为陪审团审理（jury trial）和法官单独审理（bench trial）两种类型。有陪审团参加的开庭审理程序大体包括如下顺序：①选定陪审团成员；②双方律师最初陈述；③原、被告进行证明；④当事人提出指示裁决的申请；⑤原、被告律师最后辩论；⑥法官对陪审团指示；⑦陪审团裁决；⑧宣布并登记判决；⑨重新审理的申请。①

---

① 白绿铉著：《美国民事诉讼法》，经济日报出版社1998年版，第120页。

由法官进行的审理遵循陪审团的构造，除了在庭审初期阶段不同外，审理程序大体遵循与陪审审理一致的顺序：首先是原告主要案情、理由的陈述；其次是被告的案情、理由的陈述；再次是双方当事人的辩论。但是联邦民事诉讼规则并没有像我国民事诉讼那样专门规定了开庭审理程序过程，这些程序是在审判实践中逐渐形成的。

从立法体例和有关内容的规定上来看，美国联邦诉讼规则在该章对"开庭审理"内容的规定，以及有关内容的排列顺序上，与大陆法系国家以及我国的程序立法体例与内容上存在着一定的差异。

（1）在审判程序中没有规定有关诉讼证据的调查以及各种证据手段等内容

证据是法院裁判的重要基础，诉讼中任何问题的解决都要依赖于证据的证明，证据问题是民事诉讼中的基本问题，美国民事诉讼对案件事实的认定也是以证据为中心，但是从立法体系来看，在美国联邦诉讼规则的"开庭审理"部分并没有对各种证据方法以及适用的规则作出规定。这与大陆法系的立法逻辑颇有不同，从大陆法系立法例来看，要么将其纳入对于整个法典的内容都具有指导意义的"总则"规定中，如我国《民事诉讼法》就是在总则部分以独立的章节规定了证据的种类，以及各类证据的适用规则；要么在有关第一审程序中对证据调查、证据手段以及与证据问题相关的其他问题进行规定，如德国《民事诉讼法典》在其第二编第一章，将"证据调查的一般规定"，以及"宣誓与具结"、"独立的证据程序"等具有普遍适用内容的有关证据规定，以及"勘验"、"人证"、"鉴定"、"书证"、"讯问证人"等证据手段，纳入了"第一审程序"编。

美国《联邦民事诉讼规则》在"开庭审理"一章没有对证据作出规定，并不意味着证据在民事诉讼过程中并不重要，实际上，这种状况是与美国长期实施陪审团审判的传统紧密相关的。美国的证据制度是围绕陪审团对事实的认定逐渐发展起来的，是通过法官审理经验的不断积累逐渐地形成了一种独立于程序法的证据和证明的规则体系，而不是像大陆法系国家那样有序地、系统地规定在审判程序中。英国普通法的证据法规是美国证据规则的源头，多数规则是审判实践中智慧的结晶。在《联邦民事诉讼规则》颁布37年之后，美国联邦法院为了统一证据规则制定了独立于联邦民事诉讼规则的《联邦证据规则》，对诉讼中有关证据的问题进行了集中、系统的规定。而且这一证据规则不仅适用于联邦法院和治安法院民事案件的审理，同时还适用于刑事案件的诉讼程序。

（2）在审判制度上确立了陪审与法官单独审理两种审判程序的立法体例

正如前文所述，美国的庭审程序分为陪审团审理（jury trial）和法官单独审理（bench trial）两种类型，美国联邦民事诉讼规则在处理这两种截然不同的诉讼程序时，采用了以陪审团审理为基本程序，以法官独立审理程序为辅的立法技术，这种立法体例节省了条文篇幅、不冗长重复，具有逻辑性。联邦诉讼规则关于"开庭审理"的17个条文中，涉及陪审团审判的多达7个条文，而规定法官独立审判的仅为规定在没有陪审团的情形下法院对事实认定的1个条款。可见，联邦规则在对陪审团审理程序进行全面、详尽规定的条件下，根据法官独立审判所具有的不同特征，在立法上对法官独立审判程序仅作富有针对性，而不是全面、详尽的规定，大体上遵循陪审团审理的程序推进次序。美国民事诉讼之所以采用这种立法体例并不是因为陪审团审判适用面最广，程序使用率高，[①] 其主要的原因在于要求陪审团审判的权利是美国宪法修正案第7条所规定的，美国制定法应当充分的保障当事人的这一基本的宪法权利。而且，"陪审制度对美国诉讼制度的建立和运行有着深远的影响。陪审制度是现代对抗制得以确立和发展的基础，美国陪审制度的盛衰影响着对抗制的发展。陪审团审判机制孕育了美国证据法律制度，证据责任理

---

① 据估计，在美国所有起诉的民事案件中，包括州法院和联邦法院，仅有2.9%的案件进入审判，而其中大约半数是没有陪审团的法官审判，也就是说，在美国所有被起诉的案件中只有少于1.5%的民事案件适用陪审团审判程序。参见史蒂文·苏本、玛格瑞特著：《美国民事诉讼的真谛：从历史、文化、实务的视角》，蔡彦敏、徐卉译，法律出版社2002年版，第230页。

论是建立在陪审制度基础之上的。随着陪审制度的发展,其自身的复杂性和不可预测性成为导致其他结案方式产生并蓬勃发展的重要因素。"① 此外,从审判构造来看,陪审团审理案件的程序远较法官独立审判的程序复杂,法官独立审判的程序可以参照陪审团审理的程序进行,但陪审团审理中的许多问题却无法参照法官独立审判的程序进行。

6. 判决

判决是民事诉讼运行的终点,各国民事诉讼法都对裁判的类型、适用的范围、效力及救济等相关问题做了详细的规定。美国民事诉讼法也不例外,该部分内容主要规定在第7章,共计10个条文。在"判决"的条目下,各条的主要内容是:第54条"判决、费用";第55条"缺席";第56条"简易判决";第57条"宣告判决";第58条"登记判决";第59条"重新审理、判决的修改";第60条"对判决或命令的救济";第61条"无害的错误";第62条"执行判决程序的中止";第63条"法官不能继续执行职务"。与我国"判决"的概念不同,在美国民事诉讼中,"判决"这一术语不仅仅指对当事人的权利义务关系争议或者具有法律意义的事实作出的权威性判定,其还包括可以提起上诉的一切命令,如法院采取临时性保全处分的暂时禁止令或者根据当事人的申请法院作出的简易判决、缺席判决或者根据缺乏法律根据的答辩或驳回诉讼的申请作出驳回诉讼的决定等。

从立法体例和有关内容的规定上来看,美国联邦诉讼规则在该章对"判决"内容的规定,以及有关内容的排列顺序上,与大陆法系国家以及我国的程序立法体例与内容上存在着一定的差异。

(1) 判决的生效

与大陆法系国家(如德国)不同,美国联邦法院的判决一旦按照联邦民诉规则第59条第1款的规定,由书记官在诉讼记录簿上进

---

① 郭欣阳:"论陪审制度对美国诉讼制度的影响",载《武汉科技大学学报》2006年第6期,第75页。

行登记就产生了既判力,只是在允许当事人申请重新审理的十日内自动中止执行。产生这种差异的主要原因在于美国有关民事诉讼的当事人主义观点,认为法官或陪审团对于审判权的行使源自当事人的自愿委托行为,因此,法官或陪审团宣布或登记判决就产生既判力。与此不同,大陆法系国家(如德国与日本)的民事诉讼法则认为法院对于民事案件作出判决是代表国家行使审判权,因此,国家对判决生效的条件和期限作出了明确的规定,一般在上诉期届满或作出终审判决后才产生既判力。

(2) 诉讼费用

在现代法治国家,"接受审判"的权利是宪法赋予公民的一项基本权利,在美国尤其强调司法权对人权的保障,通过降低诉讼费用以给予民众接近司法、使用司法以充分的保障。当事人在联邦法院今昔诉讼应交纳的诉讼费用主要包括三个方面,即案件受理费;因庭外录取证言和庭审速记而支付给法院记录员的费用;出庭证人的费用。此外,胜诉一方当事人在诉讼中支付的诸如文件费、复印费等小额费用也可以作为诉讼费用的范畴从败诉方那里获得补偿。律师费则一般不能作为诉讼费用的内容,而由当事人各自分别负担。比较特殊的是诉讼的实体法确定律师费用的补偿构成审判中应予证明的损害赔偿金额的一个组成部分时,可以通过协议的形式提出律师费用的请求。诉讼费的内容与其他国家的一个重要区别是,对美国政府、官员和机构提起的诉讼限制收取诉讼费用,只有在法律许可的范围内,才能由原告承担。

从立法体例来看,美国《联邦民事诉讼规则》与大陆法系国家(如德国)立法体例不同的是,前者将"诉讼费用"规定在"开庭审理"后的"判决"项下,而后者则是规定在总则部分。大陆法系将"诉讼费用"相关的规定设置在法典的总则部分,除了立法追求逻辑上的完整性、系统性考虑之外,还由于"诉讼费用"部分的内容不但包括预交诉讼费用而且还包括了诉讼费用的救助。诉讼费用的预交对于诉讼的开始具有重要的意义,而诉讼费用的救助则具有人权保障功能,是诉讼进行之前法院必须在程序开始之前进行解决的问题。美国民事诉讼对"诉讼费用"的规定并没有涉及诉讼费用的预交与诉讼费用的救助,重点强调了诉讼费用的构成,以及在判决中如何处理因诉讼所发生的费用负担问题。遵循的规则编纂路径是按照诉讼进程编排"诉讼费用"这些具体事项,因此,站在审判法官的立场,只有在判决中才涉及详细的评定当事人在诉讼过程中所发生费用的负担问题。

(3) 对判决或命令的救济

英美法系既没有如大陆法系那样的控审来对下级法院未确定裁判进行事实兼法律的复审,[①] 也没有民事再审程序对法院确定裁判中存在的法定瑕疵进行特别复审救济。这是因为英美法系传统上重视程序价值,认为案件裁判的实体正义结果实际上不过是程序正义的副产品而已。然而,当法院裁判结果同实体正义标准相差过大时,为确保人民对法律之信仰,[②] 英美法系也设置了一些对终局裁判瑕疵进行救济的特别司法途径,即"重新审理"(new trial)和"对判决的救济"(post relief from judgment)。在制度功能上,它们类似于大陆法系的民事再审程序。

重新审理(new trial)的制度,是指在陪审团作出的裁决或者法官作出的判决被登记后10日内,根据当事人的申请,把事实的全部或一部分重新提交给原审同一法院进行的开庭审理。被许可重新审理的主要理由包括:因司法错误(judicial error)而导致的重新庭审;因当事人、证人、律师的不当行为而重新庭审;陪审团行为不当而导致重新庭审;支持裁判作出的证据不充分而导致重新庭审;裁决的数额偏高或者偏低而导致的重新庭审;部分问题的重新庭审;

---

① "在美国诉讼程序中,上诉被视为一项独立的诉讼,而非第一审审理的继续,而且它受有关上诉程序的不同规则体系支配"。参见〔美〕杰佛里·C.哈泽德、米歇尔·塔鲁伊著:《美国民事诉讼法导论》,张茂译,中国政法大学出版社1998年版,第179页。

② "仅仅以形式上的考虑为基础的正义理论是站不住脚的。这样一种理论还必须把实质性的正义理想考虑在内"。参见〔英〕麦考密克、〔奥〕魏因贝格尔著:《制度法论》,中国政法大学出版社2004年版,第257页。

基于新发现的证据而重新庭审。

当事人按法定期间的要求,以适当的规则为依据提出的动议是法院撤销原判,重新审理案件的必要前提。该动议既可以向作出原判决的法院提出,也可以向其他法院提出。① 重新审理制度中,当事人的审理申请只表现为一种申请权,并没有被纳入诉权的范围,对是否准许该动议所申请之问题,法院具有完全的自由裁量权。法官相对自由的重新审理决定则体现了法院对自身审判行为的监督,具有较强的职权性特征。在当事人主义支配的民事诉讼制度中存在职权主义色彩浓厚的重新审理制度的原因在于,重新审理制度给予法官一个纠正自己错误的机会,法官熟悉案情及相关诉讼资料,在判决没有对现实产生影响之前,由法官及时纠正裁判的错误对于维护诉讼公正与司法尊严具有重要意义,而且还可以节省时间、人力和物力,提高诉讼效率。

在当事人已不可能以上诉或申请重新审理等方法救济生效裁判之瑕疵时,"对判决或命令的救济"制度则提供了一种额外的特别救济途径。与重新审理制度比较而言,对判决或命令的救济制度与大陆法系的再审制度似乎更为相似。根据《美国联邦民事诉讼规则》第60条第2款,在当事人以下列理由提出申请并符合其他条件的情况下,法院可以给予当事人或法定代理人以终局判决、命令或程序的救济:第一,错误、疏忽、突袭或可原谅的过失;第二,新发现的证据,这些证据是在可以申请重新审理的期间内,即使相当地注意也不能发现的新证据;第三,欺诈、虚假表示或对方当事人的不良行为;第四,判决无效;第五,判决被履行、被放弃或被解除,或者作为判决基础的前一判决已被推翻或以其他方式被撤销,或者该判决将来适用会不公正;第六,其他任何救济判决效力的正当理由。当事人请求法院对终局判决、命令或程序救济的申请应当在合理的期间内提出,基于上述第一、二、三项理由提出的申请不得超

---

① [美]杰佛里·C.哈泽德、米歇尔·塔鲁伊著:《美国民事诉讼法导论》,张茂译,中国政法大学出版社1998年版,第197页。

过作出判决、命令或采取诉讼程序后 1 年。此类申请不影响判决的终局性,也不停止判决的效力。

大陆法系(如德国)与英美法系(如美国)之间的区别除具体程序的设计存在差异之外,最主要的区别在于大陆法系的再审之诉源于当事人的诉权,当事人对再审程序的启动具有决定权,即实质上有权要求法院对该生效判决进行重新审理,法院在重新审理时必须对事实认定、法律适用以及程序问题一并考虑。而英美法系再审制度的目的更偏重于对当事人的程序权利保障,启动则被赋予了更多的职权主义色彩,对于当事人的再审申请,法官而不是当事人,有权自主决定是否启动再审程序。从立法体例上也可以看出这种区别,德国民事诉讼法典将对判决进行救济的再审制度作为一种诉,独立成编,从启动到审理直至判决都做了周详的程序设计,而美国民事诉讼规则则是作为"判决"项下的一条进行了表述,并没有按照一种独立的诉的形式进行全面、详细的程序制度设计。

7. 判决的执行

强制执行作为纠纷解决的最后一道"工序",对于实现保护债权人权利的目的具有重要的作用。但美国《联邦民事诉讼规则》对该部分的规定与民事诉讼的其他部分相比,条文数量并不多,分别规定在第 8 章"临时性和终局性财产救济方法"篇目下,主要是第 69 条"执行";第 70 条"特定行为的判决;赋予权限";第 71 条"有利于或不利于非当事人的第三人的令状"。美国《联邦民事诉讼规则》没有规定详细周全的执行程序,并不是因为执行对于联邦法院的判决来讲不重要,而是考虑到执行行为受到地方生活习惯以及执行便利的影响,将联邦法院判决的执行通过援引所在州的法律和政策完成。规则第 69 条规定执行程序作为判决的附属和补助程序以及作为基于执行令状的补助程序,应遵守联邦地区法院开庭地所在州请求救济时所存在的惯例或程序。因此,美国各州的执行程序构成了美国强制执行法的主体。而州的执行程序主要规定在各自的民事诉讼规则中。例如,纽约州的民事诉讼规则,第 51 条规定判决和命令执行的总则问题,第 52 条规定金钱判决的强制执行,第 53、54

条其他州及其他国家的判决的承认与执行,第62条扣押,第64条接管人。加州的民事诉讼法典中执行程序的篇幅较大,主要是第2部分中的第9标题下的条目,包括总则、金钱判决的强制、非金钱判决的强制执行、第三人的请求及相关程序、判决的满足等5个部分,每部分之下分若干章。另一方面,美国有关强制执行程序的规定也部分地并入到了公司重整、破产等程序法及衡平法中,如《联邦税收留置和抵押法》、《司法拍卖程序》、《联邦收债程序法》等。从整体上看,联邦法院判决的执行立法体例采用的是将强制执行与其他法律混合的立法。美国联邦法院系统采用这种混合的立法例与其"三权分立"的宪政基础是密切相连的,美国的强制执行权是处于行政权与司法权之间的一种边缘性的权力,并不是一种纯粹的司法权,因此,无法将其归属于民事诉讼(民事审判)规则结构之中。联邦的执行机构是美国执行署。该署设立于1789年。该署的联邦执行官(Marshal),均由美国总统任命,接受司法部长的领导。

8. 地区法院及其书记官

在民事诉讼中有两类重要的主体,一类是发生纠纷的当事人,而另一类则是作为行使审判权的法院。美国《联邦民事诉讼规则》在第10章"地区法院及其书记官"对联邦地区法院及其书记官作了简要的规定,共计4条。就其主要内容而言,主要包括第77条"地区法院及其书记官";第78条"申请日期";第79条"书记官保管的登记簿和记录以及登记";第80条"速记员"。从内容上来看,本部分没有像大陆法系国家对法院的管辖以及审判组织作详细的规定,而是对与地区法院及其书记官的工作事项如"书记官办公室办公时间"、"开庭审理和听审的形式、地点要求"、"命令及判决的通知"等,以及书记官保管的登记簿和记录以及登记等内容进行了规定。从本章内容来看,之所以美国《联邦民事诉讼规则》没有对法院管辖这样重要的问题在民事诉讼中作出明确、周详的规定,是由于美国赋予"管辖"这一术语的内涵不同于大陆法系国家。德国民事诉讼中认为管辖权就是在法院具有审判权的前提下,法院之间对所管辖的事项进行分工,确定不同法院之间受理和审理案件的范围,管辖权在德国民事诉讼中仅仅被视为一个诉讼的要件。而美国民事诉讼中的管辖权则是确定联邦法院或州法院对某一案件是否能够受理并进行审判。美国管辖权的分配涉及宪法问题,其规范主要规定在《宪法》和《司法法》等宪法性文件中。如果管辖错误,则当事人可以违反宪法修正案第 14 条正当法律程序为理由向最高法院上诉。

从立法体例及其法典编纂的结构和内容的排列顺序上来看,美国将法院部分置于了《联邦民事诉讼规则》尾部,远远排在"当事人"部分之后,没有采用大陆法系国家置于总则部分,并位于"当事人"之前的篇首的立法体例安排。这种体例安排与该部分内容的差异有关,但也体现了大陆法系国家与美国在民事诉讼理念上的差别。对于德国民事诉讼而言,虽然对于主张事实并证明所主张的事实的诉讼实体内容上采取了尊重当事人权利和责任的当事人主义,[①] 但是在诉讼程序的运作上,德国采取了法院直接运作诉讼程序,审查当事人申请并作出相应的决定或命令的职权进行主义。与此不同,贯穿美国民事诉讼的基本理念是"对抗制",诉讼结构的构造遵循了彻底的"当事人主义"模式,无论是"诉讼实体内容"还是与实体内容处分权无关的"诉讼程序问题",法院都不直接介入,当事人在诉讼程序的运作中起着决定性作用。因此,德国民事民事诉讼法将法院置于法典之首,而美国联邦民事诉讼规则则将其置于了篇末。

## 三、美国《联邦民事诉讼规则》编纂体例上的特征

美国《联邦民事诉讼规则》源自对英国普通法和衡平法诉讼程序的继受和改造,在法典编纂的道路上,州法典化运动时代的菲尔德《民事诉讼法典》为其提供了理论和经验的材料,尤其是《菲尔德法典》所体现出的大陆法系"拿破仑式法典"或"潘德克顿式法典"的编纂思想深刻地影响了美国《联邦民事诉讼规则》的编纂方

---

① 白绿铉著:《美国民事诉讼法》,经济日报出版社 1998 年版,再版序言第 5 页。

法。可以说《联邦民事诉讼规则》既有对菲尔德法典内在思想的延续,也有对菲尔德法典所遗留或引起问题的矫正与反思。在联邦规则编纂过程中,"简洁"、"灵活"和"统一"是联邦民事诉讼规则的主题,人们希望联邦规则是如此的简洁有效,以至于各州都采用与之同样的规则,并最终形成三种形式的统一:"所有联邦地区法院适用同样的规则(联邦地区法院之间的统一);州内的法院适用同样的规则(州内的统一);所有类型的案件不论其实体性质如何均适用同样的规则(超越实体法的统一)。"① 因此,编纂的目标决定了规则的内容不可能具体入微,也不可能做到对每一个问题都做到完整统一,更不可能抛弃审判实践中运行良好的程序惯例。与大陆法系国家相比,其法典编纂体例具有以下几个特征:

(一)法典汇编式的编纂体例

美国法承继于英国法,与英国法一样是以审理具体案件为基础逐步发展形成的判例法作为其最为正常的法律规范。"美国现在的法律制度既不是一个纯粹的判例法制度,也不是仅由法律或法典构成的,它是一种混合制度。"②成文法典在法律领域只起着对传统的普通法重新组织的作用。同样,1938年美国《联邦民事诉讼法典》,虽然是以成文法典的形式对联邦法院系统审理案件所适用的程序规范进行系统的表述,但是,并没有体现出大陆法系国家法典那样的普遍性和抽象性特点,从法典体例来看也没有设计出总则和分则那样的体系结构。法典的这种特点是与美国法律长期以来形成的重视事实和程序,尤其擅长以具体习惯和判例来解决遇到的诉讼程序问题,而不是寄托于抽象的概念和理论的思考方式密切相关,可以说,

---

① [美]史蒂文·苏本、玛格瑞特著:《美国民事诉讼的真谛:从历史、文化、实务的视角》,蔡彦敏、徐卉译,法律出版社2002年版,第66页。

② 转引自董茂云著:《比较法律文化:法典法与判例法》,中国人民公安大学出版社2000年版,第52页。

## 第六部分　美国民事诉讼立法体例的发展变化及法典编纂的技术与特征

"联邦诉讼规则是以判例为基础并以新的判例不断修改而形成的。"① 因而在联邦规则并不讲究形式的合理性，也不注重体系的完备和内容的完整。换言之，美国《联邦民事诉讼规则》虽然也是成文的法律，但从立法的宏观结构和整体布局体例上看，不仅没有大陆法系国家民事诉讼法典通常都有的总则、分则和附则的结构体系，更没有设专章或专门条文对整部法典具有统领性和全局性意义的基本制度和基本原则进行规定，法典的体系和结构上缺乏系统性和内在逻辑性，在其内容上也不具有大陆法系法典意义上的一般性和抽象性。

但是美国《联邦民事诉讼规则》并不是将特定领域的相关制定法汇集在一起，经过某些技术处理，简单地对已有的同类法律法规系统地整理成册，而是在法典的编纂过程中融入了大陆法系法典的系统性、全面性和确定性精神，在很大程度上实现了大陆法系法典编纂所追求的精简法律、统一法律和法律易于理解、法律的可预测、便于公众查询和引用的目的。美国《联邦民事诉讼规则》的立法者通过在法典中引入大陆法系法典编纂的理念，巧妙地实现了联邦诉讼规则追求的"简洁"、"灵活"和"统一"的法典主题，有效地解决了萦绕在普通法中、为人所诟病的判例法体系庞杂和缺乏系统性的问题。实际上，从现行美国联邦民事诉讼规则内容来看，其是以英美法的判例法为基础，是对传统的判例法经验的系统表述。法典编纂的重点放在了改革和简化开庭审理前的诉答程序事项的具体规定、发现程序的方法以及当事人提出各种申请的程序和标准。而作为通常诉讼中心的庭审程序，基本上遵循了以往的普通法陪审团审理的程序，对于开庭审理的许多技术性程序细节都没有作出具体规定，还是按照业已形成的习惯进行操作。美国立法者对于联邦民事诉讼规则的编纂突出了极大的灵活性和实用性，在很大程度上引进和融合了大陆法系法典编纂传统的程序法典。

---

① 白绿铉著：《美国民事诉讼法》，经济日报出版社1998年版，再版序言第7页。

(二) 按照程序自然进程进行法典编纂的立法体例

法典是由若干部分构成的一个统一整体,法典的体例或布局就是指这些构成法典整体的各个部分以什么样的先后顺序和分类标准来编排和展开。法典规范的展开"一般而言,事物本身的发展遵循两种模式。第一是渐进式,即事物自身的发展有一个循序渐进的延伸过程;第二种是同步式,即事物的各个组成部分之间同步或平行发展,没有时间先后和程度深浅之分。"① 美国《联邦民事诉讼规则》对具体内容编排的结构布局遵循的是"程序的进程"渐进式,其所隐含的审判结构阶段性相当的明了。联邦民事诉讼规则为我们勾画的美国诉讼图景包括诉答程序、审前程序、庭审程序和判决的救济四个部分。就一般的诉讼过程而言,为了实现美国民事诉讼所强调的集中审理,规则将条文的重点放在了诉答程序、发现程序和动议程序,书证以及证人证言的审理也均在审前阶段进行。规则的诉讼的审前阶段旨在通过获得包括第三人持有的证据资料来明确和缩小当事人间的诉讼争点。其他诸如驳回申请及简易判决等方法,则在于当当事人间并不存在需要审理的事实争议时,确定他们之间的法律争议问题。②

美国《联邦民事诉讼规则》之所以按照这种程序逐步推进模式编排各部分的内容,原因在于美国民事诉讼以一贯之"对抗制"诉讼精神以及"当事人主义"的程序运作模式。就规则的大部分内容而言,实际上都是对当事人诉讼行为的规范,是站在当事人的角度来表述如何展开民事诉讼,而不是站在法官指挥管理诉讼的角度审视民事诉讼的整个过程。对于当事人而言,重要的是如何有效地启动民事诉讼程序,通过发现程序和各种动议申请获得自己需要的证

---

① 封丽霞著:《法典编撰论:一个比较法的视角》,清华大学出版社2002年版,第327页。

② Stephen B. Burbank & Linda J. Silberman, Civil Procedure Reform in Comparative Context: The United States of America, 45 Am. J. Comp. L. 675, 680 (1997).

据资料。而且这些内容也是在诉讼程序历史上为人们抨击最多的,是规则改革的重点。而法庭开庭审判具体事项的操作是法官作为裁判者所拥有的自由裁量权行使的领地,在崇尚扩大法官裁量权的《联邦诉讼规则》中不可能归纳出抽象的理论来对其进行约束,庭审程序仅仅是对业已形成的惯例的总结,各地的审判习惯在这一事项上基本上是统一的,也没有纳入进来的必要,现实的判例已经足以解决审判过程中出现的问题。

(三) 单一审判程序的编纂体例

《牛津法律大辞典》对"法的分类"(divisions of the law) 的解释是:"在任何一个已有合理的、成熟的理论和已形成内容丰富的原则和规则的法律体系中,法学家为了评注和研究的方便,总是把所有规则分成一定数量的部门和次部门,并不断寻求合适的方法对它们进行归类和分组。……任何划分方法是否适合于所有的法律体系是值得怀疑的。在任何一个法律体系中,部门和分类的采用,部分是由法律制度史决定的,部分则纯粹由实践的需要所决定。"美国《联邦民事诉讼规则》就是这一定义的完美注脚,联邦民事诉讼规则的内容承继于英国普通法和衡平法,在北美大陆上,经过无数次的激辩、试错逐渐地走上了以衡平法诉讼程序为基调的现代民事诉讼之路。诉讼规则的每一条都与美国的民事诉讼历史相连,都是审判实践中无数判例积累的结果。美国联邦民事诉讼规则编纂体例的典型特征就在于,它是有关单一民事诉讼审判程序的规定。这与大陆法系主要国家不同。德国的民事诉讼法典采用的是"大一统"的立法体例,即对《民事诉讼法典》的内容采用综合性的、全面的立法规定形式,将诉讼程序、执行程序以及仲裁程序这些在性质以及类型上并不尽相同的内容全部归入民事诉讼法典之中。美国联邦民事诉讼规则,从体系上看,不但没有仲裁程序、非讼程序、涉外民事诉讼程序,甚至与审判程序紧密相连的上诉程序和证据规则都是由在诉讼规则颁行29年和37年后通过《联邦上诉审规则》和《联邦证据规则》单行立法进行规范。

美国这种以"审判程序"为核心的单一的民事诉讼立法体例,

是以其独特的、完善的程序判例法制度为支撑的。如美国在联邦民事诉讼中对于证据规则的规定可谓微乎其微，但并不意味着审判实践中案件的审理不涉及证据问题，相反，证据是贯穿美国民事诉讼始终的问题，直接关系到案件审理的结果。近几个世纪以来，证据法的规则都是由法官通过具体案件的审理创设。具体的过程是：初审法官首先作出有关证据规则的裁定（Evidentiary Rulings）。如果当事人或律师对法官作出的有关裁定不服便可以提起上诉，上诉法庭通过审理上诉案件逐渐形成哪些证据可以被采纳、哪些证据不可能被采纳的证据法体系。① 法庭审理案件所遵循的证据规则就这样在数百年的审判实践中不断地被积累，被一代又一代的法官以零散的方式创造出来的，需要一个就创造一个，成熟一个就确立一个。这种法官"造法"形成的证据制度自然很难照顾体系的完整性和逻辑性，② 也很难被完整系统地规定在同样也是由成百上千个程序判例形成的联邦诉讼规则中。

美国民事诉讼规则没有抽象概括的理论体系，在某种意义上讲只是一个判例法的总结。通常民事诉讼具有的正当程序保障的技术性特征，使得人们相对于具体妥当性，更为重视案件审理适用程序的安定性及统一性。因此，就诉讼程序而言，人们认为"最为理想的方式是由程序法规明确且详尽地预先作出规定。而通过个案判决来决定案件处理方式之做法，容易导致从原有的纠纷中衍生出有关纠纷解决方式的纠纷，进而使解决纠纷之努力进一步引发新的纠纷。"③ 这是菲尔德法典编纂的思路，也是联邦规则在起草中反思的一个方面。美国联邦规则的起草者们认为，对审判实践中惯熟的程序予以法典化有利于程序安定性和统一性目标的实现。但同时，程

---

① 廖中洪主编：《民事诉讼体制比较研究》，中国检察出版社2008年版，第323页。

② 李文杰等著：《证据法学》，四川人民出版社2005年版，第45—46页。

③ [日]新堂幸司著：《新民事诉讼法》，林剑锋译，法律出版社2008年版，第45页。

序理应具有灵活性,通过法官在具体案件中自由裁量权,站在程序利用者的立场上,对程序的妥当性予以斟酌,通过判例的形式,认知合理的新程序规则。"在瞬息万变且复杂的现代社会中,民事诉讼法只有不断通过判例法来持续地作出应对,才可以确立为一项获得人们信赖的、有价值的制度。"① 纯化的民事诉讼规则有利于判例法的发展,在确认新的程序规则的时候不用考虑法典整体逻辑系统性问题。而且从立法理念的角度上看,指导这种立法的思想观念,与现代民事诉讼程序立法应当针对不同的内容独立设置相应法律规范,以及单独编纂富有特定性、专门性法律的立法趋势,及其立法理念也是相一致的。

## 四、美国《联邦民事诉讼规则》编纂技术上的特征

英美学者认为法典编纂不过是立法机关把某个民族日常遵守的法律变成书面的,具有一定稳定性的、系统性的法律文件。② 法典编纂无非就是消除现行法律中一些不可调和的矛盾,删除一些过时的规定,然后以一种精练简洁的形式对以往加以重新表述,而且,在这一过程中要尽可能地保留旧有的法律概念和法律语言。立法者在法典中所做的无非是重复判例先前的规定而已。③ 因此,美国民事诉讼法典编纂的指导思想完全不同于大陆法系以理性主义自然法为指导的法典编纂观念,因而也导致了在法典编纂技术风格上的差异。

(一) 不设总则和分则亦没有基本原则的规定

一部法典,就其宏观结构和整体布局而言,通常包括总则、分

---

① [日] 新堂幸司著:《新民事诉讼法》,林剑锋译,法律出版社2008年版,第46页。

② [英] F. H. 劳生著:"一个普通法学者对法典编纂的看法",载《法学译丛》1987年第1期,第44页。

③ [法] 勒内·达维德著:《当代主要法律体系》,漆竹生译,上海译文出版社1984年版,第417—418页。

则和附则三部分。总则是对影响法典全局的根本性内容的概括与贯穿指导法典全文的精神提炼,通常置于篇首。如我国民事诉讼法典效仿了大陆法系德国的立法体例,在法典篇首设总则部分共十一章,对民事诉讼的任务、适用范围和基本原则、管辖、审判组织、回避、诉讼参加人、证据以及期间送达等内容进行了规定。而美国《联邦民事诉讼规则》并没有采用大陆法系"总则—分则"的结构模式,开篇第一章中只是规定了本规则的适用范围和一种诉讼形式,既没有总则概括全篇的抽象性,也没有统领法典各条文内容的精神提炼。之所以如此,应当说主要是基于其判例法的历史传统。英美法系国家解决民事争议的法律主要是判例法。这种以法院以前的判决结果作为审理、裁决现行案件的依据,并从分析、对比以前案件事实和法官裁判理由中寻找现实裁判根据的法律体系,与大陆法系在立法体例上有着根本的不同。其民事诉讼法律体系中没有类似于大陆法系的成文法典。19世纪以来世界范围内的民事诉讼法典化运动的影响,美国也出现了民事诉讼立法成文化、法典化的趋势,例如,1938年美国联邦最高法院制定的《美国联邦地区法院民事诉讼规则》、《联邦上诉法院规则》和《联邦证据规则》等。但是,这些已成文的民事诉讼法律与大陆法系国家制定的民事诉讼法典,无论是内容还是立法体系上都存在着重大差别。换言之,这些虽也是成文的法律,但因它们"实际上是以判例为基础并以新的判例不断修改而形成的",① 因而在其成文法律的立法中,并不讲究形式的合理性,也不注重体系的完备和内容的完整。从立法体例上看,不仅没有大陆法系国家民事诉讼法典通常都有的总则和分则的结构体系,更没有设专章或专门条文规定民事诉讼基本原则的立法体例。②

法律的基本原则是其他法律规则的来源和依据,是整部法律的基础和灵魂之所在,具有根本性的地位。但同时,与一般的法律规

---

① 白绿铉著:《美国民事诉讼法》,经济日报出版社1998年版,第7页。
② 廖中洪:"民事诉讼基本原则立法体例之比较研究",载《法学评论》2002年第6期,第127页。

则相比，法律原则的内涵和外延不确定，具有极大的模糊性。《联邦民事诉讼规则》虽然在规定各种制度时遵循了既定法律原则的指导，但是为了保证立法语言的准确性，避免过于模糊的法律条文，它没有使用专门条款直接规定法律原则。换言之，《联邦民事诉讼规则》为了法律的确定性放弃了对于法律原则的直接规定，把对于法律原则的发展和解释权主要留给了判例法。

（二）法条的长短以及文字表述差异很大

在美国民事诉讼各个规范性文件中，总的条文数都不算多。例如，《联邦民事诉讼规则》只有86条、《联邦上诉审程序法规》只有48条、《美国最高法院法规》只有62条。但是，《联邦民事诉讼规则》的每个法律条文容纳的内容、法条的长短以及文字表述却差异很大。美国《联邦民事诉讼规则》虽然是以条为基本单位，但是条项目下经常分为若干款、项。如规则第4条"传唤状"之下分为14款，而第4款下又分为5项。最短的条文（第2条——一种诉讼形式）译成中文是25字。最长的条文（第26条——规范发现程序的一般规定；出示义务）译成中文多达5000余字。

（三）法条规定的内容十分详尽

美国的民事诉讼法经过两百多年的历史演革，有的法条的规定已经达到了十分详尽的地步。以《联邦民事诉讼规则》的送达为例，美国的送达制度经过1983、1993和1997年三次修改，已经发生了较大的变化。近年来，邮寄送达日渐频繁。尽管历史上送达是由法院的官员来完成，但现在更多的是通过非政府途径来实施。[①] 在国内的诉讼中，送达通常由专业的私人送达公司或者通过原告的律师完成。联邦诉讼案件是通过向恰当的联邦法院书记官办公室邮寄或亲自提交起诉状的方式而启动。书记官办公室接受后即发出传唤书。传唤书是一份通知被告诉讼开始以及被告有一定期限——通常是20

---

[①] 到1980年为止，联邦诉讼中的送达程序主要由执达员或者助理执达员来完成。1980年修订的《美国联邦民事诉讼规则》第4条第3款允许由法院委任的任何人进行送达，只要该诉讼是在具有一般管辖权的该州法院进行。

日——针对起诉状提出答辩状的文件。原告（或者说，实际上是原告律师）有责任在提交起诉状之日起120天内将起诉状和传唤书送达被告。

《联邦民事诉讼规则》规定了若干不同的方式以供原告向被告送达传唤书和起诉状。送达可以由成年人亲自将有关的诉讼文件交付被告，或者将诉讼文件邮寄给被告，并由被告签署一份不需要更为正式送达的弃权证书，或者将有关的文件留置在被告的"居所或经常居住的地方"。诉讼文件还可以依照联邦法院所在州的州法所许可的任何方式送达。相似地，对公司的送达可以采用签署邮寄并签署弃权证书的方式，或者"通过将传唤书和起诉状副本交付公司的职员、管理人或总代理人，或者交付根据委任或法律授权可以接受送达的任何人……"等方式送达。如果被告没有放弃送达传唤书和起诉状，实施送达的人"应当向法院提交送达证明"。通常，向法院提交一份宣誓书即可满足送达证明的要求。① 当然，美国法院也有职权送达的规定，其《联邦民事诉讼规则》第4条第1款规定，根据原告的请求，法院可以指定美国联邦法院执行官、副执行官，或者其他经特别委任的人或官员送达。

放弃送达是美国民事诉讼的特色，体现了送达的当事人化。根据美国民事诉讼的规定，负有送达义务的公民、法人、社团组织有义务减少依法定方式收到诉讼通知的费用。为了减少费用，原告可以通知被告诉讼开始，并请求被告放弃传唤状的送达。而且美国《联邦民事诉讼规则》第4条第4款为了鼓励放弃送达，还开列了在提交答辩状的时间等方面的优惠。这一规定，完全体现了送达"私"的性质，除了其主体的私人性之外，最主要的是私人对于是否"放弃送达"，有自己处分的权利。②

---

① ［美］史蒂文·苏本、玛格瑞特著：《美国民事诉讼的真谛：从历史、文化、实务的视角》，蔡彦敏、徐卉译，法律出版社2002年版，第99—100页。

② 何其生著：《域外送达制度研究》，北京大学出版社2005年版，第33页。

（四）规则对于"章"、"条"、"款"分别都设置了相应的标题

美国《联邦民事诉讼规则》在立法规定中，不但各个章设置标题，而且作为基本构成单位的每个法条和法条中的条款也设有标题。例如，《联邦民事诉讼规则》第16条的标题是审理前会议、日程、管理。第1款的标题是审理前会议、目的；第2款的标题是日程和计划；第3款的标题是在审理前会议上审议的事项；第4款的标题是最后一次审理前会议；第5款的标题是审理前命令；第6款的标题是制裁。

对法条设置标题，从立法规定形式及其立法表现技术的角度上看，不仅有利于对法律规定的理解与把握，也是一种非常实用的立法技术，可以极大地方便使用者使用法律，即迅速地了解各个法律条文的基本内容。"在遇到法律条文的含义过于简单或有多种理解方式时，这个条文所属章节的标题就可以用作一个工具来确定这些条文含义的范围和具体所指。这些标题可能是比一个简单的序言能更好地提供帮助了解法典的条文含义的钥匙。"[①] 虽然我国的法律规定中在章、节也设置有标题，但是，有关法条的规定以及法条内容的表现上，均没有设置任何标题，相比之下，美国《联邦民事诉讼规则》在有关法律规定内容的表现上显得更为清楚、明确。

（五）以条、款、项、目作为区分法律规定的逻辑层次

为了使数目众多的法律规范形成具有内在联系、层次分明的有机整体，《联邦民事诉讼规则》运用章、条、款、项、目来作为区分层次的要件和符号。如前所述，《联邦民事诉讼规则》每条法律涵盖的内容很多，结构复杂，因此，在每条法律之下又细分为许多段落。在这种情况下，为了有层次、有条理地表述法律规范，《联邦民事诉讼规则》在立法技术上使用了款、项、目等多个层次表述方式来规范法律规定的逻辑层次，不仅有关法律条文内容的引用，可以通过简洁的编号直至法律条文内容的最小单位，而且有关法律的查找和

---

① 转引自周旺生著：《当代中国立法》（下册），中国民主法制出版社1998年版，第1306页。

引用都非常的准确快捷。因此,《联邦民事诉讼规则》在立法技术上采用条、款、项、目来区分法律规定的逻辑层次,不失为一项可资借鉴的立法技术。

# 第三章 关于借鉴美国《联邦民事诉讼规则》立法体例及其法典编纂的思考

在比较法视野下，综观世界各国或地区，法律的发展都离不开相互借鉴和吸收。追溯近代大陆法系国家法典编纂史发现，现代任何一个部门法的不断完善以及相应的法律编纂，都不能脱离对其他国家或地区相应法典或部门法立法精神、规则等方面的借鉴和吸收。这正如美国法学家庞德所指出的："一部法律制度的历史在很大程度上是从其他的法律制度中借取材料和从法律之外吸收材料的历史。"① 因此，我国民事诉讼法典的修改也应当参考、借鉴英美法系国家法典编纂及其立法体例中的有益因素，完善我国的民事诉讼法。虽然，美国民事诉讼法典编纂的思想，甚至对"法典编纂"这一术语的理解都异于大陆法系国家。法典的内容布局不具有大陆法系国家"总则—分则—附则"这种框架结构样式，也没有对同属于民事诉讼这一法律部门的规范进行系统的、完整的、具有内在逻辑性的阐述。美国发达的判例法制度使得美国民事诉讼法典呈现出不同于大陆法系的法典编纂结构。但美国民事诉讼法这种所谓的"内容不完整、逻辑结构不明晰；不具有学理性、系统性、确定性和内部和谐一致性的特征"反而使得美国民事诉讼法在具体案件的审理过程中更具有可操作性、灵活性和实用性。其中，值得从美国《联邦民事诉讼规则》的法典编纂以及立法体例中参考、借鉴的一个重要方面，就是"民事诉讼审判程序的单一化"。

所谓"民事诉讼审判程序的单一化"，是指在民事诉讼法典的编纂与立法体例结构的确定上，对民事诉讼程序的内容进行分化，重

---

① 转引自［英］阿兰·沃森著：《法律移植》（Legal Transplants），美国弗吉尼亚大学出版社 1974 年版。

点规范民事诉讼过程中当事人和法院的诉讼行为，以审判程序为内容，将其他与审判程序不同及其蕴涵不同法理的其他部分分离出去单独立法。美国《联邦民事诉讼法》这种专门设置的有关一审程序的民事诉讼法典及其立法体例，虽然与我们继受的大陆法系民事诉讼法典的编纂体例不相吻合，但是毫无疑问，美国联邦诉讼规则为我们思考我国这种既有审判程序又有执行程序和非讼程序，既包含证据制度又包含调解制度的"大一统"式①的民事诉讼法典立法体例及其法典编纂的改革与完善，提供了一个新的视角、一种可资参考的体例。这种单一的有关审判制度的民事诉讼法典的立法体例及其法典编纂，不仅符合程序立法应当具有针对性，以及个别化的要求，而且从立法理念的角度上看，指导这种立法的思想观念，与现代民事诉讼程序立法应当针对不同的内容独立设置相应法律规范，以及单独编纂富有特定性、专门性法律的立法趋势，及其立法理念也是相一致的。

  关于修改民事诉讼法的体例选择，目前的争议主要集中在以下三个方面：一是全面修订，即根据现代民事诉讼理念对民事诉讼法的体例和相关内容进行彻底修改，进行大规模的整理、补充和完善。二是制定单行立法，即在保持现有立法体例和框架的基础之上，对现有民事诉讼法中不具有普适性特点的程序和内容予以分离，单独立法。三是成熟一条修订一条，即渐进式修订。② 就我国目前的司法改革而言，其正处于各种观念的交汇争论之中，并未形成一个完整、体统、理性的司法改革共识，因此，作为司法改革表现形式的民事诉讼，根本不可能在这样的情形下照搬西方所谓的"现代"诉讼理念，采用"毕其功为一役"彻底修改民事诉讼法典的方式。相对而言，第二条道路似乎更有可行性，即根据我国审判实践的逐步

---

  ① 汤维建、刘静、许尚豪："民事诉讼法修改的基本走势"，载《江海学刊》2005 年第 2 期，第 116 页。

  ② 田平安、吴杰、马登科："第八届全国民事诉讼法学术研讨会综述"，载《西南政法大学学报》2004 年第 6 期。

推进的态势,结合我国现实国情,通过对现有民事诉讼法中不具有普适性特点的程序和内容予以分离,以单独立法的形式逐步地完善我国的民事诉讼制度。这种修改民事诉讼法体例的路径实际上暗合了美国民事诉讼法内容的法典化思路。首先对具有共同基础原理的民事诉讼审判本体进行法典化,然后根据审判实践的需要对证据规则再予法典化,执行程序、调解制度、非讼程序也都逐步地以单独立法的形式出现。现在大陆法国家也呈现出通过制定独立的强制执行法、非诉讼事件法、人事诉讼程序法、调解法、涉外诉讼程序法等形式,分化诉讼程序,纯化民事诉讼法典的趋势。

# 第七部分 中国民事诉讼立法体例的历史发展与法典编纂中的问题

马克思在《〈政治经济学批判〉序言》中指出:"物质生活的生产方式制约着整个社会生活、政治生活和精神生活的过程。不是人们的意识决定人们的存在,相反,是人们的社会存在决定人们的意识。""所以人类始终只提出自己能够解决的任务,因为只要仔细考察就可以发现,任务本身,只有在解决它的物质条件已经存在或者至少是在形成过程中的时候,才会产生。"① 按照历史唯物主义的这一观点,作为社会上层建筑的法律、立法意识、立法体例及其相关的法典编纂活动,不仅总是受制于一定社会物质生活的生产方式以及社会的经济基础,而且与一定社会的政治生活、精神生活的历史发展过程紧密相连,并为这些基本因素所决定。即物质生活的生产方式不仅制约着整个社会生活、政治生活和精神生活,乃至于社会意识形态,以及从本质上决定了一个社会以及该社会不同历史时期法制的发展形态、立法体例及其有关法典的编纂活动,而且历史发展的时期不同、社会环境条件不同,作为上层建筑领域的民事诉讼立法体例及其法典的编纂就有所不同。

中国现行民事诉讼立法体例虽然构建于现代,相应的法典编纂活动也是在现行环境条件下进行,但是,从历史唯物主义的角度上看,民事诉讼的立法体例及其法典编纂不仅是一个历史的范畴和一

---

① 《马克思恩格斯全集》(第13卷),人民出版社1961年版,第7—9页。

定国情条件下的产物,而且,绝非由法学家的思想和固定的所谓理性模式来设计和制定的,即受制于特定的历史、社会、文化和政治环境条件的影响,而且立法体例及其法典编纂作为一种系统化、体系化的工作,总是在一定的法律思想和特定的法律理论指导下进行,也是以特定的理论学说为依托和特定的历史背景为条件。因而,民事诉讼立法体例及其法典编纂作为中国社会特定人文环境条件下的产物,免不了受到历史、文化,特别是传统立法体例及其法典编纂思想的影响。从历史的继承性和传统对于现实影响的角度上讲,可以说现行民事诉讼的立法体例及其法典的编纂在一些方面和一定程度上,是受到中国历史上传统立法体例的思维方式和立法观念影响的。因而从这个意义上讲,对于现行民事诉讼立法体例及其法典编纂问题的分析、研究,以及改革、完善的建议和设想,都离不开对于中国民事诉讼立法体例历史发展及其法典编纂历史的考察和研究。当然我们研究历史并非为了历史而研究,而是为了现实的改革而探索影响和导致现行民事诉讼立法体例及其法典编纂问题的"源"与"流",和发掘更为深层次的文化、传统上的原因,以及在此基础上引入更为深邃的思考,同时也意在通过对历史的分析研究,能够促使我们明了今天中国民事诉讼立法体例及其法典编纂中的问题,从而更加理性地解决有关问题,以及为现实的改革提供可资参考的思路和具有价值的建议。

# 第一章　中国民事诉讼法的历史与发展

中国作为人类法制文明发展最早的国家之一,就民事诉讼而言,不仅从公元前的西周时起民事诉讼与刑事诉讼就有了初步的分野,而且,中国封建社会的民事诉讼以及与其社会形态相适应的有关民事诉讼的法律规定,还具有悠久的历史和较为丰富的内容。然而,如果就民事诉讼立法体例以及独立民事诉讼法典编纂的角度上看,却又不能不说大大地落后于近代西方各国。可以说中国历史上的封建法律，自《法经》、《秦律》、《九章律》到《新律》、《晋律》、《北齐律》、《唐律疏义》、《宋刑统》、《大明律》，直至集中国封建法律之大成者的《大清律例》都是"诸法和体、刑民不分"，以及"以刑为主"。换言之，就中国历史上封建法典的编纂形式和主要内容而言，由秦汉魏晋至清代，无论是什么封建法律大多沿袭了集诸法于一典的立法编纂体例，以及内容上偏重于刑事法律的规定，而且延续两千多年恒定不变，直到19世纪后期随着西方法律思想的输入，以及基于社会变革的现实需要才最终改变了这种传统的立法体例及其法典编纂方式，促成了中国民事诉讼立法体例及其法典编纂上的历史性革命。而在中国近、现代民事诉讼法典编纂的历史发展进程中，历史时期不同、民事诉讼法典承载的社会任务不同，法典的编纂及其立法体例也就有所不同。这些不同历史时期所出现的不同法典，不仅充分展示了中国社会不同历史时期民事诉讼法典编纂及其相应立法体例的特征，而且也表现了中国民事诉讼立法体例及其法律编纂的历史发展路径、特点和进程。[①]

## 一、晚清修律与《大清民事诉讼律草案》

（一）晚清修律与《大清民事诉讼律草案》的产生

1840年鸦片战争以后，英国人的"坚船利炮"打开了中国的国门，甲午之战和日俄战争的爆发使中国人看到了日本明治维新后宪政体制的先进性。在西方列强的侵略、中国自身经济结构产生巨大变化以及阶级矛盾日趋严重的社会条件下，再沿袭"祖宗的成法"已经无法维持统治。面对前所未有的统治危机，清朝的统治集团极不情愿地接受了变法革新之路，一贯鼓吹祖宗之法不可改变的慈禧

---

[①] 有关内容请参阅徐朝阳著：《中国诉讼法溯源》，商务印书馆1933年版；张晋藩主编：《中国民事诉讼制度史》，巴蜀书社1999年版。

## 第七部分　中国民事诉讼立法体例的历史发展与法典编纂中的问题

也无可奈何地指出："世有万古不易之常经，无一成罔变之法治。"①1902年，清廷颁发上谕："著派沈家本、伍廷芳，将一切现行律例，按照交涉情形，参酌各国法律，悉心考订，妥为拟议，务期中外通行，有裨治理。"② 1903年修订法律馆奉旨成立，由沈家本、伍廷芳任修订法律大臣，从此开始了晚清修律。晚清修律作为中国法律史上一场历史性的变革，不仅促成了中国传统的"诸法和体、刑民不分"封建法律体系的解体，也是中国仿照西方大陆法系的法律框架构建近代法律体系的开端。

1906年，修订法律馆在沈家本的主持下完成了《大清刑事民事诉讼法草案》的编纂，③ 同年4月25日，沈家本、伍廷芳进呈清廷，并奏请试行。

《大清刑事民事诉讼法草案》，作为修订法律馆起草编纂的中国第一部独立的具有现代意义的诉讼法典，在内容上有五章，共计二百六十条。在立法体例上各章依次为："总纲"、"刑事规则"、"民事规则"、"刑事民事通用规则"、"中外交涉案件"。其中"总则"规定了四节，这四节依次是："刑事民事之别"、"诉讼时限"、"公堂"、"各类惩罚"。"刑事规则"规定了七节，这七节依次是："逮捕"、"拘票、搜查票及传票""关提"、"拘留及取保"、"审讯"、

---

① 《清德宗实录》卷四七六，转引自张晋藩著：《中国法律的传统与近代转型》，法律出版社1997年版，第435页。

② 《大清法规大全·法律部·卷首》。

③ 目前在学术上对于《大清刑事民事诉讼法草案》是在谁的主持下编纂而成这一问题，存在争论。通说认为是在沈家本的主持下编纂而成，对于这一观点请参见张晋藩著：《中国法律的传统与近代转型》，法律出版社1997年版，第454页。但是，也有观点认为："修订法律大臣伍廷芳博士曾留学英国并获律师资格，对英美诉讼制度极为熟悉，因此，程序法制方面的起草工作，自然以他更为胜任。"该观点在对有关史料进行考证的基础上，认为是在伍廷芳的主持下编纂而成。对于这种观点，请参见陈刚主编：《中国民事诉讼法制百年进程》（清末时期第一卷），"程序法制篇"中的第一章："《大清刑事民事诉讼法草案》的形成"。本文在这一问题上采用的是通说。

"裁判"、"执行各刑及开释"。"民事规则"规定了十一节,这十一节依次是:"传票"、"讼件之值未逾五百圆"、"讼件之值逾五百圆者"、"审讯"、"拘提图匿被告"、"判案后查封产物"、"判案后监禁被告"、"查封在逃被告产物"、"减成偿债及破产"、"和解"、"各票及讼费"。"刑事民事通用规则"规定了四节,这四节依次是:"律师"、"陪审员"、"证人"、"上控"。"中外交涉案件"一章在立法体例上没有分节,该章规定了十个条文。

由上述《大清刑事民事诉讼法草案》的立法体例及其基本内容规定来看,《大清刑事民事诉讼法草案》虽然在立法体例上仍然包括了刑事诉讼与民事诉讼两大部分。但是,相对于中国历史上"诸法和体"的法典编纂传统而言,《大清刑事民事诉讼法草案》却是在对于实体法与程序法进行明确区分的基础上编纂出的第一部法典。该法典草案由于在内容上引进了近代西方国家的律师制度和陪审制度,具有明显的英美法特色,以及在立法体例和内容上与沿袭了二千年的法律传统不合,严重影响到了传统的封建司法审判体制,因而受到各地官僚以及部院督抚大臣的反对而遭搁置。

《大清刑事民事诉讼法草案》被搁置后,中国近代诉讼法律的编纂工作并没有终止。在沈家本的主持下,以及修订法律馆聘请的日本法律顾问松冈义正等人的参与下,[①] 修订法律馆逐步开始了对于独立的《刑事诉讼律》和《民事诉讼律》的起草与编纂工作。起草工作从1907年起至1911年1月17日,历经三年多时间,在修订法律馆有关人员的共同努力下,终于完成了《大清民事诉讼律草案》的编纂工作。历史地看,《大清民事诉讼律草案》编纂的完成,不仅开创了中国近代民事诉讼程序独立立法的先河,而且《大清民事诉

---

① 对于松冈义正等人在《大清民事诉讼律草案》的编纂、起草中的作用,学术上存在两种不同看法:一种认为是指导、参与;另一种认为是"主笔起草"(参见陈刚主编:《中国民事诉讼法制百年进程》(清末时期第一卷),中国法制出版社2004年版,"程序法制篇"中的第五章,"《大清民事诉讼律草案》的形成"第133页。)本文采第一种观点。

讼律草案》在立法体例以及法律编纂上，与中国"诸法和体、刑民不分"传统封建法律立法体例及其法典编纂上的巨大差别，也昭示着近代中国民事诉讼程序立法及其法典编纂历史性革命的开始。

对于《大清民事诉讼律草案》的编纂目的、中国传统立法的局限性及该草案的立法理由，沈家本等人在《修订法律大臣沈家本等奏为民事诉讼律草案编纂告竣折》中指出："窃维司法要义，本匪一端，而保护私权，实关重要。东西各国，法制虽殊，然于人民私权秩序维持至周，既有民律以立其基，更有民事诉讼律以达其用。是以专断之弊绝，而明允之效彰。中国民刑不分，由来已久。刑事诉讼虽无专书，然其规程尚互见于刑律。独至民事诉讼，因无整齐划一之规，易为百弊丛生之府。若不速定专律，曲防事制，政平讼理，未必可期，司法前途，不无阻碍。臣等从事编纂，博访周谘，考列国之成规，采最新之学理，复斟酌中国民俗，逐一研求。"[①]

（二）《大清民事诉讼律草案》的立法体例、基本内容及其意义

《大清民事诉讼律草案》在内容上有四编，共计八百条。在立法体例上各编依次为：第一编"审判衙门"；第二编"当事人"；第三编"普通诉讼程序"；第四编"特别诉讼程序"。这四编中，各编所规定具体内容的章、节标题如下：

第一编"审判衙门"规定有五章。这五章分别是：第一章"事物管辖"、第二章"土地管辖"、第三章"指定管辖"、第四章"合意管辖"、第五章"审判衙门职员之回避、拒却及引避"。

第二编"当事人"规定有七章。这七章分别是：第一章"能力"、第二章"多数当事人"、第三章"诉讼代理人"、第四章"诉讼辅佐人"、第五章"诉讼费用"、第六章"诉讼担保"、第七章"诉讼救助"。

第三编"普通诉讼程序"规定有四章，第一章"总则"，该章规定了八节。这八节分别是：第一节"当事人诉状"、第二节"送

---

① 转引自陈刚主编：《中国民事诉讼法制百年进程》（清末时期第二卷），中国法制出版社2004年版，第4页。

达"、第三节"日期及期间"、第四节"诉讼行为之濡滞"、第五节"诉讼程序之停止"、第六节"言词辩论"、第七节"裁判"、第八节"诉讼笔录"。第二章"地方审判厅第一审诉讼程序",该章规定了七节。这七节分别是:第一节"起诉"、第二节"准备书状"、第三节"言词辩论"、第四节"证据"、第五节"裁判"、第六节"缺席判决"、第七节"假执行之宣示"。第三章"初级审判厅之程序",该章在立法体例上没有分节,共规定了十二个条文。第四章"上诉程序",该章规定了三节。这三节分别是:第一节"控告程序"、第二节"上告程序"、第三节"抗告程序"。第五章"再审程序",该章在立法体例上也没有分节,一共规定了十五个条文。

第四编"特别诉讼程序"规定有五章,第一章"督促程序"、第二章"证书诉讼"、第三章"保全诉讼"、第四章"公示催告程序"、第五章"人事诉讼",该章规定了四节,这四节分别是:第一节"宣告禁治产程序"、第二节"宣告准禁治产程序"、第三节"婚姻事件程序"、第四节"亲子关系事件程序"。

对于上述内容,沈家本等人在《修订法律大臣沈家本等奏为民事诉讼律草案编纂告竣折》中,就"审判衙门"、"当事人"、"普通诉讼程序"、"特别诉讼程序"各编所涉有关问题、相应的立法思路及其对于有关问题的基本认识,作了明确说明,即"窃以为民事诉讼律,虽号称繁赜,然撮其纲要,厥有四端:

官署审判民事,首重权限,称之为审判权。其官署组织,属诸内部者,谓之编制;属诸外部者,厥有管辖。其职员资格,亦有二种:一、任用资格,如考选、录用等事是也;二、奉职资格,如回避、拒却等事是也。审判权及内部组织、任用资格,乃制度之事,法院编制法定之。至外部组织及奉职资格,乃职务之事,民事诉讼律定之。依类相从,区划明晰,而权限缪轕之弊一清。此关于审判衙门之宜规定者也。

民事诉讼,非俟以人民起诉不能成立。既有起诉人,则必有相对人。起诉人一曰原告,相对人一曰被告。其受委任而从事诉讼者,则有诉讼代理人。其偕同而就审判者,则有诉讼辅佐人。命名既殊,

## 第七部分 中国民事诉讼立法体例的历史发展与法典编纂中的问题

地位各异,唯讼廷责无旁贷,案牍绝少牵连,庶两造有平等之观,而局外免波及之虑。至诉讼费用,必有所归,或预为征收,或事后交纳,亦关系于当事人之权利义务者也。此关于当事人之宜规定者二也。

诉讼既与程序迭进,以主义言之,则有言词审理、书状审理、直接审理、间接审理诸名目。以阶级言之,则有第一审、上诉审、再审之区别。学说既更仆难终,层折亦繁复易紊,折衷取舍,允贵周详。又若各审有公用之法则,自书状送达以迄诉讼记录,理属一贯,义主兼赅,必有共同之规,乃无浩瀚之虑。又若各审之进行方法,自起诉以迄裁判,必须有法定之准绳,乃能杜民情之诡辩。此关于通常程序之宜规定者三也。

通常诉讼,确当为先,简速次之。然遇有一种诉讼,最贵敏速,一或濡滞,受损实多。若必尽依通常方法,于保护人民权利之道,既偏而不全,则于国家法令之尊,或疑而不信。各国民事诉讼律于督促程序、证书程序、保全诉讼,皆另定办法,务求简捷,俾免贻误。此外,如权利状态不能确定,则有公示催告程序。婚姻亲子,事关公益,不能不予法官以干涉之权,则有人事诉讼。凡此之属,皆必设特别办法,乃能推行尽利。此关于特别程序之宜规定者四也。"①

同时,由于《大清民事诉讼律草案》在立法体例及其法典编纂内容上,仅就诉讼程序作出了规定,对于民事执行问题没有作出规定。而在立法体例及其法典编纂的内容上,《大清民事诉讼律草案》何以仅仅对于诉讼程序作出规定,对民事执行的内容不作规定?对此,沈家本等人在《修订法律大臣沈家本等奏为民事诉讼律草案编纂告竣折》中也明确作了说明。该奏折指出:"至各国民事诉讼律,有于规定诉讼关系外,兼规定执行关系者,日本、德国即用斯例。唯查诉讼关系与执行关系不能强同。诉讼关系,其主旨在确定私权;

---

① 转引自陈刚主编:《中国民事诉讼法制百年进程》(清末时期第二卷),中国法制出版社2004年版,第4—5页。

执行关系，其主旨在实行私权。二者之旨趣、程序，均各不同。如强合为一，揆诸法理，实所未安。兹仿奥国例，析而为二，于民事诉讼律外，续定执行律。拟俟编纂告成，再行奏陈，庶分别部居，不至凌杂，自可收相得益彰之效。"①

历史地看，《大清民事诉讼律草案》虽然是一部草案，且因清王朝的覆灭而未能审议颁布，即并没有正式成为具有效力的法律，但是《大清民事诉讼律草案》作为中国民事诉讼程序立法史上第一部独立编纂而成的民事诉讼法，具有十分重要的意义。首先，它改变了中国历史上"诸法和体、刑民不分"传统封建立法方式，以及程序附属于实体、民事诉讼附属于刑事诉讼的法典编纂形式，开创了中国近代民事诉讼程序法律独立编纂的先河。为此，可以说《大清民事诉讼律草案》的编纂完成，不仅昭示了传统中华法系的解体，而且也开启了中国近代民事诉讼程序立法的历史进程。

其次，它在中国民事诉讼程序立法史上，第一次从诉讼制度的设置以及诉讼观念上，引入了近代西方民事诉讼中的一些彰显公平、正义的诉讼理念、原则和诉讼制度，如该草案第四十二条规定："推事遇有下列各款情形，为法律所应回避，不得执行职务：第一，推事或其妻为诉讼当事人，或与诉讼当事人有为公同权利人、公同义务人、担保义务人、偿还义务人之关系者。其妻为诉讼当事人者，虽婚姻消灭后，亦同。第二，推事与诉讼当事人为四亲等内血族或三亲等内之姻族者。其姻族关系消灭后，亦同。第三，推事于该诉讼为证人或鉴定人者。第四，推事系为当事人之法定代理人、监督监护人、保佐人、诉讼代理人或辅佐人者，或曾为以上各项人者。第五，推事曾与前审或公断者。"第一百五十二条规定："当事人若因支出诉讼费用致自己或家族窘于生活者，得声请求助。但伸张权利或防御无理由者，不在此限。"第二百六十六条规定："当事人对于相对人所主张之事实，得为陈述。当事人不争执之事实，若并不

---

① 转引自陈刚主编：《中国民事诉讼法制百年进程》（清末时期第二卷），中国法制出版社 2004 年版，第 5—6 页。

能因他项陈述显其争执意思者，视与自认同。当事人对于非其行为之事实，或未经实验之事实，陈述不知者，视与争执同。"第二百九十六规定："判决，审判衙门本于当事人之言词辩论为之。判决应谕知之。"第四百六十六条规定："判决，非参与该诉讼言词辩论之推事，不得为之。"

最后，这部法典草案作为中国近代民事诉讼程序立法史上最为重要的法律文献之一，即第一部独立的民事诉讼程序立法草案，不仅为尔后中国不同历史时期民事诉讼程序立法提供了可资参考的文献依据，而且事实上随后的北洋政府、民国政府在其民事诉讼程序立法中，都较大程度上参考了《大清民事诉讼律草案》的立法体例、编纂方式及其规定内容。即在立法体例及其法典编纂的方式、方法上，直接影响了尔后不同历史时期中国民事诉讼程序立法及其法典编纂。

（三）《大清民事诉讼律草案》的立法体例及其法典编纂问题

《大清民事诉讼律草案》作为中国民事诉讼程序立法史上第一部独立的《民事诉讼法草案》，相对于传统的立法体例及其法典编纂形式而言，其意义无疑是巨大的。但是，它毕竟是中国近代民事诉讼程序立法上的第一次尝试，因而，该草案无论是在立法体例还是在法典编纂的技术上，都是存在诸多问题的。

1. 就立法体例而言，该草案不仅在编章结构及其排列顺序上，与德国1877年《民事诉讼法》和日本1890年《民事诉讼法典》有关内容的规定十分相似，而且一些具体内容的规定基本雷同。即该法典较大程度上是模仿德国1877年《民事诉讼法》和日本1890年《民事诉讼法典》立法体例的基础上编纂而成。例如，德国1877年《民事诉讼法》"当事人"一章中规定了七节，这七节分别是：第一节"当事人能力、诉讼能力"、第二节"共同诉讼"、第三节"第三人参加诉讼"、第四节"诉讼代理人与辅佐人"、第五节"诉讼费用"、第六节"担保"、第七节"诉讼费用的救助与诉讼费用的预交"，而《大清民事诉讼律草案》在"当事人"一编中也规定了七章，这七章分别是：第一章"能力"、第二章"多数当事人"、第三章"诉讼代理人"、第四章"诉讼辅佐人"、第五章"诉讼费用"、第六章"诉讼担保"、第七章"诉讼救助",比较这些章节,两个法典的同类规定无疑十分相近。

又如,从有关上诉程序的规定来看,1877年德国《民事诉讼法》对于上诉程序的规定是三大部分,这三大部分分别是:第一章"控告"、第二章"上告"、第三章"抗告",日本1890年《民事诉讼法典》对于上诉程序的规定也是三大部分,即控告、上告和抗告,《大清民事诉讼律草案》有关上诉程序的规定还是三大部分,即第一节"控告程序"、第二节"上告程序"、第三节"抗告程序",三部法典不仅在立法体例上完全相同,在具体的立法规定上也基本相同。

当然《大清民事诉讼律草案》的编纂也有不同于德国1877年《民事诉讼法》和日本1890年《民事诉讼法典》的地方,例如,在立法体例上《大清民事诉讼律草案》就没有将仲裁问题纳入民事诉讼程序立法的范围,除此之外,也还有其他一些删减的地方。但是,从立法体例及其法典编纂的角度上看,模仿德国1877年《民事诉讼法》和日本1890年《民事诉讼法典》无疑是该法典草案编纂中的主导方面和主要特征。

对于一国法典的编纂而言,模仿与借鉴他国的立法模式、体例与形式本不是什么不恰当的事情,不仅如此,模仿、借鉴他国科学、合理的法典编纂体例,应当说还是现代世界各国民事诉讼程序立法普遍遵循的一种方式,因为,好的立法模式及其方式本身是值得模仿与借鉴的。但是,《大清民事诉讼律草案》的这种模仿却不然,其根本原因在于,这种模仿不仅十分生硬,且不符合中国当时民事诉讼现状。例如《大清民事诉讼律草案》有关"督促程序"、"证书程序"、"公示催告程序"制度的设置及其规定,就中国当时的经济、社会环境条件而言,无异于一种摆设,根本没有实际意义。

2. 就立法技术而言,也存在诸多问题:第一,草案没有总则与分则之分。即草案在立法技术上没有采用自法国、德国以来大陆法系各国通常采用的"二重分别立法"的立法技术。换言之,在有关法典体例、结构的编纂上,草案没有将整个内容分为总则与分则两个大部分，从而对于诉讼程序适用中具有共同性的问题与具体的程序性问题，采用分别规定的立法体例与技术。从立法技术的角度上讲，在"总则"中对于具有普适性和共同性的问题进行规定，并通过"总则"的规定来指导、规范具体程序制度的运用，在分则中对于具体程序制度进行规定，并在规定中充分注意到分则内容对于总则具有普适性和共同性规定的体现与贯彻，使整个法律规定在体例、结构的编纂上，形成了抽象与具体、一般与特殊，以及总则指导分则、分则落实总则的逻辑体系，既是大陆法系民事诉讼程序立法最为通行的立法体例，也是最为基本的立法技术要求。而草案却没有采用这一为国外立法实践充分证实为科学的技术，从而整个法典的体例、结构及其规定，不仅显得有些层次不清楚，而且整个法律规定之间缺乏应有的逻辑联系。

第二，草案有些编章的立法体例在内容的归类及其规定的内容上，存在明显的错误。例如草案在第二编"当事人"中规定了七章。这七章分别是：第一章"能力"、第二章"多数当事人"、第三章"诉讼代理人"、第四章"诉讼辅佐人"、第五章"诉讼费用"、第六章"诉讼担保"、第七章"诉讼救助"。在这七章中，前四章从内容和逻辑上来看，无疑与"当事人"是存在密切联系的，而后三章"诉讼费用"、"诉讼担保"、"诉讼救助"虽然与当事人也有联系，但是，就其规定的内容及其问题的本质而言，与"当事人"存在明确区别却是无疑的。而草案却将后三章的内容也纳入"当事人"一编之中，从立法技术的角度上看，这种立法体例及其该编内容的规定，无论是逻辑上，还是技术上都是有所不当的。

第三，草案有关诉讼程序制度的归类过于简单。所谓有关诉讼程度的归类过于简单，主要是指草案在立法体例上，将"普通诉讼程序"以外的所有程序制度一律纳入"特别诉讼程序"进行规定的立法体例过于简要、单一。由于草案在立法体例中，将所谓"普通诉讼程序"以外的所有诉讼程序都归入了"特别诉讼程序"之中，因此，从立法体例的角度上看，这种立法体例不仅使得"特别诉讼程序"一编在所规定的内容上十分庞杂，而且由于"特别诉讼程序"一编中所设各种程序,诸如:督促程序、证书诉讼程序、保全诉讼程序、公示催告程序、人事诉讼程序等,在适用的诉讼法理上,乃至于诉讼程序制度内容的设置上都各具特色、不尽相同,各自呈现为较为复杂的形态。为此,笼统地将这些各不相同的程序制度置于"特别诉讼程序"一编之中,不仅在立法体例上显得不够清晰、以及结构显得十分的紊乱,而且从立法技术,即有关诉讼程序立法归类技术的角度上看,也过于简单,甚至显得有些粗陋。

第四,从立法体例的角度上看,草案在某些程序制度的安排上也存在不当之处。由于草案编纂中对于某些制度的类型、性质及其功能认识存在问题,从而在立法体例及其程序制度的逻辑排列、顺序上存在明显的错误。例如草案在立法体例上将"保全程序"设置为独立的一章,且置于法典最后一编"特别诉讼程序"中,就是一例。

3.《大清民事诉讼律草案》的编纂虽然历经三年,且经修订法律馆参与同仁和沈家本的反复斟酌、研究和考量,"所有名词字句,半多创制,改易再三,始可告竣。"① "但是沈家本修律的目的是企图改良法制,适应西方列强的需要,改善清朝的统治,使它在四面环逼的革命冲击中渡过危机",② 所以,就当时的历史条件而言,不仅法典编纂的政治意义大于法律意义,而且法典编纂的形式本身也重于实际运用,因而该法典草案明显地呈现出对于国外民事诉讼程序法律较为浓烈的模仿、套用的痕迹,可以说该法典草案在编纂、拟订过程中,不仅对于国外立法形式的借鉴多于国内诉讼实用的研究,而且形式上的模仿、借鉴也多于实用性的考量。

---

① 转引自陈刚主编:《中国民事诉讼法制百年进程》(清末时期第二卷),中国法制出版社 2004 年版,第 5 页。

② 张晋藩著:《中国法律的传统与近代转型》,法律出版社 1997 年版,第 448 页。

## 二、民国时期的《民事诉讼法》

(一) 民国时期民事诉讼程序立法及其法典编纂的历史与发展

1911年辛亥革命以后至1949年新中国成立以前,在这几十年的历史发展进程中,中国民事诉讼程序立法的历史发展在不同时期、不同政权范围以内,以及随着不同政权的变更和历史发展,呈现出不尽相同的形态和演变、发展过程。

1912年1月1日,中华民国南京临时政府成立后,鉴于当时十分特殊的历史环境条件,时任南京临时政府司法部长的伍廷芳,于同年3月21日,在向大总统孙中山的呈文中提出:"拟就前清制定之民律草案、第一次刑律草案、刑事民事诉讼法、法院编制法、商律、破产律、违警律中,除第一次刑律草案关于帝室之罪全章及关于内乱罪之死刑碍难适用外,余皆由民国政府声明继续有效,以为临时适用之法律,俾司法者有所根据。"孙中山针对该呈文,在给参议院的咨文中指出:"查编纂法典,事体重大,非聚中外硕学,积多年之调查研究,不易告成。而现在民国统一,司法机关将次第成立,民刑各律及诉讼法,均关紧要,该部长所请自是切要之图,合咨贵院,请烦照前情议决见复可也。"①

4月3日,参议院经二读会决定(省去了三读会)正式通过《新法律未颁行前暂适用旧有法律案》,同意援用清末颁布的《法院编制法》、《新刑律》、《违警律》、《商律》、《国籍条例》、《禁烟条例》等法律,但是"惟民律草案,前清时并未宣布,无从援用,嗣

---

① 中国人民大学法律系法制史教研室:《中国近代法制史资料汇编》(第一分册),人大校内用书,1980年版,第705—706页,转引自吴泽勇:《动荡与发展:民国时期民事诉讼制度述略》,载《现代法学》2003年第2期,第48页。

后凡关民事案件,应仍照前清现行律中规定各条办理。"① 即从适用的角度上看,该时期在有关民事诉讼程序法律的适用上,基本沿用的是前清已颁布律令中的有关规定。

在有关法律的拟订以及法律制度的建设上,基于实际的需要南京临时政府也拟订以及颁布了一定数量的法律、法令,诸如:1912年3月2日颁布的《大总统令内务、司法两部通饬所属禁止刑讯文》、同年3月11日颁布的《大总统令内务、司法两部通饬所属禁止体罚文》、《临时中央裁判所官职令草案》、《律师法草案》等,虽然其中不少法律的有关规定及其内容与民事诉讼直接相关。如:1912年3月8日由南京临时政府参议院通过,3月11日正式颁布的《中华民国临时约法》第9条规定:"人民有诉讼于法院,受其审判之权。"第49条规定:"法院依法律审判民事诉讼及刑事诉讼;但关于行政诉讼及其他特别诉讼,别以法律定之。"第50条规定:"法院之审判,须公开之;但有认为妨碍安宁秩序者,得秘密之。"第51条规定:"法官独立审判,不受上级官廷之干涉。"② 等等。但是,由于南京临时政府存续的时间较短,以及忙于解决诸多的社会矛盾。因而,就民事诉讼程序立法体例及其法典的编纂而言,几乎没有多大的发展与建树。

北洋政府时期,司法制度在基本沿用清末有关法律规定的基础上,又对于清末有关司法制度作了一定程度的修改。1912年4月7日,北洋政府时期的司法部向北洋政府提交了暂行援用清末有关法律的呈文;1913年2月,司法部对清末颁布的《各级审判厅试办章程》进行了修订,经呈报批准后颁布执行;1915年2月2日、10月6日、12月6日,以及1920年1月、2月又数次对该章程进行了

---

① 张国福著:《中华民国法制简史》,北京大学出版社1986年版,第87页,转引自何勤华点校:《华洋诉讼判决录》,中国政法大学出版社2003年版,"前言"第6页。

② 姜世林、陈玮主编:《世界宪法大全》(上卷),中国广播电视出版社1989年版,第20页。

修改。

在民事诉讼程序法律的适用方面,由于当时的立法速度较慢,为此,北洋政府明确指出:"民国民法典尚未颁布,前清之现行律除制裁部分及团体抵触者外,当然继续有效。至前清现行律虽名为现行刑律,而除刑事部分外,关于民事之规定,仍属不少,自不能以名称为刑律之故,即误会其已废。"① 换言之,北洋政府初期在民事诉讼程序法律方面,不仅仍然沿用的是清末时期颁布的有关法律、律令,随后虽然也颁布过一些法律、法令与章程,但是一直都没有一部较为完整的民事诉讼法。直到1922年1月7日,北洋政府才颁布了由修订法律馆起草的《民事诉讼条例》,并于1922年7月1日起正式施行。②

《民事诉讼条例》作为北洋政府时期颁布的一部民事诉讼程序法律,在内容上共有六编,这六编依次是:"总则"、"第一审程序"、"上诉审程序"、"抗告程序"、"再审程序"、"特别诉讼程序"。这六编共计755个条文。从立法体例及其基本内容的角度上看,虽然该条例是以清末《民事诉讼律草案》以及民初颁布的一些民事诉讼方面的法律、法令为蓝本,或者在这些法律的基础上制定的,但是由于该条例在编纂、拟订过程中,不仅一定程度上借鉴与吸收了西方大陆法系一些新的诉讼理念,参考了颁布较晚的奥地利、匈牙利等国民事诉讼程序立法体系,因而从立法体例及其法典编纂的角度上看,相对于清末《民事诉讼律草案》而言,做了较大程度上的调整与修改。例如,在立法体例上,《民事诉讼条例》将"法院"、"当事人"和诉讼程序的一般规定合为一编作为总则的一部分置于卷首,而在《民事诉讼律草案》中,"法院"、"当事人"是分别编在"第一编"与"第二编"中的,且整个法典在体例上没有"总则"与

---

① 张晋藩主编:《中国法律史》,法律出版社1995年版,第550页。
② 北洋政府时期颁布的《民事诉讼条例》,最初命名为《民事诉讼律草案》,1921年11月14日更名为《民事诉讼条例》,相关资料请查阅谢振民著:《中华民国立法史》,中国政法大学出版社2000年版,第994页。

"分则"之分。又如，《民事诉讼条例》将《民事诉讼律草案》中规定的"普通诉讼程序"更名为"第一审程序"，而这种更名从立法体例的角度上看，改变的不仅是某一种程序的称谓，还涉及法典整个程序立法体例上的变化。即《民事诉讼条例》在有关诉讼程序制度的规定上，将《民事诉讼律草案》中原来根据程序是普通还是特别来设定诉讼程序的立法体例，改为了以审级制度为标准来设置与确定诉讼程序，而《民事诉讼条例》这种对于诉讼程序的设置及其立法体例，显然较《民事诉讼律草案》更为科学、合理。

北洋政府时期，除颁布了《民事诉讼条例》以外，北洋政府还分别在1922年1月25日，颁布了《民事简易程序暂行条例》；1920年3月3日，颁布了《民事诉讼执行规则》。北洋政府时期颁布的《民事诉讼执行规则》，是中国历史上最早颁布的独立制定有关民事执行的法律，该规则在体例上有六章，共138条。这六章依次为："总则"、"动产执行"、"不动产执行"、"其他执行"、"假扣押假处分假执行"、"附则"。

由上可见，北洋政府时期，就中国民事诉讼程序立法体例的构建、发展及其法典编纂技术性的角度上看，是有所发展的。

1928年，南京国民政府统一了中国。统一之初，南北各省在民事诉讼程序法律的适用上，存在很大的差异。原北洋政府所属各省适用的仍然是原北洋政府颁布的《民事诉讼条例》，而南方各省适用的却是广东军政府时期颁布的《民事诉讼律》。即就民事诉讼程序法律的适用而言，全国存在两种完全不同的法律。面对这种情况，当时的司法部"以统一国家，有两种诉讼法规同时并行，非法治国所宜有之现象，特呈请国民政府核示办法。"[①] 1928年2月，国民政府秘书处在函复司法部时指出："民事刑事诉讼程序应适用何种法规，不可不有权宜办法一案，经本府第29次委员会决议，应由司法部速

---

① 谢振民著：《中华民国立法史》，中国政法大学出版社2000年版，第995页。

提出适用法规,在未提出以前,暂仍旧贯。"①即鉴于新法律的制定有一个过程,最初南京国民政府在一方面暂时适用原有民事诉讼程序法律规定的同时,另一方面迅速着手起草新的法律。

1928年7月,国民政府的司法部以《民事诉讼条例》为蓝本,在参考《民事诉讼条例》的基础上,拟订了《民事诉讼法草案》,该草案有5编726条,以及《民事诉讼法施行法草案》,该草案有13条,并呈送国民政府提经第83次委员会决议交法制局审查。法制局在审查中除删去了《民事诉讼法草案》中的23个条文,增加了5个条文以外,对于其他条文的文字及其法条款项的修改、增、删达340余条,同时,将《民事诉讼法施行法草案》改为《民事诉讼法施行条例》,删改为9条。法制局审查以后,将草案连同审查意见书一并移送立法院。立法院在多次会议讨论后,先行将草案的第一编至第五编第三章通过,该部分共计526条。而草案第五编第四章的人事诉讼程序,则等待《民法》亲属、继承两编制定以后再行审查。

1930年9月2日、13日,立法院分别于第108次会议、第109次会议召开二读会、三读会,《民事诉讼法》第一编至第五编第三章获得完全通过,经国民政府提经第96次国务会议决议后,于1930年12月26日,正式颁布了《民事诉讼法》第一编至第五编第三章的内容,即第1条至第534条。1931年2月13日,国民政府又公布了《民事诉讼法》第五编第四章有关婚姻事件程序、亲子关系事件程序、禁治产事件程序、宣告死亡事件程序,共计66条的规定,即第535条至第600条。至此,国民政府时期的第一部《民事诉讼法》遂告完成。1932年5月16日国民政府发布命令,《民事诉讼法》于1932年5月20日正式施行。

1934年4月,在《民事诉讼法》施行不足两年时,国民政府司法行政部针对《民事诉讼法》的有关问题拟定了修正草案,呈请行政院转咨立法院审议。对于修改的理由,司法行政部在呈交行政院

---

① 谢振民著:《中华民国立法史》,中国政法大学出版社2000年版,第984页。

修正草案的编首指出:"窃查《民事诉讼法》为国家保护人民私权之程序法规,所定程序,贵在迅速解决两造间之争执,俾有正当权利之人,得受充分保护。现《民事诉讼法》自施行以来,已将两载。征诸法院之经验,民间之批评,其关于诉讼程序各规定,有过于繁杂者,亦有尚欠疏漏者,于诉讼人既多不便,而法院结案亦不免因之延滞。本部认为有亟行改订之必要,爰拟定修正案9编,都639条,……合依修正立法程序纲要第2条之规定,……呈请钧院核定后,提出立法院审议。"① 行政院审核后,签注了5点意见,并提交第155次会议决议交立法院审议。立法院在第三届第55次会议上进行了初读,随后委托有关委员具体负责审查修改,有关委员于11月26日完成《民事诉讼法修正案》,立法院于第85次会议将该修正案提交二读获得通过。1935年2月1日,国民政府公布了修订以后的《民事诉讼法》,并将修订以后的民事诉讼法命名为《中华民国民事诉讼法》,并命令该法于1935年7月1日起施行。

抗日战争胜利以后,国民政府对于《中华民国民事诉讼法》又作有不少的修改,不过这些修改虽然导致了一些具体规定上的变化,以及内容上的删减、增加与完善,但是从法律编纂的角度上看,不仅都是以1932年颁布的《民事诉讼法》为基础,而且在立法体例上基本没有多大的变化。

(二)1932年民国时期《民事诉讼法》的立法体例及其编纂特征

1. 1932年民国时期《民事诉讼法》的立法体例

1932年《民事诉讼法》,作为民国政府颁布的第一部《民事诉讼法》,在内容上分为五编、13章,共计600条。其立法体例与各编规定具体内容的章、节标题如下:

---

① 谢振民著:《中华民国立法史》,中国政法大学出版社2000年版,第1004页。

## 第七部分  中国民事诉讼立法体例的历史发展与法典编纂中的问题

第一编  总则

第一章  法院
  第一节  管辖
  第二节  法院职员之回避
第二章  当事人
  第一节  当事人能力及诉讼能力
  第二节  共同诉讼
  第三节  诉讼参加
  第四节  诉讼代理人及辅佐人
第三章  诉讼标的之价额及诉讼费用
  第一节  诉讼标的之价额
  第二节  诉讼费用
  第三节  诉讼担保
  第四节  诉讼救助
第四章  诉讼程序
  第一节  当事人诉状
  第二节  送达
  第三节  期日及期间
  第四节  诉讼程序之停止
  第五节  言词辩论
  第六节  裁判
  第七节  诉讼卷宗

第二编  第一审程序

第一章  通常诉讼程序
  第一节  起诉
  第二节  言词辩论及其准备
  第三节  证据(包括:通则、人证、鉴定、书证、勘验、证据保全6目)
  第四节  和解
  第五节  判决

第二章　简易诉讼程序

　　　　　第三编　上诉程序

第一章　第二审程序
第二章　第三审程序
第三章　抗告程序

　　　　　第四编　再审程序
　　　　　第五编　特别程序

第一章　督促程序
第二章　保全程序
第三章　公示催告程序
第四章　人事诉讼程序
　第一节　婚姻事件程序
　第二节　亲子关系事件程序
　第三节　禁治产事件程序
　第四节　宣告亡故事件程序

2.1932年民国时期《民事诉讼法》的编纂特征

由1932年民国时期《民事诉讼法》的上述立法体例可见，1932年民国时期的《民事诉讼法》，不仅在立法技术上较中国历史上任何一个时期的民事诉讼程序立法都有了较大提高与发展，而且还存在以下几方面的特征：

（1）在立法技术上采用了总则与分则分别规定的立法体例

从整个立法体例及其法典编纂的角度上讲，1932年民国时期的《民事诉讼法》，采用了从德国1877年《民事诉讼法》以来，大陆法系各国民事诉讼程序立法上所通用的"二重分别设置"的立法体例。这种总则与分则的分别设置，以及对于总则与分则立法技术的采用，表明的不仅是对于先进民事诉讼程序立法技术的吸收，也表明当时整个法典立法技术水平的提高。

（2）在法典编纂的内容上仅限于诉讼程序性的规定

从法典有关内容规定的角度上看，1932年《民事诉讼法》立法体例与法典编纂中另一个十分显著的特点在于，整个法典在有关内容的编纂上仅限于有关诉讼程序的规定，不包括有关执行程序的规定。即在整个法典的编纂上，没有采用大陆法系自1877年德国《民事诉讼法》以来的立法体例，而是继承了自清末《民事诉讼律草案》以来，中国在不同时期的民事诉讼程序立法中，仅对于诉讼程序进行规定，而不对执行程序进行规定，即民事执行程序单独立法的体例及其法典编纂特征。

（3）在有关具体程序制度的规定上更为科学、合理

从有关具体程序制度的设置与规定来看，1932年民国时期的《民事诉讼法》，虽然以北洋政府时期颁布的《民事诉讼条例》为蓝本，但是在具体程序制度的规定上较《民事诉讼条例》的相应规定要科学得多。例如，《民事诉讼条例》第二编第一审程序中规定了两章，这两章分别是：第一章"地方审判厅诉讼程序"；第二章"初级审判厅诉讼程序"。而1932年《民事诉讼法》第二编第一审程序中规定的两章则是：第一章"通常程序"；第二章"简易诉讼程序"。

由上可见，1932年民国政府所颁布的《民事诉讼法》，无论就立法体例还是法典的编纂而言，不仅在整个水平上高于中国历史上任何一个时期的民事诉讼程序立法，而且某些程序制度的设置及其规定，应当说在当时大陆法系各国的民事诉讼程序立法中也堪称先进。但是，这里应当指出的是，这仅仅是就民事诉讼程序立法的体例及其法典编纂的技术水平而言，如果就民国时期《民事诉讼法》的适用即诉讼实际状况而言，客观地看，却又是一回事。在那军阀混战、民不聊生的社会条件下，任何完美的立法及其法典编纂都不可能真正解决现实社会生活中的实际问题。

## 三、新民主主义时期革命根据地的民事诉讼程序立法及其法律编纂

(一) 新民主主义时期革命根据地民事诉讼程序立法及其法律编纂的历史与发展

新民主主义革命是中国共产党领导中国人民反对帝国主义、封建主义、官僚资本主义的革命,这场史无前例的革命,不仅经历了十分艰难的历史岁月,而且作为新民主主义革命根据地法制建设基本内容之一的民事诉讼程序法律建设,在中国几十年的新民主主义革命斗争中,也有着自己独特的历史发展进程。

早在1925年6月,中国共产党领导的省港大罢工中,罢工委员会不仅下设了干事局、法制局、审计局、会审处、财经委员会等办事机构,以及纠察队军法处、会审处和特别法庭等执法机构,而且还制定了各所属机构的组织法、《会审处条例》、《纠察队纪律》等。虽然这些形式的机构以及所颁布的有关条例、纪律等规范性文件,在目的、内容与性质上并非特定的解决民事纠纷的组织与法律,而是以打击反革命以及执行罢工委员会命令为主要目的的组织与规定,然而从历史发展的角度上看,这些组织的建立及其条例、纪律的颁布,却开辟了创制中国新民主主义革命法制,以及争取审判权力的先例。

同时,"从1927年开始,以湖南农民运动为中心,在许多省建立了农民协会。农会实际上起到了政权机关的作用,权力很大,政治、经济、司法都管。当时中央执行委员会决定在农会设立仲裁部,或者由村民选举成立公断处。这实际上是革命的司法机关,负责处理反革命案件、刑事案件、民事案件,这可以说是新中国民事诉讼制度的先声,也可以说是民事调解制度的开端。"[①]

---

① 西南政法学院编:《民事诉讼法讲座》(上册)(校内用书),1983年5月版,第56页。

## 第七部分　中国民事诉讼立法体例的历史发展与法典编纂中的问题

第二次国内革命战争时期，即土地革命时期，共产党领导的各革命根据地，不仅先后组建了自己专门的司法审判机关，而且在这些专门司法审判机关的组织、构建乃至于审判权限的确定中，大多采用法律规定的形式作出了明确的规定与规范。

下面摘录的是1934年2月17日，中华苏维埃共和国颁布的《中华苏维埃共和国中央苏维埃组织法》第七章，有关中华苏维埃共和国最高法院的规定。

### 第七章　最高法院

第三十四条　为保障中华苏维埃共和国革命法律的效力，在中央执行委员会之下，设立最高法院。

第三十五条　最高法院设院长一人，副院长二人，由中央执行委员会主席团委任之。

第三十六条　在最高法院之下设刑事法庭、民事法庭及军事法庭，各设庭长一人。

第三十七条　最高法院的权限规定如下：

一、对于一般法律作法定的解释；

二、审查各省裁判部及高级军事裁判所的判决书和决议；

三、审查中央执行委员以外的高级机关职员在执行职务期间内的犯法案件（中央执行委员犯法案件由中央执行委员会或主席团另行处理之）；

四、审判不服省裁判部或高级军事裁判所的判决而提起上诉的案件，或检查员不同意省裁判部或高级军事裁判所的判决，而提起抗议的案件。

第三十八条　在最高法院内组织委员会，其人数由中央执行委员会主席团按需要规定，以最高法院院长为主席，讨论并决定关于最高法院职权内各项重要的问题及案件。

第三十九条　最高法院设检察长一人，副检察长一人，检察员若干，检察长、副检察长由中央执行委员会主席团委任之。

第四十条　最高法院的详细组织另定之。①

除中央苏区对于司法裁判机构的组织、权限等进行了专门的法律规定以外，其他一些革命根据地也先后颁布了有关司法裁判机构的组建及其权限的法律规定。例如，当时的川陕革命根据地就以《川陕省革命法庭条例》（草案）的法律规定形式，对于川陕革命根据地司法裁判机构的组织、裁判权限作出了明确规定。该条例第三条规定："省苏维埃革命法庭为一省最高级法庭，县革命法庭直属于省革命法庭，区以下设裁判委员会，直属县革命法庭指挥。裁判要得到原告和被告双方同意，裁判才能发生效力，如任何一方不同意，都可以向县革命法庭提出控告。县革命法庭的裁判须得到省革命法庭的同意批准才能成为定案。县苏或群众团体不同意县革命法庭的判决，不能随意更改，应一方面执行；另一方面向省革命法庭提出控告。省革命法庭的判决要得到全国最高革命法庭和省苏的批准；如判决有不正确的，可要求复审。"②

土地革命时期，共产党领导的各革命根据地除了在组织、构建以及确定专门审判机构的权限等方面，颁布了一定数量的法律、法令规定以外，还拟订、编纂和颁布了不少有关司法裁判及其诉讼程序性的法律、条例和命令。例如，1930年5月颁布的《闽西苏维埃政府布告——裁判条例》、1931年12月13日，中央执行委员会非常会议通过的《中华苏维埃共和国中央执行委员会训令——处理反革命案件和建立司法机关的暂行程序》、1932年6月7日颁布的《裁判部暂行组织及裁判条例》、1932年9月12日福建省苏维埃政府发

---

① 中国社会科学院法学研究所民法教研室民诉组、北京政法学院诉讼法教研室民诉组合编：《民事诉讼法参考资料》（第一辑），法律出版社1981年版，第92页。

② 中国社会科学院法学研究所民法教研室民诉组、北京政法学院诉讼法教研室民诉组合编：《民事诉讼法参考资料》（第一辑），法律出版社1981年版，第107页。

布的《关于组织裁判委员会和送上级批准的案卷问题的命令》、1933年5月30日发布的《司法人民委员部对裁判机关工作的指示》、1934年4月8日颁布的《中华苏维埃共和国司法程序》等。

抗日战争时期,陕甘宁边区和其他革命根据地,在组织、构建司法审判机构的同时,也颁布了大量的有关司法裁判、诉讼程序以及调解方面的条例、纲要、办法和决定。例如,1941年4月18日颁布的《山东省各级司法办理诉讼补充条例》、1941年4月22日颁布的《山东省改进司法工作纲要》、1941年5月10日颁布的《陕甘宁边区高等法院对各县司法工作的指示》、1943年1月15日颁布的《陕甘宁边区军民诉讼暂行条例》、1943年9月1日颁布的《苏中第二行政区诉讼暂行条例》、1944年10月颁布的《苏中区处理诉讼案件暂行办法》、1944年3月1日颁布的《太岳区暂行司法制度》、1944年5月31日颁布的《晋察冀边区行政委员会关于改进司法制度的决定》、《淮海区审理敌伪区人民诉讼案件暂行办法》,以及1942年3月1日颁布的《晋西北村调解暂行办法》、1942年4月1日颁布的《晋察冀边区行政村调解工作条例》、1944年6月1日颁布的《晋察冀边区行政委员会关于加强村调解工作与建立区调处工作的指示》、《晋冀鲁豫边区晋冀鲁豫区区调解委员会组织大纲》、1943年6月11日颁布的《陕甘宁边区民刑事件调解条例》、1944年4月20日颁布的《山东渤海区村调解委员会暂行组织条例》等。同时,陕甘宁边区还在根据地的司法工作中,创立了对于新中国民事诉讼具有深远影响的"马锡五审判方法"。

进入解放战争以后,革命根据地的司法审判机构及其有关规定,基本沿用的是抗日战争以来已经形成的体制及其规定。但是在解放战争的初期,由于国民党大举进攻解放区,基于战时的需要,根据地的"司法机构实行精简改组,有的法院撤销了,有的县的司法处归并到公安、民政部门,司法干部大部分参加到部队。"[①] 一直到

---

[①] 西南政法学院编:《民事诉讼法讲座》(上册)(校内用书),1983年5月版,第59页。

1948年随着解放战争的不断胜利,解放区的司法机构才逐渐恢复。

在解放区司法审判机构的逐渐恢复过程中,1948年9月,东北行政委员会发布了《东北行政委员会关于各级司法机构改为人民法院的通令》,该通令规定原各级司法机构统一改称为"人民法院",裁判决断案件人员的称谓由过去的"推事"更改为"审判员"。①1948年10月,华北人民政府也颁布了《华北人民政府为统一各行署司法机关名称、恢复各县原有司法组织及审级的规定通令》,该通令第一条规定:"本府于本月十九日第一次政务会议决定:各行署原有司法机关,一律改为'某某(地区名)人民法院',称冀中人民法院、冀南人民法院、冀鲁豫人民法院、北岳人民法院、太行人民法院。本府各直辖市司法机关即为'某某市人民法院'。如石家庄市人民法院、阳泉市人民法院,并由本府统一颁发印信。"第二条规定:"由各行署转令各县政府迅速恢复原有司法组织(在民选政权未正式成立前,名称可仍旧)。过去司法机关与民、教或公安局合并,司法科(或处或人民法庭)所辖之监所与公安局之拘留所合并,工作极不便利,需要把它分开。过去司法干部转业其他工作者,应尽可能调回司法部门工作。"②从此,随着解放战争的不断胜利,全国司法审判机构的建设和组织也逐步向正规化、规范化和统一化方向发展。

同时,解放战争时期,特别是解放战争后期,各革命根据地为了司法裁判以及解决诉讼纠纷的实际需要,不仅颁布了大量有关司法裁判、调解的"条例"、"办法"等法律、法令和规范性文件,以及在有关民事诉讼程序立法以及民事诉讼程序法律的编纂上,出现了涉及主管、审级、陪审、巡回审判、诉讼费用、诉讼秩序、上诉等一些有关民事诉讼程序的专门立法规定,而且一些革命根据地还

---

① 请参见韩延龙、常兆儒著:《中国新民主主义革命时期根据地法制文献选编》(第三卷),中国社会科学出版社1981年版,第612页。

② 中国社会科学院法学研究所民法教研室民诉组、北京政法学院诉讼法教研室民诉组合编:《民事诉讼法参考资料》(第一辑),法律出版社1981年版,第369页。

## 第七部分 中国民事诉讼立法体例的历史发展与法典编纂中的问题

颁布了有关简易民事诉讼程序以及民事强制执行程序的专门法律规定。例如，1946年8月1日颁布的《冀南区诉讼简易程序试行法》、1948年哈尔滨市颁布的《哈尔滨特别市民事刑事诉讼暂行条例》、1949年哈尔滨市颁布的《哈尔滨市人民法院民事诉讼办法（草案）》、1949年8月11日颁布的《上海市人民法院办理民刑案件暂行办法》、1949年颁布的《热河省市县旗人民法院民刑诉讼简易手续》、1942年5月21日颁布的《晋冀鲁豫边区政府晋冀鲁豫边区高等法院命令——命令执行决定之审级制度》、1943年9月15日颁布的《晋冀鲁豫边区政府晋冀鲁豫行署通令》、1946年2月12日颁布的《晋冀鲁豫边区关于审级及死刑核定的暂行规定》、1948年1月1日颁布的《关东高等法院通告》、1946年4月颁布的《山东省陪审暂行办法》、《淮海区人民代表陪审条例》、1949年4月颁布的《旅大市高等法院关于建立人民陪审制（草案）》、1942年3月1日《晋西北巡回审判办法》、《淮海区巡回审判实施办法》、1946年1月4日颁布的《晋察冀边区各级法院状纸与讼费暂行办法》、1949年颁布的《上海市人民法院关于征收费用的布告》、1948年颁布的《哈尔滨特别市人民法庭法庭规则》、1949年颁布的《南京市人民法庭规则》、1946年5月23日颁布的《太行区执行新审级制度应注意事项的指示》、1949年8月颁布的《山东省人民政府为统一确定刑事覆核与上诉制度的通知》、1949年9月28日颁布的《苏北行政公署指令——民刑案件上诉手续》、1949年颁布的《哈尔滨市人民法院民事强制执行》、1949年4月颁布的《旅大市处理债务案件基本原则（草案）》。以及《山东省民事案件厉行调解的通令》、1948年3月颁布的《关东地区行政村（坊）调解暂行条例（草案）》、1949年2月25日颁布的《华北人民政府关于调解民间纠纷的决定》、1949年3月15日颁布的《天津市人民政府关于调解程序暂行规定》、1949年4月《旅大市高等法院关于调解工作方案（草案）》、1949年颁布的《哈尔滨市人民法院调解规则》等。

(二) 新民主主义时期革命根据地民事诉讼程序立法及其法律编纂的特点及其意义

由上述有关新民主主义时期革命根据地民事诉讼程序立法及其法律编纂的历史发展可以看出，新民主主义革命的不同历史时期，革命根据地不仅在有关民事诉讼程序立法及其法律编纂上拟定、编纂和颁布了大量具有法律效力的"条例"、"规定"、"决定"和"规则"，而且从民事诉讼程序立法体例和法律编纂技术性的角度上看，解放战争中、后期颁布的一些规定，已经具备了较高的立法以及法律编纂水平。

然而，新民主主义时期革命根据时期的立法及其法律编纂，毕竟是在中国共产党人领导的以推翻帝国主义、封建主义、官僚资本主义实现新民主主义革命终极目标，以及艰苦卓绝的战争年代条件下进行的。换言之，革命的基本任务及其艰难的社会历史条件，不仅从客观上主导和决定了新民主主义时期革命根据地有关民事诉讼程序立法及其法律的编纂，必然与中国以往任何时期以及任何类型的民事诉讼程序立法及其法律编纂都有所不同，而且这种历史条件下的立法及其有关法律的编纂，在目的、法律所承载的历史使命，以及编纂的方式与内容上，与以往任何历史时期以及任何类型立法及其法律编纂上的差异，也从客观上决定了它不同于其他一般立法与法律编纂的下述特点：

1. 新民主主义时期革命根据地民事诉讼程序立法及其法律编纂的特点

（1）从中国革命历史发展的角度上看，革命根据地的民事诉讼程序立法及其法律编纂，是新民主主义革命的有机组成部分，是新民主主义革命运动中，共产党人组织人民反对帝国主义、封建主义、官僚资本主义的另一种形式。即新民主主义革命根据地的民事诉讼程序立法及其法律编纂活动，无论在性质上，还是就这种行为的实质而言，都不仅仅是一种单纯的以及独立的立法及其法律编纂活动。或者说，它不是为了立法而立法，也不是为了立法而编纂法律的活动，而是为了实现新民主主义革命胜利的这一基本社会目标及其革命任务，以及旨在配合这一基本革命任务与目标的完成与实现，所进行的立法及其法律编纂活动。

换言之，新民主主义时期革命根据地的民事诉讼程序立法及其法律编纂，是一种承载着特定历史使命与专门革命任务的立法与法律编纂活动。这种特定的历史使命及其任务，不仅从实质上排除了一般程序立法中通常宣扬的超阶级形式上的所谓公平、正义，而且新民主主义时期革命根据地的民事诉讼程序立法及其法律编纂，在形式上也体现出了极大的与众不同的阶级性、革命性，以及目的性。这一特点在新民主主义时期革命根据地民事诉讼程序立法及其法律编纂中体现得十分突出。例如，1930年5月颁布的《闽西苏维埃政府布告——裁判条例》指出："我们闽西暴动胜利到现在已经是一年了，在这一年当中经常与反动军队战斗，关于人民诉讼之裁判，尚未定出标准，闽西第一次工农兵代表大会对于这个问题，已有详细讨论与考虑，大会站在无产阶级利益观点上，规定裁判条例四章，兹公布于下。"① 1934年4月8日，以中华苏维埃共和国中央执行委员会命令的形式颁布的《中华苏维埃共和国司法程序》，在对于制定该程序的目的中指出："在国内战争环境，苏维埃法庭、政治保卫局、肃反委员会等机关，应采取坚决迅速正确的办法，去镇压反革命，保障革命民众的利益，巩固苏维埃政权，因此特制定下列的司法程序。"② 1938—1942年《晋察冀边区行政委员会工作报告》中指出："边区司法工作，也同其他工作一样，是抗日民主政治的一部分，它是在抗战的环境与民主政治的改革中建树起来的。它的特点是：①司法工作是政权工作的一部分，矫正以往所谓'司法独立'

---

① 中国社会科学院法学研究所民法教研室民诉组、北京政法学院诉讼法教研室民诉组合编：《民事诉讼法参考资料》（第一辑），法律出版社1981年版，第149页。

② 中国社会科学院法学研究所民法教研室民诉组、北京政法学院诉讼法教研室民诉组合编：《民事诉讼法参考资料》（第一辑），法律出版社1981年版，第165页。

脱离政治领导之弊；②司法工作的中心任务是保证政府各种政策之执行，保护抗日各阶层人民的利益，对汉奸盗匪及违反法令者予以制裁；③法官必须依靠民意依靠调查研究的材料进行审判，矫正以往法官坐在家里死啃条文的习惯；④对犯人用感化教育政策，反对报复主义。"①

上述特点不仅表现在有关立法及其法律编纂的目的上，在具体内容的规定上也体现得十分清楚。例如，《中华苏维埃革命法庭条例（草案）》第9条规定："已经判决之案件，犯案当事人如系劳动分子应给予相当时期的上诉期间，过了上诉期间方执行法庭判决，对一切剥削分子无上诉期。"②《川陕省革命法庭条例（草案）》第11条规定："革命法庭为拥护工农劳动民众的利益，并动员群众力量反对反革命。建立革命法庭和工农民众的密切关系，一切苏区公民有到革命法庭旁听的权利，一切剥削分子没有旁听权。"第12条规定："工农劳动民众以自己的志愿，经过革命法庭的许可，可以委托一个或几个辩护人，为自己辩护，必须是劳动者有公民权的人才有资格当辩护人，一切剥削分子没有担负辩护人的资格。"③

由上可见，从中国革命的历史发展以及新民主主义革命特定历史环境条件的角度上看，新民主主义时期革命根据地民事诉讼程序立法及其法律的编纂，不仅具有为其他立法与法律编纂活动所不具有的性质与任务，而且其立法与法律编纂的目的性、阶级性与革命性也体现得十分明显与明确。

---

① 中国社会科学院法学研究所民法教研室民诉组、北京政法学院诉讼法教研室民诉组合编：《民事诉讼法参考资料》（第一辑），法律出版社1981年版，第44页。

② 中国社会科学院法学研究所民法教研室民诉组、北京政法学院诉讼法教研室民诉组合编：《民事诉讼法参考资料》（第一辑），法律出版社1981年版，第100—101页。

③ 中国社会科学院法学研究所民法教研室民诉组、北京政法学院诉讼法教研室民诉组合编：《民事诉讼法参考资料》（第一辑），法律出版社1981年版，第110页。

## 第七部分　中国民事诉讼立法体例的历史发展与法典编纂中的问题

（2）从民事诉讼程序立法以及法律编纂体例的角度上看，新民主主义时期革命根据地的民事诉讼程序立法及其法律编纂，具有从刑事、民事诉讼程序合体逐步走向民事程序独立编纂，以及由简单逐步走向详细的特点。而这一特点从新民主主义不同时期有关诉讼程序的立法及其法律编纂的方式、内容及其法律文件的形式上可以十分清楚地看到。针对这一问题，笔者对于有关文献资料作了一个统计，就法律编纂体例而言，在土地革命时期和抗日战争时期，各革命根据地所颁布的大量有关诉讼程序法律规定中，没有一部是独立的有关民事诉讼程序的立法，所有的关于诉讼程序的立法及其法律规定，在编纂上都是刑事与民事合体。独立的有关民事诉讼程序法律的编纂仅仅出现在解放战争的后期。我国最早独立编纂的一部有关民事诉讼程序的法律，是1949年哈尔滨市编纂的《哈尔滨市人民法院民事诉讼办法（草案）》。

就民事诉讼程序法律内容的编纂而言，土地革命时期和抗日战争时期编纂的有关法律不仅刑民合体，而且有关民事诉讼程序法律内容的规定也十分稀少，然而，解放战争后期在有关诉讼程序法律编纂上，不仅出现了独立的民事诉讼程序立法及其相应的法律编纂，而且在规定的内容以及立法体例上都较过去有了极大的不同。

下面是1930年5月，闽西苏维埃政府以布告形式颁布的《裁判条例》中有关民事诉讼程序的规定，以及1949年哈尔滨市人民政府颁布的《哈尔滨市人民法院民事诉讼办法（草案）》，从两部不同历史时期颁布的法律规定中我们可以清楚地看出两部法律在民事诉讼程序法律的编纂及其立法上的差异。

1930年5月，闽西苏维埃政府以布告形式颁布的《裁判条例》有四章，共计18条。这四章依次是：第一章"裁判机关权力及执行手续"、第二章"人民诉讼条例"、第三章"惩办罪犯方法"、第四章"附则"。其中第二章"人民诉讼条例"有四条，这四条分别是：第一条"人民诉讼，须经过审判程序，不得越级陈诉。"第二条"当事人不服原审判决，得在法定期间内提出上诉，终审判决后，即为终决。"第三条"当事人认为各级审判机关，有违法行为，或查出受贿证据时，得提出抗告于上级审判机关。"第四条"人民诉讼，口头书面均可，废除旧时形式，及收费的劣习。"①

### 哈尔滨市人民法院民事诉讼办法（草案）②
### （一九四九年）

#### 第一章 通则

一、民事以便利人民诉讼，及发扬民主为原则。

二、审判员须为正确裁判，并应扩大司法教育。

#### 第二章 管辖

三、凡属本市之住民，或在本市发生之纠纷，均属本院管辖之范围。

四、原告应到被告所在地之人民法院诉讼，但因贫困或其他特殊之理由，经本院批准者，可由本院与被告所在地之法院联络办理之。

五、原告是其他地区住民，得以书面控诉，在本院管辖范围内之被告，但原告得随时受传到庭。

六、在本院系属之案件，可移送上级指示之法院办理，本院认为有必要时，亦可函送相当之法院办理之。

七、被告不知去向，而原告能充分证明其陈述事实为真实，法院得就其陈述之内容为裁判。

#### 第三章 提起诉讼之手续

八、以口头或书面均为提起诉讼之方法，凡经本院收案登记者，

---

① 中国社会科学院法学研究所民法教研室民诉组、北京政法学院诉讼法教研室民诉组编：《民事诉讼法参考资料》（第一辑），法律出版社1981年版，第150页。

② 中国社会科学院法学研究所民法教研室民诉组、北京政法学院诉讼法教研室民诉组编：《民事诉讼法参考资料》（第一辑），法律出版社1981年版，第247—250页。

即系案件成立开始办理。

九、凡本院收受之意见书,机关、团体、区公所之移送书,属于诉讼性质者,以案件办理之。

十、以案件之性质,可先经调解,调解不成立即以正式诉讼手续审理之。

十一、审判员收受案件以后,须于三日内开始审理,如双方不能同时出庭,得就单方审理,但下次开庭时必须告知对方前次审理之内容。

### 第四章 审判员书记员之工作

十二、审判员受理案件后,指定日期,出具传票,双方到庭审理。

十三、审判员与书记员同时出庭,书记员负记录之责。

十四、非经本院授权之书记员不得对当事人审讯。

十五、审判员得就案件有关事项,传讯证人,证人不得拒绝证言。

十六、审判员须为调查研究工作,其调查之内容制作笔录附卷。

十七、审判员得聘请鉴定人,其鉴定结果,以书面附卷。

十八、审判员认为当事人之一造确有胜诉之可能,而对方之财产有隐匿之虞时,得于审讯中施行假扣押。

十九、当事人经三次传唤无故不到庭,得拘提之,原告三次不到者得视为撤回。

二十、审判员宣示裁判时,须详释裁判之理由,并应告诉上诉或抗诉之日期及法院。

二十一、裁判书、传票等文书,均以审判员名义行之。

二十二、审判员必须倾听及启发当事人的意见,并予以双方充分辩论的机会。

二十三、书记员当庭对当事人朗读笔录全文,当事人双方签名盖章,如拒绝签名盖章,得将其理由记入笔录,不会写字之当事人,由书记员代写签名。

二十四、书记员对当事人之重要文件,作抄件附卷,原件退还本人。

二十五、当事人声明笔录错误时，要求改正之主张，另行记入笔录。

二十六、书记员所记之笔录，于每次开庭后，审判员核阅签字。

二十七、审判员不得更改笔录。

二十八、外侨案件须设翻译，朗读笔录，由翻译负责。

二十九、审判员在开庭完了时，得指定下次日期及进行内容。

三十、特殊案件须经审判员批准方可参加旁听。

三十一、具有教育意义之案件，审判员得组织扩大公审会。

## 第五章 当事人

三十二、当事人有正当理由，经本院批准，可委托他人代理诉讼。

三十三、老幼聋哑重大疾病之当事人，可携同辅佐人出庭。

三十四、当事人得请求审判员许可，查阅对方向法院所提之证件或证物及卷宗。

三十五、当事人不得拒绝审判员之询问或答非所问。

三十六、在案件审理中，当事人可以随时向审判员提示对案件有关之意见。

三十七、证人不得拒绝证言，并须在证言笔录上签名盖章。

三十八、证人对自己之虚伪陈述，应负刑事责任。

三十九、证人不能出庭，并可以书面陈述，审判员亦可就证人所在场所询问，但审判员认为有出庭之必要不在此限。

四十、鉴定人对其所鉴定事项，须制作鉴定书。

## 第六章 案件之结束

四十一、案件之结束，须以书面为之，其结束之方式，为裁判，调解，中止，撤回。

四十二、审理终了不得超过十日内宣判。

四十三、宣判时须将当事人对裁判之意见详记笔录。

四十四、凡对当事人送达之文书，应将送达证明文件附卷。

四十五、不能送达者得为公示送达，或记载当事人拒受之理由附卷。

四十六、在诉讼进行中一造去向不明，得就他造之利益裁判之。

四十七、发现裁判有重大错误，得再审或应关系人之声请再审之。

其再审之判决仍可上诉。

由上述两个不同历史时期革命根据地有关民事诉讼程序立法及其法律编纂的对比与比较可以看出，解放战争后期有关民事诉讼程序法律的编纂，虽然就现在的观点来看仍然很不完善，但是较之于土地革命时期的有关规定及其法律编纂，无论在立法体例，还是所规定的内容上都已经有了较大的发展。

(3) 从革命根据地民事诉讼程序立法及其法律编纂内容的角度上看，有关调解内容的法律编纂占据了很大的比例。即在新民主主义革命根据地的民事诉讼程序立法及其法律编纂中，涉及大量的有关调解的条例、决定、规则、规程等法律、法令及其具有法律效力的规范与文件。不仅如此，如果将新民主主义时期革命根据地有关民事诉讼程序的立法与有关调解的立法进行比较的话，还可以十分清楚地看到，新民主主义革命根据地在解决有关民事纠纷法律的编纂中，调解不仅占据了十分重要的地位，以及是新民主主义时期革命根据地法律编纂中十分主要的部分，而且就新民主主义时期有关调解内容的规定而言，无论是在调解的类型、范围、组织，还是调解的形式、程式、方式，以及调解书的制作等方面，都作有较民事诉讼程序立法更为详尽的规定。

(二) 新民主主义时期革命根据地民事诉讼程序立法及其法律编纂的意义

就"意义"本身的含义而言，新民主主义时期革命根据地民事诉讼程序立法及其法律编纂的意义，应当说包括有两个方面：一是对于新民主主义革命本身的意义；二是对于随后新中国社会主义革命及其建设的意义。我们这里研究的是后者，即对于社会主义革命及其建设的意义。换言之，从历史的继承性，以及新民主主义革命与社会主义革命之间的关系来看,新民主主义时期革命根据地的民事诉讼程序立法及其法律编纂,对于随后新中国的民事诉讼程序立法及其法律编纂的影响。

从历史的发展以及新民主主义革命与社会主义革命及其建设之间的关系来看,这种影响主要表现在以下两个方面:

1. 新民主主义时期革命根据地民事诉讼程序立法及其法律编纂,为新中国的民事诉讼程序立法提供了必要的历史参考资料。由于任何国家有关法律的编纂都不可能是凭空进行的,都是在参考一定历史资料的基础上展开和进行的。换言之,没有必要的以及可供参考的历史文献,就难于进行现实的立法考量与法律编纂。特别是建国之初在全面废除国民党六法全书,且没有其他立法文献可资参考的历史背景条件下,新民主主义时期革命根据地有关民事诉讼程序立法及其法律编纂的有关文献资料,较大程度上弥补了新中国民事诉讼程序立法及其法律编纂上缺乏法律参考文献的不足,为新中国民事诉讼程序立法及其法律编纂提供了必要的历史参考资料。

2. 新民主主义时期革命根据地民事诉讼程序立法及其法律编纂,为新中国的民事诉讼程序立法提供了必要的立法经验。由于中国的新民主主义革命与社会主义革命及其建设,都是在中国这一特定社会环境条件下进行的,而特定的社会环境条件以及两者在社会历史发展上的连续性,不仅决定了前一历史时期的立法和法律编纂经历及其经验,对于后一历史时期具有参考价值,而且后一时期的民事诉讼程序立法及其法律编纂,也需要借鉴、参考前一时期的经验,以及吸取历史的教训。

## 四、新中国成立以后到 1991 年的民事诉讼程序立法及其法典编纂

新中国的成立,应当说不仅标志着中国社会进入了一个历史性发展的新纪元,而且有关民事诉讼程序立法及其法典的编纂,相对于新民主主义时期革命战争年代的艰苦条件,无论是总的社会环境,

## 第七部分　中国民事诉讼立法体例的历史发展与法典编纂中的问题

还是民事诉讼程序立法及其法典编纂的条件,以及可利用的立法资源都有了根本性的变化,同时,基于繁荣经济、发展生产等现实社会生活中解决民商事纠纷的需要,在这种社会条件以及要求下,作为新中国法制建设重要组成部分的民事诉讼程序立法及其法典编纂,不仅应当进入一个迅速发展的时期,而且也应当呈现为十分繁荣、发达的景象。然而,历史就是历史,它不以人的意志为转移,也非一般逻辑可以归论。即新中国的成立虽然标志着中国社会进入了一个历史性发展的新纪元,但是,新中国的法制建设,以及民事诉讼程序立法及其法典的编纂却并未按照一般的逻辑规则在发展。换言之,如果以1991年新中国《民事诉讼程序法》的颁布为标准的话,新中国民事诉讼程序立法及其法典的编纂,不仅与新中国整个法制建设的历史发展一样,而且也经历了一段十分艰辛和漫长的历程。

以新中国不同历史时期民事诉讼程序立法及其法律编纂的发展为标准,新中国民事诉讼程序立法及其法典编纂,大致可以分为以下两个不同的历史时期。

（一）1949—1979年

1. 1949—1979年的民事诉讼程序立法及其法律编纂

1949年2月,即新中国成立的前夕,对于新中国的法制建设,以及新中国的法律制度与旧中国国民党颁布的法律之间的关系,中共中央颁布了一个纲领性的文件,即中共中央《关于废除国民党的六法全书与确定解放区的司法原则的指示》（以下简称《指示》）。该《指示》总共有六条。这六条不仅批判了当时的司法干部以及其他一些干部对于国民党六法全书的错误认识,以及揭示了六法全书的阶级本质,而且对于新中国的司法工作及其法律依据作出了明确的规定。该《指示》第五条指出:"在无产阶级领导的工农联盟为主体的人民民主专政的政权下,国民党的六法全书应该废除,人民的司法工作不能再以国民党的六法全书为依据,而应该以人民的新的法律作依据。在人民新的法律还没有系统地发布以前,应该以共产党的政策以及人民政府与人民解放军所已发布的各种纲领、法律、条例、决议作为依据。目前在人民的法律还不完备的情况下,司法机关的办事原则应该是：有纲领、法律、命令、条例、决议规定者，从纲领、法律、命令、条例、决议之规定；无纲领、法律、条例、决议规定者，从新民主义的政策。"① 这一规定作为新中国法制建设的纲领性文件，不仅宣告了民国政府的民事诉讼程序立法及其所编纂的民事诉讼程序法典在中国大陆的终结，也决定了新中国民事诉讼程序法律编纂、制定的方式、方法以及发展。

中共中央《关于废除国民党的六法全书与确定解放区的司法原则的指示》颁布以后，由于1949年前后，全国尚无统一的诉讼程序性法律规定，各地基本上沿用的是革命根据地时期颁布的一些民事诉讼程序性规定。如1948年10月哈尔滨市的《民事诉讼暂行条例》（草案）、1949年《哈尔滨市人民法院民事诉讼办法》（草案）、1949年8月《上海市人民法院办理民刑案件暂行办法》、1949年11月《南京市人民法院处理一般诉讼案件程序表及其说明》、1949年《热河市县旗人民法院民刑诉讼简易手续》、1949年9月《皖北人民法院书记员与审判委员会工作细则》等一批地区性民事和刑事诉讼程序性法律规定。

这些在解放战争后期编纂和制定的规定，不仅全面地贯彻了中共中央有关废除国民党六法全书中有关民事诉讼程序制度方面的规定，并设定了一些新的民事诉讼司法原则，而且，也为当时各地的民事、刑事诉讼活动设置了基本的程序性规范。例如，《上海市人民法院办理民刑案件暂行办法》第二条规定："案件之处理，应依具体情况，以人民政府及人民解放军颁布之纲领、法律、命令、条例、决议、及新民主主义之政策为依据。"② 哈尔滨市《民事刑事诉讼暂行条例》第七条规定："为防止滋长讼争及徒增群众负担，严禁未经

---

① 西南政法学院诉讼法教研室编：《中华人民共和国刑事诉讼法资料汇编》（校内用书），1983年10月版，第2—3页。

② 中国社会科学院法学研究所民法研究室民诉组、北京政法学院诉讼法教研室民诉组合编：《民事诉讼法参考资料》（第一辑），法律出版社1981年版，第254页。

政府审查登记之旧律师及旧司法代书,参与诉讼活动。"① 《热河省市县旗人民法院民刑诉讼简易手续》第四条规定:"民事案件,由被告之住所、居所或被告所属之机关团体所在地之法院管辖。"第二十三条规定:"民事当事人经合法传唤,而无正当理由而不到者,得视为撤销或缺席判决。"第二十五条规定:"证人或鉴定人有到场据实陈述或鉴定之义务,如受合法传唤,而无正当理由两次不到者,可以拘传。"② 这些规定从今天的角度来看可以说十分的粗糙、简陋,不仅散见在不同地区性的法律规定中,而且,就法条的规定而言,有的总共不过十几个条文,最详细的规定充其量也不过四十几个条文。不过这些规定却是新中国解放之初,在民事司法审判中适用以及遵循的基本程序性规则及其规定。

1950年12月31日,中央人民政府政务院法制委员会起草了《中华人民共和国诉讼程序通则(草案)》(以下简称《通则(草案)》),并提交1950年冬至1951年初新中国召开的第一次全国司法工作会议讨论。该《通则(草案)》在总结革命根据地人民司法工作经验,以及参考各地已经制定的一些刑事、民事诉讼规则的基础上,对于新中国的诉讼程序作了当时较为完整的规定。

《通则(草案)》有三个十分突出的特征和原则:一是明确规定根除反动司法机关压迫人民的、烦琐的、迟缓的、形式主义的诉讼程序。实行便利人民群众的、简易的、迅速的、实事求是的诉讼程序。二是继承了新民主主义革命时期人民司法的优良传统,对一些便利人民群众的程序和制度加以了肯定和发展。例如规定人民法院审理对于社会有重大影响、重大教育意义或者其他有必要的案件,

---

① 中国社会科学院法学研究所民法研究室民诉组、北京政法学院诉讼法教研室民诉组合编:《民事诉讼法参考资料》(第一辑),法律出版社1981年版,第244页。

② 中国社会科学院法学研究所民法研究室民诉组、北京政法学院诉讼法教研室民诉组合编:《民事诉讼法参考资料》(第一辑),法律出版社1981年版,第262—265页。

应通知有关的人民团体或其他方面指派代表出席陪审，参与审理。人民法院应当便利群众，实行就地调查、就地审判或巡回审判。三是对人民法院在当时的条件下审理案件如何运用法律作出了特殊规定。即人民法院审理案件，应当按照中国人民政治协商会议通过的《共同纲领》，以及人民政府或中国人民解放军颁布的纲领、法律、法令、条例、命令、决议办理。有这些规定时，依这些规定；无规定时，依新民主主义的政策。

《通则（草案）》对于民事案件的管辖、问事、代书、起诉、回避、送达、代理、调解、审理、收案的简捷处理、判决、撤回起诉、暂先处理、暂先执行、笔录、卷宗、上诉、抗告、判决的确定执行、再审、监督审判等问题分别作了规定。

对于案件的管辖，《通则（草案）》不仅规定了原告就被告的管辖原则，即案件一般应由被告居住地或营业所、事务所的所在地法院管辖，而且，同时又补充规定，如果原告起诉确有困难，可以向其他法院起诉，接受起诉的法院如果调查事实确实比较便利，就应当受理该案件，并与有管辖权的法院联系处理。

在有关收案简捷处理的规定中，《通则（草案）》规定人民法院应设立收案处，并根据工作情况指派审判人员在收案处工作，分别针对案件的缓急难易情况，将急迫简易的案件即时自行处理或分送其他审判人员处理，需要审判庭开庭审理的，将案件交送审判庭立案审理。

在有关再审和监督审判的规定中，《通则（草案）》把再审分为两种类型：一个是再审之诉。即当事人在判决确定后，发现了新的证据或新的事实，足以使其可以得到较为有利的判决时，在发现新证据或新事实后的30天内，提起的再审之诉。另一个是依照审判监督程序进行的再审。这种再审又分为两种情况：一是上级人民检察署认为下级人民法院的确定判决有重大错误时，向上级人民法院提起抗诉，要求上级法院进行的再审。以及最高人民检察署认为最高人民法院的确定判决，确有重大错误的，向最高人民法院提起抗诉，要求最高人民法院进行的再审。二是上级人民法院认为下级人民法

## 第七部分　中国民事诉讼立法体例的历史发展与法典编纂中的问题

院的确定判决确有重大错误时，自行进行再审或指命下级人民法院的再审。以及最高人民法院及其分院为监督审判工作，对各级人民法院的确定判决予以审查，如发现重大错误时，自行再审或命令下级法院进行的再审。

就新中国民事诉讼程序立法及其法典编纂历史发展的角度上看，《中华人民共和国诉讼程序通则（草案）》，是新中国第一部诉讼法草案，也是我国民事诉讼法制建设的开端。无论是在立法体例还是法典编纂的技术上，都是新中国诉讼程序立法史上一部较好的立法文件。但是，由于该草案集刑事诉讼程序和民事诉讼程序于一体，其所设置的诉讼程序尚有诸多不足之处，以及其他一些原因，在1950年底至1951年初的全国司法工作会议上，《中华人民共和国诉讼程序通则（草案）》并没有获得通过，不过该《通则（草案）》所确定的大多数原则及其程序性规定，乃至于立法体例，对随后新中国几十年民事诉讼程序法律规定及其有关诉讼程序规范性文件的编纂，都具有一定程度的影响。可以说，即便是今天现行的民事诉讼程序法律规定中，也可以看到当年《通则（草案）》的某些影子。

1955年7月，最高人民法院为了向国家立法机关起草民事诉讼法提供第一手的实际资料，也为了督促各地人民法院深入贯彻已颁布的人民法院组织法，以及总结各级人民法院的民事审判经验，规范、统一民事诉讼程序，组织了两个工作组分赴北京、天津、上海、南京、杭州、济南、沈阳、旅大、长春、哈尔滨等十个城市，搜集了有关高级人民法院和中级人民法院民事案件审理程序的资料，以及武汉、广州、西安三个城市人民法院的书面材料，并根据当时最高人民法院院长董必武同志关于"求得大体一致，略加提高，使之接近于人民法院组织法的要求"的精神，在对有关资料进行研究的基础上，提出了《关于北京、天津、上海等十三个大城市高、中级人民法院民事案件审理程序的初步总结》（以下简称《总结》）。[①] 该

---

① 参见西南政法学院诉讼法教研室编：《中华人民共和国民事诉讼法资料选编》（第一辑）（校内用书），1984年版，第7—22页。

《总结》虽然就性质以及文字表述的形式而言，并没有采用法律条文的形式，以及并不是一部正规的法律规定，但是作为一部规范性法律文件，对于民事诉讼程序中所涉及的基本程序问题都作出了明确的规定。例如，在起诉问题上，该《总结》规定："为使各市人民法院接受案件的手续大体一致，今后不论个人起诉或机关、企业、团体起诉，一般应用诉状，并按被告人人数提出诉状副本。当事人不能写诉状而口头起诉的，可由人民接待室代写；机关、企业、团体起诉的，应由代理人代理诉讼"。在案件审理前的工作上，该《总结》规定："为了保证案件得到正确、迅速的处理，根据各市人民法院经验，审理案件前应由合议庭的组成人员或独任的审判员做好以下几项工作：（一）审查案件应否受理：起诉手续是否完备。在接受案件时，应审查原告人有无诉讼请求权、案件是否归人民法院主管和应否归本院管辖。原告人没诉讼请求权的，应裁定不予受理；对依法应由行政机关处理的或不属于本法院管辖的案件，应分别依送有关机关或有管辖权的人民法院处理，并告知原告人。案件决定受理后，应审查起诉手续是否完备，如所交的证物、附件的种类和件数是否与诉状所载相符，诉状内容是否清楚，有无副本等。如有不符或欠缺，应命原告补正。（二）调查和收集证据……（三）决定采取保全措施……（四）试行调解……（五）开庭前的准备工作……"

除了以上一些规定之外，《总结》对于审理与裁判、上诉、再审、执行等诸多问题也都作了规定。

1956年10月，在前述调研的基础上，最高人民法院印发了《关于各级人民法院民事案件审判程序总结》。该总结在内容上共包括七大部分：案件的接受；审理案件前的准备工作；审理；裁判；上诉；再审；执行。由于总结当时采用的是一般文章通常的文体表述方式，就法律规定的角度看很不规范。为此，1957年，最高人民法院在该总结内容的基础上，把总结按照通常法律的表现形式进行了条文化，制定了《民事案件审判程序》。该程序共84个条文，其内容与总结几乎完全一样，包括下述七大部分。

(1) 起诉

起诉部分共 2 个条文。这两个条文对原告的条件加以了规定。按照该规定有三种人或者组织可以向人民法院提起民事诉讼。这三种人分别是：①请求保护自己权利的人；②请求保护依法由他保护的权利的人；③对于有关国家和人民利益的主要民事案件，人民检察院可以提起诉讼。

按照规定，起诉需用诉状，并按照被告人人数提交诉状副本。

(2) 审理案件前的工作

审理案件前的部分共 21 个条文，规定了审判组织、诉讼代理、证据、保全措施、调解、通知、传唤、送达等内容。

(3) 审理

审理部分共 20 个条文，规定了一般程序、当事人的诉讼权利、回避、讯问证人和鉴定人、终止审理、撤回、注销案件、缺席判决、笔录等内容。

(4) 裁判

裁判部分共 5 个条文，规定了评议和宣判。

(5) 上诉

上诉部分共 14 个条文。这 14 个条文规定的内容包括：第一，对第一审人民法院判决和裁定不服可以提起上诉的人。一是当事人和他委托的代理人；二是无诉讼能力的当事人的监护人、配偶、父母和子女。第二，上诉、抗诉的期限；上诉应履行的手续和第二审人民法院审理上诉案件的程序。第三，上诉审人民法院应当就上诉或者抗诉的请求进行审理。对于未提起上诉或者抗诉的部分，即虽未提起上诉，但与当事人有关的部分，如果发现原判决或者裁定适用政策、法律、法令有错误的，人民法院也应进行全面审理。

(6) 再审

再审部分共 8 个条文。这 8 个条文不仅规定再审只能按再审监督程序进行，而且对不同情况的再审进行了规定。这些规定包括三种类型的再审：第一，作出判决的法院发现本院已经发生法律效力的判决和裁定，在认定事实或适用法律上确有错误而进行的再审；

第二，上级法院发现下级法院已经发生法律效力的判决、裁定确有错误而提审或者指令下级法院进行的再审；第三，因人民检察院按照审判监督程序提出抗诉而再审、提审或者指令下级人民法院的再审。

(7) 执行

执行部分共计 14 个条文。这些条文对于作为执行名义的法律文书已经发生法律效力的民事给付判决或者裁定、刑事判决或者裁定中的有关财产问题；查封、扣押、冻结债务人财产的执行措施、执行中止、终止等作出了规定。

从《民事案件审判程序》的立法体例及其所规定、编纂的内容来看，由于该程序性规定除了没有将案件的管辖纳入立法规定的体例，即没有作出具体规定以外，对于民事诉讼程序的基本问题都作了规定。因此，整体而言其规定是比较全面和系统的。不仅如此，就规范民事审判与民事诉讼活动而言，实际上起到了民事诉讼法的作用。客观地讲，应当说在中国民事诉讼程序立法及其法律编纂的历史上，无论从内容到规定的表现形式都称得上是新中国第一个关于民事诉讼正式的、具有法律效力的程序性规定。

1957 年以后至党的十一届三中全会以前，由于众所周知的原因，我国不仅有关民事诉讼程序的立法及其有关法律的编纂，就是整个中国的法制建设都停止了。在那个为所欲为的年代里，为了"造反"的需要，不仅程序、规范、规则被视为了"革命"的对象，即便是新中国以来已经建立、制定的有关民事诉讼的程序性法律规定也统统被砸烂了。社会现实再一次向中国证明，程序作为对于恣意的限制，无论是民事诉讼程序还是其他程序，都无不与社会的法制水平、文明程度相关。脱离整个社会的法制发展水平和文明程度谈诉讼程序的构建及其有关法律的编纂，无疑是痴人说梦，没有任何现实意义。

2. 1949—1979 年民事诉讼程序立法及其法律编纂的历史特征

在 1949—1979 年这一段历史时期中，新中国民事诉讼程序立法及其法律编纂的基本历史特征在于：民事诉讼领域内只有最高人民法院颁布的具有司法解释性质的规范性文件，没有立法机构关于民

## 第七部分 中国民事诉讼立法体例的历史发展与法典编纂中的问题

事诉讼程序的立法及其法典编纂。

由于1950年12月31日,中央人民政府政务院法制委员会起草的《中华人民共和国诉讼程序通则(草案)》没有获得通过,随后也就再没有出现由国家立法机关制定与编纂的关于民事诉讼的程序法律,有的都是一些由最高人民法院在总结司法审判经验基础上提出的"经验"、"总结"和"规定"。这些"经验"、"总结"和"规定",虽然在特定的历史条件下也一定程度上起到了规范民事诉讼的作用。但是,由于在主体上,这些"规定"、"经验"、"总结"的制定主体是最高人民法院,不是国家的立法机关,在有关规定的形式上,这些"规定"、"经验"、"总结"采用的不是法律编纂的特有表现形式,即规范的法条表现形式,而是一般的公文文体,因此,如果就这段时期内最高人民法院颁布的有关民事诉讼程序"规定"、"经验"、"总结"的性质而言,充其量只能定性为有关民事诉讼程序的规范性文件。这种属于最高人民法院在司法审判过程中总结出来的有关规范民事诉讼程序的司法解释,在性质上与民事诉讼程序法律显然是不同的。因此,就这一段历史时期新中国民事诉讼程序法律的立法体例和法律编纂形式而言,可以说,不仅没有关于民事诉讼程序法典的编纂,当然也就谈不上什么立法体例,而且,就最高人民法院有关民事诉讼规范性文件的编纂及其文意表现形式而言,由于基本采用的是行政管理过程中通用的公文表达形式,因而,从立法编纂技术的角度上看,也相当落后。

而对于新中国这段长达30年的历史时期中,为何就没有关于民事诉讼的程序立法,学术上存在不同的看法与认识,其中的一种观点认为,这是因为在这30年的社会生活中,当时的民间争议较少,相应的民事争讼案件也较少,即不具备制定民事诉讼程序法律的社会基础,换言之,没有这种社会需要。对此笔者是有不同看法的。1963年8月28日,最高人民法院在《关于民事审判工作若干问题的意见(修正稿)》中不仅明确指出:"建国以来历年的收案证明,民事案件是大量的，这一任务一直是十分繁重的。"① 而且对于1950—1963年和1963年1—5月份全国民事案件的收案数量作了统计。按照当时最高人民法院对于全国民事收案数量的不完全统计：1950—1962年的13年中，全国民事收案为11910713件，平均每年都在90万件以上。1958—1960年由于特殊的社会原因，案件曾经大幅度下降，但是1961年后又迅速回升，1962年已经达到1957年的收案数量，为81万多件，1963年1—5月份收案为34万多件。② 由最高人民法院当时不完全统计的这些数字可以看出，不仅当时的社会生活中已经存在大量的民事争议及民事案件，而且在这样长期存在大量民事案件的社会条件下，显然实际上已经具备了制定民事诉讼法的社会基础及实际需要，而之所以又没有制定，就其原因而言应当说是多方面的，这不仅与中国当时的政治环境、长期以来党有关解决民事纠纷的政策乃至于当时的立法技术等诸多方面都存在密切联系。

（二）1979—1991年

1. 1979—1991年民事诉讼程序立法及其法律编纂

党的十届三中全会以后，最高人民法院于1979年2月召开了第二次全国民事审判工作会议，制定了《人民法院审判民事案件程序制度的规定（试行）》。该规定全文如下：

人民法院审判民事案件程序制度的规定③

（试行）

（最高人民法院一九七九年二月二日印发）

为了保障人民民主，加强社会主义法制，贯彻、落实中央

---

① 西南政法学院诉讼法教研室编：《中华人民共和国民事诉讼法资料选编》（第一辑）（校内用书），1984年版，第35页。

② 西南政法学院诉讼法教研室编：《中华人民共和国民事诉讼法资料选编》（第一辑）（校内用书），1984年版，第35页。

③ 西南政法学院诉讼法教研室编：《中华人民共和国民事诉讼法资料选编》（第一辑）（校内用书），1984年版，第48—71页。

[1978] 32号文件的精神,进一步搞好民事审判工作,提高办案质量,为实现新时期总任务作出贡献,根据宪法、人民法院组织法的有关规定和审判实践经验,特制定本规定,在民事诉讼法公布之前试行。

一、案件受理

1. 收案

凡有明确的原告、被告和具体的诉讼要求,应由人民法院调查处理的民事纠纷,均应立案处理。

人民法院不得把基层组织、有关单位的调解和介绍信作为受理案件的必要条件。

凡立案处理的,应有当事人的起诉书或口诉笔录。

对简易纠纷和一般信访可不予立案,但处理后要登记备查。

当事人委托他人代理进行诉讼的,应向人民法院出具委托书。如系口头委托的,应当记明笔录,由当事人签名或盖章。当事人是未成年人、精神病患者,或因生理缺陷不能亲自进行诉讼的,应由其父母、子女、配偶、其他监护人或由法院指定的人代理进行诉讼。

2. 案件管辖

民事案件一般由被告人常住户口所在地的人民法院受理。

非军人一方向军人提出离婚,或工作地址经常变动人员的配偶提出离婚的案件,由原告人户口所在地的人民法院受理。

劳改犯、留场(厂)就业人员、劳教人员或自流人员的配偶提出离婚的案件,也由原告人户口所在地的人民法院受理。

两地法院对案件受理的意见不一致时,可协商解决,或由它们的上级人民法院指定。

下级人民法院对其受理的案件,认为案情重大或有其他特殊理由应由上级人民法院审判的,可请求移送。

各级人民法院受理第一审民事案件的范围,暂作如下规定:

(1) 基层人民法院受理:

自诉的案件;

经基层组织或有关单位调解无效介绍来院的案件;

外地人民法院移送应予受理的案件；

上级人民法院和同级革命委员会交办的案件。

(2) 中级人民法院受理：

省、直辖市、自治区人民代表大会代表、政协委员、省范围内的知名人士的案件；

涉外的案件；

在其辖区内，它认为应由自己直接受理的案件；

上级人民法院和同级革命委员会或行政公署交办的案件。

(3) 高级人民法院受理：

全国人民代表大会代表、政协委员、全国范围内的知名人士的案件；

在其辖区内，它认为应由自己直接受理的案件；

最高人民法院和同级革命委员会交办的案件。

(4) 最高人民法院受理：

国家法律、法令规定由它管辖的和它认为应由自己做第一审的案件；

中央交办的案件。

人民检察院提起诉讼的民事案件，由同级人民法院受理。

## 二、审理前的准备工作

人民法院受理案件后，应指定审判人员负责办理。审理第一审案件，除简单的和法律另有规定的案件外，由一名审判员和两名人民陪审员组成合议庭进行。人民陪审员在执行职务期间与审判员有同等的权利。合议庭由审判员担任审判长，院长或庭长参加审理时，自己担任审判长。书记员担任记录。审理前，必须做好下列几项工作：

1. 审查起诉手续是否完备。如：原告人未在起诉书或口诉笔录上签名盖章的，应予补办；所交的证物、附件的种类和件数与起诉书或口诉笔录记载不相符的，应予补正，等等。

2. 将起诉书副本交给被告人，或将原告人所诉要求与理由告知被告人，限期提出答辩。无论被告人答辩与否，案件的审理仍需进行。

3. 告知当事人应有的诉讼权利。如：使用本民族语言文字进行诉讼的权利；就案件事实进行陈述和申辩的权利，当事人不能自行辩护的可以委托亲属、监护人或法律允许的其他人代为辩护；提供证人、证物的权利；委托他人代理进行诉讼的权利；请求审判人员和书记员回避的权利等。

当事人声请审判人员回避的，由院长裁定；声请书记员回避的，由审判长裁定。驳回声请回避的裁定不准上诉。审判人员或书记员如自己认为对本案有利害关系或其他关系，有回避的必要时，可主动提出意见，分别由院长或审判长裁定。关于院长回避的问题，可由本院审判委员会决定或报上级人民法院决定。

### 三、调查案情和采取保全措施

审判人员或合议庭成员接办案件后，要在认真审阅诉讼材料的基础上，深入基层，依靠群众和基层组织对案件情况进行调查研究。

调查研究必须坚持群众路线，坚持实事求是，坚持阶级分析的方法，倾听正、反两方面的意见，切忌先入为主，主观臆断，偏听偏信。要查清案件的事实真相和问题的性质，明辨是非责任。

调查要弄清原、被告的基本情况，纠纷发生的时间、地点、原因、经过、结果，双方争执的焦点，搜集有关的证据材料、群众和基层单位领导的意见等。对同当事人有利害关系的人提供的证明材料和互有矛盾的证明材料，要仔细分析、查对、核实。

对当事人、证人、关系人、知情群众、当事人所在单位或基层组织的调查，可以个别访问，也可以开座谈会。对被调查人要做好思想工作，使他们如实反映情况。调查的情况，应由调查人作出笔录。必要时，可由被调查人写出书面证明材料。调查笔录应经被调查人核对、签名或盖章，如果被调查人拒绝签名或盖章，应予笔录注明。调查人也应在调查笔录上签名，并注明调查的时间和地点。

有的案件还需进行现场勘察或对物证进行技术鉴定。勘察现场时，应通知有关人员到场，需要时可邀请有关单位派员协助。勘察现场的笔录应注明时间、地点、勘察的情况、参加勘察的有关部门和人员，并请他们签名或盖章。鉴定意见书应由鉴定的技术人员签名或盖章，并加盖所在单位的公章。

当事人、证人、关系人在外地，需要委托其所在地人民法院代为调查的，应详细提出调查项目和要求。受委托的人民法院应抓紧时间认真办理及时回复。

在案件审理过程中，如认为当事人对与案件有关的财物确有出卖、挥霍、转移或隐匿的可能，人民法院根据当事人一方的请求或依职权，可以裁定采取保全措施。保全措施可采用查封、扣押、冻结和提供现金、财物保证等方式。查封财物应通知当事人或其家属到场，邀请有关人员到场见证。查封时，对当事人及其家属的日常生活必需品和劳动工具不应查封。查封的财物应当场清点登记，由当事人及其家属和在场人员签名或盖章。查封和扣押的物品中如有不宜长久保管的，必要时可以变卖，保存价款。采取上述措施必须慎重，重大的应报请同级党委审批。

对某些案件中亟待解决的问题，如生活费、赡养费、抚养费等，可根据实际需要，在判决前裁定先行给付。

对采取保全措施和先行给付的裁定，当事人可以上诉，但在上诉审人民法院未撤销裁定前，不得因上诉而停止执行。

### 四、调　　解

处理民事案件应坚持调解为主。凡可以调解解决的，就不要用判决，需要判决的，一般也要先经过调解。处理离婚案件，必须经过调解。调解要尽量就地进行。

调解要坚持自愿的原则，对当事人只能说服教育，以理服人，不得强迫。

调解必须按政策、法律办事，遵循"团结——批评——团结"的公式，充分依靠基层组织和群众，对当事人进行政治思想教育、政策法律教育，分清是非，深入细致地做好当事人的思想工作，在提高觉悟的基础上，互相协商，解决问题。

调解笔录、达成的协议应由当事人和参加调解的人员签名或盖章。

人民法院调解解决的民事案件,应制作调解书,发给当事人。调解书应写明当事人的基本情况、案件事实、争执焦点和调解结果,写明"本调解书与判决书有同等法律效力"。调解书由审判人员或合议庭人员署名,人民法院盖章。经调解和好的离婚案件,可不制作调解书,但要写明情况,记录存卷。

如果当事人对调解达成的协议事后翻悔,应审查原因,由审判人员或合议庭再行调解,调解不成,即可判决。

### 五、开庭审理

开庭审理案件可以就地进行,也可以在法院内进行。

除涉及阴私或法律另有规定的案件外,一律公开进行。要预先公告,允许群众旁听。有重大教育意义的案件,还可以组织适当范围的人员旁听。

人民检察院提起诉讼的案件,应通知人民检察院派员出庭。

委托代理人进行诉讼的离婚案件,原则上当事人本人仍须出庭。

1. 开庭审理案件应充分做好准备工作:

(1) 研究确定开庭审理的方法和步骤,以及需要向当事人进一步核实的案件事实。重大案件应拟定审讯提纲。

(2) 确定开庭时间、地点,并至少在开庭前3天通知到当事人和有关人员。通知开庭的方式,一般用通知书,必要时也可用传票。

(3) 当事人不懂当地语言文字的,应邀请翻译人员。

2. 开庭审理的程序如下:

(1) 书记员查点当事人和有关人员是否到齐,宣布法庭注意事项。

审判长宣布法庭的组成人员,核对当事人的身份,告知当事人应有的诉讼权利。

(2) 核对案件事实。

通过对当事人和证人的讯问,检验开庭审理前调查的材料是否可靠、准确。讯问时要查明案件的基本情况,抓住事实的关键,找出纠纷发生的根源,分清是非责任。不能到庭的证人的证明材料要当庭宣读。有鉴定书或现场勘察材料的,要当庭宣布或让当事人阅看。

(3) 核对事实后,应允许当事人充分进行辩论和陈述。允许当事人向证人、鉴定人发问,允许被告人作最后申辩。如果当事人就事实提出新的问题,不能当庭查对的,可宣布休庭,另行调查处理。

(4) 再次进行调解。

法庭在查明案件事实的基础上,对可以调解解决的案件,应再次进行调解。

(5) 审讯笔录的宣读和签名。

书记员要认真如实记录审理过程中的情况。

笔录要向当事人宣读或交其阅看。当事人对笔录提出的意见,如系笔误,即应改正,不属笔误的,可另行记录在卷。当事人和合议庭成员及书记员均应在笔录上签名或盖章。当事人拒绝签名盖章的,应予注明。

3. 终止审理、中止审理和合并审理

在案件审理中:

原告人自动放弃诉讼要求的,经审查后可将案件注销。原告人经通知两次以上无正当理由不到庭,即可视为放弃诉讼要求,将案件注销;

当事人自行和解而请求撤诉的,可予准许;

财产权益案件的原告人死亡,其继承人放弃诉讼要求,或被告人死亡没有遗产也无人替他继续负担义务的,以及离婚案件当事人一方死亡的,即终止审理;

受案后被告人下落不明,无处查找的,或有其他情况,暂时不能进行审理的,可中止审理;

被告人提起反诉、原告人增加诉讼要求、增加当事人或第三人参加诉讼的,一般可合并审理。

## 六、裁 判

经开庭审理查明案件事实后,调解不成或未经调解的案件,即根据政策、法律、法令,结合群众意见进行裁判。其程序如下:

1. 集体讨论

## 第七部分　中国民事诉讼立法体例的历史发展与法典编纂中的问题

凡有人民陪审员参加审理的案件，应经合议庭评议，评议时一切问题须共同研究解决，如意见不一致时，按少数服从多数的原则决定，但必须将不同意见如实记入评议笔录。评议笔录由参加评议的人员签名或盖章。

由审判员单独进行审理的案件，可由民事审判庭组织审判人员讨论。

重大复杂的案件，经合议庭讨论提出意见后，应由院长提交审判委员会讨论。

评议讨论时，承办人要报告全部案情和提出处理意见。讨论中要着重研究事实是否清楚，证据是否充分、确凿，以及如何正确适用政策和法律等。对事实不清，证据不足，或还可以做调解工作的，由承办人继续查证核实，做好工作。

集体讨论的情况要记录存卷，对不同意见要如实记载。

2. 审批

需要判决处理又未经审判委员会讨论的案件要报院长审批。重大的案件和涉外案件应报同级党委审批。

3. 制作判决书和裁定书

人民法院的判决书和裁定书是体现党的政策和国家法律、法令的重要文件，必须切实制作好。

判决书要叙述事实清楚，是非责任分明，说理充分有力，引用政策、法律准确恰当，文字简练，用词准确，通俗易懂。判决书的内容应包括原告人和被告人简况、案由、事实、理由、判处结果，末尾写明："如不服本判决，应自接到判决书的次日起十天内向本院提出上诉，上诉于某某人民法院。"最后写明判决日期。判决书由审判人员或合议庭成员署名，人民法院盖章。

裁定书主要用于在案件审理过程中对于诉讼程序问题所做的决定。裁定书的写法格式与判决书基本相同，但内容简略一些。裁定书的署名、盖章与判决书相同。

4. 宣判

人民法院应尽可能向当事人当面宣判。宣判时，要向当事人宣布上诉权、上诉期限和上诉审法院，说明本判决要在上诉期满无人上诉后才能发生法律效力。特别对判决准予离婚的案件，要说明在上诉期内和一方提出上诉后、上诉审法院判决前，不得另行结婚。宣判要制作笔录，并让当事人在笔录或送达回证上签名或盖章。如果委托其他人民法院代为宣判的，受委托的人民法院应及时向当事人宣判，并让当事人在宣判笔录上签名或盖章，注明收到日期。当事人拒收判决书或拒绝在送达回证上签名盖章的，应注明原因，并向其讲明拒收判决书，逾期不上诉，判决同样发生法律效力。

5. 关于缺席判决

审理案件一般不宜缺席判决。

被告人经通知两次以上无正当理由不到庭，经过认真、过细地工作后，可再次通知，如果没有正当理由仍不到庭者，即可缺席判决。

离婚案件，经查实被告人两年以上与其配偶或家庭不通音讯又下落不明的，可缺席判决，但判决前应通知其亲属。

6. 民事案件中需要追究刑事责任的

民事案件通过调查审理，发现有需要追究刑事责任的，可按刑事附带民事或先刑事后民事处理。

### 七、上　　诉

人民法院审理案件，实行两审终审制。当事人不服地方各级人民法院第一审判决和裁定的，准许上诉，受当事人委托上诉的代理人和当事人的监护人也可代为上诉。

不服判决的，上诉期一律为十天；不服裁定的，上诉期一律为五天。当事人逾期提出上诉确有正当理由的，是否作为上诉案受理，由上诉审人民法院决定。

提起上诉的案件，一般应通过原审人民法院，但直接向上诉审人民法院提起上诉的，也应受理。

当事人提出上诉后，原审人民法院应通知被上诉人原判决不发生法律效力，并将上诉书副本送交被上诉人，或将上诉的主要内容告知被上诉人，限期提出答辩。无论被上诉人答辩与否，原审人民法院都应根据上诉内容进行必要的查对，迅速将上诉材料和查对的材料连同全部卷宗移送上诉审人民法院。

人民检察院按照上诉程序提出抗议的，可参照当事人上诉的程序办理。如在上诉期满后提出抗议的，应按审判监督程序进行。

审理上诉或抗议的案件，应由三名审判人员组成合议庭进行。合议庭由一人任审判长，院长或庭长参加合议庭时，自己担任审判长。书记员担任记录。

承办人要认真审阅案卷材料，根据案情深入群众，核对事实，一般可再次进行调解。

审理上诉案件的开庭程序，可参照一审办理。合议庭经过审理合议，送院领导审定，分别作如下处理：

对原判决正确的案件，可说服当事人撤回上诉，如不同意撤诉，应作出驳回上诉，维持原判的判决；

对原判决事实不清、证据不足的案件，可撤销原判决，发回更审，也可以自行调查审理；

对原判决事实清楚，但适用政策、法律不当的案件，可以全部或部分改判。

改判的案件使用判决书，发回更审的案件使用裁定书。

第二审的判决书应写清认定的事实、维持原判或改判的理由及判决结果。最后应写明"本判决为终审判决，当事人不得上诉。"

发回更审的裁定书要写清理由，同时将原判事实不清或证据不足的具体内容通知原审人民法院。

### 八、执　行

已经发生法律效力的判决和裁定，一般应由第一审人民法院负责执行。

执行工作一定要依靠群众和有关部门，要做好对当事人的说服教育工作，注意工作方法。

已经发生法律效力的判决和裁定，如当事人拒不执行，应查明原因，分别处理：

1. 判决和裁定正确，当事人故意拖延或拒不执行的，应依靠有关单位和群众进行说服教育。如反复教育无效，可通知当事人所在单位强制执行。拒不执行交付生活费、赡养费、抚养费、偿还债务等，可委托其所在单位从工资、工分中扣除，法院也可查封、变卖其财物。采取查封、变卖财物的措施应特别慎重，须经院领导批准，重大的要报同级党委批准。在强制执行中，对个别无理取闹，抗拒执行，严重妨害社会秩序，情节严重的应依法给以适当处理。

2. 如属原判决和裁定不当的，应予再审纠正。如系上诉审人民法院处理的案件，应报上诉审人民法院审查纠正后执行。

3. 如属判决、裁定含糊笼统无法执行的，应补充裁定。如系上诉审人民法院判决、裁定的案件，应由上诉审人民法院补充裁定后执行。

## 九、申诉与再审

1. 申诉

当事人或与案件有利害关系的人不服各级人民法院已经发生法律效力的判决或裁定，可以提出申诉，但不能因申诉拒不执行判决或裁定。

申诉案件一般由原审人民法院负责处理。向上级人民法院提出申诉的，可交原审人民法院处理；根据情况的需要也可由上一级人民法院自己处理。上级人民法院交下级人民法院处理要报处理结果的，下级人民法院应及时报告处理结果。

对申诉案件应坚持实事求是的原则，依靠有关组织和群众认真负责地处理。经过复查，对原判决或裁定正确，申诉无理的，即驳回申诉，并耐心教育申诉人服判息诉。对原判决或裁定正确，但由于情况变化，有一些实际问题需要解决的，人民法院应在做好当事人的思想工作基础上，同有关单位或基层组织联系，予以妥善解决。对错判的案件，应撤销原判决，进行再审。决定再审后，应通知当事人停止执行原判决，离婚案件应通知当事人不得另行结婚。原经同级党委审批的案件，应报同级党委。

2. 再审

各级人民法院按照审判监督程序进行再审的案件，应由院长提交审判委员会作出决定,另行组织合议庭进行再审。

按第一审程序进行再审的判决和裁定,允许上诉。按上诉审程序进行再审的判决和裁定不准上诉。

### 十、回 访

人民法院对处理过的民事案件可实行重点回访。回访是检验审判工作质量好坏的方法之一。特别对那些案情复杂,影响较大的民事案件,经过调解或判决处理后,过一段时间应进行回访,听取当事人、基层组织和群众的反映,检查办案质量、执行情况和处理效果,总结经验,改进工作。如发现问题,要继续做好工作。

### 十一、案卷归档

案件审理结束后,承办人员应将审理过程中形成的全部材料,包括起诉书或口诉笔录、调查材料、有关证件(需要发还当事人的证件应制作复制件存卷)、审讯笔录、群众和基层组织的意见、合议和集体讨论的记录、请示报告、党委批示、调解书或判决书、裁定书、宣判笔录、送达回证、结案报告等,按时间顺序排列,编写目录、页码,装订成册,定期归档。

案卷材料,一律用钢笔或毛笔书写。禁止用铅笔书写。

由《人民法院审判民事案件程序制度的规定(试行)》的内容可见,虽然从立法体例、内容的编纂以及文字表述的方式上看,该规定并没有形成十分规范的法条行文格式,其立法技术性也很不成熟。不过相对于1956年最高人民法院印发的《关于各级人民法院民事案件审判程序总结》,和1957年最高人民法院制定的《民事案件审判程序》的规定,在内容上却要详细、具体得多。例如,在有关管辖的规定上,该规定不仅对地域管辖、级别管辖、指定管辖、移送管辖均作出了规定,而且在级别管辖的规定中,对于各级人民法院受理第一审民事案件的具体范围,还采用列举的方式分别一一作了明确规定。因而可以说在有关管辖的规定上较过去的相关规定更加系统、全面和具体。当然,也存在较大问题。例如在级别管辖中按照人的身份,即当事人是哪一级人大代表、政协委员来确定级别管辖，以及直接接受所谓的革命委员会交办的案件等，即在民事诉讼程序的立法和法律规定的编纂中，还带有"文革"时期的某些观念、意识和思想。

1979年7月1日，全国人民代表大会五届二次会议通过了《刑法》、《刑事诉讼法》等七个重要法律，中国的法制建设出现了前所未有的高潮。随着社会主义民主和法制建设的发展，民事诉讼法的编纂及其制定也提上了国家立法机关的议事日程。1979年9月，全国人大常委会法制委员会正式成立了民事诉讼法起草小组，开始了中华人民共和国民事诉讼法的编纂与起草工作。在编纂起草过程中，民事诉讼法草案不仅经过了十一稿，而且曾三次在全国范围内进行讨论，反复征求意见。1981年12月，第五届全国人民代表大会第四次全体会议原则上通过了《中华人民共和国民事诉讼法（草案）》。会议并授权全国人大常委会，根据全国人大代表们的意见和有关单位的意见，对《中华人民共和国民事诉讼法（草案）》进行修改。1982年3月8日，第五届全国人民代表大会常务委员会第二十二次会议通过了《中华人民共和国民事诉讼法（试行）》，于当日公布，并于1982年10月1日起正式试行。

《中华人民共和国民事诉讼法（试行）》共分为五编、23章，共计205条。该法的目录如下：

目　　录

第一编　总　　则

第一章　任务和基本原则
第二章　管　　辖
　第一节　级别管辖
　第二节　地域管辖
　第三节　移送管辖和指定管辖
第三章　审判组织
第四章　回　　避
第五章　诉讼参加人

## 第七部分 中国民事诉讼立法体例的历史发展与法典编纂中的问题

 第一节　当事人
 第二节　诉讼代理人
第六章　证　　据
第七章　期间，送达
 第一节　期　　间
 第二节　送　　达
第八章　对妨害民事诉讼的强制措施
第九章　诉讼费用

第二编　第一审程序

第十章　普通程序
 第一节　起诉和受理
 第二节　审理前的准备
 第三节　诉讼保全和先行给付
 第四节　调　　解
 第五节　开庭审理
 第六节　诉讼中止和终结
 第七节　判决和裁定
第十一章　简易程序
第十二章　特别程序
 第一节　一般规定
 第二节　选民名单案件
 第三节　宣告失踪人死亡案件
 第四节　认定公民无行为能力案件
 第五节　认定财产无主案件

第三编　第二审程序，审判监督程序

第十三章　第二审程序
第十四章　审判监督程序

第四编　执行程序

第十五章　一般规定
第十六章　执行的移送和申请

第十七章 执行措施
第十八章 执行中止和终结
    第五编 涉外民事诉讼程序的特别规定
第十九章 一般原则
第二十章 仲　裁
第二十一章 送达，期间
第二十二章 诉讼保全
第二十三章 司法协助

  《中华人民共和国民事诉讼法（试行）》作为新中国第一部有关民事诉讼的程序法律，无论是在立法体例还是法典的编纂上，都较过去任何一个同类规定富有技术性。然而随着中国改革开放力度的加大和社会经济的迅猛发展，以及大量实体法律规范的颁布，特别是社会公众权利意识的提高，《中华人民共和国民事诉讼法（试行）》中的问题也越来越明显。为此，对《中华人民共和国民事诉讼法（试行）》的修改、完善也势在必行。经过9年的实践、试行以后，1991年4月9日，第七届全国人民代表大会第四次会议通过了正式的《中华人民共和国民事诉讼法》（以下简称《民诉法》）。并当即公布施行。1991年《民诉法》共4编29章270条，其目录如下：

      目　　录
     第一编 总　　则
第一章 任务、适用范围和基本原则
第二章 管辖
 第一节 级别管辖
 第二节 地域管辖
 第三节 移送管辖和指定管辖
第三章 审判组织
第四章 回避
第五章 诉讼参加人

## 第七部分　中国民事诉讼立法体例的历史发展与法典编纂中的问题

　　第一节　当事人
　　第二节　诉讼代理人
第六章　证据
第七章　期间、送达
　　第一节　期间
　　第二节　送达
第八章　调解
第九章　财产保全和先予执行
第十章　对妨害民事诉讼的强制措施
第十一章　诉讼费用

第二编　审判程序

第十二章　第一审普通程序
　　第一节　起诉和受理
　　第二节　审理前的准备
　　第三节　开庭审理
　　第四节　诉讼中止和终结
　　第五节　判决和裁定
第十三章　简易程序
第十四章　第二审程序
第十五章　特别程序
　　第一节　一般规定
　　第二节　选民资格案件
　　第三节　宣告失踪、宣告死亡案件
　　第四节　认定公民无民事行为能力、限制民事行为能力案件
　　第五节　认定财产无主案件
第十六章　审判监督程序
第十七章　督促程序
第十八章　公示催告程序
第十九章　企业法人破产还债程序

第三编　执行程序

第二十章　一般规定

第二十一章　执行的申请和移送

第二十二章　执行措施

第二十三章　执行中止和终结

第四编　涉外民事诉讼程序的特别规定

第二十四章　一般原则

第二十五章　管辖

第二十六章　送达、期间

第二十七章　财产保全

第二十八章　仲裁

第二十九章　司法协助

2. 1979—1991 年民事诉讼程序立法及其法律编纂的历史特征

1979—1991 年这一段历史时期，新中国民事诉讼程序立法及其法律编纂的基本历史特征在于：继 1982 年《中华人民共和国民事诉讼法（试行）》以后，于 1991 年颁布了新中国第一部正式的民事诉讼程序法。而 1991 年《民事诉讼法》的颁布，不仅标志着中国民事诉讼程序法制现代化的迅速发展，也表现了我国法典编纂技术上的提高。

然而，如果就新中国民事诉讼程序历史发展的角度上看，从 1949 年中华人民共和国的成立，到 1991 年《中华人民共和国民事诉讼法》的正式颁布施行，这部法典的诞生足足走过了 42 个年头。即经过了较世界上任何一个国家民事诉讼程序立法都要漫长而艰辛的道路。① 而这42年的风风雨雨,几起几落中,表现的不仅仅是中国民事诉讼法律编纂及其立法的艰辛与困苦。而且也充分表现出了中国民事诉讼法程序立法及其法律编纂中独有的历史、社会和人文特征。可以说从历史唯物主义的角度上看,这些为中国民事诉讼程序立法及其法律编纂自身无法选择的自然环境与社会条件,作为历史、社会的一种存在,不仅从一开始就决定和左右着民事诉讼程序立法及其法律编纂的进行,而且,其中的一些因素至今仍然相当程度上存在于现实的立法与法律编纂过程中,并影响着今天民事诉讼程序立法及其法律编纂的科学化、合理化进程。由此也可以说,中国民事诉讼程序立法及其法典编纂所涉及的绝不仅仅是一个编纂技术问题,为此,在民事诉讼程序法律的编纂过程中,不能不研究、考察、重视那些曾经,以及至今影响着中国民事诉讼程序立法及其有关法律编纂的历史、社会、人文环境,以及观念、思想及其传统认识。

## 五、主导新中国《民事诉讼法》的基本思想以及影响法典编纂的主要程序观念

### (一) 主导新中国《民事诉讼法》的基本思想

所谓主导新中国《民事诉讼法》的基本思想,是指引领、决定新中国民事诉讼程序立法及其法典编纂的基本立法意识与立法观念。历史地看,虽然由于社会传统、政治制度、主导国家发展主流意识上的差异,新中国民事诉讼法的制定与编纂,无论在方式、方法还

---

① 据笔者统计,在大陆法系各国民事诉讼程序立法的历史中,没有哪一个国家民事诉讼程序法律的制定与颁布经历了我国这样漫长的历史时期。例如:法国《新民事诉讼法典》从1969年由当时的法国司法部长让·佛瓦耶主持的"民事诉讼法改革委员会"起至1976年1月1日正式施行止,经过了7年;《德意志联邦共和国民事诉讼法》从1870年德意志帝国成立起,至1877年1月30日公布,经过了7年;日本明治维新以后,仿效1877年德国民事诉讼法,于1890年制定出了日本民诉法,前后也不过十几年。42年的历程可以说是世界上绝无仅有的。

是发展的路径上，与民国时期民事诉讼法的制定与编纂，以及现代西方大陆法系各国有关民事诉讼法的制定与编纂都不尽相同。但是，就主导民事诉讼法制定的基本思想而言，由于任何法律的制定及其编纂，都无不是在一定立法意识的指导下，以及受一定立法观念的影响下制定的。因而，新中国《民事诉讼法》的制定与编纂，也必然受制于特定的立法意识及其相应的立法观念，只不过从影响新中国《民事诉讼法》制定基本立法意识与立法观念的角度看，主导新中国民事诉讼程序立法及其法典编纂的基本思想与现代西方各国有所不同而已。

新中国《民事诉讼法》作为中国社会实践的产物，以及国家诉讼法制建设的主要内容之一，主导其立法和法典编纂的基本思想，不仅必然与主导和影响中国诉讼程序法制建设的基本指导思想直接相关，而且也必然受制于这些基本的指导思想和立法观念，以及以这些思想和观念为法典制定与编纂的依据。而一切从中国社会的实际出发，作为中国新民主主义革命和社会主义建设最为基本以及最为成功的经验，不仅历史地以及自然而然地成为了主导中国社会发展以及建设的基本思想，而且也理所当然地成为了主导新中国民事诉讼程序立法的基本指导思想与立法观念。换言之，"一切从中国实际出发"这一在中国长期革命实践中获得的成功经验，不仅是主导中国社会主义革命与建设的基本思想，而且从指导立法基本思想意识的角度上看，也是主导新中国《民事诉讼法》制定及其法典编纂的基本指导思想。

而"一切从中国实际出发"作为制定中国《民事诉讼法》以及法典编纂的基本指导思想，基于中国社会的实际情况，以及民事诉讼程序立法历史发展的特殊性，本是无可非议的。换言之，社会发展的实际情况不同、诉讼程序立法的历史发展阶段及其过程不同，民事诉讼程序立法的指导思想和决定立法过程及其法典编纂的基本思想观念就必然有所不同。但是，这里需要指出的是，由于1982年《民事诉讼法（试行）》与1991年《民事诉讼法》制定时，中国尚处于计划经济时期，以及计划经济向市场经济转型的初期，以立法对于"一切从中国实际出发"这一基本指导思想把握上的偏差,当时所谓的"一切从中国实际出发",从民事诉讼立法及其法典编纂的角度上看,实际上变成了局限于当时计划经济条件下的立法。而这种完全局限于计划经济条件所进行的程序立法,由于片面追求"一切从中国实际出发",不仅一定程度上忽视了作为任何一部民事诉讼法都应当具有的某些共同的规律性特征,而且也较大程度上忽略了民事诉讼立法体例及其法典编纂上应当具有的科学性与技术性。因而,以今天的观点来看,无论是法典的编纂以及民事诉讼程序制度的设置,乃至于整个立法体例上的科学性、合理性都是值得研究的。

而这些问题的产生,从法典编纂以及立法体例的角度上看,除了对于主导法典制定基本指导思想的把握存在偏差以外,与当时影响新中国民事诉讼程序立法及其法典编纂的一些具体程序观念,也存在着直接的联系。换言之,民事诉讼法的编纂及其整个法律规定不仅受制于基本的指导思想,而且在具体程序制度的设置以及整个立法体例的确定和编纂上,还受到具体程序观念的影响。换言之,法典编纂过程中指导法典编纂的程序观念不同,有关法典的编纂以及所编纂法典的立法体例、程序内容也就有所不同。而从1982年《民事诉讼法(试行)》以及1991年《民事诉讼法》两部法律的编纂来看,可以说,以下一些程序观念,都直接影响了中国《民事诉讼法》的立法体例及其法典的编纂。

(二) 影响新中国《民事诉讼法》编纂的主要程序观念

1. "大一统"的程序立法观念

所谓"大一统"的程序立法观念,指的是在民事诉讼的立法过程及其程序设置与法典编纂中,不论各种民事诉讼程序所要解决纠纷的不同特点,也不论《民事诉讼法》在程序设置以及法典编纂上是否相互协调、和谐、科学与合理,将各种不同的程序制度全部纳入《民事诉讼法》的范畴,并统一规定在一个《民事诉讼法》中的程序立法观念及其法典编纂思想。

按照这种程序立法观念与法典编纂思想,在《民事诉讼法》的立法体例及其法典的编纂上,不论各种程序所要解决纠纷的特点与性质有多大的不同,也不论各种诉讼程序在适用的诉讼法理上存在多大的差异,以及各种诉讼程序之间是否存在必然的内在联系,都应当全部纳入以及编纂在同一个《民事诉讼法》中。这种民事诉讼程序立法观念,从其理论思想的角度上看,实际上是一种以广义民事诉讼法为理论基础的程序立法观念。

所谓广义民事诉讼法的程序立法观念,是相对于狭义民事诉讼法的一种程序立法观念。狭义民事诉讼法的程序立法观念,是指在民事诉讼法的立法过程中,对于解决民事争议的各种程序制度,按照其类型的不同以及适用诉讼法理上的差异进行分类,在分类的基础上根据不同程序制度的特征分别进行法律编纂,从而作出不同诉讼法律规定的程序立法理论观念。这种程序立法理论观念最为基本的特征在于,对于民事诉讼程序立法,它主张根据各种程序所要解决主要问题的不同、适用诉讼法理的不同,以及程序制度设置上的差异,分别进行法典编纂,从而作出不同的法律规定。在这种立法观念的影响下,不仅解决民事争议被具体分为审判程序、执行程序、非讼程序、人事诉讼程序、民事保全程序、仲裁程序、调解程序等各不相同的程序,而且立法及其法典编纂根据这些程序制度在类型、性质上的不同,以及适用法理上所存在的差异,分别编纂、独自立法,从而制定出各自独立且互不隶属的不同诉讼程序法律与法令。

从民事诉讼程序立法观念发展、演变历史进程的情况来看,广义民事诉讼法的程序立法观念,不仅早于狭义民事诉讼程序立法观念,而且最初大陆法系各国在民事诉讼程序立法上,几乎采用的都是这种程序立法观念。以德国的民事诉讼法为例,德国《民事诉讼法》在诉讼程序的设置与其法典的编纂上,不仅包括了从一审、二审到三审,以及再审的所有审判程序,而且还包括了证书诉讼与票据诉讼程序、家庭事件程序、督促程序、强制执行程序、公示催告程序、仲裁程序等诸多程序制度。然而,随着民事诉讼程序立法观念的发展,以及立法技术的不断提高,广义民事诉讼程序立法观念本身的问题,以及受这种程序观念影响和指导下的程序立法,在立法体系、法典内容、各个程序之间的逻辑关系，法典的篇幅，以及法典各个部分协调上的问题日益显露，从而不仅引起了理论上对于这种程序立法观念的批判，也促成了狭义民事诉讼程序立法观念的产生。从现今世界各国有关民事诉讼立法的情况来看，目前引领狭义民事诉讼程序立法观念的，主要是日本的现代民事诉讼程序立法。

在狭义民事诉讼程序立法观念的主导下，日本的现代民事诉讼程序立法，以及日本有关民事诉讼的整个程序法律体系，与西方大陆法系传统的民事诉讼程序法律体系及其立法体例出现了较大差别。这种差别不仅表现在日本的现行《民事诉讼法》在有关诉讼程序制度的规定上，主要涉及的是关于审判程序的规定，即以适用辩论主义为基本特征的诉讼程序，还在于日本在民事诉讼程序立法上，将西方大陆法系国家通常纳入《民事诉讼法》中加以规定的人事诉讼程序、家事诉讼程序、非讼案件的程序、调解程序、保全程序、强制执行等不以适用辩论主义或者不完全适用辩论主义为基本特征的程序，从传统《民事诉讼法》中分离出来，单独地设置为独立于《民事诉讼法》的各种法律与法规。例如：《人事诉讼程序法》、《非讼案件程序法》、《家事审判法》、《民事调停法》、《民事执行法》以及《民事保全法》等法律。[①]

历史地看，在指导民事诉讼程序立法及其法典编纂的基本程序观念中，虽然广义民事诉讼法程序立法观念的出现有其历史的必然性，但是，如果就民事诉讼程序立法体例及法典编纂的科学性、合理性而言，这种程序立法观念显然是有问题的。因为民事诉讼程序制度的设置及其法典的编纂，以发现真实推进诉讼进程和保障裁判公正、经济、迅速为目标，要实现或接近这一目标，在程序立法上和法典的编纂上，根据诉讼程序的不同特点以及适用诉讼法理上的差异，有针对性地采用分别编纂的模式，不仅有利于不同程序法律规范的适用，有利于不同类型纠纷的解决，也有利于特定民事诉讼

---

① 日本民事诉讼的立法体例请参见白绿铉编译：《日本新民事诉讼法》，中国法制出版社 2000 年版。

法律规范的编纂,以及法律规范编纂及其立法上的科学、合理。即在民事诉讼程序立法及其法典的编纂上,传统的"大一统"民事诉讼程序立法编纂方式,将所有的民事诉讼程序制度笼统地规定在一个法典之中,不仅使得整个法典十分庞杂,互不协调,且法典的编纂也缺乏技术性。

中国的两部民事诉讼法,在最初的立法体例、程序制度的规定以及法典的编纂上,不仅包括了审判程序、执行程序、涉外民事诉讼程序,以及非讼程序的有关内容,而且还包括了诸如选民资格案件程序、企业法人破产还债程序等与民事诉讼几乎没有直接关系的程序制度,① 因而就影响中国民事诉讼程序立法及其法典编纂的程序观念而言,显然是深受"大一统"程序立法观念影响的,甚至可以说,就是在这种程序立法观念指导下进行的。而从程序立法观念历史发展进程的角度上看,由于"大一统"的程序立法观念不仅是一种不科学且已经落伍的观念,而且从程序立法思想认识的角度上看,企图仅仅通过一部程序法律的制定就将有关解决民事纠纷的所有程序制度都囊括其中,不仅是不现实的,也是极不科学的。

2. "宜粗不宜细"的法典编纂观念

所谓"宜粗不宜细"的法典编纂观念,指的是在有关法律规范的制定及其相应法律规定的编纂上,鉴于立法以及法律编纂的时机或者条件尚不成熟,而主张在有关法律的规定及其编纂上,尽可能规定得原则一些或者概括一些的程序立法观念。

这种法典编纂的思想作为颇具中国特色的一种程序法律编纂观念,就其实际作用而言,影响和主导的不仅仅是民事诉讼程序立法及其法典的编纂,可以说实际上影响到了中国大多数法律的制定及其法典的编纂。以我国《民法通则》的编纂为例,我国的《民法通则》在法律规定的内容上总共只有 156 个条文,而《德国民法典》

---

① 2007 年 10 月 28 日,全国人大常委会关于修改《中华人民共和国民事诉讼法》的决定,已经将企业法人破产还债程序从《中华人民共和国民事诉讼法》中删除。

有 2385 个条文,《法国民法典》有 2285 个条文,《日本民法典》有 1044 个条文,《瑞士民法典》也有 977 个条文。由此可见,"宜粗不宜细"的法典编纂观念,影响的绝不仅仅是民事诉讼程序立法及其法律编纂,作为在中国法律制定及其法典编纂中一种具有普适性的立法观念,实际影响到的是新中国大多数法律的制定及其法典编纂。

从历史发展的角度上看,这种观念的产生及其思想的形成由来已久,早在 1950 年 7 月新中国召开的第一次全国司法工作会议上,朱德同志就指出:"在目前,想要产生一整套新的法律还是不可能的,就是在相当的时期内也还有困难。因为我们的事业是不断前进的,一切问题也就会不断地发生变化。因此我们不要设想很快就搞出一套十分完整、一成不变的法律。我们应当根据需要和可能,在基本方面、主要方面把法律、法令先立起来。"① 1978 年 12 月 13 日,邓小平同志在中共中央工作会议闭幕会上,以《解放思想,实事求是,团结一致向前看》为题的讲话中也指出:"现在立法的工作量很大,人力很不够,因此法律条文开始可以粗一点,逐步完善。"②

由上述这些讲话的时间及其精神可以看出,这种观念与思想是在中国特定的历史背景条件下针对中国当时特殊的立法环境与情况而提出的。换言之,就特定的社会条件与立法条件而言,"宜粗不宜细"的法典编纂观念不仅具有历史的合理性,而且也是当时立法的一种实际需要。因为,在立法及其法律编纂所涉及的一些问题存在较大争议,缺乏成熟的实践经验验证,且立法工作量大、人力不够,即受到立法资源的严重限制,以及社会现实又急迫需要相应的法律进行规范的条件下,法律规定及其编纂粗略一点,原则一点,作为立法及其法律编纂活动中的一种特殊情况,甚至可以说是一种特定条件下的无奈之举,不仅具有合理性,也具有历史的必然性。但是

---

① 西南政法学院诉讼法教研室编:《中华人民共和国民事诉讼法资料选编》(第一辑)(校内用书),1984 年版,第 4 页。
② 《邓小平文选》(第二卷),人民出版社 1994 年版,第 147 页。

如果将"宜粗不宜细"这种特定社会条件下的立法思想及其法律编纂观念，上升为主导中国任何类型的立法及其法典编纂的基本思想观念，其合理性、科学性就值得研究了。

首先，就这种观念的性质而言，"宜粗不宜细"的立法观念作为中国立法初期，以及特定社会历史条件下产生的一种立法观念，在性质及其类型上是基于当时特定的社会条件而不得已采用的一种立法观念。换言之，就性质而言实际上是中国特定社会条件下立法及其法律编纂所采用的一种权宜之计，作为一种权宜之计，不仅从性质上决定了其仅属于特殊社会条件以及特殊立法条件下指导立法及其法律编纂的观念，而且这种特定的性质也决定了这种观念的适用不具有普遍性，因而，对于这种特殊的有关立法及其法律编纂的观念，不能推而广之作为指导任何时期立法及其法律编纂的基本观念。

其次，虽然鉴于历史上特殊的社会情况及其立法状况，"宜粗不宜细"的法典编纂观念作为一种谨慎的立法观念以及立法指导思想，及其审慎的立法范式，是无可厚非的。但是如果从立法观念科学性的角度上看，不容否认的是，"宜粗不宜细"的法典编纂观念作为"摸着石头过河"立法思想的具体体现，在指导立法及其法典编纂中不仅具有一定程度上的盲动性，而且，就通常适用的具有普适性的立法规则以及法典编纂规则而言，这种观念也仅具有相对的合理性。因而，如果脱离了特殊的社会环境条件及其立法条件，任意适用这种立法观念，或者说以这种观念指导任意类型的立法及其法典编纂，其立法及其法典编纂的科学性，显而易见是有问题的。

最后，从民事程序法与民事实体法对于立法以及法典编纂技术不同要求的角度来看，民事实体法作为有关民事实体法律关系的规定，虽然通常情况下其立法及其法典编纂也必须讲究法律规定及其法典编纂上的完善、详尽与全面，但是，由于其规定的内容即实体法律关系，不仅涉及社会生活的方方面面，而且随着社会生活的不断发展，这些实体法律关系也在不断发展，因而从立法技术的角度上看，民事实体立法不大可能对于所有的民事实体法律关系都作出规定。换言之，基于实体法所涉及法律关系的特点，在法律规定及其法典编纂技术上,不仅难以做到全面与完善,而且从立法技术上讲,其立法规定全面、完善的程度通常要低于程序法。而程序法作为规制诉讼活动以及限制裁判恣意的法律,为了最大限度地限制法官的恣意以及保障诉讼活动的公平、公正,在法典的编纂上不仅要求严密、完备,而且要求程序法律制度的规定尽可能地详尽、全面。即程序法律的特点决定了有关诉讼程序法典的编纂及其诉讼程序的规定,必须严密、完备,以及详尽、全面,否则就失去了程序立法的基本目的。这也是为什么实体法律在没有具体法条规定的情况下,法官可以根据国家政策、习惯与社会的伦理道德,即在没有明确法律规定的条件下进行裁判,而在程序法的适用中,基于程序法定的原则,法官却不可以在没有明确法条规定的情形下,自由决定诉讼的程式、顺序、时间乃至于方式的基本原因。换言之,诉讼程序法律制度的性质以及基本立法目的,不仅从客观上决定了在诉讼程序制度的设置及其法典的编纂上,不适用"宜粗不宜细"的立法观念,而且在立法技术上也要求诉讼程序法典的编纂应当尽可能严密、完备,以及详尽与全面。

3. "庭审中心主义"的程序立法观念

所谓"庭审中心主义"的程序立法观念,是指在民事诉讼程序立法及其法典编纂中,不仅要求有关纠纷的解决均应以法庭审理为中心,即任何民事纠纷及其争议的最终解决,都必须通过或者采用法庭审判的方式,而且要求一切有关诉讼程序制度的设置及其整个民事诉讼程序法典的编纂也应当以庭审程序制度的设置及其编纂为中心。换言之,在程序制度的设置上以及整个法典的编纂上,除法庭审判程序以外的其他诉讼程序制度的设置及其程序法典的编纂,都必须服务于庭审程序制度的设置和编纂的程序立法观念。

按照这种立法观念的基本思想,法庭审理不仅是解决民事诉讼纠纷必要以及唯一的方式,而且民事诉讼程序立法及其法典编纂在程序制度的具体设置上,程序功能的设置上,以及程序目标的选择上,都必须以法庭审理为中心。即从这种立法观念的角度上看,立法及其法典编纂之所以在法庭审理程序之外还要设置其他的程序制度,以及设置这些程序制度的基本目的,除了为法庭审理进行充分准备以外,就再也没有其他目的了。同时除了为法庭审理作充分准备以外,其他的程序制度本身也不应当具有其他独立的程序价值与解决纠纷的功能。换言之,服务于法庭审理不仅是除庭审程序本身以外的其他程序制度唯一的功能,也是立法设置这些程序制度及其法典编纂上的唯一目的。

当然,从文义表述的角度上看,在有关立法的解释,以及相应立法规定上,是看不到"庭审中心主义"这样的文字表述的。而笔者所谓的"庭审中心主义",主要是就立法观念和程序规定的特征而言。换言之,如果从我国民事诉讼有关程序制度的编纂以及有关程序功能设置的角度上看,"庭审中心主义"的程序立法倾向、观念表现得都是十分明显的。下面以我国有关庭前程序的规定及其功能设置与美国联邦民事诉讼规则有关庭前程序的规定及其功能设置为例。

庭前程序作为庭审程序之前的一个程序,是诉讼进入法庭审理之前的一个必经程序,就世界各国有关民事诉讼程序制度的设置及其法典的编纂来看,可以说是各国民事诉讼法均作有规定的一个程序。然而,在有关程序内容的规定及其功能的设置上却不尽相同。我国1982年《民事诉讼法(试行)》以及1991年《民事诉讼法》,有关民事诉讼庭前准备程序的规定,不仅所涉及的法律条文很少,[①]而且在于有关具体法条规定的内容上,几乎完全是为庭审进行准备的一些程序性、事务性规定。为此,不仅在我国民事诉讼程序立法上,庭前程序被明确地规定为"庭前准备程序",而且在我国民事诉讼的实践中几乎没有任何案件或者争议是在民事庭前程序得到解决的。即案件一旦进入诉讼,必须经过审判程序才能得到解决。而美国联邦民事诉讼规则有关庭前程序的规定,不仅涉及大量的内容,而且就这些程序法条规定的内容,以及由其规定的内容所体现的功能而言,除了为法庭审理进行准备的以外,还有十分显著的其他功

---

[①] 1982年《民事诉讼法(试行)》有关庭前准备程序的法律规定仅有6条,1991年《民事诉讼法》有关庭前准备程序的法律规定也仅有7条。

能，诸如收集证据、确定争点以及促进和解等。在这种多重程序功能的设置下，美国民事诉讼案件的95%在庭前程序中就已经得到了解决。两相比较，我国民事诉讼程序立法及其法典编纂中，"庭审中心主义"的程序立法倾向及其观念是十分明显的。

　　由上可见，在我国民事诉讼程序立法及其法典的编纂过程中，"庭审中心主义"的观念及其思想是客观存在的。由于这种观念在诉讼程序制度的设置及其法典的编纂上，过于强调审判在解决纠纷中的作用，忽视了其他程序具有的解决纠纷的功能，诉讼程序功能的设置过于单一，人为地限制了除审判程序以外其他程序解决纠纷的功能，其立法以及相应的法典编纂具有严重的局限性，因而已不符合目前世界各国民事诉讼程序立法及其法典编纂观念，由"庭审中心主义"向"庭前中心主义"转换的改革、发展趋势，仍然以这种观念为我国民事诉讼程序制度及其法典编纂的基本指导思想，显然是不恰当的。

# 第二章 中国现行《民事诉讼法》的立法体例及法典编纂技术与特征

## 一、现行《民事诉讼法》的立法体例

按照 2007 年 10 月 28 日,第十届全国人大常委会《关于修改〈中华人民共和国民事诉讼法〉的决定》,对 1991 年《民事诉讼法》进行修改。现行《民事诉讼法》在立法体例及其结构上,以"编"为标准将整个《民事诉讼法》分为了四大部分,即四编,共计 268 个条文。① 其立法体例与这四编的具体内容如下:

(一)"总则"

"总则"是现行《民事诉讼法》的第一个部分,也是现行《民事诉讼法》第一编的有关规定,该编在内容上包括了 11 章,这 11 章依次是:第一章"任务、适用范围和基本原则"、第二章"管辖"、第三章"审判组织"、第四章"回避"、第五章"诉讼参加人"、第六章"证据"、第七章"期间、送达"、第八章"调解"、第九章"财产保全和先予执行"、第十章"对妨害民事诉讼的强制措施"、第十一章"诉讼费用"。这 11 章共计 107 个条文。

在这 11 章中,第一章"任务、适用范围和基本原则",立法上用 17 个条文对于《民事诉讼法》制定的根据、任务、适用范围和基本原则作出了规定;第二章"管辖",在立法体例上分为三节,即级别管辖、地域管辖、移送管辖和指定管辖,立法上用 22 个条文对于有关民事案件的各种管辖问题分别作出了规定;第三章"审判组织",是对于具体民事审判机构的规定,立法上用 4 个条文对各种程

---

① 修改以前的 1991 年《民事诉讼法》,虽然在立法体例上同样是四编,但有 270 个条文。

序以及不同审级的民事审判机构作出了规定；第四章"回避"，是对可能影响公正审理的审判人员、书记员、翻译人员、鉴定人员、勘验人员不得参与案件审理的规定，立法上用 4 个条文，对可能影响案件公正审理这些人员的回避及其回避程序作出了规定；第五章"诉讼参加人"，是对参与诉讼人员的资格及其诉讼权利的规定，该章立法体例上分为两节，即第一节当事人，第二节诉讼代理人，立法上用 14 个条文对诉讼参加人的诸多问题作出了规定；第六章"证据"，是对证据问题的规定，立法上用 12 个文条，对证据及其相关问题作出了规定；第七章"期间、送达"，是与民事诉讼有关的期间、期日，以及送达的规定，立法上用 10 个条文对于有关问题作出了规定；第八章"调解"，是对法院调解的基本原则、程序、处理方式的规定，立法上用 7 个条文对于这些问题作出了规定；第九章"财产保全和先予执行"，是为了保证裁判能够得到执行，以及基于对特定当事人的保护而作出的特别规定，立法上用 8 个条文对这些问题作出了规定；第十章"对妨害民事诉讼的强制措施"，是为了保证民事诉讼的正常进行所规定的具有强制力的措施，立法上用 7 个条文对这些措施作出了具体规定；第十一章"诉讼费用"，是关于当事人进行诉讼应当交纳费用的规定，具体的交纳数额按照国务院公布的《诉讼费用交纳办法》执行。

（二）"审判程序"

"审判程序"是现行《民事诉讼法》规定的第二个部分，也是《民事诉讼法》中的第二编，这一编包括了 7 章。这 7 章依次是：第十二章"第一审普通程序"、第十三章"简易程序"、第十四章"第二审程序"、第十五章"特别程序"、第十六章"审判监督程序"、第十七章"督促程序"、第十八章"公示催告程序"。这 7 章共有 93 个条文。

在上述 7 章中，第十二章"第一审普通程序"，是立法上对人民法院审判第一审民事案件所适用的基本程序、主体程序的规定，该章在立法体例上分为了五节，即起诉和受理、审理前的准备、开庭审理、诉讼中止和终结、判决和裁定。立法上用 34 个条文对该程序适用的诸多问题作出了规定。第十三章"简易程序",是立法上对基层人民法院及其派出法庭审理简单民事案件所适用诉讼程序的规定,立法上用5个条文对该程序适用中的问题作出了规定。第十四章"第二审程序",是有关人民法院审理当事人不服地方各级人民法院尚未生效的一审判决或者裁定,依法向上一级人民法院提起上诉,由上一级人民法院进行审理所适用程序的规定,该章立法上用13个条文对该程序适用中的问题作出了规定。第十五章"特别程序",是"人民法院审理特定类型民事案件所适用的程序,是一种不同于普通程序、简易程序及其上诉程序的特殊的审判程序"。[1] 该章在立法体例上分为了五节,即一般规定;选民资格案件;宣告失踪、宣告死亡案件;认定公民无民事行为能力、限制民事行为能力案件;认定财产无主案件。立法上用17个条文对该章各种程序的适用问题作出了规定。第十六章"审判监督程序","是指具有审判监督权的法定机关,也即人民法院和人民检察院认为此前已经发生法律效力的民事判决、裁定本身确有错误,或者审理过程违反法律规定,因而依法决定再审,或者依法提出抗诉从而引起再审所应当遵循的程序"。[2] 立法上用14个条文对有关程序的适用问题作出了规定。第十七章"督促程序","是指人民法院根据债权人的给付金钱和有价证券的申请,以支付令的形式,催促债务人限期履行义务的特殊程序"。[3] 立法上用4个条文对该程序的适用作出了规定。第十八章"公示催告程序",是指"人民法院依当事人基于法定理由而提出的申请,以公示的方法催告不明的利害关系人,在法定期间申报权利;如无人申报,则根据当事人的申请,作出除权判决的特别程序"。[4]

---

[1] 田平安主编:《民事诉讼法学》,法律出版社2005年版,第315页。
[2] 江伟主编:《民事诉讼法学原理》,中国人民大学出版社1999年版,第668页。
[3] 常怡主编:《民事诉讼法学》,中国政法大学出版社1996年版,第342页。
[4] 江伟主编:《民事诉讼法学原理》,中国人民大学出版社1999年版,第762页。

立法上用 6 个条文对该程序适用中的诸多问题作出了规定。

（三）"执行程序"

"执行程序"，是现行《民事诉讼法》规定的第三个部分，也是《民事诉讼法》中的第三编。这一编包括了 4 章，这 4 章依次是：第十九章"一般规定"、第二十章"执行的申请和移送"、第二十一章"执行措施"、第二十二章"执行中止和终结"。这 4 章一共包括了 34 个条文。

在这 4 章中，第十九章"一般规定"，是有关执行法院、执行异议、委托执行、执行和解、执行担保、执行回转等一些在执行中具有共同性、普遍性问题的集中规定。立法上用 11 个条文对这些问题作出了规定。第二十章"执行的申请和移送"，是有关申请执行与审查申请，以及申请执行的期限等问题的规定，立法用 5 个条文对生效民事判决和裁定、仲裁裁决、公正机关赋予强制执行效力债权文书的执行申请作出了规定。第二十一章"执行措施"，是有关被执行人的财产申报、强制执行的具体措施、程序等问题的规定，立法上用 15 条对这些问题作出了规定。第二十二章"执行中止和终结"，是有关执行中止和终结各种情况的规定，立法上用 3 个条文对执行中止和终结的各种情况作出了规定。

（四）"涉外民事诉讼程序的特别规定"

"涉外民事诉讼程序的特别规定"，是现行《民事诉讼法》的第四个部分，也是现行《民事诉讼法》第四编的有关规定。该编在内容上包括了 6 章，这 6 章依次分别是：第二十三章"一般原则"、第二十四章"管辖"、第二十五章"送达、期间"、第二十六章"财产保全"、第二十七章"仲裁"、第二十八章"司法协助"。这 6 章共有 34 个条文。

在这 6 章中，第二十三章"一般原则"，是有关涉外民事诉讼活动基本原则的规定，立法上用 6 个条文对涉外民事诉讼活动的基本原则作出了规定。第二十四章"管辖"，是基于涉外民事诉讼的特殊性，而在管辖上对涉外民事诉讼所作出的特别规定，立法上用 4 个条文对涉外民事诉讼的管辖作出了规定。第二十五章"送达、期间",是有关涉外民事诉讼活动的送达以及期间的规定,立法上用4个条文对涉外民事诉讼的送达和期间作出了规定。第二十六章"财产保全",是针对涉外民事诉讼的特殊性,而对涉外民事诉讼活动中的财产保全所作出的特别规定,立法上用6个条文对涉外民事诉讼中的财产保全作出了规定。第二十七章"仲裁",是有关涉外仲裁与涉外诉讼、涉外财产保全、涉外执行等诸多问题的规定,立法上用5个条文对这些问题作出了规定。第二十八章"司法协助",是对与涉外诉讼联系十分密切的司法协助的规定,立法上用9个条文,对涉外司法协助的一般原则、途径、方式与程序的诸多问题作出了规定。

## 二、现行《民事诉讼法》的编纂特征

相对于大陆法系其他国家的民事诉讼程序立法及其法典编纂,我国现行《民事诉讼法》在立法体例和法典的编纂上虽然不乏科学、合理乃至于先进之处,但是也存在不少的问题。这些由科学、合理以及存在诸多问题的立法规定所体现出的立法体例及其法典编纂特征,从类型的角度上看,既体现在有关整个法典编纂的宏观方面,也表现在有关具体内容规定与具体程序设置与安排的微观方面。

(一)整个立法体例编纂上的特征

从整个立法体例编纂的角度上看,我国《民事诉讼法》下述三个方面的特征是十分明显的。

1."二重分别设置"的立法体例特征

所谓"二重分别设置"的立法体例,是指在法典的编纂上,将整个法典分为总则与分则两大部分,根据总则与分则相互之间的逻辑关系,以及总则与分则在结构、立法体例上的不同特点,在对于诉讼中所有内容进行归纳、概括、区分与筛选的基础上,按照总则、分则两大部分各自不同的特点、效力,对于诉讼所涉及的各种问题、各类程序,以及这些问题与程序在性质、特点上的差异,进行法典编纂的立法体例。

从民事诉讼程序立法体例及其法典编纂历史发展的角度上看,

在民事诉讼程序立法及其法典编纂上,"二重分别设置"的立法体例及其法典编纂方式,并不是从来就有以及自然而然形成的,而是由1877年《德国民事诉讼法》所创立的。这种由1877年《德国民事诉讼法》所创立的立法体例及其法典编纂形式,与古典的,即按照各种诉讼程序的自然进行顺序机械排列的立法体例及其法律编纂方式不同,这种将整个诉讼过程中以及诉讼程序适用活动中,具有普遍性、共同性以及根本性的问题抽象概括出来置于总则中统一加以规定,以及将各种具体的程序制度、有关诉讼的方式、程式、顺序等内容置于分则中分别加以规定的法典编纂方式,不仅具有促成整个法典在结构、立法体例上层次分明、逻辑成序的特征,而且可以促使法典编纂及其规定的所有内容之间形成概括与具体,一般与特殊,以及总则指导分则,即总则的规定适用于分则的不同程序;分则落实总则,即分则具体规定体现总则概括性规定的自然逻辑体系。同时,由于法典在编纂中,将诉讼中以及各种具体程序适用中具有普遍性、共同性的问题概括出来统一置于了总则的规定中,从而避免了立法对于每一个具体程序中相同内容的重复性规定,使得法典在整个立法体例上以及立法规定的篇幅上更加简洁、精练。基于这些特点,这种立法体例及其法典编纂方式,不仅成为了尔后大陆法系各国民事诉讼程序立法及其法典编纂所仿效的基本模式,也成为了至1877年以来,大陆法系各国民事诉讼程序立法及其法典编纂的基本方式。

历史地看,中国最早的民事诉讼程序立法,即《大清民事诉讼律草案》,在法典编纂上是没有采用这种立法体例的。即《大清民事诉讼律草案》在立法体例上虽然设有四编,但是就立法体例而言却没有关于总则与分则之分。换言之,沈家本等人在编纂《大清民事诉讼律草案》时,虽然认识到了独立编纂民事诉讼律主要应当考虑各项基本内容之间的关系,并提出了"窃以为民事诉讼律,虽号称繁赜，然撮其纲要，厥有四端"① 的立法观点，但是就其整个立法的基本体例结构而言，却没有意识到将草案分为总则与分则两大部分，以及总则与分则之间在立法体例上的逻辑关系与联系。

不仅如此，就新中国成立以后至1982年《民事诉讼法（试行）》以前，新中国所有关于民事诉讼的法律、法令及其规范性法律文件的编纂以及立法体例，在立法技术上也都没有采用过这种以总则与分则之分为基本特征的"二重分别设置"的立法体例及其法典编纂方式。② 为此，从这个角度上讲，现行《民事诉讼法》在立法体例及其法典编纂上，所采用的这种以"二重分别设置"为基本特征的立法体例和法典编纂方式，不仅是中国民事诉讼程序立法的历史性飞跃，以及立法技术上的革命，而且这种编纂技术的采用及其基本立法体例的确定，也使得中国民事诉讼程序法典的编纂和基本的立法体例及其结构，具备了现代民事诉讼程序立法及其法典编纂的基本特征。

不过这里需要进一步研究的是，在过去中国传统立法思想、观念占主导地位，以及新中国成立以来不讲究立法技术，且民事诉讼程序立法长期以来一直恪守全面排斥民国时期的民事诉讼法及其民事诉讼立法方式的条件下，③ 为何在1982年《民事诉讼法》的立法过程中却选择了这种由1877年德国《民事诉讼法》创立，以及为西方大陆法系各国民事诉讼法所普遍遵从的立法体例及其法典编纂方式呢？笔者认为，除了这种立法体例及法典编纂方式本身所具有特别明显的优势以外，应当说与模仿、借鉴前《苏俄民事诉讼法典》的立法体例及法典编纂方式存在直接的联系。换言之，1982年《民事诉讼法（试行）》制定时，中国的民事诉讼程序立法，虽然严格

---

① 转引自陈刚主编：《中国民事诉讼法制百年进程》（清末时期第二卷），中国法制出版社2004年版，第4页。

② 这一问题请参见前述有关内容及其历史资料。

③ 民国时期颁布的两部《民事诉讼法》在立法体例及其法典编纂上，均采用的是总则与分则分别设置，即"二重分别设置"的立法体例。

排斥西方大陆法系各国以及民国时期的民事诉讼程序立法及其立法体例,但是,却充分借鉴、考虑了前《苏俄民事诉讼法典》的编纂方式及其立法体例,如果就当时中国的立法体例及法典编纂技术的角度上看,虽然不排除当时立法及法典编纂中对于某些具有"中国特色"立法方式及法典编纂内容的考虑,但是,如果将1982年中国《民事诉讼法(试行)》的立法体例及其法典编纂方式,与前《苏俄民事诉讼法典》的立法体例及其法典编纂方式进行比较,不仅可以看出两者极大程度上的相似性,而且也可以说1982年中国《民事诉讼法(试行)》的立法体例及其法典编纂方式,基本上是模仿前《苏俄民事诉讼法典》的立法体例及法典编纂而制定的。而历史地看,前《苏俄民事诉讼法典》虽然在内容上与沙俄时期民事诉讼法的规定有所不同,但是在立法体例及法典编纂上却较大程度上沿袭了沙俄时期民事诉讼法的基本立法体例及法典编纂方式,同时,俄国沙皇时期民事诉讼法的基本立法体例及法典编纂方式,又是对于德国1877年《民事诉讼法》立法体例及法典编纂上的模仿与借鉴,由此也就不难解释与理解这一法典编纂历史问题的由来及其缘由了。

需要特别加以说明的是,笔者这里并不是要深究中国现行民事诉讼程序立法在立法体例及法典编纂上之所以采用"二重分别设置"立法体例及法典编纂方式的历史原因,而是想阐释一个道理,即在有关民事诉讼程序立法及法典的编纂中,不论是什么国家,也不论立法时的社会环境条件,及其什么样的立法指导思想,从立法技术科学、合理的角度看,它不仅应当遵循为世界各国所普遍接受的立法规律、原则,而且其有关法律的编纂也都必须符合基本的逻辑规则。换言之,只有遵循了程序立法中普遍接受的立法规律、原则,且法律编纂符合了基本的逻辑规则,其立法及编纂出的法律才具有科学性、合理性,符合社会以及时代的需要。

2. "大一统"的程序立法体例特征

"大一统"的程序立法体例与"大一统"的程序立法观念存在密切联系,"大一统"的程序立法观念作为影响新中国《民事诉讼法》编纂的主要程序观念之一,本书在前面已经作有阐述。在这种程序立法观念的主导以及影响下,从我国现行民事诉讼程序立法体例的角度上看,"大一统"的程序立法体例,自然成为了我国现行民事诉讼法在立法体例及其法典编纂上的主要特征之一。

所谓"大一统"的程序立法体例,是指在民事诉讼立法及其法典编纂中,不论各种诉讼制度在程序设置上,以及所适用诉讼法理上的不同特点,笼统地将不同类型以及不同性质的各种程序制度,统一编纂以及规定在《民事诉讼法》一个法律中的立法体例。

我国现行《民事诉讼法》在立法体例及法典内容的编纂上,不仅包括了以法官居中裁判为主的通常程序中的第一审普通程序、简易程序、第二审程序、审判监督程序,和不同于法官居中裁判所具有的强制性、主动性,即兼有司法与行政性质的执行程序,还包括了作为特殊简易程序(学理上有的称为形式性程序)的督促程序、公示催告程序,以及现代西方各国通常视为非讼程序,并在诉讼法理中适用不同于普通诉讼法理的一些特别程序,诸如宣告失踪、宣告死亡案件程序;认定公民无民事行为能力、限制民事行为能力案件程序;认定财产无主案件程序等,以及以公民的选举与被选举的政治性权利为诉讼标的,即与民事诉讼几乎没有关系的选民资格案件程序,除了这些以外,还包括专门审理具有涉外因素的涉外民事诉讼程序的特别规定。可以说就其内容和立法体例而言,按照通常"大一统"的立法体例,除海事诉讼程序、仲裁程序没有纳入民事诉讼法的立法体例进行规定以外,所有与国家主导的与解决民事争议有关的程序,都已经纳入了《民事诉讼法》的立法规定及其法典编纂范畴,并作为民事诉讼立法体例的一个部分加以了规定。

而在"大一统"的程序立法观念影响与指导下,我国民事诉讼程序立法为何没有将海事诉讼程序与仲裁程序纳入《民事诉讼法》的立法体例,而是单独加以规定呢?我们认为,立法上之所以没有将海事诉讼程序纳入民事诉讼的立法体例并规定在民事诉讼法中,除了海事诉讼具有不同于一般民事诉讼的特点以外,很大程度上与我国民事诉讼法制定和颁布的时间,以及立法上为了保证法律的稳定而确立的有关重大法律一旦颁布,为了保证法律的稳定,避免朝令夕改而在短期内不做变动、修改的基本立法原则有关。从《民事诉讼法》颁布的时间上看,现行《民事诉讼法》是1991年4月9日全国人大通过的,而《海事诉讼程序法》是1999年12月25日公布,并于2000年7月1日起正式施行的,换言之,在1982年《中华人民共和国民事诉讼法(试行)》到1991年《民事诉讼法》制定与颁布的时期内,我国海事纠纷的问题相对于一般民事纠纷而言还不太严重,当时立法上也没有颁布相应的海事实体法,即没有设置海事诉讼程序的社会实际需要以及立法条件。然而随着我国改革开放力度的加大,海事纠纷不断增多,以及1992年7月1日,《中华人民共和国海商法》的正式颁布,这种条件下不仅已经具备了制定海事诉讼程序法的客观条件,而且海事纠纷急剧上升的现实也迫切需要制定相应的海事诉讼程序来规范和解决与海事纠纷相应的诉讼活动,换句话说,"海事诉讼特别程序法是为了科学规范海事诉讼程序,维护当事人的诉讼权利,正确实施《中华人民共和国海商法》及其他海事实体法律而设立的特殊的诉讼程序制度。"①

在《中华人民共和国民事诉讼法》已经颁布,且解决海事纠纷的现实又迫切需要制定海事特别诉讼程序法的特定社会历史条件下,以及我国立法上为保持法律的稳定性,对于重大法律在短期内一律不做变动、调整基本立法原则的限制下,从立法方式及其可以选择的方法上看,采用独立的立法规定形式,不仅是制定以及颁布有关海事诉讼程序最好的方式,也是制定以及颁布有关海事诉讼程序唯一可行的选择。换言之,在当时解决海事纠纷中迫切需要制定海事诉讼程序法律的社会条件,以及立法为了保证法律的稳定性,短期内不对重大法律进行变动、修改基本立法原则的限制下,有关海事诉讼程序的立法,只能以独立的《中华人民共和国海事诉讼特别程序法》的形式予以制定以及颁布。换言之,有关海事诉讼程序的立法规定,之所以没有纳入《民事诉讼法》的立法体例,而是以独立

---

① 最高人民法院研究室编:《司法文件选》2000年第6辑,人民法院出版社2006年6月版,第44页。

的《中华人民共和国海事诉讼特别程序法》的方式制定以及颁布，从我国立法为了保持民事诉讼法稳定基本立法原则的角度上看，不仅很难说是立法上有意识的选择，而且从事实上看，显然是特定历史条件下立法上的不得已，以及多少有些无奈情形下的选择。

而仲裁之所以没有纳入民事诉讼法的立法体例，依笔者之见主要是由于以下三方面的原因造成的。

首先，比较西方大陆法系将仲裁纳入民事诉讼程序立法范畴，并作为《民事诉讼法》一个部分加以规定的法国、德国的立法体例而言，新中国成立以后至1994年8月31日，《中华人民共和国仲裁法》颁布以前的国内各类仲裁，如：经济合同纠纷的仲裁、技术合同纠纷的仲裁、劳动争议的仲裁、消费纠纷的仲裁、价格纠纷的仲裁、著作权纠纷的仲裁、房地产纠纷仲裁、土地权属争议仲裁、工业产品质量纠纷仲裁等，在性质以及类型上均属于由行政主管部门主持下的行政仲裁，不仅具有行政仲裁的性质，而且实质上是国家行政权力行使的一种方式，与西方大陆法系的法国、德国等纳入《民事诉讼法》的仲裁不同。换言之，被纳入这些国家民事诉讼程序立法范畴的仲裁均属于典型的民间仲裁。而民间仲裁作为由独立的仲裁机构作出的居中裁决，以及这种裁决所不具有的行政性质，即国家通过其行政机关对社会生活、经济生活的干预与调节性，不仅从行为的类型、性质上决定了这种仲裁与民事诉讼的相似性，而且也是西方各国之所以将民间仲裁纳入民事诉讼立法范畴，并规定在《民事诉讼法》中的根本理由与基本原因。而从中国民事诉讼程序立法当时的情况以及原因上看，由于中国当时的仲裁除了国际经济贸易仲裁和海事仲裁以外，均属于行政性质的仲裁，而仲裁的这种行政性质与民事诉讼在性质上及其本质上所存在的重大差异，显然不仅是1982年的《民事诉讼法（试行）》与1991年的《民事诉讼法》之所以没有将仲裁纳入立法范畴，并作为《民事诉讼法》一个部分加以规定的立法理由，而且也是采用这种立法方式的基本理论根据。

其次，从中国当时各种国家权力在中国政治生活、社会生活以及经济生活中的实际地位及其权力运行机制的情况来看，在中国行政权力过大,且居主导地位的社会环境条件下,民事诉讼程序立法在事实上以及形式上,也是根本不大可能将属于行政权力组成部分的仲裁权力纳入自己的立法范畴。

最后,随着中国改革开放以及市场经济的迅速发展,为了保证仲裁的公平、公正,不仅实践中以行政仲裁为主的情况逐渐得到了改变,而且仲裁性质的变化也为民事诉讼立法将仲裁纳入民事诉讼的立法范畴提供了必要的理论根据和立法理由。但是,基于1991年《民事诉讼法》颁布不久,为了保持法律的稳定,所以对于仲裁的问题立法上仍然采用了分别立法、独立制定的立法形式,即于1994年8月31日,颁布了统一的《中华人民共和国仲裁法》。

从上述原因及其立法的历史发展情况可见,我国民事诉讼程序立法上,之所以没有像西方一些采用"大一统"立法体例的国家一样,将海事诉讼程序与仲裁程序纳入民事诉讼程序立法的范畴,以及规定在民事诉讼的立法体例中,从历史发展、立法理由以及原因的角度上看,实在是并非立法的本意,而是历史及其他诸多原因和因素所致。由此也可以十分明显地看到,我国现行《民事诉讼法》"大一统"立法体例的本质。

3. 立法规定总体上较为粗陋与简单的立法体例特征

所谓立法规定较为粗陋与简单的立法体例特征,主要是指从立法有关民事诉讼程序制度的整个设置、编纂以及全部规定的角度上看,我国《民事诉讼法》在整个立法体例及其法律规定上,具有较为粗放、简单,不够细腻、深入以及全面的特征。

虽然从立法规定历史发展的角度上看,1991年《中华人民共和国民事诉讼法》的规定相对于1982年《民事诉讼法(试行)》,不仅在立法体例和法典的编纂技术上都有较大的提高,以及在法律规定的内容上增加了5章63个条文,是新中国成立以来制定和颁布的民事诉讼程序法律中,条文和内容最多的一部法律。然而,相对于其他国家的民事诉讼程序立法,其法律规定的粗放、简单却是十分明显的。首先,从民事诉讼法整个法条规定的数量来看,法国《新民事诉讼法典》有 1507 个条文,① 德国《民事诉讼法》有 1066 个条文,② 韩国《民事诉讼法典》有 502 个条文,③ 俄罗斯联邦《民事诉讼法》有 438 个条文,④ 就是采狭义民事诉讼说,仅对审判程序作出规定的日本《新民事诉讼法》也有 400 个条文。⑤ 而我国的现行的《民事诉讼法》却仅有 268 个条文。可以说,在大陆法系各国民事诉讼法条文的规定上,不是最少也是较少的一类。⑥

其次,从大陆法系各国民事诉讼法有关证据的立法规定来看,由于证据问题不仅是民事诉讼中的核心问题,也是民事诉讼程序立法中颇具技术性以及技术含量较高的一类立法规定,因而在这一问题上法条规定数量的多少以及是否严密、详尽以及周全,不仅一定程度上反映了立法规定所含的技术性,而且较大程度上反映了立法规定在形式上以及体例上是粗放、简单还是深入、细腻以及全面的立法特征。而在证据问题的规定上,从大陆法系一些国家的立法规定来看,德国《民事诉讼法》大约有 120 个条文、韩国《民事诉讼法典》大约有 97 个条文、日本《新民事诉讼法》大约有 64 个条文、俄罗斯联邦《民事诉讼法》也大约有 30 个条文,而我国现行《民事诉讼法》就立法规定而言仅有 12 个条文。相比之下,我国现行《民

---

① 按照罗结珍译:《法国新民事诉讼法典》,中国法制出版社 1999 年版统计。

② 按照谢怀栻译:《德意志联邦共和国民事诉讼法》,中国法制出版社 2001 年版统计。

③ 按照陶建国、朴明姬译:"韩国民事诉讼法典",载陈刚主编:《比较民事诉讼法》2004—2005 年卷统计。

④ 按照张西安、程丽庄译:《俄罗斯联邦民事诉讼法 执行法》,中国法制出版社 2002 年版统计。

⑤ 按照白绿铉编译:《日本新民事诉讼法》,中国法制出版社 2000 年版统计。

⑥ 朝鲜民主主义人民共和国《民事诉讼法》仅 182 个条文,其法条数量少于我国。请参见陈刚主编:《比较民事诉讼法》2003 年卷,中国人民大学出版社 2004 年版,第 350—370 页。

事诉讼法》在立法规定及其立法体例上是粗放、简单还是深入、细腻以及全面也就不难结论了。

这里需要说明的是，虽然，仅仅根据法条规定的数量并不能完全证明立法规定及其立法体例的粗放与简单，但是从逻辑的角度上看，条文的数量与法律规定内容的细腻、详尽、深入与全面存在直接的对应关系却是谁也否认不了的。换言之，在立法上企图采用少量的条文就对有关法律作出十分全面的规定，在民事诉讼程序立法现实中是不存在，也是绝对不可能的。同时，从影响我国民事诉讼程序立法及其法典编纂观念的角度上看，这种立法体例的产生，不仅与"宜粗不宜细"法典编纂观念的影响存在直接的联系，而且也是这种观念指导以及影响下立法的必然结果。

（二）具体内容规定与具体程序设置和安排方面的特征

所谓具体内容规定与具体程序设置和安排方面的特征，是指从具体程序制度的编纂、设置以及立法规定的微观角度上看，我国《民事诉讼法》在有关具体内容的规定，各种程序的设置及其有关内容和程序在整个立法体例中的编排顺序，与大陆法系其他国家立法及其法典编纂所具有的不同。从我国现行《民事诉讼法》的规定及其法典的编纂来看，有关具体内容规定与具体程序设置和安排方面的特征，主要表现在以下一些方面。

1. 立法上采用大量的条文，对于《民事诉讼法》制定的依据、任务、适用范围和基本原则进行了规定

在大陆法系各国有关民事诉讼程序立法体例及其法典具体内容的编纂上，采用大量的条文对法典制定的依据、任务、适用范围和基本原则进行解释与规定，不仅是我国《民事诉讼法》在立法体例及其法典编纂上一个十分显著的特征，也是除前《苏俄民事诉讼法典》以外，其他国家民事诉讼程序立法上绝无仅有的。

就有关法典制定的依据、任务、适用范围的规定而言，考察大陆法系绝大多数国家的《民事诉讼法》，无论是法国、德国、日本，还是瑞典、韩国的民事诉讼程序立法，都没有关于这些内容的规定。而之所以大陆法系各国在民事诉讼程序立法中，都不做这些类型的

规定，究其原由，应当说与大陆法系各国立法上所采用的实证主义有关。由于在程序立法上，实证主义的立法不仅讲究法律规定的严密、准确，而且要求立法规定得简洁、直截了当，即凡是与民事诉讼无直接关系的内容均不能纳入程序立法的范围。换言之，就法典制定的依据、任务与适用范围的类型与性质而言，在西方大陆法系各国的立法上看来，均属于立法机构在有关民事诉讼立法时所应当考虑的内容，而不是在民事诉讼的司法活动中法官所要考虑的问题，法官所要考虑以及当事人所要遵循的是有关诉讼进行的具体程序性规定及其相关的具体内容。为此，立法者在立法时所考虑的诸如：根据什么来编纂和制定法典，法典的立法依据，应当赋予法典什么样的任务，以及法律规定适用的范围等内容及问题，依理均不应当纳入《民事诉讼法》法律规定的范畴，因为，从司法的角度上看，这些内容在诉讼中以及与司法而言并没有直接的联系，纯属立法范畴的内容。

而我国《民事诉讼法》何以不同于大陆法系各国，而作出这种在传统大陆法系立法理论上看来应当属于立法者立法时考虑，而不应当纳入《民事诉讼法》规定内容的呢？笔者认为这是模仿、套用前《苏俄民事诉讼法典》的立法体例及其法典编纂方式的结果。如果我们比较前《苏俄民事诉讼法典》的立法体例及其规定的内容可以十分清楚地看到这一点。前《俄罗斯苏维埃联邦社会主义共和国民事诉讼法典》在第一编第一章的第1条有关"民事诉讼立法"中规定："俄罗斯联邦共和国一切法院审理民事案件的程序，均由《苏联和各加盟共和国民事诉讼纲要》以及依照该纲要颁布的其他苏联法律和《俄罗斯联邦共和国民事诉讼法典》加以规定。民事诉讼立法规定民事、家庭、劳动和集体农庄法律关系争议案件审理程序，行政法关系案件审理程序以及特殊案件审理程序。行政法关系案件和特殊案件，除苏联和俄罗斯联邦共和国立法另有规定者外，一律按照一般诉讼规则审理。民事案件按照审理案件、实施个别诉讼行为或者执行法院判决的时候有效的民事诉讼法律进行审理。"① 第2条有关"民事诉讼的任务"中规定:"苏维埃民事诉讼的任务,是正确而及时地审理和解决民事案件,捍卫苏联的社会制度、国家制度、社会主义经济体系和社会主义所有制,保护公民的政治权利、劳动权利、居住权利以及其他人身和财产权利,保护他们的合法利益,保护国家机关、企业、集体农庄、其他合作社组织和社会团体的权利和合法利益。民事诉讼应当促进社会主义法制的巩固,防止违法行为,教育公民遵守苏维埃法律和尊重社会主义公共生活准则。"②

比较上述规定不难看出,在有关民事诉讼法制定的依据、任务、适用范围的规定上,虽然就文字的表述而言两者并不完全相同,前苏俄民事诉讼法典的规定在有关文字的表述上较我国的规定要繁杂、臃长,但是就规定的立法思想、内容、立法体例及其形式而言,显然两者之间不仅在性质上,在立法体例上也是几乎完全相同的。

而在基本原则的规定上,从大陆法系各国民事诉讼程序立法体例的历史及其立法发展的情况来看,在大陆法系各国有关民事诉讼程序立法中,除最初的法国《民事诉讼法典》在第一编"序则"的第一章中,对于"诉讼的指导原则"作有详细规定,以及日本1996年颁布的《新民事诉讼法》用少量的条文对于个别原则作有规定以外,德国、瑞典等大多数国家均没有采用这种立法体例及其法律规定形式。而就法国《民事诉讼法典》有关"诉讼的指导原则"规定的内容及其形式来看,虽然这些内容在立法上以及法典的编纂上也被置于了法典第一编的第一章中,但是,就其有关规定的性质与内容而言,与我国《民事诉讼法》有关基本原则的规定是不相同的。以我国《民事诉讼法》基本原则中有关辩论的规定与法国《新民事

---

① 梁启明、邓曙光译:《苏俄民事诉讼法典》,法律出版社1982年版,第1页。

② 梁启明、邓曙光译:《苏俄民事诉讼法典》,法律出版社1982年版,第2页。

诉讼法典》有关辩论的规定为例。我国《民事诉讼法》第 12 条规定："人民法院审理民事案件时，当事人有权进行辩论。"而法国《新民事诉讼法典》在"诉讼的指导原则"第 22 条关于辩论的规定是："辩论公开进行，但法律要求或允许在评议室进行之情况除外。"第 23 条规定："法官熟悉当事人使用的语言时，无须借助翻译。"由法国《新民事诉讼法典》有关辩论的规定，与我国《民事诉讼法》有关辩论的规定可以看出，两者是存在重大区别的。这种区别不仅在于我国《民事诉讼法》的有关规定，在性质与类型上不针对任何具体的诉讼程序性行为，是一种十分抽象的、宣言性的规定，而法国《新民事诉讼法典》的有关规定在性质与类型上，是就具体诉讼行为所作出的特定的、指导诉讼程序具体适用的规定，而且还在于两者具有不尽相同的功能。由于我国《民事诉讼法》有关基本原则的规定是一种抽象的、泛意的一般性、宣言性规定，因而就程序法的特点来看，这些规定在功能上能够起到的仅仅是表明一种立法思想，以及宣传与倡导的作用，而不可以也无法作为诉讼程序适用中法官裁判决断案件的法律依据，即法官判决、裁定具体引用的法律条文。而法国《新民事诉讼法典》有关规定，作为立法对于具体诉讼程序适用中有关问题的指导性规定，在功能上不仅具有指导性的作用，由于其规定上的特定与具体，也可以作为法官裁判、决断诉讼程序问题的法律依据，即法官在诉讼过程中裁判、决断程序问题具体引用的法律条文。

　　从立法规定的类型与法条性质的角度上看，我国《民事诉讼法》有关基本原则的规定，是从立法根本思想的角度作出的抽象性规定，仅具有表述立法思想的宣言性功能，而法国《新民事诉讼法典》有关"诉讼的指导原则"的规定，是从诉讼程序实施角度作出的具体指导性规定，具有作为基本法律依据的裁判功能。两者虽然都是"原则"，但是两种"原则"具有几乎完全不同的性质与功能。也正由于这些在性质、内容以及具体适用上的差异，我国《民事诉讼法》的规定被立法上冠以"基本原则"，而法国《新民事诉讼法典》的规定被冠以"诉讼的指导原则"。

从上可见，我国现行《民事诉讼法》在立法上采用大量的条文，对《民事诉讼法》制定的依据、任务、适用范围和基本原则进行规定的立法体例，作为对于前《苏俄民事诉讼法典》的立法体例及其法典编纂方式的模仿与套用，以及中国现行《民事诉讼法》在立法体例及其规定上的特征之一，与现代大陆法系各国的民事诉讼立法，在体例及其法典编纂的内容上都是不相同的。

2. 立法上有关管辖的规定逻辑有序、层次分明

所谓立法上有关管辖的规定逻辑有序、层次分明，是指从立法体例的角度上看，我们《民事诉讼法》有关管辖的立法规定较其他国家的相应规定更加科学、合理，富有逻辑性。

从大陆法系各国有关管辖问题的立法体例及其有关内容的规定来看，在管辖问题的规定上，不仅一直很不统一，而且较为混乱。以法国、德国、日本等主要大陆法系国家有关这一问题的立法体例及其法典编纂为例。法国《新民事诉讼法典》在立法体例上设有"第三编"专门对管辖进行规定，法国《新民事诉讼法典》第三编有关管辖的规定，在立法体例上包括三章，这三章分别是："职权管辖"、"地域管辖"、"共同规定"。所谓的"职权管辖"，是立法上以案件的性质与争议的数额为标准所确定和规定的管辖；所谓"地域管辖"，是立法上以地域为标准所确定和规定的管辖；所谓有关管辖的"共同规定"，是立法上对于上述管辖以外的若干特殊管辖问题的规定。

德国《民事诉讼法》在立法体例上没有设专章对管辖进行规定。有关管辖的规定包括在第一章有关"法院"的立法体例中。即德国《民事诉讼法》有关管辖的规定在立法体例上与法国是有所不同的。德国第一章有关"法院"的规定有四节，这四节分别是：第一节"法院的事物管辖与价额规定"、第二节"审判籍"、第三节"关于法院管辖的合意"、第四节"法院职员的依法回避和申请回避"。在前三节中，所谓法院的事物管辖与价额规定，是德国立法上按照案件的性质与争议数额所确定以及规定的管辖，除此之外，这一节对于"对事物管辖的违背"、"关于管辖错误的裁判的拘束力"也作出

了规定;所谓审判籍,是德国立法上按照案件所涉当事人的住所地或者所在地为标准所确定以及规定的管辖,除此之外,这一节对于"法院指定管辖"、"法院指定的程序"等也作出了规定;所谓"关于法院管辖的合意",是德国立法上对于协议管辖的规定,这一节对于哪些性质的案件可以协议管辖,以及协议管辖的程序等问题作出了规定。

日本《新民事诉讼法》在立法体例上也没有设专章对于管辖问题进行规定,其有关管辖问题是规定在总则第二章"法院"之内的。日本《新民事诉讼法》第二章有关"法院"的规定包括两节:第一节是"管辖";第二节是"法院职员的排斥及回避"。在第一节有关管辖的规定中,日本立法上对于各种有关管辖的问题,从法典编纂及其立法体例的角度上看,没有对各种不同类型以及性质的管辖进行逻辑上的归纳、分类,而仅仅是依次对"普通审判籍的管辖"、"财产权上的诉讼管辖"、"关于专利权诉讼的管辖"、"请求合并的管辖"、"诉讼标的价额计算"、"请求合并时的价额计算"、"指定管辖法院"、"协议管辖"、"应诉管辖"、"专属管辖时适用除外"、"法院依职权调查证据"、"管辖的标准时间"、"违反管辖规定的处置"、"为避免拖延诉讼而移送"、"简易法院的自行裁量依送"、"简易法院的必要移送"、"专属管辖禁止移送"、"即时抗告"、"移送裁定的拘束力"等作出了规定。

由上述三国有关民事诉讼管辖的立法规定可见,上述三国有关管辖的立法体例及其编纂形式是有问题的。就法国《新民事诉讼法典》有关管辖的规定而言,虽然法国立法上对于管辖的规定,是在对所有管辖问题进行必要的归纳、分类的基础上进行,且有关管辖的规定整体而言在立法体例上也层次分明、富有逻辑性,但是,其立法中有关管辖的第三节"共同规定",则在逻辑上、分类标准上,以及有关这一节规定的具体内容上不仅显得有些紊乱,也很不准确。首先,从逻辑的角度上看,就法典总则与分则的关系而言,由于总则的规定都适用于分则,因而可以说总则的规定一定程度上对于分则的内容而言,都是具有共同性的规定。从这一个角度上看,在管辖的规定中,把有关管辖的某些规定命名为"共同规定"在逻辑上就必然产生一个问题,即在有关管辖的规定中,除"共同规定"以外有关管辖的规定,是否就不是共同规定?从而在逻辑上对于这些非"共同规定"的适用效力、范围产生歧义,即是否可以与"共同规定"一样完全适用于分则的规定。其次,就第三节"共同规定"有关内容来看,其基本内容是关于除"职权管辖"、"地域管辖"以外的其他有关特殊性管辖问题的规定,绝非什么共同性规定,因而把这一部分有关管辖的规定命名为"共同规定",不仅在逻辑上,就其具体规定的内容而言,也是很不准确的。

就德国、日本立法上有关管辖的规定而言,从法典有关编纂技术角度看其基本问题有二:第一,法典在有关管辖内容的编纂上,将管辖置于"法院"一章中进行规定的立法体例有所不当。因为管辖问题虽然与法院存在直接的联系,但是民事诉讼中的管辖所涉及的并不仅仅是法院,还涉及当事人以及案件的类型、性质等诸多问题。换言之,管辖与有关法院职员的排斥及回避等是两种不同类型以及不同性质的行为,从法典编纂内容的角度上看理应分别加以规定,而不应当都包括在"法院"一章中混合进行规定。第二,从法典编纂技术的角度上看,德国、日本在有关管辖的立法编纂上,对于有关管辖内容采用的是依序逐次罗列法条的立法体例,这种立法体例由于没有对于管辖所涉及的诸多问题,进行必要的归纳、分类,因而有关管辖的规定不仅在体例上显得层次不明、缺乏应有的逻辑性,而且就其所规定的内容而言也显得有些紊乱。

而我国现行《民事诉讼法》有关管辖的规定,不仅在体例上独立成章,即与法院公正裁判直接相关的诸多问题,诸如:审判组织、法官的回避等分章规定,而且立法在对于管辖所涉各种问题进行归纳、分类的基础上,将有关管辖的所有规定编纂为三节,即第一节"级别管辖"、第二节"地域管辖"、第三节"移送管辖和指定管辖"。这种以"纵向"即级别管辖与"横向"即地域管辖为主,以移送管辖与指定管辖等特殊管辖为辅的法典编纂方式,不仅促使立法有关管辖的各类规定层次分明、排列有序,富有逻辑性,而且也极具技术性。可以说我国现行《民事诉讼法》有关管辖的规定，相对于大陆法系其他国家有关管辖的规定而言，在编纂上具有较高的技术性。

3. 立法在总则的规定上采用了依程序进展的顺序，分章规定有关内容的立法体例

所谓依程序进展的顺序，分章规定有关内容的立法体例，是指立法上根据总则所涉各种内容在类型及其性质上的不同，以章为单元分别进行编纂，以及对于总则所规定的各章内容，按照诉讼程序进展的顺序依次排列，从而进行规定的立法体例。换言之，在我国民事诉讼程序立法上，对于总则所涉及的所有不同类型以及不同性质的内容，即任务、适用范围和基本原则，管辖，审判组织，回避，诉讼参加人，证据，期间、送达，调解，财产保全和先予执行，对妨害民事诉讼的强制措施，诉讼费用等，均采用以章为编纂单元分别进行规定，即每一个问题在立法体例上都分别设置为独立的一章。同时对于这些独自成章的所有内容，按照诉讼程序进行的自然顺序依次排列，即首先，将"任务、适用范围和基本原则"列为第一章，其次，依顺序将有关案件应否受理以及应当由哪级法院或者哪一个法院受理的"管辖"列为第二章，再次，将主持审判的"审判组织"列为第三章，然后，将关系裁判公正的"回避"列为第四章，随后，将参与诉讼活动的人以及相关问题的"诉讼当事人"列为第五章，再后，将作为裁判依据的"证据"列为第六章，以后，将诉讼的"期间、送达"列为第七章，"调解"列为第八章，有关保证判决执行以及具有特殊救济意义的"财产保全和先予执行"列为第九章，有关保证诉讼活动正常进行的"强制措施"列为第十章，最后，将"诉讼费用"列为第十一章的顺序，进行编纂排列的立法体例。

大陆法系各国有关民事诉讼总则的传统编纂方式及其立法体例，与我国的这种立法体例及其有关总则内容的编纂方式是有所不同的。例如，德国《民事诉讼法》在有关总则内容的编纂上，将所有的内容分为了三章，即"法院"、"当事人"、"诉讼程序"。这三章在内

容的编纂上,"法院"一章包括了两大方面的内容:一是关于管辖;二是关于法院职员的回避。"当事人"一章包括了三大方面的内容:一是有关当事人的内容;二是有关诉讼费用的内容;三是有关诉讼担保方面的内容。"诉讼程序"所包括的内容就更多:一是有关言词辩论的内容;二是有关送达程序的内容;三是有关传唤、期日与期间的内容;四是关于迟误的结果与回复原状的内容;五是有关诉讼程序的中断与中止的内容。日本《新民事诉讼法》有关总则的规定,虽然在编纂上与德国《民事诉讼法》稍有不同,即立法上将有关诉讼费用的内容从当事人一章中分离出来,独立作为一章规定,但是立法体例及其内容编纂与德国基本相同。即不仅"法院"一章中包括了管辖与法院职员的回避两方面的内容,而且"诉讼程序"一章中也包括了诸多的内容。即从立法编纂的角度上看,除了管辖、法院职员的回避、当事人、诉讼费用的内容以外,其他属于总则的问题都列入了"诉讼程序"一章的内容之中。韩国《民事诉讼法典》总则的立法体例及其有关内容的编纂与日本也基本相同。

比较我国与大陆法系各国有关总则内容的传统编纂方式和立法体例,不难看出两者不仅在立法编纂的思路上,而且在立法体例上也存在较大差异。即我国立法上采用的是根据总则有关内容在类型、性质上的不同,以章为编纂单元而逐一分章规定的立法体例,在这种立法体例中,每一章只涉及一个方面的内容。而大陆法系各国有关总则内容的传统编纂方式和立法体例,则是在每一章包括若干内容的基础上编纂而成。而从法典的编纂应当内容分明、层次清晰的角度上看,我国民事诉讼程序立法上这种法典编纂方式及其立法体例,显然较大陆法系传统编纂方式和立法体例更为科学、合理,也更具有技术性。而传统大陆法系有关总则内容的编纂方式及其立法体例,不仅在内容的规定上显得较为杂乱,而且在逻辑上也显得很不清晰。因而从立法体例应当内容清晰、层次分明,富有逻辑的角度上看,我国有关总则内容的编纂方式及其立法体例,较大陆法系各国有关总则内容的传统编纂方式和立法体例更富有技术性。

4. 立法对于诉讼证据采用了将其置于总则中加以规定的立法

体例

所谓把诉讼证据的内容置于总则中加以规定,是指法典在内容的编纂上,把有关诉讼证据的内容完全放到总则部分,并作为总则的基本内容加以规定的立法体例。就我国《民事诉讼法》有关证据规定的情况来看,立法上对于证据有关问题的规定虽然在内容上不全面与详尽,甚至十分粗糙和简单,但是从立法体例的角度上看,有关证据的所有内容却是全部规定在总则之中的。

在大陆法系各国民事诉讼法总则的传统编纂方式及其立法体例中,诉讼证据的内容通常是规定在分则第一审程序之中。例如,德国《民事诉讼法》就是将有关诉讼证据的内容,规定在法典第二编"第一审程序"第一章"州法院诉讼程序"中。德国有关"州法院诉讼程序"在立法规定上共有12节,这12节分别是第一节"判决前的程序"、第二节"判决"、第三节"缺席判决"、第四节"独任法官前的程序"、第五节"调查证据的一般规定"、第六节"勘验"、第七节"人证"、第八节"鉴定"、第九节"书证"、第十节"询问当事人"、第十一节"宣誓与具结"、第十二节"独立的证据程序"。由这些规定的内容及其编纂方式来看,德国立法上不仅将证据的有关内容置于了分则的第一审程序中,而且采用的是与诉讼程序混合编排、分节规定的立法体例。日本《新民事诉讼法》在有关证据内容的规定上,虽然没有将证据的内容与诉讼程序的内容混合编纂,而是规定为独立的一章,但是,在立法体例上仍然是将其置于分则第一审程序之中。韩国《民事诉讼法典》有关证据的立法体例与日本相同,即也是独立成章,且规定在分则第一审诉讼程序中的。

从立法思路的角度上看,上述国家之所以在立法体例上将诉讼证据规定在分则的第一审诉讼程序中,虽然与这些国家在上诉审中所采用的"事后审主义"存在直接的关系,即在这些国家的上诉审中,上诉审的诉讼资料原则上仅限于第一审中所采用的资料,不允许当事人提出新的事实与证据,上诉审的职责权限也仅限于对第一审裁判是否错误进行审查。但是,就各国司法实务的情况来看,虽然诉讼的审级不同、审理的重心及其基本内容有所不同,但是,在任何审级以及诉讼程序的审理中,都不可能绝对地排除事实及证据问题。同时,就具体案件审理的角度上看,在具体的诉讼中哪些属于证据问题,哪些属于法律问题,很多情况下还难以说得清楚。换言之,即便是在上诉审中采用"事后审主义"的国家,在其具体的审判实践中,实际上以及事实上根本无法绝对地排除第一审以外其他审级及其诉讼中的证据适用问题。证据作为诉讼中证明案件事实最为重要的基本依据,不仅任何诉讼都不同程度地涉及证据问题,以及证据问题贯穿于诉讼活动的始终,而且可以说诉讼的任何问题以及在诉讼的任何阶段都不同程度地涉及证据问题。因而对于这种实际上以及事实上贯穿于民事诉讼始终的重大问题,从总则与分则的逻辑关系上讲,以及立法体例及其法典编纂的角度上看,按照通行的立法思路及其立法逻辑规则,理应将其置于"总则"的范围之内,而不是置于分则的"第一审程序"中。换言之,我国民事诉讼立法上将有关证据的内容置于总则中加以规定的立法体例,相对于大陆法系一些国家将证据置于分则第一审诉讼程序中进行规定的传统编纂方式及其立法体例,具有更高的科学性、合理性乃至于技术性。

5. 立法对于法院调解也采用了将其置于总则中加以规定的立法体例

法院调解,指的是在法官或者书记员的主持下,双方当事人就发生争议的民事权利义务关系自愿进行协商,从而达成协议,解决纠纷的活动。在我国《民事诉讼法》的立法体例上,调解是以"第八章"的结构形式,规定在第一编"总则"之中。

就大陆法系各国有关民事诉讼法的规定来看,虽然在具体的法律规定中,有关这种解决纠纷方式的称谓或许有所不同,以及具体规定的内容也存在一定差异,但是作为民事诉讼中除判决以外解决纠纷的方式之一,大陆法系各国对于调解都是普遍有规定的。不过从立法体例及其法典编纂的角度上看,在大陆法系各国的规定中,由于调解这种解决纠纷的方式通常仅适用于一般程序,不适用于一些特殊程序,即在适用上不具有广泛性,因而在大陆法系各国的民事诉讼程序立法体例及其法典编纂中,除法国《新民事诉讼法典》第一卷在"适用一切法院的通则"的第六编(二)"调解"中对于调解作有规定以外,德国《民事诉讼法》、日本《新民事诉讼法》、韩国《民事诉讼法典》以及大多数国家的《民事诉讼法》,在总则中都没有关于调解的规定。即从立法体例的角度上看,在大陆法系大多数国家的民事诉讼程序立法中,有关调解的内容都是被放到第一审普通程序中加以规定。

为此,就我国《民事诉讼法》有关调解的立法体例与大陆法系大多数国家的立法体例及其法典编纂的比较,以及调解的适用情况而言,我国立法上将调解置于总则中加以规定的立法体例及其法典编纂方式,显然是有问题的。其问题不仅在于,这种立法体例与调解本身的适用范围、效力不相符合,而且这种立法体例及其法典编纂方式也不符合基本的立法逻辑规则。因为,从总则与分则的关系,以及立法逻辑的角度看,调解并不具有广泛的适用性,也不是贯穿于所有民事诉讼程序的一项制度,为此,依理不应当将其置于总则中加以规定。而我国民事诉讼程序立法上却将调解置于了总则中加以规定,虽然这种立法规定方式突出表明了立法对于调解这种解决纠纷方式的重视,但是,从立法体例及其法典编纂科学性、合理性的角度看,这种立法体例及其法典编纂方式是有所不当的。

6. 立法上确立了以庭审程序为中心设置第一审普通程序的立法体例

在通常诉讼程序的编纂及其立法体例中,审前程序作为庭审程序之前的程序,是诉讼进入法庭审理前的一个必经程序,就世界各国有关民事诉讼程序制度的设置及其法典的编纂来看,虽然,审前程序是各国民事诉讼法均作有规定的一个程序,然而,在有关审前程序内容的规定及其功能的设置上却不尽相同。目前我国民事诉讼程序立法上,与其他一些国家有关第一审普通程序立法体例的最大区别就在于,我国现行立法采用的是以庭审程序为中心设置第一审普通程序的立法体例。

以庭审程序为中心设置第一审普通程序的立法体例,在立法体例及其法典编纂方式上有两个十分显著的特点：第一，在程序制度的设置上，其有关普通程序制度的设置及其内容的编纂，不仅是以法庭审理程序为中心，而且法庭审理之前的审前程序制度的设置及其编纂均是为法庭审理服务的；第二，在程序功能的设置上，审前程序的功能除了为庭审程序服务以外就再没有其他功能。在这种立法体例及其程序编纂方式中，庭审程序的设置及其规定不仅是整个普通程序编纂中最为主要的内容，也是普通程序设置及其编纂的中心。

我国1982年《民事诉讼法（试行）》以及1991年《民事诉讼法》，在普通程序的设置中不仅有关民事诉讼审前程序规定的内容很少，① 而且，由于在具体法条规定的内容上，几乎完全是为庭审进行准备的一些诸如发传票、组成合议庭、告知当事人诉讼权利等程序性、事务性规定。即立法上并没有赋予审前程序诸如收集证据、确定争点以及促进和解从而解决纠纷的功能。为此，不仅在我国《民事诉讼法》上，审前程序被明确规定为"审理前的准备"程序，而且在我国民事诉讼实践中几乎没有任何一个案件或者一项争议是在"审理前的准备"程序中得到解决的。即案件一旦进入诉讼，必须经过审判程序才能得到解决。换言之，立法上不仅似乎没有认识到审前程序在解决纠纷以及保障诉讼效率中的作用，而且现行的立法规定根本不具备交换证据、整理争点、促进庭前和解的功能，从而不仅难以加快诉讼的进行，提高诉讼效率和确保诉讼公正，也根本不能够解决纠纷，与当今世界各国有关这一程序制度设置的基本发展趋势不相吻合。例如，《美国联邦民事诉讼规则》有关审前程序的规定，不仅涉及大量的内容，而且就这些程序法条规定的内容，以及由其规定的内容所体现的功能而言，除了为法庭审理进行准备以外，还有十分显著的其他功能，诸如收集证据、确定争点、防止庭审突袭以及促进和解等。在这种多重程序功能的作用下，美国民

---

① 1982年《民事诉讼法（试行）》有关庭前准备程序的法律规定仅有6条，1991年《民事诉讼法》有关庭前准备程序的法律规定也仅有7条。

事诉讼案件的95%在审前程序中就已经得到了解决。为此，从多元化解决纠纷、提高诉讼效率的角度上看，可以说，我国目前民事诉讼第一审普通程序程序立法中，所采用的以庭审程序为中心设置第一审普通程序立法体例的科学性、合理性都是值得研究的。

同时，从世界各国民事诉讼程序立法历史发展趋势的角度上看，以庭审程序为中心设置第一审普通程序的立法体例，虽然，曾经是大多数国家采用过的立法体例，但是，由于这种立法体例过于强调审判在解决纠纷中的作用，忽视了其他程序具有的解决纠纷的功能，以及诉讼程序功能的设置过于单一，人为地限制了除审判程序以外其他程序解决纠纷的功能。因而，不仅从程序设置观念的角度上看，已落后于目前世界各国有关民事诉讼程序立法及其法典编纂观念的发展，而且从立法体例的角度上看，其立法体例及其法典编纂的方式也存在着严重的缺陷。

7. 立法对于上诉审程序采用的是混合编排不加分类的立法体例

所谓混合编排不加分类的立法体例，是指我国《民事诉讼法》在有关上诉审程序的编纂及其立法体例中，对于上诉的各种情形，不进行分类也不针对上诉的不同种类进行编纂以及规定相应上诉程序的立法体例。

我国现行《民事诉讼法》第14章在有关"第二审程序"的规定中，虽然将上诉分为了当事人不服第一审判决提起的上诉与不服第一审裁定提起的上诉，以及在诉讼程序上对于这两种不同的上诉分别作有不同的规定，但是从立法体例及其法典编纂的角度上看，立法上不仅没有将这两种不同种类的上诉分开规定，而且在有关两种上诉内容的编纂上，也是不加分类、混合编排以及规定在相同法律条文之中的。

在大陆法系有关民事诉讼程序的传统编纂方式及其立法体例中，自德国《民事诉讼法》以来，各国在有关上诉审程序的编纂及其立法体例上，通常是根据当事人上诉请求的类型以及法院审查、裁判性质上的不同，将上诉分为"控诉"、"上告"和"抗告"三种不同类型，并根据这三种不同类型上诉的各自特征而分别对上诉审程序进行编纂。

按照德国《民事诉讼法》第511条、第545条、第567条的规定,在德国民事诉讼之中,"控诉"是对第一审法院作出的终局判决所提出的上诉;"上告"是对高级州法院在控诉审中所作出的终局判决提起的上诉;"抗告"是对不经言词辩论而驳回有关程序的申请的裁判提起的上诉。在日本民事诉讼理论上,"控诉是指对简易裁判所或地方裁判所所作出的第一审终局判决,为了谋求更有利的判决,向上一级裁判所所作的不服申述。控诉,是申请撤销或变更第一审终局判决,而不是向第二审裁判所提起新的诉讼。"① "上告,是指对第二审法院未确定(未生效)的终局判决(高等法院为一审法院或飞跃上告的第一审判决),以违背法令为由,为谋求撤销原判决而向上告法院提起的不服申述。也就是说,上告仅以法律上的论点进行不服申述,以构成控诉审判决基础的事实为基准,就法律适用是否正确(恰当)进行裁判(以法律上的论点为限而进行的复审)。"② "抗告,是指当事人或诉讼利害关系人为了自身利益,向上级法院要求撤销或变更下级法院的决定或裁判长的命令而进行不服申述。"③

由上述德国民事诉讼法对上诉不同类型的规定,以及日本民事诉讼理论上有关三种不同类型上诉的性质、特征的认识可见,在传统大陆法系有关上诉审的立法体例及其法典编纂中,鉴于上诉审所涉三种类型、性质的不同,各国不仅对有关内容采用了独立编纂的方式,而且在有关内容的规定上采用的也是逐一分节规定的立法体例,而之所以采用这种立法体例,从民事诉讼程序立法科学性角度上看,显然,这种分别规定、独立编纂的立法体例较之于混合编排

---

① [日]中村英郎著:《新民事诉讼法》,陈刚等译,法律出版社2001年版,第264页。

② [日]中村英郎著:《新民事诉讼法》,陈刚等译,法律出版社2001年版,第273页。

③ [日]中村英郎著:《新民事诉讼法》,陈刚等译,法律出版社2001年版,第279页。

不加分类的立法体例，不仅在有关内容的规定上显得更加清晰、明了，而在立法体例及其立法逻辑上也显得层次分明、逻辑有序，即具有更高的科学性与合理性。而我国《民事诉讼法》对于上诉审所采用的混合编排不加分类的立法体例，从立法编纂技术的角度上看，由于将有关内容混合规定在同一法条中，不仅在内容上显得含混不清，而且在立法体例上也显得逻辑紊乱。

8. 立法将一些非讼案件和选民资格案件混合编纂并设置为"特别程序"的立法体例

所谓将一些非讼案件和选民资格案件混合编纂并设置为"特别程序"的立法体例，包括两层含义：首先，从立法体例的角度上看，我国民事诉讼法在立法体例上设置了大陆法系绝大多数国家民事诉讼程序立法上没有的"特别程序"。其次，从法典编纂的角度上看，我国有关"特别程序"的立法，在内容上包括有两种不同类型的纠纷：一是不具有对审性质的一些特定的非讼案件；二是涉及公民参与国家管理的政治性权利之争的选民资格案件。

相对于大陆法系各国《民事诉讼法》的编纂及其立法体例而言，我国民事诉讼法有关"特别程序"的规定，可以说不仅是一种十分特殊的程序设置，也是一种十分独特的立法体例。

按照我国民事诉讼学理上通行的观点，所谓"特别程序，是指人民法院审理某些非民事权益争议案件所适用的特殊审判程序。"[①] 或者说"特别程序，是指立法上为人民法院审理某些特定类型的非民事权益争议的非讼案件和选民资格案件所设置的审理程序。"[②] 由这些观点可见，我国《民事诉讼法》的"特别程序"，在内容上包括了两大部分：一是以公民参与国家管理的选举权与被选举权为诉讼标的选民资格案件；二是一些特定的不以对审制为基本特征的非

---

① 常怡主编：《民事诉讼法学》（高等院校规划教材），中国政法大学出版社 1996 年版，第 326 页。

② 廖中洪主编：《民事诉讼法学》，厦门大学出版社 2006 年版，第 340 页。

讼案件。换言之，我国有关"特别程序"的规定，是将两类在内容、性质上几乎没有任何联系的案件混合编纂而成的一种诉讼程序。

从大陆法系民事诉讼程序立法体例及其法典编纂的情况来看，大陆法系各国在立法体例上不仅没有关于"特别程序"的设置，而且在现有的立法体例中甚至也没有"特别程序"的这种称谓。而大陆法系各国的民事诉讼程序立法中之所以没有这种程序制度的设置，以及不采用这种法典编纂形式，考察起来有以下两个方面的原因：

（1）在有关程序制度的规定上，大陆法系各国普遍采用的是诉讼与非讼程序分别立法的模式

在大陆法系各国有关民事诉讼程序立法中，鉴于诉讼程序与非讼程序在性质、类型以及适用诉讼法理上的差异性，各国对诉讼程序与非讼程序均采用了各自独立分别立法的模式，即凡属于非讼事件的由非讼程序法加以规定，而凡属于诉讼事件的由诉讼程序法加以规定的立法体例与立法模式。例如，德国在1877年颁布《民事诉讼法》以后，于1898年5月17日又颁布了独立的《非讼事件法》，按照德国2004年12月22日修改、2004年12月29日施行的《非讼事件法》的规定，德国现行的《非讼事件法》总共有十一章，约200个条文。这十一章分别是：第一章，总则；第二章，监护、家事、照管以及安置案件；第三章，代子女收养；第四章，身份；第五章，遗产和分割案件；第六章，船舶抵押；第七章，商事案件；第八章，社团案件、合伙案件和夫妻财产登记簿；第九章，代替宣誓的保证、调查和保管物品、质物变卖；第十章，法院和公文书；第十一章，附则。日本1890年颁布《民事诉讼法》以后，也于1898年制定了独立的《非讼案件程序法》，按照日本《非讼案件程序法》第一条的规定，除该法及其他法令另有规定的以外，凡是法院所管辖的非讼案件一律适用《非讼案件程序法》的规定。日本的《非讼案件程序法》在结构上分为三编，共210个条文。其中的第一编是有关总则的规定，第二编是关于民事非讼案件的规定，第三编是关于商事非讼案件的规定。在有关总则的规定中，除对于适用范围、管辖、代理、职权探知、程序非公开、通知检察官的义务等作出了

规定以外，对于裁判方式、抗告、负担费用等问题也作出了规定。第二编的规定中对关于法人的案件；关于信托的案件；关于审判上代位的案件；关于保存、提存、保管及鉴定的案件、法人及夫妻财产契约登记等作出了规定。第三编对关于公司及拍卖的案件；关于公司债的案件；关于公司清算的案件；委托商业登记等作出了规定。

从上可见，在大陆法系通行的立法模式中，凡是非讼事件均由非讼事件法加以规定。只有诉讼事件才由民事诉讼法加以规定。所以在大陆法系各国民事诉讼法的编纂及其立法体例中，自德国 1877 年《民事诉讼法》颁布以来，是不可能出现有关非讼事件程序的规定及其相应的立法体例的。

(2) 在有关法律规定的范围上，大陆法系各国严格限定了不同性质程序法律的规定范围

从立法分类以及立法科学性的角度上讲，法律的性质与类型不同，其规定所涉及的范围就应当有所不同，以及不同的法律应当具有各自不同的规定范围，这不仅是立法科学性的基本要求，也是法律编纂必须遵循的基本原则。换言之，要科学地制定一部法律，如果其规范的范围都不确定，或者将任何内容都纳入自己的范围加以规定，从立法的角度上看不仅很不科学，而且这种立法方式及其法典编纂形式也必然导致立法体例上的紊乱。因而，从立法科学分类的角度上看，在立法上明确以及确定法律规定的范围具有十分重要的意义。这种意义不仅体现在特定的范围是划分此法与彼法的基本界限，也是立法科学的必然要求。如果法律规定的范围都不明晰，很难说这种立法是科学的。为此，在有关民事诉讼法的规定范围上，大陆法系各国均对民事诉讼法设定了严格的范围限制。这种限制从解决纠纷的类型上讲，不仅通常限定在有关解决诉讼事件的程序性规定之内，不涉及解决非讼事件的程序性规定，而且从纠纷的性质上讲，也仅限于民事权益争议，不包括民事权益之外的其他性质的权益争议，诸如具有政治性权利性质的选举权与被选举权利的争议。

基于上述两个方面的原因，大陆法系各国在有关民事诉讼的程序立法中，自然是不可能有"特别程序"这种奇特的程序设置，以

及相应的立法体例的。而我国民事诉讼程序立法及其法典编纂上，为何作出了这种十分特殊的程序性规定，以及不同于大陆法系绝大多数国家的立法体例呢？我们认为，除了立法上受前苏联民事诉讼立法体例的影响，简单模仿、套用前苏联的立法体例，以及不大重视民事诉讼程序立法的科学性、合理性以外，主要还是基于一种实用上的考虑。

所谓基于实用上的考虑，是指我国现实社会生活中存在着有关选举权与被选举权利的争议，以及需要立法上对于这种纠纷的处理程序加以规范，然而，由于这种纠纷在性质上具有特殊性，即这类纠纷与一般民事纠纷不同，它涉及的是公民参与国家管理的宪法性权利，而目前中国的《宪法》不仅在短期内，甚至相当长的一段历史时期内都还难以进入诉讼程序，因而，立法上出于对这类权利保护实用上的考量，不得已将其纳入民事诉讼法中加以规定。换言之，这种规定不仅在性质上属于一种具有权宜性质的规定，而且很大程度上是基于实用角度上的考虑而作出的规定。但是，这里应当指出的是，具有实用性质的程序设置并不等于就是科学、合理的程序性设置。从立法科学性及其法律编纂技术性的角度上讲，即便这是一种权宜性质且基于实用角度考虑上作出的立法规定，也是很不恰当的。因为，将选民资格案件这种在性质上根本不属于民事诉讼范畴的案件纳入民事诉讼法中，以及与非讼程序混合编纂，不仅从立法体例的角度上看牵强附会，以及整个立法体系显得十分混乱，而且从法理角度上看，也有违基本的程序法理。因此，可以说，我国民事诉讼立法上将选民资格案件这种涉及公民参与国家管理政治性权利之争的纠纷，与一些非讼案件混合编纂为"特别程序"的立法体例，不仅违背了基本的程序设置法理，而且从法典编纂技术的角度上看，也是很不科学以及存在严重缺陷的。

9. 从程序特征的角度上看立法有关审判监督程序的规定，是一个程序还是两个程序含糊不清

在大陆法系各国的民事诉讼程序立法中，虽然严格遵守着既判力的规则，但是为了保证裁判的公正以及纠正裁判错误，各国理论

上都普遍赞同"必须创设一种途径以消除已经发生既判力的有重大瑕疵的或在严重程序瑕疵下产生的判决。否则的话，当事人的公正感和他们对于司法的信赖会严重受伤害。"① 为此，各国在民事诉讼程序立法上均规定了对于生效裁判的纠错程序，即再审程序。这种程序就大陆法系各国的规定来看，在日本民事诉讼中，"再审系指终局判决确定之后，发现其具有诉讼程序方面的重大瑕疵，或者该判决的基础资料中存有异常的不完善现象时，当事人以此为由，例外地请求废弃该确定判决和重新审判该案的声明不服方法。"② 或者说，"再审，指对已作出确定（生效）终局判决的案件，依当事人的申请，要求作出判决的法院就其判决是否正确进行审查的程序，将这种诉讼称作再审之诉。"③ 在德国，按照德国《民事诉讼法》第578条的规定："（1）对于以确定的终局判决而终结的诉讼程序，可以依取消之诉或回复原状之诉，进行再审。（2）两种诉讼由同一当事人或由不同的当事人提起时，关于回复原状之诉的辩论和裁判，在对取消之诉作出确定裁判前中止。"

由日本民事诉讼的理论观点以及德国的法律规定可见，大陆法系各国所规定的再审程序，不仅是当事人对于已经生效的终局裁判，通过向法院申请，以诉的方式要求法院重新审理的一种程序。即当事人申请并采用诉的方式是这种程序制度的主要特征。换言之，没有当事人的申请，以及当事人不是以取消之诉或回复原状之诉的方式提起都无法启动再审程序。而且从立法体例及其程序制度特征角度上看，再审在程序制度的设置及其构建上，是一种十分明确的单一的程序制度。

---

① ［德］奥特马·尧厄尼希著：《民事诉讼法》，周翠译，法律出版社2003年版，第398页。

② ［日］三月章著：《日本民事诉讼法》，汪一凡译，五南图书出版有限公司1974年版，第543页。

③ ［日］中村英郎著：《新民事诉讼法》，陈刚等译，法律出版社2001年版，第283页。

然而，我国民事诉讼立法规定的"审判监督程序"，是一种程序还是两种程序？理论上却存在不同的认识。一种观点认为："人民法院依法对已发生法律效力的判决、裁定发现确有错误进行再次审理的程序，称为审判监督程序，或者简称再审程序。"① 另一种观点认为："根据《民事诉讼法》的规定，审判监督程序的发生包括：基于人民法院行使审判监督权而引起的再审；基于人民检察院行使检察监督权而引起的再审程序和当事人行使诉权申请再审而引起的再审。前两种称为审判监督程序，后一种称为当事人申请再审程序。从广义上讲，前两种和后一种统称为审判监督程序。"② 还有观点认为："就民事诉讼而言，所谓审判监督程序，是指具有审判监督权的法定机关，也即人民法院和人民检察院认为此前已经发生法律效力的民事判决、裁定本身确有错误，或者审理过程违反法律规定，因而依法决定再审，或者依法提出抗诉从而引起再审所应遵循的程序。"③"审判监督程序和再审程序虽然紧密相关，但是二者之间有着明确的界限，彼此不能混同。具体来讲，审判监督程序乃是开启再审程序必备的前置程序，它的全部作用集中表现为引起再审程序的发生与进行，但其本身并不能够直接使确有错误的生效裁判得到纠正；再审程序则是审判监督程序的后续程序，它的开启必须以审判监督程序的进行为前提，但它具有使确有错误的生效裁判得到纠正的独特功能。由此可见，审判监督程序和再审程序并不是同一程序的不同叫法，而是关系密切且先后有序的两种不同程序。"④

由上述观点可以看出，从程序特征的角度上看，目前我国理论

---

① 柴发邦主编：《民事诉讼法教程》（高等学校法学试用教材），法律出版社1983年版，第368页。

② 常怡主编：《民事诉讼法学》（高等院校规划教材），中国政法大学出版社1996年版，第312页。

③ 江伟主编：《民事诉讼法学原理》，中国人民大学出版社1999年版，第668页。

④ 江伟主编：《民事诉讼法学原理》，中国人民大学出版社1999年版，第668页。

界对于审判监督程序是一种程序还是两种程序的认识是存在重大分歧的,而这种分歧的产生,虽然与不同学者各自的学术思想有一定关系。但是,不容否认的是导致这种不同认识产生的原因绝不仅仅是学术思想与认识上的不同,显然与立法上有关这种程序制度的设置及其编纂存在着直接的联系。申言之,且不论这种具有十分强烈的职权干预主义的程序设置是否恰当,仅就立法上有关审判监督程序的设置及其编纂而言也是有问题的,因为从程序制度的设置及其编纂基本要求的角度上讲,任何程序制度的编纂与设置首先应当清楚、明了,如果程序与程序之间根本无法区分,以及立法上将不同类型及其性质的程序混合编纂在一起,可以说,不仅立法有关这种程序的编纂以及制度的设置是缺乏技术性的,而且这种在程序设置上含混不清以及交叉混合编纂程序制度的方式,也是违背程序编纂及其设置的基本规则与要求的。

10. 立法确立了将民事执行程序与民事诉讼程序分别编纂、共同规定在民事诉讼法中的立法体例

所谓将民事执行程序与民事诉讼程序分别编纂、共同规定在民事诉讼法中的立法体例,指的是在立法上虽然将民事执行程序与民事诉讼程序分开进行编纂,同时又规定在民事诉讼一个法律中的立法体例。

在民事诉讼的立法体例中,民事执行程序与民事诉讼程序是分开编纂、共同规定在同一个法典之中,还是分别立法、单独规定,虽然就世界各国的立法体例来看国家不同,采用的立法体例也不尽相同。然而,从大陆法系民事诉讼程序立法历史发展趋势的角度上看,早期大陆法系各国的民事诉讼程序立法与现代民事诉讼程序立法是存在重大差异的。这种差异主要表现在,早期大陆法系各国在民事诉讼程序立法上大多采用的是混合编纂,即将民事执行程序与民事诉讼程序共同规定在同一个程序法典之中的立法体例与方式。例如1877年的德国《民事诉讼法》和1890年的日本《民事诉讼法》,这些法典在立法体例及其编纂上,都是将民事执行程序与民事诉讼程序规定在同一个法典之中的。然而随着民事诉讼程序立法科

## 第七部分 中国民事诉讼立法体例的历史发展与法典编纂中的问题

学研究的不断深入发展,传统混合编纂的方式及其在立法体例上的问题逐渐被人们所认识,这种对于传统编纂方式缺陷的认识,不仅引起了一些国家立法上对这种传统法典编纂方式的反思,而且这种反思也促成了有关这一问题立法体例及其法典编纂方式上的改革与发展。例如:1979年日本在全面修改旧民事诉讼法第六编强制执行程序的基础上制定了独立的《民事执行法》;1991年7月9日,法国通过了关于改革民事执行程序的第91—650号法律,并于1992年7月31日颁布了实施这一法律的第92—755号法令,从而也制定了单行的民事执行程序法;俄罗斯于1997年改变了民事诉讼程序与民事执行程序混合编纂的传统,在《民事诉讼法》之外制定与颁布了独立的《俄罗斯联邦执行程序法》;韩国2002年1月26日全面修订后的《民事诉讼法典》,也仅限于诉讼程序的规定。由此可见,在大陆法系各国民事诉讼立法的历史发展过程中,对于民事诉讼程序与民事执行程序采用分别立法的体例,可以说已经成为了当今大陆法系各国有关民事诉讼程序立法的一种发展趋势。

在我国民事诉讼程序立法的历史发展上,虽然旧中国的多部民事诉讼法均是以德国和日本旧民事诉讼法为蓝本制定的,但是就这一问题的立法体例及其法典编纂而言,不仅在民事诉讼程序立法之初,即最早有关民事诉讼程序法律的编纂上并没有仿照德国的立法体例,而且,独立编纂、分别立法的体例、风格和传统一直延续到了民国时期。即不仅沈家本编纂的《大清民事诉讼律草案》在内容上仅限于有关诉讼程序的立法规定,[①] 以及北洋政府时期在颁布了《民事诉讼条例》之外,于1920年3月3日又颁布了独立的《民事诉讼执行规则》,而且民国时期有关民事诉讼法的立法,也在《民事诉讼法》之外,颁布有独立于民事诉讼法的《强制执行法》。[②] 即中国在民事诉讼程序立法传统上,一直采用的都是执行程序与诉讼程

---

① 有关《大清民事诉讼律草案》的具体内容,请参见前面所述。
② 有关民国时期《强制执行法》的制定及其内容等问题,请查阅杨舆龄编著:《论强制执行法》,台北三民书局1979年版。

序分开规定的立法体例。而中国在民事诉讼立法中之所以没有仿照德国与日本旧民事诉讼法的立法体例，按照沈家本的说法是因为："诉讼关系，其主旨在确定私权；执行关系，其主旨在实行私权。二者之旨趣、程序，均各不同。如强合为一，揆诸法理，实所未安。"① 即不仅设置两种程序的基本目的、程序特征有所不同，有关程序设置的法理也几乎完全不同，为此，依理不仅应当各自分别编纂，而且应当独自立法。

由上可见，不仅从程序法理的角度上看，我国现行民事诉讼法审、执合一，即有关民事诉讼程序与民事执行程序混合编纂、共同规定于民事诉讼法中的这种立法体例及法典编纂方式本身欠缺科学性、合理性，而且在民事诉讼程序与民事执行程序分别编纂、独自立法已经成为了大陆法系现代民事诉讼程序立法的发展趋势和方向的条件下，结合中国民事诉讼立法的传统，以及今天的俄罗斯在这一问题上已经发生重大变革和发展等情况来看，我国在民事诉讼程序立法上，是否仍然应当坚持这种立法体例及其法典编纂方式，显然是值得研究的。

11. 立法对于国内诉讼程序与涉外诉讼程序采用的也是分别编纂、共同规定的立法体例

所谓立法上对于国内诉讼程序与涉外诉讼程序采用的分别编纂、共同规定的立法体例，指的是在立法体例及法典编纂上，将国内民事诉讼程序与涉外民事诉讼程序分为不同的编章，分别独立编纂各自的内容，然后共同规定于同一个民事诉讼法中的立法体例。

在有关涉外民事诉讼程序的立法规定中，从世界各国立法体例及法典编纂的情况来看，虽然对于涉外民事诉讼程序与国内诉讼程序是混合编纂共同规定于民事诉讼法中，还是分别立法、独立规定，并没有一个固定的模式，但是就《法国新民事诉讼法典》、《德意志联邦共和国民事诉讼法》、《日本新民事诉讼法》、《韩国民事诉讼法

---

① 转引自陈刚主编：《中国民事诉讼法制百年进程》（清末时期第二卷），中国法制出版社 2004 年版，第 5—6 页。

典》的立法体例及法典编纂的内容来看,均不包括也不涉及涉外民事诉讼程序的内容。

## 三、现行《民事诉讼法》的编纂技术与风格

(一)现行《民事诉讼法》的编纂技术

从法典编纂技术的角度上看,我国现行《民事诉讼法》应当说具有两个方面的特征:一方面,从整个法典编纂的角度上看,立法基本遵循了大陆法系民事诉讼法典编纂的通行规则;另一方面,从一些具体程序内容规定的角度上看,有关的立法规定又显得十分的简单与粗陋,缺乏应有的技术性。

从第一个方面,即所谓基本遵循了大陆法系民事诉讼法典编纂通行规则的角度上看,其技术性主要表现在两个方面。首先,法典在编纂上采用了大陆法系各国通行的"二重分别设置"的立法体例,即在整个法典体例、结构与内容的编纂上,立法按照法典所规定内容在性质和适用效力上的不同,从体例上将整个法典分为总则与分则两大部分,采用了将诉讼程序适用中具有共同性、普适性的问题放到总则中加以规定,把具体的程序性问题放到分则中加以规定的立法体例。采用这种分别编纂各自规定的立法体例,不仅在技术上可以通过"总则"的规定来规范、指导具体程序制度的运用,而且其分则中对于具体程序制度的规定也可以充分体现与贯彻总则具有普适性和共同性规定,从而使得现行《民事诉讼法》在整个体例、结构上,形成了抽象与具体、一般与特殊、总则指导分则、分则落实总则的逻辑体系,以及从立法体例和法典结构的角度上看,整个法典具有结构严谨、层次分明、逻辑成序的特征。

其次,在有关程序制度的设置及其立法体例上,也基本遵循了大陆法系自1877年德国《民事诉讼法》以来所确立的,先行规定第一审普通程序,然后规定上诉程序、再审程序,以及其他程序和执行程序的立法体例,即立法在有关程序制度的规定上,从审级的角度上看,采用的是由低到高的立法规定及其编纂技术;从程序规则

与内容的角度上看，采用的是由繁到简的立法规定及其编纂技术；从程序类型的角度上看，采用的是由诉讼程序到执行程序的立法规定及其编纂技术。而这种立法编纂技术及其法律规定形式，由于体现了诉讼程序的自然进程，即由一审到二审、二审到审判监督程序的自然顺序，以及由于在有关程序内容上采用的是全面规定一审，简略规定二审和审判监督程序，即对于二审与审判监督程序只规定特殊内容，不重复有关程序规定的立法技术，从而使得法典有关整个程序制度及其程序内容的规定，不仅繁简得当，也使得整个法典有关程序制度的规定呈现出较高的技术性。

从第二个方面，即立法有关某些具体程序制度的规定来看，其立法规定上的简单与粗陋，以及缺乏必要技术性的情况也是十分明显的，其中最为突出的就是我国立法有关民事诉讼证据的规定。

在民事诉讼中，证据作为当事人证明自己主张、反驳对方主张的基本依据，以及法官裁判、决断案件事实的根据，不仅在整个民事诉讼中具有十分重要的意义，而且也是民事诉讼程序立法中十分重要的内容之一。可以说，立法有关证据内容的规定，以及立法规定的完备程度，不仅从诉讼实践的角度上看，较大程度上影响到当事人对于诉讼证据的运用，以及法官对于案件事实的认定，而且从程序立法的角度上看，也充分表现了该部法律规定及其编纂上的技术性及其技术程度。

鉴于证据在民事诉讼中的这种重要性质及其重要程度，世界各国在民事诉讼程序立法中都给予了高度的重视。这种重视不仅表现在对于有关证据所涉具体内容的规定上，也表现在立法对于有关证据规定所使用的大量法条上。换言之，大陆法系各国在民事诉讼程序立法上，不仅尽可能地对有关证据的问题进行全面的规定，而且也不惜采用大量的法律条文来规定有关的内容。例如，德国《民事诉讼法》不仅在内容上，对证据调查的原则、提供证据的期间、在受命法官前的证据调查、在受托法官前的证据调查、嘱托在外国的证据调查、当事人参加在外国的证据调查、勘验、人证、鉴定、书证、询问当事人、审判上的自认、法律上的推定、显著的事实等诸多问题都做了十分详尽的规定，而且从立法体例及其法典编纂的角度上看，德国《民事诉讼法》有关证据内容的法律规定约110多条。日本在有关证据内容的规定上，不仅对于证据作了较为全面的规定，其《新民事诉讼法》中涉及证据内容的规定也达60多条。韩国《民事诉讼法典》中有关证据内容的规定有90多条。即便是1964年6月通过，以及作为我国现行民事诉讼立法主要参照根据的前《苏俄民事诉讼法典》，其有关证据内容的规定也达到了30条之多。而我国现行《民事诉讼法》有关证据内容的规定却仅有12个条文。相比之下，我国现行《民事诉讼法》有关证据内容规定上的简单与粗陋，是不言而喻的。

由于立法上有关诉讼证据的规定，是民事诉讼实践中当事人提交证据和证明自己主张以及反驳对方主张的基本依据，是法官确定案件事实必须遵循的技术性、程序性规则，以及民事诉讼中客观、科学和富有技术性确定和解决案件事实的必要条件，因而立法上有关证据内容的规定，不仅是民事诉讼诸多法律规定中最富有技术性的一类立法规定，而且也是最能体现立法是否具备技术性的重要标志。换言之，我国在有关证据内容立法规定上的简单与粗陋，表现的不仅是立法规定在内容上的缺失，也表现了立法规定在技术方面的欠缺。

（二）现行《民事诉讼法》的编纂风格

从新中国民事诉讼程序立法历史发展的角度上看，我国现行《民事诉讼法》作为总结新中国成立以来长期没有民事诉讼法律规定，和新中国历史上曾经长期存在过的干预法院审判，严重侵害当事人诉讼权利教训基础上，以及现行《民事诉讼法》制定之初，整个国家仍然处于改革开放初期，国内有关民事诉讼程序立法理论的研究尚欠深入，有关现代民事诉讼程序立法体例、立法理论的引进也较为单一，有关整个立法的基本程序理论思想，仍然深受前苏维埃民事诉讼立法理论影响的社会背景条件下制定的法律，不论从其立法体例、内容设置、结构排列、法律规定、语言表述，以及倾向和特点的角度上看，都具有自己较为独特的风格。这种风格从内容以及形成的条件来看,既不同于法国《民事诉讼法典》"理性主义至上"的风格,也不同于德国《民事诉讼法》"严谨、缜密、务实"的风格,而是新中国法制化进程中模仿、套用前苏联民事诉讼程序立法所形成的一种颇具独特性的风格。

从法律编纂的角度上看,这种风格主要是由立法通过对于一些具有重要意义的程序理念、规则和原则,明确作出规定的方式表现出来的。例如,现行《民事诉讼法》第6条规定:"民事案件的审判权由人民法院行使。人民法院依照法律规定对民事案件独立进行审判,不受行政机关、社会团体和个人的干涉。"第7条规定:"人民法院审理民事案件,必须以事实为根据,以法律为准绳。"第8条规定:"民事诉讼当事人有平等的诉讼权利。人民法院审理民事案件,应当保障和便利当事人行使诉讼权利,对当事人在适用法律上一律平等。"

对于上述这些在民事诉讼中具有重要意义的基本原则和司法规则,从大陆法系各国有关立法规定的情况来看,不仅基本没有我国这种类型的规定,而且通常也不做这种规定。而大陆法系各国在民事诉讼程序立法中之所以没有这种规定,以及不做这种形式的规定,究其原由主要有两个方面的原因:首先是因为在大陆法系各国在民事诉讼程序立法上,基本采用的是实用主义的立法体例,实用主义立法体例的最大特点在于,这种立法体例从指导思想的角度上看,主张程序立法主要是对诉讼程序中的各项具体问题加以规定,不主张也不采用立法规定的形式来宣扬以及表明某些观念性、意识性的东西。其次是因为在现代西方各国,审判权由法院独揽;法院审理案件必须以事实为根据、以法律为准绳;以及法院必须保障诉讼当事人在适用法律上的平等,作为最基本的司法规则与诉讼原则,不仅早以深入人心,为社会所普遍认同与接受,而且根本就无须在民事诉讼的立法规定中重复规定与陈述。而我国民事诉讼程序立法上,何以采用不同于大陆法系大多数国家的立法体例,设置专门的法条对此作出规定呢?显然不仅是鉴于新中国社会发展进程中沉痛的历史教训,即过去曾经严重存在过无视法院审判权,以及审理案件不以事实为根据,不以法律为准绳,而且诉讼中存在对于当事人适用法律不平等的现象,为了严格禁止这些现象的再次发生,也为了向社会宣传和表明民事诉讼的这些基本原则和规则,同时,在套用前苏联民事诉讼法立法体例及其内容的基础上,作出的专门规定。

由于立法作出上述规定的目的,主要是为了更加清楚地表明司法应当遵循的基本规则和诉讼必须遵循的基本原则,以及从法律意识的角度,向社会公众宣传以及表明基本的司法观念与诉讼意识。同时,从司法实践的角度看,基于程序法定的基本原理,在诉讼实践中法官并不能根据这些抽象的原则性规定进行裁判或者追究责任,即从诉讼实务操作的角度上看,这些以抽象性、原则性为特征的规定,不能作为法官具体裁判决断案件的具体法律依据。因此,就这种规定的立法本意及其程序功能而言,无论在类型上还是性质上,它不仅是,也仅仅是从立法的角度对于一些重大司法规则、诉讼原则的肯定,而立法采用的这种通过专门法条规定的形式来明确肯定有关民事诉讼的基本指导思想、司法观念和诉讼原则的立法规定形式,作为当今大陆法系各国除前苏联民事诉讼立法以外绝无仅有的立法及其法典编纂形式,也较大程度上体现出了我国现行《民事诉讼法》,在立法规定上不同于大陆法系其他国家民事诉讼立法体例及法典编纂的风格。

# 第八部分　现代民事诉讼立法体例及法典编纂的发展趋势与中国民事诉讼立法体例及法典编纂的立法完善

虽然就大陆法系与英美法系主要国家民事诉讼立法体例及法典编纂的基本特征而言，基于政治、经济、历史、文化和立法意识等方面的原因，不仅大陆法系国家与英美法系国家在民事诉讼程序立法体例及法典编纂上存在显著差异，即便是同为大陆法系或者英美法系的不同国家之间，也存在较大的差异。然而，从世界各国民事诉讼立法体例及法典编纂历史发展进程的角度看，这种差异不仅在逐渐地缩小，即两大法系之间以及不同的国家之间，在发展、完善自己的民事诉讼立法体例及其法典编纂的历史进程中，都在不断地借鉴、吸收其他国家的有益经验、立法体例、制度设置，以及出现了某些程序制度设置、规定相互融合的趋势与倾向，而且各国的民事诉讼程序立法体例及法典的编纂，还体现出了一些为各国立法公认的观念、思想与技术。这些由各国民事诉讼程序立法体例及法典编纂所体现出的公认且具有共同性的立法观念、思想与技术，不仅表明了当今世界各国民事诉讼程序立法体例及法典编纂的发展趋势与倾向，而且也是经各国民事司法实践验证且具有科学性、合理性以及公理性的一些立法观念、思想与技术。

中国的民事诉讼立法体例及法典编纂，作为中国民事诉讼程序立法的重要内容，虽然有关的修改与完善，毫无疑义，首先应当根据中国社会的实际需要进行。然而，中国的民事诉讼法作为解决民商事纠纷以及民事司法救济的重要方式与形式,即与世界各国民事诉讼法所具有的共同性质,又使得今天我国在有关民事诉讼程序立法体例及法典的编纂上,必须符合民事诉讼立法体例及法律编纂自身内在的科学性、合理性以及顺应历史的发展趋势。同时,今天在我国全面对外开放、中西文明交融,以及与世界各国同样面临民商事纠纷急剧增长,大量诉讼案件亟待解决的现实条件下,我国民事诉讼程序立法体例及法典编纂的改革与完善,显然不仅不能在自我封闭的条件下进行。即应当将我们有关立法体例及法典编纂的改革,置于世界民事诉讼程序立法体例及法典编纂改革历史发展的大潮中,而且应当极具开放性地博采众长,充分借鉴、吸收世界各国民事诉讼程序立法体例及法典编纂体现出的具有共同性、科学性与合理性的立法观念、思想与技术,以及融合不同法系、不同国家民事诉讼程序立法体例及法典编纂的长处,促使我国的民事诉讼程序立法体例及法典编纂更富有科学性、合理性,从而不仅适应世界民事诉讼程序立法体例及法典编纂的历史发展趋势,也符合当前中国解决大量诉讼纠纷的现实需要。

# 第一章 现代民事诉讼立法观念的发展趋势与中国立法观念的变革与完善

## 一、"大一统"的程序设置观念向程序设置的分类化与立法规定的个别化转变

所谓"程序设置的分类化与立法规定的个别化",指的是在民事诉讼立法体例及法典编纂中,根据所要解决纠纷的类型、性质与特征上的不同,分门别类的设置相应的程序制度,并对于不同类型与性质的程序制度,采用单独的或者独立的立法形式,分别加以规定

的立法观念与程序设置的指导思想。

在世界各国民事诉讼立法体例及法典编纂中，虽然至今不少国家的民事诉讼立法体例及法典编纂，仍然保持着"大一统"的传统立法体例及法典编纂形式，但是从世界各国，特别是大陆法系民事诉讼程序立法体例及法典编纂历史发展趋势的角度上看，程序设置的分类化与立法规定的个别化不仅已经成为了民事诉讼立法体例及法典编纂的发展趋势，以及现代世界各国民事诉讼立法体例及法典编纂立法观念上最为重大的一个发展与变化，而且这种立法观念及其程序立法指导思想的出现，本身就是对传统的"大一统"立法体例及法典编纂理念的否定。

这种立法观念上的转变与发展，不仅可以十分清楚地从日本、韩国以及我国台湾地区民事诉讼立法体例及法典编纂的历史发展中看出，而且大陆法系不少国家有关民事诉讼立法体例及法典编纂上的发展变化本身，也从事实上证实了这种趋势与倾向。以日本民事诉讼立法体例及法典编纂的发展变化为例，最初日本有关民事诉讼立法体例及法典的编纂，可以说不仅几乎完全承袭了法国、德国以来"大一统"的立法体例及法典编纂形式，[①] 而且按照日本学者三月章的话说，"这种法典体系纯属德国民事诉讼法的翻版。"[②] 然而随着日本民事诉讼程序立法理论研究的不断发展，学理上对于立法体例及法典编纂科学性、类型化认识的深入，以及民事诉讼程序立法实践的发展，目前日本有关民事诉讼的立法体例及法典编纂，不仅在立法观念上以"程序设置的分类化与立法规定的个别化"否定以及替代了"大一统"的传统程序设置观念，而且在其现代民事诉讼立法体例及法律编纂上，业已建立起了包括《日本新民事诉讼法》、《日本人事诉讼程序法》、《日本家事审判法》、《日本非讼案件

---

[①] 日本1890年的《民事诉讼法》在立法体例及法典编纂上，除有关人事诉讼程序的规定以外，与德国民事诉讼法的立法体例几乎完全相同。

[②] [日]三月章著：《日本民事诉讼法》，汪一凡译，五南图书出版公司1974年版，第24页。

程序法》、《日本民事调停法》、《日本民事执行法》、《日本民事保全法》等，由诸多各自分别独立的程序法律构成的民事诉讼程序法律体系。

日本这种以《日本新民事诉讼法》为主，且根据不同类型、不同性质程序的不同特征，采用分别规定的立法形式，并由此形成由众多独立程序法律构成的民事诉讼立法体例及其法律编纂形式，不仅是在"程序设置的分类化与立法规定个别化"观念指导下设置与制定的，而且从指导这种立法基本理论思想的角度看，与"狭义民事诉讼程序制度学说"也在十分密切的联系。

"狭义民事诉讼程序制度学说"作为"程序设置的分类化与立法规定个别化"观念的基本理论基础，不仅是在民事诉讼程序立法理论研究不断深入发展，以及学理上对于民事诉讼立法体例及法典编纂科学性、类型化认识不断深化条件下产生的一种有关民事诉讼程序立法体例及法典编纂的学说，而且这种学说与思想的产生，作为对民事诉讼立法体例及法典编纂内在规律深入认识的具体表现，也充分体现了程序设置的分类化与立法规定的个别化思想。

而在民事诉讼立法体例及有关的法律编纂中，之所以应当根据不同民事诉讼程序解决纠纷的特点，在逐一进行分类的基础上，采用不同的立法规定形式，分别设置以及独立规定。在这种思想观念看来，主要基于以下两个方面的原因。

1. 不同的诉讼程序具有不同的特征

所谓不同的诉讼程序具有不同的特征，指的是民事诉讼程序作为立法上有关解决纠纷的规定。虽然就其本质而言，都是为了规范以及保证纠纷解决过程中的公正、公开、经济以及富有效率的程式、顺序、方式以及规则的规定，但是，就不同程序内在特征的角度上看，不同的程序在性质与特征上是不尽相同的。换言之，民事诉讼程序体系本质上是个异质系统，即它是由不同类型、不同本质以及不同特征的各种程序制度构成的系统，在这个系统中，各种具体程序制度在类型、性质、特征上的差异，客观上决定整个民事诉讼立法体例及法律编纂，不应当采用"大一统"的综合性立法体例及法典编纂形式。

2. 立法应当富有针对性与科学性

所谓程序立法中的针对性，主要指的是程序立法应当针对不同纠纷的特点进行。换言之，程序所要解决纠纷的内容不同，适用的原则、方式、方法及其有关规则的规定就应当有所不同。所谓科学性，指的是程序立法体例及法律编纂在结构上、体系上应当具有的合理性、逻辑性与协调性。即诉讼程序立法体例及有关的法律编纂，不仅在整个体系以及有关内容的规定上，应当合理、富有逻辑性，而且有关内容的规定也应当清晰、明了不生矛盾。而"大一统"传统立法观念指导下构建的民事诉讼程序立法体例及法典编纂，不仅将所有的民事诉讼程序制度笼统地规定在一个法典之中，即不加区别地将争讼程序与非讼程序、审判程序与执行程序、仲裁程序与诉讼程序混合编纂在一起，而且将适用特殊诉讼法理的家事、人事诉讼程序与适用通常诉讼法理的一般诉讼程序混合编纂在一起，不仅整个法典显得十分的庞杂，互不协调，立法体例及法典的编纂显得十分混乱，以及法典的编纂缺乏技术性。而且这种将不尽相同的程序制度以及适用不同诉讼法理及其不同诉讼规则的程序制度，在立法规定形式上不加区分，笼统地规定以及编纂在同一个法典中的立法方式，从立法体例及法典编纂应当具有合理性、逻辑性与协调性的角度上看，也是极不科学、合理与协调的。

基于上述两个方面的原因，也鉴于不同纠纷的解决所适用的诉讼法理以及程序规则上的差异，为了合理、经济以及富有技术性的解决纠纷，根据不同纠纷的特点富有针对性地设置相应的诉讼程序制度，以及对于这些虽然同为诉讼程序，但是却属于不同类型的诉讼程序采用独立的、个别规定的立法体例及法律编纂形式，就成为了民事诉讼立法体例及法典编纂科学性的必然要求。换言之，程序设置的分类化与独立化思想，不仅是民事诉讼立法体例及法典编纂深入认识基础上总结出的立法观念及其思想，也是这种认识深化的结果。同时，在民事诉讼立法体例及法律编纂上针对所需要解决纠纷的特点，设置相应的程序制度，并采用分别独立的立法规定形式，不仅是富有针对性地解决纠纷的需要,也是程序设置及其立法体例及法律编纂科学性、合理性与逻辑性的要求。

中国现行的民事诉讼法,由于在立法体例及法典的编纂上,不仅包括了审判程序与执行程序、国内民事诉讼程序与涉外民事诉讼程序、争讼程序与非讼程序,以及根本不属于民事诉讼的选民资格案件程序,因而就主导中国民事诉讼程序立法体例及法典编纂基本观念及其指导思想而言,显然不仅深受"大一统"程序立法观念的影响,甚至可以说,其立法体例及法典的编纂就是在这种程序立法观念指导下进行的。然而,从世界民事诉讼程序立法观念历史发展进程的角度上看,由于"大一统"的程序立法观念是一种很不科学且已经逐渐被不少国家民事诉讼程序立法加以否定和抛弃的观念,以及从程序立法科学性、合理性的角度上看,这种观念指导下的立法企图仅仅通过一部程序法律的制定就将有关解决民事纠纷的所有诉讼程序制度都囊括其中,不仅是不现实的,也是极不科学的。为此,无论是从民事诉讼立法体例及法典编纂科学性,还是从富有效率的科学地解决纠纷的角度上看,我国有关民事诉讼立法体例及法典编纂的基本观念与指导思想,都应当从"大一统"的传统程序设置观念向程序设置的分类化与立法规定的个别化转变。

## 二、"庭审中心主义"向"分段解纷主义"的转变

所谓"分段解纷主义",是指充分发挥不同的诉讼程序,以及同一诉讼程序中不同诉讼阶段的各种程序设置以及程序装置在解决纠纷、了结案件中的作用与功能,全方位、分阶段以及多方式地解决诉讼纠纷、终结案件的程序设置及其法典编纂观念与思想。这种有关诉讼程序设置及其法典编纂的观念与思想,作为世界各国在民事诉讼立法体例及法典编纂历史发展进程中,面对不断增长的诉讼纠纷以及一些国家几乎诉讼爆炸的社会条件下,探索、提出的一种新的有关程序设置及其诉讼法典编纂的观念与思想,不仅从立法体例及法典编纂观念与基本指导思想上否定了传统的"庭审中心主义",

而且这种观念与思想指导下构建的立法体例及法典编纂，也有利于提升整个程序法律制度的内在解纷功能，从而更富有技术性以及最大程度上解决纠纷、终结案件。

换句话说，这种观念与思想与传统的"庭审中心主义"，即在民事诉讼程序设置及法典编纂中，一切以法庭审理为中心，把法庭审理作为了民事诉讼中解决纠纷的唯一方式，不仅其立法体例及法典编纂以及有关程序制度的具体规定，就是程序功能的设置以及程序目标的选择，都无不是以法庭审理为中心以及为法庭审理服务，并据以设置相应诉讼程序制度的观念和思想有着极大的不同，以及本质上的区别。可以说，从程序立法观念历史发展进程的角度上看，在世界各国均不同程度地都面临急剧增长的民事诉讼纠纷及其大量民事案件的社会条件下，这种观念及其指导思想的产生与出现，不仅具有合理性、科学性，也具有现实的必要性。

中国现行的《民事诉讼法》鉴于立法当时的社会条件，以及立法技术等方面的原因，其立法体例及法典的编纂以及诸多的程序性法律规定，都十分明显地体现了"庭审中心主义"的程序立法观念与思想。

首先，从现行《民事诉讼法》有关程序制度具体规定的角度上看，下述规定都应当说较为充分地体现了这一特征。

在有关审查起诉的规定中，我国《民事诉讼法》第108条规定："起诉必须符合下列条件：（一）原告是与本案有直接利害关系的公民、法人和其他组织；（二）有明确的被告；（三）有具体的诉讼请求和事实、理由；（四）属于人民法院的受案范围和受诉人民法院管辖。"这些内容作为立法关于起诉法定条件的规定，也是人民法院审查决定是否受理案件的基本标准。换言之，起诉不符合这些条件者，法院将不予受理。而就这一规定所涉及的审查内容而言，按照通常的理解，包括了对于案件的形式审查和实质审查两个方面。就其中的实质审查而言，学术上不仅普遍认为这种有关实质审查的规定，在立法政策上存在诉权与审判权力配置不当的问题，而且在司法实践中，也一定程度上限制了当事人诉权的行使，不利于当事人诉权的保护。

我们认为,现行立法有关审查起诉的这种规定,从当事人诉权保障以及诉权与审判权力配置的角度上看固然存在这些问题,然而这只是问题的一个方面,从诉讼程序设置的角度上看,还具有另一个方面的问题,即十分明显的"庭审中心主义"倾向。换言之,立法上之所以对起诉作十分严格的限制性规定,除了在立法上不太重视当事人诉权行使的保障外,从程序设置的角度上看,显然也具有以庭审为中心,且在诉讼的入口,从诉讼程序规定的角度上排除一切与庭审无关的因素,从而保障开庭审理顺利进行的倾向和指导思想。

在有关诉前答辩的规定中,我国现行《民事诉讼法》第113条规定:"人民法院应当在立案之日起五日内将起诉状副本发送被告,被告在收到之日起十五日内提出答辩状。被告提出答辩状的,人民法院应当在收到之日起五日内将答辩状副本发送原告。被告不提出答辩状的,不影响人民法院审理。"按照这一规定,在我国现行《民事诉讼法》的规定中没有关于答辩失权的规定,立法上也不认为被告不答辩在法律上应承担相应的失权后果。即从立法的角度上看,答不答辩是被告的一项权利,被告不答辩在法律上不产生任何法律后果。而所谓的"答辩失权"按照通常的理解,是指在民事诉讼中,由于当事人没有正当地实施法律规定的行为,因而依法丧失相应权利的制度。这一制度就目前世界各国的立法规定来看,可以说是普遍作有相应规定的一项制度。而我国立法上之所以不加规定,虽然不排除其他方面的原因,但是与"庭审中心主义"的程序设置思想存在直接的联系,却是毋庸置疑的。因为在一切以庭审为中心的程序设置观念看来,不仅诉讼活动的中心在庭审之中,而且诉讼活动的重心也在庭审之中,即民事诉讼除了庭审活动以外,其他一切活动都无关紧要,或者说,被告答不答辩对于纠纷的解决都不重要,因为被告人即使答辩了,不仅案件事实还是要通过庭审来确定,而且对于法律的适用,即纠纷的解决仍然要通过庭审来决定。换言之,法庭审理是解决纠纷的唯一形式与方式。因而在"庭审中心主义"

的程序设置指导思想看来，对于答辩失权进行规定似乎没有实际意义，当然也就没有规定的必要了。

在有关强制措施的规定中，现行《民事诉讼法》的有关规定也充分体现了"庭审中心主义"的思想。所谓民事诉讼中的强制措施，就其字表含义而言，显然指的是有关保证诉讼程序正常进行的措施。为此，世界各国有关强制措施及其适用范围的规定，大多涉及民事诉讼的各个方面和不同的程序阶段。然而我国民事诉讼法有关妨害民事诉讼强制措施的规定，无论是其有关种类还是适用范围，可以说绝大多数都是为了保证法庭审理的进行而设立和规定，与其他国家有关强制措施不仅在空间上包括了每一个诉讼阶段，而且在时间上延伸到了整个诉讼程序活动过程中的立法规定形式，是存在较大差异的。

其次，从我国有关审前程序功能的设置而言，也充分体现了"庭审中心主义"的立法指导思想。所谓审前程序的功能，指的是审前程序在整个诉讼活动中的作用和功效。审前程序作为与法庭审理程序密切相连的一个程序，是诉讼进入法庭审理之前的一个必经程序，因而就世界各国有关民事诉讼程序制度的设置而言，可以说不仅是都作有相应规定的一个程序，而且就各国的相关规定以及有关这一程序功能的设定而言，除了为法庭审理进行准备的功能以外，还有一个十分显著的功能，即解决纠纷。为了实现和强化审前程序解决纠纷的功能，各国在有关审前程序的规定中，不仅规定了与解决纠纷有关的各种程序制度，如证据交换制度、证据发现制度、争点确定制度，而且还设置了具有直接解决纠纷的程序机制及其程序装置，如答辩失权、审前协议、审前会议、和解程序等。这些程序制度及其程序机制的设置与规定，不仅强化了审前程序解决纠纷的功能，也促使大量的纠纷在审前程序中得以解决。而我国现行《民事诉讼法》有关审前程序的设置，除了为法庭审理进行事务性准备，如送达起诉书副本、告诉当事人诉讼权利、确定合议庭组成人员、通知当事人开庭时间等规定以外，就再没有其他内容了。相比之下，在审前程序功能的设置上，可以说我国的现有规定及其程序设置不仅十分单一,而且其"庭审中心主义"的立法指导思想,也是十分清楚与明显的。

最后,就现行《民事诉讼法》一些程序制度性规定而言,也较为充分地体现了立法上有关"庭审中心主义"的思想。例如,立法有关撤诉问题的规定。撤诉,作为根据当事人的申请或者依据法律规定,对人民法院已经受理的诉讼予以撤销从而结束已开始的诉讼程序的行为,在本质上是当事人对其诉讼权利的一种处分。立法上设立这种制度的目的,不仅在于为当事人对自己诉讼权利的处分从制度上设立完善的保障,而且也在于为受诉法院可以在充分尊重当事人意愿的基础上避免无谓的诉讼,以及合理使用和一定程度上节约司法资源。因而这一制度的立法目的决定了其相应的法律规定,不仅应充分体现对于当事人处分权利的尊重,即给予当事人不损害他人利益的条件下,充分自由地处分自己的民事权利和民事诉讼权利,而且人民法院也有义务尊重和保障当事人这一诉讼权利的行使。然而,就我国现行的立法规定和有关的司法解释来看,却并非如此。我国《民事诉讼法》第 131 条规定:"宣判前,原告申请撤诉的,是否准许,由人民法院裁定。人民法院裁定不准许撤诉的,原告经传票传唤,无正当理由拒不到庭的,可以缺席判决。"按照这一规定,在我国的民事诉讼中,当事人申请撤诉是有条件的,这个条件就是需经受诉法院的批准。换句话说,非经法院批准当事人不能撤诉。如果当事人硬要撤诉,即拒不到庭参加诉讼,人民法院有权对之进行缺席判决。

对于立法上为什么要对撤诉作这种限制性规定?多数学者认为,立法上之所以作这种限制性规定,是基于保护国家和社会利益的需要。① 对此笔者并没有异议,不过我们认为除了这一个原因以外,从程序制度设置的指导思想上看,"庭审中心主义"的思想也应当是促成立法作出这种规定的重要原因。因为在"庭审中心主义"看来,

---

① 请参见江伟主编:《民事诉讼法学原理》,中国人民大学出版社 1999 年 9 月版,第 631 页有关内容。

审判是解决一切争议的中心，在这个中心中，判决是这种解决纠纷方式最为终局性的标志。既然诉讼已经进入了审判程序，判决就是必须以及必然的结果，审理了以后又不判，不仅有失法院的权威性、严肃性，以及逃避国家法律的管理、控制，而且与纠纷的解决必须以法庭审理为中心的思想不相吻合。所以对于这种情况，从"庭审中心主义"的角度出发，不仅应当予以制止，而且应当赋予法官的缺席判决权。

又如，立法关于财产保全的规定。所谓财产保全，是指法院在受理诉讼前或者诉讼过程中，根据利害关系人或者当事人提出的申请，或依职权对当事人的财产或争议的标的物作出的强制性保护措施，以保证将来作出的判决能够得到有效执行的制度。对于这种制度，我国《民事诉讼法》第92—96条，虽然在财产保全的类型、不同类型财产保全适用的条件、范围、措施、担保、财产保全错误的赔偿等方面都作出了相应规定，以及仅就这些规定而言，似乎已十分详细、完善。但是换一个视角，即比较世界其他国家有关保全制度的规定而言，这种判断似乎又是难以成立的。因为比较大陆法系国家和一些地区，针对请求权性质的不同，即根据是针对金钱的请求还是非金钱的请求，而分别设置假扣押和假处分的保全制度而言，我国现行有关财产保全制度的规定又是有问题的。这种不依据请求权的性质而有针对性的设置保全方式的立法规定形式，从诉讼法理的角度上看显然是存在严重缺陷的。为什么我国民事诉讼立法上不考虑借鉴大陆法系这种较为科学的且普遍采用的做法，即根据请求的性质不同而分别设置不同的保全方式，以及又是什么原因导致这一问题的呢？从立法的角度上看，笔者认为，除却立法技术以及其他一些原因外，民事程序设置中的"庭审中心主义"的立法观念，不能不说是其中最为重要的原因。因为就我国现行《民事诉讼法》有关财产保全的相关规定来看，立法上之所以设置这一种制度，其目的十分明确，即保证法庭审理的结果可以得到有效执行。换言之，以法庭审理为中心，并保证法庭裁判结果得到执行，是立法上设置这一制度的基本目的。在这种压倒优势立法目的左右下，保全制度的方式、多重价值的保护,以及制度设置的科学性都不再作为立法考虑的问题,也可以在所不问。由此可见,在"庭审中心主义"思想的指导下,相应制度的设立都有一个共同目的,即要不是为了保证法庭审理的进行,就是为了保证法庭审理结果的执行。除此之外,至于是否还存在其他需要保护以及考虑的问题,在立法上看来都已经不那么重要了。

还有,关于诉讼上和解制度的设置问题。所谓诉讼上的和解,是指在民事诉讼过程中,当事人双方或者多方自主协商达成协议,从而共同向法院表示终结诉讼、解决纠纷的方式。这种解决纠纷的方式与法院调解虽然在某些方面也有相同之处,但是无论在性质、方式,还是法律效力上都是不相同的。其主要区别在于,在性质上调解是人民法院解决纠纷的一种形式,而和解却是当事人自主解决纠纷的形式;在方式上调解是在法院的主持下进行的,法官的主持是调解最为显著的特征,而和解中没有法官的主持以及参与,由当事人双方或多方自主进行;在效力上调解协议一经当事人双方签字即生法律效力,如果一方不自动履行,另一方可以申请法院强制执行,而和解没有法律上的效力,只能由当事人双方自动履行。对于这种在大陆法系各国民事诉讼立法上普遍作有详细规定,且当事人自主协商解决纠纷的方式,目前我国立法仅在《民事诉讼法》第51条中规定"双方当事人可以自行和解",然而怎样和解、和解的程序、和解协议以及和解的法律效力等基本问题,都没有做任何具体的制度性规定。对为何我国立法上有关和解的规定如此简陋,学理上有不同的认识,其解释也很多,不过笔者认为,这与"庭审中心主义"的立法观念是存在直接联系的。因为就"庭审中心主义"这种观念而言,其最为核心的思想,及所强调的根本问题是纠纷解决上的国家控制,即国家在民事纠纷解决上的主导权、控制权,以及怎样通过司法审判这种形式来贯彻国家意志。因而就这种观念的本质而言,它不仅是排他的,即不允许国家意志以外的任何因素介入和影响国家对于民事纠纷的审判,而且也绝不可能容许审判方式以外的其他任何纠纷解决形式的存在。即从本质上看,对于当事人排开法院的条件下自主决定以及自行协商解决纠纷的方式,立法在指导思想与立法观念上是不能接受以及不可容忍的。换言之,由于和解这种通过当事人自主协商解决纠纷的方式,虽然发生在诉讼过程中,但由于没有法官的直接参与,因而不仅在性质上被视为当事人在审判方式以外自主解决纠纷的行为,而且,由于这种协议的产生不受法官意志的左右,因而与"庭审中心主义"强调国家对于解决民事纠纷的主导以及对于解决过程控制的基本精神不相吻合,因而在我国的民事诉讼程序立法上,不可能被作为解决纠纷的一种重要方式,并在立法上详加规定。

由上可见,在我国民事诉讼程序立法中,"庭审中心主义"的观念及其思想不仅是客观存在的,而且也是主导我国民事诉讼程序立法的一种基本观念及思想。以这种观念及其思想来指导我国民事诉讼程序制度的设置是有严重问题的,这些问题主要表现在以下几个方面。

(一) 不适应市场经济对解决民事纠纷诉讼机制的内在要求

市场经济是以市场为中心,按照市场规则来分配社会资源,以及组织社会生产的经济形态。这种经济形态与计划经济的最大区别在于,这种经济形态不仅本质上讲究社会经济生活的平等、自主和意思自治,而且从社会经济基础与作为上层建筑诉讼程序制度关系的角度上看,上层建筑要促进经济基础的发展就必须充分反映经济基础的内在要求,以及有什么样的社会经济制度,客观上必然要求有与之相匹配的解决民事争议的诉讼程序制度;经济体制的类型不同,民事诉讼程序制度的功能、机制、目的,甚至具体程序制度的设置就应当有所不同。

市场经济作为一种以市场为主导,以及自主、自由、平等、诚信为基本特征的经济体制,不仅从社会经济基础的层面,决定了与之配套的民事诉讼程序制度应当以解决纠纷为目的,而且市场经济所内含的平等观念与契约精神,必然要求民事诉讼程序制度的设置以自主、自治、协商、对话为程序设置的基本指导思想,以及否定政府将对于社会的控制作为司法和诉讼程序制度设置的基本目标,进而为司法独立以及法官的居中裁判提供基本的保障。同时，在商品生产、流通、交易、产权转换等较计划经济时代更为复杂的社会经济活动中出现的多种纠纷类型以及冲突形式，客观上不仅对于现行民事诉讼程序机制、程式、方式和形式的设置提出了灵活多样的要求，而且对于诉讼纠纷的解决也从程序设置角度提出了多视角、分阶段、多方式、多层次解决的要求。

一切诉讼纠纷都必须进入法庭审理程序，并只能由代表国家意志的司法审判人员来裁判决断的"庭审中心主义"，作为我国计划经济体制条件下确立的有关诉讼程序设置的指导思想，反映的不仅是计划经济的内在要求，以及与现实市场经济的要求不相吻合，而且也必然从国家基本任务的角度限定和设定诉讼活动的功能、机制与目标，甚至具体程序制度的设置，从而使得市场经济体条件下以解决纠纷为基本使命的民事诉讼法，在诉讼程序制度及其程序功能的设置上呈现出异化的特征。换言之，这种主张民事诉讼领域内的每一个诉讼纠纷以及每一个诉讼案件，都无一例外的必须通过法庭审理的形式，以及必须由法官采用判决的方式来解决的程序设置思想与理念，由于把法庭审判作为了解决诉讼纠纷的唯一方式，因而在这种思想指导下建立起的诉讼程序制度体系，不仅难以应对和解决市场经济条件下纷繁复杂的各类纠纷，而且也不适应市场经济对于解决民事纠纷诉讼机制的内在要求。

（二）违背当事人处分原则的基本精神

所谓当事人处分原则，是指在民事诉讼中，当事人有权按照自己的意志支配、决定，以及处理自己的实体权利与诉讼权利的原则。按照通常的理解，这一原则最为核心的内容是当事人享有对自己民事实体权利和民事诉讼权利的决定权和处分权。即对于这些权利是否行使，以及如何行使由当事人自行决定的权利。①

就目前世界各国的有关情况来看，当事人处分原则之所以在立

---

① 参见常怡主编：《比较民事诉讼法》，中国政法大学出版社2002年版，第296页有关内容。

法上被各国奉为最重要的立法原则,以及在理论上被视为一项具有"公理性"的基本准则,按照国外学理上的观点,是因为"民事诉讼从历史上就是处理私人之间纠纷的方式之一,其目的在于实现和确认私人的实体权。此外,从国家处理纠纷的观点来看,公共权利也无法平等地——介入私人之间在日常生活中发生的矛盾或摩擦,只能消极地等待人们把纠纷诉至法院才能予以解决。更重要的是,从近代法制国家司法权性质来看,司法权不能积极地介入市民生活,如果需要国家介入的话,主要应通过行政权的行使来实行。"① 为此,不仅应当充分尊重当事人的处分权,而且在民事诉讼中对于当事人处分权的尊重还具有其他诉讼类型所不具有的重要意义。换言之,处分原则之所以在各国民事诉讼立法中能够得到如此高的礼遇,与民事诉讼主要解决的是私权纠纷存在直接关系。私权作为当事人依法享有的权利,通常与国家利益、社会公共利益无关,在法制社会应当得到国家和社会的充分尊重。在理论上我国也有学者认为:"民事诉讼中之所以实行处分原则,其根本原因在于民事权利的可处分性。民事权利属于私权,主要与当事人本人有关,与国家利益和公共利益一般并无关系,因此国家对民事权利原则上持不干预态度,而让权利人自由自主地去处置他的权利。权利人可以行使其权利,也可以不行使甚至放弃他的权利。在发生纠纷时或者权利受到侵害时,权利人可以通过协商方式解决纠纷,也可以选择仲裁或者诉讼。即使选择了诉讼,国家也不要求当事人非得把诉讼进行到底,当事人可以根据案件的具体情况作出选择,可以放弃诉讼请求,可以撤回诉讼,可以与对方当事人达成诉讼上的和解。"②

处分原则在民事诉讼中的确立不仅是基于民事诉讼解决纠纷的私权性,也是基于现代司法审判权力的消极性。这一原则本质上不

---

① [日]谷口安平著:《程序的正义与诉讼》,王亚新、刘荣军译,中国政法大学出版社1996年版,第104—105页。

② 江伟主编:《民事诉讼法学原理》,中国人民大学出版社1999年版,第316—317页。

仅要求民事诉讼中应当对当事人的处分权给予充分的尊重,允许当事人对于自己诉讼权利的处分,而且基于司法权的消极性,国家在民事诉讼的程序立法中也不应当设置审判权力可以随意干预当事人处分权行使的制度与机制。然而"庭审中心主义"思想指导下设置的诉讼程序制度,不仅限制当事人撤回自己的诉讼,而且根本不重视没有法官参与下由当事人自主协商解决纠纷的和解方式。这种诉讼程序制度的设置及其指导思想,显然是违背当事人处分原则基本精神的。

(三)不经济且浪费司法审判资源

所谓诉讼经济,简而言之,是指诉讼中,通过较少的人力、物力、财力,以及时间上的投入,获得较大的诉讼效益。

诉讼经济的观念源于西方经济效益主义的理论,其中最为核心的思想是:所有司法活动和全部法律制度都应当以有效地利用司法资源,最大限度地获得实际效果为目的。该理论主张运用经济学特别是微观经济学的观点和方法分析、评论法律制度及其功能,以及按照经济效益的目标改革法律制度,并认为经济效益理论的基本问题是投入和产出。前者指投入的各种资源,如人力、物力、财力、时间、精力等;后者指获得的实际成果或效果。而一种行为或过程要符合经济效益的基本原理,必须符合两个条件:一是投入的资源得到最大限度的节约;二是产出的成果达到最大化。

这种理论在民事诉讼中的运用,有其特定的历史背景条件。即各国民事案件数量的急剧上升,以及司法资源的有限与匮乏。换言之,世界各国之所以把诉讼经济作为民事诉讼立法以及民事司法考虑的一个重要原因,以及在诉讼活动中追求经济效益,很大程度上是因为国家对诉讼活动的资源投入是有限的,不可能跟上诉讼案件的增长,因此,民事诉讼和民事审判不能不顾及成本问题。对于这一问题,国外有学者指出:"在讨论审判应有的作用时不能无视成本问题。因为无论审判能够怎样完美地实现正义,如果付出的代价过于昂贵，则人们往往只能放弃通过审判来实现正义的希望。"①

近几十年以来，由于世界各国司法审判资源的有限性与诉讼案件无限增长之间的矛盾日益凸显，诉讼经济已经成为各国民事诉讼程序立法中一个十分关注的问题。而诉讼经济以及最大限度地减少司法审判资源的浪费，从诉讼程序立法的角度上看，不仅在诉讼程序进行的每一个阶段，都应当赋予当事人享有自主解决纠纷、结束诉讼的权利，而且在有关诉讼程序的规定中，每一个诉讼阶段都应当设置具有独立解决纠纷的机制与装置，且不能以凡是诉讼都必须进入法庭审理阶段，以及每一个案件都必须经法官裁判以后才能结案为程序体系设置的基本指导思想。而"庭审中心主义"对于诉讼纠纷的解决，不仅以法庭审理为中心，以及把法庭审理作为解决诉讼纠纷的唯一方式，即只有通过审判的方式才能解决纠纷、了结诉讼，或者非经法官裁判不能结束诉讼。显然，不仅没有充分发挥不同程序以及同一程序中的不同诉讼阶段在解决纠纷中的作用，而且从诉讼经济的角度上看也浪费司法审判资源。

（四）与现代民事诉讼程序设置的基本理念及其发展趋势不相吻合

在民事诉讼程序设置基本思想的历史发展进程中，"庭审中心主义"作为近代资产阶级反对封建司法专横过程中提出的一种程序设置观念与思想，历史地看是有进步性与民主性的。换言之，这种主张诉讼纠纷必须在法官的主持以及当事人和证人的参与下，经过对于案件事实的调查、质证、认证等审理程序，才可以对于案件所涉当事人之间的权利、义务作出裁判、决断的观念，及其非经法庭审理，任何人不得随意认定案件事实以及裁判、决断案件性质的程序设置思想，相对于封建司法审判的专横，即无视当事人对于法庭审理的参与，以及不经法庭审理就对于当事人之间的权利、义务进行裁判的审判方式而言，无疑是一个历史性的进步。

---

① ［日］棚濑孝雄著：《纠纷的解决与审判制度》，王亚新译，中国政法大学出版社 2004 年版，第 267 页。

第八部分　现代民事诉讼立法体例及法典编纂的发展趋势与中国民事诉讼立法体例及法典编纂的立法完善

然而，进入现代社会以后，随着社会的发展和纠纷的大量出现及其由此引发的诉讼爆炸，有限的司法审判资源与急剧高涨诉讼纠纷之间的矛盾日益突出，在程序设置上，单一的仅仅采用法庭审理方式来解决纠纷以及了结案件思想的局限性日益显露，在现实的社会条件下，不仅学理上对于"庭审中心主义"的科学性、适时性提出了质疑，引发了各国有关民事诉讼程序设置观念的变化，以及世界大多数国家在解决纠纷诉讼程序设置上的变革，即由单一的仅限于对法庭审理程序解决纠纷功能的关注，向多程序、多视野、多方式以及同一程序中分阶段地解决纠纷和终结案件功能方向发展，而且在民事诉讼程序设置上也调整、规定了大量的不经法庭审理便可终结案件的方式及其程序。例如，法国《新民事诉讼法典》规定的"诉讼不受理"程序、① 和解程序、② 调解程序③以及"撤销案件"程序；④《德意志联邦共和国民事诉讼法》规定的"先期首次期日程

---

① "诉讼不受理"程序，指的是当事人通过援引"诉讼不受理"的法定理由，请求法官宣告"诉讼不受理"，从而结束诉讼案件的程序制度。按照《法国新民事诉讼法典》第123条、第125条的规定，不仅当事人可以在诉讼的任何阶段提出"诉讼不受理"的主张，而且法官也可以不经当事人申请，依职权直接决定不受理从而结束诉讼。

② 《法国新民事诉讼法典》规定的和解程序，指的是由当事人自主进行或者由法官提议进行和解以结束诉讼的程序，《法国新民事诉讼法典》第127—131条对于当事人的和解权利、法官对于和解的提议、法官对于和解的见证、和解的形式与确认、和解凭据的法律效力等问题都作有具体的规定。

③ 《法国新民事诉讼法典》规定的调解程序，指的是在法官本人或者法官指定的经当事人同意的第三人主持下，协商解决纠纷的程序，《法国新民事诉讼法典》第六编（二）用15个条文对于这种程序作出了详尽规定。

④ "撤销案件"程序，指的是法官按照法律的规定，在当事人缺乏严谨认真态度的条件下，依职权直接撤销案件的程序。《法国新民事诉讼法典》第381—383条对于这一程序及其制度作出了规定。

序"(口头辩论准备程序)、① 具有强制性的"和好协商"程序;②《英国民事诉讼规则》规定的停止、中止与驳回诉讼程序、不应诉判决程序、诉讼和解程序、简易判决程序;③《美国联邦民事诉讼规则》规定的诉答程序、证据开示程序、审前会议程序、替代性纠纷解决程序、不经庭审而对案件的简易判决程序、不应诉判决程序、撤销诉讼程序等。④ 这些由各国立法上设置的大量的无须法庭审理即可终结案件的程序及其规定，从解决纠纷终结案件的角度上看，不仅表明了当今世界民事诉讼程序制度设置改革发展的趋势，也从主导程序设置的基本思想上，否定了传统的"庭审中心主义"的思想及其观念。

由上可见，在当今诉讼纠纷迅猛增长而司法审判资源严重贫乏的现实条件下，仍然把"庭审中心主义"作为程序设置的基本指导思想，从解决纠纷、终结案件的角度上看，显然是有严重问题的。这种问题的严重性从我国司法实践的具体情况来看，相对于其他国家而言还具有更为严重的一面，这就是由此而导致的民事执行问题。

民事执行虽然就性质而言仅仅是民事司法领域内的一个问题，但是由于执行难的严重性，这一问题实际上已经上升成为我国一个严重的社会问题，即在现实的社会生活中这一问题的严重性已经超出了民事司法的范围。而之所以出现这种情况，虽然原因很多，但是我国民事审判上大量采用法院判决的方式来了结案件，从而大大增加了执行案件的数量不能不说是重要的原因之一。换言之，我国

---

① "先期首次期日程序"(口头辩论准备程序)，是德国民事诉讼法规定的，为法庭审理进行准备，以及结束无争议案件的程序。

② 具有强制性的"和好协商"程序，是德国2001年《民事诉讼法改革法》颁布后，为了促进纠纷的和好解决，按照《劳动法院法》第54条的精神，确定的广泛使用不经争议性判决而解决争议的程序。

③ 请参见乔欣、郭纪元著：《外国民事诉讼法》，人民法院出版社、中国社会科学出版社2002年版，第25—28页的有关内容。

④ 请参见乔欣、郭纪元著：《外国民事诉讼法》，人民法院出版社、中国社会科学出版社2002年版，第62—104页的有关内容。

现实生活中的执行难与"庭审中心主义"采用判决来了结案件的方式存在直接的关系。而从世界其他国家民事审判的情况来看，不仅类似于我国这样坚持诉讼纠纷必须经过法庭审理才能了结的并不多见，而且在现代英美法系国家中，大量的民事纠纷均不是通过法庭审理方式予以了结的。例如，美国民事诉讼中95%的诉讼案件是在法庭审理之前的庭前程序就解决了，仅有5%的民事案件才是通过法庭审理的方式解决的。① 由于真正通过法庭审理了结的纠纷仅有5%，因而可能进入强制执行案件的数量相当少，由此也大大减少了法院强制执行的负担。

在学术研究上，有不少学者认为国外大多数国家之所以不存在类似于我国的执行难，是因为那些国家的法制环境好，公民的法律意识强，以及社会的诚信度高，对此笔者是没有异议的。但是，笔者始终认为这仅仅是问题的一个方面，除了这些方面以外，世界任何国家执行案件的数量都大大低于我国，不能不说也是其中十分重要的一项原因。因为面对数量庞大的执行案件，无论采用什么方式，以及做何种形式的动员，从解决问题的角度上讲，可以说都是具有极大难度的。由此也进一步说明，无论从立法指导思想还是诉讼程序设置的技术性、科学性角度上看，我国与西方一些国家在解决纠纷、了结案件的观念和程序设置的技术上，是存在重大差别的。为此，从民事诉讼程序设置基本观念及其指导思想上改变"庭审中心主义"，注重采用法庭审理方式解决纠纷、了结案件的同时，向多视角、多方式解决纠纷和了结案件方向发展，充分发挥不同程序以及同一程序的不同诉讼阶段在解决纠纷以及了结案件中的功能和作用，不仅是我国民事诉讼程序设置观念与指导思想上的变革，也是应对急剧增长的诉讼纠纷及其解决民事执行难的现实需要。

---

① 请参见白绿铉著：《美国民事诉讼法》，经济出版社1998年版，第78页的有关内容。

# 第二章 现代民事诉讼立法体例的发展趋势与中国民事诉讼立法体例的变革与完善

## 一、关于庭前程序的修改与完善

在世界各国民事诉讼立法体例及法典编纂改革、发展的历史进程中,如果仅就通常程序以及通常程序的不同诉讼阶段及其内容的修改与完善而言,可以说世界各国特别是大陆法系国家有关庭前程序的修改与完善是十分显著的。这种有关庭前程序的设置及其基本内容的改革与完善,不仅是基于解决众多诉讼案件的现实需要,以及在现代"分层解纷主义"的立法观念及其立法思想指导下进行的,旨在充分发挥庭前程序解决纠纷、了结案件功能的一场程序制度改革,而且就这场改革的产生而言,可以说与英美法系国家有关庭前程序制度的影响,以及大陆法系各国充分借鉴、吸收英美法系国家庭前程序制度的设置及其思想存在密切的联系。

换言之,在传统大陆法系民事诉讼通常程序的立法体例及法典编纂中,庭前程序的设置及其有关内容的规定,与现行诸多国家有关庭前程序的设置及其内容的规定是存在较大差异的。这种差异不仅体现在指导有关庭前程序设置的基本观念与指导思想上,也体现在有关庭前程序具体内容的规定上。从现行世界各国指导庭前程序设置的基本观念与思想的角度上看,虽然为法庭审理进行准备仍然是庭前程序设置的基本目的之一,但已不再是所有的目的,除了这一目的之外,可以说还有更为重要的目的,这就是自主、独立地解决纠纷以及终结诉讼案件。为了促进以及保证庭前程序这一目的实现,各国在有关庭前程序具体内容及其程序装置的设置中,均不同程度地增设了有利于庭前程序阶段独立解决纠纷以及终结案件的多种程序设置及其专门的程序装置。

例如，日本民事诉讼法在多次修改以后，其有关庭前程序的设置不仅增加了有关"争点和证据整理程序"的新规定，即为了促进案件在庭前程序中得以解决，除将原来的证据随时提出主义改为适时提出主义以外，在庭前程序的立法体例及其规定上，将原法典第二编"第一审诉讼程序"的第二章"口头辩论及其准备"，增设为三节：第一节"口头辩论"、第二节"准备书状"、第三节"争点和证据整理程序"。在新设的第三节"争点和证据整理程序"中，增置了三种专门的程序："准备性口头辩论程序"、"辩论准备程序"和"书面准备程序"。以及在庭前程序中扩大了证据收集的方式，增设了相应的证据收集程序，如仿效美国的质问制度设立的当事人可以直接从对方获取证据、情报的照会制度，及其在原有证据收集制度规定的基础上，扩大了文书提出义务的范围。而且在庭前程序中还增设了有利于促进纠纷解决的"专门委员"制度。[①]

《美国联邦民事诉讼规则》有关庭前程序的规定，是民事诉讼程序设置历史进程中，几乎最早赋予庭前程序自主、独立解决纠纷、终结案件功能的立法设置，以及从解决纠纷的策略、方式的角度上，最早把民事诉讼纠纷的解决由庭审程序转到庭前程序的立法规定。然而，即便如此，美国在解决民事纠纷的诉讼实践中，仍然在不断地修改、增设以及完善着庭前程序的有关内容，经过20世纪80年代、90年代以及随后的多次改革与完善，目前《美国联邦民事诉讼规则》所规定的庭前程序，不仅设置了诸多的程序性规定以及促进纠纷解决的程序性装置，而且95%的案件都在庭前程序中得以解决。

而我国现行《民事诉讼法》有关庭前程序的规定，除了为法庭审理进行事务性准备，诸如：送达起诉书副本、告诉当事人诉讼权利、确定合议庭组成人员、通知当事人开庭时间等规定以外，就再也没有其他的内容了。因而不论就其立法观念与指导思想，还是从

---

① 相关规定及其内容请参见段文波译："日本民事诉讼法"，载陈刚主编：《比较民事诉讼法》（第六卷），中国法制出版社 2007 年版。

程序制度的设置及其有关内容的规定而言，不仅根本不具备自主、独立解决纠纷的功能，以及与现代民事诉讼有关庭前程序设置的改革、发展趋势与倾向不相吻合，而且浪费审判资源，不利于纠纷的及时解决。为此，我国的民事诉讼程序立法，不仅应当从立法观念上，而且应当从有关程序制度具体内容的设置上，对庭前程序进行必要的修改与完善，充分发挥庭前程序在解决纠纷以及了结案件中的作用，以适应当前解决众多民事诉讼纠纷的现实需要。

## 二、关于审级制度的修改与完善

审级制度，作为由立法规定的有关审判级别和各级审判机构在案件审理上的职责权限，以及一个案件应经过几级审判即告终结不再审理的制度。虽然就其内容而言，是关于审判机构的设置以及各级审判机构职责、权限划分的规定。然而，由于实质上这一制度与整个民事诉讼程序法律体系密切相连，根本无法分开。为此，从民事诉讼立法体例及法典编纂的角度上看，不仅审级制度一旦确定，整个民事诉讼程序的框架、结构和体系也就被确定了，而且审级制度的设置及其规定，在整个民事诉讼立法体例及法典编纂中也居于十分重要的地位。换言之，民事诉讼立法体例及法典编纂是否科学、恰当，很大程度上取决于立法有关审级制度的设置和规定是否科学与恰当。

目前就世界各国民事诉讼立法体例及法典编纂中有关审级制度改革发展的趋势来看，虽然各国有关民事诉讼审级制度的规定仍然不尽相同，存在诸如两审终审制、三审终审制与多级终审制等多种审级制度，但是从发展的趋势与倾向来看，多级终审制的设置已经成为了现代民事审级制度改革发展的方向。

所谓多级终审制，指的是根据诉讼纠纷以及案件的具体情况，分别设置的一审终审制、两审终审制、三审终审制以及在特定情况下由一审直接上诉到三审的特殊两审终审制。这种审级制度从其设置指导思想的角度上看，实质上就是"程序设置的分类化与立法规定的个别化"思想在审级制度立法改革中的具体体现。这种审级制度的设置,在诉讼实务中不仅有利于节约审判资源,限制以及避免无谓的上诉,也有利于诉讼纠纷的及时解决。因而成为了现代民事诉讼立法体例及其法典编纂中有关审级制度改革发展的趋势与倾向。

我国在民事审级制度的设置上,虽然长期以来一直坚持的是两审终审制,但是从学术研究的角度上看,有关重新设置审级制度的设想由来已久。早在20世纪90年代就有学者提出了有关审级的重新设置问题。① 随着相关学术研究的不断深入,以市场经济条件下现行民事审级设置弊端在司法审判运行中的日趋显露,修改现行审级制度的学术呼声越来越高。② 而学者们之所以主张修改现行的审级制度,就其主张的依据来看,主要涉及下面一些理由:

第一,在我国目前四级两审,即一般以基层人民法院作为第一审法院,以中级人民法院作为第二审法院的审级体系结构中,中级人民法院仍属于较低级别的法院,审判人员的业务水平、办案能力以及对于法律的认识和理解都有一定程度的局限性,从而不仅致使第一审不公正的错误裁判难以通过上诉审得到纠正,而且,也使作为终审法院的权威性难以得到充分体现。第二,现行的司法体制下,由于中级人民法院与基层人民法院同处一个行政辖区内,不少的审判人员之间存在情感上的联系。而这种经常性的业务联系和某些情感上的交流与沟通,不仅为中级法院有关案件的终审提供了先入为主的印象。而且也为案件处理上的情感偏向奠定了基础,从而难以不带倾向地处理案件。第三,终审法院(主要指中级法院)所在地往往靠近案件发生地,法官与当事人之间基于多种原因,可以存在

---

① 陈桂明著:《诉讼公正与程序保障》,中国法制出版社1996年版,第122—127页。

② 杨荣新、乔欣:"重构我国民事诉讼审级制度的探讨",载《中国法学》2001年第5期;程荣斌、邓云:"审级制度研究",载《湖南省政法管理干部学院学报》2001年第5期;江阶虎:"两审终审制:无法终审的现实",载《中国律师》1999年第4期;陈桂明:"民事诉讼上诉审程序改造论",载《诉讼法理论与实践》,中国政法大学出版社1997年版,第437—447页。

各种不同类型的联系。由这些关系所承载的人情、感情因素,将一定程度上影响到司法裁判的公正性。第四,终审法院级别较低,难以抵御地方保护主义的影响。第五,在法律适用方面,因终审法院级别较低常常导致各地在法律的解释和适用上因地而异出现差别,因而不利于法律适用上的统一。

对上述诸种理由我们不仅赞同,而且认为如果仅仅以这些理由为依据来支持和论证修改两审终审制主张的话,其论证和理由都是尚欠深入和充分的。因为一种制度的优劣、好坏,以及应否加以修改,不仅仅取决于制度运行中的状况和问题,即相应的社会人文环境条件,更重要的还取决于制度本身内在的结构和技术性特征。换言之,如果一种制度本身的设置是完美的,只是运行的社会环境和人文条件存在问题,依理要改的就不是制度本身,而是制度运行的社会环境和人文条件。只有在制度本身存在严重问题,才谈得上制度修改的问题。为此,要修改现行二审终审的审级制度,不仅必须对其在实践中的运行情况及其问题加以深入研究,在制度本身的内在结构上还应当具有相应的依据,从这一思路上看,我国现行民诉法所规定的二审终审的审级制度,在结构和制度特征上所存在的问题是十分明显的。

首先就构建审级制度的指导思想和目的而言,现代世界各国之所以在诉讼程序中设置不同的审判级别,除了纠正裁判错误,保证司法裁判的正确性以外,还有一个十分重要的指导思想和目的,即保障司法裁判的统一,以及法律解释和法律适用上的统一。而要实现这一目的,从技术的角度和制度设置规则的角度上看,就必须遵循"终审法院规模控制"的原则。即将终审法院控制在较小的数量和较高的审级范围以内。而之所以必须如此,是因为终审法院越多,享有终局裁判权的司法审判机构就越多,而享有终局裁判权力的机构越多,有关法律的理解和解释中产生的差异就越大,而对于法律的理解和解释的差异越大,有关法律的适用和司法裁判就越难以统一。为此,要从审级制度上保证司法裁判的统一,以及法律解释和法律适用上的统一,达到法律在一国司法审判管辖权限内可以平等、公正、一致地适用于每一个案件及其当事人，杜绝同一种法律因地区和审级的不同而在适用上有所不同，就必须对终审法院实行规模控制。即减少终审法院的数量和提高终审法院的审级。而对终审法院实行规模控制，作为实现司法裁判的统一，以及法律解释和适用上统一的必要条件，只要审级制度的设置是以此为目的，对于终审法院实行规模控制作为审级制度构建的一项基本原则就是不能违背的。然而在我国由于二审终审制的缘故，绝大多数案件都只能是由中级人民法院进行终审。据统计我国现有高级人民法院30个，中级人民法院300多个。① 这样庞大数量的终审法院和较低的审级，不仅根本无法避免众多的终审法院在法律的理解和解释上产生差异、冲突和矛盾，也很难实现司法裁判和法律适用上的统一。换言之，从实现审级制度设置基本目的上看，由于二审终审制本身具有的内在结构性缺陷是难以担当此任的。也正由于二审终审制在实现审级制度的基本目的上，存在严重的内在结构性缺陷。不仅我国，从世界各国的情况来看，"在审级制度上，普遍实行两级结构的传统模式却沿着不同发展脉络九九归一，最终汇入三级的司法等级结构。目前世界上实行两审终审制的国家已为少数例外，除了人口稀少的国家和州之外，只有以前苏联为样本的国家，而其中罗马尼亚已于20世纪90年代将审级制度改为三级结构。"② 换言之，基于二审终审制的内在结构性缺陷，将其改为三审终审制已成为现今审级制度发展的世界性趋势。

其次就二审终审制的特征来看，在我国的二审终审制中，依据法律规定二审法院不仅有权对一审裁判的法律适用和事实认定进行审查，而且还享有在一审裁判的事实以外，自行调查收集证据的权力。而这种不受一审当事人提供的证据和一审法院事实认定约束的二审模式，又使得我国现行二审在性质上几乎已接近第二次重新审

---

① 请参见1990年、1991年和1992年《人民法院年鉴》。
② 傅郁林："审级制度的建构原理"，载《中国社会科学》2002年第4期，第85页。

理的模式，在没有三审程序的监督和制约条件下，这种享有自行调查证据、查清事实，以及改判和发回重审的终局性裁判，显然权力过大，不仅客观上易于导致权力滥用和引发裁判错误，也严重影响到了司法裁判的公信力和正当性。同时这种审级制度的设定，也为审判监督程序在中国的发展从程序制度和审判制度的层面提供了合理的内在根据。也正是由于这一原因，纠纷中的当事人为实现自己的诉讼目的，也不得不把精力和努力放到正常审级制度之外的救济方式上去。即寄予通过审判监督程序的方式来获得司法救济或实现自己的诉讼目的。而这种实际情况的出现，又导致了我国民事司法审判实践中二审终审裁判的案件被再审立案的比例一直居高不下，这种在世界各国诉讼制度中普遍作为一种"例外"存在的再审程序，在中国的民事司法审判中却成为了纠正裁判错误保障审判质量的重要方式。甚至一定程度上和人们的视角上，成为了正常的审级监督都有所不及的救济方式。其结果不仅从事实上和司法审判的实务运作角度实证了中国现行二审终审的"名不符实"或者"名存实亡"，而且也充分地证明了我国二审终审制的制度性缺陷。

由上可见，我国两审终审的审级制度，无论从其内在结构和制度特征，还是在司法实践中的运行情况来看，都是存在严重问题的。同时，从节约审判资源，避免和限制无谓上诉，以及及时审结案件的角度上看，绝对的三审终审制也是有问题的。为此，重新设置我国的审级制度，建立多级终审制不仅具有客观性、科学性，也具有合理性和必要性。

同时，根据现代各国有关审级制度设置的指导思想和基本原则，笔者认为，我国有关审级制度的修改与完善应当遵循以下几项规则。

（一）上下级法院职能分层设置

中国现行的四级二审终审制，不仅就框架结构的角度上看与现代西方各国的审级制度存在较大差别，而且这种审级结构中各审级职能的设置与现代西方各国审级职能的设置也大相径庭。其表现不仅在于，立法上将从下至上各级法院的审级目标都设定在追求个案的真实和实质公正上，而且对于各个审级的职能设置也都大同小异，几乎没有什么差别。例如，每一级法院都可以受理一审案件，无论是基层法院、中级法院、高级法院，还是最高人民法院都概莫能外。同时从中级人民法院开始，每一级法院也都同时可以作为终审法院。以及每一级法院在权限上都可以不受当事人提交的证据和主张事实的约束，有权传唤当事人和自行调查收集证据，上诉审法院也不受原审法院有关事实认定的拘束，有权根据自己查明的事实做出裁判。即基本没有审判职能上的分层。而这种几乎没有职能分层的审级设置，不仅与审级制度设置的原本含义不符，而且"审级"在这种制度中只不过是在原审裁判基础上，新增加的一层重新审理的行政级别而已。基本上已失去了现代审级制度中所蕴涵的上下审级之间在审判职能上的分层控制、上下统一和相互制约的机能。为此在各级审判职能的重新设定上，首先应当对上下级法院的职能进行分层。而所谓职能分层，具体而言应当进行下述两个方面的工作：

第一，分级设置审判职能。所谓分级设置审判职能，是指根据审级制度设置的基本目的，针对不同级别法院的审级特征，分别设定各自不尽相同的审判职能。由于现代审级制度的核心思想是审级职能上的分层设置，而不是审判行政级别的确定或行政审级框架结构的搭配和配制，因而审判职能分级设置是首先应当遵循和贯彻的内容。换言之，在审级制度中，只有根据审级制度设置的基本目的，针对不同级别法院的审级特征，分别设定各自不尽相同的审判职能，才能够最终保证审级制度从上到下，逐层控制、监督和统一地实现司法裁判和法律适用上的统一。也只有在一国司法管辖权限范围内，对每一个当事人和每一个案件的法律适用都同一，以及司法裁判都统一，就整个司法审判体系而言，也才谈得上公平、公正，以及整个司法的正义性。而中国现行的审级制度，由于注重的是行政审级的设置，忽视甚至没有意识到审判职能分层设置的意义，因而其有关各审级法院审判职能设置上的统一性和同一性是应当加以改变和修正的。具体而言，笔者认为第一审法院（初审法院）的基本审判职能应当确定为依法查明事实、正确适用法律、解决民事纠纷，维护当事人的合法权益。即按照法律的规定查清案件事实，针对案件情况适用有关法律规定,以此解决民事纠纷,从而就具体个案的角度维护当事人的合法权利和利益。

第二审法院的基本审判职能,应当确定为监督初审法院的司法审判,依法纠正裁判错误,保障个案裁判的正确和法律适用上的统一。即对初审法院有关个案的审判和裁判质量进行监督,依法纠正裁判错误,保障具体个案裁判质量和正确度的同时保障法律适用上的一致和统一。从而就具体个案的角度维护当事人合法权益,同时又兼顾统一法律适用的职能。

第三审法院的基本审判职能,应当确定为解释法律,统一司法裁判,保障法律适用上的统一,进而维护整个司法审判程序和法制秩序,并保障整个司法审判体系的公正、正义。即从维护整个司法审判体系的角度,解释法律、统一法律适用和保证司法裁判的统一,从而保障和维护整个国家的司法审判制度,和法制秩序的安宁、有序,以及整个司法审判体制的公正性和正义性。

上述三级法院的审判职能虽然就保障审判质量、维护当事人合法权益的角度上而言,都是共同的。但是审级不同其审判职能的重心是不一样的。第一审法院(初审法院)就其审判职能的主要内容而言,基本上是局限于个案的范围,仅就查清事实、适用法律,维护个案具体当事人的合法权益而言。第一次上诉审法院(二审法院)的审判职能,虽然也较大程度上是保障个案的裁判正确,依法纠正裁判错误,但是与初审法院相比已有了重心上的转移。这就是具有了初审法院所不具有的统一法律适用和保障司法裁判统一的职能。第二次上诉审法院(三审法院)的审判职能虽然也一定程度上涉及个案当事人合法权益的维护,但是就其审判职能而言与初审和第一次上诉审已几乎完全不同。即由对于个案当事人的权利维护转为对整个国家司法审判秩序和法制秩序的维护。

第二,重新修改、调整相应的诉讼程序性规定。

首先是修改我国民事诉讼法有关级别管辖的规定,取消高级人民法院和最高人民法院对一审案件的受理。

按照我国现行民事诉讼法有关级别管辖的规定,无论是基层法院,还是中级法院、高级法院,甚至是最高人民法院均可以受理一审(初审)案件。而这种有关级别管辖的规定,从各级法院审判职能的设定和三审终审制基本目标追求的角度上看,是存在较多问题的。一是,这种级别管辖规定,即授予高级法院和最高人民法院对于个案的初审管辖权,与高级法院和最高法院审判职能的设置,乃至于构建整个审级制度的目标追求都不相吻合。因为从审判职能的角度上讲,高级法院和最高法院的基本职能在于通过解释法律,统一司法裁判和保障法律适用上的统一,来协调规制整个司法审判体系,从而维护整个司法审判秩序和司法审判体制的公正性、正义性,而不是解决具体的个案争议。为此,立法在级别管辖中有关高级法院和最高人民法院享有初审(一审)案件受理权的规定,与其审判职能的设定是相悖的。二是,这种级别管辖规定将损害当事人的审级利益。所谓审级利益,是指依照一国审级制度的立法规定,在不违背法律规定的情况下,当事人享有的二次上诉的权利和程序性利益。换言之,在一国审级制度确定的条件下,非经法定程序,任何当事人的上诉权利和这种权利所附带的利益是不能被剥夺的。然而在三审终审制的条件下,如果仍然规定或保留高级法院和最高法院可以受理一审(初审)案件的话,必然损害当事人的审级利益。因为如果由高级法院作为一审法院,则案件的二审法院为最高法院,无法进行三审。如果由最高法院作为一审法院,则案件只能是一审终审,更是无法进行二审或三审。从而损害了当事人按照"正当程序"规则依法应当享有的审级利益。三是,这种级别管辖将影响高级法院和最高法院基本审判职能的发挥。由于在三审终审制中,高级法院和最高法院的基本职能定位在统一司法裁判和保障法律适用的统一等较为宏观的具有指导性和监控性职能上,而不是对于具体个案的审理。因此,如果在三审终审制中仍然保留高级法院和最高法院对于一审(初审)案件的管辖权,必然加大这两级法院的工作量,势必迫使这两级法院不得不投入大量的人力、精力去审理一审案件。而这种多重职责、多头忙乎上的结果,不仅使得这两级法院疲于奔命,也难以实现自己基本的审判职能,显然得不偿失。四是,这种级别管辖规定与世界各国有关级别管辖的通行规则相悖。就目前世界各国有关级别管辖的规定来看，类似于我国这种高级法院和最高法院受理一审案件的立法体例是十分罕见的，可以说不仅世界各国绝大多数国家都没有最高法院直接受理一审（初审）案件的立法规定，而且大多数国家的高级法院也都不直接受理一审案件。由此可见，现行立法的这种规定与世界各国有关级别管辖的通行规定是不相吻合的。

基于上述理由，笔者主张在重新修改、调整相应的诉讼程序性规定中，修改现行民事诉讼法有关级别管辖的规定，取消高级法院和最高法院对于一审（初审）案件的受理权，即这两级法院不得直接受理一审（初审）案件。

其次是完善有关审判组织的立法规定，明确第三审案件一律采用合议制，其合议庭由审判人员组成。由于在三审终审制中，第三次上诉审，即第三审属于法律审，不涉及事实的认定问题。为保证审判质量和提高审判效率，不仅在审判组织上应采用合议制，而且也应当由精通法律规定和能够深刻领悟法律精神的职业法官组成，无须陪审人员的参与。

再则是完善第三审的诉讼代理制度，实行律师强制代理制。采用律师强制代理制，虽然对于当事人而言，一定程度上加大了当事人的诉讼成本。然而，由于第三审所审理的是非一般事实的法律问题，即特定的专业性问题。而涉及这种专业法律问题的主张和说明，不仅需要深厚的法律功底，也需要丰富的诉讼经验和来自于诉讼实践的感悟。这些均为一般的诉讼当事人所不具备，因而较之于第一审和第二审，当事人要富有成效的诉讼，客观上更需要律师的帮助。另外，第三审中律师的参与和代理，不仅有利于当事人充分陈述表达法律见解，也有利于法院及时明了当事人的法律主张和观点，迅速有效和公正地审查案件，从而提高诉讼效率。为此鉴于第三审的特别情况，应当修改和完善我国民事诉讼法有关诉讼代理的规定，在第三审中实行律师强制代理制。

然后是修改我国民事诉讼法有关移送管辖的规定，取消上下级法院之间有关案件的移送管辖。按照我国《民事诉讼法》第39条的规定，上级人民法院有权审理下级人民法院管辖的第一审民事案件，也可以把本院管辖的第一审民事案件交下级人民法院审理。下级人民法院对于它所管辖的第一审民事案件，认为需要由上级人民法院审理的，也可以报请上级人民法院审理。即上下级法院之间可以相互移送管辖。民事诉讼法的这一规定，虽然其立法目的是基于对某些案件特殊性的考虑，但是实际运用的结果，不仅剥夺了当事人应当享有的审级利益，而且为一些地区的法院实行地方保护主义提供了法律依据。因此，应当取消这一规定。

还有应当完善第三审的审理方式，明确规定第三审为书面审理。书面审理是相对于开庭审理的一种审判方式。其特征在于法院审理时，不要求也不允许当事人出庭进行口头辩论，仅对当事人提出的各种书面材料进行审查，并据此作出裁判的审理方式。我国第三审的审理方式之所以应明确规定为书面审理，其理由有三：一是因为经过第一审、第二审的开庭审理，双方当事人之间有关事实的认识和主张已经十分清楚，无须再行开庭重复。二是采用书面审有助于减轻第三审法院的负担，和开庭审理在人力财力、和组织上的压力。三是书面审有助于降低当事人的诉讼成本。由于第三审法院往往远离当事人的住所地，如果开庭审，当事人不得不投入较多的时间、精力和差旅费用。而书面审当事人只须递交书面材料无须直接出庭，因而也降低和减少了当事人的诉讼成本。因而应当在法律上明确规定第三审的审理方式为书面审理。

最后明确规定第三审不适用调解，也不能发回重审。由于第三审的设置目的在于统一法律的适用和维护整个司法裁判的稳定，审查的对象仅限于下级法院的法律适用是否正确，不涉及事实的认定问题。而法律作为一种普遍适用的规则，任何案件和任何当事人不论案情有何不同，在法律适用上都不能有所不同。任何案件在法律适用上都不能允许讨价还价，即适用以相互让步为特征的调解。同时，法律的适应当具有严肃性和强制性，即凡是在法律适用上有错误的就理应改判，反之如果适用正确就应当维持原判，对于适用法律错误的案件不能按照对事实认定错误的方式处理，即发回重审。

（二）上下级法院职能权限相互制约

所谓上下级法院职能权限相互制约，是指上下级法院在审判职责权限上，不仅各自应当具有特定的审判权限范围，而且应当在各自法定的权限范围以内各行其是，各施其责，不能随意逾越自己的职责权限，也不能上下代行各自的审判职责。即对于上下级法院的审判职能权限应当按照明确职能和限定权限，以及相互制衡和相互约束的原则设置和构建。

我国现行审级职能权限的设定中，二审法院在审理和裁判上不受任何限制，以及这种以上级法院对下级法院实行单向监督和控制为特征的审级职能权限设置是有严重问题的。首先与现代审判制度中，上下级法院职能权限设置的基本规则不符。在现代审级制度构建理论中，虽然也讲究上级法院对下级法院审判活动的监督，但是这种"监督"与通常意义上的监督有所不同。通常的监督是一种单向的权力控制。而审级意义上的"监督"，实际上是一种"制约"。即通过合理的权力（审判权）资源分配，在上下级法院之间建立起的一种双向的相互制衡机制。换言之，上级法院虽然有权监督下级法院的民事审判活动，但是这种监督绝不是无限和不受限制的。而是在法定的范围内进行。换言之，审级制度的本质就是为了限制审判中的恣意为裁判设置的纠错机制，为此上级法院在制约下级法院的同时，自身的权力也应处于制约之下。作为审级职能权限设置的一种制度规则，这是世界通行的。而我国现行审级职能权限设定中，这种单向不受限制的权力监督和控制是与之不相符的。其次，这种上对下的单向不受限制的监督，易于滋生腐败，也为二审法院的恣意提供了条件。由于权力本质上具有易腐性，不论是什么类型的权力都概莫能外，即便是审级制度中的审判权也是如此，为此，审级制度中上级法院的监督权（审判权）也理应受到制约，否则难免滋生腐败，至少在缺乏三审的条件下，易于专断。同时，如果上诉法官的权力处于无所制约的条件下，作为监督者的上诉法官在审判中出现错误的可能性，完全可能高于或大于纠正错误的概率，从而不仅使得上诉审的设立背离原有的基本目的，而且促成了裁判的第二次错误。最后，从审级的角度上看下级法院并不是上级法院或最高法院的派出机构，或者同一机构的延伸。而是一级独立的审判组织，不仅独立于其他社会组织，也独立于上级法院。因而应当具有独立的审判权力。如果上级法院在审判上可以不受任何约束，直接传唤当事人、证人，自行调查收集证据，并依据自己调查的材料下判，不仅使得一审法院的审判和设定没有了实际意义，因为二审实质上成为了一审的重复审理。而且第一审法院所拥有的审判权也是残缺不全的。因为判决随时都会被"纠正"或"推翻"。

由上述理由和规则可见，现行审级职能权限设定中二审法院这种在审判职责权限上不受制约的职能设置，不仅易于导致权力失控，也使得审级结构失衡，为此应当加以修改。

（三）科学合理地设计审级重心

审级制度中由于存在不同的审级，因而在审判职能权限的设置中就存在一个怎样设置和确立审级重心的问题。中国现行的一审终审制中，由于立法上授予了二审不受一审裁判事实认定的约束，可以自行传唤证人自主调查取证和重新开庭审理，以及根据自行调查的材料下判的权力，即二审实际上成为了一审的第二次重复审理。所以其审级的重心在二审，而这种审级重心向上倾斜的审级设置，不仅否定了一审（初审）的审级功能和意义，而且把二审作为一审的重复审理，即第二次一审，事实上也大量地浪费了审判资源，影响了诉讼效率，滋生诸多弊端。为此，在我国审级职能权限的重新设置中，科学地设计审级重心就有了十分重要的意义。

而要科学地设计审级重心，就应当遵循世界各国审级制度构建的通行规则，即审级重心向下倾斜的原则。所谓"审级重心向下倾斜"，是指在审级的设置中应当重视初审的裁判功能和职能权限的设置，把整个审判活动和审级设置的中心或主要工作置于第一、第二审，特别是第一审中的原则。而之所以审级设置的重心应当向下倾斜，理由在于：第一，初审是上诉审的基础。所谓初审是上诉审的基础，是指从审级结构及其案件审理的程式角度上讲，任何案件的审理都无不是先一审，后二审，再三审。换言之，没有一审也就没有二审，没有二审也就没有三审。任何上诉审都是以初审为根据，并在一审裁判基础上进行的。第二，"事实审"是"法律审"设立的必要条件。即从"事实审"与"法律审"两者的关系而言，以法律审为特征的上诉审也是以事实审为特征的初审设置为必要条件的。即没有事实审也就没有法律审，法律审设置的合理性较大程度上取决于事实审设置的完备程度。换句话说，审级制度构建中各国之所以把上诉审确定为法律审，很大程度上是因为初审能够较为全面地解决案件的事实认定问题。反之，如果初审无法全面解决事实认定问题，审级构建中以及职能权限设置中，就不能十分坦然和确定地把上诉审定位为只审法律适用，基本不过问事实问题的法律审。换言之，审级上设置和确立上诉审为法律审的依据和基本理由，是初审可以基本解决案件的事实认定问题。正是在这一前提条件下，也正是有了这一必要条件，上诉在逻辑上和道理上才有根据和符合条件的确立为不涉及事实审查的法律审。第三，审级重心向下倾斜，有利于减少上级法院的负担。之所以如此，是因为将事实问题的认定置于初审法院的职责权限以内，不仅可以在上下级法院的审判内容和职责权限上建立起相互制约机制，而且由于审判内容上的分层也免去了上级法院对事实问题的重复审查，从而减少了上级法院的负担和协调了各审级的职责。第四，审级重心向下倾斜有利于提高诉讼效率，促使大量的案件在一审得以解决。而之所以可以如此，不仅是因为一审无论是在证据的收集、证人的传唤以及与案件发生的时间、地点等因素方面具有较其他审级更近的距离和更快捷的获取方式，以及更直接的接触，具有更为直观的亲历性和更便于考察的特点，因而审级重心向下倾斜有利于及时、快捷地解决纠纷。第五，审级重心向下倾斜，有利于整个审级结构的稳定。即审级重心向下，注重发挥初审的功能可以使得大量的案件在一审得以解决，避免了一案多级审理，或者大量的案件涌向二审、三审，致使在案件的受理上出现头重脚轻的情况，从而也有利于整个审级结构的稳定。第六，审级重心向下倾斜，也有利于对于上诉审的限制。按照台湾学者邱联恭先生的说法："假使下级审（事实审）越经发挥其功能，则上级审的需要程度也将相对的越减低，而越想要限制上级审的上诉的话，则越发必须先充实好下级审的制度内容，以充分发挥其功能。"①

（四）限制上诉审的启动条件

我国现行民事诉讼法在有关上诉启动条件的规定中，几乎没做任何限制性规定，即按照《民事诉讼法》第 147 条的规定，只要当事人不服地方人民法院第一审判决和第一审裁定，均有权分别在 15 日内或 10 日内向上一级人民法院提起上诉。这种"无限上诉"模式在司法审判资源的利用以及其他方面导致了诸多弊端，是应当加以修改的。

对于上诉审启动条件的限制，从世界各国的立法体例来看，虽然具体的规定不尽相同，但是就其限制性规定的内容而言，无外乎两大方面：一是关于上诉金额的限制；二是关于上诉理由的限制。这两个方面又因上诉的审级不同其侧重上也有所不同。在德国，按照 2002 年 1 月 1 日生效施行的《民事诉讼改革法》对上诉制度的修订，对于第一审所作的终局判决不服可以启动控诉（第二审）程序的，包括两种情况：一是申明不服的标的的价额，即上诉利益金额超过 600 欧元（约 1200 马克）的，未超过 600 欧元的，不许提起控诉；二是所涉法律问题具有原则上的重要性，或者为从事法的续造或为确保司法裁判之一致性，而需要二审法院判决的。② 对于上告（第三审）的启动条件，在《民事诉讼改革法》颁布施行以前，德国民事诉讼立法上采用的是与控诉（第二审）一样的立法模式，即兼采上诉利益（金额）与许可上诉（法律问题具有原则上的重要性

---

① 邱联恭："民事诉讼审理方式之检讨——从审理集中化方案论如何加强事实审功能"，载《民事诉讼法之研讨》（一），台湾三民书局 1986 年版，第 354 页。

② 姜炳俊："2002 年德国民事诉讼法改革"，载《月旦法学教室》（创刊号），第 95 页。

等事由）同时并用的双轨制。虽然按照旧法第554条之2的规定："关于财产权的请求的诉讼，其上告价额超过6万德国马克，而该案件并无原则性意义的，上告法院可以不接受上告。"① 即第三审法院有权对于财产权利性诉讼中，已超过上诉利益金额的案件，以法律问题不具有原则上的重要性为由，拒绝开启作为第三审的上告程序。然而据德国的司法统计，第三审上诉案件中有95%的案件是因为符合第三审上诉金额标准而得以合法上诉的。这不仅使得，德国联邦法院为审理众多的不具备原则上重要性的案件，不得不花费大量的人力、财力，从而损耗了大量的审判资源，而且也直接影响了其确保司法裁判的一致，和法律适用上的统一等基本功能的发挥。为此，修改后的民事诉讼法对于启动第三审的上诉条件，不再使用上诉金额的规定，仅保留了许可上诉制度。即按照修改后的德国《民事诉讼法》第543条第二项的规定，可以启动第三审程序的仅限于两种情况：一、法律问题具有原则重要性；二、为从事法的续造，或为确保司法裁判之一致性，而需要第三审法院判决。② 除此之外，其他理由均不得开启第三审程序，也不可能被第三审上诉法院许可。

在日本，当事人提起控诉（二审上诉），或要想开启控诉程序（二审上诉程序）的人，首先必须是具有上诉利益的人。所谓上诉利益，又称为不服利益，是指第一审的原告或被告在第一审中因自己主张或申请的全部或一部分被一审法院的判决所否定、排斥而承受的不利益。这种不利益或上诉利益，对于原告、被告双方而言因各自的主张和诉讼地位的不同而有所不同。如果原告在第一审中的请求全部被认可的，则属于未受不利益判决，其上诉利益，亦即上诉权丧失；如果原告的预备性请求被认可而主要请求被否定时，该原告属于受有不利益，亦即具有上诉利益；如果被告全部或者一部败

---

① 谢怀栻译：《德意志联邦共和国民事诉讼法》，中国法制出版社2001年版，第129页。

② 姜炳俊："2002年德国民事诉讼法改革"，载《月旦法学教室》（创刊号），第98页。

诉，该被告具有上诉利益，享有上诉权；如果是驳回原告起诉的判决，虽然属于被告胜诉的判决，但是性质上不属于本案判决的胜诉，因此，这种情况下被告仍有申请驳回请求、要求上诉审判断的上诉利益。

对于上告（第三审上诉），由于日本民事诉讼立法上将第三审确定为纯粹的法律审，即除了原审判决对于事实的认定违背了证据规则或经验法则，可能被作为违反法令而被允许作为第三审接受的理由外，第三审中不能对原判决事实认定错误加以攻击，并作为上诉第三审的理由。按照日本《新民事诉讼法》第312条的规定，能够成为日本上告审的理由限于三个方面：一、违反宪法的上告理由；二、违反程序的上告理由；三、违反法令的上告理由。所谓违反宪法的上告理由，是指原判决违反宪法，即原判决有宪法解释错误或有其他违反宪法事项的。所谓违反程序的上告理由，是指原判决违反了日本《新民事诉讼法》第312条第2款所列举的各程序法事项的情况。这些程序性的事项包括："（一）没有依照法律规定组成作出判决的法院的；（二）根据法律规定不能参与判决的法官参与判决的；（三）违反专属管辖规定的；（四）对法定代理权、诉讼代理权或代理人为诉讼行为欠缺必要授权的；（五）违反公开口头辩论的规定的；（六）判决没有附理由或理由有自相矛盾的。"① 所谓违反法令的上告理由，按照日本学者的学理解释，这里的法令"系指法院应当遵守、适用的所有的法规。因此，除法律、命令、法院规则、条例等外，还包括习惯法和国际条约。行政行为及私人间的契约非严格意义上的法令，故不属法律审的审查对象。普通贸易约定、公司章程、劳动协议等，虽然其效力及于多数人，并且还可能包含一般抽象性规范的内容，但仍然不属严格意义上的法令，同样不是法律审的审查对象。"② 同时在考察是否成立违反法令的上告理由中，

---

① 白绿铉编译：《日本民事诉讼法》，中国法制出版社2000年版，第107页。
② ［日］三月章著：《日本民事诉讼法》，汪一凡译，台湾五南图书出版公司1974年版，第533页。

由于"法院的判例,在成文法国家,不属制度上的法源,与判例相抵触,并非直接的违法。但是,允许法律审对判例抵触进行调查符合法律审的宗旨。经验法则本身不是法令,但是在上述意义上,通说和判例均认为可以构成上诉第三审的理由。"①

英美法系各国与大陆法系国家一样,无论是第一次上诉(二审)还是第二次上诉(三审),对于上诉审的启动条件也都作有相应的限制性规定。例如按照 1999 年 4 月 26 日,英国正式生效施行的《民事诉讼规则》第 52 章上诉中的第 52.3 条"有关上诉许可"的规定:"上诉人或被上诉人就如下裁决提起上诉的,须请求法院作出上诉许可。(1) 对郡法院或高等法院的裁决提起上诉的,除对如下裁决提起上诉之外:①拘禁令;②拒绝签发人身保护令;③根据《1989 年未成年人法》第 25 条之规定作出的住宿保障令(a secure accommodation order)。(2) 有关诉讼指引规定的。"② 按照第 52.13 条"向法院的第二次上诉"的规定:"1. 就郡法院或高等法院对上诉作出的裁决,向法院提起上诉的,须经上诉审法院许可。2. 唯有符合如下要件的,上诉审法院方得作出第二次上诉许可:(1) 上诉提出了重要的原则或惯例问题;(2) 存在上诉审法院对上诉进行第三审的其他强制性理由。"③

(五) 设立便捷、快迅的权利救济机制

在上诉审的构建上,一方面为了维护审级结构的稳定,及其上诉审功能的发挥,特别是保证最高法院在统一司法裁判和规制全国各级法院有关法律适用和法律解释功能的发挥,就必须对启动上诉审的条件加以限制。另一方面又不能不看到这种对于诉审启动条件的限制,一定程度上也限制了当事人的上诉权利。而且,如果每一

---

① [日] 三月章著:《日本民事诉讼法》,汪一凡译,台湾五南图书出版公司 1974 年版,第 533 页。

② 徐昕译:《英国民事诉讼规则》,中国法制出版社 2001 年版,第 269—270 页。

③ 徐昕译:《英国民事诉讼规则》,中国法制出版社 2001 年版,第 275 页。

个案件都按照先一审、后二审、再三审的审级程式进行，对于一些案件，特别是双方当事人之间在一审判决的争议上只涉及法律问题，不涉及事实争议的案件而言，就显得过于累赘，也很不经济。为此，立法对于某些特殊案件从诉讼经济的角度上看，还应当设置特别的救济机制和方式。而设置和建立这种机制和方式，作为世界各国审级制度构建中的一个原则，也是我国在审级制度完善中应当注意和遵循的。

从世界各国有关民事诉讼法的立法规定来看，无论是英美法系各国还是大陆法系国家，在审级制度的设置中，大多设有这种救济机制。虽然因国家不同体现这种机制的具体制度的名称和内容多少也有些差异，但是就性质和类型而言都是基本相同和一致的。在美国、澳大利亚、新西兰等国，这种机制是通过被称之为"直接上诉"或"跳背上诉"的制度或方式来体现的。所谓"直接上诉"（direct appeal），在美国又称为"权利上诉"，是指由地区法院作出某些一审判决的当事人，可以不经上诉法院的上诉，而越过上诉法院直接向联邦最高法院进行的上诉。这种上诉案件的类型，由美国法典第28篇第1251—1259条所规定。在美国地区法院的案件审理中，依法一般的案件由一名法官独自审理，特别的案件由三名法官组成合议庭审理，而可以直接上诉的案件，仅限于由三名法官组成合议庭审理的案件。由三名法官组成合议庭审理的案件主要有两类：一是有关立法权区域划分问题的案件；二是涉及宪法性权利和争议的案件。

在德国和日本，这种机制是通过被称之为"飞跃上诉"或"飞跃上告"的制度和方式来体现的。所谓"飞跃上告"，在德国是指受一审判决约束的双方当事人，在对一审法院认定的事实没有争议的情况下，达成直接向第三审法院上诉的协议，从而超过控诉审（第二审）直接向第三审提起的上告。按照《德意志联邦共和国民事诉讼法》第566条之1的规定，飞跃上告这种制度包含以下几项规则："（1）对于州法院所为的第一审终局判决，可以依照本条规定，越过控诉审，直接提起上告。（2）越过控诉审，须经对方当事人同意。表明同意的书面陈述，应附于上告状中；这种陈述也可以由第一审的诉讼代理人为之。（3）案件无原则性的意义的，上告法院可以不接受上告；此时适用第554条之2第2款、第3款的规定。上告不得以程序上的欠缺为理由而提起。（4）提起上告和表明同意（第2款），视为舍弃控诉审的上诉。（5）上告法院为了再为言词辩论和裁判而将案件发回时，可以依其裁量，发交给对该案件有控诉管辖权的高级州法院。在此情形，在高级州法院里的程序，如同诉讼是依法提起控诉而系属于高级州法院一样，适用同样的原则。（6）第565条第2款的规定，于一切发回的情形均准用之。（7）依第1款提起上告时，上告法院的书记科应于24小时内通知法院的书记科。"①

## 三、关于非讼程序立法体例的修改与完善

非讼程序作为以非讼案件为对象，并为解决这类案件而特别设置的程序，不仅与争讼程序在适用的对象、诉讼的对抗性、需要解决事项的特殊性以及程序类型等方面存在较大的差异，而且这种程序制度在适用的诉讼法理及其程序的基本构造上与争讼程序也大不相同。从诉讼法理的适用上看，这种程序通常适用着下述一些与争讼程序不同的诉讼原理。

（一）职权探知主义

所谓职权探知主义，是指法院裁判所依据的事实、证据，由法院依职权调查、收集，不受当事人所提交诉讼资料、证据限制之主义。这一思想不仅与争讼程序中通常采用的辩论主义是对立的，而且从基本原理的角度上看，也是非讼程序与争讼程序在裁判依据及其事实确定上最主要的区别。按照国外诉讼学理上的观点，职权探知主义在基本内容和含义上有三大特点：第一，诉讼中未经当事人

---

① 谢怀栻译：《德意志联邦共和国民事诉讼法》，中国法制出版社2001年版，第132页。

主张的事实，法院亦可以采纳，并可以将其作为法院裁判的依据；第二，诉讼中当事人之间不争执的事实，即当事人之间的自认，对法院没有约束力；第三，对于当事人未声明和提出的诉讼资料、证据，法院可依职权进行调查。即法院不受当事人事实主张和提出诉讼资料的限制，可以超越当事人的事实主张和提交诉讼资料、证据的范围，依职权调查、收集证据。①

就国外非讼程序的设置而言，可以说世界各国在非讼程序的立法上都无不遵循着这一基本原理。例如，日本《非讼案件程序法》第11条规定："法院以职权探知事实，并认为必要时调查证据。"②《法国新民事诉讼法典》第26条规定："法官得以与其受理的案件有关的全部事实为其裁判决定之依据，其中包括可能未经提出与援引的事实。"第27条规定："法官得进行，甚至依职权进行一切有益的调查。法官有权不经任何手续自行听取有可能对其说明事实真相的任何人的意见，以及听取利益有可能受到裁判决定影响的人的意见。"③

（二）程序特定主义

所谓程序特定主义，是指非讼程序的设定以非讼纠纷的类型为前提，纠纷的类型不同，适用的具体程序就不同。在非讼程序中，不同种类的非讼纠纷只能适用一种特定构造的程序。换言之，从程序设置基本原理的角度看，非讼程序与争讼程序设置的基本原理是不相同的。争讼程序在设置上采用的是单一的统一性原理。即不论是所有权纠纷、商标侵权纠纷，还是人身损害赔偿纠纷或者其他类

---

① 请参见［日］三月章著：《日本民事诉讼法》，五南图书出版有限公司1974年版，第196—198页；邱联恭："诉讼法理与非讼法理交错适用——从民事事件之非讼化审理及诉讼化审理论程序保障之机能"，载《民事诉讼法之研讨》（二），三民书局有限公司1976年版，第437—438页。

② 白绿铉编译：《日本新民事诉讼法》，中国法制出版社2000年版，第167页。

③ 罗结珍译：《法国新民事诉讼法典》，中国法制出版社1999年版，第8页。

型的纠纷，只要是以争讼为特征的纠纷，都统一地适用同一争讼程序（普通程序或简易程序）。而非讼程序在设置的基本原理上采用的却是综合的个别化原理。即针对每一种具体的非讼纠纷，设置单一的非讼程序。在这种原理的指导下，不仅每一种非讼纠纷都有与之相应的具体而特定的单一程序，而且，各具体程序之间彼此独立，不能相互交替适用。例如日本《非讼案件程序法》中，不仅把非讼案件分为了"民事非讼案件"和"商事非讼案件"，而且对于民事、商事中的各种非讼案件，都规定了各不相同、彼此独立的适用程序。

我国现行民事诉讼法有关宣告失踪、宣告死亡案件；认定公民无民事行为能力等案件，在程序的设置上也基本是按照这一原理设置的。由非讼程序设置的这一基本原理可以看出，非讼程序与争讼程序不仅在程序设置的基本原理上不同而且就程序的类型而言也不同。非讼程序实际是立法上规定的审理各种非讼案件程序的统称，即不是一个单一的审理程序。而各国立法之所以在基本原理上对于非讼程序的设置采用程序特定主义，即针对不同的非讼案件，设置不同的程序，除了非讼案件的特殊性以外，较大程度上是基于经济、迅速和社会公益权利救济的需要。

（三）不公开审理主义

所谓不公开审理主义，是指法院对于非讼案件的审理不向当事人以外的社会公众公开，不允许当事人以外的其他人员进入法庭旁听审理之主义。

从诉讼审判制度历史发展的角度上看，审理方式上的公开主义，不仅是对历史上封建司法专横所采用的秘密审判制度的一种否定，是审判制度文明和进步的明显标志，而且在现代民事司法审判中还具有十分重要的意义。然而，从人格权利保护，特别是基于当事人隐私权保护角度上的考虑，一味地公开却非益事。特别是在非讼案件的审判中，由于非讼案件广泛涉及当事人的婚姻、亲属关系，以及家庭和个人的特殊秘密，而这些个人的私事没有必要向社会披露，尤其是透过大众媒体传播出去。为此在程序制度的设置以及审判形式上有必要采取折中性立法，以实现保护利益与审理方式上的平衡。

同时，也是基于迅速、简便和经济上的考虑，非讼程序在设置原理上一般不采用公开主义。例如，日本《非讼案件程序法》第13条规定："审问非公开进行。但法院认为适当的人，可以允许旁听。"①《法国新民事诉讼法典》第434条规定："非讼案件，诉讼请求于评议室审议。"② 第436条规定："评议室进行辩论，公众不得在场。"③

（四）国家干预主义

所谓国家干预主义，是指授权代表国家的检察机关参与非讼案件审理之主义。从程序设置的基本原理上看，这也是非讼程序设置原理上与争讼程序存在的重大区别。

在争讼程序的设置中，从世界各国立法情况来看，几乎无一例外地在基本原理上都排斥国家干预主义，即原则上代表国家的检察机关是无权参与当事人之间的诉讼活动的。而之所以如此，究其原由，除了立法上对于私权自治以及当事人意思自治等市场经济基本原则的尊重以外，也是由于这类私权争议的案件，基本不涉及他人和社会公共利益，因而无须国家干预。然而非讼案件不同，不仅大量地涉及他人的利益，而且不少的非讼案件还涉及社会的公序良俗以及国家利益。为保护他人的利益、社会公益和维护社会公序良俗的需要，世界各国在有关非讼程序的设置中都较为统一地采用了国家干预主义的基本原理。即授予检察机关参与非讼案件审理的权利。例如，日本《非讼案件程序法》第15条规定："第一款 检察官对案件陈述意见，并参与审问。第二款 应向检察官通知案件及审问期日。"第16条规定："法院及其他官厅、检察官及公务人员，根据检察官的请求对其职务上进行审判时，应通知管辖法院对应的检察厅

---

① 白绿铉编译：《日本新民事诉讼法》，中国法制出版社2000年版，第167页。

② 罗结珍译：《法国新民事诉讼法典》，中国法制出版社1999年版，第88页。

③ 罗结珍译：《法国新民事诉讼法典》，中国法制出版社1999年版，第88页。

的检察官。"① 法国《新民事诉讼法典》第798条规定："非讼案件应当报告检察机关。"第800条规定："审理中如进行辩论，检察机关应当列席。"②

非讼程序不仅在程序设置的基本原理上与争讼程序存在重大差别，而且其程序的基本构造也有别于争讼程序。即相对于争讼程序，非讼程序的基本构造具有较大的特殊性。这种特殊性，就世界各国有关非讼程序的规定来看，除具有综合性，即不是一个单一的程式性制度，而是由针对不同非讼案件设置的各自独立的、具体的诸多程序构成的以外，其程序构造的整体而言还具有一些共同的特殊性。这些共同的特殊性从非讼程序构造的角度上看，可以说存在于非讼程序的各个阶段和相应的程式、步骤、方式之中。

1. 管辖方面

由于各国都较为统一地将非讼案件划归基层法院或专门法院管辖，因而非讼程序在有关管辖的规定上，均没有类似于争讼程序级别管辖的规定，其程序构造中有关管辖的规定，不仅较为简单、单一，而且通常设置的只有地域管辖和与地域管辖相关的指定管辖。例如，日本《非讼案件程序法》第2条规定："第一款 在依住所决定法院的地域管辖的情况下，如在日本没有住所或不知其在日本的住所，以其居所地法院为管辖法院。第二款 如没有居所或不知其居所，以最后住所地的法院为管辖法院。第三款 如没有最后住所或不知其住所，以财产所在地或者最高法院所指定的法院为管辖法院，以继承开始地法院为管辖法院，在外国继承开始时，亦同。"第4条规定："第一款 在几个法院之间对地域管辖产生疑惑时，指定管辖法院。第二款 指定管辖法院，根据申请，由有关法院的共同直接上

---

① 白绿铉编译：《日本新民事诉讼法》，中国法制出版社2000年版，第167页。

② 罗结珍译：《法国新民事诉讼法典》，中国法制出版社1999年版，第160—161页。

级法院决定。对此决定不得声明不服。"①

2. 起诉、受理方面

非讼程序的起诉在程式上以书面为主，口头为辅。即从程序构造的角度上讲，起诉通采书面主义，同时一些国家为便利当事人，也规定可以口头起诉，但口头提起的需要符合必要的程式条件。例如，法国《新民事诉讼法典》第 60 条规定："非讼案件，诉讼请求以诉状提出。"第 61 条规定："法院依向其书记室递交的诉状受理案件。"第 62 条规定："向初审法院提起诉讼，诉讼请求亦得以向法院书记室登记之口头声明提出且法院依此即受理案件。"② 日本《非讼案件程序法》第 8 条规定："第一款 申请及陈述，除另有规定外，可以以口头或书面进行。第二款 以口头作申请或陈述时，应当在法院书记官面前进行。第三款 在本条前款规定的情况下，应由法院书记官制作笔录并签名盖章。但是，可以以记名盖章代替签名盖章。"③

3. 程式结构方面

非讼程序通常不设庭前程序。由于非讼案件往往只有一方申请人，在诉讼上无对立的当事人，因而无法进行证据交换、整理争点和促进纠纷的庭前和解。因而各国的非讼程序在构造上均无庭前程序的设置。

4. 审理方面

由于非讼程序针对的是非讼案件，即通常无直接的民事权益争议的案件，且无对立的当事人。因而其审理程序不可能采用具有争讼性质的对审判，所以非讼程序在审理上不仅采用的是单审制，而

---

① 白绿铉编译：《日本新民事诉讼法》，中国法制出版社 2000 年版，第 165 页。

② 罗结珍译：《法国新民事诉讼法典》，中国法制出版社 1999 年版，第 16 页。

③ 白绿铉编译：《日本新民事诉讼法》，中国法制出版社 2000 年版，第 166 页。

且在审理程序的构造上也没有争讼程序中通常设有的自认、交叉询问、质证、反诉、调解等程序制度性规定。

5. 裁判方面

基于非讼案件的特殊性，各国对于非讼程序的裁判，无论是在方式、类型、成立条件上，还是裁判的生效和宣告的形式上都作有特别的程序性规定。例如，日本《非讼案件程序法》第17条规定："第一款 裁判以裁定作出。第二款 法官在裁判原本上面签名盖章；在申请书或笔录上签名盖章，可以代替原本。第三款 书记官在裁判正本及副本上签名盖章，并在正本上加盖法院的印章。第四款 本条前两款的签名盖章，可以以记名盖章代替。"第18条规定："第一款 当裁判被告知接受裁判的人时，产生效力。第二款 告知裁判，应依法院认为适合的方式进行。第三款 告知的方式、地点及年月日，应记在裁判的原本上。"[①] 法国《新民事诉讼法典》第451条规定："关于争讼案件的判决应公开宣告；非讼案件的判决，不当众宣告。"第466条规定："在非讼案件中，申请之副本附于判决之副本。"[②]

6. 上诉方面

在国外的非讼程序设置中，虽然不少国家或地区对于非讼案件大都采一审终审。即非讼案件不可以上诉或非讼程序在构造上没有上诉程序的设置。但是一些国家和地区在非讼程序中，也规定有抗告或变更裁判的程序性规定。例如，日本《非讼案件程序法》第19条规定："第一款 法院作出裁判后，认为其裁判不当时，可以撤销或变更。第二款 只有申请才能作出裁判时，法院作出驳回申请的裁判，除非申请不得撤销或变更。第三款 以即时抗告能提出不服声明的裁判，不得撤销或变更。"第20条规定："第一款 因裁判而权利受损害的人，可以对其裁判提出抗告。第二款 只有申请才能作出裁

---

① 白绿铉编译：《日本新民事诉讼法》，中国法制出版社2000年版，第167—168页。

② 罗结珍译：《法国新民事诉讼法典》，中国法制出版社1999年版，第90页、第93页。

判时,法院所作出的驳回申请的裁判,限于申请人提出抗告。"①《澳门民事诉讼法典》第1209条规定:"一、不得就非讼事件程序中按适当或适时准则所宣示之解决方法,向终审法院提起上诉。二、所宣示之解决方法得以显示对其作出变更属合理之嗣后情况作为依据予以变更,但不影响已产生之效果;不论在裁判之后发生之情况,或在裁判之前发生,但因不知悉该情况或由于其他应予考虑之原因而未有陈述者,均视为嗣后情况。"②

由上述有关非讼程序适用的诉讼法理与程序构造可见,非讼程序与争讼程序显然是存在重大差别的。因而,在民事诉讼立法体例及法典编纂上,怎样科学合理且富有针对性地设置这种程序制度和确立相应的立法体例,就成为立法必须正视的一个问题。我国现行民事诉讼法在立法体例及法典的编纂中,是没有关于非讼程序规定的,非讼案件的处理在程序上是按照立法有关"特别程序"的规定来进行的。而这种将审理非讼案件的程序归入"特别程序"的立法方式,无论是就程序分类的正确性,还是立法体例的科学性而言都是存在严重问题的。

首先,这种立法体例确立"特别程序"的标准不清。所谓确立特别程序的标准不清,是指立法有关"特别程序"的设置,和对于这种程序的确立没有一个较为明确的准则,以及不符合通常程序设置的逻辑规则。之所以如此说,是因为就现行世界各国有关程序制度的分类来看,最为基本的标准无外乎两个:一是根据审理事件的性质,即案件是否涉及民事权益之争,是诉讼事件还是非讼事件;二是根据审理的方式、形式,即对案件的审理在程序上,是否采用通常的全部程式、形式和方式。在这两个标准中,前一个标准是民事诉讼程序制度构建的最为基本的标准。按照这一标准,民事诉讼

---

① 白绿铉编译:《日本新民事诉讼法》,中国法制出版社2000年版,第167—168页。

② 中国政法大学澳门研究中心、澳门政府法律翻译办公室编:《澳门民事诉讼法典》,中国政法大学出版社1999年版,第393页。

制度分为了诉讼程序与非讼程序两大基本程序类型。后一种标准是为了适应解决纠纷需要而特别设定的标准。根据这一标准民事诉讼程序又分为普通诉讼程序、简易诉讼程序和略式诉讼程序。由世界各国通常所确定的这些程序制度来看，不仅各种程序制度的划分、设立都有明确的标准和与之相对应的参照程序，而且各自的标准明确，划分逻辑有序。然而，"特别程序"的划分及其设定却不然。其问题不仅在于，"特别程序"是根据什么标准为依据划分和确定的不清楚，还在于怎样区分"特别程序"与通常的简易程序、略式程序，特别是与略式诉讼程序的区分很不明确，区分界限也很不确定。因此，就程序制度划分标准和区分各程序制度界限的角度上看，"特别程序"的确立是有问题的。

其次，"特别程序"命名的文意表述不准。所谓程序命名的文意表述不准，是指从逻辑的角度上看，立法有关"特别程序"这种称谓的命名没有表现出这种程序制度的本质特征。而从科学的设置程序制度的角度上看，立法上有关程序制度的命名不仅应当清楚地表现出该种制度的本质特征，而且这种命名还应当与该种程序制度的本质相吻合。如果立法上有关程序制度的命名与该程序制度的本质特征不相吻合，从立法科学、表述准确的角度上讲，这种命名和立法方式就是不恰当的。而"特别程序"就现行立法所规定的几类案件的情况来看，除选民资格案件以外，其余都属于不存在民事权益争议的非讼案件。不仅如此，对于这些不同类型的非讼案件，立法上还针对各自的性质、特点有针对性地设置了不尽相同的审理方式和形式。换言之，这种以非讼案件为审理对象，且采用与普通程序不相一致的程式、方式和形式进行审理的程序制度，无论从审理对象、案件的类型到审理方式、程式，都应当命名为非讼程序。这样的立法设置和命名，不仅与审理对象的性质和审理方式相一致，而且逻辑上也更加明了、清楚，不生歧义。

最后，这种立法体例缺乏必要的斟酌和考量。所谓缺乏必要的斟酌和考量，是指我国民事程序立法确立这种程序制度时，没有进行较为审慎的研究和考虑，直接套用了来自国外的这种程序制度，包括对于这种程序的命名。

就现今世界各国处理有关非讼案件程序规定的立法体例来看,可以说除了前《苏俄民事诉讼法典》和现在《俄罗斯联邦民诉法典》,把处理非讼案件的程序明确规定为"特别程序"以外,其他绝大数国家的相应立法均未采用这种立法体例和立法表述方式。而就前《苏俄民事诉讼法典》有关"特别程序"的规定来看,这些规定的内容与我国现行民事诉讼法第15章各节所规定的内容可以说不仅十分的相似,而且绝大部分都同一。[①] 显然我国现行民事诉讼法很大程度上是模仿、套用了前苏俄民事诉讼法典的这种立法模式和命名方式的。虽然就立法的角度而言,采用哪一种立法模式,或者借鉴、参考哪一国的立法体例,本是无可厚非的事情。只要能为我国使用,且有利于科学、合理、符合逻辑的程序设置,无论什么立法模式或归类方式都是可以采用的。但是如果这种立法体例本身不甚科学就值得斟酌考虑了。换言之,模仿、借鉴应当是在经过仔细研究考虑基础上的引进,且以制度设置符合逻辑具有科学性为必备条件。任何不讲科学、不经消化的引进都是不可取的。不仅如此,这种不经斟酌、研究的引进,作为对于国外某种立法方式的直接套用还将对我国程序制度体系的整体结构,及其各具体程序制度之间的关系造成逻辑上的混乱。显而易见,这种立法是有问题的。

基于现行民事诉讼法有关"特别程序"规定的上述问题,从科学、合理设置非讼程序的角度上讲,修改现行民事诉讼法有关"特别程序"的立法规定就成为了民事诉讼立法体例及法典编纂完善中,不能不考虑的重要内容。然而怎样修改?我们从宏观的角度,仅就下述两个问题提出自己的思考和设想。

1. 非讼程序的立法方式问题

对于非讼程序应当采用哪种立法方式加以规定,这是我国民事诉讼立法体例及法典编纂完善中必然首先涉及的一个问题。这一问

---

① 参见梁启明、邓曙光译:《苏俄民事诉讼法典》,法律出版社1982年版。

题就目前大陆法系各国立法体例的情况来看,主要存在两种形式。一是将非讼程序置于民事诉讼法中加以规定。例如,法国和我国澳门地区民事诉讼法中有关非讼程序制度的立法规定。二是在民事诉讼法典之外单独设置专门的非讼程序法。例如,德国、日本和我国台湾地区独立设置的非讼案件程序法。[①] 对于这两种立法形式,我国在非讼程序的立法完善中应当采用哪一种方式? 就目前已发表的学术观点和立法建议来看,有学者认为应当采用前者,即置于民事诉讼法典中加以规定。[②] 我们认为,从当前哪些非讼事件应当纳入非讼程序进行处理,还有待研究的条件下,以及从立法渐进性的角度上看这种观点是有道理的。但是从立法应当具有前瞻性和科学、合理的角度上看,笔者更赞同单独设立专门的非讼程序法的主张。其理由如下:

第一,非讼程序由于在设置的基本原理及其程序构造上与争讼程序存在重大差异,即是与争讼程序相对应的另一种独立的程序。为此将这两种无论是设置基理和程序构造都几乎完全不同的程序,置于同一部法律中加以规定,不仅在逻辑上和体例上是欠科学的,而且也易于造成立法规定上的混乱和理解上的错误。

第二,在程序理论上,虽然就一般人的传统认识而言,非讼程序似乎是不太重要的一类程序。但是从诉讼实践的角度上看,随着我国社会的发展,不仅非讼案件必然逐年增加,而且非讼案件的类型也必然逐渐增多。从发展和前瞻性的角度上看,把非讼程序置于民事诉讼法典中规定的方式,在内容上将限制处理非讼案件必要程序的设置,而且也可能导致民事诉讼法典整个法条规定数量的大幅度增加。从立法技术上看,这种立法方式是有问题的。而设置单行的非讼程序法,不仅可以避免民事诉讼法典中法条数量上的膨胀,

---

① 德国和日本 1898 年在民事诉讼法之外制定了独立的非讼事件法。我国台湾地区是 1964 年制定的非讼事件法。

② 请参见江伟、孙邦清:"《中华人民共和国民事诉讼法》修改建议稿",载《中国法学会诉讼法学研究会年会论文集》(2003 年下册)。

也可不受限制地根据社会的实际情况，对处理非讼案件的各种程序作出规定，从而适应社会解决非讼纠纷的需要。

第三，从大陆法系有关非讼程序立法设置的发展趋势上看，虽然早期的民事程序立法中，非讼程序与争讼程序均是混合规定在一个法典中的。例如法国民诉法典。但是，随着社会的发展，非讼案件类型、数量的增多，以及立法技术的提高，继法国民诉法典之后的大陆法系各国，大都采用了不同于法国早期混合立法的模式。而代之以单独立法的模式。例如，德国、日本。而这些国家之所以一改法国民诉法典的立法模式，显然是有其缘由的，特别是以逻辑严谨、规定缜密著称的德国民诉法而言，这种立法模式除了某些社会因素影响外，立法技术性、科学性上的考虑，不能不说是导致这种立法模式改变的重要原因。而且就大多数国家的诉讼实践来看，这种立法方式也有利于非讼案件的解决和民诉法典设置的科学。为此，从大陆法系有关非讼程序设置的立法趋势来看，我国民事诉讼法修改完善中，也理应采用单独设置非讼程序法的立法形式。

2. 非讼程序立法规定的结构

由于我们主张在民诉法典以外独立地设置非讼程序法，而这种具有开创性且在我国尚无经验可循的法律构建，在借鉴国外相关立法体例，并考虑到我国非讼纠纷民事司法救济需要的基础上，我们认为，该法在结构上应包括以下几大部分。

（1）通则（总则）性规定

所谓通则性规定，是指对每一种具体的非讼程序都适用的总的具有指导意义的规定。由于非讼程序是由诸种处理不同非讼案件的程式组成的一个综合性程序。这些具体的程式虽然不尽相同，但是作为非讼程序中的具体程式性规定，都具有共同性。为此对于这些具有共同性的适用规程，从立法体例的角度上看应当采用通则的形式加以规定。

在通则有关规定中，参考国外的立法体例，其内容上立法不仅应当对非讼案件程序法的适用范围、管辖法院、诉讼提起的形式和条件、适用的诉讼原理等作出明确规定，对于检察官的参与、裁判的方式、程序上的救济方式和条件、费用的负担等,也都应当作出统一的规定。

(2) 具体程序性规定

所谓具体程序性规定,是指处理各种具体非讼案件的程序规定。由于在非讼程序的立法中,应当遵循适式处理各种非讼案件的原则,因而非讼案件的类型、特征不同,设置的处理程式就应当有所不同。因而在对共同性的通则作出规定的同时,还应当对各具特色的非讼案件设置不尽相同的具体处理程式。在对这些具体程式作出规定中,笔者认为有两个问题应当引起重视。一是非讼案件具体处理程式的针对性问题。由于非讼案件与争讼案件不同,不同的非讼案件在类型和特征上相差较大。因而具体程序性规定应针对不同非讼案件的特点进行设置。二是非讼程序的适用范围。我国现行民事诉讼法纳入"特别程序"处理的非讼案件仅限于宣告失踪、宣告死亡;认定公民无民事行为能力、限制民事行为能力;认定财产无主等几类案件。而就我国澳门地区民事诉讼法的规定而言,纳入非讼程序处理的非讼案件就达20多种。相比之下,我国现行民事诉讼法有关非讼程序适用范围的规定显然太窄。可以说严重不适应社会非讼案件民事司法救济的需要,因而应该适当扩大非讼程序的适用范围。

(3) 其他附则性规定

所谓其他附则性规定,是指除通则和具体程式规定以外的其他补充性和未尽事宜规定。诸如法律的生效时间;非讼程序法有无溯及力;违反非讼程序的处罚,以及与民诉法典的关系等事项的规定。

3. 非讼程序立法规定的范围

所谓民事非讼程序立法规定的范围,指的是在《民事非讼程序法》的立法过程中,应当将哪些民事非讼事件纳入《民事非讼程序法》处理的范围。而哪些非讼事件应当纳入民事非讼程序的处理范围,又是我国《民事非讼程序法》的立法过程中一个难以确定的问题。之所以说这一问题难以确定,有两方面的原因:一是应当将哪些民事非讼事件纳入《民事非讼程序法》的范围,即采用司法程序的方式解决,以及哪些民事非讼事件不采用司法程序解决,很大程度上与社会经济的发展,和社会公众权利意识的增加以及国家的司法政策存在着直接的联系。二是中国社会的经济发展和社会公众的权利意识正处于不断发展中,国家有关解决民事纠纷的司法政策也处于调整、发展和变化之中。因而对于民事非讼事件,是一律采用最终司法解决的方式,还是部分采用司法解决的方式,以及哪些采用,哪些不采用还有待研究和审视。因而在这种现实的社会条件下,哪些内容应当纳入《民事非讼程序法》的范围,即通过非讼程序机制采用民事司法的方式来解决,哪些内容仍然应当采用传统的行政方式解决,是需要深入研究的。

不过,我们认为,即便是在目前国家的司法政策尚不太明朗,这一问题也存在争论的现实条件下,从我国社会市场经济的发展趋势,以及社会公众对于国家解决非讼纠纷机制中立、公平、公正和富有一定强制力的要求来看,以下方面的非讼事件都是应当纳入《民事非讼程序法》的立法范围,即作为《民事非讼程序法》的基本内容,以及采用司法程序的方式解决的。

(1) 有关法人的非讼事件

有关法人的非讼事件具体应当包括:第一,有关法人的监督事件和维护事件;第二,民法所规定的抵押权人、质权人、留置权人,以及依其他法律所定担保物权人申请拍卖担保物事件;第三,信托事件;第四,法人登记事件。

(2) 有关家事的非讼事件

有关家事的非讼事件具体应当包括:第一,失踪人财产管理事件;第二,宣告失踪、宣告死亡事件;第三,认定公民无行为能力、限制行为能力事件;第四,婚姻和亲权事件;第五,收养事件;第六,监护事件;第七,遗嘱验证事件;第八,夫妻财产登记事件;第九,家庭财产分割事件;第十,家事调解事件。

(3) 有关商事的非讼事件

有关商事的非讼事件具体应当包括:第一,公司、法人解散事件;第二,社团登记事件;第三,合伙登记事件;第四,商业调查事件;第五,物品保管事件;第六,票据事件;第七,公司整顿事件;第八,委托商业登记事件;第九,物品鉴定事件;第十,认定无主财产事件。

## 四、关于执行程序立法体例的修改与完善

在民事诉讼立法体例及法典编纂中,虽然早期大陆法系各国对于民事执行程序,大多采用的是与诉讼程序混合编纂的立法体例,即将民事执行程序与民事诉讼程序共同规定在同一个程序法典之中的立法体例与法典编纂方式。例如1806年的法国《民事诉讼法典》、1877年的德国《民事诉讼法》和1890年的日本《民事诉讼法》,这些法典在立法体例及其编纂上,无一不是将民事执行程序与民事诉讼程序规定在同一个法典之中的。然而随着民事诉讼程序立法科学研究的不断深入发展,传统混合编纂的方式及其在立法体例上的问题逐渐被人们所认识,这种对于传统编纂方式缺陷的认识,不仅引起了不少国家立法上对于这种传统法典编纂方式的反思,而且这种反思也促成了有关这种立法体例及其法典编纂方式上的改革与发展。

1979年日本在全面修改旧民事诉讼法第六编强制执行程序的基础上制定了独立的《民事执行法》;1991年7月9日,法国通过了关于改革民事执行程序的第91—650号法律,并于1992年7月31日颁布了实施这一法律的第92—755号法令,从而也制定了单行的民事执行程序法;俄罗斯于1997年改变了民事诉讼程序与民事执行程序混合编纂的传统,在《民事诉讼法》之外制定与颁布了独立的《俄罗斯联邦执行程序法》;韩国2002年1月26日全面修订后的《民事诉讼法典》也仅限于诉讼程序的规定。由此可见,在大陆法系各国民事诉讼立法体例及法典编纂的历史发展过程中,对于民事诉讼程序与民事执行程序采用分别立法的体例,可以说已经成为了当今大陆法系各国有关民事诉讼程序立法体例及法典编纂的一种发展趋势。

而大陆法系各国在诉讼立法体例及法典编纂历史发展的进程中,之所以要修改执行程序与诉讼程序混合编纂的立法体例,虽然国家

不同,有关缘由也未必完全同一,但是以下两个方面却不能不说是引起或者导致这种立法体例及法典编纂变革的主要原因。

首先,从立法观念以及指导思想的角度上看,这种立法体例及其法典编纂方式不论执行程序与诉讼程序在性质和特征上的差异,将两种不尽相同的程序混合编入同一个《法典》中的立法体例及其方式,作为"大一统"立法观念与思想的反映,不仅与现代"程序设置的分类化与立法规定的个别化",即在民事诉讼立法体例及法典编纂中,应当根据所要解决纠纷的类型、性质与特征上的不同,分门别类地设置相应的程序制度,并对于不同类型与性质的程序制度,采用单独的或者独立的立法形式,分别加以规定的立法观念与程序设置的指导思想不相吻合,而且与现代民事诉讼程序立法应当针对不同的内容独立设置相应的程序制度,以及单独编纂富有特定性专门性法律的立法趋势也相违背。

其次,从法典编纂的技术性,即法典各个部分的内容应当具有内在的关联性、逻辑性的角度上看,这种立法体例及其法典编纂方式也是有问题的。因为,不同类型的程序不仅具有自身的特点,以及立法中应当针对不同程序作出不同类型的规定。而我国立法上将执行与诉讼这两种不尽相同且缺乏内在联系的程序纳入同一个《法典》的立法体例之中,不仅使得《法典》在有关程序的规定上难以建立起必要的逻辑联系,而且在立法体例上也形成了诉讼程序与执行程序各自为阵、独立成章的立法体例特征。为此,从法典有关程序的规定应当具有关联性、逻辑性的角度上看,这种在立法以及法典编纂中,将一些不仅类型不同,而且基本特征也缺乏内在逻辑联系的程序纳入法典规定中的立法体例及其法典编纂,显然是不科学的也是缺乏技术性的。

由上可见,不仅从立法观念以及程序法理的角度上看,我国现行民事诉讼法这种审执合一,即将有关民事诉讼程序与民事执行程序混合编纂、共同规定于民事诉讼法中的这种立法体例及其法典编纂方式欠缺科学性、合理性,而且在民事诉讼程序与民事执行程序分别编纂、独自立法已经成为了大陆法系现代民事诉讼程序立法发展趋势和方向的条件下，我国的民事诉讼立法体例及法典编纂，理应对现行的立法体例及法典编纂形式进行修改，即就民事执行的特征设置独立的《民事强制执行法》。

## 五、关于家事、人事诉讼程序立法体例的修改与完善

家事、人事诉讼程序，作为专门处理有关婚姻、收养、亲子、抚养等涉及身份关系纠纷的诉讼程序，从世界各国有关这种程序的立法规定及其法典编纂而言，可以说不仅在立法意识上有一个逐渐认识的过程，而且有关这种程序的立法体例及法律编纂形式也一直处于不断的发展、变化之中。

从大陆法系各国有关这种程序规定历史发展进程的角度上看，1806年法国《民事诉讼法典》在有关处理婚姻、收养、亲子、抚养等涉及身份关系纠纷诉讼程序的规定上，采用的是分散规定的立法体例及法律编纂形式，即在立法体例及法典编纂上，将有关婚姻、收养、亲子、抚养等涉及身份关系的诉讼程序性内容，分别规定在民事诉讼法典不同部分中的立法体例与法典编纂形式。[①] 1877年德意志联邦共和国《民事诉讼法》对于有关婚姻、收养、亲子等涉及身份关系的诉讼程序，采用的则是集中规定混合编纂的立法体例及法典编纂形式，即将有关婚姻、收养、亲子、抚养等涉及身份关系的诉讼程序集中编排为一"编"，然后在立法体例及法典编纂上，将该"编"与其他的通常诉讼程序混合编纂在同一个诉讼法典中的立法体例与形式。[②] 1890年日本《民事诉讼法》在立法体例及法典编纂中，却没有将处理婚姻、收养、亲子、抚养等涉及身份关系的诉

---

① 请参见萧榕主编：《世界著名法典选编（民法典）》中的《法国民事诉讼法典》（1806年），中国法制出版社1998年版，第441—520页。

② 请参见谢怀栻译：《德意志联邦共和国民事诉讼法》，中国法制出版社2001年版。

讼程序纳入其法典规定的范围，而是采用单独立法的形式，于1898年以独立的《人事诉讼程序法》的形式予以规定和颁布的。① 除此之外，韩国《民事诉讼法典》在立法体例及法典编纂中也不包括有关处理婚姻、收养、亲子、抚养等涉及身份关系纠纷的诉讼程序。②

英美法系在有关处理婚姻、收养、亲子、抚养等涉及身份关系纠纷诉讼程序的规定上，由于法典编纂形式上的差异，虽然有关这类程序立法体例及法律编纂历史发展的进路不像大陆法系那么清晰，但是对于处理婚姻、收养、亲子、抚养等涉及身份关系诉讼程序采用单独设置，以及独立规定的趋势与倾向还是较为明显的。例如，英国1973年颁布的《婚姻诉讼法》、1984年颁布的《婚姻和家庭诉讼法》、1996年在对过去有关法律修改、完善基础上颁布的《家庭法案》，以及美国一些州为处理这类诉讼纠纷所制定与颁布的专门诉讼程序法律，如美国亚利桑那州最高法院制定的《家庭诉讼程序规则》等。

而在世界各国有关婚姻、收养、亲子、抚养等涉及身份关系诉讼程序的立法体例及法典编纂中，何以由最初的分散编纂以及随后的集中混合编纂而转向目前的单独立法？应当讲以下两个方面是各国考量的主要因素。

（一）婚姻、收养、亲子、抚养等涉及身份关系的纠纷与一般财产权益纠纷具有不同的性质和社会属性

所谓不同的性质，是指财产纠纷主要涉及的是有关财产权益的纠纷；而身份关系纠纷主要涉及的是身份关系的纠纷。这些类型的纠纷虽然都属于民事诉讼的范围，但是纠纷的性质、类型及其社会意义是不尽相同的。前一类作为平等主体之间的财产纠纷，通常涉

---

① 请参见白绿铉编译：《日本新民事诉讼法》，中国法制出版社2000年版。

② 请参见陶建国、朴明姬译："韩国民事诉讼法典"，载陈刚主编：《比较民事诉讼法》（2004—2005年卷），中国人民大学出版社2006年版，第244—323页。

及的只是当事人双方的财产关系和权益关系。而后者作为以当事人的身份关系为内容的纠纷，不仅涉及当事人之间的身份关系，还涉及家庭的维系和社会秩序的稳定，涉及社会的公序良俗等问题。由于两类纠纷在性质、类型和社会意义上存在重大区别，因而在民事诉讼程序立法体例及法典编纂上，各国学者都清楚地认识到应当根据这种纠纷类型和性质的不同，分别设置程序，如日本学者中村英郎教授认为："婚姻、亲子等身份关系是社会构成的基础，而且直接关系到公序良俗，因此，对于身份关系的事件，不能适用以财产事件为对象的普通民事诉讼程序，而必须设置特别的诉讼程序。"①

同时，市场经济条件下，作为财产拥有者的当事人，对诉讼中所涉及的个人财产权益一般是可以自由处分的。身份关系却不同，不少的身份关系如婚姻关系、养父母与养子女的关系并非人人生而有之，而是达到一定条件且符合法律规定的情况下由国家法律赋予的。国家通过立法来规范、调整，以及保护这种身份关系，不仅是为了满足法定身份上的人格尊严及其相应的权益保护，还兼有维护国家和社会发展所必需的社会身份关系稳定以及社会和谐的重要任务。由此可见，不仅身份关系并非当事人可以任意取舍或处理的，而且两类纠纷本质上的不同还从事实上决定了其社会属性上的差异。而两类纠纷这种性质上和社会属性上的差异，又从客观上决定了有关解决纠纷的程序设置，必须根据纠纷的不同特点富有针对性地编纂以及设置相应的诉讼程序。

（二）对于不同类型与性质的纠纷应当设置不同的解决程序以及确定不同的诉讼法理

由于婚姻、收养、亲子、抚养等涉及身份关系的纠纷，与一般财产权益纠纷具有性质上和社会属性上的不同，而为解决财产权益纠纷而设置的普通程序，本质上是解决私权纠纷的程序，在市场经济条件下，基于私法上"意思自治"的基本原则，在整个诉讼程序

---

① ［日］中村英郎著：《新民事诉讼法讲义》，陈刚等译，法律出版社2001年版，第16页。

中均应充分尊重当事人的处分权,即整个程序设置基本上应当适用当事人处分权主义。而婚姻、收养、亲子、抚养等有关身份关系的纠纷,涉及的不仅是当事人自身的身份关系,还涉及婚姻和家庭的维系以及社会的稳定等社会性公共利益,且身份上的法律关系不能完全由当事人自由处分。故在诉讼程序的设置及其相应的立法规定上,不仅不能完全适用当事人处分权主义,而且必须在诉讼程序的设置上规定与解决这类纠纷相当的诉讼原理与原则。换言之,应当根据解决身份关系纠纷的实际需要独立设置相应的诉讼程序,以及适用不同的诉讼法理。基于这一原理不少国家在有关婚姻、收养、亲子、抚养等涉及身份关系的程序规定中,不仅对于通常程序适用的一些原则加以了限制,而且还确定了不同于通常程序的诸多原则,如:职权探知主义、检察官参与原则、强制当事人本人到场原则,禁止与其他诉讼合并等原则。

由以上论述可见,无论是就诉讼程序所要解决纠纷的类型、性质,还是从不同的诉讼程序应当适用不同的诉讼法理而言,对于婚姻、收养、亲子、抚养等涉及身份关系的纠纷,独立设置相应的程序制度并对于这些程序制度单独加以规定,不仅是科学的、合理的,也是十分必要的。然而我国现行民事诉讼法,不论纠纷的性质和类型,以及不同程序在诉讼法理上应当具有的差异,将解决有关婚姻、收养、亲子、抚养等涉及身份关系的程序与解决一般财产纠纷的程序设置为同一种程序,无论在立法理念上,有关诉讼程序的立法体例及法典编纂,还是从诉讼实践上对于纠纷的解决而言,都是有问题的。

首先,这种混合编纂的程序立法方式与体例,不利于诉讼公正的实现。诉讼公正作为程序法的最高追求,也是程序制度设置、编纂最为根本的目标和立法的出发点。而要切实地实现诉讼公正和程序正义,就必须根据不同纠纷的类型设置不同的诉讼程序。这不仅是因为纠纷不同实现诉讼公正的程序就应当有所不同,而且纠纷的类型不同,当事人之间实质上的地位、能力和情况不同,实现正义的程序要求也就应当有所不同。一般财产权益纠纷中虽然当事人之间在能力、智力,以及其他条件上也存在差异,但是在经济交往以及财产关系中基本上是平等的，相互之间具有基本相同的能力、智力和地位。为此，采用通常的普通诉讼程序，即法官居中消极裁判，允许当事人具有处分权，采用辩论主义，直接审理，严格证明原则，以及通过公开激烈的对抗或诉讼程序来发现案件事实，无疑有利于发现真实，从而实现诉讼公正。然而婚姻、收养、亲子、抚养一类涉及身份关系的案件中，由于存在大量的老人、儿童和妇女，以及残疾人等社会的弱势群体。这类当事人由于自身的智力、能力和条件客观上决定了根本不大可能依靠自身的能力通过公开激烈的对抗式诉讼程序来维护自己的合法权益。因而在这种情况下，为了实现社会正义，也为了维护社会的公序良俗，客观上需要立法从程序制度上作出与通常程序不同的立法调整。即采用职权探知主义，通过法官一定程度的职权干预行为来平衡当事人之间的诉讼能力，从而实现程序正义。因而分别、独立地设置不同的诉讼程序是实现诉讼公正、程序正义的需要。

其次，这种混合编纂的程序立法方式与体例，也不利于婚姻、收养、亲子、抚养等涉及身份关系纠纷的解决。因为，普通程序本质上是为解决私权纠纷，主要是平等主体之间的财产权纠纷设置的程序。而这种原本产生于西方社会的诉讼程序，可以说从其诞生之日起，就是与现代西方社会私权自治，以及国家不干预主义相联的。在这种基本诉讼理念指导下，其整个诉讼程序制度的设置，及其相应诉讼原则、规则的确立无一不体现着这些基本的理念。如当事人处分权主义、辩论主义、直接审理主义以及公开审判、严格证明原则等。而这些以法官消极审判，以及当事人之间激烈对抗为特征的程序制度，与婚姻家庭关系以及其他身份关系纠纷案件的性质是不相吻合的。这类案件中当事人能力和经济条件上的悬殊，以及纠纷所涉及的隐私性及其社会公益性，不仅决定了不能完全适用通常解决一般财产权益争议的程序，即应当根据婚姻、收养、亲子、抚养等涉及身份关系纠纷的不同特点，规定以及编纂不同的程序法律，同时在程序的设置中贯穿不同的诉讼法理与程序原则。

最后，这种混合编纂的程序立法方式不利于提高诉讼效益。由于普通诉讼程序不仅主要是针对一般财产利益和人身权利纠纷设置的，而且采用当事人双方激烈对抗的方式来发现案件的真实，为了保证当事人的诉讼权利，只要在法律规定的范围以内，法官一般不能主动干涉。而为了实现自己的诉讼目的，或者避免败诉的风险，当事人必然千方百计地收集证据，以及进行各种各样的诉讼行为。因而这类程序通常成本高、时间长，当事人的投入大。不仅不利于提高诉讼效益，也往往为婚姻、收养、亲子、抚养等涉及身份关系诉讼的当事人难以承受。

总之，我国现行民事诉讼法在有关诉讼程序的设置上，不论所要解决纠纷的类型与性质上的差异，将解决有关婚姻、收养、亲子、抚养等涉及身份关系纠纷的程序，与解决一般财产利益和人身权利纠纷的程序，笼统地设置为一种诉讼程序的立法体例及法典编纂方式，无论在立法上还是司法上都是极不科学，也是极不恰当的，因而立法上不仅应当改变传统的立法观念及其指导思想，而且应当改变现行将婚姻、收养、亲子、抚养等涉及身份关系纠纷的程序，与通常程序混合编排的立法体例及法典编纂形式。

## 六、关于涉外诉讼程序立法体例的修改与完善

就世界各国有关涉外诉讼程序立法体例及法典编纂的情况来看，目前涉外民事诉讼程序的立法体例主要存在三种形式：第一，在民事诉讼法典之外单独制定独立的涉外民事诉讼法；第二，在民事诉讼法典内的有关章节中，对涉外民事诉讼设立专门的条款，分别作出特别规定；第三，在民事诉讼法典中设立专编或者专章对涉外民事诉讼程序问题作集中的专门规定。目前我国民事诉讼法采用的是第三种立法体例，即将涉外民事诉讼程序作为整个民事诉讼法典中的"第四编"，集中规定在《民事诉讼法》中。

从世界各国有关涉外民事诉讼程序的立法体例及法典编纂的情况来看，是将其与国内诉讼程序混合编纂共同规定于民事诉讼法中，还是在民事诉讼法典之外，采用单独制定、独立规定的立法体例及

法典编纂形式，应当说并没有一个固定的模式。因此，如果抽象地看我国现行民事诉讼法有关涉外民事诉讼的这种立法体例及法典编纂方式，很难说有何不当。但是如果从我国涉外民事诉讼的现实情况及其发展趋势来看，这种立法体例的问题就比较明显了。

首先，从涉外诉讼的特点以及立法体例的角度上看，由于涉外诉讼是具有涉外因素的诉讼，与国内诉讼在适用的原则、诉讼主体、管辖、送达、期间、财产保全以及司法协助等诸多方面存在较大差别，因此，将这种与国内诉讼存在较大差别的程序性规范规定在同一个法典中，鉴于两种程序规定诸多方面的差异，从整个法典规定及其立法体例的角度上看，法典各个部分之间不仅很不协调，也难以协调。

其次，从1991年立法确定这种体例时我国涉外诉讼案件的情况以及司法审判的情况来看，由于当时我国尚处于改革开放的初期，不仅有关涉外民事诉讼案件的数量相对较少，案件的复杂程度也相对不太高，因而现行立法有关涉外民事诉讼程序性的规定并不详尽、全面与完善，其有关立法规定的条文也不多。然而随着改革开放的发展，不仅涉外案件的数量增加得很快，复杂程度也在逐渐增加，这种社会条件下，要适应现实的需要，就必须对现行法律有关涉外诉讼程序较为简陋的规定进行必要的完善，这种完善作为对于涉外诉讼程序更为详尽、全面的规定，从立法的角度上看是要通过增加大量的法律条文的方式来实现的，而法律条文的大量增加，又必然导致民事诉讼法条文数量的大量增加，从而导致民事诉讼法在整个体例上的庞杂与臃肿。

最后，从法域与涉外诉讼的适用情况来看，立法之初我国尚属于较为单一的法域国家①。然而，随着香港、澳门的回归，以及台

---

① 法域（law district 或 legal unit）一般是指具有或适用独特法律制度的区域。通常，一个法律统一的国家就是一个独立的法域。但是，世界上有不少国家的国内法制并不完全统一，而是由数个以地区为单位的法域构成，这种国家被称为多法域国家或复合法域国家。参见黄进著：《区际冲突法研究》，学林出版社1991年版，第14—16页。

湾问题将来的最终解决，我国将形成"一国两制三法系四法域"的特殊情况，这种条件下，涉外诉讼案件的数量不仅将要大量增加，所涉及的问题也日益庞杂，而且在社会生活中的作用也越来越重要，这种社会适用条件及其重要性的变化，都从客观上为增加以及完善涉外诉讼程序的立法规定提出了时代与现实的要求。

基于上述情况，从我国现行涉外民事诉讼的实际状况，以及法律编纂的技术性角度上考虑，将涉外民事诉讼程序从现行的民事诉讼法中分离出来，分别编纂以及单独地设置为独立的《涉外民事诉讼法》，不仅有利于拓展以及更为详尽地规定涉外民事诉讼程序的内容，避免与民事诉讼程序共同规定而导致民事诉讼法在体例和内容上过于庞杂与臃肿，以及分别有利于各自法典的编纂，而且从立法体例的角度上看，也显得更为明晰、清楚、规正，以及富有逻辑性和科学性。

# 后　记

本书作为教育部人文社会科学研究规划项目的研究成果,以及从社会的政治、经济、历史和主导立法思想的角度,研究与探讨民事诉讼立法体例及法典编纂技术的专著,虽然对于世界一些主要国家民事诉讼立法体例和法典编纂技术进行了专门性的比较研究,以及为了促使我国《民事诉讼法》在立法体例和法典编纂技术上更加完善,适应解决民事纠纷的实际需要,提出了诸多建议与思考。然而,由于这类研究所涉及的问题十分宽泛,因而课题的研究以及本书的写作,免不了诸多不足之处,为此,希望同行和读者批评、指正。

本书由廖中洪统改定稿,各部分撰写分工如下:

廖中洪 前言、第一部分、第二部分、第三部分、第四部分、第七部分、第八部分;孔令章 第六部分;汪佩建 第五部分。

本书的出版得到了中国检察出版社的大力支持,在此表示衷心的感谢!

廖中洪

2009 年 7 月于西政大胡家院